2025年版

共通テスト

過去問研究

国語

JN249064

教学社

受験勉強の5か条

受験勉強は過去問に始まり，過去問に終わる。

入試において，過去問は最大の手がかりであり，情報の宝庫です。

次の5か条を参考に，過去問をしっかり活用しましょう。

✦出題傾向を把握

まずは「共通テスト対策講座」を読んでみましょう。

✦いったん試験1セット分を解いてみる

最初は時間切れになっても，またすべて解けなくても構いません。

✦自分の実力を知り，目標を立てる

答え合わせをして，得意・不得意を分析しておきましょう。

✦苦手も克服！

分野や形式ごとに重点学習してみましょう。

✦とことん演習

一度解いて終わりにせず，繰り返し取り組んでおくと効果アップ！

直前期には時間を計って本番形式のシミュレーションをしておくと万全です。

はじめに

共通テストってどんな試験？

大学入学共通テスト（以下，共通テスト）は，大学への入学志願者を対象に，高校の段階における基礎的な学習の達成の程度を判定し，大学教育を受けるために必要な能力について把握することを目的とする試験です。一般選抜で国公立大学を目指す場合は，原則的に，一次試験として共通テストを受験し，二次試験として各大学の個別試験を受験することになります。また，私立大学も9割近くが共通テストを利用します。そのことから，共通テストは50万人近くが受験する，大学入試最大の試験になっています。

新課程の共通テストの特徴は？

2025年度から新課程入試が始まり，共通テストにおいては教科・科目が再編成され，新教科「情報」が導入されます。2022年に高校に進学した人が学んできた内容に即して出題されますが，重視されるのは，従来の共通テストと同様，「思考力」です。単に知識があるかどうかではなく，知識を使って考えることができるかどうかが問われます。新課程の問題作成方針を見ると，問題の構成や場面設定など，これまでの共通テストの出題傾向を引き継いでおり，作問の方向性は変わりません。

どうやって対策すればいいの？

共通テストで問われるのは，高校で学ぶべき内容をきちんと理解しているかどうかですから，まずは普段の授業を大切にし，教科書に載っている基本事項をしっかりと身につけておくことが重要です。そのうえで過去問を解いて共通テストで特徴的な出題に慣れておきましょう。共通テストは問題文の分量が多いので，必要とされるスピード感や難易度の振れ幅を事前に知っておくと安心です。過去問を解いて間違えた問題をチェックし，苦手分野の克服に役立てましょう。問題作成方針では「これまで良質な問題作成を行う中で蓄積した知見や，問題の評価・分析の結果を問題作成に生かす」とされており，過去問の研究は有用です。本書は，大学入試センターから公表された資料等を詳細に分析し，課程をまたいでも過去問を最大限に活用できるよう編集しています。

本書が十分に活用され，志望校合格の一助になることを願ってやみません。

Contents

＊ 下記の問題に使用されている著作物は，2024 年 1 月 25 日に著作権法第 67 条の 2 第 1 項の規定に基づく申請を行い，同条同項の規定の適用を受けて掲載しているものです。

2023 年度　追試験　第 1 問

※ 1 実戦創作問題は，大学入試センターから公表された新課程試作問題等に基づいて独自に作成した，本書オリジナルの問題です。

※ 2 2021 年度の共通テストは，新型コロナウイルス感染症の影響に伴う学業の遅れに対応する選択肢を確保するため，本試験が 2 日程で実施されました。

※ 3 試行調査は，センター試験から共通テストに移行するに先立って実施されました。なお，試行調査で実施された第 1 問（記述式）は，記述式の出題が見送りとなったため掲載しておりません。

共通テストについてのお問い合わせは…

独立行政法人 大学入試センター

志願者問い合わせ専用（志願者本人がお問い合わせください）03-3465-8600

9：30～17：00（土・日曜，祝日，12 月 29 日～ 1 月 3 日を除く）

https://www.dnc.ac.jp/

共通テストの
基礎知識

本書編集段階において，2025 年度共通テストの詳細については正式に発表されていませんので，ここで紹介する内容は，2024 年 3 月時点で文部科学省や大学入試センターから公表されている情報，および 2024 年度共通テストの「受験案内」に基づいて作成しています。変更等も考えられますので，各人で入手した 2025 年度共通テストの「受験案内」や，大学入試センターのウェブサイト（https://www.dnc.ac.jp/）で必ず確認してください。

共通テストのスケジュールは？

A　2025 年度共通テストの本試験は，1 月 18 日(土)・19 日(日)に実施される予定です。

「受験案内」の配布開始時期や出願期間は未定ですが，共通テストのスケジュールは，例年，次のようになっています。1 月なかばの試験実施日に対して出願が 10 月上旬とかなり早いので，十分注意しましょう。

9 月初旬　「受験案内」配布開始
　└ 志願票や検定料等の払込書等が添付されています。

10 月上旬　**出願**（現役生は在籍する高校経由で行います。）

1 月なかば　共通テスト　2025 年度本試験は 1 月 18 日(土)・19 日(日)に実施される予定です。

自己採点

1 月下旬　国公立大学一般選抜の個別試験出願

私立大学の出願時期は大学によってまちまちです。
各人で必ず確認してください。

共通テストの出願書類はどうやって入手するの？

A 「受験案内」という試験の案内冊子を入手しましょう。

「受験案内」には，志願票，検定料等の払込書，個人直接出願用封筒等が添付されており，出願の方法等も記載されています。主な入手経路は次のとおりです。

現役生	高校で一括入手するケースがほとんどです。出願も学校経由で行います。
過年度生	共通テストを利用する全国の各大学の入試担当窓口で入手できます。 予備校に通っている場合は，そこで入手できる場合もあります。

個別試験への出願はいつすればいいの？

A 国公立大学一般選抜は「共通テスト後」の出願です。

国公立大学一般選抜の個別試験（二次試験）の出願は共通テストの後になります。受験生は，共通テストの受験中に自分の解答を問題冊子に書きとめておいて持ち帰ることができますので，翌日，新聞や大学入試センターのウェブサイトで発表される正解と照らし合わせて**自己採点**し，その結果に基づいて，予備校などの合格判定資料を参考にしながら，出願大学を決定することができます。

私立大学の共通テスト利用入試の場合は，出願時期が大学によってまちまちです。大学や試験の日程によっては**出願の締め切りが共通テストより前**ということもあります。志望大学の入試日程は早めに調べておくようにしましょう。

受験する科目の決め方は？　『情報Ⅰ』の受験も必要？

A 志望大学の入試に必要な教科・科目を受験します。

次ページに掲載の 7 教科 21 科目のうちから，受験生は最大 9 科目を受験することができます。どの科目が課されるかは大学・学部・日程によって異なりますので，受験生は志望大学の入試に必要な科目を選択して受験することになります。

すべての国立大学では，原則として『情報Ⅰ』を加えた 6 教科 8 科目が課されます。公立大学でも『情報Ⅰ』を課す大学が多くあります。

共通テストの受験科目が足りないと，大学の個別試験に出願できなくなります。第一志望に限らず，**出願する可能性のある大学の入試に必要な教科・科目は早めに調べておきましょう。**

● 2025 年度の共通テストの出題教科・科目

教　科	出題科目	出題方法（出題範囲・選択方法）	試験時間 （配点）
国　語	『国語』	「現代の国語」及び「言語文化」を出題範囲とし，近代以降の文章及び古典（古文，漢文）を出題する。	90 分 （200 点）＊1
地理歴史 公　民	(b) 『地理総合，地理探究』 『歴史総合，日本史探究』 『歴史総合，世界史探究』 『公共，倫理』 『公共，政治・経済』 (a) 『地理総合／歴史総合／公共』 (a)：必履修科目を組み合わせた出題科目 (b)：必履修科目と選択科目を組み合わせた出題科目	6 科目から最大 2 科目を選択解答（受験科目数は出願時に申請）。 2 科目を選択する場合，以下の組合せを選択することはできない。 (b)のうちから 2 科目を選択する場合 『公共，倫理』と『公共，政治・経済』の組合せを選択することはできない。 (b)のうちから 1 科目及び(a)を選択する場合 (b)については，(a)で選択解答するものと同一名称を含む科目を選択することはできない。＊2 (a)の『地理総合／歴史総合／公共』は，「地理総合」，「歴史総合」及び「公共」の 3 つを出題範囲とし，そのうち 2 つを選択解答する（配点は各 50 点）。	1 科目選択 60 分（100 点） 2 科目選択＊3 解答時間 120 分 （200 点）
数学 ①	『数学Ⅰ，数学Ａ』 『数学Ⅰ』	2 科目から 1 科目を選択解答。 「数学Ａ」は 2 項目（図形の性質，場合の数と確率）に対応した出題とし，全てを解答する。	70 分 （100 点）
数学 ②	『数学Ⅱ，数学Ｂ，数学Ｃ』	「数学Ｂ」「数学Ｃ」は 4 項目（数列，統計的な推測，ベクトル，平面上の曲線と複素数平面）に対応した出題とし，そのうち 3 項目を選択解答する。	70 分 （100 点）
理　科	『物理基礎／化学基礎／生物基礎／地学基礎』 『物理』 『化学』 『生物』 『地学』	5 科目から最大 2 科目を選択解答（受験科目数は出願時に申請）。 『物理基礎／化学基礎／生物基礎／地学基礎』は，「物理基礎」，「化学基礎」，「生物基礎」及び「地学基礎」の 4 つを出題範囲とし，そのうち 2 つを選択解答する（配点は各 50 点）。	1 科目選択 60 分（100 点） 2 科目選択＊3 解答時間 120 分 （200 点）
外国語	『英語』 『ドイツ語』 『フランス語』 『中国語』 『韓国語』	5 科目から 1 科目を選択解答。 『英語』は，「英語コミュニケーションⅠ」，「英語コミュニケーションⅡ」及び「論理・表現Ⅰ」を出題範囲とし，【リーディング】及び【リスニング】を出題する。 受験者は，原則としてその両方を受験する。	『英語』 【リーディング】 80 分（100 点） 【リスニング】 解答時間 30 分＊4 （100 点） 『英語』以外 【筆記】 80 分（200 点）
情　報	『情報Ⅰ』		60 分（100 点）

＊1　『国語』の分野別の大問数及び配点は，近代以降の文章が 3 問 110 点，古典が 2 問 90 点（古文・漢文各 45 点）とする。

＊2　地理歴史及び公民で2科目を選択する受験者が，(b)のうちから1科目及び(a)を選択する場合において，選択可能な組合せは以下のとおり。　○：選択可能　×：選択不可

		(a)		
		「地理総合」「歴史総合」	「地理総合」「公共」	「歴史総合」「公共」
(b)	『地理総合，地理探究』	×	×	○
	『歴史総合，日本史探究』	×	○	×
	『歴史総合，世界史探究』	×	○	×
	『公共，倫理』	○	×	×
	『公共，政治・経済』	○	×	×

＊3　「地理歴史及び公民」と「理科」で2科目を選択する場合は，解答順に「第1解答科目」及び「第2解答科目」に区分し各60分間で解答を行うが，第1解答科目と第2解答科目の間に答案回収等を行うために必要な時間を加えた時間を試験時間（130分）とする。

＊4　リスニングは，音声問題を用い30分間で解答を行うが，解答開始前に受験者に配付したICプレーヤーの作動確認・音量調節を受験者本人が行うために必要な時間を加えた時間を試験時間（60分）とする。

科目選択によって有利不利はあるの？

A　得点調整の対象となった各科目間で，次のいずれかが生じ，これが試験問題の難易差に基づくものと認められる場合には，得点調整が行われます。

・20点以上の平均点差が生じた場合

・15点以上の平均点差が生じ，かつ，段階表示の区分点差が20点以上生じた場合

旧課程で学んだ過年度生のための経過措置はあるの？

A　あります。

2025年1月の共通テストは新教育課程での実施となるため，旧教育課程を履修した入学志願者など，新教育課程を履修していない入学志願者に対しては，出題する教科・科目の内容に応じて経過措置を講じることとされ，「地理歴史・公民」「数学」「情報」の3教科については旧課程科目で受験することもできます。

「受験案内」の配布時期や入手方法，出願期間，経過措置科目などの情報は，大学入試センターから公表される最新情報を，各人で必ず確認するようにしてください。

試験データ

2021～2024 年度の共通テストについて，志願者数や平均点の推移，科目別の受験状況などを掲載しています。

志願者数・受験者数等の推移

	2024 年度	2023 年度	2022 年度	2021 年度
志願者数	491,914 人	512,581 人	530,367 人	535,245 人
内，高等学校等卒業見込者	419,534 人	436,873 人	449,369 人	449,795 人
現役志願率	45.2%	45.1%	45.1%	44.3%
受験者数	457,608 人	474,051 人	488,384 人	484,114 人
本試験のみ	456,173 人	470,580 人	486,848 人	482,624 人
追試験のみ	1,085 人	2,737 人	915 人	1,021 人
再試験のみ	—	—	—	10 人
本試験＋追試験	344 人	707 人	438 人	407 人
本試験＋再試験	6 人	26 人	182 人	51 人
追試験＋再試験	—	1 人	—	—
本試験＋追試験＋再試験	—	—	1 人	—
受験率	93.03%	92.48%	92.08%	90.45%

・2021 年度の受験者数は特例追試験（1 人）を含む。
・やむを得ない事情で受験できなかった人を対象に追試験が実施される。また，災害，試験上の事故などにより本試験が実施・完了できなかった場合に再試験が実施される。

志願者数の推移

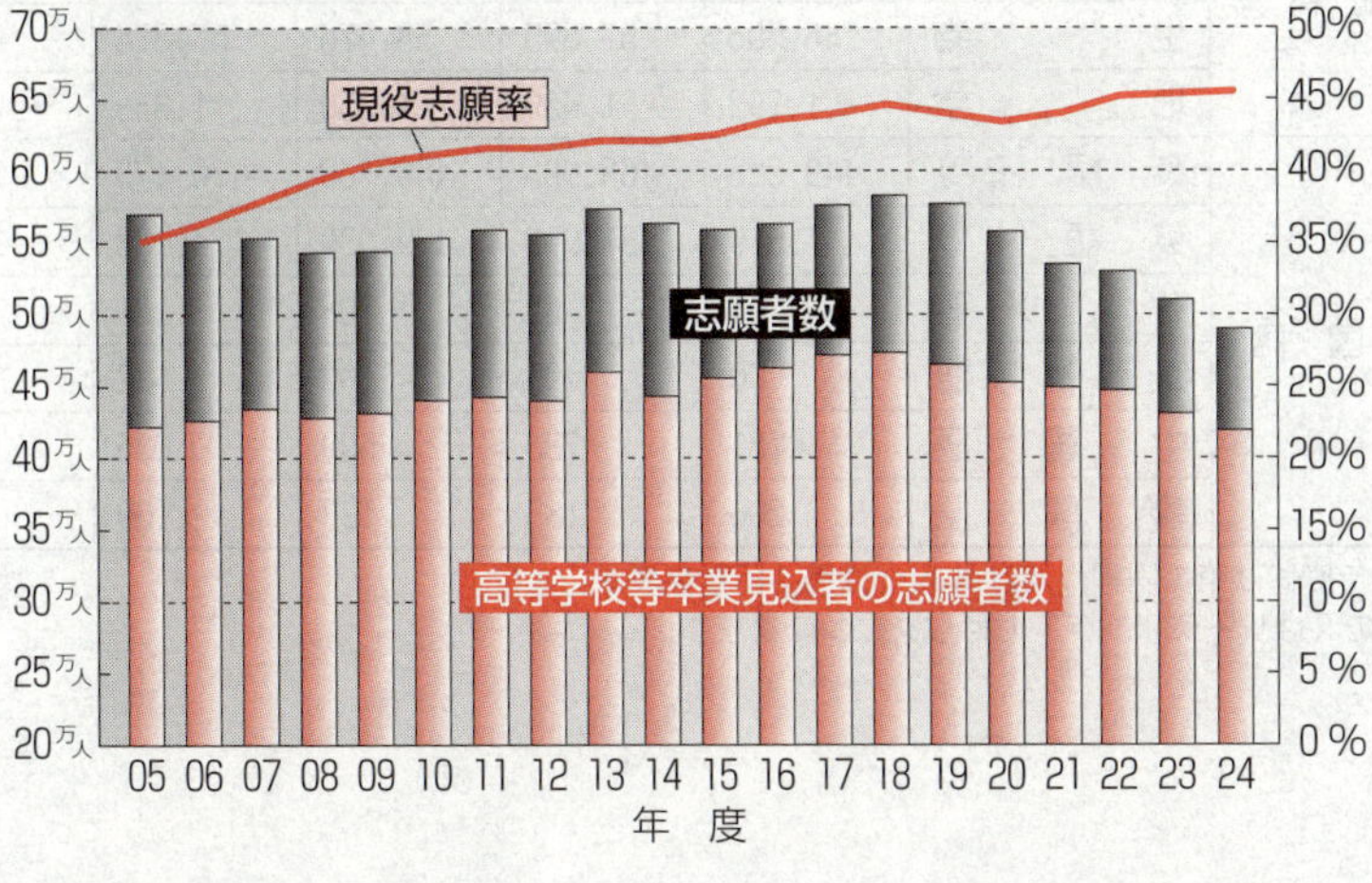

● 科目ごとの受験者数の推移（2021〜2024年度本試験）

（人）

教科		科目	2024年度	2023年度	2022年度	2021年度①	2021年度②
国語		国語	433,173	445,358	460,967	457,304	1,587
地理歴史		世界史A	1,214	1,271	1,408	1,544	14
		世界史B	75,866	78,185	82,986	85,690	305
		日本史A	2,452	2,411	2,173	2,363	16
		日本史B	131,309	137,017	147,300	143,363	410
		地理A	2,070	2,062	2,187	1,952	16
		地理B	136,948	139,012	141,375	138,615	395
公民		現代社会	71,988	64,676	63,604	68,983	215
		倫理	18,199	19,878	21,843	19,954	88
		政治・経済	39,482	44,707	45,722	45,324	118
		倫理, 政治・経済	43,839	45,578	43,831	42,948	221
数学	数学①	数学Ⅰ	5,346	5,153	5,258	5,750	44
		数学Ⅰ・A	339,152	346,628	357,357	356,492	1,354
	数学②	数学Ⅱ	4,499	4,845	4,960	5,198	35
		数学Ⅱ・B	312,255	316,728	321,691	319,697	1,238
		簿記・会計	1,323	1,408	1,434	1,298	4
		情報関係基礎	381	410	362	344	4
理科	理科①	物理基礎	17,949	17,978	19,395	19,094	120
		化学基礎	92,894	95,515	100,461	103,073	301
		生物基礎	115,318	119,730	125,498	127,924	353
		地学基礎	43,372	43,070	43,943	44,319	141
	理科②	物理	142,525	144,914	148,585	146,041	656
		化学	180,779	182,224	184,028	182,359	800
		生物	56,596	57,895	58,676	57,878	283
		地学	1,792	1,659	1,350	1,356	30
外国語		英語（R※）	449,328	463,985	480,762	476,173	1,693
		英語（L※）	447,519	461,993	479,039	474,483	1,682
		ドイツ語	101	82	108	109	4
		フランス語	90	93	102	88	3
		中国語	781	735	599	625	14
		韓国語	206	185	123	109	3

・2021年度①は第1日程，2021年度②は第2日程を表す。
※英語のRはリーディング，Lはリスニングを表す。

科目ごとの平均点の推移（2021～2024 年度本試験）

（点）

教科		科目	2024 年度	2023 年度	2022 年度	2021 年度①	2021 年度②
国語		国語	58.25	52.87	55.13	58.75	55.74
地理歴史		世界史Ａ	42.16	36.32	48.10	46.14	43.07
		世界史Ｂ	60.28	58.43	65.83	63.49	54.72
		日本史Ａ	42.04	45.38	40.97	49.57	45.56
		日本史Ｂ	56.27	59.75	52.81	64.26	62.29
		地理Ａ	55.75	55.19	51.62	59.98	61.75
		地理Ｂ	65.74	60.46	58.99	60.06	62.72
公民		現代社会	55.94	59.46	60.84	58.40	58.81
		倫理	56.44	59.02	63.29	71.96	63.57
		政治・経済	44.35	50.96	56.77	57.03	52.80
		倫理, 政治・経済	61.26	60.59	69.73	69.26	61.02
数学	数学①	数学Ⅰ	34.62	37.84	21.89	39.11	26.11
		数学Ⅰ・Ａ	51.38	55.65	37.96	57.68	39.62
	数学②	数学Ⅱ	35.43	37.65	34.41	39.51	24.63
		数学Ⅱ・Ｂ	57.74	61.48	43.06	59.93	37.40
		簿記・会計	51.84	50.80	51.83	49.90	—
		情報関係基礎	59.11	60.68	57.61	61.19	—
理科	理科①	物理基礎	57.44	56.38	60.80	75.10	49.82
		化学基礎	54.62	58.84	55.46	49.30	47.24
		生物基礎	63.14	49.32	47.80	58.34	45.94
		地学基礎	71.12	70.06	70.94	67.04	60.78
	理科②	物理	62.97	63.39	60.72	62.36	53.51
		化学	54.77	54.01	47.63	57.59	39.28
		生物	54.82	48.46	48.81	72.64	48.66
		地学	56.62	49.85	52.72	46.65	43.53
外国語		英語（Ｒ※）	51.54	53.81	61.80	58.80	56.68
		英語（Ｌ※）	67.24	62.35	59.45	56.16	55.01
		ドイツ語	65.47	61.90	62.13	59.62	—
		フランス語	62.68	65.86	56.87	64.84	—
		中国語	86.04	81.38	82.39	80.17	80.57
		韓国語	72.83	79.25	72.33	72.43	—

- 各科目の平均点は 100 点満点に換算した点数。
- 2023 年度の「理科②」，2021 年度①の「公民」および「理科②」の科目の数値は，得点調整後のものである。
  得点調整の詳細については大学入試センターのウェブサイトで確認のこと。
- 2021 年度②の「－」は，受験者数が少ないため非公表。

● 地理歴史と公民の受験状況（2024 年度）

（人）

受験科目数	地理歴史						公民				実受験者
	世界史A	世界史B	日本史A	日本史B	地理A	地理B	現代社会	倫理	政治・経済	倫理, 政経	
1科目	646	31,853	1,431	64,361	1,297	111,097	23,752	5,983	15,095	15,651	271,166
2科目	576	44,193	1,023	67,240	775	26,168	48,398	12,259	24,479	28,349	126,730
計	1,222	76,046	2,454	131,601	2,072	137,265	72,150	18,242	39,574	44,000	397,896

● 数学①と数学②の受験状況（2024 年度）

（人）

受験科目数	数学①		数学②				実受験者
	数学Ⅰ	数学Ⅰ・数学A	数学Ⅱ	数学Ⅱ・数学B	簿記・会計	情報関係基礎	
1科目	2,778	24,392	85	401	547	69	28,272
2科目	2,583	315,744	4,430	312,807	777	313	318,327
計	5,361	340,136	4,515	313,208	1,324	382	346,599

● 理科①の受験状況（2024 年度）

区分	物理基礎	化学基礎	生物基礎	地学基礎	延受験者計
受験者数	18,019 人	93,102 人	115,563 人	43,481 人	270,165 人
科目選択率*	6.7%	34.5%	42.8%	16.1%	—

・2科目のうち一方の解答科目が特定できなかった場合も含む。
・科目選択率＝各科目受験者数／理科①延受験者計×100（＊端数切り上げ）

● 理科②の受験状況（2024 年度）

（人）

受験科目数	物理	化学	生物	地学	実受験者
1科目	13,866	11,195	13,460	523	39,044
2科目	129,169	170,187	43,284	1,292	171,966
計	143,035	181,382	56,744	1,815	211,010

● 平均受験科目数（2024 年度）

（人）

受験科目数	8科目	7科目	6科目	5科目	4科目	3科目	2科目	1科目
受験者数	6,008	266,837	19,804	20,781	38,789	91,129	12,312	1,948

平均受験科目数
5.67

・理科①（基礎の付された科目）は，2科目で1科目と数えている。

・上記の数値は本試験・追試験・再試験の総計。

共通テスト
対策講座

ここでは，大学入試センターから公表されている資料と，これまでに実施された試験をもとに，共通テストについてわかりやすく解説し，具体的にどのような対策をすればよいかを考えます。

どんな問題が出るの？

共通テスト「国語」の特徴は、

①複数の題材を組み合わせた問題が出題される
②言語活動の過程が重視される
③文章や資料をいろいろな角度から読み取らせる

と言えます。また、二〇二五年度からの新課程入試ではいくつかの変更点があります。項目ごとに確認していきましょう。

試験時間・大問構成・配点

共通テストは、二〇二五年度から新課程入試になります。国語については、大学入試センターからいくつかの変更点が発表され、変更点にかかわる「試作問題」（以下、「新課程試作問題」とします）が公表されました。次ページ右上の『国語』試作問題の構成」のような大問構成となることが予定されています。特に大きな変更点は以下の二点です。

2021〜2024年度共通テスト

試験時間80分

設問	分野	配点
第1問	近代以降の文章	50点
第2問	近代以降の文章	50点
第3問	古文	50点
第4問	漢文	50点

（第1問・第2問：100点）

➡

『国語』試作問題の構成※

試験時間90分

設問	分野	配点
第1問	近代以降の文章	45点
第2問	近代以降の文章	45点
第3問	近代以降の文章	20点
第4問	古文	45点
第5問	漢文	45点

（第1問〜第3問：110点）

多様な力を問うため言語活動の過程をより重視した問題を追加

※試作問題の構成であり，毎年度，同じ形で出題されるとは限らない。

① 試験時間が八〇分から九〇分になる（一〇分追加となる）
② 大問が一題追加されて四題から五題となり、各大問の配点が変更になる

ただし②については、新課程試作問題をもとに考えられる内容であり、**本番では若干の変更がある可能性もあります**。大学入試センターは、外部から寄せられた質問に対して、「各大問ごとの配点は事前に公表しておりません」「モニター調査の結果や、試験時間（90分）との関係を考慮しつつ、今後問題作成を行っていきます」という回答を公表しています（二〇二三年一〇月一八日）。しかし、いずれにしろ、**『国語』試作問題の構成**」に近い形式に変わることが予想されます。

試験時間と配点が変わることで、内容面でどのような変更があるでしょうか。そのヒントとしては、大学入試センターからの次の発表が参考になります。

これまでの問題作成方針で示してきたことを引き続き重視しつつ、新学習指導要領「現代の国語」、「言語文化」それぞれで育成する資質・能力を、試験問題全体を通じて評価する。

具体的には、新たな大問を追加し、より多様な文章を扱うことで、言葉による記録、要約、説明、論述、話合い等の言語活動を重視して、目的や場面に応じて必要な情報と情報の関係を的確に理解する力や、様々な文章の内容を把握したり、適切に解釈したりする力等も含め多様な資質・能力

を評価できるようにする。

また、各大問では、引き続き、近代以降の文章（論理的な文章や実用的な文章、文学的な文章）、古典（古文、漢文）を題材として、試験時間（90分）との関係に留意しつつ、それぞれの題材の意義や特質を一層生かした出題となるよう工夫する。

（「国語」の問題作成方針に関する検討の方向性）

以上から、新課程入試では、「多様な文章」が出題され、言語活動の過程をより重視した出題が加わると予想されます。また、これまで実施されてきた共通テストの出題内容も引き継がれることになるでしょう。

新課程試作問題は、新課程で新たに出題される具体的なイメージを示すために作成されたもので、二種類が公表されています。この対策講座の「重点対策コーナー」（p48～）に問題・解答・解説を載せています。さらに、「実戦創作問題」には、新課程試作問題の形式・内容に即した本書オリジナル問題を載せていますので、ぜひ挑戦してください。

問題文・資料

1 共通テストの問題作成方針と出題内容

二〇二五年度の共通テスト「国語」の問題作成方針として、大学入試センターは次のように述べています（二〇二四年度からの主要な変更点は赤字で表示）。

言語を手掛かりとしながら、文章の内容を多面的・多角的な視点から解釈したり、目的や場面等に応じて、情報を的確に理解したり、より効果的な表現に向けて検討、工夫したりする力などを求める。近代以降の文章（論理的な文章や実用的な文章、文学的な文章）、古典（古文、漢文）を題材とし、言葉による記録、要約、説明、論述、話合い等の言語活動を重視する。

問題の作成に当たっては、題材の意義や特質を生かした出題とするとともに、大問ごとに一つの題材で問題を作成するだけでなく、異なる種類や分野の文章などを組み合わせた、複数の題材による問題を含めて検討する。

この問題作成方針は、二〇二五年度入試のものですが、二〇二四年度までの過去問にも、この方針は色濃く反映されています。以下では、二〇二二年度から二〇二四年度の本試験を中心に、具体的に見ていきます。

2 複数の題材による問題

共通テスト本試験では、「異なる種類や分野の文章などを組み合わせた、複数の題材による問題」（問題作成方針）として、下の表のような出題がありました。

表の黒字の大問ではメインの文章の読み取りが設問の大半を占め、もう一つの文章は資料として一つの設問を解く際に参照すればよいという性質のものでした。しかし赤字の大問ではメインの文章が二つ以上あり、

年度等	大問	項目	問題文と資料
2024	2	現代文	小説（＋評論文）
	4	漢文	漢詩＋注釈
2023	1	現代文	評論文＋評論文
	2	現代文	小説（＋雑誌広告）
	3	古文	歌論（＋歌集）
2022	1	現代文	評論文＋評論文
	2	現代文	小説（＋俳句）
	3	古文	歴史物語＋日記
	4	漢文	序文＋漢詩
2021 第1日程	1	現代文	評論文（＋小説）
	2	現代文	小説（＋その論評）
	3	古文	歴史物語（＋和歌）
	4	漢文	漢詩＋思想
2021 第2日程	4	漢文	説話（＋史伝）

複数の設問が両文章に関わっていました。題材については、メイン＋サブ、メイン＋メイン＋メインの両形式が今後も出題されると思われます。

共通テストの新課程試作問題や試行調査では、資料の多い問題も出されていました。メイン＋メインのタイプの本格的な複数資料問題が出題されると、読み取るべき資料の分量が多くなって、試験時間内に解き切るのがかなり難しくなります。資料の多い問題が出された場合は、最重要の資料はどれかを見極め、資料ごとの要点をとらえることが必要となるでしょう。

複数の文章・資料を読み取るコツとしては、次のようなものがあります。

- 複数の資料から、似た記述（**共通点**）、あるいは対照的な記述（**相違点**）を探す
- 筆者が**最も主張したいと考えている箇所**を特定し、他の資料の内容や立場と比べる
- **共通の事柄や人物**が登場する場合、そのとらえ方や描き方、観点や評価を比べる

また、設問の文言にも注意しつつ、**個々の文章・資料が配された理由**を考えると、出題意図をとらえ、解答に迫ることにもつながりやすくなるでしょう。

3 実用的な文章

共通テストでは、近代以降の文章として、「**実用的な文章**」も出題の対象となっていますが、二〇二一～二〇二四年度の本試験では出題されませんでした。ただ、二〇二三年度本試験第2問で出された「広告」は、実用的な文章（資料）の一種と言えます。「問題作成方針」にも、出題される可能性が示されているので、今後も注意しておきたいところです。

共通テストの新課程試作問題（48ページ以降で詳しく述べます）では、グラフ、生徒のレポート、アンケート結果、イラストなど、文章以外に、さまざまな資料の読み取りが求められました。今後、**文章以外のさまざまな素材が資料と**

して用いられる可能性があります。

4 言語活動の重視

二〇二五年度の問題作成方針では、「言葉による記録、要約、説明、論述、話合い等の言語活動を重視する」と具体的に示されています。これまでの試験では、次のような出題例があります。

▼記録、要約、説明→生徒が作成した「ノート」「レポート」「メモ」「文章」

▼論述、話合い→先生と生徒の会話、生徒どうしの会話

こういった要素を含む問題については、「分野別の傾向と対策」（p22～）の「出題一覧」の表の下寄りに、会話、メモ、ノート、などとして示しています。共通テストに特徴的な出題ですので、実際の問題とあわせて確認し、過去問演習で慣れておきましょう。

5 傍線が引かれていない問題文

第1回試行調査の第2問（評論）では、問題文に傍線がまったく引かれていない状態で問題が出されました。こういった問題は、傍線部の前後だけを読んで選択肢を判別するようなやり方では対処が難しく、**問題文全体の展開を把握し、筆者の言いたいことを理解すること**が求められます。また、設問に示された言葉をキーワードとして、**出題意図を読み取ることが必要です**。二〇二一～二〇二四年度の本試験でも、問題文に傍線をつけずに内容を問う設問が出されています〈また二〇二一年度第2日程の第3問では傍線をつけずに問う設問が目立ちました〉。過去問でよく練習しておきましょう。

問題の分量

問題冊子のページ数を比較すると、二〇〇〇年度前後のセンター試験では全体で三〇ページ程度のこともありましたが、共通テストの二〇二二年度本試験は四四ページ、二〇二三年度本試験は四八ページ、二〇二四年度本試験は四六ページでした（空白のページは除く）。言語活動重視型の設問を取り入れること、複数の資料を用いることなどによって、問題冊子のページ数が多くなる傾向を指摘できます。

また、解答個数は、二〇二二年度第1日程が38、第2日程が37、二〇二二年度本試験が36、二〇二三年度本試験が37、二〇二四年度本試験が38でした。二〇二四年度までの試験時間は八〇分でしたので、解答一つにかけられる時間は、単純に計算すれば約二分です。問題文を読み取る時間を考えると、**試験時間に対する問題量はかなり多い**と言えます。さらに二〇二五年度は新たな要素の出題が加わる可能性が高いので、問題を解く順番や時間配分に注意する必要があります。

難易度

近年の本試験の平均点は、次ページの表のとおり、おおむね5割台となっています。問題の難易度自体は、共通テストとセンター試験に大きな違いはないと考えられます。ただ、年度によって多少の変動があり、二〇二三年度本試験の平均点は五二・八七点（一〇〇点満点に換算）で、共通テストに移行してから最も低くなりました。これは主に、**メイン＋メインタイプの複数資料問題**が出題されたことに加えて、設問も**生徒の作成したノートを完成させる**というような凝ったものが出題されたことなどによると思われます。また消去法でしか解けない設問が増えて、解くのにより時間がかかったことも原因として考えられます。一方、二〇二四年度本試験では平均点が6割近くにまで上がりました。これは、本文と資料の照合がおおむねスムーズに行える構成となっており、選択肢の正誤も比較的わかりやすいものが多かったことによるでしょう。

知識・技能に加え思考力・判断力なども測るべくさまざまに工夫された問題を、試験時間内に解き切るのは、受験生にとってかなり難しいでしょう。高得点を取るには、**時間配分に注意**し、**文章・資料を的確に読み解いて選択肢にあたる**という練習が必要となります。

	年度等	平均点
共通テスト（本試験）	2024	58.25
	2023	52.87
	2022	55.13
	2021 第1日程	58.75
	2021 第2日程	55.74
共通テスト（試行）第2問〜第5問	第2回	45.40（51.37）
	第1回	非公表

※100点満点に換算。第2回試行調査の（　）内は受検者のうち高校3年生の平均点。

分野別の傾向と対策

ここでは、「現代文」「古文」「漢文」の各分野に分けて解説します。今後の共通テストで出題されると考えられる内容と、効果的な対策を探りましょう。

現代文の出題内容

二〇二四年度までの現代文（近代以降の文章）の二題は、**論理的な文章**、**文学的な文章**が、それぞれの大問の出題の中心になっています。ただ、今後の共通テストで出題される可能性がある文章として、**「実用的な文章」**もあります。詳しく見ていきましょう。

1 出題される文章は？

共通テスト、および二回の試行調査で出された文章は以下のとおりです。

● 共通テスト 現代文出題一覧

＊会話＝設問内に生徒（・教師）の会話文を含む
＊文章・実用的資料・図・表・メモ・ノート・俳句＝本文や設問内にこれらが取り入れられている

年度等		問題番号	難度	ジャンル	出典		行数
2024	本試験	1	やや易	評論	「サウンドとメディアの文化資源学」（渡辺裕）	文章	72
		2	標準	小説	「桟橋」（牧田真有子）	会話	71
				論評	「自然と工作」（太田省吾）		8
2023	本試験	1	やや難	評論	「視覚の生命力」（柏木博）		48
				評論	「ル・コルビュジエと近代絵画」（呉谷充利）	図・会話	25
		2	標準	小説	「飢えの季節」（梅崎春生）	実用的資料（雑誌広告）・構想メモ・文章	90
	追試験	1	やや難	評論	「歴史の必然性について」（北川東子）	文章	62
		2	やや難	小説	「パンドラの匣」（太宰治）	俳句	85
				論評	「『読み』の整理学」（外山滋比古）		7
2022	本試験	1	やや難	評論	「食べることの哲学」（檜垣立哉）		44
				評論	「食べるとはどういうことか」（藤原辰史）	メモ	27
		2	標準	小説	「庭の男」（黒井千次）	俳句・ノート	73
	追試験	1	やや難	評論	「メディアの中の声」（若林幹夫）	文章	70
		2	標準	小説	「陶古の女人」（室生犀星）		63
				論評	「『もの』と『こと』」（柳宗悦）	会話	16
2021	本試験 第1日程	1	やや難	評論	「江戸の妖怪革命」（香川雅信）		68
				小説	「歯車」（芥川龍之介）	ノート	4
		2	標準	小説	「羽織と時計」（加能作次郎）		80
				論評	「師走文壇の一瞥」（宮島新三郎）		11
	本試験 第2日程	1	やや難	評論	「『もの』の詩学」（多木浩二）	会話	69
		2	やや難	小説	「サキの忘れ物」（津村記久子）	会話	86

第2回試行	2	標準	評論	「著作権2・0─ウェブ時代の文化発展をめざして」（名和小太郎） **実用的資料**（ポスター「著作権のイロハ」、著作権法（抄）） **表**	68
	3	標準	詩	「紙」（吉原幸子）	30
			随筆	「永遠の百合」（吉原幸子）	20
第1回試行	2	標準	評論	「路地がまちの記憶をつなぐ」（宇杉和夫） **表・図**	86
	3	標準	小説	「ツバメたち」（光原百合）	70

▼第1問：論理的な文章　二〇二三年度までは本試験（二〇二一年度は第1日程）では複数資料の問題となっていましたが、二〇二四年度本試験の文章は一つで、作品を鑑賞するまなざしや「音楽」・「芸術」の概念をめぐる、**抽象度の高い内容でした**。これまでの出題については、二〇二三年度本試験では、ル・コルビュジエの窓について考察した二つの文章を示して、それらの観点の違いを読み取るという、高度な思考力が試されました。二〇二二年度本試験では、「食べる」というテーマについて考察した二つの文章が出題されました。いずれも論旨は読み取りやすいものでしたが、**文体、テーマへのアプローチの仕方が異なるものが組み合わせられていました**。二〇二一年度第1日程では、メインの文章として妖怪を論じた文章が出題されましたが、哲学的な内容を含んでいました。現代文（論理的な文章）で出題される文章は、哲学評論から現代社会論・経済論・文学評論・芸術評論・日本語論・文化論と、ジャンルは多岐にわたり、**きわめて幅広いテーマ**が出題されています。問題文として採用されるのは、**まとまりがあって論旨のしっかりした部分**であり、分量は一題あたり三〇〇〇〜五〇〇〇字程度と読みごたえがあります。共通テストの二回の試行調査においては、実用的なテーマと絡めやすい文章が選ばれた感があり、**表や図、資料も文章とあわせて読み取ること**が求められました。いずれにしても、平素から長文を読み慣れ、まとまりごとに論旨をつかみ、じっくり展開をたどっていく習慣ができていないと、限られた時間の中で読みこなすのは難しいでしょう。

第2問：文学的な文章 例年、小説が出されています。サブの資料については、二〇二四年度本試験では、本文の理解を深める資料として、別の著者による**評論文**が追加されました。二〇二三年度本試験では**雑誌の広告**が、二〇二二年度本試験では**俳句**（三句）が、二〇二一年度第1日程では**批評**が追加されていました。第2回試行調査では、小説ではなく**詩とエッセイ**が出されました。これらは複数の題材を使うという趣旨に即して作られたものと思われます。小説では、室生犀星、太宰治、梅崎春生といった少し昔の文学者から、津村記久子、牧田真有子といった現代作家まで、実に幅広く出題されています。おおむね四〇〇〇字を超える長い文章で、一見読みやすそうですが、**心の動きのかなり深い部分まで**描かれているものが多く、本文そのものを理解するのに時間がかかります。読解力を向上させるのに好適な文章が選ばれていると言えるでしょう。

共通テストでは、**実用的な文章**や、**図表・資料**について、どのようなものが出されるか注目されていましたが、二〇二一・二〇二二・二〇二四年度の本試験ではこれといった出題がありませんでした。二〇二三年度本試験では**雑誌の広告**が出されましたが、内容の読み取り自体は容易だったと思われます。今後の出題に備えるとするなら、新課程試作問題や試行調査で出された、次のような問題に注意しておきましょう。

①**論理的な文章と図表を組み合わせたもの**（↓新課程試作問題A・B）
②**実用的な文章を主たる題材とするもの**（↓第1回試行調査第1問：生徒会規約の条文、統計表、新聞記事）
③**実用的な文章と論理的な文章を組み合わせたもの**（↓第2回試行調査第2問：ポスター＋法律の条文＋評論文）

試行調査で出題された実用的な文章は、難しい表現や複雑な論理が展開されてはいないので、大学受験を考えている高校生であれば難なく読める文章です。法律や条例の条文などは、読み慣れていないかもしれませんが、項目ごとに順序立てて内容が書かれているので、**内容の把握はそれほど難しくはない**でしょう。資料も平易なものです。ただ、資料の数が多くなると、提示された資料を前から順番に読んでいくというやり方では時間が足りなくなります。まずは、出された文章や資料を横断的に確認して分析し、**必要な情報がどれかを判断する**ことが必要となります。**資料の量を確認し、それに応じて時間配分をするという、臨機応変な対応**が求められるでしょう。

▼**第3問：言語活動の過程をより重視した問題**　新課程で追加される内容です。これについては、48ページからの「重点対策コーナー」で集中的に取り上げます。

2 設問の構成は？

共通テスト本試験の設問（最近三カ年）は、次のページの表のような内容となっています。

第1問の**漢字**（5問。ただし二〇二二年度追試験は3問）は、二〇二四年度本試験では、傍線部に相当する漢字を含む選択肢を選ぶ問題が5問でした。しかし、5問のうち2問が、「傍線部とは異なる意味を持つもの」または「傍線部と同じ意味を持つもの」を問うこともあり、**熟語における漢字の意味**が問われています。音読みだけでなく訓読みも問われることには注意が必要です。

第2問の問1は、二〇二四年度は**語意**の問題でした。第2問に語意の問題がないこともありますが、直接的に問われなくても、傍線部の内容を検討するうえで、間接的に語意の知識が必要となることもあります。今後も語意の知識を怠らないようにしましょう。

	第1問	第2問
二〇二四年度	問1：漢字の書き取り（5問） 問2：傍線部の理由説明 問3：傍線部の内容説明 問4：傍線部の理由説明 問5：文章の構成・展開に関する説明 問6：本文に関して作成された文章の推敲（3問）	問1：語意問題（3問） 問2：傍線部の内容説明 問3：傍線部の理由説明 問4：登場人物の描写の説明 問5：傍線部の心情説明 問6：本文の表現に関する説明 問7：資料をふまえた対話の空所補充（2問）
二〇二三年度	問1(i)：漢字の書き取り（3問） (ii)：漢字の意味（2問） 問2：傍線部の内容説明 問3：傍線部の理由説明 問4：傍線部の内容説明 問5：傍線部の内容説明 問6：二つの文章に関する話し合いの空所補充（3問）	問1：傍線部の状況や心理の説明 問2：傍線部の理由説明 問3：傍線部の心情説明 問4：傍線部の状況や心理の説明 問5：傍線部の内容説明 問6：傍線部の心情説明 問7：資料をふまえた文章の空所補充（2問）
二〇二二年度	問1(i)：漢字の書き取り（3問） (ii)：漢字の意味（2問） 問2：傍線部の内容説明 問3：傍線部の内容説明 問4：傍線部の内容説明 問5：文章の表現に関する説明 問6：二つの資料に関するメモの空所補充（2問）	問1：傍線部の要因説明 問2：傍線部の内容説明 問3：傍線部の心情説明 問4：登場人物の心情や様子の説明（2問） 問5(i)：資料をふまえたノートの空所補充 (ii)：登場人物の認識や心情の説明

内容を問う設問のほとんどは傍線部の内容説明や理由説明を求めるものです。第2問では、登場人物の心情やその理由なども多く問われています。しかし、表で赤字で示した最後の一問では、共通テストならではの問題が出されています。それは次のような内容です。

▼生徒の作成した文章を完成させる設問　ノートなどとして示されているのは、①本文の見出し、②本文の内容を要約したもの、③本文から発展的に学習したことのまとめです。①・②については、本文の内容をとらえられていれば無理なく解ける問題です。逆に、本文から読み取るべき内容をとらえるヒントとして活用することもできるでしょう。③に

ついては、二〇二四年度本試験の第1問が該当し、授業で与えられた「課題」に基づいて作成された文章を推敲する方策を選ぶものでした。その他の年度では、発展学習のための追加の資料として、小説や雑誌の広告、国語辞典・俳句が示されています。①〜③のいずれも、「様々な文章の内容を把握したり、適切に解釈したりする力」を問う問題と考えられます。

▼**本文を批評する文章について考える設問**　二〇二四年度本試験第2問では、本文と別の資料（文章）が追加され、その内容をもとに、本文の内容について検討する設問となっていました。二〇二一年度第1日程第2問の問6は本文の批評の内容を問うもので、特に(ii)は「評者とは異なる見解」を問うという発展的な思考力が問われました。このような新傾向の設問に対しても、十分に慣れておくことが大切です。

全体的な設問の傾向としては、いずれの大問も、きちんと「部分→全体」の流れが押さえられ、テーマや趣旨が理解されているかを問う問題です。つまり、メインの文章が正確に理解できているかを問う、現代文の本道を行く問題が中心となっています。

ただ、共通テストでは、サブとはいえ資料が追加されたことにより、複眼的な読み方を要求する設問が加えられています。二〇二四年度本試験や二〇二三年度本試験で見られたように、ディベート形式などの設問が加わることも十分に考えられるので、これらについても注意しておく必要があるでしょう。

3 難易度は？

共通テストの問題は、新しい試みを取り入れ、よく工夫された問題という意味で、難しく感じられるかもしれません。第1問の論理的な文章については、二〇二一年度第1日程は哲学的な内容が含まれていました。二〇二二年度本試験・

二〇二三年度本試験はメインの文章二つを組み合わせたものとなり、その比較対照を行う力が問われました。消去法で解く設問が増えたことも、レベルが上がったという感を強めるでしょう。

第2問の文学的な文章については、登場人物（特に主人公）の置かれた状況や心情、それらが変化していく過程を丁寧に追っていくという点で、文章の一般的な読み方と変わりません。確かに最後の設問にあるような独自の設定には多少戸惑うかもしれませんが、全体的には従来のセンター試験の難易度が踏襲されているように思われます。なお、二〇二二年度本試験の問5は、俳句の解釈などをふまえて答える問題となっていました。二〇二三年度追試験の本文にも俳句が含まれていましたが、俳句や短歌などの韻文が出題された場合は、得意不得意による差が出ると思われます。第2回試行調査でも、詩に関する設問では正答率が低くなりました。大問一題にかけられる時間を考慮すると、文章の要点を読み取り、スピーディーに選択肢を見極める能力が必要な問題と言えます。

対策

いずれの大問においても、限られた時間内での文章・資料の理解が求められるので、細部にこだわらず全体を大きく把握すると同時に、ポイントとなる箇所を正確に把握する、というスタンスで臨むのがよいでしょう。どのような文章が出題されるかによって、問題で問われることはかなり変わるはずですので、論理的な文章、文学的な文章（詩・短歌などの韻文を含む）に加え、実用的な文章など、幅広い文章を読み慣れておくことが大切です。

論理的な文章

まず大切なことは、骨のある長文の評論文を積極的に読むことです。共通テストでは素早く文意を読み取る力が必要ですので、多くの文章に接することで読解力を鍛えましょう。抽象的な文章は具体的な事柄に置き換えながら読むとわかりやすいでしょう。また、文章のジャンルでは、特に言語・芸術・哲学・社会・自然科学・文明批評などが重要分野です。読解にあたっては、次のような練習をしましょう。

●全文を通読し、三つか四つの段落に大きく分け、それぞれ何について書かれているかつかむ
●全体の流れをたどり、論旨・主題を二〇〇～三〇〇字程度にまとめてみる
●全体、またまとまりごとの標題（タイトル）をつける

文学的な文章

文学的な文章については、小説・紀行・随筆などの文章を読み、**作者や登場人物の心情にまで迫る深い理解に達する**よう心がけることが重要です。読解にあたっては、作者（あるいは出題者）の意図、表現しようとしていることをつかみ、要旨を二〇〇～三〇〇字程度にまとめる練習をすると効果的でしょう。

二〇二二年度本試験や二〇二三年度追試験では**俳句**が出題されましたが、短歌、詩なども要注意です。これらの韻文を取り上げた評論や鑑賞文を読み、**修辞技巧**を押さえるとともに、**鑑賞のポイント**を学習しておくとよいでしょう。また、散文・韻文にかかわらず、**比喩表現**が出てきた場合は、それが具体的に何を意味しているのかを考えながら読むようにしましょう。

実用的な文章・資料の読み取り

共通テスト本試験では、二〇二三年度第2問で広告が出た程度ですが、今後も何か出されるかもしれないと想定しておくことは必要でしょう。実用的な文章と呼べるものは、法律・白書などの公的文書、会議の議事録、契約書、宣伝文（チラシやインターネット広告など）、手紙やSNSの文、観光案内など、実に幅広くあります。国語の問題の素材として使うならば、例えば、野生動物の個体数の調査のような専門的な内容の文章が、環境問題（自然の保護）について述べた文章と組み合わせて出題されることが考えられます。どのようなものが出題されたとしても、その**文章や資料が何のために採用されたのか、何を読み取るべきなのか**、ということに注意しながら読んでいくとよいでしょう。なお、

新聞には、さまざまな文章や資料、広告などが掲載されていますので、これらを読んで考えを深めることは、効果的な対策となります。

図表などの資料については、その中で特徴的な部分を見つけることが大切です。また、時間的な変化を確認し、その傾向をとらえる練習をしておくとよいでしょう。図表や写真のキャプション（説明文）に読解のヒントがあることがありますので、見逃さないようにしましょう。

漢字・語意の学習を

漢字の問題は、共通テストでも引き続き出題されています。特に、同じ音読みをする漢字について、意味を理解しながら勉強していくとよいでしょう。このような問題は漢文でもよく出題されています。マーク式の出題であっても、正しい表記法や字体を覚えるためには、実際に書いて覚える練習をくり返し行っておくことが効果的です。漢字の問題集を一冊ぐらいは仕上げておきたいものです。

また、意味のわかりにくい語句に出会ったときは、そのつど国語辞典をこまめに引きましょう。一度にまとめて意味だけ覚えても効果は上がりません。文章の中で理解する習慣をつけましょう。

古文の出題内容

複数の文章を組み合わせるという形式をとることがほとんどです。二〇二三年度本試験は『俊頼髄脳』と『散木奇歌集』の組み合わせでした。どちらも連歌（複数の者が句を連ねて一首の和歌にするもの）をテーマとするもので、両者の関係が教師と生徒の話し合いという形で問われました。二〇二二年度本試験は『増鏡』、『とはずがたり』という二つの文章が提示され、二つの文章を比べて考えさせる問題も出されました。二〇二一年度第1日程は、有名出典の一つ『栄花物語』から出題され、サブテキストとして『千載和歌集』からも出題されました。一方、二〇二四年度本試験では本文は一つで、入試では見かけないようなマイナーな作品が取り上げられましたが、「本文を解説した文章」の中に『源氏物語』の記述についての言及がありました。

設問は四問または五問で、おおよそ**語意と和歌解釈と内容説明**で構成され、センター試験で出されていたような文法単独の問題はなくなりました。これは試行調査も同様でした。**古文の知識をもとに文章を正確に読解できているかを測る**という出題内容になっています。

1 出題される文章は？

最近の共通テスト、および二回の試行調査で出された文章は以下のとおりです。

● 共通テスト　古文出題一覧

＊和歌・連歌・学習プリント・ノート＝本文・注・設問内にこれらが取り入れられている。赤字は和歌・連歌の数（カッコつき数字は注における和歌の数）

＊会話＝設問内に生徒（・教師）の会話文を含む

年度等		難度	時代	ジャンル	出典		行数
2024	本試験	標準	近世	擬古物語	「車中雪」（秋山光彪）	和歌3（1）・絵	26
2023	本試験	やや難	中古	歌論	「俊頼髄脳」（源俊頼）	連歌1	24
			中古	歌集	「散木奇歌集」（源俊頼）	連歌1・会話	6
	追試験	やや難	中世	擬古物語	「石清水物語」	和歌2（1）	25
			中古	歌物語	「伊勢物語」	和歌2・学習プリント・ノート	4
2022	本試験	やや難	中世	歴史物語	「増鏡」		8
			中世	日記	「とはずがたり」（後深草院二条）	和歌1・会話	23
	追試験	標準	中古	日記	「蜻蛉日記」（藤原道綱母）	和歌3	24
			中古	歌集	「古今和歌集」	和歌1	4
2021	本試験 第1日程	標準	中古	歴史物語	「栄花物語」	和歌4	22
			中古	歌集	「千載和歌集」	和歌1	1
	本試験 第2日程	やや難	中世	擬古物語	「山路の露」	和歌2	27
第2回試行		標準	中古	物語	「源氏物語」（紫式部）		18
			中古	歌集	「遍昭集」（遍昭）	和歌1・会話	5
第1回試行		標準	中古	物語	「源氏物語」（紫式部）	和歌1	11
			中世	注釈	「原中最秘抄」（源親行）		21

出題された文章は、下図に示すように、時代では**中古が多く、中世がこれに次ぎます**。二〇二四年度本試験では、共通テストになって初めて、近世の文章が出題されました。しかし、中古以来の伝統に基づいた文体の文章でしたので、古文の対策をしてきた受験生には読みやすかったと思われます。

ジャンルの傾向としては**物語系統の作品**がやや多い印象です。二〇二三年度本試験の『俊頼髄脳』と『散木奇歌集』は、ともに連歌を含んでいましたが、物語性のある文章でした。二〇二二年度本試験は中世の『増鏡』と『とはずがたり』が並べて出題され、両者を比較させる設問もありました。試行調査では、二回ともに『源氏物語』が出題され、第1回は『源氏物語』の注釈書が、また第2回は『源氏物語』で引用された和歌があわせて出題されました。複数の資料からの出題という意味では、**注釈書**、**和歌**や**俳句**は、今後も要注意です。

また、下図に示すように、和歌を含む本文の出題頻度が高いと言えるでしょう。二〇二四年度本試験や二〇二三年度追試験のような、本文に和歌の一節のみが引用されて（注）に和歌全体が示されるというパターンも確認しておきましょう。連歌にも注意が必要です。

●出題作品・出題和歌の分析

時代別			
	中古 10回	中世 5回	近世 1回

ジャンル別	物語 2回	擬古物語 3回	歴史物語 2回	歌物語 1回	歌集 4回	日記 2回	歌論，注釈 各1回
	物語系						

一題あたりの和歌数

本文中	五首 1回	四首 2回	三首 1回	二首 2回	一首 3回

（平均2.56首）

本文＋注	五首 2回	四首 2回	二首 2回	一首 3回

（平均2.78首）

（共通テスト2021～2024年度本試験，2022・2023年度追試験，第１回・第２回試行調査における出題回数）なお，和歌数には連歌の数も含む。

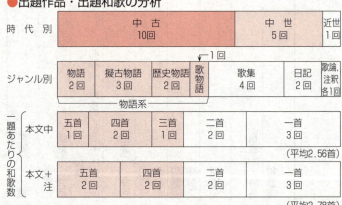

2 設問の構成は？

共通テスト本試験の設問（最近三カ年）は、次の表のような構成となっています。

年度	出典	設問
二〇二四年度	車中雪（含・和歌３首）	問１：語句の解釈（３問） 問２：傍線部の語句や表現に関する説明 問３：和歌の説明 問４：本文の解説文の空所補充（３問）
二〇二三年度	俊頼髄脳（含・連歌１首） 散木奇歌集（含・連歌１首）	問１：語句の解釈（３問） 問２：傍線部の語句や表現に関する説明 問３：段落の内容についての説明 問４：会話の空所補充（３問）
二〇二二年度	増鏡 とはずがたり（含・和歌１首）	問１：語句の解釈（３問） 問２：傍線部の語句や表現に関する説明 問３：傍線部の内容説明 問４：会話の空所補充（３問）

問１の**語意**は、単語の意味を機械的に答えればよいのではなく、辞書的な意味をふまえたうえでの**文脈に即した解釈**が求められています。

傍線部の内容や理由を問う設問では、**傍線部の前後や該当範囲の内容や心情**がきちんと読み取れているかが問われます。また、傍線をつけずに問う設問も出されています。指定された段落について問うもの、本文のキーワードについて問うもの、**各登場人物の言動・心情について問う**ものなどです。問われている事柄を把握したうえで、本文を細かく読み解く練習をしておく必要があります。

和歌解釈の設問では、二〇二四年度本試験と二〇二三年度本試験で**掛詞と絡めた解釈**が問われました。二〇二一年度第１日程では**別バージョンの和歌を示して内容の違いを読み取らせる**という新しい形式が試されました。二つの文章を組み合わせることで設問の幅が広がる好例と言える設問でした。

なお**文法問題**は、単独の問題はないものの、文章の読解や、選択肢の吟味の段階で文法の知識（**品詞分類、用言の活用、敬語など**）は必須です。また、二〇二二年度本試験の問４で出された**会話文**では、**文学史**の内容をふまえて会話が進む箇所がありました。今後も、内容に関する問題の中で、古典常識や文学史の知識などをもとに考察させるものが出される可能性があり、要注意です。

3 難易度は？

試行調査では、本文の読み取りが難しい『源氏物語』から出題されたということもあり、正答率の低い設問が目立ちました。二〇二一年度の両日程および二〇二四年度本試験の問題は、本文に和歌が含まれていたとはいえ、試行調査の問題よりは取り組みやすいものだったと言えるでしょう。二〇二二年度本試験や二〇二三年度本試験は、二つの文章を比較させる設問の割合が多かったので、これらの対策ができていたかによって差が開いたと思われます。また、消去法で解く設問が増えたために、解くのにより時間がかかったと思われます。年度により多少の変化はありますが、趣向の凝らされた出題が多い良問であると言えます。

対策

基本知識をしっかり身につける

知識としては、基本古語と古典文法と文学史をしっかり身につけることです。基本古語を三〇〇語程度、きちんと理解して覚えることが必要ですが、文脈の中での正しい意味をとらえる練習が大切です。そのためには、こまめに辞書（「全訳」と銘打つ辞書がおすすめ）を引く習慣をつけましょう。古典文法では用言・助動詞・助詞・敬語法が特に重要なので、文法の問題集などを使って学習すると効果的です。文学史の知識も本文理解に役立ちます。教科書に出てきた作品・作者について理解を深めておくことはもとより、薄い問題集でよいので一通りこなして、主要作品・作者・ジャンル・内容などを押さえ、全体の流れをつかむ学習をしておきましょう。

本文読解のために

二〇二四年度本試験や二〇二三年度追試験などのように、**中世や近世の擬古物語**が出題されることがあります。擬古文は原則として中古の文法や語彙にのっとって書かれています。したがって、対策としては、古語・文法などの**基本知識**を身につけたうえで、**中古の有名作品**のよく知られた章段を通して、解釈や文法の学習をし、確実な読解力を養っていくことが大事です。また、ぜひとも心がけてほしいのは、**音読（声を出して読む）練習**です。音読することで、基礎事項が頭と体で覚えられます。

物語系統の文章では、本文に登場する人物について問われることが多いので、**人物に注意しながら読む練習**が効果的でしょう。主語が省略されている場合は要注意です。本文とあわせて、**登場人物の系図**が載せられることがありますが、ない場合も、自分で簡単な系図を書きながら読み進めると、人物どうしの関係がわかりやすくなります。

古典常識を身につける

十二支や月の異名など、古文読解の背景となる知識を、「国語便覧」などで確実に身につけましょう。**枕詞・掛詞・序詞・縁語**など**和歌修辞**の学習も忘れないように。これらの理解が、解答を導く鍵となることがあります。『大学入試 知らなきゃ解けない古文常識・和歌』（教学社）で、問題を解きながら古文常識や和歌修辞を学ぶのもよいでしょう。

さらに得点アップをねらう人には、『共通テスト古文 満点のコツ』（教学社）がおすすめです。共通テストレベルの古文の読み方と、各設問への取り組み方のコツがわかりやすく解説されています。重要古文単語や和歌修辞など、知識分野のまとめも充実しています。

漢文の出題内容

共通テストの漢文では、**複数のテキスト**の出題が多く、その中に**漢詩**が含まれるパターンが目立ちます。第1回試行調査でも漢詩が出題されていました。漢詩の出題率が高いという点には気をつけておく必要があります。設問は語意、訓点、書き下し文、口語訳などが出題されています。現代文・古文と比べると**全体の長さは短く**、**比較的平易**です。つまり、**基礎知識と漢文に対する慣れ**が問われているのであり、きちんと対策をすれば、満点の取りやすい分野です。逆に、対策を怠れば、他の受験生に大きく差をつけられてしまう危険性があります。

1　出題される文章は？

共通テスト、および二回の試行調査で出された文章は次ページのとおりです。

二〇二四年度本試験は、**漢詩**と、それに対する注釈が組み合わされた出題でした。二〇二三年度本試験は、『白氏文集』の一節を【予想問題】と【模擬答案】に構成し直した文章でした。二〇二二年度本試験は、出典としては『䇿経室集』という清代の一冊の書物でしたが、**漢詩**とその序文が出題されました。二〇二一年度第1日程は宋代の**漢詩**と戦国時代の『韓非子』の組み合わせでした。共通テストでは、戦国時代の韓非子から、明・清代まで、**幅広い時代の文章や漢詩**が出題されています。また、日本人による漢文の出題もみられます。いずれにせよ、現代文・古文に比べると**文章そのものは短く平易**で、**話の筋がたどりやすいもの**がほとんどです。

共通テスト　漢文出題一覧

＊会話＝設問内に生徒（・教師）の会話文を含む
＊レポート・資料・図・絵＝本文や設問内にこれらを含む

年度等		難度	時代	ジャンル	出典	行数
2024	本試験	やや易	唐	詩	「華清宮」（杜牧）　絵	4
			宋	注釈	「詩林広記」（蔡正孫）	7
			宋	注釈	「考古編」（程大昌）	3
2023	本試験	標準	中唐	評論	「白氏文集」（白居易）	10
	追試験	標準	江戸	史伝	「洋外紀略」（安積艮斎）　会話・資料	5
			明	思想	「性理大全」（胡広ら）	4
2022	本試験	標準	清	序文	「揅経室集」（阮元）	7
				詩		4
	追試験	やや難	北宋	文章	「重編東坡先生外集」（蘇軾）	9
			後晋	史伝	「旧唐書」	3
2021	本試験第1日程	標準	北宋	詩	「欧陽文忠公集」（欧陽脩）	11
			戦国	思想	「韓非子」　絵	4
	本試験第2日程	標準	北宋	説話	「墨池記」（曾鞏）	8
			唐	史伝	「晋書」	2
第2回試行		標準	現代	注釈	訳注『荘子』（金谷治）	2
			元末明初	説話	「郁離子」（劉基）　会話	9
第1回試行		標準	前漢	史伝	「史記」（司馬遷）	5
			江戸	詩	「太公垂釣図」（佐藤一斎）　レポート・図	4

2 設問の構成は？

年度	出典	設問
二〇二四年度	華清宮（漢詩） 詩林広記 考古編	問1：漢詩の形式と押韻 問2：短い語句の解釈（3問） 問3：返り点と書き下し文 問4：資料をふまえた傍線部の解釈 問5：複数の資料の一致・不一致を問う 問6：資料をふまえた詩の鑑賞
二〇二三年度	白氏文集	問1：短い語句の解釈（3問） 問2：傍線部の解釈 問3：返り点と書き下し文 問4：傍線部の比喩説明 問5：空所補充と書き下し文 問6：傍線部の内容 問7：文章の主旨の説明
二〇二二年度	擎経室集（含・漢詩）	問1：漢字の意味（3問） 問2：返り点と書き下し文 問3：傍線部の解釈 問4：漢詩の形式と押韻・対句 問5：書き下し文 問6：あるものが登場する順序 問7：筆者の心情の説明

共通テスト本試験の設問（最近三カ年）は、上の表のような構成となっています。

漢文の問題では古文以上に知識がものを言います。読みや書き下し文の問題はもちろん、口語訳や内容説明の問題でも、**単語・句法の理解が絡んできます**。共通テストにおいても、**正確な知識**と、それをふまえた**読解力**が問われています。表のうち赤字の設問はまさしく知識の有無が正誤に直結します。

複数の文章を対象とする問題もよく出されています。二〇二四年度本試験は問4～問6が複数の文章を対象とする設問でした。二〇二二年度本試験は、二つの素材文に出てくる「場所」の正しい**時系列**を選ばせる設問、両者から読み取れる**心情**を問う設問がありました。二〇二一年度第1日程の問3と問6は**二つの文章の関連**を問うという、**思考力や総合力が試される設問**でした。複数の文章が出された場合は、今後もこのような設問が必ず出されると考えられるので、過去問で慣れておきましょう。とはいえ、基礎知識が身についていて本文全体の内容が理解できていれば、問題なく正解にたどりつけるものです。

3 難易度は？

文章そのものは比較的短く、まとまりのある文章が選ばれているので、全大問の中で最も取り組みやすい問題になる確率が高いと言えます。ただし、漢詩や、故事をふまえた文章が出された場合、実力差がはっきりと現れます。

対策

✔ 漢字の読み・意味を大切に

漢文を構成する「パーツ（要素）」は漢字であり、過去の共通テストでも、字の訓読みや文脈に合う二字熟語が問われています。特別な意味や多くの意味をもつ頻出の重要字はもちろん、本文中で理解のあいまいな漢字に出会った際は、たとえ設問に直接関わらなくても、読み方や意味を漢和辞典・参考書で必ず確認する習慣をつけましょう。

✔ 文構造を見抜き、訓点に慣れる

古い中国語を古い日本語（古文）に直したものが漢文です。ゆえに、パッと見て原文（白文）の大まかな語順や構文がわかること（述語にあたる語を手がかりに他の語の品詞や省略された要素を考えるとよい場合が多い）、それを返り点・送りがなに従ってスムーズに日本語に読み下せることが重要です。そのためには、古文学習における用言活用・助詞・助動詞を基本として、日頃から漢文を音読して読む速度を上げる練習がおすすめです。

重要句法を確実に習得する

中国語を日本語化するための知恵である**句法**は、漢文学習の要です。基本的な句形、置き字・再読文字・返読文字、複合語などは共通テストでも必須の知識であり、文法書を繰り返し参照してしっかり身につけてください。その際、それぞれの句法がどのように文の形（語順や要素）を決めるのか、どのような送りがな・接続を用いるのかにも留意し、自分で口語訳できるまでになると、解答の速度と精度が上がります。

特に以上の三項目については、必修単語の読み・意味から重要句法まで、漢文の読解に必要な事項をコンパクトにまとめた『共通テスト漢文 満点のコツ』（教学社）での学習もおすすめです。

主題・ジャンルを意識した演習を

漢字（パーツ）の知識と訓点・句法（ルール）の習得をもとに、文章を読む実践演習（ゲーム）を重ねて、**経験に裏打ちされたカンを磨きましょう。**古文と同じく漢文でも、文章の主題や作品のジャンル（たとえば、君臣の関係を理詰めで説く評論もあれば、庭園の蝶をめぐる筆者の心情を述べた随筆・詩もある）を意識・整理しながら解くと、読解の大枠や方向性が定まり、初見の問題にも対応しやすくなります。

漢詩と文学史・思想史の知識も

共通テストでは漢詩の出題も比較的多いので、**形式**（**詩型**）・**構成**・**押韻**・**対句**など、漢詩の基本知識を一通り理解しておきましょう。また、**漢文学**（唐代を中心とする主要な作品・作者）や**思想**（儒家・道家・法家など春秋・戦国時代の諸子百家の主張・基本概念）の歴史について把握しておくことが望ましく、代表的な**故事成語**も知っておくと内容の理解に役立つことがあるでしょう。

効果的な過去問の使い方

過去問演習は共通テスト対策の土台・基礎づくりになります。共通テストに向けて、過去問や試行調査の問題をどのように活用して対策をすればよいか、五箇条にまとめてみました。

第1条 多くの文章を読み込んで読解力を鍛えよう！

共通テストでは、複数の文章・資料を題材とする出題が予想されますが、まずは**一つの文章をしっかり読むこと**ができていないと、複数の文章を読み取ることなど、とてもできません。さまざまな文章を素材に、文章の読解力を鍛えることが最も重要です。設問には漢字の書き取りや語句の意味・文法・句法など知識を問うものもありますが、それらは全体の2割程度であり、しかも文脈の理解が必要なものもあります。したがって、過去問を解くことで、**知識事項につ いても、文章の中で理解する習慣をつける**ことができるでしょう。また、共通テストの設問の大半は、今後も、**文脈の理解**や**全体の主旨に関するもの**になることが予想されますので、少しでも多くの、まとまった文章を読み込んでおかなければなりません。

これまでに出題された多くの文章を読むことは、共通テストで求められる思考力・判断力・表現力を向上させるうえで、必ず役に立ちます。評論では**文章の構造**を、小説では**登場人物の心情**をきちんと把握できるように心がけましょう。

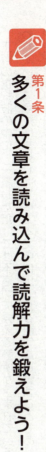

第2条 自分で答えをつくる練習を！

選択肢のある設問では、設問文を見て、自分なりの解答を頭に思い浮かべる前にすぐに選択肢を読んでしまう人がいます。それは思考を停止させることになりますし、早合点をしてひっかけの選択肢を選んでしまうことにもなりかねません。本文を、内容の切れ目となる段落まで、あるいは最後まで読み、それから設問文に目を通し、**自分で答えをつくってから選択肢にあたれば、迷うことも少なくなるはず**です。必ずしも完全な形の文にまとめる必要はありません。キーワードを二、三考えておくだけでもよいのです。入試で国語が課されるのは共通テストだけという人も、多少時間がかかっても少しガマンしてじっくりと読み、**本文を根拠に、まず自分で考える**習慣をつけたいものです。

正解の選択肢の中に、一読しただけでは不適切に見える箇所が含まれていることもあれば、不正解の選択肢でも、使われている言葉だけを見ればすべて本文中に出てくる語句だということもあります。先に選択肢を読むと、このような理由で正解の選択肢をはずしてしまう恐れがあるのです。早合点はワナに落ちるもとです。

本書の解説においても、多くの設問で、選択肢を検討する前に、設問に対する答えを数十字の**赤字**でまず示し、そのあと、それと各選択肢との相違を検討しています。このように、**いったん自分なりの解答をつくり、文章にまとめる**というやり方を続けると、**表現力だけでなく、思考力や、文章の要約力が鍛えられます**。これは、大学の個別試験で国語の問題を解くときにも、必ず役立ちます。自分の解答をつくることは、最初は時間がかかると思いますが、日頃の問題演習で心がけていれば、着実に力がついてくるはずです。良問ぞろいの過去問を使って、ぜひ取り組んでほしいと思います。

第3条 共通テストならではの形式に慣れる

これまで見てきたように、共通テストの問題には、複数資料、言語活動の過程の重視、多角的な思考力を問うなどの特徴があります。また、設問については、年度によって多少の変動はあるものの、次のような出題例を特徴として挙げることができます。過去問や試行調査の問題にできるだけ多く取り組み、実戦的なカンを養ってください。

選択肢の文章が長い

長いものでは、3行にわたる選択肢もあります。そのような場合、まずは**文末から検討する**、あるいは、**いくつかの部分に分けて検討する**ようにすると、判別がスムーズになります。迷う設問については、**本文の主旨に最も近いものを**選びましょう。

本文に合致する具体例を問う

具体例であるためにはどのような条件が必要なのかを、本文から見極めてください。自分なりに適当な具体例を考えてから選択肢を吟味するとよいでしょう。

表現の特徴を問う

論理的な文章なら、**論理・引用・文体**について問われます。文学的な文章は、**視点・技巧・文体**などの特徴が問われます。表現に関する用語（直喩、隠喩、擬人法、演繹法、帰納法、反語、倒置、叙事的／叙情的など）の意味について把握しておく必要があります。

第4条 時間配分の感覚をつかむ

過去問演習で必ずやっておきたいのは、**時間配分の確認と練習**です。解答に時間制限がある以上、正確かつスピーディーに解答することが求められます。前半の**現代文で泥沼にはまってしまい、時間がなくてあせった**、という話をよく聞きます。古文と漢文に十分時間をかけられないまま、しかも現代文も得心のいかないままで終わってしまうというのはありがちなことです。

古文と漢文、特に漢文は、文章が比較的平易で実力通りに得点できる設問が多くあることが期待されます。本文の量とレベル、選択肢の文章量と紛らわしさを考えると、**時間がかかるのは現代文**なのです。そして現代文は、時間が十分にあって落ち着いて考えられれば、つまらないところにひっかかったり、思い違いをしたりしないで済みます。

さらに、二〇二五年度からは試験時間が一〇分長くなり、現代文の配点が一〇点増えて一一〇点になります。したがって、**現代文にどれだけの時間をあてられるか**がポイントになるのではないでしょうか。

二〇二五年度は、試験時間の九〇分をどのように配分するのがよいか、迷っている人が多いでしょう。大学入試センターから公表されている新課程試作問題は、第A問は解くのに少なくとも一五分ぐらいはかかりそうですし、第B問も一〇分で解き終えるのは難しそうです。以上のことをふまえて、次のような時間配分パターンを示しておきます。

▼1 まず**漢文**を**一二〜一三分**を目安に解く（長くとも一五分まで）

▼2 続いて**古文**を**二〇分以内**で解く（できれば一七〜一八分で）（ここまでで三〇分が理想）

▼3 **現代文の論理的文章・文学的文章**は本文読解に時間をかけ、それぞれ**二〇分程度**で解きたい

▼4 現代文の**「新課程試作問題」**型問題は**一二〜一三分**を目安に

▼5 **全体の見直し**に**三〜五分**ほど確保したい（やり残した設問はここで吟味しよう）

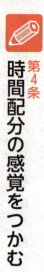

ただし、ここに挙げた時間配分のパターンでは、古文と漢文が多少難しくても要領よく解けるだけの実力が必要です。このパターンにこだわる必要はありませんが、時間配分にはくれぐれも留意しましょう。**自分の得意なもの、泥沼にはまる恐れの最も少ないものから取りかかることが肝要です。**大問によって、出される文章や資料の量に差がある可能性もありますので、文章・資料が少なめの大問から解き始めるのもよいでしょう。いずれにしろ、**一題に時間をかけすぎてはいけません。**特に試験時間の**前半では一題二〇分までを目安に**して、たとえ途中でも次の大問に移り、残った時間で、やり残した設問を再び解くようにするとよいでしょう。少し時間をおくことで冷静になり、また違った視点からアプローチすることも可能になります。

九〇分という時間、集中して国語の問題に取り組むのは、想像するよりも大変です。本書には、新課程試作問題および その模擬問題を合計三つ収載しています（新課程試作問題は48ページからの「重点対策コーナー」に収載、模擬問題は「実戦創作問題」の第3問として収載）。従来の共通テストの過去問四題（評論・小説・古文・漢文）と、新課程試作問題型の一題を組み合わせて、**五題を九〇分で解く**という練習を重ねて、来るべき本番に備えましょう。

第5条 基本的な知識を問う設問で確実に得点を

共通テストでは読解力を問う設問が多いとは言うものの、漢字など、**基本的な知識を問う設問も引き続き出されています。**古文・漢文では、単語・文法・句法などの知識をもとに考えさせる問題も多く出されています。このような設問に時間を取られてしまうと、全体の時間配分に響きます。特に、古文・漢文の実力をしっかりつけておくことは、実際の試験において、**現代文に十分な時間をかけることを可能にします。**過去問で、どのような設問が出ているかを確認するとともに、覚えた分だけ、身についた分だけ得点になりやすいところを大切にしましょう。

重点対策コーナー

ここでは、新課程で新たに加わる「言語活動の過程をより重視した問題」について、重点的に取り上げます。詳しい分析をもとに攻略法をまとめました。新課程ならではの問題にぜひ挑戦してください。

まず、新課程試作問題について説明しておきます。『国語』の新課程試作問題は、「令和7年度大学入学共通テスト『国語』に新たに追加する大問（近代以降の文章）について、具体的なイメージを共有するために作成・公表するものです」と説明されています。「第A問」「第B問」の二種類が作成され、六五六名の受験者によるモニター調査が実施されました（二〇二二年十一月）。二〇二五年度の共通テストの問題作成にあたっては、このモニター調査の結果なども踏まえて、問題の内容や分量が調整されます。

したがって、本番では、新課程試作問題に少し調整が加えられた出題となる可能性がありますが、どんな問題が出されるかの一番のヒントは、新課程試作問題にあります。次の表に、特徴を簡単にまとめました。

	文章・資料	設問	配点
試作問題A	文章2つ（横書き、合計42行） 図1つ グラフ3つ 生徒のレポートの目次	3問・解答個数5個	20点
試作問題B	生徒のレポート グラフ5つ 文章2つ（縦書き、合計32行、図を含む）	4問・解答個数5個	20点

以上から、次のような点に注意する必要があります。

1 言語活動の過程の重視

A・Bどちらにも「生徒のレポート」があります。文章や資料をどうとらえ、どのように要約するか、という学習の過程を、設問の形で問うています。また、試作問題Bには、レポートの内容を補足する方策について問う設問がありました。さまざまな視点から物事を考えることが求められます。

2 短文と図表の読み取り

これまでの他の大問と比べると、文章の量は少なめです。変わって、図やグラフが多数出されています。各資料で読み取るべきポイントは何か、問われているのはどの資料のどの箇所か、といったことを把握して、設問に対応することが必要です。

3 時間配分の難しさ

新課程では試験時間が一〇分長くなりますが、一〇分で新課程試作問題のような問題を正確に解くことは、慣れていないとかなり難しいと思われます。個々の文章や資料のポイントを素早く読み取ることが必要です。

対策

1 文章読み取りのポイント

論理的な文章や文学的な文章の読解においては、〈筆者が主張したいのはどういうことか〉ということを読み取るのが中心になりますが、新課程試作問題では、事実について説明されている箇所が出題されています。したがって、**書かれている事実を客観的に把握し、他の資料や選択肢などと照らし合わせる**という読み方が必要となります。専門性の高い文章が選ばれる可能性もありますが、難解な語句には注がつくはずですので、どんな文章が出題されてもたじろぐことなく、落ち着いて読み取るようにしましょう。

文章が複数出された場合は、**中心となる文章（読み取りの基準とする文章）**を一つに決めることができれば、それをよりどころにして、他の文章との比較がしやすくなります。練習問題で、メインの文章とそれ以外の資料を照合する練習をしておきましょう。

2 グラフ・図・統計表の読み取りのポイント

グラフや統計表については、まず、**見出しの内容**を正確に把握すること。たとえば、特定の地域や年代を対象とするデータなのか、日本の全国民を対象とするデータなのかによって、表される内容はまったく変わります。また、複数の変化を示すような、複雑なグラフには、**凡例**や**注意書き**が詳しくついているはずですので、それも見逃さないようにしましょう。たとえば、「0《ゼロ》」という数値が意味する内容も、グラフによって変わるので、注意してください。

具体的な分析においては、**特徴的な部分**（数値が最大／最小になる部分や、変化の大きな部分）に注目すること。また、**変化の傾向**（増加／減少／変化なし）を見るようにしましょう。

新課程の共通テストでは、文章と資料との関連が問われるでしょう。中心となる資料との関連で、**図や表が使われている意図（何を考えさせるために提示されているのか）**をつかむことが重要です。たとえば、次のような意図が考えられます。

▼文章の内容を**要約**したり、**項目**を分けたりして示す
▼文章の説明の**根拠となる**データを示す
▼文章の内容を**補足する**データを示す
▼文章の内容とは**異なる**データを示す

文章とまったく関係のない資料は出されないはずだと考えて、どういう関連性があるかをつかむようにしましょう。

また、**資料から得られる結論や考察**についても問われる可能性があります。新聞や資料集などで図表を見たら、自分なりに分析して考察したうえで、掲載されている図表解説の内容と合致しているか確認する、といった練習をすると効果的です。

新課程入試では、**複数の資料**（図、絵、表など）を組み合わせて出題されることも考えられます。たとえば次のページのような図表の読み取りについて、後の各文の正誤を考えてみてください。

図表　温室効果ガスの種類とその特徴

≪温室効果ガスの種類≫

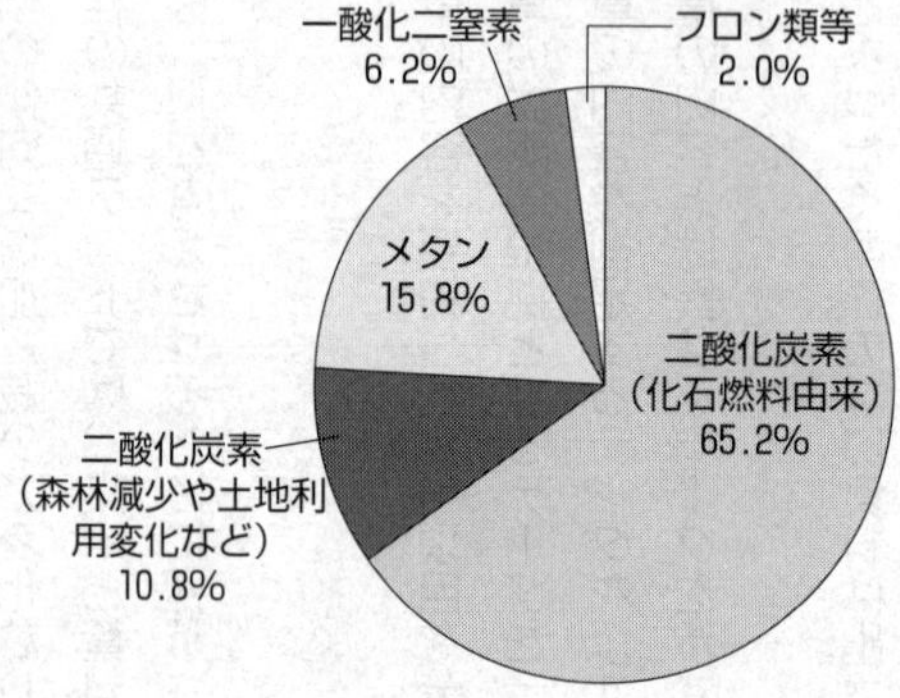

(SDGs CONNECT「温室効果ガスには種類がある？—割合から発生源、削減方法も徹底解説」(2022年7月22日) 掲載の、気象庁「温室効果ガスの種類」より作成)

≪温室効果ガスの特徴≫

国連気候変動枠組条約と京都議定書で取り扱われる温室効果ガス

温室効果ガス		地球温暖化係数※	性質	用途・排出源
CO_2	二酸化炭素	1	代表的な温室効果ガス。	化石燃料の燃焼など。
CH_4	メタン	25	天然ガスの主成分で、常温で気体。よく燃える。	稲作、家畜の腸内発酵、廃棄物の埋め立てなど。
N_2O	一酸化二窒素	298	数ある窒素酸化物の中で最も安定した物質。他の窒素酸化物(例えば二酸化窒素) などのような害はない。	燃料の燃焼、工業プロセスなど。
HFCs	ハイドロフルオロカーボン類	1,430 など	塩素がなく、オゾン層を破壊しないフロン。強力な温室効果ガス。	スプレー、エアコンや冷蔵庫などの冷媒、化学物質の製造プロセス、建物の断熱材など。
PFCs	パーフルオロカーボン類	7,390 など	炭素とフッ素だけからなるフロン。強力な温室効果ガス。	半導体の製造プロセスなど。
SF_6	六フッ化硫黄	22,800	硫黄の六フッ化物。強力な温室効果ガス。	電気の絶縁体など。
NF_3	三フッ化窒素	17,200	窒素とフッ素からなる無機化合物。強力な温室効果ガス。	半導体の製造プロセスなど。

参考文献：3R・低炭素社会検定公式テキスト第2版、温室効果ガスインベントリオフィス

※地球温暖化係数とは、温室効果ガスそれぞれの温室効果の程度を示す値です。ガスそれぞれの寿命の長さが異なることから、温室効果を見積もる期間の長さによってこの係数は変化します。ここでの数値は、京都議定書第二約束期間における値になります。

(全国地球温暖化防止活動推進センター「温室効果ガスの特徴」)

①温室効果ガスの種類・割合だけでなく地球温暖化係数が示されることで、温室効果ガスの排出の影響について、より正確なイメージが持てる。

②温室効果ガスの性質だけでなく用途・排出源が示されることで、日常生活を支えるさまざまなものが温暖化に影響していることを、より深く理解できる。

③円グラフの「メタン」「フロン類等」について、表に前者は示されているが、後者はなく、表には温室効果ガスのすべてが示されていないことがわかる。

①・②は妥当な読み取りですが、③については、「HFCs」と「PFCs」の「性質」欄に「フロン」とあるので、③の「後者（＝フロン類等）はなく」は誤りと判断できます。

こういった【資料】については、あくまで「国語」の問題として出題されていますので、他の教科で学んだ知識を参照しながら考えるというよりは、提示された資料をもとに考えることが求められると思われます。苦手な分野の内容が出されたとしても、ひるむ必要はありません。逆に、得意な分野が出された場合も、思い込みで問題にあたると、与えられた資料の読み取りがおろそかになるおそれがあります。どのような分野の問題についても、**書かれている内容に沿って考える**という態度で臨むようにしましょう。

次のページ以降に、新課程試作問題A（練習問題1）、新課程試作問題B（練習問題2）を載せています。以上の点に注意して解いてみてください。また、実戦創作問題には、第3問に、この新課程試作問題に準じた問題を配していま す。5題を試験時間九〇分で解く練習もしておきましょう。

●練習問題1

問題 次の【資料Ⅰ】（文章、図、グラフ1～グラフ3）と【資料Ⅱ】は、気候変動が健康に与える影響について調べていたひかるさんが見つけた資料の一部である。これらを読んで、後の問い（問1～3）に答えよ。（配点 20）

▼目標時間 15分

【資料Ⅰ】

文章　健康分野における、気候変動の影響について

ⓐ気候変動による気温上昇は熱ストレス[注1]を増加させ、熱中症リスク[注2]や暑熱による死亡リスク、その他、呼吸器系疾患等の様々な疾患リスクを増加させる。特に、ⓑ暑熱に対して脆《ぜい》弱性が高い高齢者を中心に、暑熱による超過死亡[注3]が増加傾向にあることが報告されている。年によってばらつきはあるものの、熱中症による救急搬送人員・医療機関受診者数・熱中症死亡者数は増加傾向にある。

ⓒ気温の上昇は感染症を媒介する節足動物[注4]の分布域・個体群密度・活動時期を変化させる。感染者の移動も相まって、国内での感染連鎖が発生することが危惧される。これまで侵入・定着がされていない北海道南部でもヒトスジシマカの生息が拡大する可能性や、日本脳炎ウイルスを媒介する外来性の蚊の鹿児島県以北への分布域拡大の可能性などが新たに指摘されている。

外気温の変化は、水系・食品媒介性感染症[注5]やインフルエンザのような感染症類の流行パターンを変化させる。感染性胃腸炎やロタウイルス感染症、下痢症などの水系・食品媒介性感染症、インフルエンザや手足口病などの感染症類の発症リスク・流行パターンの変化が新たに報告されている。

猛暑や強い台風、大雨等の極端な気象現象の増加に伴いⓓ自然災害が発生すれば、被災者の暑熱リスクや感染症リスク、精神疾患リスク等が増加する可能性がある。

2030 年代までの短期的には、ⓔ温暖化に伴い光化学オキシダント・オゾン等の汚染物質の増加に伴う超過死亡者数が増加するが、それ以降は減少することが予測されている。

健康分野における、気候変動による健康面への影響の概略は、次の図に示すとおりである。

（注）1　熱ストレス……高温による健康影響の原因の総称。
2　リスク……危険が生じる可能性や度合い。
3　超過死亡……過去のデータから統計的に推定される死者数をどれだけ上回ったかを示す指標。
4　感染症を媒介する節足動物……昆虫やダニ類など。
5　水系・食品媒介性感染症……水、食品を介して発症する感染症。

図

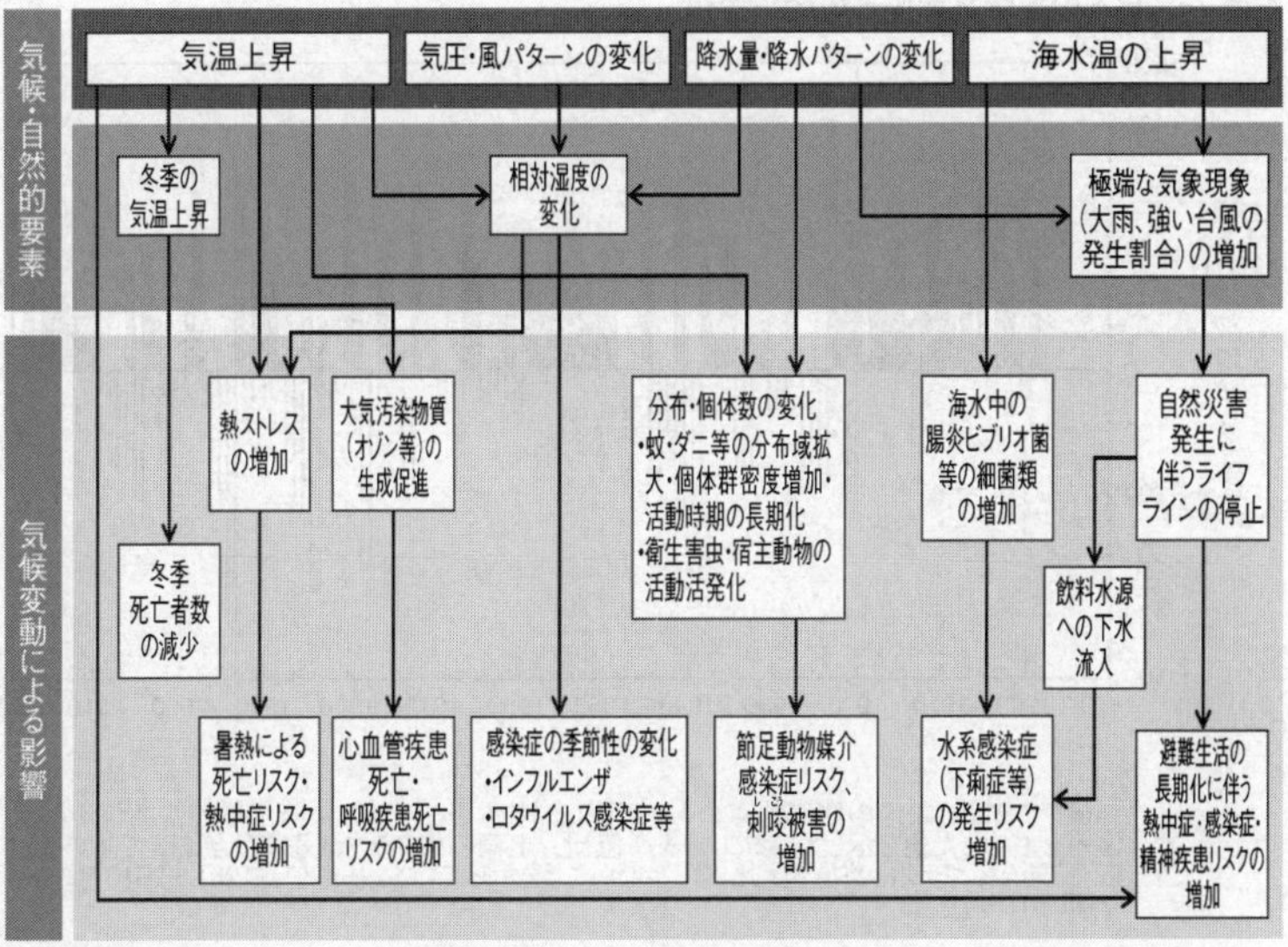

（文章と図は、環境省「気候変動影響評価報告書 詳細（令和２年 12 月）」をもとに作成）

グラフ1 日本の年平均気温偏差の経年変化

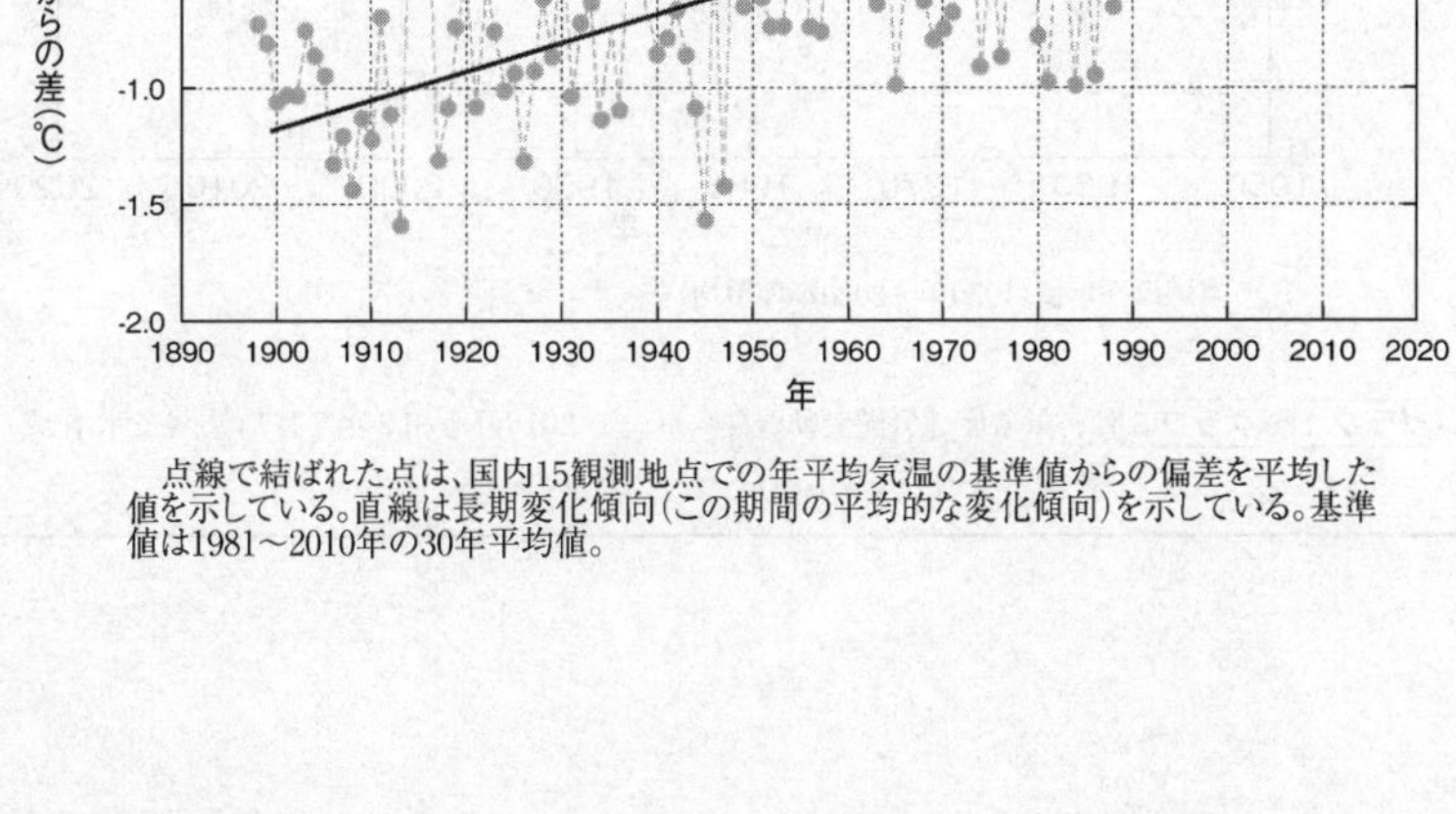

点線で結ばれた点は、国内15観測地点での年平均気温の基準値からの偏差を平均した値を示している。直線は長期変化傾向（この期間の平均的な変化傾向）を示している。基準値は1981～2010年の30年平均値。

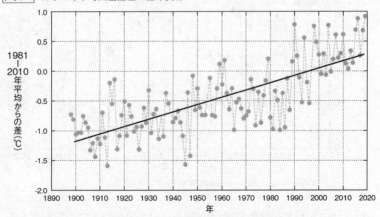

グラフ2　日本の年降水量偏差の経年変化

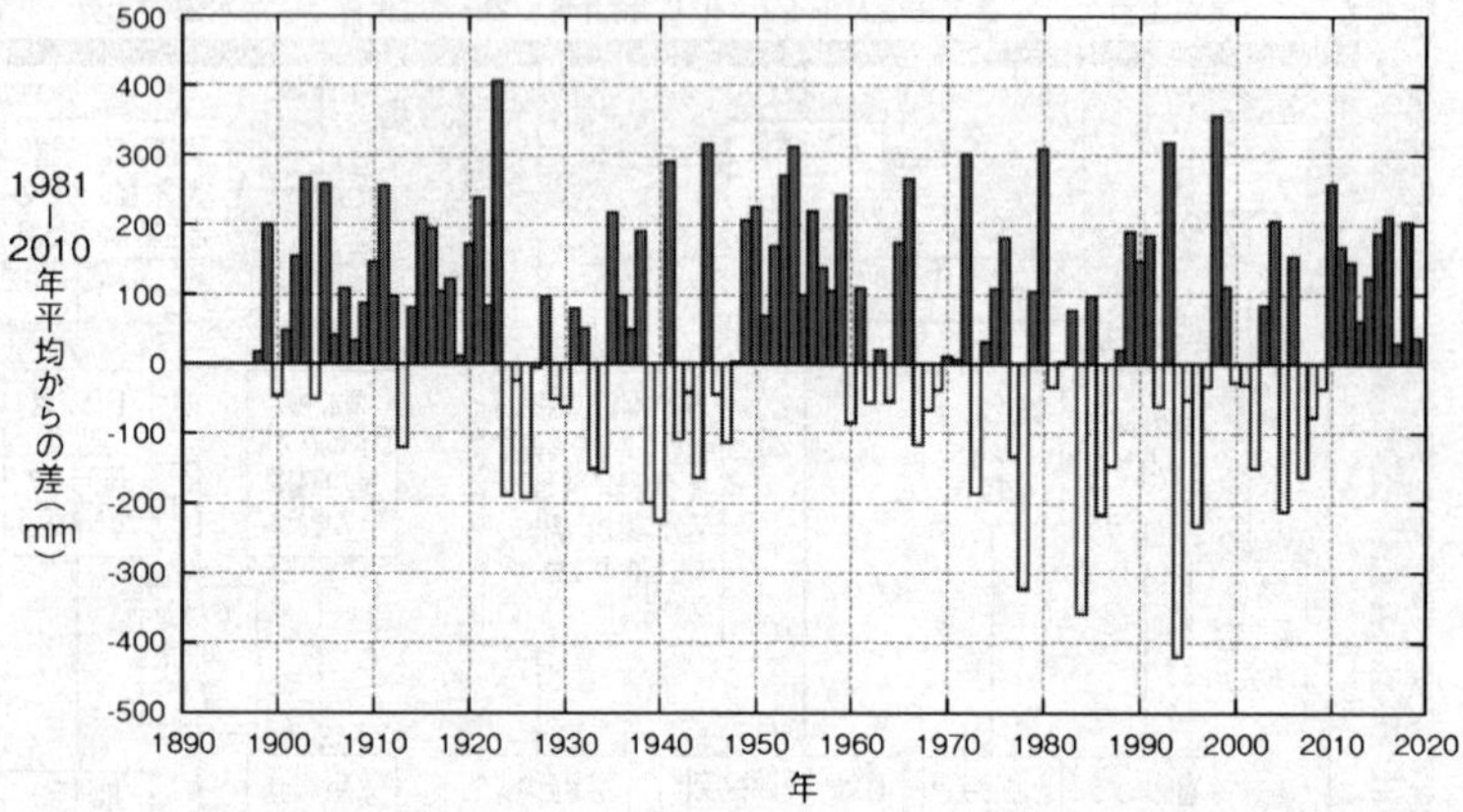

棒グラフは気象庁の観測地点のうち、国内51地点での各年の年降水量の基準値からの偏差を平均した値を示している。0を基準値とし、上側の棒グラフは基準値と比べて多いことを、下側の棒グラフは基準値と比べて少ないことを示している。基準値は1981～2010年の30年間の平均値。

グラフ3　台風の発生数及び日本への接近数

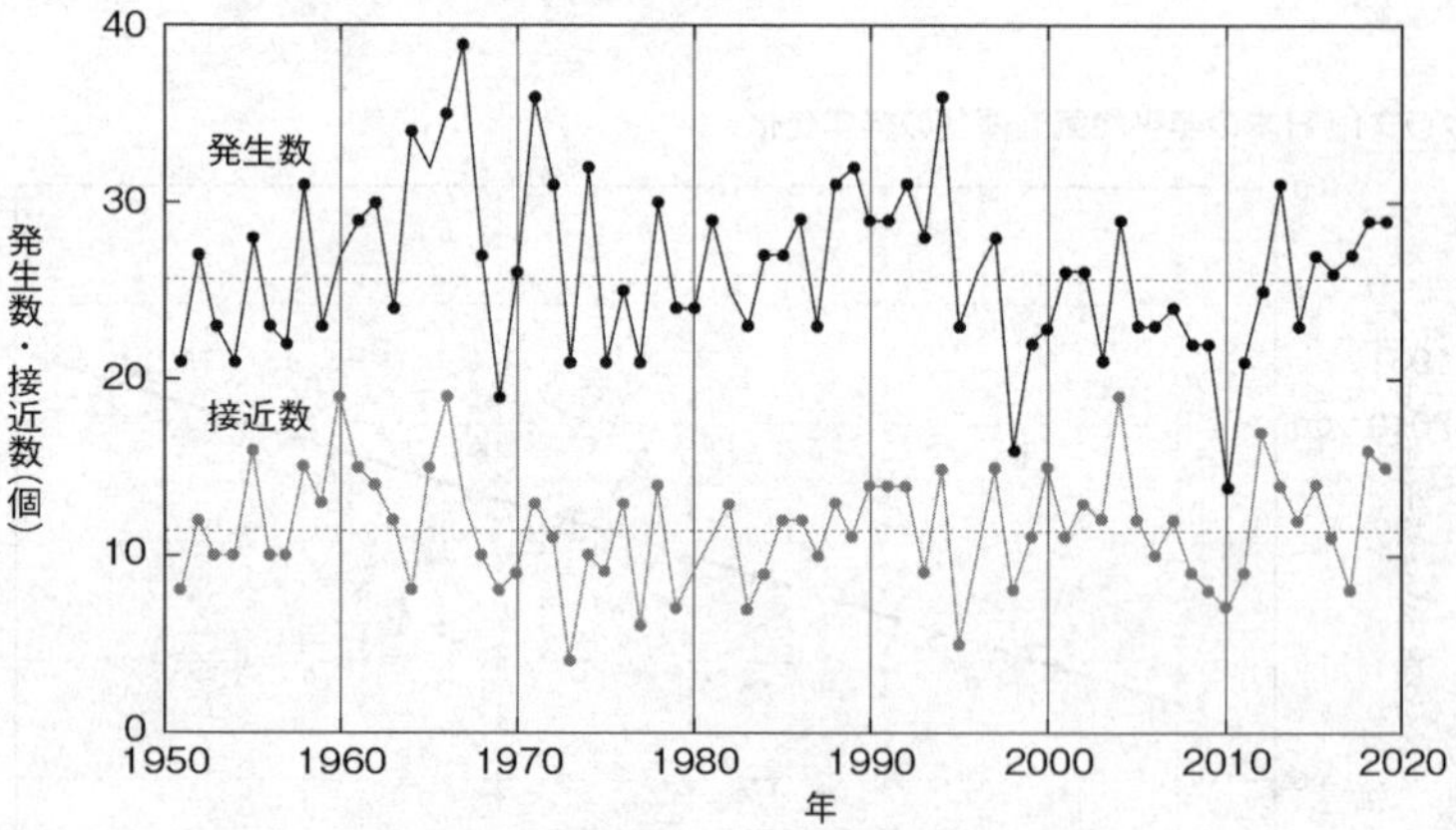

点線は平年値（1950年～2020年の平均）を表す。

（グラフ１～グラフ３は、気象庁「気候変動監視レポート 2019（令和２年７月）」をもとに作成）

【資料Ⅱ】

地球温暖化の対策は、これまで原因となる温室効果ガスの排出を削減する「緩和策」を中心に進められてきた。しかし、世界が早急に緩和策に取り組んだとしても、地球温暖化の進行を完全に制御することはできないと考えられている。温暖化の影響と考えられる事象が世界各地で起こる中、その影響を抑えるためには、私たちの生活・行動様式の変容や防災への投資といった被害を回避、軽減するための「適応策」が求められる。例えば、環境省は熱中症予防情報サイトを設けて、私たちが日々の生活や街中で熱中症を予防するための様々な工夫や取り組みを紹介したり、保健活動にかかわる人向けの保健指導マニュアル「熱中症環境保健マニュアル」を公開したりしている。これも暑熱に対する適応策である。また、健康影響が生じた場合、現状の保健医療体制で住民の医療ニーズに応え、健康水準を保持できるのか、そのために不足しているリソース[注1]があるとすれば何で、必要な施策は何かを特定することが望まれる。例えば、21 世紀半ばに熱中症搬送者数が 2 倍以上となった場合、現行の救急搬送システム（救急隊員数、救急車の数等）ですべての熱中症患者を同じ水準で搬送可能なのか、受け入れる医療機関、病床、医療従事者は足りるのか、といった評価を行い、対策を立案していくことが今後求められる。また緩和策と健康増進を同時に進めるコベネフィット[注2]を追求していくことも推奨される。例えば、自動車の代わりに自転車を使うことは、自動車から排出される温室効果ガスと大気汚染物質を減らし（緩和策）、自転車を漕《こ》ぐことで心肺機能が高まり健康増進につながる。肉食を減らし、野菜食を中心にすることは、家畜の飼育過程で糞《ふん》尿などから大量に排出されるメタンガスなどの温室効果ガスを抑制すると同時に、健康増進につながる。こうしたコベネフィットを社会全体で追求していくことは、各セクター[注3]で縦割りになりがちな適応策に横のつながりをもたらすことが期待される。

（橋爪真弘《はしづめまさひろ》「公衆衛生分野における気候変動の影響と適応策」
〈『保健医療科学』Vol.69 No.5（2020年10月）pp.403-411〉による）

（注）1　リソース……資源。
2　コベネフィット……一つの活動が複数の利益につながること。
3　セクター……部門、部署。

問1　**【資料Ⅰ】**文章と図との関係について、次の（ⅰ）（ⅱ）の問いに答えよ。

（ⅰ）　文章の下線部ⓐ〜ⓔの内容には、図では**省略されているものが二つ**ある。その二つの組合せとして最も適当なものを、次の①〜⑤のうちから一つ選べ。
解答番号は　1　。

①　ⓑとⓔ
②　ⓐとⓓ
③　ⓒとⓔ
④　ⓑとⓓ
⑤　ⓐとⓒ

（ⅱ）　図の内容や表現の説明として**適当でないもの**を、次の①〜⑤のうちから一つ選べ。解答番号は　2　。

①　「気候変動による影響」として環境及び健康面への影響を整理して図示し、文章の内容を読み手が理解しやすいように工夫している。
②　気温上昇によって降水量・降水パターンの変化や海水温の上昇が起こるという因果関係を図示することによって、文章の内容を補足している。
③　「気候・自然的要素」と「気候変動による影響」に分けて整理することで、どの要素がどのような影響を与えたかがわかるように提示している。
④　「気候・自然的要素」が及ぼす「気候変動による影響」を図示することにより、特定の現象が複数の影響を生み出し得ることを示唆している。
⑤　気候変動によって健康分野が受ける複雑な影響を読み手にわかりやすく伝えるために、いくつかの事象に限定して因果関係を図示している。

問2　次のア〜エの各文は、ひかるさんが**【資料Ⅰ】**、**【資料Ⅱ】**を根拠としてまとめたものである。**【凡例】**に基づいて各文の内容の正誤を判断したとき、その組合せとして最も適当なものを、後の①〜⑤のうちから一つ選べ。解答番号は 3 。

【凡例】

正　し　い――述べられている内容は、正しい。
誤っている――述べられている内容は、誤っている。
判断できない――述べられている内容の正誤について、**【資料Ⅰ】**、**【資料Ⅱ】**からは判断できない。

ア　気候変動による気温の上昇は、冬における死亡者数の減少につながる一方で、高齢者を中心に熱中症や呼吸器疾患など様々な健康リスクをもたらす。
イ　日本の年降水量の平均は一九〇一年から一九三〇年の三〇年間より一九八一年から二〇一〇年の三〇年間の方が多く、気候変動の一端がうかがえる。
ウ　台風の発生数が平年値よりも多い年は日本で真夏日・猛暑日となる日が多く、気温や海水温の上昇と台風の発生数は関連している可能性がある。
エ　地球温暖化に対して、温室効果ガスの排出削減を目指す緩和策だけでなく、被害を回避、軽減するための適応策や健康増進のための対策も必要である。

① ア　正しい　　イ　誤っている　　ウ　誤っている　　エ　判断できない
② ア　誤っている　　イ　判断できない　　ウ　誤っている　　エ　誤っている
③ ア　正しい　　イ　誤っている　　ウ　判断できない　　エ　正しい
④ ア　誤っている　　イ　正しい　　ウ　判断できない　　エ　正しい
⑤ ア　判断できない　　イ　正しい　　ウ　判断できない　　エ　誤っている

問3　気候変動が健康に影響を与えることを知り、高校生として何ができるか考えたひかるさんは、**【資料Ⅰ】**と**【資料Ⅱ】**を踏まえたレポートを書くことにした。次の**【目次】**は、ひかるさんがレポートの内容と構成を考えるために作成したものである。これを読んで、後の（ｉ）（ⅱ）の問いに答えよ。

【目次】

テーマ：気候変動が健康に与える影響と対策

はじめに：テーマ設定の理由

第１章　気候変動が私たちの健康に与える影響
- a 暑熱による死亡リスクや様々な疾患リスクの増加
- b 感染症の発生リスクの増加
- c 自然災害の発生による被災者の健康リスクの増加

第２章　データによる気候変動の実態
- a 日本の年平均気温の経年変化
- b 日本の年降水量の経年変化
- c 台風の発生数及び日本への接近数

第３章　気候変動に対して健康のために取り組むべきこと
- a 生活や行動様式を変えること
- b 防災に対して投資すること
- c ［　　X　　］
- d コベネフィットを追求すること

おわりに：調査をふりかえって

参考文献

（ⅰ）【資料Ⅱ】を踏まえて、レポートの第3章の構成を考えたとき、【目次】の空欄 X に入る内容として最も適当なものを、次の①〜⑤のうちから一つ選べ。解答番号は 4 。

① 熱中症予防情報サイトを設けて周知に努めること
② 保健活動にかかわる人向けのマニュアルを公開すること
③ 住民の医療ニーズに応えるために必要な施策を特定すること
④ 現行の救急搬送システムの改善点を明らかにすること
⑤ 縦割りになりがちな適応策に横のつながりをもたらすこと

（ⅱ）ひかるさんは、級友に【目次】と【資料Ⅰ】【資料Ⅱ】を示してレポートの内容や構成を説明し、助言をもらった。**助言の内容に誤りがあるもの**を、次の①〜⑤のうちから一つ選べ。解答番号は 5 。

① Aさん　テーマに掲げている「対策」という表現は、「健康を守るための対策」なのか、「気候変動を防ぐための対策」なのかわかりにくいから、そこが明確になるように表現すべきだと思うよ。
② Bさん　第1章のbの表現は、aやcの表現とそろえたほうがいいんじゃないかな。「大気汚染物質による感染症の発生リスクの増加」とすれば、発生の原因まで明確に示すことができると思うよ。
③ Cさん　気候変動と健康というテーマで論じるなら、気候変動に関するデータだけでなく、感染症や熱中症の発生状況の推移がわかるデータも提示できると、より根拠が明確になるんじゃないかな。
④ Dさん　第1章で、気候変動が健康に与えるリスクについて述べるんだよね。でも、その前提として気候変動が起きているデータを示すべきだから、第1章と第2章は入れ替えた方が、流れがよくなると思うよ。
⑤ Eさん　第1章から第3章は、調べてわかった事実や見つけた資料の内容の紹介だけで終わっているように見えるけど、それらに基づいたひかるさんなりの考察も書いてみたらどうだろう。

〔令和7年度大学入学共通テスト・試作問題第A問〕

解答

問1 (i)=① (3点) (ii)=② (3点) 問2 ③ (5点) 問3 (i)=③ (4点) (ii)=② (5点)

出題資料の確認と分析

【資料Ⅰ】は、文章、図、グラフ1〜グラフ3の五つの資料からなっている。さらに【資料Ⅱ】とする文章も出されている。このように、資料の点数が多い問題においては、最初に、それぞれの文章や資料がどのようなものなのか、ざっと目を通しておくことが重要である。おおまかには次のように把握することができる。

●文章 「健康分野における、気候変動の影響について」という題で、気候変動が健康に及ぼす影響について述べる。

●図 上段に「気候・自然的要素」が、下段に「気候変動による影響」が示され、人間の健康への影響を示す。

●グラフ1 日本の年平均気温の基準値からの偏差の経年変化（推移）を示す。

●グラフ2 日本の年降水量の基準値からの偏差の経年変化を示す。

●グラフ3 台風発生数と日本への接近数の経年変化を示す。

また、【資料Ⅱ】は、地球温暖化への対策を、さまざまな観点から述べた文章である。これらの資料を読み取り、資料同士の関係性を読み取りながら解答する問題である。

解説

問1　やや難　[1]・[2]　正解は　(i)＝①　(ii)＝②　図読み取り　複数資料

(i)　【資料Ⅰ】の文章に引かれた下線部ⓐ〜ⓔのうち、図で省略されているもの（二つ）の組み合わせを選ぶ問題。一つ一つ、下線部の内容を読み取ったうえで、図にも示されているかどうかを確認する。**文章と図の照合をしなければならない問題**で、時間がかかると思われる。

ⓐは、〈気温上昇による熱ストレス〉について述べている。図では、最上段左端の項目「気温上昇」と「熱ストレスの増加」が矢印で結ばれている。

ⓒは、〈気温上昇による節足動物のさまざまな変化〉について述べている。図では、最上段左端の「気温上昇」から「分布・個体数の変化」（図のほぼ中央）に矢印がつながり、さらにその下の「節足動物媒介感染症リスク」にも矢印がつながっている。

ⓓは、〈自然災害の発生による暑熱・感染症・精神疾患リスクの増加〉について述べている。図では、右端中ほどの「自然災害発生に伴う……」から右端最下段の「避難生活の長期化に伴う熱中症・感染症・精神疾患リスクの増加」に矢印がつながっている。

以上より、ⓐ・ⓒ・ⓓの内容は、図で省略されていない。残ったⓑ、ⓔを確認しよう。

ⓑは、最下段の一番左に「暑熱による死亡リスク・熱中症リスクの増加」とあるが、このリスクが「**高齢者を中心に**」するものかどうかは、図からは読み取れない。よって、下線部内容の一部が省略されている。

ⓔは、「大気汚染物質（オゾン等）の生成促進」と「……死亡リスクの増加」が矢印でつながれており、〈汚染物質増加による死亡者数の増加〉については図から読み取れるが、下線部後半の「**それ以降は減少**」については図には示され

ていない。よって、下線部内容の一部が省略されている。

(ii) 図の内容や表現についての説明として適当でないものを問う問題。図は、左端に「気候・自然的要素」「気候変動による影響」とあるように、気候の変化がどのような二次的変化を生み、それが人間の健康にどのように影響するかについての流れを示している。

①適当。図示の仕方、文章と図の関係として、内容に問題はない。

②不適。文章の目的は健康分野における気候変動の影響であり、気温上昇がどのような気候変動を引き起こすかという因果関係は示されていない。よって、これが適当でない選択肢である。もし②が正しいなら、図において、「気温上昇」から「降水量・降水パターンの変化」や「海水温の上昇」への矢印が引かれているはずである。

③適当。「気候・自然的要素」と「気候変動による影響」は図の左端の項目名として使われており、両者が分けられ、矢印によって影響関係が示されている。

④適当。矢印により、特定の現象から複数の影響が生み出されることが示されている。

⑤適当。(i)で見たように、図では省略されている内容もある。よって、複雑な影響をわかりやすく伝えるために事象を限定しているという説明は妥当である。

問2　標準　3　正解は③　図読み取り　複数資料　言語活動

【資料Ⅰ】【資料Ⅱ】の内容を根拠としてまとめたア〜エの文の正誤を判断する問題。「正しい」「誤っている」「判断できない」のどれに当てはまるかを確認して、適当な組み合わせのものを選ぶようになっている。

ア、正しい。図の左端の方で「気温上昇」→「冬季の気温上昇」→「冬季死亡者数の減少」が示されている。また、「熱中症」、「呼吸器疾患」のリスクは、図の最下段の左寄りの二つの枠内に示されている。このリスクが「高齢者を中心に」懸念されることについては、【資料Ⅰ】の文章の第一・二文に示されている。

イ、誤っている。日本の年降水量は【資料Ⅰ】のグラフ2から確認できる。グラフ2の縦軸に「1981―2010年平均からの差」とあり、グラフの下に「0を基準値とし、上側の棒グラフは基準値と比べて多いことを、下側の棒グラフは基準値と比べて少ないことを示している」と説明されていることを確認したうえで、数値の傾向を読み取る。「一九〇一年から一九三〇年の三〇年間」と「一九八一年から二〇一〇年の三〇年間」を比べると、前者の棒グラフのほうが上側に振れていることから、前者のほうが降水量が多いことがわかる。

ウ、「真夏日・猛暑日」の日数を示す資料がないため、「真夏日・猛暑日となる日が多く」が判断できない。グラフ1は、全体的に気温が徐々に上昇している傾向を示しているが、その気温が具体的に何℃であるかは示していないことに注意。なお、最高気温が三〇℃以上の日を真夏日、三五℃以上の日を猛暑日という。

エ、正しい。【資料Ⅱ】の内容であり、「緩和策」「適応策」および「健康増進のための対策」を正しくまとめている。

以上より、③が正解となる。出題意図を素早くつかんだうえで複数の資料を照合しなければならず、すべての確認を丁寧にやると時間が不足する恐れがある。選択肢の組み合わせで素早く判断する必要があるだろう。たとえば、アが正しいとわかった時点で、①・③の選択肢しか残らないというように、正誤判断の容易なものから確定させていくとよい。

問3　標準　4・5　正解は (i)＝③　(ii)＝②　複数資料　図読み取り　言語活動

資料を踏まえて作成したレポートの【目次】に関する問題。

(i) 設問に「【資料Ⅱ】を踏まえて」とあることに注意。空欄は、【目次】第3章の「気候変動に対して健康のために取り組むべきこと」の中にあるので、この内容を【資料Ⅱ】から読み取り、空欄に当てはまる内容を抜き出すことになる。

【資料Ⅱ】の四、五行目に、aの「生活や行動様式を変えること」、bの「防災に対して投資すること」が提示されており、これを「適応策」とまとめたうえで、その具体例が説明される。そして八行目で「また」として、「健康影響が生じた場合、現状の保健医療体制で住民の医療ニーズに応え」といった「施策」について説明されている。ここから、③の内容が空欄に入ると推測できる。この後の文脈を読むと、十一行目から「例えば」として医療ニーズへの施策の例、次に十四行目で「また」として「コベネフィットを追求していくこと」について述べられる。よって、空欄の後にdの「コベネフィットを追求すること」がきていると確認できる。

以上のように、【資料Ⅱ】の「また」「例えば」という語に注目すれば、次のような文章構造を読み取ることができる。
(1)　地球温暖化対策は、「緩和策」が中心であった。
(2)　しかし、「適応策」も求められる。例えば、……ような適応策である。(a・b)
(3)　また、健康影響が生じたら、必要な施策の特定が望まれる。例えば、……のようなことである。(c)
(4)　また、緩和策と健康増進のコベネフィットの追求も推奨される。例えば、……である。(d)
選択肢①・②は(2)の適応策の例であり、不適。⑤は(4)のコベネフィットに関することなので、不適。(3)の内容にあたるのは③と④である。ただし、④は(3)の施策の一例であり、部分的な内容なので、(3)を全体的に要約した③が正解だと判断できる。
(ii)　【目次】に示された内容や構成への助言に誤りがあるものを選ぶ問題。選択肢を一つずつ確認していくしかない。
①　「対策」は第3章で示そうとしているが、気候変動への対策と健康を守る対策の両方が提示されている。テーマとしては何への対策かはっきりしないので、妥当な助言。
②　【資料Ⅰ】の図を確認すると、「大気汚染物質」から矢印でつながるのは「心血管疾患」や「呼吸疾患」であり、

「感染症の発生」とはつながっていない（「感染症」とつながっているのは「相対湿度の変化」という要素である）。よって、この助言は資料の明らかな誤読となる。

③　グラフ1～グラフ3は気候変動データを示しているが、「感染症や熱中症の発生状況の推移」について示すデータはないため、適切な助言。

④　気候変動が起こりそれにより健康被害が発生するという論理展開を推奨する指摘であり、適切である。

⑤　まとめとして筆者の考察・提言を入れるのはレポートとして必要不可欠な要素であり、よい指摘。ただし、目次の「おわりに：調査をふりかえって」の中で「考察」を述べることが想定されている可能性はあるが、助言としては誤っていない。

問1を解く際に図の読み取りのコツがつかめていれば、②の決定的誤りに気づけただろう。

●練習問題2

▼目標時間　12分

問題　ヒロミさんは、日本語の独特な言葉遣いについて調べ、「言葉遣いへの自覚」という題で自分の考えを【レポート】にまとめた。【資料Ⅰ】～【資料Ⅲ】は、【レポート】に引用するためにアンケート結果や参考文献の一部を、見出しを付けて整理したものである。これらを読んで、後の問い（問1～4）に答えよ。（配点　20）

【レポート】

男女間の言葉遣いの違いは、どこにあるのだろうか。【資料Ⅰ】によると、男女の言葉遣いは同じでないと思っている人の割合は、七割以上いる。実際、「このバスに乗ればいいのよね？」は女の子の話し方として、「このカレーライスうまいね！」は男の子の話し方として認識されている。これは、性差によって言葉遣いがはっきり分かれているという、日本語の特徴の反映ではないだろうか。

一方、［　X　］にも着目すると、男女の言葉遣いの違いを認識しているものの、女性らしいとされていた言葉遣いがあまり用いられず、逆に男性らしいとされる言葉遣いをしている女性も少なからず存在することが分かる。

ここで、【資料Ⅱ】【資料Ⅲ】の「役割語」を参照したい。これらの資料によれば、言葉遣いの違いは性別によるとはかぎらない、そして、［　Y　］ということである。

たしかに、マンガやアニメ、小説などのフィクションにおいて、このような役割語は、非常に発達している。役割語がなければ、「キャラクタ」を描けないようにすら感じる。とくに、文字は映像と違って、顔は見えないし声も聞こえない。役割語が効率的にキャラクタを描き分けることによって、それぞれのイメージを読者に伝えることができる。その一方で、キャラクタのイメージがワンパターンに陥ってしまうこともある。

それでは、現実の世界ではどうだろうか。私たちの身近にある例を次にいくつか挙げてみよう。

［　Z　］

以上のように、私たちの周りには多くの役割語があふれている。したがって、役割語の性質を理解したうえで、フィクションとして楽しんだり、時と場所によって用いるかどうかを判断したりするなど、自らの言葉遣いについても自覚的でありたい。

【資料Ｉ】　性別による言葉遣いの違い

調査期間　2008/11/23～2008/12/08
調査対象　小学生～高校生 10,930 人（男子 5,787 人、女子 5,107 人、無回答 36 人）
調査方法　任意で回答
単位　　　全て％

質問１

男の子（人）が使うことばと、女の子（人）が使うことばは、同じだと思いますか？

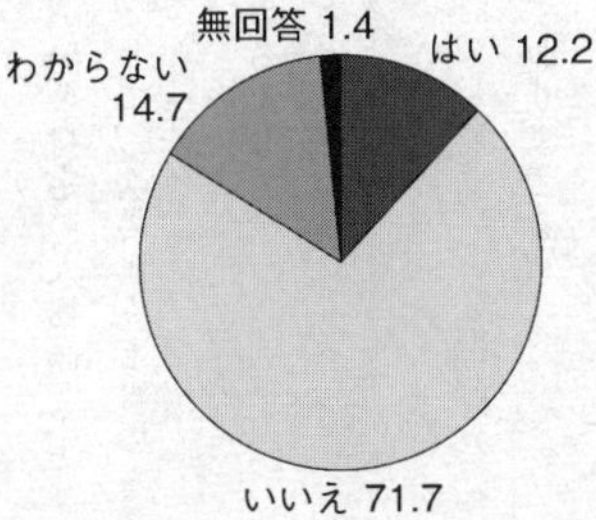

質問２

①次の各文は、男の子、女の子、どちらの話し方だと思いますか？

「このバスに乗ればいいのよね？」

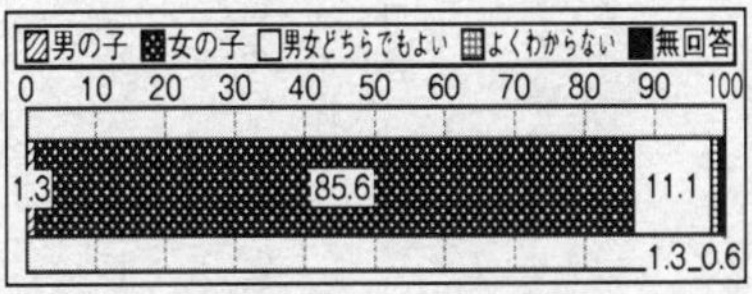

「このカレーライスうまいね！」

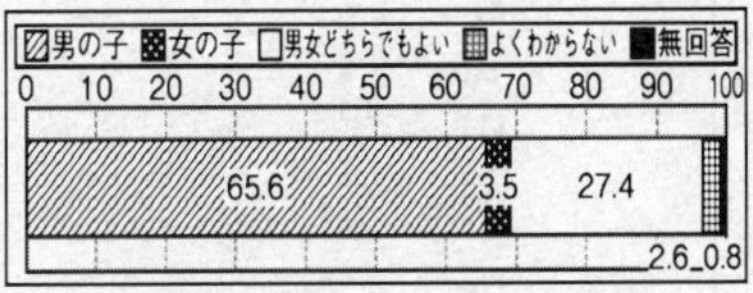

②次のようなことばづかいはしますか？

「このバスに乗ればいいのよね？」

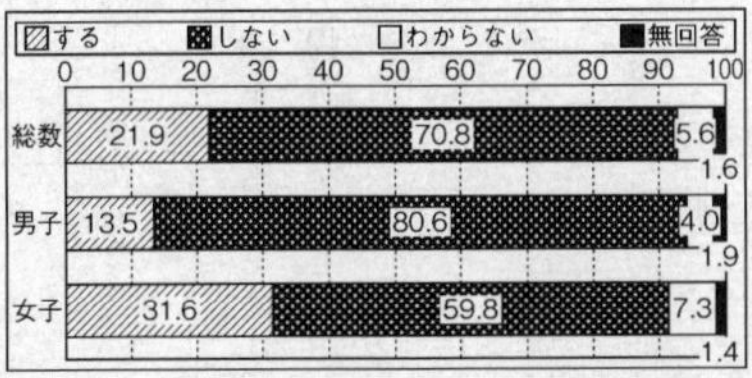

「このカレーライスうまいね！」

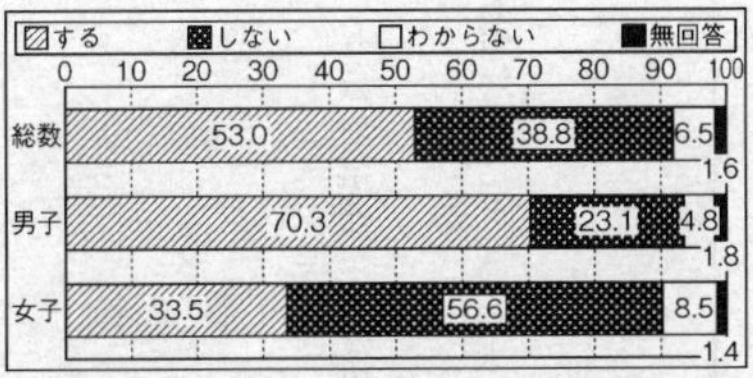

（旺文社「第６回ことばに関するアンケート」による）

【資料Ⅱ】 役割語の定義

役割語について、金水敏『ヴァーチャル日本語 役割語の謎』(岩波書店、二〇〇三年、二〇五頁)では次のように定義している。

ある特定の言葉遣い(語彙・語法・言い回し・イントネーション等)を聞くと特定の人物像(年齢、性別、職業、階層、時代、容姿・風貌、性格等)を思い浮かべることができるとき、あるいはある特定の人物像を提示されると、その人物がいかにも使用しそうな言葉遣いを思い浮かべることができるとき、その言葉遣いを「役割語」と呼ぶ。

すなわち、特定の話し方あるいは言葉遣いと特定の人物像(キャラクタ)との心理的な連合であり、(注)ステレオタイプの言語版であるとも言える。役割語の分かりやすい例として、次のようなものを挙げることができる。

a おお、そうじゃ、わしが知っておるんじゃ。
b あら、そうよ、わたくしが知っておりますわ。
c うん、そうだよ、ぼくが知ってるよ。
d んだ、んだ、おら知ってるだ。
e そやそや、わしが知ってまっせー。
f うむ、さよう、せっしゃが存じております る。

上記の話し方はいずれも論理的な内容が同じであるが、想起させる話し手が異なる。例えばaは男性老人、bはお嬢様、cは男の子、dは田舎もの、eは関西人、fは武士などの話し手が当てられるであろう。

(金水敏《きんすいさとし》「役割語と日本語教育」『日本語教育』第一五〇号による)

(注) ステレオタイプ――型にはまった画一的なイメージ。紋切り型。

【資料Ⅲ】　役割語の習得時期

多くの日本語話者は、「あら、すてきだわ」「おい、おれは行くぜ」のような言い方が女性や男性の話し方を想起させるという知識を共有している。しかし、現実の日常生活の中でこのようないかにも女性的、いかにも男性的というような表現は今日の日本ではやはりまれになっている。

日常的な音声言語に、語彙・語法的な特徴と性差に関する積極的な証拠が乏しいにもかかわらず、多くのネイティブの日本語話者は、〈男ことば〉と〈女ことば〉を正しく認識する。むろんこれは、絵本やテレビなどの作品の受容を通して知識を受け入れているのである。この点について考えるために、私が代表者を務める(注)科研費の研究グループで、幼児の役割語認識の発達に関する予備的な実験調査を紹介しよう。図1として示すのは、その実験に用いたイラストである。

この図を被実験者の幼児に示し、さらに音声刺激として次のような文の読み上げを聞かせ、絵の人物を指し示させた。

図1　役割語習得に関する実験刺激

a　おれは、この町が大好きだぜ。
b　あたしは、この町が大好きなのよ。
c　わしは、この町が大好きなんじゃ。
d　ぼくは、この町が大好きさ。
e　わたくしは、この町が大好きですわ。

その結果、三歳児では性差を含む役割語の認識が十分でなかったのに対し、五歳児ではほぼ完璧にできることが分かった(音声的な刺激を用いたので、語彙・語法的な指標と音声的な指標のどちらが効いていたかはこれからの検討課題である)。

幼児が、これらの人物像すべてに現実に出会うということはほとんど考えにくい。これに対して、幼児が日常的に触れる絵本やアニメ作品等には、役割語の例があふれている。

（金水敏「役割語と日本語教育」『日本語教育』第一五〇号による）

（注）科研費――科学研究費補助金の略。学術研究を発展させることを目的にする競争的資金。

問1 **【レポート】**の空欄 X には、**【レポート】**の展開を踏まえた**【資料Ⅰ】**の説明が入る。その説明として最も適当なものを、次の①〜⑤のうちから一つ選べ。解答番号は **1** 。

① 「このバスに乗ればいいのよね？」を使わない女子は六割近くにのぼり、「このカレーライスうまいね！」を使わない男子は二割を超えていること

② 「このバスに乗ればいいのよね？」を使う女子は三割程度にとどまり、「このカレーライスうまいね！」を使う女子は三割を超えていること

③ 「このバスに乗ればいいのよね？」を使わない女子は六割近くにのぼり、「このカレーライスうまいね！」を使わない男女は四割近くにのぼること

④ 「このバスに乗ればいいのよね？」を使わない女子は六割近くにのぼり、「このカレーライスうまいね！」を使うか分からないという女子は一割程度にとどまっていること

⑤ 「このバスに乗ればいいのよね？」を使う女子は三割程度にとどまり、「このカレーライスうまいね！」を男女どちらが使ってもいいと考える人は三割近くにのぼること

問2 **【レポート】**の空欄 Y には、**【資料Ⅱ】**及び**【資料Ⅲ】**の要約が入る。その要約として最も適当なものを、次の①～⑤のうちから一つ選べ。解答番号は **2** 。

① イラストと音声刺激を用いた発達段階に関する調査によって、役割語の認識は、五歳でほぼ獲得されることが明らかになったが、それは絵本やアニメといった幼児向けのフィクションの影響である

② 役割語とは、特定の人物像を想起させたり特定の人物がいかにも使用しそうだと感じさせたりする語彙や言い回しなどの言葉遣いのことであり、日本語の言葉遣いの特徴を端的に示した概念である

③ 年齢や職業、性格といった話し手の人物像に関する情報と結びつけられた言葉遣いを役割語と呼び、私たちはそうした言葉遣いを幼児期から絵本やアニメ等の登場人物の話し方を通して学んでいる

④ 日本語話者であれば言葉遣いだけで特定の人物のイメージを思い浮かべることができるが、こうした特定のイメージが社会で広く共有されるに至ったステレオタイプとしての言語が役割語である

⑤ 特定の人物のイメージを喚起する役割語の力が非常に強いのは、幼児期からフィクションを通して刷り込まれているためであるが、成長の過程で理性的な判断によってそのイメージは変えられる

問3　**【レポート】**の空欄［Z］には、役割語の例が入る。その例として**適当でないもの**を、次の①～⑤のうちから一つ選べ。解答番号は［3］。

① 家族や友だちに対してはくだけた言葉遣いで話すことが多い人が、他人の目を意識して、親密な人にも敬語を用いて話し方を変える場合が見受けられる。

② アニメやマンガ、映画の登場人物を真似るなどして、一般的に男性が用いる「僕」や「俺」などの一人称代名詞を用いる女性が見受けられる。

③ ふだん共通語を話す人が話す不自然な方言よりも、周りが方言を話す環境で育てられた人が話す自然な方言の方が好まれるという傾向が見受けられる。

④ 「ツッコミキャラ」、「天然キャラ」などの類型的な人物像が浸透し、場面に応じてそれらを使い分けるというコミュニケーションが見受けられる。

⑤ スポーツニュースで外国人男性選手の言葉が、「俺は～だぜ」、「～さ」などと男性言葉をことさら強調して翻訳される場合が見受けられる。

問4　ヒロミさんは、**【レポート】**の主張をより理解してもらうためには論拠が不十分であることに気づき、補足しようと考えた。その内容として適当なものを、次の①～⑥のうちから**二つ**選べ。ただし、解答の順序は問わない。解答番号は［4］・［5］。

①　「今日は学校に行くの」という表現を例にして、日本語における役割語では語彙や語法より音声的な要素が重要であるため、文末のイントネーションによって男女どちらの言葉遣いにもなることを補足する。

②　英語の「I」に対応する日本語が「わたし」、「わたくし」、「おれ」、「ぼく」など多様に存在することを例示し、一人称代名詞の使い分けだけでも具体的な人物像を想起させることができることを補足する。

③　マンガやアニメなどに登場する武士や忍者が用いるとされる「～でござる」という文末表現が江戸時代にはすでに使われていたことを指摘し、役割語の多くが江戸時代の言葉を反映していることを補足する。

④　役割語と性別、年齢、仕事の種類、見た目などのイメージとがつながりやすいことを踏まえ、不用意に役割語を用いることは人間関係において個性を固定化してしまう可能性があるということを補足する。

⑤　絵本やアニメなどの幼児向けの作品を通していつの間にか認識されるという役割語の習得過程とその影響力の大きさを示し、この時期の幼児教育には子どもの語彙を豊かにする可能性があるということを補足する。

⑥　役割語であると認識されてはいても実際の場面ではあまり用いられないという役割語使用の実情をもとに、一人称代名詞や文末表現などの役割語の数が将来減少してしまう可能性があるということを補足する。

〔令和7年度大学入学共通テスト・試作問題第B問〕

解答

問1 ②（4点） 問2 ③（3点） 問3 ③（3点） 問4 ②-④（10点・各5点）

（注）-（ハイフン）でつながれた正解は、順序を問わない。

出題資料の確認と分析

【レポート】および【資料Ⅰ】～【資料Ⅲ】が与えられている。このうち【資料Ⅰ】にはグラフが複数含まれているが、ほかの資料は文章である（【資料Ⅲ】には図（イラスト）が含まれる）。

「言葉遣いへの自覚」と題された【レポート】に空欄が設けられており、これが中心となる資料である。その他の資料について、設問に取りかかる前にひととおりざっと確認しておこう。

●資料Ⅰ「性別による言葉遣いの違い」について調べており、アンケートの結果がグラフで示されている。
●資料Ⅱ「役割語の定義」について説明した文章。
●資料Ⅲ「役割語の習得時期」について説明した文章。図を含む。

解答

解説

問1　標準　1　正解は②

複数資料　図読み取り　言語活動

【レポート】の空欄を補充する問題。空欄に入る内容を【資料Ⅰ】から確認し、説明として適当な選択肢を選ぶ。空欄の前後の文脈を読み取ろう。

● 【資料Ⅰ】によると、性差によって言葉遣いがはっきり分かれている。

● 一方、X にも着目すると、女性らしいとされる言葉遣いがあまり用いられず、男性らしいとされる言葉遣いをしている女性が存在する。

という展開である。よって空欄には、【資料Ⅰ】から読み取られた、〈A、女性らしいとされる話し方があまり使われない〉および〈B、女性も男性らしいとされる話し方をしている〉という内容が入る。

【資料Ⅰ】の質問2の①から、「〜いいのよね」は「女の子」の話し方、「うまいね」は「男の子」の話し方と認識されているとわかる。一方、②によると、「このバスに乗ればいいのよね？」（＝「女の子」の話し方）を6割近い女子は使っていない。また「男の子」の言葉遣いと認識される「このカレーライスうまいね！」は3割以上の女子に使われている。これらが、Aおよび Bの根拠のデータとなり、これを説明しているのは②である。

なお、②以外の選択肢も、【資料Ⅰ】のデータの読み取りとしては誤っていないが、【レポート】の文脈に合っているのは②だけである。よって、【レポート】と【資料Ⅰ】の両方を確認しないと正解は導けない問題となっている。

①は、Aの根拠はあるがBの根拠がない。③・④・⑤は、Aの根拠はあるがBの根拠の説明が不適切である。

問2 標準 2 正解は③ 複数資料 言語活動

【レポート】の空欄を補充する問題。【資料Ⅱ】【資料Ⅲ】を適切に要約した選択肢を選ぶ。

【資料Ⅱ】には「役割語の定義」という見出しがついている。役割語とは、特定の人物像を思い浮かべることができる言葉遣いだという説明がされている。【資料Ⅲ】は「役割語の習得時期」という見出しで、幼児期に見た絵本やテレビなどの作品の受容を通して、性差による言葉遣いの知識を認識していることが説明されている。各選択肢が、「定義」と「習得時期」の両方を説明する内容かどうかを確認する。

正解は③で、話し手の人物像と結びつけられた言葉遣いを役割語と呼び、幼児期から絵本やアニメ等の登場人物の話し方を通して学んでいると説明している。①は役割語の「定義」が説明されておらず、②・④は「習得時期」が説明されていないため、要約として不適。⑤は「成長の過程で……変えられる」が資料にない説明で、誤りとなる。

問3 やや難 3 正解は③ 複数資料 言語活動

【レポート】の空欄補充の問題。「役割語」の例として適当でないものを選ぶ。

【資料Ⅱ】にあった「役割語」の定義から、どのような言葉遣いが役割語かを理解することが重要。【資料Ⅱ】には、「役割語」とは「ある特定の言葉遣い（語彙・語法・言い回し・イントネーション等）を聞くと特定の人物像（年齢、性別、職業、階層、時代、容姿・風貌、性格等）を思い浮かべることができる」言葉遣いであり、「特定の人物像を提示されると、その人物がいかにも使用しそうな言葉遣いを思い浮かべることができるとき」の言葉遣いだと定義されている。「ステレオタイプの言語版」と言い換えられているのがわかりやすい。

① 判断が難しい選択肢。他人の目を意識して話し方を変えるということは、言葉遣いにより人物像を把握されるこ

とを意識した話し方であるので、役割語の使い方の例となる。

② 【資料Ⅲ】に「絵本やアニメ作品等には、役割語の例があふれている」とあり、登場人物の話し方を真似るのは、作品の受容による役割語習得の例となる。

③ 自然な方言の方が好まれるという内容であり、**方言によって人物像が把握できるという説明ではない**ため、言葉遣いから特定の人物像を認識する「役割語」の説明ではない。方言については、たとえば、「ふだん共通語を話す人が、関西人を装って関西弁で話す。」のような例ならば、役割語としての使い方の例となる。

④ 「類型的な人物像」をコミュニケーションの中で使い分けるのは「役割語」の働きである。【レポート】最終文の「時と場所によって用いるかどうかを判断したりする」にも合致する。

⑤ 「男性言葉」は、男性という「特定の人物像」を想起させるものであり、「役割語」の顕著な例である。

問4 やや難 4・5 正解は②・④ 複数資料 言語活動

【レポート】の**主張の論拠を補強するための内容**として適当なものを選ぶ問題。【レポート】に書かれた内容を確認すると、各資料から、以下のような主旨を読み取っていることがわかる。

【資料Ⅰ】男女の言葉遣いの違いは認識されているが、女性らしいとされる言葉遣いはあまり用いられていない。

【資料Ⅱ】特定の人物像を想起させる言葉遣いが「役割語」である。

【資料Ⅲ】絵本やアニメなど、フィクションを通して役割語を身につけている。

この読み取りから、**時と場所によって「役割語」を用いるかどうかを自覚的に判断するべきだ**、という結論を出しており、これが「【レポート】の主張」となる。

以上の把握をもとに、選択肢の中から、主張の補強として適するものを選択する。

①不適。イントネーションなどの音声的な要素が役割語の性質の一つだという説明を加えても、「主張」を強めることにはならない。

②一人称代名詞が「わたし」「わたくし」「おれ」「ぼく」など多数あり、各々から異なった人物像を想起できるという説明は、言葉遣いの自覚的判断の必要性を補強する内容となるので、適する選択肢。

③不適。役割語の歴史的展開を指摘しても、「役割語」使用の判断には結びつかない。

④「不用意に役割語を用いることは人間関係において個性を固定化してしまう可能性がある」という説明は、自覚的判断の大切さを強調することに役立つものであり、適する選択肢。

⑤習得過程と影響力の大きさを示すことは、自覚的判断の必要性を訴える結論に結びつくので、前半は正しい。しかし、「幼児教育には子どもの語彙を豊かにする可能性がある」ことを補足しても、説明内容が拡散するだけで、「主張」の補強にはならない。

⑥不適。「役割語の数が将来減少してしまう可能性」を指摘しても、自覚的判断の必要性を述べた主張の補強には全く結びつかない。

【レポート】の主張に至る展開を捉えたうえで、主張の論拠を補強する方法となっているかについて、選択肢を一つ一つ検討する必要がある。文章読解の基礎力と、読み取った結果から考察する思考力を測る問題。これを短時間で行わなくてはいけないという点に注意を要する。

共通テスト

攻略アドバイス

2025 年度から新課程入試となりますが，先輩方が共通テスト攻略のために編み出した「秘訣」の中には，引き続き活用できそうなものがたくさんあります。これをヒントに，あなたも攻略ポイントを見つけ出してください！

※オススメは先輩オススメの参考書です。

共通テストではここが大事！

共通テストの特徴、攻略のポイントは何でしょうか。実際に受験した先輩受験生の声を聞いてみましょう。

共通テストでは問題文、生徒の会話、ノートなどに正解のヒントになるキーワードが隠されている場合があるので、少し長めの文章が多いですが、しっかりと読んでおくことをお勧めします。本文が長いので、確実に解き終えるためにタイムスケジュールを立てておくと安心だと思います。

H．T．さん（青山学院大学・地球社会共生学部）

オススメ はじめての入試現代文 正解へのアプローチ（河合塾）

はじめての〔次の〕入試現代文 正解へのさらなるアプローチ（河合塾）

近年は資料が増えるなどしてますます時間が厳しくなっています。自分に合った時間配分を見つけるのが理想ですが、できるだけ速く古文、漢文を終わらせて、現代文にかける時間を多く取るとよいと思います。

Y．M．さん（東京大学・文科三類）

とにかく読む分量が多く、集中して読み続けるのは結構つらいです。読むための体力を普段から身につけておきましょう。また、追加の文章・資料には内容のヒントが書いてあることがあるので軽く先読みするなど、小手先のテクニックも見出していくと楽になります。　S．M．さん（東北大学・文学部）

時間配分のポイントは

国語は時間配分の厳しい科目で、試験時間内にすべての問題を解き終えるには、かなりの実力とトレーニングが必要です。先輩受験生のみなさんはどのように取り組んでいたのでしょうか。

私は問題の文章を読むのと同時に問題を解いていました。全体の内容理解の問題以外は、この方法の方が速く問題が解けると思います。
I．M．さん（富山大学・薬学部）

時間を計って解く演習を何度も行い、ある程度スピード感を持って解くようにしましょう。迷った場合は自分の直感を信じるような思い切りのよさも必要です。　R．H．さん（名古屋工業大学・工学部）

オススメ　漢文早覚え速答法（Gakken）

現古漢どの順番で解くか、時間配分をどうするかなど、過去問でいろいろ工夫するといいと思います。とにかく時間がないので、注を事前に読むのかどうかなど細かい部分まで想定して解いてみてください。
Y．T．さん（国際基督教大学・教養学部）

よく「古典は短い時間で解いて、そのぶん現代文に多く時間を使うべき」ということを言われますが、私は古典の暗記などの対策をコツコツやるのが苦手だったので、どの大問も二〇分ずつ割いて解くようにしました。私みたいな人は割り切って現代文を得点源にする方針でもいいと思います。
S．O．さん（京都大学・工学部）

現代文の攻略法

対策が難しいと言われる現代文。問題文の読み方、設問へのアプローチの仕方について、先輩方それぞれに工夫しています。

現代文は、正しく文章を読む練習をまずすべきです。自分の思い込みが入った状態でいくら問題を解いても点数が安定しないです。
R．T．さん（北海道大学・総合理系化学選抜群）

オススメ　共通テスト現代文集中講義（旺文社）

現代文は、選択肢の中で本文に書かれていないものを削ると答えが出ます。これが難しいのですが、演習を怠らなければ自分の中でルールがつかめるはずです。　S.S.さん（横浜国立大学・理工学部）

オススメ　大学入学共通テスト国語［現代文］の点数が面白いほどとれる本（KADOKAWA）

古文・漢文は得点源！

古文と漢文は、過去問に取り組む前に、単語・文法事項を覚えることが大切です。これらの知識が得点に直結します。対策をするとしないとでは得点に大きな差が出てきます。

共通テストの漢文は易しいことが多いので、短時間で満点を狙えると思います。漢字一文字は熟語に置き換えて考えると意味がとりやすいと思います。　T.K.さん（大阪大学・工学部）

漢文、古文で安定して点数を取れるようになると安心です。特に漢文は、覚えていたら取れる問題が多いので、対策次第で得点がぐんと上がります。音読をするとリズムがつかめるようになります。　A.M.さん（京都大学・工学部）

古文や漢文に関しては、原文から訳を考えて訳を音読し、録音するのがよいです。後で聞き直す際に解答の訳と照らし合わせることで文法の認識間違いや誤読に気づき、点数アップにつながります。私はこれで点数を一桁から八割～九割まで伸ばせました。　M.M.さん（埼玉大学・経済学部）

オススメ　古文上達基礎編（Z会）

選択肢の絞り方

選択肢の絞り方にもコツがあるようです。ただし、正解の根拠は、必ず問題文本文の中にあります。選択肢だけを見て頭をひねるのではなく、本文を正確に読むことが大事です。

古文や漢文は本文を一読してから問題に目を通すのが良いと思います。先に問題を見てしまうと問題に引っ張られた読み方をしてしまいかねません。現代文は、消去法を用い、正しくないものには根拠の箇所に線を引きながら解くとおのずと正解が導き出せるはずです。　M.S.さん（お茶の水女子大学・文教育学部）

オススメ　大学入試新古文単語336（文英堂）

現代文は消去法もありですが、私は、選択肢を見る前に、記述式だったら本文のどこを使って書くか、と考えながら解くと、正答を選べることが多かったです。

T.K.さん（大阪大学・工学部）

重要なのは、各問題に対して自分なりに頭の中で記述解答を作成することです。これはマーク式の共通テストであっても同様です。選択肢のみを読んで解答を探すのは言語道断です。選択肢にはうまい具合にひっかけの罠が多く張られています。

徳永皓一郎さん（慶應義塾大学・法学部）

オススメ　現代文キーワード読解（Z会）

✓ 過去問をしっかり演習する

「共通テスト対策講座」で確認したとおり、過去問の効果的な活用が高得点のカギとなります。先輩方の体験談を参考に、自分に合った活用法を探りましょう。

国語は演習を重ねるほど点数が上がっていきます。どこのポイントをとらえて正解になっているのか確認しながら解くと、正答率が上がっていきます。

K.M.さん（金沢大学・人間社会学域）

国語は読解演習を二週間サボると読めなくなります。少なくとも二週に一回は読解をしましょう。古文については、たかが古文単語と侮らずに、単語帳を一冊完成させると、読みやすさが段違いにレベルアップします。

H.K.さん（神戸大学・医学部）

共通テストの国語はかなり時間制限がきついです。練習どおりうまくいくかはわかりませんが、本番を想定した過去問演習の積み重ねが重要だと思います。それぞれの大問に最大何分までかけるか考えておきましょう。

N.M.さん（早稲田大学・文学部）

共通テスト

実戦創作問題

独自の分析に基づき，新課程入試に対応できる本書オリジナル模試を作成しました。試験時間・解答時間を意識した演習に役立ててください。共通テストでは，複数の素材を読み取るなど，新たな試みの出題もみられます。出題形式に多少の変化があっても落ち着いて取り組める実戦力をつけておきましょう。

解答時間 90 分
配点 200 点

本問題および解答の作成には，大学入試やセンター試験・共通テストを長年研究してこられた，江端文雄先生，北方修司先生，ほか多くの先生方にご協力いただきました。心より御礼申し上げます。

第1問

次のⅠ・Ⅱの二つの文章を読んで、後の問い（問1〜6）に答えよ。なお添付されている図表は元の文章にあったものだが、「図表1」などの番号は出題に際して割り振ったものであり、文章中に「図表1」などの記載はない。また、設問の都合で本文に段落番号を付してある。（配点　45）

【文章Ⅰ】

1　先日、國學院大學での私の授業「ジェンダーと経済」（注1）に、スウェーデン大使館の政治経済報道官のアップルヤード和美さんを、ゲストスピーカーとしてお呼びしたときのことである。

2　せっかくなので、日本人とスウェーデン人の結婚観について、アンケートを取りましょうという話になり、受講生たちに質問紙をハイ(ア)フした。まず「あなたは結婚したいと思いますか？」と質問し、「はい」と回答した人には、「結婚相手として重視するもの」を問い、男女別に集計。項目は、「人柄」「収入」「職業」「学歴」「家柄」「(イ)容姿」「仕事への理解」「家事育児の能力」「その他（自由記述）」のうち、複数選択（三つまで可）とした。

3　受講生の集計結果は、やはり男女とも最もポイントが高かったのは「人柄」だったが、それ以外は男女差が目立った。まず男子は、多い順に「容姿」「仕事への理解」「家事育児の能力」となった。一方女子は、多い順に、「収入」「職業」「家事育児の能力」。この志向性は、国立社会保障・人口問題研究所「出生動向基本調査（独身者調査）」等に見られる結果と、ほぼ同様である。

4　この結果を受け、アップルヤードさんはインターンの学生に、同世代のスウェーデン人の友人たちにネット上で同様の調査を依頼してくださった。

5　結果は、スウェーデン人も男女とも重視するのは「人柄」が一位。そして、男子は二番目に重視するのは日本と同じく「容姿」であった（この点は、洋の東西を問わないらしい……）。だが、それ以外は全く異なる結果が見られた。(1)まず「収入」をあげる人は、男女ともゼロ。女子は多かった順に、「その他」「家事育児の能力」となった。

6 すでにスウェーデンには専業主婦に相当する人はほとんどいなくなっており、男女とも就業しているのが当たり前。だから、若い人たちは男女ともに、あえて相手の収入にはこだわらず、それよりも、とりわけ女性は、結婚相手には家事育児スキルを求めている……ということになる。

7 スウェーデンとは異なり、日本では、まだまだ男性の収入の差が結婚できるか否かの決定的な差である。たとえば、現在日本人男性の平均初婚年齢は三一歳だが、配偶者のいる割合を就労形態別に見てみると、三〇代前半・男性は「正社員」の場合婚姻率は六割弱だが、「パート・アルバイト」だと一割台まで落ちてしまう。

8 また、男性の年収別婚姻率を見てみると、三〇代前半の年齢階層では、年収「一〇〇万円台」の既婚率は二割台だが、同「四〇〇万円台」では既婚者が六割を超え、「八〇〇万円台」では九割弱となる。男子学生にこれらの統計結果を見せると、ため息交じりのレポートが返ってくる。「(2)しょせん男は、ATMということでしょうか……」等々。

9 いやこれは、現代日本の社会構造上、しかたのないことなのだ。日本の女性たちは、まだまだ(注2)稼得能力が低い。たとえば、国税庁「民間給与実態統計調査」（二〇一七年度分）で見た、年間を通じて給与所得がある人の平均給与は、男性は五三二万円だが女性は二八七万円と、概《おおむ》ね女性は男性の半分の給与水準となっている。しかも、管理職に占める女性割合はたったの一割。先進諸国はいずれも、三割から四割は当たり前！という昔の家電量販店の値引きのような状態であるのに(ウ)カンガみても、寂しい数値と言わざるを得ない。

10 そもそも、今なおこの国では、女性が出産・育児と就業を両立させるのは難しい。第一子出産を(エ)機に離職する人は五割おり、少し前までは六割だった。さらに、子どものいるフルタイム労働者（二五歳～四四歳）の賃金水準ギャップを国際比較した統計では、男性一〇〇に対して女性は三九パーセントの賃金水準という結果も見られた。正社員、ないしはそれに準ずる働き方をしていてこれは厳しい……。

11 ついでに言えば、(3)日本の結婚は「(注3)ガラパゴス」である。なぜなら、「法律婚・同居が同時」で、出産するカップルは、きれいに法律婚後一～二年以内に第一子を産んでいくからだ。

12 一方、先進国で出生率が回復している国は、いずれも「法律婚・同居・出産」のタイミングがバラバラである。たとえば、先に述べたスウェーデンでは、女性の平均初婚年齢は三一歳だが、平均第一子出産年齢は二八歳となっている。これは、同棲《せい》カップルも法律婚カップルも、産まれてきた子どもの間の平等が保障されるなど、必ずしも法律婚を基盤とした家族規範にとらわれず子どもを産み育てることができるからである。

13 このため、北欧諸国もフランスも、婚外子出生率がすでに過半数を超えている。いわば「結婚の柔軟化」が進んだ結果とも言えるのだが、日本はこの真逆だ。同棲している若者の割合もそれほど増加せず、婚外子出生率は二パーセント程度。しかも、夫がひとりで働いて家計責任を担えなければ、実質的に結婚に踏み切ることはできない……。

14 ここで、若いカップルが家庭を持とうとするときの、思考フローチャートを見てみよう。まず、男性から。

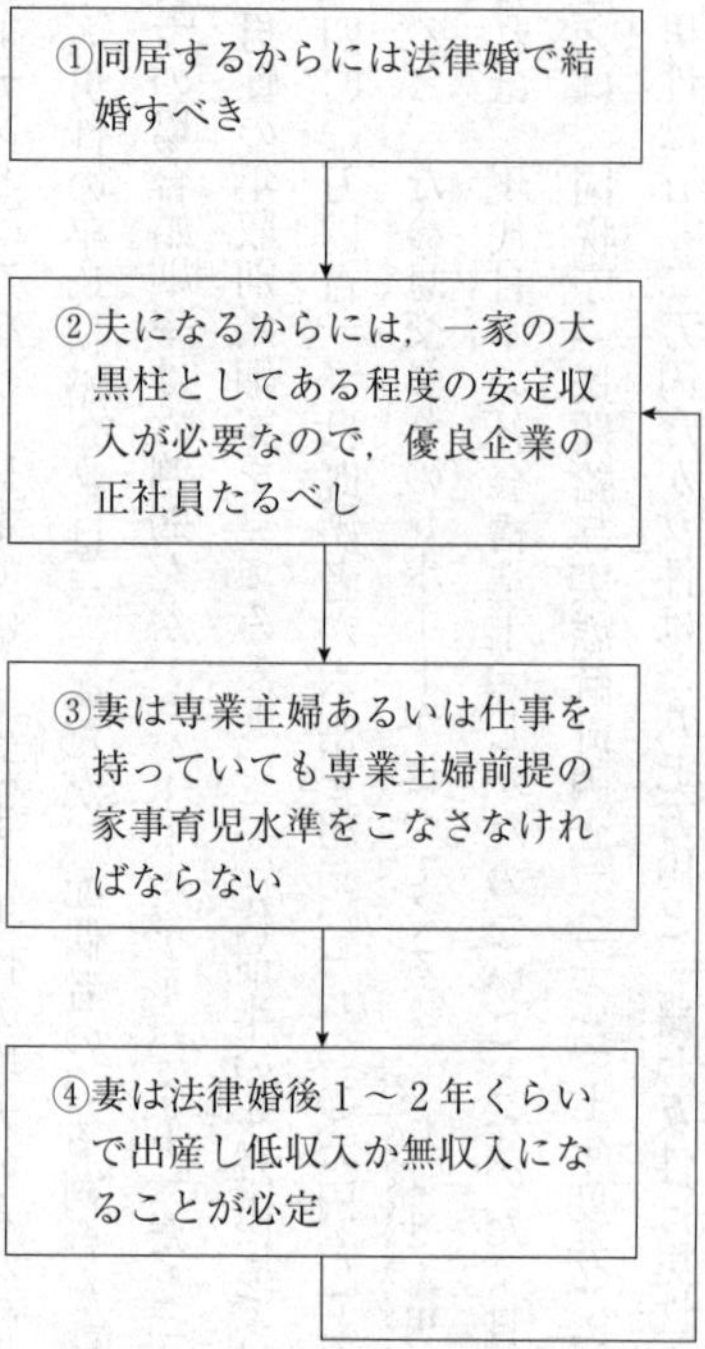

図表１
家庭を持とうとする若い男性の思考

15 以上のことを考えて、これから恋人にプロポーズしようと思っている男性（現在でも、「プロポーズは男性から」が八割超である）は、①一～二年後には子どもが産まれても大丈夫な程度の住居、②妻の収入がなくなっても子どもを育てられる程度の収入や貯金、以上を準備あるいは準備する心づもりを持って掛からねばならない。A何の壮大な

①22歳までにファミリーフレンドリーな会社に内定をもらう

↓

②3年間血眼で婚活し，25歳までに伴侶候補をつかまえる
これは，結婚相手との平均交際年数は4年，結婚準備に半年から1年かかることから逆算した年数である

↓

③交際3年以内にプロポーズにもちこみ，28歳で婚約

↓

④29歳で結婚

↓

⑤直後に妊活し30歳までに妊娠する
ちなみに排卵回数は1年間で12回なので，12回しかチャンスはない。それどころか，最短で職場復帰するためにベストな出産時期は自治体が来年度の保育所募集を締め切る前の8・9・10月であり，排卵3回分しかチャンスがない（12月から3月に産んだら……下手をしたら1年間職場復帰が遅れてしまうからだ）

↓

⑥31歳までに第1子を出産

↓

⑦妊娠中から保活して託児先確保

↓

⑧32歳で職場復帰

↓

⑨第1子は1年以内に卒乳させ，排卵を回復して33歳で第2子妊娠

↓

⑩34歳で第2子出産

図表2　政府推奨・理想的な日本女性のライフコース

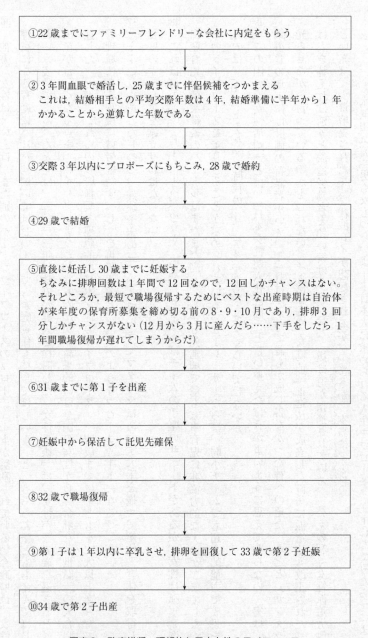

プロジェクトであろうか……。

16 他方、女性はといえば、また別のハードなライフコースのフローチャートが奨励されている。今政府は、女性に管理職になる程度にバリバリ働いてほしい！ でも家庭責任も持ってほしい！ と、もちろん子どもも産んでほしい！ という姿勢である。たとえば、二〇一三年に政府が導入を検討した「女性手帳」は、女性が三五歳を過ぎると妊娠・出産が難しくなる点を(オ)ケイハツしようとしたものだが、結果的には全国の女性から「余計なお世話」の大合唱で頓挫した。だが、これらの政府推奨・理想的な日本女性のライフコース「三四歳までに子どもを二人以上産み育てつつ管理職になる程度に就労継続すべし」を再現すると、前頁のようなフローチャートになる。

17 ……これらをこなしつつ、妊娠予定の三〇歳までに(注4)マタハラにあわず大手を振って産休・育休を取得し得る程度のキャリアを確立せねばならない。

18 これは何の(注5)F1レースだろうか。いや、F1ならばチームの手厚いサポートがあるが、女性は孤軍奮闘だ。出産育児と就業継続のハードルはまだまだ高く、しかも先進国で最も家事育児に非協力的な夫のケアまでしながら、このライフコースを走りきることが求められている。F1レーサーならば、弱小チームでも超人的能力で成果を出せるのは、(注6)トールマン時代の(注7)アイルトン・セナくらいではないか。

19 この国の「女性活躍」とは、「日本女性超人化計画」と言い換えたほうがよいように思えてならない。実は、国会議事堂の地下には計画の首謀者がいて、「これは、かつて誰もが成し得なかった神への道だ」などと、サングラスを光らせながら言っているのかもしれない。そういえば、女性活躍推進法が成立した直後に派遣法も改正された。企業は人を替えれば延々と派遣労働者を使い続けられるなど、抜け道が指摘されている。「替えの利く女性派遣労働者」といえば、大量培養された(注8)綾波レイが想起されるが、(4)まさか、本当に……!?

（水無田《みなした》気流《きりう》「男も女もつらいよ——日本人に求められる人生をフローチャートにしてみたら」による）

【文章Ⅱ】

1　二〇一七年夏に厚生労働省から最新の相対的貧困率（以下、「貧困率」）が発表された。二〇一六年に実施された「国民生活基礎調査」から算出されたもので、貧困率は調査年の前年の二〇一五年の所得を用いたものとなる。これによると、国民全体の貧困率は一五・六パーセント、子ども（一七歳以下）の貧困率は一三・九パーセントであり、前回（二〇一三年実施。所得年は二〇一二年）の一六・一パーセント（全体）と一六・三パーセント（子ども）に比べると、国民全体では〇・五ポイント、子どもでは二・四ポイントの減少となった。

2　政府の統計はここまでである。

3　「ジェンダー」の観点から言えば、男女別の貧困率の動向が知りたいところである。そこで、厚生労働省から元データを借りて、男女別、年齢層別の貧困率を推計し直してみた。すると、とんでもない事実が明らかになってきた。

4　先述したように、二〇一二年から二〇一五年にかけて、国民全体の貧困率は減少している。これは、男女別に推計しても同じであり、勤労世代（二〇—六四歳）を見ると、(5)男性の貧困率は一三・六パーセントから一二・六パーセントへ、女性の貧困率は一五・〇パーセントから一四・三パーセントに減少した。しかし、その減少幅は女性の方が小さい。この年齢層においては、そもそも、男性に比べて、女性の貧困率が高くなっているが、この三年間において、男性は一・〇ポイントの減少を見たのに対し、女性は〇・七ポイントの減少しかみせておらず、男女差は一・四ポイントから一・七ポイントに上昇した。すなわち、貧困率の男女格差は拡大したのである。

5　長期的に見ても、勤労世代の貧困率の男女格差は、一九八五年の一・九ポイント差から、二〇〇〇年代後半に〇・九ポイントまで減少したものの、再度、一・七ポイントまで上昇しており、三〇年という月日が流れた現在においても、貧困の男女格差は縮小の方向に向かっていない。

6　ちなみに、高齢者（六五歳以上）の貧困率の男女格差は、勤労世代に増して大きいが、これも、さらに拡大方向にあり、一九八五年の三・六ポイントから二〇一五年の六・一ポイントに増加している。

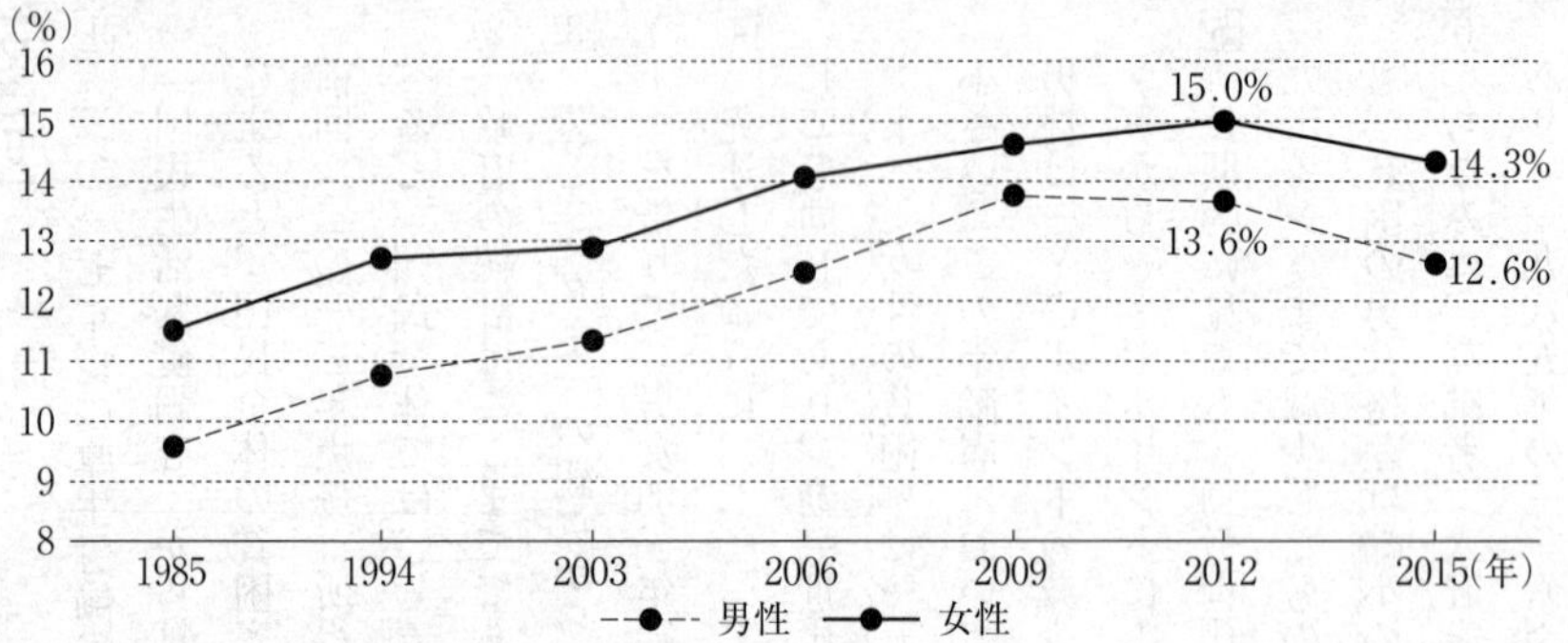

図表3 勤労世代（20-64歳）の貧困率（性別）

出典：阿部彩 2018「日本の相対的貧困率の動態：2012から2015年」科学研究費助成事業（科学研究費補助金）（基盤研究(B)）「「貧困学」のフロンティアを構築する研究」報告書

7 ここで、相対的貧困率の定義をご存じでない読者の方々のために若干の説明を付け加えると、相対的貧困とはその社会・その時代において社会生活ができない状況を指す。例えば、「食」を一つとっても、飢え死にしないというだけであれば、ごみ箱から腐りかけの食料を漁《あさ》れば肉体的には生きることは可能であるが、現代日本においては、そのような状況で、就職したり、結婚したり、人と交流したりすることはできない。子どもであれば、ランドセルを背負って小学校に行き、体操着や上履きを揃《そろ》え……といった生活をするのが日本においての「当たり前」であり、憲法でも義務教育は保障されている。しかし、その生活を送るためには、相当の費用が必要となってくる。それが賄えない状況が相対的貧困なのである。所得で言えば、それぞれの社会において最低限の社会生活を送るためには、社会全体のちょうど真ん中（中央値）のさらに半分の世帯所得が必要であると推計されており、相対的貧困率は所得がその値以下の人の割合である。具体的には、二〇一五年においては、貧困基準は一人世帯で年間一二二万円であった。ちなみに、所得は世帯単位で考えるので、子どもや専業主婦など自身の所得がなくても、世帯の中の人の所得がそこそこにあれば貧困とはならない。

8 貧困率を男女別に推計すると、女性は常に男性よりも高い貧困率となっており、しかも、その格差は拡大方向にあることがわかる。しかしながら、これまでの政府の政策や、マスコミ等の報道において、「女性の貧困」が話題となることはあまりなかった。二〇〇八年の「年越し派遣村」が大きな社会問題として注目された時も、派遣村に現れたのはほとんど男性であったし、昨今注目されている子どもの貧困も、焦点は「子ども」であって、「母親」ではない。B女性は国民の半数以上を占めるのに、その女性の貧困は社会問題としてほとんど認識されていないのである。

（阿部《あべ》彩《あや》「女性の貧困はなぜ問題にされないのか」による）

（注）
1　ジェンダー――生物学的性差（セックス）に対して、社会的・心理的性差をいう。
2　稼得能力――所得を生み出す能力。
3　ガラパゴス――孤島という閉鎖された環境の中で生物が独自の進化を遂げたガラパゴス諸島にたとえて、孤立した環境の中で独自に発達した物事をいう。
4　マタハラ――「マタニティ・ハラスメント」の略。職場などでの、妊娠・出産に関するいやがらせ。
5　F1レース――国際自動車連盟（FIA）が主催する自動車レースの最高峰。
6　トールマン――一九八〇年代にF1に参加していたイギリスのレーシング・マシン製造者。またそのレーシング・チーム。
7　アイルトン・セナ――一九六〇～一九九四年。ブラジルのレーシング・ドライバー。F1レースで三度優勝した。
8　綾波レイ――アニメ『エヴァンゲリオン』に登場する架空のヒロインの名。クローン人間である。

問1 次の(i)・(ii)の問いに答えよ。

(i) 傍線部(ア)・(ウ)・(オ)に相当する漢字を含むものを、次の各群の①～④のうちから、それぞれ一つずつ選べ。解答番号は 1 ～ 3 。

(ア) ハイフ 1
① 単身フニン
② キップを買う
③ フセキを打つ
④ ホウフな資源

(ウ) カンがみ 2
① 動物ズカン
② カンヨウな心
③ 衆人カンシ
④ 野球のカントク

(オ) ケイハツ 3
① オンケイに浴する
② ケイヤクを結ぶ
③ キュウケイをとる
④ ハイケイ 新緑の候

(ii) 傍線部(イ)・(エ)と同じ意味を持つものを、次の各群の①～④のうちから、それぞれ一つずつ選べ。解答番号は 4 ・ 5 。

(イ) 容姿 4
① 収容
② 容赦
③ 美容
④ 容易

(エ) 機 5
① 機密
② 機械
③ 機嫌
④ 好機

問2　Ｉ⑮の傍線部Ａに「何の壮大なプロジェクトであろうか……」とあるが、ここまでの範囲（図表1を含む）で、どのようなことが読み取れるか。その説明として最も適当なものを、次の①～⑤のうちから一つ選べ。解答番号は　6　。

① 日本の男性は法律婚と同居が同時で、出産は法律婚後一～二年以内でなければならないという結婚観にとらわれている。女性は必ずしもこのような結婚観に縛られていないが、女性の稼得能力は概ね男性の半分という現実があるため、結婚後は家事育児に専念することを望んでいる。

② 「しょせん男は、ＡＴＭということでしょうか……」という男子学生のレポートがあるように、高収入でなければ結婚できないと考える男性が少なくない。このような考え方が、「法律婚・同居が同時」で出産は法律婚後一～二年以内という因習がいまだに存続する原因となっている。

③ 日本人はいまだに法律婚を基盤とした家族規範に縛られており、しかも妻は家事育児に専念すべきと考えている。このような考え方の背景には女性の稼得能力が低いという事実があるが、これは裏から言えば、男性の収入の多寡が婚姻率に大きく影響しているということである。

④ 現在でも、「プロポーズは男性から」が八割超であり、「法律婚・同居が同時」というガラパゴス的な結婚観も男性の思考が大きく影響している。しかし女性は稼得能力が低いこともあって、結婚条件に男性の高収入をあげており、これが婚姻率の低下と少子化の要因となっている。

⑤ 日本では今なお女性が出産・育児と就業を両立させるのは難しく、専業主婦の割合はスウェーデンと比べてもはるかに高い。でも女性が専業主婦であることを容認する風潮が日本にはあり、男性も妻にそれを求めていて、自分がＡＴＭにたとえられることを肯定的に捉えている。

問3 図表2について筆者はどのように考えているか。その説明として最も適当なものを、次の①～⑤のうちから一つ選べ。解答番号は 7 。

① 女性の労働環境や家庭環境を考えるならば、女性に出産・育児と就業継続の両立を求めるのは過酷と言わざるをえない。

② 政府が女性のライフコースに干渉するのは「余計なお世話」であり、女性がそれぞれ自由に決めればよいことである。

③ 政府の推奨する女性のライフコースは高所得の世帯ならともかく、所得が平均以下の世帯では実現不可能である。

④ 女性は出産・育児と就業継続を両立させるのが望ましいが、それには女性の稼得能力を高めることが第一条件である。

⑤ 女性の出産・育児は家庭の問題であり、就業継続は職場の問題であるから、両者を関連づけて考えるのは間違っている。

問4 図表3で筆者が最も注目していることは何か。その説明として最も適当なものを、次の①～⑤のうちから一つ選べ。解答番号は 8 。

① 男性よりも女性の方が貧困率の高い傾向は、一九八五年以降変わっていないこと。

② 男女の貧困率の格差は、一九八五年から一九九四年にかけてが最も大きいこと。

③ 男性は二〇〇九年を、女性は二〇一二年をピークに貧困率が減少に転じたこと。

④ 二〇一五年においても、貧困率は男女ともに依然として高い水準にあること。

⑤ 縮小傾向にあった貧困率の男女差が、二〇〇九年以降、逆に拡大し続けていること。

問5 Ⅱ[8]の傍線部Bに「女性は国民の半数以上を占めるのに、その女性の貧困は社会問題としてほとんど認識されていない」とあるが、Ⅰの文章および図表1・図表2と関連づければ、その原因としてどのようなことを導き出すことができるか。その説明として最も適当なものを、次の①～⑤のうちから一つ選べ。解答番号は 9 。

① 女性の貧困率が常に男性より高くても、男性が結婚相手の女性に求めるのは「人柄」や「家事育児の能力」であって、高い「収入」までは求めないため、男性の貧困ほどには問題視されないこと。

② 女性の貧困率が常に男性より高くても、女性は結婚すれば夫の扶養家族となり、出産・育児に専念すればよいという風潮が日本社会ではいまだに強いため、男性の貧困ほどには問題視されないこと。

③ 女性の貧困率が常に男性より高くても、出産・育児と就業を両立させている女性ばかりが注目され、政府もそのようなライフコースを推奨しているため、男性の貧困ほどには問題視されないこと。

④ 女性の貧困率が常に男性より高くても、女性は結婚して専業主婦となっていたり、あるいは結婚せずに親と同居してその扶養家族となっていたりするため、男性の貧困ほどには問題視されないこと。

⑤ 女性の貧困率が常に男性より高くても、出産・育児と就業を両立させるのは難しいという現状を前にして、生涯独身を選択する女性が少なくないため、男性の貧困ほどには問題視されないこと。

問6 波線部(1)～(5)の表現に関する説明として適当でないものを、次の①～⑤のうちから一つ選べ。解答番号は 10 。

① 波線部(1)「まず『収入』をあげる人は、男女ともゼロ。」は、体言止めを用いることで、日本人とスウェーデン人の結婚観の違いを印象づけている。

② 波線部(2)「しょせん男は、ATMということでしょうか……」は、自らをATM（現金自動預け払い機）にたとえる自嘲的な心情を吐露している。

③ 波線部(3)「日本の結婚は『ガラパゴス』である」は、日本人がいまだに古い家族規範にとらわれている現状を、警句的表現を用いて批判している。

④ 波線部(4)「まさか、本当に……!?」は、アニメの世界が現実となるかどうか筆者には予想がつかず、「……」を用いてその判断を読者に委ねている。

⑤ 波線部(5)「男性の貧困率は一三・六パーセントから……減少した」は、細かい数値を列挙することで自分の主張に客観的な根拠を与えている。

第2問

次の文章は【Ⅰ】「自作について」、【詩】「初めての児に」（いずれも吉野弘《よしのひろし》著『詩のすすめ――詩と言葉の通路』二〇〇五年）および【Ⅱ】「待つということ」（角田光代《かくたみつよ》『何も持たず存在するということ』二〇〇八年）である。これらの文章を読んで後の問い（問1～6）に答えよ。なお、設問の都合で【詩】以外の部分に段落番号を付し、表記を一部改めている。（配点　45）

【Ⅰ】　自作について

1　A詩を書くのに無理をしないというのは、どういうことか、ひとつの例を挙げてご説明してみましょう。

2　半分に割れた皿の片方が、ごみ箱に捨てられていました。私は或る日、偶然にそれを見て、割れる前の完全な円形の皿を強く想起しました。私たちは、普段、一枚の円形の皿を見ても完全な円形というものを余りはっきりとは意識しません。それが、半円に割れてしまった皿を見たことで、一つの完全な円形の皿を想起したのは面白いことだと考えました。手や足や首などの欠けた（注1）塑像《そぞう》をトルソと言いますが、B欠けているために、その部分を補って眺める精神のいとなみが人間にはあって、それと似ています。私はそのときの面白さを詩に書こうと試みましたが、うまくいきませんでした。これは、私の心の中に「わからない意味」が飛びこんできた状態です。この「わからなさ」が私に詩を書かせる因子《いんし》なのですが、それが書けない場合、私はそれを無理に書こうとはしません。わからないものを、わかったかのように書いてみても、曖昧なものにしかならないのです。

3　詩的体験というものは、既に知っていることの中に、未知のものが割りこんだ状態ですから、既知の表現では、すらすらと書けないのが、むしろ当然なのです。そういうわけで私は、言葉が行きづまった場合、それを自分の力の限界と考えて、詩作を休止します。勿論《もちろん》、放棄するわけではありません。時間を借ります。人の話を聞いたり、本を読んだり、という経験が加わります。その集積が、先の「わからなさ」を解く力になるのです。

【詩】　初めての児に

おまえが生まれて間もない日。
(注2)禿鷹《はげたか》のように　そのひとたちはやってきて
黒い革鞄《かわかばん》のふたを　あけたりしめたりした。
――生命保険の勧誘員だった。

（ずいぶん　お耳が早い）
私が驚いてみせると
そのひとたちは笑って答えた
〈匂いが届きますから〉

顔の貌《かたち》さえさだまらぬ
やわらかなお前の身体の
どこに
私は小さな死を
わけあたえたのだろう。

もう
かんばしい匂いを
ただよわせていた　というではないか。

【Ⅱ】　待つということ

1 次の電車は新宿にいきますかと、中央線の駅のホームで、アジア人の女性に(注3)かたことの英語で訊《き》かれた。そのホームにくるのぼり電車は、新宿を経由するＪＲと、中野から地下にもぐる地下鉄の二種類ある。案内板を見ると、次も、その次の電車も地下鉄だった。その次がようやく、新宿経由のＪＲである。

2「次とその次は新宿へはいかない、三本目の電車に乗ってください」と説明する私のかたこと英語を、彼女は真剣な顔で聞き、「三本目」と指を折って確認していた。私は地下鉄に乗る予定だったので、次の電車に乗った。座席に腰かけると、さっきの女性の不安げな顔が頭にちらついた。新宿いきの電車をなぜ一緒に待ってあげなかったのか。

ちらりと後悔した。（中略）

3　旅先の異国で数え切れないほど人に助けられてきたが、C忘れられない光景がある。

4　タイの南端、サトュンというちいさな町。マレーシアから船でタイに入り、船着き場からバス乗り場までバイクタクシーに乗った。サトュンの町から鉄道駅にいくバス乗り場で私はバイクを降りたのだが、しかし周囲にあまりにも何もないので、本当にバスがくるのか不安になった。それで、バイクタクシーの運転手に「だれもいないし何もないけど本当にここがバス停なのか、バスはちゃんとくるのか、私は今日じゅうに鉄道駅に着くのか」とD身振りで質問攻めにした。すると運転手の彼は、バイクのエンジンを切り、道ばたにうち捨てたように置かれているベンチに腰かけ、私にも腰かけるように手招きする。バスがくるまで一緒に待ってくれるらしかった。

5　バスはなかなかこない。陽射しは強く、緑は濃く、花は色鮮やかで、（注4）羽虫の飛ぶ音がひっきりなしに聞こえた。四十五分、一時間とたつにつれ、私はだんだん不安になった。バイクタクシーの彼は、なんでずっとここにいるのか。仕事はいいのか。（注5）炎天下で平気なのか。彼に英語は通じないので、「ＯＫ？」と訊いてみると、バスのことを訊かれていると思ったらしい彼は「ＯＫＯＫ」と重々しい顔でくりかえす。

6　私たちは無言でベンチに座っていた。ときおりなま暖かい風が吹いた。雲ひとつない空を、ぎらぎら光る太陽がゆっくりと移動していく。

7　バスなんかやっぱりこないのだとあきらめかけたとき、やっと陽炎《かげろう》の道の向こうから、ゆっくりとバスがあらわれた。バイクタクシーの彼は立ち上がり、笑顔で私にバスを指し示した。バスに私を乗せ、運転手に何か言い、そしてバイクにまたがって（注6）颯爽《さっそう》と帰っていった。

8　不安げな顔の女性をホームに残したまま地下鉄に乗った私は、そのときのことを思い出していた。いつになったら私は、バイクタクシーの彼ほど大人になれるのか。人のために時間を差し出せる、それを当然だと思える、本当の大人になれるのか。年齢ばかり重ねた私は、未だ子どものようにあくせくしている。早くしなさいと叱られる子どものように。そのことが少し、恥ずかしかった。

（注）1 塑像——粘土や石膏などで作成された像。
2 禿鷹——大型のワシで頭部や頸《くび》の羽毛がなく、皮膚がむき出しとなっている。動物の死体や腐肉を主食とする。
3 かたこと——言葉が不完全でたどたどしい様子。
4 羽虫——翅《はね》のある小型の昆虫の俗称。
5 炎天下——焼けつくような熱い空の下。
6 颯爽——人の態度や行動などが、勇ましくさわやかに感じられるさま。

問1 傍線部A「詩を書くのに無理をしないというのは、どういうことか」とあるが、その答えとなる内容を【Ⅱ】から求める場合、最も適当なものを、次の①～⑤のうちから一つ選べ。解答番号は 11 。

① 急いで地下鉄に乗らず、相手の不安に寄り添いながら彼女の乗る電車を一緒に待ってあげることで、後悔しない結果を手に入れることができるということ。
② ここがバス停なのか、バスはちゃんとくるのかを身近な人にたずねる、といった試行錯誤を地道に行うことで、事態がだんだん好転してくるということ。
③ 一人では不安なことでも、一緒に待ってくれる人がいることでだんだんと心が落ち着き、余裕を持って物事を捉えることができるようになるということ。
④ バスなんかやっぱりこないといったん諦め、バスを待つという時間から一時的に解放されることで、そのうちバスの方からやってきてくれるということ。
⑤ バスがくるかどうかわからない、という事態を受け入れ、風や空や太陽の様子を眺めながら待つうちに、バ

スがやってくる機会にめぐりあえるということ。

問2 傍線部B「欠けているために、その部分を補って眺める精神のいとなみ」について、ある生徒はそれが【詩】の中でどのような形で実現しているかを考え、次のようにノートに整理した。空欄 W ・ X ・ Y ・ Z に入る言葉の組み合わせとして最も適当なものを、次の①〜⑤のうちから一つ選べ。解答番号は 12 。

ノート

> 【詩】の中では、 W には X が欠けているので、 Y によって Z を想像させている。

① W—生命保険の勧誘員　X—赤ん坊が生まれて間もないという認識
　Y—「小さな死」という表現　Z—赤ん坊の死の遠さ

② W—生まれた赤ん坊自身　X—自己が死ぬべき存在であるという認識
　Y—「かんばしい匂い」という比喩　Z—生きることのはかなさ

③ W—赤ん坊の親である私　X—自分の子どもがいつか死ぬという認識
　Y—「生命保険の勧誘員」の存在　Z—生命に宿る死の存在

④ W—この詩の作者である私　X—子どもの死が差し迫っているという認識
　Y—「禿鷹」を登場させること　Z—死がそこまで来ていること

⑤ W—赤ん坊の父親である私　X—自分が子どもに死を与えたという認識
　Y—「ただよわせ」という使役表現　Z—父親が当事者であること

問3 傍線部C「忘れられない光景がある」とあるが、この後で述べられている具体例が【Ⅱ】のエッセイの中で果たしている役割として適当でないものを、次の①～⑤のうちから一つ選べ。解答番号は 13 。

① タイのゆっくりとした時間の流れを描写することで、東京のせわしない時間の流れを印象づける役割を果たしている。

② 若いころの作者の不安な気持ちを描写することで、東京でのアジア人の女性の不安を類推させる役割を果たしている。

③ 「バイクタクシーの彼」の優しさを描写することで、他人の不安に無関心な私の冷酷さを際立たせる役割を果たしている。

④ タイで出会った「大人」の振る舞いを描写することで、「子ども」のような私の未熟さを対比させる役割を果たしている。

⑤ 私に自分の時間を差し出した運転手を描写することで、自分の時間を優先した私の後悔を強調する役割を果たしている。

問4　傍線部D「身振りで質問攻めにした」とあるが、このときの「私」の心情や行動の意図として最も適当なものを、次の①〜⑤のうちから一つ選べ。解答番号は 14 。

① 運転手が行ってしまったら私は何もないこの場所でひとり置き去りになってしまうという恐怖心と、私の状況に無関心な彼への不満から、ここで本当に大丈夫なのかという不安と怒りを込めつつ、体の動きを交えて相手を責めたてた。

② 周囲にあまりにも何もないのでバスはやってこないのではないかと不安になったが、そのことを言葉で伝えても運転手は理解できないと気がついて冷静さを取り戻し、正確なジェスチャーを心がけながら、多くの質問を投げかけた。

③ 降りた場所が何もない場所で、もしかしたらバスがこないのではないかと不安になり、安心できる情報が少しでも欲しいという気持ちでいっぱいになり、言葉だけでなく体の動きを交えながら、相手に必死に思いを伝えようとした。

④ バイクで着いた場所が周囲に何もないところだったので、とりあえず一人でいることが不安になり、質問を続けている間は私のそばにいて欲しいという気持ちを込めて、時間稼ぎのためにひたすらいろいろな質問を絶え間なく続けた。

⑤ 予想もしていなかったような何もない場所に降ろされたので、だまされたのではないかと不安に駆られ、運転手から本当のことを引き出そうと考えて、疑念を全身でアピールしながら、事実を正直に話すよう運転手に切実に訴えかけた。

問5 次に掲げるのは、【Ⅰ】、【詩】および【Ⅱ】との関係について五人の生徒が話し合っている場面である。これら三つの文章（詩）の関係の説明として最も適当なものを、次の①〜⑤のうちから一つ選べ。解答番号は 15 。

① 生徒A——僕が思ったのは、【Ⅰ】の「無理をしない」というメッセージは、【Ⅱ】の「待つということ」というテーマと深く結び付いている、ということだった。「果報は寝て待て」ということわざのように、ものごとは何もせずに放っておいたほうがうまくいくことが多い。【Ⅱ】の「バイクタクシーの彼」はそのことを最初からわかっていたんだよ。

② 生徒B——関係を考えるときには【詩】の意味もきちんと理解しなきゃ。【詩】の中では赤ん坊にも「小さな死」が分け与えられている。「楽あれば苦あり」ということわざのように、【Ⅰ】の「半分に割れた皿」も【Ⅱ】の「結局やって来たバス」も、結局良いことも悪いことも永遠に続くことはない、ということを伝えているのだと私は思う。

③ 生徒C——違うんじゃないかな。【Ⅰ】の皿には〈欠けた／欠けていない〉という二面性が含まれているし、【詩】の赤ん坊にも〈生／死〉の二面性が含まれている。「コインの裏表」という慣用句のように、物事には必ず二面性がある。【Ⅱ】のバスも〈来る／来ない〉という二面性を理解できない主人公を批判する、という意図があったんじゃないかと思う。

④ 生徒D——僕は「補うこと」が共通していると思う。【Ⅰ】では「わからない意味」を時間や経験で補っているし、【詩】では「小さな死」で生の理解を補っている。「穴を埋める」という慣用句のように、補うことで理解が深まるんだ。【Ⅱ】でも「バイクタクシーの運転手」は主人公が自分のあり方を見直して補うヒントになっているんじゃないかな。

⑤ 生徒E——そんなに難しい話かなあ。僕は【Ⅱ】にある「時間を差し出せる」ことが「本当の大人」になる

ことだ、という主張にとても共感した。「時は金なり」ということわざのように、【Ⅰ】で〈詩を書く際に時間をかける〉ことが結果として「初めての児に」という【詩】の形で結晶したわけだし。時間は詩の成熟や人間の成熟につながっているんだ。

問6　【Ⅰ】、【詩】および【Ⅱ】の表現形式の違いの説明として最も適当なものを、次の①〜⑥のうちから二つ選べ。ただし、解答の順序は問わない。解答番号は 16 ・ 17 。

① 【Ⅰ】では、詩作のポイントが〈書かない〉ことにあるという逆説を、具体例を挙げながら論理的に説明しているのに対して、【詩】では、生まれることは死ぬことに他ならないという逆説を、「匂い」という具体的な感覚に関連づけて非論理的に説明している。

② 【Ⅰ】では、「欠けている」ものを補うことの意味について、たとえや具体例を挙げながらわかりやすく説明しているのに対して、【詩】では、生きるということの意味について、「禿鷹」といった象徴を用いて間接的に想像力を掻き立てる仕方で説明している。

③ 【詩】では、具体的な日時や場所を明示しないことで、書かれているテーマが普遍性を持っているという点が強調されているのに対して、【Ⅱ】では、具体的な日時や場所を明示することで、書かれているテーマが個人的なもので普遍性を持たない点が強調されている。

④ 【詩】では、短い文の並列とその間の空白によって、一文一文の内容をかみしめさせるという効果が与えられているのに対して、【Ⅱ】では、長い文をすき間なくつないでいくという手法によって、一文一文を読む速度を上げさせるという効果が与えられている。

⑤ 【Ⅱ】では、「陽射し」「緑」「花」「羽虫」や「雲ひとつない空」「ぎらぎら光る太陽」といった五感に訴える

描写を並べてタイの情景に読者を巻き込んでいるのに対して、【Ⅰ】では、「一枚の円形の皿」「完全な円形の皿」といった知覚に訴える描写で読者の内容への介入を排除している。

⑥【Ⅱ】では、「待つということ」について、一人称を多用することで主観的な経験に基づいた印象であることが強調されているのに対して、【Ⅰ】では、「詩的体験」について、定義的表現や一人称複数表現を用いることで客観性を持った内容であることが強調されている。

第3問

一陽高校のコハルさんは、現代の日本の若者の考え方について調べ、「若者が自己肯定感を育てるには？」という題で自分の考えを【レポート】にまとめた。【資料Ⅰ】～【資料Ⅲ】は、【レポート】作成のために参照したアンケート結果や参考文献の一部である。これらを読んで後の問い（問1～4）に答えよ。（配点　20）

【レポート】

現代の日本の若者の考え方には、どんな問題点があるのだろうか？【資料Ⅰ】の「自分自身のイメージ」によると、現在の自分に満足していない若者は全体の5割、自分には長所がないと考えている若者は全体の4割程度で、どちらかと言えばそれほど多くないという印象である。しかし国際比較に基づくデータによると、日本では、現在の自分に満足していない、あるいは自分には長所がないと考えている若者が、他国と比較すると突出して多いことがわかる。これは、現代の日本の若者が全体的に消極的で主体性に欠けるのではないか、という若者に対する最近の社会一般の評価と一致しているように思われる。

一方、ボランティアに着目すると、［X］ことがわかる。

ここで【資料Ⅱ】の「自己肯定感」に関する話を参照したい。【資料Ⅱ】によれば「心の力」には「自立の力」と「共生の力」の二つがあり、最近の若者にはこれらを通して「心の力」を育てる機会が失われているという。この【資料Ⅱ】の内容を先ほど確認した【資料Ⅰ】の日本の若者の特徴に重ね合わせて考えると、現代の日本の若者は［Y］と考えることができる。

それでは、ボランティア活動は若者の意識にどのような効果をもたらすのだろうか。【資料Ⅲ】では、実際にボランティア活動に従事した若者の意識がどのように変化したかを、［Z］のような若者自身の言葉を通して伝えている。

以上のように、自己肯定感とボランティア活動にはある程度の相関性が存在することがわかる。私もボランティア活動をはじめとした対外活動に積極的に参加し、自分に対する自信を深めていきたい。

【資料Ⅰ】 日本の若者意識の現状〜国際比較からみえてくるもの〜

図表2 自分自身のイメージ

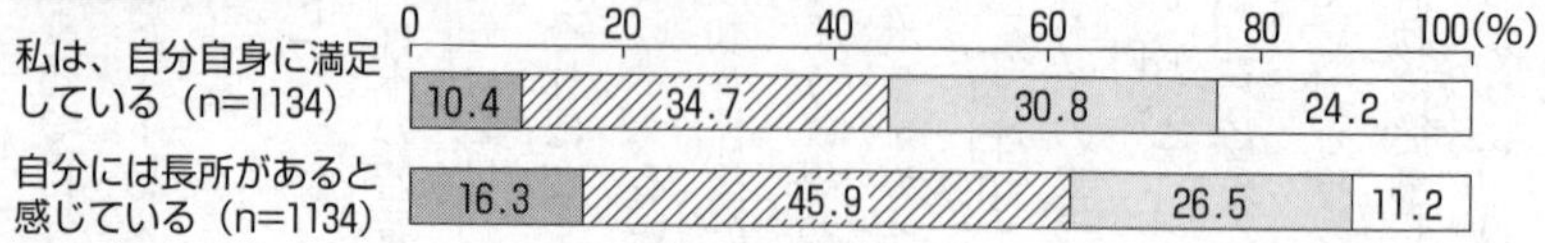

図表3 自分自身に満足している〔諸外国比較〕

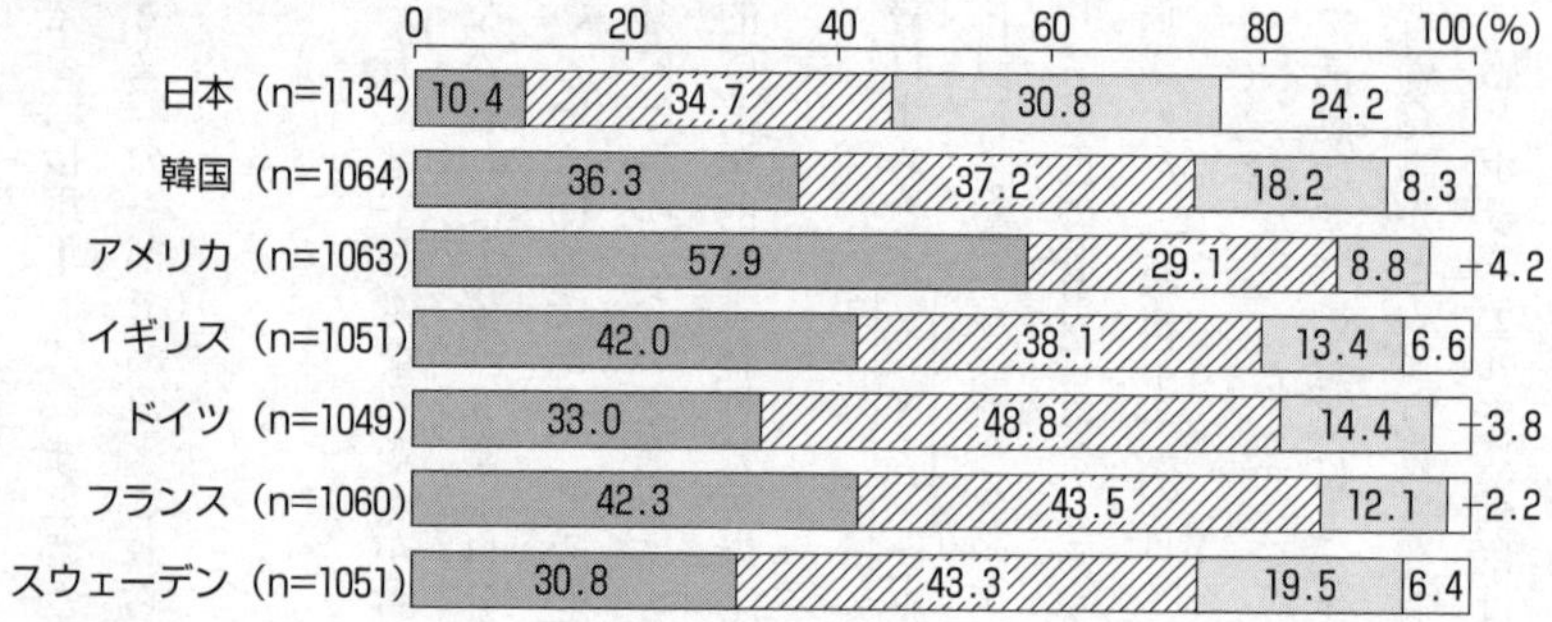

図表4 自分には長所がある〔諸外国比較〕

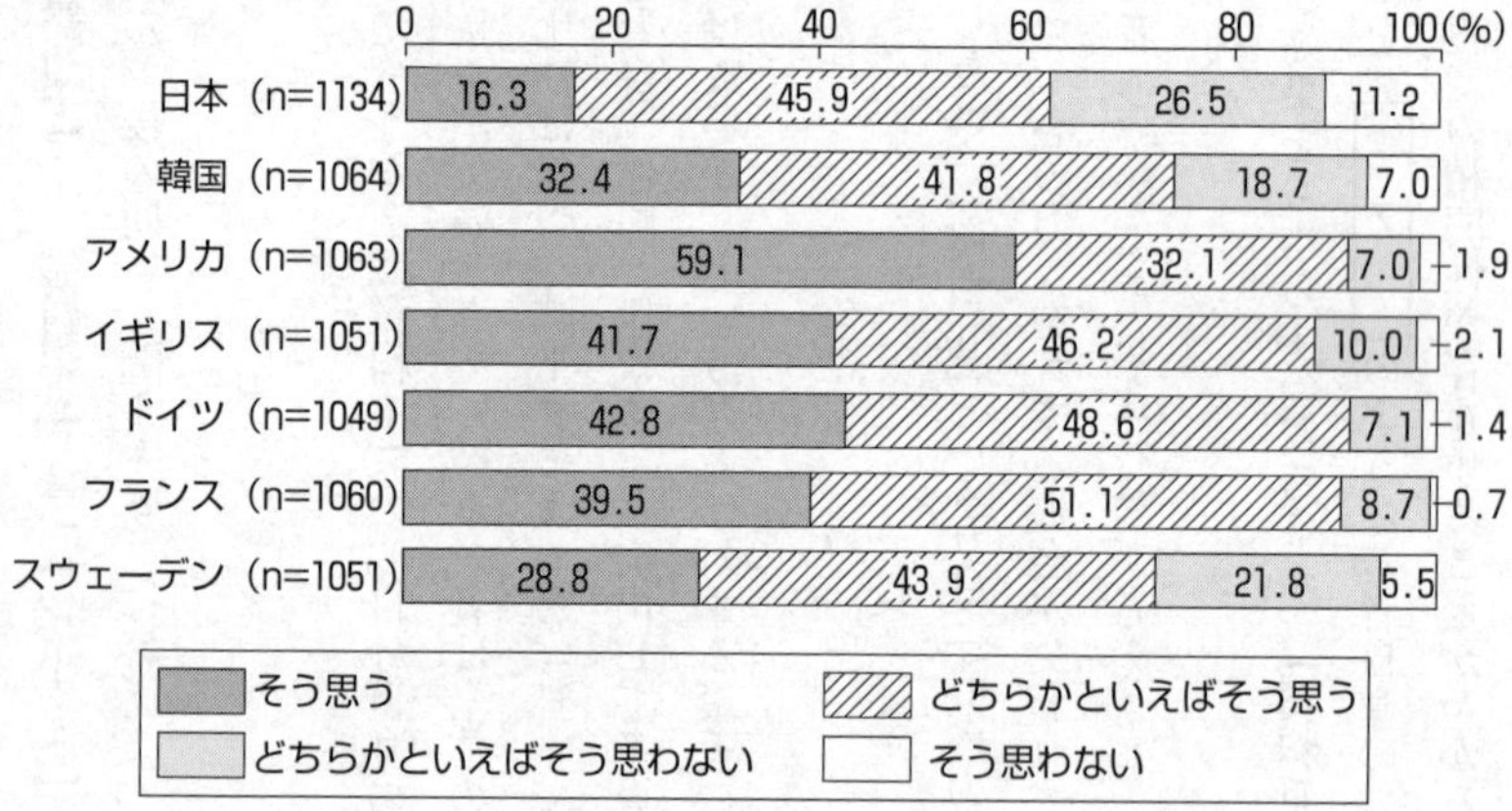

図表9　ボランティア活動に対する興味

（a）諸外国比較

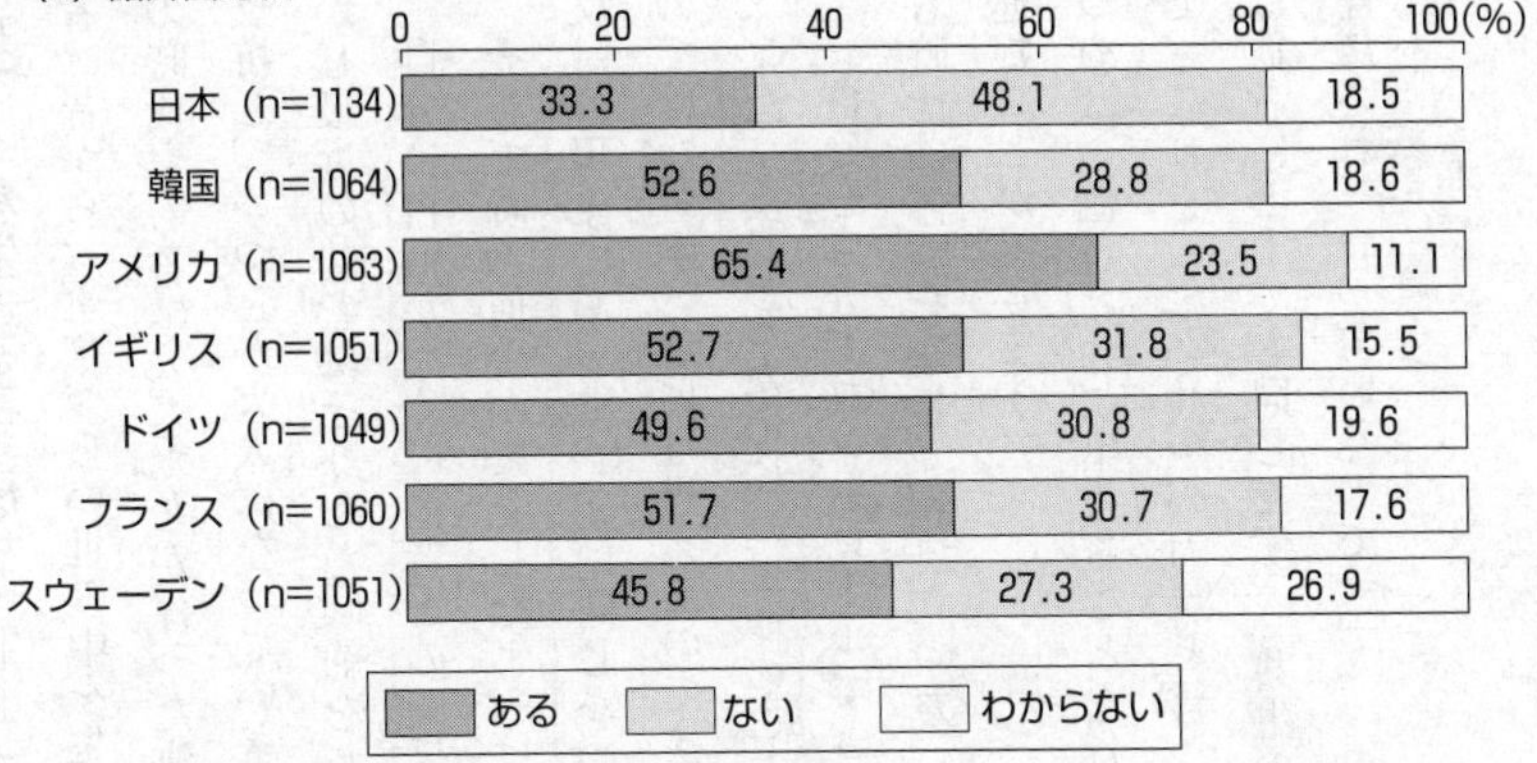

（b）前回調査との比較

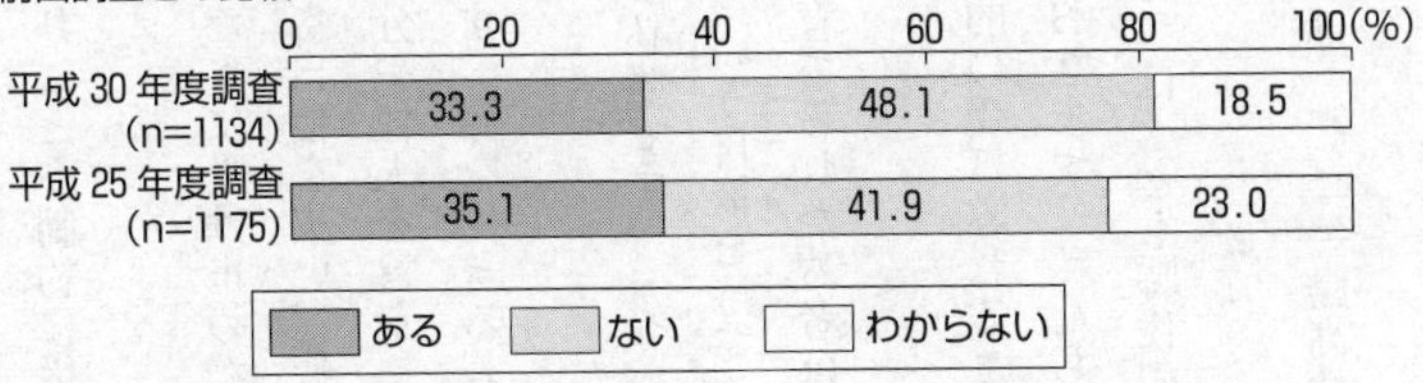

（出典：内閣府「令和元年版 子供・若者白書」
「特集1 日本の若者意識の現状～国際比較からみえてくるもの～」より抜粋）

【資料Ⅱ】 今を生きる若者たちへ――「心の力」を育てる大切さ

若者は昔から、生きづらい世の中を生き延びて大人になります。生きづらさは戦争の時代も平和の時代も同じです。いつの時代も若者は大人たちが作った決まりごとや制約に従うことを求められ、理不尽さを感じながらも従い、時には反抗し、いつしか大人になっていきます。

しかし最近の若者はそうした制約をしたたかに受け止めてやりすごす「心の力」が極端に弱くなっている気がします。自分に自信がなく、他者との関係にも自信を失い、疲れ切って諦めたように社会の求める制約を受け容れていく。そして時々何かが爆発したように自分や他人を言葉や物で傷つける。これらは同じ「心の弱さ」から生まれた正反対の現象であって、元は同じなのです。今を生きる若者たちには、強い「心の力」を育てる機会が失われているのではないかと私には思えるのです。

「心の力」を育てるためには二つのことが必要です。一つめは〈あるがままの自分を自信を持って受け容れられること〉、〈自分を自分でコントロールできるという自信を持てること〉で、これを仮に「自立の力」と言っておきます。子ども時代に体験を通して「自立の力」を育てられた若者は、自分の人生を前向きに捉え、困難な時にも諦めずに前に進むことができます。

二つめは〈他者と共に生きることを肯定的に受け容れること〉、〈傷つくことを恐れずに他者と関わろうとすること〉で、これを仮に「共生の力」と言っておきます。私たちは他者の存在と協力なしに生きることはできません。それは他者にとっても同じです。「共生の力」は子ども時代のそうした受け容れ合いと頼り合いの経験を通して体得的に認識され、育っていくのです。

（「一陽高校通信」令和5年4月号掲載の、卒業生からの寄稿文）

【資料Ⅲ】　ボランティア活動と自己肯定感

ボランティア活動を通して学生はどう変化・成長していくのだろうか。

（中略）

ヒアリングの結果、二〇名全員から、自己肯定感を構成する四つの要素（「存在の肯定」、「安定した自己」、「自信」、「受容」）に対応する言葉を確認することができたことから、ボランティア活動によって自己肯定感が醸成されるということが確認された。なお、特に自己肯定感を表す言葉が多く確認された学生には、活動の中心的な役割を担っていることや、より活動時間が長いなどの特徴が見受けられた。

Z

（中略）

すなわち、ボランティア活動を継続している学生には、ボランティア活動による自己肯定感の高まりから、次の活動へとつながり、またその活動を経て自己肯定感を高めるという循環が起きていると考えられる。

（川田虎男・志塚昌紀「ボランティア活動が学生の自己肯定感に及ぼす影響――大学生ボランティアのヒアリング調査より」『聖学院大学総合研究所紀要』六一号）

問1 【レポート】の空欄 X には、ここまでの【レポート】の展開を踏まえた【資料Ⅰ】の説明が入る。その説明として最も適当なものを、次の①～⑤のうちから一つ選べ。解答番号は 18 。

① 日本の若者は他の国と比べてボランティア活動に対する関心がやや低いものの、「自分自身に満足している」「自分には長所がある」といった項目と比較すればその差は小さいので、ここから自分自身に満足せず、長所がないと考える日本の若者がボランティア活動を通して他の国に追いつきたいと考えている

② 日本の若者は他の国に比べてボランティア活動に対する関心が低く、前回調査との比較を見ても、ボランティア活動への関心が減少していることが分かるので、ここから自分自身に満足せず、長所がないと考える日本の若者も、以前に比べて増加傾向にある

③ 日本の若者は他の国に比べてボランティア活動に対する関心の低さが目立ち、また「自分自身に満足している」「自分には長所がある」と考える若者も少ないことから、ボランティア活動への興味の低さと自分自身への評価の低さには何らかの相関性がある

④ 日本の若者は他の国に比べてボランティア活動に対する関心が低く、また「自分自身に満足している」「自分には長所がある」といった項目も他国に比べて低い値にとどまっているので、ここから日本人の一般的な気質として、自分自身を含めて物事に関する意欲や興味が薄い

⑤ 日本の若者は他の国に比べてボランティア活動に対する関心が低いが、「自分には長所がある」と考えている若者が少ないことを考えあわせると、〈自分には長所がない〉という気持ちこそが、ボランティア活動でも役に立たないだろうというネガティブな気持ちを生み出している

問2 【レポート】の空欄 Y には、【資料Ⅰ】と【資料Ⅱ】を踏まえた結論が入る。その結論として最も適当なものを、次の①～⑤のうちから一つ選べ。解答番号は 19 。

① 「心の力」の中で「自立の力」の弱さが際立っており、それが「共生の力」の弱さを生むことでボランティア活動を通した他者との関わりを避けるようになった

② 「心の力」としての「自立の力」と「共生の力」の両立が困難になっていて、それが自己への自信の喪失とボランティア活動への興味の喪失につながっている

③ 「心の力」としての「自立の力」と「共生の力」を得る機会が少なくなっていて、それが自己への満足度や長所に対する評価の低さに反映している

④ 「心の力」としての「共生の力」が弱くなっており、それが他者に対する無関心とボランティア活動への興味の喪失を引き起こしている

⑤ 「心の力」としての「自立の力」と「共生の力」が育ちにくくなっており、それが大人になることのできない若者の増加につながっている

問3 【レポート】および【資料Ⅲ】の空欄 Z には、ヒアリングを受けた学生の言葉の例が入る。その例として適当でないものを、次の①〜⑤のうちから一つ選べ。解答番号は 20 。

① 「以前の自分は大嫌いだった。今は嫌いな所もあるし、好きな所もある。完璧じゃない所も含めていいんじゃないかなと思う。失敗したら逆にどう直そうかなと思えるようになってきた。」

② 「人の役に立てるほど立派な活動は行えなかったけど、「ありがとう」と言われて感動した。そして本当に人の役に立てていない今の自分を深く反省するきっかけになった。」

③ 「活動をやっているうちに徐々に役割を任されるようになった。頼られるようになった。テント張りや力仕事等、それがちょっと自分に自信が持てるようになった。活動を始める前の自分とは全然違う。」

④ 「昔は、何をやるにしても「やらされている感」が強かったと思います。ボランティアを通じて、自分からやろうとする変化につながりました。」

⑤ 「ボランティアの現場で自分は解き放たれている。ボランティアにいる人は、自分の話をしっかり聞いてくれるし、受け入れてくれる幅が広いように感じる。」

問4 コハルさんは、【レポート】の主張をより理解してもらうためには資料が不十分であることに気づき、補足しようと考えた。その内容として適当なものを、次の①〜⑥のうちから二つ選べ。ただし、解答の順序は問わない。解答番号は 21 ・ 22 。

① 【資料Ⅰ】について。外国の若者が日本の若者のことをどう思っているかについてのデータがなければ、客観的に見て日本の若者の自己肯定感が低いのかどうかが分からないので、資料の客観性を高めるために、外国の若

者がもつ日本の若者についての印象を調べたデータを補足する。

②【資料Ⅰ】について。「ボランティア活動への興味」の有無については、ボランティア活動への実際の参加状況と重ね合わせて〈参加が多い＝興味がある／参加が少ない＝興味がない〉ことを明らかにする必要があるので、ボランティア活動への実際の参加状況に関する資料を補足する。

③【資料Ⅱ】について。筆者は「心の力」を「自立の力」と「共生の力」に分けて考えているが、「心の力」には体力や健康といった〈身体的側面〉の影響も大きいので、例えば、体力や健康と、ボランティア活動への興味との関係についてのデータを探して、「心の力」に関する筆者の説明を補足する。

④【資料Ⅱ】について。筆者によれば「共生の力」とは〈自己と他者との受け容れ合いと頼り合いの経験を通して得た力〉を指す。これを【資料Ⅰ】のボランティア活動への興味の有無だけで判断するには資料が少なすぎるので、例えば、学校生活や部活動を通した他者とのかかわりに関する資料を補足する。

⑤【資料Ⅲ】について。ヒアリングを行った学生の人数が二〇人と少なく、意見に偏りが生じている可能性があり、その結果をそのまま多くの若者の意見として採り上げることは難しいので、より多くの若者が〈ボランティア活動を通して自己肯定感を得た〉という別の資料を探して補足する。

⑥【資料Ⅲ】について。ボランティア活動を通して自己肯定感を高めた若者のコメントだけではなく、逆に自己肯定感を低くした若者のコメントも載せなければ、公平な立場で論じたことにはならないので、ボランティア活動を通して自己にネガティブな印象を持った若者のコメントを補足する。

第4問 次の二つの文章を読んで、後の問い（問1〜6）に答えよ。（配点 45）

【文章Ⅰ】

むかし、男有りけり。女をとかく言ふこと月日経にけり。(ア)岩木《いはき》にしあらねば、A心苦しとや思ひけむ、やうやうあはれと思ひけり。そのころ、水無月の望《もち》ばかりなりければ、女、身に(注1)瘡《かさ》一つ二つ出《い》できにけり。女言ひおこせたる。「今は何の心もなし。身に瘡も一つ二つ出でたり。時もいと暑し。少し秋風吹き立ちなむ時、必ず逢はむ」と言へりけり。秋待つころほひに、ここかしこより、Bその人のもとへいなむずなりとて、(注2)口舌《くぜち》出できにけり。さりければ、女の兄人《せうと》、にはかに迎へに来たり。さればこの女、かへでの初紅葉を拾はせて、歌を詠みて、書きつけておこせたり。

C秋かけて言ひしながらもあらなくに木《こ》の葉降りしくえにこそありけれ

と書きおきて、「かしこより人おこせば、これをやれ」とて去《い》ぬ。さてやがて後、つひに今日まで知らず。よくてやあらむ、あしくてやあらむ。去にし所も知らず。かの男は、(注3)天《あま》の逆手《さかて》を打ちてなむ呪ひ居《を》るなる。(イ)むくつけきこと。人の呪ひごとは、負《お》ふものにやあらむ、負はぬものにやあらむ。「今こそは見め」とぞ言ふなる。

（『伊勢物語』）

【文章Ⅱ】

をかし、男有りけり。(注4)恩を高く言ふ事、月日経にけり。薪《たきぎ》しも有らねば、D心苦しとや思ひけん、(ウ)やうやう奉公に出でにけり。そのころ、水無月の(注5)土用、餅《もち》搗《つ》かせければ、男、手に豆一つ二つ出でたり。「時もいと暑し。少し秋風吹き立ちなん時、必ず参らん」と言へり。秋待つころほひに、ここかしこより、その人を(注6)かんすなりとて、(注7)公事《くじごと》出《い》できにけり。さりけれど、男の元の主、俄《には》かに迎へ遣《こ》しけり。さればこの男、(注8)鰹《かつを》の叩《たた》きを拵《こしら》へて、歌を書き付けて置きけり。

秋かけてしたる叩きは辛《から》くとも（注9）をくは脹《ふく》るる味にぞ有りける

と書き置きて「かしこより人遣《お》こせば、これを進ぜよ」とて去《い》ぬ。さてやがて後、ついに今日まで知らず。よくてやあらん、あしくてやあらん。去にし所も知らず。かの男は（注10）天野の酒手を負ひてなん隠れ居《を》るなる。（注11）無体気《むたいげ》にて、人の（注12）野良《のら》と思ふにやあらん、叔母のもとに有り。「今こそは出でめ」とぞ言ふなる。

（『仁勢《にせ》物語』一六四〇年頃成立）

（注）
1　瘡——できもの。はれもの。
2　口舌——口論。言い争い。
3　天の逆手——人を呪うときなどに打つ柏手《かしわで》。普通の打ち方とは異なるが、未詳。
4　恩——奉公に対する給金。
5　土用——小暑から立秋までの十八日間。この時期に餅を食べる風習があった。
6　かんす——「かへす（返す）」の誤り。
7　公事——訴訟。
8　鰹の叩き——カツオの塩辛。
9　をくは脹るる味——未詳。〝後になると豊かな味〟の意か。
10　天野の酒手——「天野」は天野山金剛寺で作られた酒のこと。「酒手」は〝酒代〟。
11　無体気にて——無茶をやりかねない性格で。
12　野良——なまけ者。ならず者。

問1 傍線部(ア)〜(ウ)の解釈として最も適当なものを、次の各群の①〜⑤のうちから、それぞれ一つずつ選べ。解答番号は 23 〜 25 。

(ア) 岩木にしあらねば 23
① 岩や木ではないが、何も言わないわけではないので
② 岩や木ではないが、何も言わないでおこうとしたけれど
③ 岩や木のように感情を持たないものではないので
④ 岩や木のように強い意志を持っていたわけではないので
⑤ 岩や木のように心を動かされなかったのではないけれど

(イ) むくつけきこと 24
① 未練がましいことよ
② 報いのあることよ
③ 気の毒なことよ
④ 無風流なことよ
⑤ 気味の悪いことよ

(ウ) やうやう 25
① 思いがけず
② かろうじて
③ おのずから
④ だんだんと
⑤ いそいそと

問2　傍線部A・Dの「心苦し」の意味内容の組み合わせとして最も適当なものを、後の①〜⑥のうちから一つ選べ。
解答番号は 26 。

A
ア　自分にしつこく言い寄る男を不快に思う心情。
イ　諦めずに自分に言い寄る男を気の毒に思う心情。
ウ　男に会いたい気持ちが募って胸が苦しい心情。

D
エ　薪を買えない自分をふがいなく思う心情。
オ　生活に窮してきたことをつらく思う心情。
カ　奉公に出ることをわずらわしく思う心情。

①　ア・エ　②　ア・オ　③　イ・オ　④　イ・カ　⑤　ウ・エ　⑥　ウ・カ

問3　傍線部B「その人のもとへいなむずなり」の解釈として最も適当なものを、次の①〜⑤のうちから一つ選べ。
解答番号は 27 。

①　その男のもとへ引き取られて行くという話だ
②　その男のもとには決して行かないはずだ
③　その男のもとへ行こうと思っているのだ
④　その女のもとへ通っているというわさだ
⑤　その女のもとへはもう通わなくなったのだ

問4 傍線部C「秋かけて言ひしながらもあらなくに木の葉降りしくえにこそありけれ」の和歌に詠まれている心情の説明として最も適当なものを、次の①～⑤のうちから一つ選べ。解答番号は 28 。

① やっと男女の縁を結んだのに、秋になったとたん、男が自分に飽きて離れてしまったことを悲しんでいる。
② 秋になってできものが消えたら会おうと男に約束したのに、それを妨げられたことを激しく憤っている。
③ 男に飽きたわけではないけれど、男との縁は秋の訪れとともに切れる運命であったとしみじみ思っている。
④ 秋になったら会うという約束を果たせないまま、二人の縁が浅く切れてしまうことを残念に思っている。
⑤ 秋にかけて必ず会うと男と約束したのに、木の葉が散るようにむなしく反故にされて悔しく思っている。

問5 文章Ⅱには内容的に矛盾した箇所がある。それはどことどこか。その一方の箇所として最も適当なものを、次の①～⑤のうちから一つ選べ。解答番号は 29 。

① 「薪しも有らねば」
② 「男、手に豆一つ二つ出でたり」
③ 「時もいと暑し」
④ 「歌を書き付けて置きけり」
⑤ 「叔母のもとに有り」

問6 次に掲げるのは、生徒たちが文章Ⅰと文章Ⅱの関連について話し合ったものである。彼らの意見のうち適当でないものを、次の①～⑥のうちから二つ選べ。ただし、解答の順序は問わない。解答番号は 30 ・ 31 。

① 生徒A――Ⅰの「むかし、男有りけり。女をとかく言ふ」を、Ⅱが「をかし、男有りけり。恩を高く言ふ」ともじっているのは、男が女に言い寄るという恋愛の話が、男の奉公にまつわる滑稽な話へと転換されることを最初に告知するものとなっているよ。

② 生徒B――Ⅰの「水無月の望ばかりなりければ、女、身に瘡一つ二つ出できにけり」と、Ⅱの「水無月の土用、餅搗かせければ、男、手に豆一つ二つ出でたり」を比べると、「餅」は「望」の駄洒落《だじゃれ》であり、「豆」は「瘡」に対するもので、どちらもからだに出来る厄介物だから、うまく対応しているね。

③ 生徒C――Ⅱの「鰹の叩きを拵へて」はⅠの「かへでの初紅葉を拾はせて」のもじりとみるのはやや苦しいけれど、「かへでの初紅葉」という、和歌に詠まれそうな優雅な表現を「鰹の叩き」という卑俗な表現に置き換えるのは、俳諧の精神・手法に通じていると言えると思う。

④ 生徒D――逆に、Ⅰの「よくてやあらむ、あしくてやあらむ」とⅡの「よくてやあらん、あしくてやあらん」は同じ表現だよ。でもⅠには女が「あしくて」あれという呪いが強く表現されているのに対して、Ⅱには男が「よくて」あれという願望の気持ちが込められているんだ。

⑤ 生徒E――Ⅰの「天の逆手を打ちてなむ呪ひ居るなる」を、Ⅱが「天野の酒手を負ひてなん隠れ居るなる」ともじることで、男が女を呪って逆手を打つという話が、酒代がたまって雲隠れするという話にすっとつながっていくのは類義語のなせるわざだよ。

⑥ 生徒F――Ⅰの「今こそは見め」は女は今に思い知るだろうという意味で、Ⅱの「今こそは出でめ」は今に出て行くつもりだという意味で、どちらも男の捨てぜりふみたいなところがあって、物語の結末の言葉としてぴったりだなあ。Ⅱの作者のパロディ精神が隅々まで行き渡っていると思うよ。

第5問

次の文章は木曽川を舟で下ったときのことを記した紀行文の一節である。これを読んで後の問い（問1〜6）に答えよ。なお、設問の都合で返り点・送り仮名を省いたところがある。（配点 45）

(ア)忽遇フ三1一大《だい》巌《がん》ノ屹二立《りつ》スル水中一ニ。舟殆《ほとん》ド触レントスレ之ニ。少シク誤ラバ則チ(注1)齏《さい》粉《ふん》セン矣。衆懼《おそ》レテ而黙ス。舟《しう》人《じん》笑ツテ捩《ひね》リテレ柁《かぢ》ヲ避クレ之ヲ。輒《すなは》チ掠《かす》メテ二巌角一ヲ過グ。A如キレ此ノ者数処、未ダ三嘗テ差《たが》ハ二糸《し》毫《がう》モ一。但ダ経ルトキ二巌際一ヲ、2波激シ舟舞ヒ、飛沫撲《う》チレ人ヲ、衣《い》袂《べい》尽ク湿《うるほ》フ。回二視スレバ僕従一ヲ、各《おのおの》握リ二両把ニ汗一ヲ、殆ド B無シ二人色一。舟人甚ダ C間暇従《しよう》容《よう》トシテ、吹イテレ煙ヲ而坐ス。視《くら》ブレバ二上ルレ流レヲ船ノ併セテレ力ヲ挽《ひ》キ上グル者一ニ、3難易懸絶ス。4已ニシテ而離レレ峡ヲ、漸ク平遠ナリ。(注2)犬山城露ハレ二於(注3)翠《すい》微《び》ノ上一ニ、(注4)粉《ふん》壁《ぺき》鮮明ナリ。衆望見シテ歓然タリ。比《ころ》レ至ル二城下一ニ、又5有リテ二暗礁一齧《か》ミレ舟ヲ、(注5)砉《けき》然トシテ欲スレ裂ケント。衆復タ相ヒ顧ミテ(注6)瞿《く》然タリ。過ギテレ此《ここ》ヲ以往ハ、漁舟相ヒ望ミ、歌唱互ヒニ答フ。6衆心始メテ降《くだ》ル矣。

(イ)蓋(注7)始メテ発セシヨリ抵《いた》ルレ此ニ、為ス二陸行半日之程《てい》一ト。不シテ二(注8)一《いつ》餉《しやう》時《じ》一ナラ而至ル。其ノ快《はや》キコト可シレ知ル矣。嘗テ読ムニ二(注9)盛《せい》広《くわう》之《し》・(注10)酈《れき》道《だう》元《げん》ノ所ヲレ記ス、誇二称セリ(注11)江《かう》水《すい》迅急之状一ヲ、至リテハ二唐ノ李白一ニ、述ベテ二其ノ意一ヲ云フ、D千里ノ江《かう》陵《りよう》一日ニシテ還《かへ》ルト。平生窃カニ疑ヒテ以テ為セリ二文人ノ虚談一ト。E今過ギテ二此ノ際一ヲ、始メテ知ル二其ノ不ルヲレ誣《し》ヒ也。F但舟行甚迅、不能徐翫峡中之勝、為可恨已。

（斎藤拙堂「下岐蘇《きそ》川記（岐蘇川を下るの記）」による）

（注）
1　韲粉――こなごなになること。
2　犬山城――愛知県犬山市にあった城。天守閣のみ現存する。
3　翠微――もやが立ちこめる青い山。
4　粉壁――白い壁。
5　砉然――バリバリと音を立てるさま。
6　瞿然――驚き恐れるさま。
7　始発――筆者の一行は伏見（中山道の宿場の一つ。現在の岐阜県にあった）から舟に乗った。
8　一餉時――食事をするくらいの短い時間。
9　盛広之――南朝宋の人。その著に『荊州記』がある。「広」は「弘」あるいは「宏」の誤りと思われる。
10　酈道元――北魏の人。その著に『水経注』がある。
11　江水――長江（揚子江）。

問1 傍線部(ア)・(イ)の読み方として最も適当なものを、次の各群の①～⑤のうちから、それぞれ一つずつ選べ。解答番号は 32 ・ 33 。

(ア) 「忽」 32
① いたづらに
② いよいよ
③ たちまち
④ おのづから
⑤ たまたま

(イ) 「蓋」 33
① なほ
② けだし
③ かつて
④ およそ
⑤ さきに

問2 傍線部A「如ㇾ此者数処、未㆔嘗差㆓糸毫㆒」とはどういうことか。その説明として最も適当なものを、次の①～⑤のうちから一つ選べ。解答番号は 34 。

① このように上手に舟を操る船頭は、岩にぶつかりそうな箇所に来ても一度も表情を変えなかったということ。
② 舟が岩にぶつかりそうになっても船頭が器用に舵を数回動かし、舟は予定のコースを通り過ぎたということ。
③ 乗客は岩がそびえ立つ危険な箇所に来ても、動揺したり絶望したりすることは一度もなかったということ。
④ 舟が岩にぶつかりはしないかとハラハラする者が数人いたが、船頭は少しも慌てずに舵を操ったということ。
⑤ 舟が岩に当たりそうな危ない箇所がいくつかあったが、船頭が巧みに舟を操って過たず避けたということ。

問3　傍線部B「無㆓人色㆒」、C「間暇従容」の本文中における意味として最も適当なものを、次の各群の①～⑤のうちから、それぞれ一つずつ選べ。解答番号は 35 ・ 36 。

B「無人色」 35

① 主人の顔色をうかがっていた
② 血の気を失っていた
③ 非常に興奮していた
④ ひっそりとしていた
⑤ 夢心地のようだった

C「間暇従容」 36

① のんびりと落ち着きはらって
② 暇をもてあまして退屈そうに
③ 油断なく細心の注意を払って
④ だらだらと成り行き任せにして
⑤ てきぱきと臨機応変に行動して

問4　傍線部E「今過二此際一、始知二其不レ誣也一」はどのようなことを述べているか。傍線部D「千里江陵一日還」が次の漢詩の一句であることをふまえたうえで、その説明として最も適当なものを、後の①～⑤のうちから一つ選べ。解答番号は 37 。

早《つとニ》発ス二白帝城ヲ一　李白

朝《あした》ニ辞ス白帝彩雲ノ間

千里ノ江陵一日ニシテ還《かへ》ル

両岸ノ猿声啼《な》キテ不ルニレ住《や》マ

軽舟已《すで》ニ過グ万《ばん》重《ちょう》ノ山

① 文人たちの言う通り、白帝城から江陵までの舟での行程がいかに遠いかを実感したということ。
② 文人たちの言う通り、急流を下る小舟がいかに速く突き進んでいくかを実感したということ。
③ 文人たちの言う通り、白帝城にたとえられる犬山城がいかに美しいかを実感したということ。
④ 文人たちの言う通り、長江下りがいかに危険と隣り合わせの船旅であるかを実感したということ。
⑤ 文人たちの言う通り、李白の詩が実景を歌った、いかに優れた詩であるかを実感したということ。

問5　傍線部F「但舟行甚迅、不能徐翫峡中之勝、為可恨已」の返り点の付け方と書き下し文との組み合わせとして最も適当なものを、次の①～⑤のうちから一つ選べ。解答番号は 38 。

① 但舟行甚迅、不レ能二徐翫一レ峡中レ之勝、為レ可レ恨已
但《た》だ舟行甚だ迅《はや》く、徐《おもむろ》に峡を翫《もてあそ》ぶこと能はず之《これ》に中《あた》りて勝《まさ》り、恨むべしと為すのみ

② 但舟行甚迅、不二能徐翫一峡中之勝、為レ可恨已
但だ舟行甚だ迅く、能く徐に翫ばずして峡中の勝《しょう》、可を為《な》して恨みて已《や》む

③ 但舟行甚迅、不レ能三徐翫二峡中之勝一、為レ可レ恨已
但だ舟行甚だ迅く、徐に峡中の勝を翫ぶこと能はず、恨むべしと為すのみ

④ 但舟行甚迅、不二能徐翫一峡中之勝、為可レ恨已
但だ舟行甚だ迅く、能く徐に翫ばずして峡中の勝、為に恨むべきのみ

⑤ 但舟行甚迅、不レ能二徐翫一レ峡中レ之勝、為レ可恨已
但だ舟行甚だ迅く、徐に峡を翫ぶこと能はずして之に中りて勝り、可を為して恨みて已む

問6　この文章の表現や内容に関して印象に残る箇所を、六人の生徒に報告してもらった。その内容として**適当でないもの**を、次の①～⑥のうちから**二つ**選べ。ただし、解答の順序は問わない。解答番号は 39 ・ 40 。

① 生徒A――波線部1「一大巌屹㆓立水中㆒」は、一つの大きな岩が川の中にそびえ立っている感じを、ごつごつした印象を与える漢語で的確に表している。

② 生徒B――波線部2「波激舟舞、飛沫撲㆑人」は、短い主語と短い述語の繰り返しによって、川下りの躍動感や緊迫感を巧みに表現している。

③ 生徒C――波線部3「難易懸絶」は、舟を操って急流を下るのも、舟を上流へと引き上げるのも辛い仕事であると、船頭たちに同情する気持ちを吐露している。

④ 生徒D――波線部4「已而離㆑峡、漸平遠」は、舟が急峻な谷間から広々とした平地へと川を流れ下ったことを、副詞を効果的に用いて表現している。

⑤ 生徒E――波線部5「有㆓暗礁㆒齧㆑舟」は、舟が水面下に隠れていた岩にぶち当たってバリバリと音を立てる様子を、擬人法を用いて生き生きと表現している。

⑥ 生徒F――波線部6「衆心始降矣」は、舟の乗客たちが船頭たちの舟歌に心をひかれて、それを聴くために一度舟から降りたことを表している。

共通テスト 実戦創作問題：国語

問題番号(配点)	設問	解答番号	正解	配点	チェック
第1問 (45) 30	問1	1	③	2	
		2	①	2	
		3	④	2	
		4	③	2	
		5	④	2	
	問2	6	③	8	
	問3	7	①	7	
	問4	8	⑤	6	
	問5	9	②	7	
	問6	10	④	7	
第2問 (45) 38	問1	11	⑤	7	
	問2	12	③	7	
	問3	13	③	6	
	問4	14	③	6	
	問5	15	④	7	
	問6	16-17	②-⑥	12 (各6)	
第3問 (20) 17	問1	18	③	4	
	問2	19	③	3	
	問3	20	②	3	
	問4	21-22	④-⑤	10 (各5)	

問題番号(配点)	設問	解答番号	正解	配点	チェック
第4問 (45)	問1	23	③	3	
		24	⑤	3	
		25	②	3	
	問2	26	③	6	
	問3	27	①	5	
	問4	28	④	7	
	問5	29	⑤	6	
	問6	30-31	④-⑤	12 (各6)	
第5問 (45)	問1	32	③	3	
		33	②	3	
	問2	34	⑤	7	
	問3	35	②	3	
		36	①	3	
	問4	37	②	7	
	問5	38	③	7	
	問6	39-40	③-⑥	12 (各6)	

（注） -（ハイフン）でつながれた正解は，順序を問わない。

85/110

自己採点欄
/200点

第1問　標準

出典

Ⅰ　水無田《みなした》気流《きりう》「男も女もつらいよ—日本人に求められる人生をフローチャートにしてみたら」（『世界思想』二〇一九年春四六号〈特集　ジェンダー〉世界思想社）

Ⅱ　阿部彩《あべあや》「女性の貧困はなぜ問題にされないのか」（『世界思想』二〇一九年春四六号〈特集　ジェンダー〉世界思想社）

水無田気流（一九七〇年〜）は詩人・社会学者。神奈川県出身。早稲田大学大学院社会科学研究科博士後期課程単位取得満期退学。二〇二三年現在、國學院大學経済学部教授。詩集に『音速平和』『Z境』、評論に『黒山もこもこ、抜けたら荒野—デフレ世代の憂鬱と希望』『無頼化した女たち』などがある。

阿部彩（一九六四年〜）は経済学者・社会政策学者。東京都出身。マサチューセッツ工科大学卒業。タフツ大学フレッチャー法律外交大学院修士号・博士号取得。二〇二三年現在、東京都立大学教授。著書に『子どもの貧困—日本の不公平を考える』『弱者の居場所がない社会—貧困・格差と社会的包摂』などがある。

要旨

Ⅰ

日本では女性の稼得能力はまだまだ低く、男性の収入の多さが結婚の条件となっている。また結婚した女性が出産・育児と就業を両立させるのは難しく、第一子出産を機に離職して専業主婦となる人が少なくない。したがって恋人にプロポーズしようと思っている男性は、ある程度の住居と収入と貯金を準備してかからねばならない。他方、女性は、仕事（管理職並み）と家事と出産・育児（子どもは二人以上）を同時にこなすことが政府から期待されている。**この国の「女性活躍」とは「日本女性超人化計画」と言い換えた方がよいのではないか。**

Ⅱ

厚生労働省の発表によると、相対的貧困率は近年減少傾向にある。これを男女別に推計してみても、やはり近年は男女ともに貧困率が減少している。しかし女性は常に男性よりも貧困率が高く、しかもとんでもないことに、**貧困率の男女格差は拡大方向にある。**女性の貧困は社会問題としてほとんど認識されていないのである。

語句

Ⅰ　**スキル**＝経験や訓練を通じて身につけた技術や能力。
フローチャート＝データの流れや問題解決の手順を示す図式。流れ図。

解説

問1　標準　1 ～ 5　正解は　(i)(ア)＝③　(ウ)＝①　(オ)＝④　(ii)(イ)＝③　(エ)＝④

(i)
(ア)　配布　①赴任　②切符　③布石　④豊富
(ウ)　鑑み　①図鑑　②寛容　③環視　④監督
(オ)　啓発　①恩恵　②契約　③休憩　④拝啓

(ii)
(イ)　①〝中に入れる〟の意味。②〝許す〟の意味。③〝姿形〟の意味。④〝たやすい〟の意味。
(エ)　①〝大事な点。要《かなめ》〟の意味。②〝仕掛け・からくり〟の意味。③〝心の働き〟の意味。④〝きっかけ〟の意味。

問2 標準 6 正解は③

要旨を問う設問。傍線部に至るまでの十五段落を大きく四区分して内容をまとめてみよう。

● 第1〜第6段落（先日、〜ということになる。）
結婚相手として重視するものを質問すると、日本人は男女ともに「人柄」が一位で、女子は二番目に「収入」をあげた。スウェーデン人の男女も「人柄」を一位にあげたが、共働きが当たり前のスウェーデンでは「収入」をあげる人は男女ともにいなかった。

● 第7〜第10段落（スウェーデンとは〜厳しい……。）
日本ではまだまだ男性の収入の差が結婚できるかどうかの決定的な差である。この背景として女性の稼得能力が低いこと、また女性が出産・育児と就業を両立させるのが難しいことが考えられる。

● 第11〜第13段落（ついでに〜できない……。）
先進国で出生率が回復している国はいずれも「法律婚・同居・出産」のタイミングがバラバラである。しかし日本は「法律婚・同居が同時」で、出産はその後である。

● 第14・第15段落（ここで〜プロジェクトであろうか……。）
男性の思考フローチャートからもわかるように、プロポーズを考えている男性は、ある程度の住居と収入と貯金を準備してからねばならない。

これを見てわかるように、「収入」という語をキーワードに、日本では男性の収入が結婚の重要な条件となっていること、その背景として女性の所得が低いこと、法律婚が重視されていることが指摘されている。

選択肢は男性の収入に言及している②と③と④に絞られる。その上で各選択肢の内容の適否を吟味すればよい。正解は③で、「男性の収入の多寡が婚姻率に大きく影響している」というポイント部分を最後に置いてまとめている。

「法律婚を基盤とした家族規範に縛られ」「妻は家事育児に専念すべき」「女性の稼得能力が低い」という説明も妥当である。

①「収入」に触れていない。「女性は必ずしもこのような結婚観に縛られていない」「家事育児に専念することを望んでいる」も本文に書かれていない。

②高収入でなければ結婚できないという結婚観を原因にあげ、「法律婚・同居が同時」で出産はその後という因習をその結婚観の結果と説明しており不適。思考フローチャートでは逆に、このような因習的な思考が安定収入が必要という思考を引き出している。

④「男性の思考が大きく影響している」が不適。書かれていない。また男性の高収入と少子化を因果関係で説明している点も、本文の内容からはずれる。

⑤「収入」に触れていない。また「自分がATMにたとえられることを肯定的に捉えている」も不適。第8段落に「ため息交じりのレポート」「しょせん男は、ATM……」とあるように、ATMのたとえを悲観的、自嘲的にみている。

問3　標準　7　正解は①

図表の読み取りを問う設問。図表2は「政府推奨・理想的な日本女性のライフコース」とあるように、女性の生き方に干渉しようとする政府の目論見をフローチャート化したものである。事実、女性の就職・結婚・出産・職場復帰に関して、年齢まで指定して**女性のライフコースを枠にはめようとしている**。筆者はこのライフコースをF1レースにたとえ、さらに「日本女性超人化計画」と名づけて**痛烈に批判する**（Ⅰの第18・19段落）。女性が出産・育児そして家事をこなしながら、そのうえ就業、しかも「管理職になる程度にバリバリ働」（第16段落）くのは、それこそ「超人」でなければ不可能だと言うのである。筆者は、現在の女性の置かれた立場や環境（給与水準の低さも含まれる）をまったく理解しない机上の空論だと退けて、激しく憤っていることが理解できよう。以上より「女性に出産・育児と就業継続の両立を求めるのは過酷と言わざるをえない」と説明した①が正解となる。

② 「女性がそれぞれ自由に決めればよい」が不適。筆者の考えからはずれる。筆者は「超人」という言葉を使って、政府の言う「ライフコース」の非現実性を批判している。

③ 「高所得の世帯ならともかく」が不適。所得とは関係なく、非現実的なのである。

④ 「女性は出産・育児と就業継続を両立させるのが望ましい」が不適。これは政府の考えであって、筆者はその是非について意見を述べていない。

⑤ 出産・育児と就業継続を切り離して考えるべきだと述べており不適。筆者の考えではない。

問4 標準 8 正解は⑤

図表の読み取りを問う設問。**図表3**は勤労世代の貧困率の推移を男女別に示したものである。縦軸が貧困率を、横軸が年（一九八五～二〇一五年）を表している。二〇〇三年までは9年ごとの、それ以降は3年ごとの数値が示されている。これでみると、(1)男女ともに上昇傾向にあった貧困率が近年は下降傾向にあること、(2)全期間において男性より女性の方が貧困率が高いこと、(3)その貧困率の差は縮小傾向にあったけれども二〇〇九年を境に拡大傾向に転じたことなどが読み取れる。大きくみれば、男性の貧困率が上昇すれば女性の貧困率も上昇し、逆に前者が低下すれば後者も低下するので、両者の間には相関関係があると言える。しかしⅡの筆者が注目するのは(3)の特徴である。まず第3段落で「とんでもない事実が明らかになってきた」と述べて読者の注意を促す。続いて「貧困率の男女格差は拡大したのである」（第4段落）、「現在においても、貧困の男女格差は縮小の方向に向かっていない」（第5段落）と述べて、男女の貧困率の格差の拡大傾向を指摘する。そして最終段落で「女性の貧困は社会問題としてほとんど認識されていない」と結論づける。このように筆者の注目点は男性の貧困率との比較をふまえた女性の貧困問題であり、特に近年、貧困率が低下している（これは厚生労働省にとってはよい材料である）にもかかわらず、**男女の貧困率の格差が拡大しているという問題の深刻さ**（この問題が社会的に認識されていないことの深刻さを含む）なのである。よってこの点を指摘した⑤が正解となる。他の選択肢も内容的には正しいが、設問の解答としては不適である。

一方が変われば他方も変わるという関係を「相関関係」と言い、一方が増加すれば他方も増加する場合を「**正の相関**」、一方が増加すれば他方は減少する場合を「**負の相関**」と言う。例えば発育期の身長と体重の関係は前者であり、商品の供給量とその価格の関係は後者である。男性の貧困率と女性の貧困率の関係は前者である。

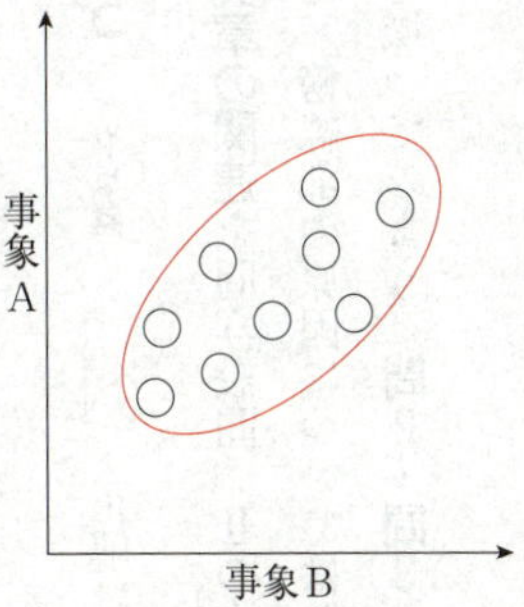

正の相関関係

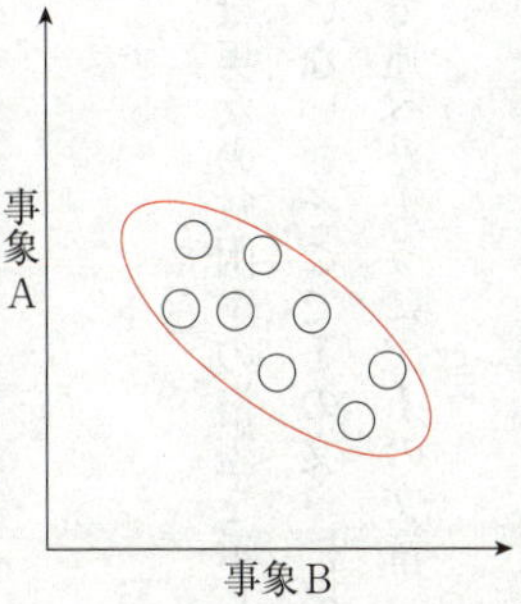

負の相関関係

また、一方が原因で他方がその結果である関係を「因果関係」と言う。例えば、雨が降ったという事象と地面が濡れているという事象の関係がそうである。

そこで**「相関関係」と「因果関係」の関係**についてみてみよう。二つの事象の間に「因果関係」があれば、そこには「相関関係」も認められる。しかし「相関関係」があっても「因果関係」も認められるとは限らないので注意が必要である。例えば家族が増えたので出費も増えたという因果関係において、両者の間には相関関係も認められる。しかし、今年の夏は例年より暑かったという事象と、今年はクーラーが例年より多く売れたという事象の間には相関関係が認められるが、今年の夏は例年より暑かったのでクーラーも例年より多く売れたと速断することはできない。なぜならクーラーが多く売れたのは買い換えの需要が多かったためかもしれないし、安くて性能のよい輸入品が出回ったためかもしれないからである。男女の貧困率についても相関関係は認められても、男性の貧困率が上昇したので女性の貧困率も上昇したという因果関係を導くことはできない。

問5 やや難 9 正解は②

二つの文章の関連を問う設問。Ⅱの文章では男女の貧困率の格差を示して、女性の貧困問題を認識すべきだと訴えている。ただ、傍線部の原因については触れていない。そこでⅠの文章に戻って、なぜ女性の貧困は問題視されないのか、その理由を探ってみよう。問2・問3の解説で述べたように、Ⅰの文章（図表1・図表2を含む）の要点は次の五つである。

(1) 日本の女性は男性の収入を結婚条件にあげている
(2) 女性の所得が低く、出産・育児と就業の両立も難しいため、男性の収入の差が結婚に影響する
(3) 日本は「法律婚・同居が同時」で、出産はその後である
(4) プロポーズする男性はある程度の住居と収入と貯金が必要である
(5) 政府は女性に、出産・育児・家事に加えて就業もこなすことを期待している

これでみると、(2)で女性の所得が低いことが指摘されており、これが女性の貧困と結びつくと考えられる。しかしそのことがあまり問題視されない原因を探ると、むしろ問題なのは男性の収入の多寡であり、それが結婚の条件を左右する上に、結婚後も男性の収入が家族の生活を大きく支えていることがわかる。そして女性は結婚を機に専業主婦となり、

家事と出産・育児に専念することが求められていることがわかる。政府の期待はこのような現状を無視するどころか隠蔽するものである。以上より次のような因果関係を導き出すことができよう。

女性は所得が低くても、結婚を機に専業主婦となって夫の収入に頼ればよい → 女性の貧困が問題視されない

選択肢はいずれも「女性の貧困率が常に男性より高くても」で始まり、「男性の貧困ほどには問題視されないこと。」で終わるので、その中間部分を検討することになる。消去法で解く。

①不適。男性が結婚相手の女性に「人柄」や「家事育児の能力」を求めているというのはその通りだが（Ⅰの第3段落）、高い収入を求めていないとは書かれていない。よってⅠの文章の内容からはずれた事柄を原因として提示することになり、誤りである（この点は③～⑤も同じ）。

②適当。右に示した因果関係（赤字部分）に合致する説明になっている。

③不適。「出産・育児と就業を両立させている女性ばかりが注目され」とは書かれていない。筆者はこの両立は困難であることを述べている（Ⅰの第10段落）。

④不適。「結婚せずに親と同居してその扶養家族となっていたりする」とは書かれていない。

⑤不適。「生涯独身を選択する女性が少なくない」とは書かれていない。

問6　標準　10　正解は④

本文の表現を問う設問。消去法で解く。

①適当。体言止め（＝文末を名詞や代名詞で止める技法）は余韻を生み出したり、リズムを持たせたりする効果がある。ここでは「ゼロ」を強調し印象づける効果がある。

②適当。「ＡＴＭ」は家計を支える男性の隠喩となっている。直前に「ため息交じりのレポートが返ってくる」とある

ように、男性が収入の多寡によって結婚できるかどうかが決まることに嘆息し、自らを「ＡＴＭ」にたとえてあざ笑う心情が読み取れる。

③適当。「ガラパゴス」は（注）３に説明があるように比喩表現である。ここでは、先進国の中で日本だけが「法律婚を基盤とした家族規範」（Ⅰの第12段落）に縛られていることをたとえる。同段落に「先進国で出生率が回復している国」とあるように、筆者は少子化の原因の一つがこの家族規範にあると考えているのだろう。よって「警句（＝短い皮肉な表現で、巧みに真理をついた言葉）的表現を用いて批判している」という説明は妥当である。

④不適。Ⅰの最終段落で筆者は、女性活躍推進法が成立した直後に派遣法が改正され、企業は人を替えれば派遣労働者を使い続けられる、と問題点を指摘する。そして「替えの利く女性派遣労働者」が大いに「活躍」することになりかねない状況を危惧し、「綾波レイ」というアニメの登場人物（（注）８にあるようにクローン人間である）を想起する。よって「まさか、本当に……⁉」という表現は、このような無謀な政策が推し進められていることに驚きあきれる心情を表していることになる。「筆者には予想がつかず」「その判断を読者に委ねている」という説明は誤りである。

⑤適当。Ⅱの第４段落では、細かい数値を示して、貧困率の男女格差が拡大したという主張を裏付けている。

第２問 やや難

出典

Ⅰ・詩　吉野弘《よしのひろし》『詩のすすめ―詩と言葉の通路』〈Ⅱ　自作について　「初めての児に」〉（思潮社）

Ⅱ　角田光代《かくたみつよ》『何も持たず存在するということ』〈待つということ〉（幻戯書房）

吉野弘（一九二六～二〇一四年）は詩人。山形県酒田市生まれ。高校卒業後、帝国石油に就職。戦後、労働組合運動に従事するが、肺結核にて療養生活を送る。その過程で詩作を始めた。一九七二年『感傷旅行』で読売文学賞詩歌俳句賞受賞。以後詩作のみならず、随筆や校歌の作詞等、多様な分野で精力的に活動した。二〇一四年肺炎にて死去。代表的な詩に「祝婚歌」「夕焼け」「I was born」等がある。

角田光代（一九六七年～）は小説家。神奈川県横浜市生まれ。早稲田大学卒業後、「幸福な遊戯」で海燕新人文学賞受賞。二〇〇五年には『対岸の彼女』で直木賞受賞。エッセイや紀行文、絵本の翻訳等幅広く活動している。代表作に『空中庭園』『八日目の蟬』『紙の月』等がある。

要旨

Ⅰ

詩を書くのに無理をしないというのは、わからないものを無理に書こうとしないということだ。詩的体験とは、既知のことの中に、割れた皿のように「わからない意味」が割りこんだ状態だ。時間を借り、経験を積み重ねたその集積が**「わからなさ」を解く力**になる。

詩

おまえが生まれて間もない日、生命保険の勧誘員は、早くもお前の死の匂いを嗅ぎつけて、禿鷹のようにやってきた。顔の貌さえさだまらぬやわらかな身体のどこに、私は小さな死をわけあたえたのだろう。

Ⅱ

駅のホームでアジア人の女性に次の電車は新宿行きかと聞かれた私は、必要な説明はしたが、一緒に電車を待つことなく次の電車に乗った。一方、旅先のタイでバスが来るか不安だった私のために、バイクタクシーの運転手はバスが来るまでの長い時間を一緒に待っていてくれた。私はいつになったら、**人のために時間を差し出せる本当の大人**になれるのか。子どものような自分が少し恥ずかしかった。

解説

問1 標準 11 正解は⑤

傍線部の内容から、**別の題材との関連**を問う設問。Ⅰのエッセイのテーマを理解し、その理解をⅡの内容に反映させる設問になっている。まずつかまなくてはいけないのは、**「詩を書くのに無理をしないというのは、どういうことか」という問いに対する「答え」**である。傍線部の「無理をしない」という語を手がかりとして後部を見ると、第2段落の末尾近くに「それ（＝詩）が書けない場合、私はそれを無理に書こうとはしません」とある。この記述を手がかりにして第3段落を見ていくと、

a 「言葉が行きづまった場合、それを自分の力の限界と考えて、詩作を休止します」→**詩作の休止**

b 「勿論、放棄するわけではありません。時間を借ります」→**時間を借りる**

c 「人の話を聞いたり、本を読んだり、という経験が加わります」→**経験の追加**

d 「その集積が、先の『わからなさ』を解く力になるのです」→**解答の手がかりの獲得**

とあるので、この四点が、筆者が「答え」として考えていることだと理解する。

次に、〈Ⅰで確認したa〜dの要素と各選択肢が合致しているかどうか〉という観点から各選択肢を検証すると、⑤は、「わからない、という事態を受け入れ」（＝a）、「風や空や太陽の様子を眺めながら」（＝c）、「待つうちに」（＝b）、「バスがやってくる機会にめぐりあえる」（＝d）と、それぞれの要素に対応していることがわかる。よって最も適当な解釈は⑤である。

① 「一緒に待ってあげる」はb「時間を借りる」の要素にはあたらず、c「経験の追加」の要素としても説明不足である。また「後悔しない」といった〈気持ち〉が確認できる要素も存在しない。よって不適。

②「試行錯誤を地道に行う」だと〈休止していない〉のでa「詩作の休止」の要素と矛盾する。また「だんだん好転してくる」といった〈少しずつ良くなる〉という要素もⅠで確認できない。よって不適。

③「一緒に待ってくれる人がいる」だけでは、①同様に、c「経験の追加」の要素として説明不足である。また「心が落ち着き」「余裕を持って」といった〈気持ち〉が確認できる要素も存在しない。よって不適。

④「諦め」「待つという時間から一時的に解放」がbの「放棄するわけではありません」という記述と矛盾する。また「バスの方からやってきてくれる」もcの「経験の追加」という要素を無視している。よって不適。

問2　標準　12　正解は③

傍線部の内容を踏まえてノートの空欄を補充する設問。 傍線部の内容を〈構造的〉に理解し、その理解を詩の内容に反映させる設問であり、**複数の題材の関係性**を考えさせている。傍線部の「欠けているために、その部分を補って眺める精神のいとなみ」という記述は、その少し前にある「半円に割れてしまった皿を見たことで、一つの完全な円形の皿を想起した」という記述の「想起」の部分を具体的に説明したものである。これを踏まえて傍線部の内容を〈構造的〉に整理すると、図のようになる。

次に、設問に挿入された空欄の内容を、各選択肢を手がかりにして確認すると、〈W＝誰が想像するのか？〉〈X＝何が欠けているのか？〉〈Y＝どのようにして想像させるのか？〉〈Z＝何を想像させるのか？〉の四つの要素が求められていることがわかる。この点を踏まえて、詩の内容を分析し、各空欄に当てはまる内容を検討すると以下のようになる。

W	「おまえが生まれて間もない日」に「どこに　私は小さな死を　わけあたえたのだろう」と言っている人	私／作者／親／父親
X	「やわらかなお前の身体の　どこに　私は小さな死を　わけあたえたのだろう」とある	赤ん坊の生（身体）の中に宿る「死」の存在についての認識
Y	「死」をイメージさせるさまざまなキーワード	禿鷹／生命保険の勧誘員／（死の）匂い／小さな死
Z	図にあるように〈欠けた部分＝（想像で）補って眺める部分〉なので、X＝Z	赤ん坊の生（身体）の中に宿る「死」の存在についての認識

③はこれらの要素をすべて満たしている。よって③が正解である。

①　Wの「生命保険の勧誘員」、Xの「生まれて間もない」、Zの「死の遠さ」がいずれも該当しない。よって不適。

②　Wの「生まれた赤ん坊自身」、Zの「はかなさ」がいずれも該当しない。**詩**には「はかなさ」（＝あっけなさ・むなしさ）を説明する言葉は書かれていない。よって不適。

④　Xの「死が差し迫っている」、Zの「死がそこまで来ている」がいずれも該当しない。〈死までの期間の短さ〉を説明する言葉は書かれていない。赤ん坊の生命に宿っている死がどの時点で現れるかについてはケースバイケースであり、**詩**の表現でその時期が特定されているわけではない。よって不適。

⑤　Yの「『ただよわせ』という使役表現」、Zの「父親が当事者であること」がいずれも該当しない。「ただよわせ」の主語は〈赤ん坊〉であり、それにより「父親が当事者であること」が確定するわけではない。よって不適。

問3　標準　13　正解は③

文章Ⅱにおける**具体例の効果**について把握する設問。以下、選択肢ごとに検証していく。

①**適当**。「バスはなかなかこない」「四十五分、一時間とたつ」（第5段落）、「ときおりなま暖かい風が吹いた」「雲ひ

とつない空を……太陽がゆっくりと移動していく」（第6段落）、「やっと陽炎の道の向こうから、ゆっくりとバスがあらわれた」（第7段落）などの記述は、いずれも「タイのゆっくりとした時間の流れ」を描写しており、それが「案内板を見ると、次も、その次の電車も地下鉄」「その次がようやく、新宿経由のJR」（第1段落）といった「東京のせわしない時間の流れ」と〈対比〉になっていると考えることができる。

②適当。第4段落の「本当にバスがくるのか不安になった」「本当にここがバス停なのか、バスはちゃんとくるのか、私は今日じゅうに鉄道駅に着くのか」といった記述は、タイという見知らぬ場所で、不安に駆られる筆者の姿を強調しているが、それが第1段落の「アジア人の女性」「かたことの英語」、第2段落の「さっきの女性の不安げな顔」の後に置かれることで、〈アジア人の女性の不安とタイでの筆者の不安〉が重ね合わされ、「アジア人の女性」の不安を再度思い起こさせる効果を与えていると考えることができる。

③不適。「『バイクタクシーの彼』の優しさ」については第4〜第7段落に記述されているが、「他人の不安に無関心な私の冷酷さ」という説明は、「さっきの女性の不安げな顔が頭にちらついた。新宿いきの電車をなぜ一緒に待ってあげなかったのか。ちらりと後悔した」（第2段落）という筆者の関心や優しさを示す記述に矛盾していると考えられる。よってこれが答えとなる。

④適当。「タイで出会った『大人』の振る舞い」については、③同様第4〜第7段落に記述されている。それを第8段落で「バイクタクシーの彼ほど大人になれるのか」とまとめ、それと対比する形で自分のことを「私は、未だ子どものようにあくせくしている。早くしなさいと叱られる子どものように」と述べている。

⑤適当。第4〜第7段落の記述は「私に自分の時間を差し出した運転手」の描写でもあり、それを第8段落で「人のために時間を差し出せる、それを当然だと思える、本当の大人」とまとめ、「アジア人の女性」に対してそれができなかった自分のことを「後悔した」（第2段落）、「恥ずかしかった」（第8段落）と述べている、と理解できる。

問4 やや易 14 正解は③

傍線部の内容を問う設問。**行為の背後にある、「私」の心情や意図**を理解する。「質問攻め」とは〝次から次に相手に質問する状態〟を意味する。このときの「私」の状況を確認するために、まず、この行為に至るまでの〈経緯〉を確認する。第4段落には、タイの船着き場からバイクタクシーに乗った「私」について、以下のことが書かれている。

A　バス乗り場で私はバイクを降りた
B　周囲にあまりにも何もない
C　本当にバスがくるのか不安になった
D　それで、バイクタクシーの運転手に……身振りで質問攻めにした

次に、運転手への「質問」の内容を確認すると、以下の通りになっている。

E　本当にここがバス停なのか
F　バスはちゃんとくるのか
G　私は今日じゅうに鉄道駅に着くのか

これらの条件を踏まえて各選択肢を確認すると、③は「降りた場所が何もない場所で」（＝A・B）、「もしかしたらバスがこないのではないかと不安になり」（＝C）、「安心できる情報が少しでも欲しいという気持ち」（＝C→F）という形で対応していることがわかる。「私」は「本当にバスがくるのか」が不安になり（＝心情）、その不安を解消できる情報を得たいという気持ちになり（＝心情）、その情報を得ようとして（＝意図）、運転手に質問したのだ、と理解できる。よって最も適当な選択肢は③である。

①「ひとり置き去りになってしまうという恐怖心」という心情が読み取れるヒントは存在しない。また運転手（「彼」）が「私の状況に無関心」であることがわかる要素も確認できない。さらに「不満」「怒り」という心情も本文から読み取れない。よって不適。

②「言葉で伝えても運転手は理解できない」ということを問題とするようなキーワードをA～Gで確認できない。また「冷静さを取り戻し」た、といった〈経緯〉もA～Gからは読み取れない。さらに「正確なジェスチャーを心がけ」という意図を「身振りで質問攻めにした」という表現から読み取ることもできない。よって不適。

④「何もないところだったので」→「不安になり」という〈因果関係〉は存在しない。不安の原因はCにある通り「本当にバスがくるのか」という点にあった。また「私」は情報が欲しいのであり、「そばにいて欲しい」わけではない。さらに「時間稼ぎのために」といった意図も読み取れない。よって不適。

⑤まず「降ろされた」は誤り。Aには「降りた」とある。また「降ろされたので」→「不安に駆られ」という〈因果関係〉もCで否定されている。さらに「疑念」という心情や「本当のことを引き出そう」「事実を正直に話すよう」といった意図も読み取れない。よって不適。

問5　やや難　15　正解は④

異なる題材間の関係を問う設問だが、〈共通項〉を見出す設問となっている。問1ではⅠとⅡ、問2ではⅠと詩との関係をそれぞれ確認した。問5ではⅠ・詩・Ⅱに共通して見出される〈テーマ〉が何か、ということを確認するのが課題となる。そのためにどのような作業が必要なのかを順を追って考えてみる。

まず問1で確認したⅠとⅡの共通点（a～d）は〈作業を一日中断し、時間を借り、経験を重ね、解答・解決の手がかりやきっかけを手に入れる〉というものであった。次に問2で確認したⅠと詩の共通点は〈欠けているものを、想像力〈精神のいとなみ〉で補うことで、全体像を手に入れる〉というものであった。ここからⅠ・詩・Ⅱの〈共通項〉を導き出すには、次の二つの作業が必要である。

ⅰ：詩に〈作業を一旦中断し、時間を借り、経験を重ね、解答・解決の手がかりやきっかけを手に入れる〉という内容が見出せるかどうかを確認する。
ⅱ：Ⅱに〈欠けているものを、想像力〈精神のいとなみ〉で補うことで、全体像を手に入れる〉という内容が見出せるかどうかを確認する。

ⅰについて、詩の内容は〈生まれたばかりの赤ん坊に、すでに死の匂いがただよっていた〉というものであり、ここには〈作業の中断〉や〈時間を借りる〉といった要素は見当たらない。よって〈作業を一旦中断し、時間を借り、経験を重ね、解答・解決の手がかりやきっかけを手に入れる〉という関係は〈共通項〉として成り立たない。次にⅱについて、Ⅱの第8段落に示された「私」について分析してみると、図のようになる。

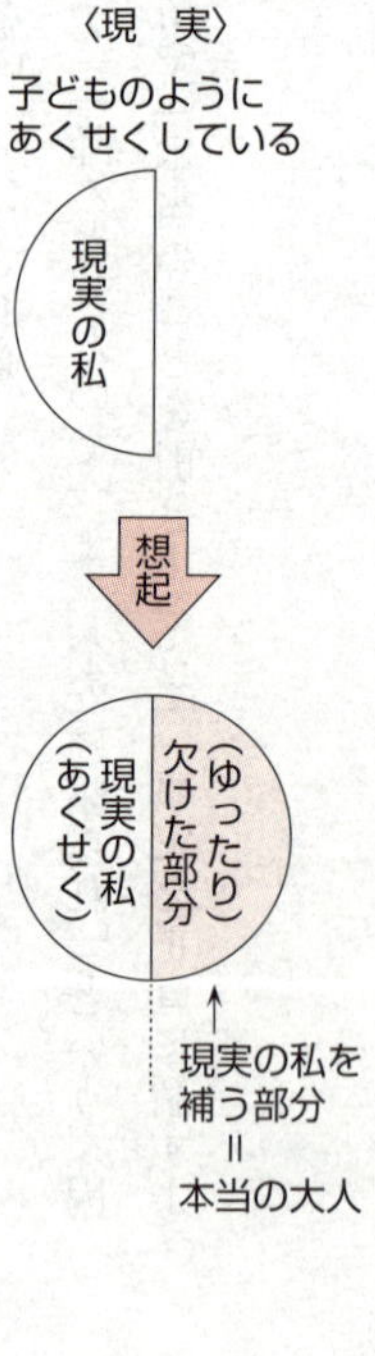

〈全体像〉に該当するものは存在しないが、〈自分に欠けているものを、バイクタクシーの彼の姿を通して見出し、現在の状態を反省する〉という「精神のいとなみ」を見出すことができる。よってⅠ・詩・Ⅱの〈共通項〉は〈欠けているものを精神のいとなみで見出す〉という点にあることがわかる。こうした点をきちんと押さえている④が正解である。

① この選択肢は詩の分析を行っていないので設問の要求を満たしていない。また「何もせずに放っておいたほうがうまくいく」という記述は問1で確認した内容（b「放棄するわけではありません」）とも異なる。さらに「バイクタクシーの彼」が「そのことを最初からわかっていた」ことが確認できる根拠がⅡに存在しない。よって不適。

②「良いことも悪いことも永遠に続くことはない」という結論が導き出せるような根拠がⅠ・詩・Ⅱに存在しない。良い・悪いといった〈対比〉および〈価値判断〉に関する記述は見当たらない。よって不適。

③Ⅰと詩を「二面性」で説明することは可能だが、Ⅱのバスを〈来る／来ない〉の二面性で理解するような根拠が見当たらない。したがって「二面性を理解できない主人公を批判する」ことを指摘できる根拠も本文から読み取れない。よって不適。

⑤まずⅠは〈時間をかけることの大切さ〉を主張する文章ではない。また「時は金なり」ということわざは〝時間は貴重なものであり、浪費すべきではない〟という意味である。〈時間をかける〉という考え方とは逆の発想であると理解すべきである。よって不適。

問6　標準　16・17　正解は②・⑥

各題材の表現形式の特徴や違いを把握する設問。以下、選択肢ごとに検証していく。

①不適。「逆説」とは〝表現は矛盾しているが内容としては正しいこと〟もしくは〝予想された結果とは逆の結果が、当の予想から生じていること〟を意味する。Ⅰには「書けない場合……無理に書こうとはしません」と書いてあるが、〈書かないからこそ詩作ができる〉とは言っていない。また詩にも「(赤ん坊に）私は小さな死を　わけあたえた」と書いてあるが、「生まれることは死ぬことに他ならない」とは言っていない。正確には〈死をはらむものが生である〉ととらえるべきである。

②適当。Ⅰのテーマが〈「欠けている」ものを補うことの意味を考える〉点にあることは問2および問5ですでに確認している。また〈「欠けている」ものを補うことの意味〉が詩の中で〈生命に宿る死の存在を想像すること〉として語られていることも問2で確認済みである。

③不適。詩であれⅡのエッセイであれ、〈具体的な日時や場所の明示／非明示〉が〈テーマの特殊性／普遍性〉に対応する、という表現形式上の用例は存在しない。

④不適。詩の「短い文の並列とその間の空白」が読者をその箇所にとどまらせて内容を印象づける、ということはありうるが、Ⅱは「長い文をすき間なくつないで」いないし、仮にすき間なくつないでいたとしても、それによって「読む速度を上げさせるという効果」を与える、という表現形式上の用例は存在しない。むしろ短い文を立て続けに並べた方が読む速度が上がる可能性が高い。

⑤不適。Ⅱの「五感に訴える描写」が読者に〈臨場感〉をもたらし、描写された世界に自分が入り込んでいるかのような効果を与える点は誤りではないが、Ⅰの「一枚の円形の皿」「完全な円形の皿」を「知覚に訴える描写」と評価できる根拠はなく、それが「読者の内容への介入を排除」することにつながる、という因果関係も存在しない。

⑥適当。「一人称を多用すること」が〈主観的な印象の強調〉につながる、という表現形式上の効果は一般的に言われており、妥当である。またⅠについて、記述内容に「客観性」を持たせる目的で「定義的表現」（「～というものは…」）や「一人称複数表現」（「われわれ」「私たち」など）を用いることも、表現形式の工夫としては一般的である。

第3問 標準

出題資料の確認と分析

この問題は【レポート】と【資料Ⅰ】（図表）、【資料Ⅱ】（文章）、および【資料Ⅲ】（文章）で構成されている。各資料の内容は、次のように整理することができる。

【レポート】 コハルさんによる「若者が自己肯定感を育てるには？」という題のレポート。中に三つの空欄（X・

（Y・Z）が設けられている。

【資料Ⅰ】：内閣府の行ったアンケート調査（「日本の若者意識の現状～国際比較からみえてくるもの」）の結果が、比率を表す図表の形で提示されている。図表は四つあり、それぞれ「自分自身のイメージ」「自分自身に満足している」「自分には長所がある」「ボランティア活動に対する興味」という質問事項に対応する。

【資料Ⅱ】：「今を生きる若者たちへ――『心の力』を育てる大切さ」という題の寄稿文。

【資料Ⅲ】：「ボランティア活動と自己肯定感」という題の評論の一節。中に一つの空欄（Z）があり、これが【レポート】の空欄Zに対応している。

中心となるのは【レポート】であり、解答者は各資料の情報や資料同士の関係、および空欄前後の内容を手がかりにして空欄を埋め、最終的に【レポート】の内容全体を論理的かつ正確に把握することが求められている。

解説

問1　標準　18　正解は③

設問文に「ここまでの」とあるように、空欄より前の文章の内容を踏まえ、それを【資料Ⅰ】の図表から読み取れる情報と関係づけた上で、説明として適当な選択肢がどれかを問う問題。まず空欄Xの前にある文章の内容を簡単にまとめると、次のようになる。

Ⓐ「自分自身のイメージ」をネガティブに捉えている日本の若者は、割合としてはそれほど多くない印象である。

Ⓑ諸外国と比較すると、「自分自身のイメージ」をネガティブに捉えている若者は、日本が突出して多い。

Ⓒこれは日本の若者に対する社会一般の評価（消極的・主体性に欠ける）と一致している。

Ⓒの「これ」が指し示しているのはⒷであり、空欄前部の文章の焦点は実質的に〈Ⓑ→Ⓒ〉という関係にある。

次に、空欄直前にある「ボランティア」に対応する資料として、【資料Ⅰ】の図表9「ボランティア活動に対する興味」を確認すると、以下のことが読み取れる。

Ⓓ「(a)諸外国比較」によると、「ない」「わからない」を合わせた割合は日本が66・6％（三分の二）であり、**ボランティア活動に興味が薄いと思われる若者の割合は諸外国と比べて明らかに多い**。

Ⓔ「(b)前回調査との比較」を見ると、**ボランティア活動に興味が薄いと思われる日本の若者の割合は、やや増加傾向にある**。

これらの情報を重ね合わせて想定できることは、〈日本の若者の自己評価の低さ〉と〈ボランティア活動への関心の低さ〉がなんらかの〈つながり〉を持っている、ということである。**それがどのような〈つながり〉なのか**（例えば「自己評価が低いからボランティア活動への関心が低い」のか「ボランティア活動の経験がないから自己評価が低い」のか、といった〈因果関係〉）を【レポート】と【資料Ⅰ】**のみから判断することは不可能であるため**、正解選択肢の条件は、〈つながり〉がある、ということを指摘しているかどうかという点に限定される。これらの考察を踏まえて各選択肢を確認していく。

①不適。「ボランティア活動を通して他の国に追いつきたいと考えている」という〈若者の意図〉を【レポート】と【資料Ⅰ】の情報から読み取ることは論理的に不可能である。

②不適。「ボランティア活動への関心が減少している」は正しいが、ボランティア活動の前回調査との比較の結果がそのまま〈日本の若者の自己評価の変化〉に反映しているかどうかを、【レポート】と【資料Ⅰ】に基づいて判断することはできない。

③適当。前に解説した通り、ボランティア活動への関心の低さと自分自身の評価の低さとのなんらかの〈つながり〉、すなわち「相関性」が指摘されており、指摘はそこで限定されているので、妥当な説明である。

④不適。今回の【レポートⅠ】と【資料Ⅰ】は「現代の日本の若者の考え方」に関するものであり、それを「日本人の一般的な気質」にまで広げて考えることは論理的に不可能である。
⑤不適。ボランティア活動への関心の低さと自己評価の低さには何らかの関係が存在するが、その関係を〈自己評価が低いからボランティア活動への関心が低い〉という〈因果関係〉であると断定できる情報が【レポート】と【資料Ⅰ】に存在しない。
以上より、③が正解となる。

問2　標準　19　正解は③

【資料Ⅱ】の論点を整理し、それが【資料Ⅰ】の示すどの図表の情報とつながっているのかを論理的に考えた上で、各選択肢の論理的整合性（各選択肢が【資料Ⅱ】の論点と【資料Ⅰ】の図表の情報を正しくつないでいるかどうか）を確認していく問題。まず、【資料Ⅱ】のポイントを簡単にまとめると、次のようになる。

Ⓕ最近の若者は「心の力」が弱くなっており、それが自己への自信喪失、他者と関係を築く自信の喪失、制約の無い条件の受け容れ、感情の爆発とそれに伴う自他の傷つけを生み出している。（第二段落）
Ⓖ「心の力」を育てるには「自立の力」（自己存在と自己制御力への自信）が必要である。（第三段落）
Ⓗ「心の力」を育てるには「共生の力」（他者との共存を肯定的に受け容れ、傷つくことを恐れずに他者と関わろうとする力）が必要である。（第四段落）

これらの点について、【資料Ⅰ】との関係を確認する。
Ⓕの「心の力」の弱さは、自分と他者のどちらに対してもマイナスに働いており、【資料Ⅰ】で示されるすべての図表の情報に対応している。

Ⓖの「自立の力」の話は自己に対する評価の話であり、【資料Ⅰ】で示される図表2「自分自身のイメージ」、図表3「自分自身に満足している」、図表4「自分には長所がある」の情報に対応している。

Ⓗの「共生の力」は他者との関係に対する評価の話であり、【資料Ⅰ】で示される図表9「ボランティア活動に対する興味」の情報に対応している。

また「自立の力」と「共生の力」はいずれも「心の力」を構成するものだが、両者にどのような関係があるか、一方が他方にどのような影響を与えているか、ということを確認できる情報は【資料Ⅱ】には存在しない。

これらのポイントと【資料Ⅰ】の各図表で示されている情報とを重ね合わせて、そこに何らかの〈論理的に類推可能な関係〉を確認できる選択肢があればそれが正解となり、〈論理的に不可能な類推〉がなされている選択肢は不適となる。こうした基準に則って、各選択肢を検証する。

①不適。「自立の力」の弱さが「共生の力」の弱さを生む、という〈因果関係〉を両者の間に設定できる情報は、【資料Ⅰ】と【資料Ⅱ】のいずれにも存在しない。

②不適。「両立が困難」になったという表現が成り立つためには〈片方は成立している〉ということが条件となるが、【資料Ⅱ】を踏まえて考えれば〈両方とも成立が困難になった〉と考える方が妥当である。よって「両立が困難」は誤りと判断でき、「両立が困難」という誤った前提に基づいた「それが…」以降の内容も論理的に成立不可能である。

③適当。前半の内容は【資料Ⅱ】の内容から読み取り可能。後半の「自己への満足度や長所に対する評価の低さ」は【資料Ⅰ】の内容から読み取り可能。そして後半の「それが…反映している」についても、【資料Ⅱ】に関するまとめのⒻの部分を【資料Ⅰ】の図表が補強していると理解することが論理的に類推可能なので、選択肢の内容全体が「適当」と判断できる。

④不適。「他者に対する無関心」を確認できる情報が【資料Ⅰ】と【資料Ⅱ】のいずれにも存在しない。

⑤不適。「大人になる」という記述が何を指すのかを説明する情報が【資料Ⅰ】と【資料Ⅱ】のいずれにも存在しない。【資料Ⅱ】のメッセージの焦点は〈強い「心の力」を持った若者であること〉であって、「大人になること」ではない。

以上より、③が正解となる。

問3　標準　20　正解は②

【レポート】の空欄 Z の前後の内容と【資料Ⅲ】の空欄 Z の前後の内容を踏まえて、そこから得られた情報から論理的に読み取ることができない選択肢を判別する問題。まず【レポート】の空欄の後を見ると、「自己肯定感とボランティア活動にはある程度の相関性が存在する」「ボランティア活動……に積極的に参加し、自分に対する自信を深めていきたい」とあるので、ここから、次の二点が確認できる。

●ボランティア活動と自己肯定感とのつながり

●ボランティア活動が自己に対する自信を生み出すという因果関係

次に【資料Ⅲ】の空欄前後を見ると、前には「ボランティア活動によって自己肯定感が醸成される」という記述が、後には「ボランティア活動による自己肯定感の高まり」という記述があるので、ここから、次のことが確認できる。

●ボランティア活動が自己肯定感を生み出すという因果関係

よって、選択肢の判別の基準は、〈ボランティア活動が自己肯定感を生み出すという因果関係〉が確認できるかどうか、ということになる。この基準に基づいて各選択肢を分析し、因果関係を→で示す。

①適当。〈完璧ではない所も含めて自分が好き〉＝〈ボランティア活動→自己肯定〉

②不適。〈人の役に立てていない自分を反省〉＝〈ボランティア活動→自己否定〉

③適当。〈役割を任され、頼られる自分に自信〉＝〈ボランティア活動→自己肯定〉
④適当。〈やらされている感があったが、自分からやろうとする〉＝〈ボランティア活動→主体性・積極性＝自己肯定〉
⑤適当。〈自分が解き放たれ、他者への信頼が増す〉＝〈ボランティア活動→自己肯定〉
本問は適当でないものが正解なので、②が正解である。

問4 やや難 21・22 正解は④・⑤

【レポート】の主張を理解してもらうために必要な補足資料の妥当性を、各資料の分析に即して論理的に判別することを要求する問題。まず前提となる【レポート】の主張を簡潔に整理する。

Ⓘ【資料Ⅰ】によると、現代の日本の若者は自己評価が低く、ボランティア活動への興味も薄い。これは日本の若者に対する最近の社会一般の評価（＝消極的、主体性に欠ける）と一致する。（第一・第二段落／空欄Xについては問1参照）

Ⓙ【資料Ⅱ】によると、現代の日本の若者は「心の力」としての「自立の力」と「共生の力」が弱くなっている。それが自己への満足度や評価の低さに反映している。（第三段落／空欄Yについては問2参照）

Ⓚ【資料Ⅲ】によると、ボランティア活動は若者の意識に自己肯定感をもたらす。自己肯定感とボランティア活動にはある程度の相関性が存在する。（第四・第五段落／空欄Zについては問3参照）

この【レポート】の主張を補足するための内容が、各選択肢で述べられている。補足の資料の内容や補足の根拠が論理的に正しいかどうか、という基準に基づいて各選択肢を分析する。

①不適。日本の若者の自己肯定感の低さをより客観的に理解したいのであれば、〈より多くの国の自己肯定感に関するデータとの比較〉を行うのが適切である。「外国の若者がもつ日本の若者についての印象」を調べても、日本の若者

の自己肯定感の低さを客観的に理解する手がかりにはならない。

②**不適**。「ボランティア活動への興味」の有無と「ボランティア活動への実際の参加状況」には**直接の結び付きが存在しない**。〈興味があっても参加していない〉人も多くいるだろうし、〈興味がないのに参加させられる〉ケースも多くあるだろう。【レポート】も【資料Ⅰ】も「日本の若者意識」を問題にしているので、実際の参加状況に関する情報は必要ない。

③**不適**。【資料Ⅱ】の筆者が定義する「心の力」に〈身体的側面〉を付け加えた方が適切、という判断はあくまで【資料Ⅱ】に対するコハルさんの〈**一方的な見解**〉であり、それにより【レポート】で述べられている主張をより理解してもらえる、と言えるような**論理的な根拠は存在しない**。むしろ「日本の若者の考え方」に関するコハルさん自身の主張をゆがめてしまうことになる。

④**適当**。【資料Ⅰ】にある「共生の力」の欠如が【資料Ⅰ】の図表9「ボランティア活動に対する興味」のデータとのつながりを持っていることは確かである。さらに、それ以外の〈他者と関わる場面〉を想定した質問を行い、他者と関わることに対する興味がいずれも低いということが示されれば、【資料Ⅱ】の「他者」という言葉の持つ**説得力がより強化され**、資料間のつながりを論じる【レポート】の主張を補足することは**論理的に類推可能**である。

⑤**適当**。世論調査のような〈アンケート形式の調査〉や科学における仮説の検証の際には、〈**調査する人数が多い、あるいは実験の数が多いほど客観性が高まる**〉ということは**一般的に知られている**し、論理的にも類推可能である。【資料Ⅲ】では、ヒアリングの対象者に関する〈基準などの〉詳細な情報は示されていないが、人数に関しては二〇人であり、意見の偏りが生じる可能性は大いにある。よって同じ調査項目・同じ調査結果で聞きとり人数（母数）の多いデータを加えれば、【レポート】の説得力が上がる可能性は高くなると推定できる。

⑥**不適**。【資料Ⅲ】に「ボランティア活動を通して自己にネガティブな印象」を持った若者のコメントを補足すれば、【レポート】の主張のⓀの部分が成り立たなくなり、結果として【レポート】自体の説得力が低下する。設問の「より

理解してもらう」という趣旨と論理的に矛盾が生じる。

第4問 標準

出典

Ⅰ 『伊勢物語』〈九十六〉

Ⅱ 『仁勢《にせ》物語』〈下〉

『伊勢物語』は平安時代前期に成立した歌物語。一二〇段余りの短い章段から成り、和歌を中心に物語が展開する。在原業平《ありわらのなりひら》（歌人。六歌仙・三十六歌仙の一人。平城天皇の孫）を思わせる男の恋愛遍歴が中心となっている。『在五《ざいご》が物語』『在五中将の日記』などとも称される。作者未詳。『源氏物語』とともに後代に大きな影響を与えた。

『仁勢物語』は江戸時代初期の寛永年間に成立した仮名草子。作者未詳。『伊勢物語』を逐語的にもじり（＝元の表現をまねて言い換え）、当時の世相・風俗を滑稽化して描いている。『枕草子』をもじった『尤《もっともの》草子《そうし》』、『徒然草』をもじった『犬つれづれ』など、江戸時代前期に多く出たパロディ文学の一つである。本文は『伊勢物語』第九十六段の全文を巧みにもじったもの。

要旨

Ⅰ　ある男がある女に辛抱強く言い寄ったところ、ついに女も男になびいて、秋になってできものが治ったら逢うと約束した。ところが女の兄がそれを許さず、女をどこかへ連れ出してしまった。女は男にあてて和歌を書き残していた。それを読んだ男は天の逆手を打って女を呪った。

Ⅱ　ある男が生活に行き詰まってようやく奉公に出た。餅つきをさせられたところ、手に豆ができた。それで男は秋になったら戻ると言ってやめてしまった。その後主人が戻ってくるようにと使いを送ったが、男はカツオの塩辛と和歌を残して姿をくらませてしまった。叔母の所にいるらしい。

全訳

Ⅰ　昔、ある男がいた。女にあれこれと言い寄って（そのかいもなく）月日が経った。（女は）岩や木のように感情をもたないものではないので、気の毒に思ったのだろうか、しだいに（男を）いとおしく思うようになった。そのころは、陰暦六月の十五日ごろ（の暑い盛り）だったので、女は、からだにできものが一つ二つ出来てしまった。（それで）女が言って寄こした。「今は何も（あなたを思うことにためらう）気持ちはありません。（ただ）からだにできものが一つ二つ出来ました。時節もとても暑いです。少し秋風が吹き始めたときに、必ず逢いましょう」と言い伝えた。（ところが）秋を待つころに、あちこちから、（女が）その男のもとへ引き取られて行くという話だと言って、（二人の関わりについて）言い争いが起こった。そういうわけで、女の兄が、突然（女を）迎えにやって来た。それでこの女は、楓の初紅葉を（下女に）拾わせて、歌を詠んで、（葉に）書き付けて（男に）送ってきた。

秋になったら逢いましょうと申し上げたのに、それもかなわず、木の葉が降り積もって浅い江になるように、浅いご縁でしたわね。

と書き置いて、「あちらから使いの人を寄こしたら、これを渡しなさい」と言って立ち去った。そしてそのまま後は、(女の消息は)結局今日までわからない。幸せな暮らしをしているのだろうか、不幸せな暮らしをしているのだろうか。行き先もわからない。その男は、天の逆手を打って(女を)呪っているという話だ。気味の悪いことよ。人の呪いは、(相手が)身に受けるものだろうか、身に受けないものだろうか。「今にわかるだろう」と(男は)言っているそうだ。

Ⅱ　滑稽な話だが、ある男がいた。奉公に対する給金を高く要求して(奉公しないまま)、月日が経った。(それで)薪にも事欠いたので、つらく苦しいと思ったのだろうか、かろうじて奉公に出た。そのころは、陰暦六月の土用の期間で、(奉公先の主人が)餅をつかせたところ、男は、手に豆が一つ二つ出来てしまった。(それで男は)「時節もたいそう暑い。少し秋風が吹き始めたときに、きっと戻って参りましょう」と言った。(ところが)秋を待つころに、あちこちから、その男を返すのだと言って、訴訟が起こった。しかしながら、男の元の主人は、突然(男を)迎えに(人を)寄こした。そこでこの男は、カツオの塩辛を作って、歌を書き付けておいた。

秋にかけてつくった塩辛は最初はしょっぱいけれど、後になると豊かな味となりますよ。

と書き置いて、「あちら(＝主人)から使いの人を寄こしたら、これを差し上げよ」と言って立ち去った。そしてそのまま後は、(男の消息は)結局今日までわからない。よい暮らしをしているのだろうか、ひどい暮らしをしているのだろうか。行き先もわからない。その男は天野酒の酒代を溜めこんで隠れているという話だ。(男は)無茶をやりかねない性格で、人が(男を)なまけ者と思っているのだろうか、(男は)叔母の所にいる。「今に出て行こう」と(男は)言っているそうだ。

語句

Ⅰ 言ひおこす＝言って寄こす。「〜おこす」は向こうからこちらへ動作を及ぼす意を表す。
負《お》ふ＝背負う。「名に負ふ」で、名に持つ。（苦痛・恨みなどを）こうむる。借金する。

Ⅱ 遣《こ》す＝送って寄こす。
進ず＝差し上げる。進呈する。〜してさしあげる。

解説

問1 標準 23〜25 正解は (ア)＝③ (イ)＝⑤ (ウ)＝②

(ア) 「岩木」は〝岩と木〟。多くの場合、非情のもの、感情のないもののたとえに用いる。ここもそうで「岩木」は比喩である。「に」は断定の助動詞「なり」の連用形。「し」は強意の副助詞。「ね」は打消の助動詞「ず」の已然形。「ば」は順接確定条件を表す接続助詞。〝**岩木ではないので**〟と直訳できる。**女が男の求愛に心を動かされた**ことを表現する。よって③が正解となる。①・②は「岩木」を比喩ではなく例示として解釈している。②は「けれど」と逆接に解釈しているのも誤り。④は「強い意志」が不適。⑤は「けれど」と逆接に解釈している。

(イ) 「むくつけし」は〝**恐ろしい。気味が悪い。無風流だ**〟の意。直前で、男が自分を裏切った女を呪って「天の逆手」を打っているらしいと語られる。傍線部はこれに対する筆者の感想を述べたものなので、「気味の悪い」とある⑤が適当となる。④は文脈的に合わない。他は語義的に不適。

(ウ) 「やうやう」は〝しだいに。かろうじて〟の意の副詞。給金が安いことを言い訳にして奉公に出たがらなかった男が、とうとう薪にも事欠くほどに**生活が行き詰まってしまったので、仕方なく奉公に出た**という文脈であるから、

②の「かろうじて」が適当となる。④の「だんだんと」は文脈的に不適。文章Ｉの「やうやうあはれと思ひけり」の「やうやう」の解釈としてなら適当である。他の選択肢は語義的に不適。

問2 標準 26 正解は③

同じ語の意味の違いを問う設問。「心苦し」は文字通り心が痛くて苦しいさまを表し、自分自身が〝胸が苦しい〟〝つらい〟あるいは〝気がかりだ〟という場合と、他者が〝気の毒だ。かわいそうだ〟という場合との使い分けがある。

Ａは「岩木にしあらねば」と「やうやうあはれと思ひけり」との間にはさまれた挿入句「心苦しとや思ひけむ」の一部である。「あはれ」は〝いとおしい〟の意で、右に述べたように、女が男の求愛に心を開くようになったことを表している。したがってこの前後の文脈から、「心苦し」は男の熱意に対して女が抱いた感情であるから、〝気の毒だ〟の意にとるのが適当となる。選択肢ではイがこれに当たる。アは「不快に思う」が語義的にも文脈的にも不適となる。ウは自分の「胸が苦しい」と解釈しているが、この段階で女の恋愛感情が強く高まっているとは言えない。直後の「やうやう（＝しだいに）」にも続かない。

Ｄも「薪しも有らねば（「しも」は強意の副助詞）」と「やうやう奉公に出でにけり」との間にある挿入句の一部であるが、ここは生活が苦しくて奉公に出たという文脈であるから、〝つらい〟の意となる。選択肢ではオが該当する。エは「ふがいなく」が語義的に不適となる。カは語義的にも文脈的にも不適である。よってイとオを組み合わせた③が正解となる。

問3　標準　27　正解は①

傍線部の解釈を問う設問。傍線部は男と女の逢瀬が妨げられたことを述べる一節にある。その前後に「ここかしこ」「口舌」とあるように、二人の逢瀬をめぐって周囲の者たちが言い争いを始めたのである。「その人」は男あるいは女のいずれかを指すが、まずは「いなむずなり」に着眼しよう。**「むず」が助動詞であることに気づくことがポイント**である。これは「むとす」が変化したもので、意味は助動詞「む」と基本的に同じである。活用は次の通り（未然形と連用形と命令形の用例はない）。

未然形	連用形	終止形	連体形	已然形	命令形
○	○	むず（んず）	むずる（んずる）	むずれ（んずれ）	○

よって「むず」は終止形であるから、**「なり」は終止形接続の伝聞・推定の助動詞**である。「いな」はナ変動詞「いぬ（去ぬ・往ぬ）」の未然形で、〝行ってしまう。去る〟などの意がある。よって全体を直訳すると、〝**その人の所へ行くだろうという話だ**〟などとなり、これに最も合致するのは①である。したがって「その人」は男を指し、「いなむず」のは女となる。「なり」は伝聞の意となる。②は「行かないはずだ」、③は「思っているのだ」、④は「その女のもとへ通っている」が不適。⑤は「その女のもとへはもう通わなくなったのだ」の全体が不適。

なお、「なり」は体言・連体形に接続している場合は断定の助動詞であるのが原則だが、文章Ⅰ・Ⅱ後半に共通して見える「居るなる」の「なる」、「言ふなる」の「なる」も**伝聞の助動詞「なり」**である（いずれも連体形）。前者はラ変動詞「居り」の連体形に接続しているが、この助動詞はラ変型活用の語（ラ変動詞・形容詞カリ活用・形容動詞・助動詞「ず」「たり」・断定の助動詞「なり」など）には連体形に接続する（ただしその場合、「ざるなり」→「ざ（ん）なり」のように撥音便化することもよくある）。また後者の「言ふ」は四段動詞で、終止形と連体形は同形であるが、文脈上「なる」は伝聞の助動詞になる。

問4 標準 28 正解は④

和歌の内容を問う設問。傍線部直前に「この女、……歌を詠みて、書きつけておこせたり」とあるように、**女が詠んだ和歌である。**「秋かけて言ひし」の下二段動詞「かけ（かく）」は〝目指す〟の意。「し」は過去の助動詞「き」の連体形。「少し秋風吹き立ちなむ時、必ず逢はむ」という女の前言をふまえたもので、秋になったら逢おうと男に言ったということ。「ながら」は逆接の接続助詞。「あらなくに」は〝ないのに〟の意。和歌の末尾に用いられることの多い慣用表現である。ラ変動詞「あり」の未然形「あら」＋打消の助動詞「ず」のク語法「なく」（「ず」の未然形「な」＋接尾語「く」）＋助詞「に」の形。秋に逢おうと約束したのに、そうもいかなくなって、ということ。「降りしく」は〝一面に降り積もる〟の意。「えに」は「縁《えに》」と「江に」の掛詞。「にこそありけれ」は断定の助動詞「なり」の連用形「に」＋強意の係助詞「こそ」＋ラ変動詞（ただし補助動詞の用法）「あり」の連用形＋詠嘆の助動詞「けり」の已然形「けれ」の形である。〝木の葉が川に降り積もって浅くなるように、二人の縁も浅いものだった〟という内容になる。男との逢瀬の約束を果たせないまま縁が切れてしまうことを残念に思う心情を詠んでいる。これに合致するのは④である。

①「やっと男女の縁を結んだ」わけではない。この歌では「秋」は「飽き」との掛詞とはならないので、「秋になったとたん」以下の説明も不適となる。

②「それを妨げられたことを激しく憤っている」が不適。この和歌は女が兄に贈ったものではない。したがって怒りも読み取れない。

③「男に飽きたわけではない」が不適。①と同じく「秋」を「飽き」との掛詞ととっているのも不適。

⑤「むなしく反故にされて悔しく思っている」が不適。逢瀬の約束を破ったのは男ではなく女自身である。

問5　やや難　29　正解は⑤

文章全体の内容を問う設問。出典で述べたように文章Ⅱは文章Ⅰを逐語的にもじってパロディ化したもので、それによっておかしみを生み出している。これが文章Ⅱの主眼であり、内容は二の次である。内容上齟齬《そご》をきたしたり、統一性に欠けていたりしても、それは承知の上である。それでもそれなりに話に整合性を持たせたところに作者の手腕が発揮されていると言えよう。そこで文章Ⅱの筋を箇条書きにしてみよう。

a　男は給金の安さを理由に奉公をしないでいた――「恩を高く言ふ事、月日経にけり」
b　しかし生活が行き詰まったので奉公に出た――「心苦しとや思ひけん、やうやう奉公に出でにけり」
c　奉公先で餅つきをさせられて、手に豆ができた――「餅搗かせければ、男、手に豆一つ二つ出でたり」
d　奉公をやめて、秋になったら戻ると言った――「少し秋風吹き立ちなん時、必ず参らん」
e　男に対する訴訟があちこちから起こった――「ここかしこより……公事事出できにけり」
f　主人が男に戻ってくるようにと使いを出した――「男の元の主、俄かに迎へ遣しけり」
g　男はカツオの塩辛と和歌を残して姿を消した――「鰹の叩きを拵へて、歌を書き付けて置きけり」
h　**男の行方はわからず**、隠れているらしい――「ついに今日まで知らず」「去にし所も知らず」「隠れ居るなる」
i　**叔母の元にいて**、もうすぐ出て行くと言っているらしい――「叔母のもとに有り」「今こそは出でめ」

これで見ると、明らかに話が矛盾しているのはhとiで、hでは男の行方はわからないと言いながら、iでは叔母の元にいると述べている。なぜこのような矛盾をあえて犯したのかと言えば、文章Ⅰの「負はぬものにやあらむ」と対応させ（「負はぬものに」と「叔母のもとに」）、さらに「今こそは見め」を「今こそは出でめ」ともじってこれにつなげるためである。以上より⑤が正解で、それと矛盾した箇所は「ついに今日まで知らず」あるいは「去にし所も知らず」である。他の選択肢はいずれもそれと矛盾する内容は書かれていない。

問6　やや難　30・31　正解は④・⑤

二つの文章の関連を問う設問。消去法で解く。

①適当。Ⅱの冒頭の「をかし」は、Ⅰの「むかし」のもじりであることからわかるように、〝滑稽だ〟の意味である。また、豆ができたくらいで奉公をやめてしまうという話も滑稽さを生み出している。

②適当。「水無月」は陰暦六月の異称である。「望」は「望月」というように十五日を言う。「餅つき」→「豆」という連想も秀逸である。

③適当。「俳諧」とはもともと〝滑稽。戯れ〟の意で、江戸時代に流行した文学形式の一つである。正しくは「俳諧の連歌」「俳諧連歌」と言い、滑稽・機知を主とし、俗語や漢語を積極的に採用した。

④不適。Ⅰの「よくてやあらむ、あしくてやあらむ」は、女は幸福なのだろうか不幸なのだろうか、まったくわからないと述べているにすぎない。またⅡの「よくてやあらん、あしくてやあらん」は、男の暮らしはよいのだろうか悪いのだろうかという意味であって、男の暮らしがよかれと言っているわけではない。

⑤不適。「類義語（＝語形は違っていても意味の似ている二つ以上の語）」が不適。「天の」と「天野」、「逆手」と「酒手」は「類義語」ではなく「同音異義語」である。

⑥適当。「今こそは見め」は約束を破った女を呪う男の捨てぜりふである。「今こそは出でめ」は身を隠している叔母の元に居づらくなったためのせりふと理解できる。

第5問　標準

出典

斎藤拙堂「下岐蘇川記」

斎藤拙堂（一七九七～一八六五年）は江戸末期の儒学者。江戸生まれ。名は正謙。字は有終。津藩（現在の三重県津市にあった）の藩校設立にあたって学職に抜擢され、藩校の発展に尽力した。著書に『拙堂文集』『拙堂文話』『月瀬記勝』『鉄研余滴』『海防策』『海外異伝』などがある。「下岐蘇川記」は一八三七年に書かれた紀行文で、江戸からの帰り、各地の名勝を訪ねる目的で美濃の国に赴き、伏見から舟に乗って木曽川を下り、伊勢の国の桑名に到着するまでの船旅を記している。

要旨

本文は二段落から成る。

1 川下りのスリル（忽遇一大巌…）

舟は谷間の急流を下り、船頭は舵を巧みに操って岩を避けた。乗客はみんな怖くて言葉も出なかった。しかし船頭はのんびりと座っている。ほどなく谷間を抜けて広々とした平地に出た。犬山城が見えると乗客は喜んだ。船頭たちは舟歌を歌い合い、乗客たちの心はようやく落ち着いた。

←

2

川下りの速さ（蓋始発抵此、…）

以前、長江の流れの速いことを書いた李白たちの詩文を読んだとき、誇張だと思った。しかし今、木曽川下りを体験して、それが**虚言でないことがわかった**。ただ景色を眺める余裕がなかったのが残念だった。

読み

忽《たちま》ち一大巌《だいがん》の水中に屹立《きつりつ》するに遇《あ》ふ。舟殆《ほとん》ど之《これ》に触れんとす。少《すこ》しく誤らば則《すなは》ち齏粉《さいふん》せん。衆懼《しようおそ》れて黙《もく》す。舟人《しうじん》笑つて柁《かぢ》を捩《ひね》りて之を避く。輒《すなは》ち巌角《がんかく》を掠《かす》めて過《す》ぐ。此《か》くのごとき者数処《すうしよ》、未《いま》だ嘗《かつ》て糸毫《しがう》も差《たが》はず。但《た》だ巌際《がんさい》を経《ふ》るとき、波激《げき》し舟舞ひ、飛沫《ひまつ》人を撲《う》ち、衣袂《いべい》尽《ことごと》く湿《うるほ》ふ。僕従《ぼくじゆう》を回視《かいし》すれば、各《おのおの》両《りやう》把《は》に汗を握り、殆ど人色《じんしよく》無し。舟人は甚《はなは》だ間暇《かんか》従容《しようよう》として、煙を吹いて坐《ざ》す。流れを上《のぼ》る船の力を併《あは》せて挽《ひ》き上《あ》ぐる者に視《くら》ぶれば、難易懸絶《けんぜつ》す。已《すで》にして峡《けふ》を離れ、漸《やうや》く平遠《へいゑん》なり。犬山城翠微《すいび》の上に露《あら》はれ、粉壁《ふんぺき》鮮明なり。衆望見《ばうけん》して歓然《くわんぜん》たり。城下に至る比《ころ》、又《また》暗礁有りて舟を齧《か》み、砉然《けきぜん》として裂けんと欲《ほつ》す。衆復《ま》た相《あ》ひ顧みて瞿然《くぜん》たり。此《ここ》を過ぎて以往《いわう》は、漁舟《ぎよしう》相ひ望み、歌唱《かしやう》互ひに答ふ。衆心《しうしん》始めて降《くだ》る。

蓋《けだ》し始めて発せしより此に抵《いた》る、陸行《りくかう》半日の程《てい》と為《な》す。一餉《いつしやう》時《じ》ならずして至る。其の快《はや》きこと知るべし。嘗《かつ》て盛広《せいくわう》之《し》・酈道元《れきだうげん》の記す所を読むに、江水迅急《かうすいじんきふ》の状《じやう》を誇称《こしやう》せり、唐の李白に至りては、其の意を述べて云《い》ふ、千里の江陵《かうりよう》一日にして還《かへ》ると。平生《へいぜい》窃《ひそ》かに疑ひて以て文人の虚談《きよだん》と為せり。今此《こ》の際を過ぎ、始めて其の誣《し》ひざるを知るなり。但だ舟行《しうかう》甚だ迅《はや》く、徐《おもむろ》に峡中の勝《しよう》を翫《もてあそ》ぶこと能《あた》はず、恨《うら》むべしと為すのみ。

全訳

突然、一つの大きな岩が川の中にそびえ立っているのに出くわした。（私たちの）舟が危うくこの岩に突き当たりそうになった。少しでも（舵を切り）誤ったら（舟は）こなごなになるだろう。みんなは怖くて黙り込んだ。（しかし）船頭は笑いながら舵をひねって岩を避けた。たやすく（舟は）岩の角をかすめて通りすぎた。このような危ない箇所が数カ所あったが、（船頭は）一度も（舵を切り）誤ったことはない。ただ岩のきわを通るとき、波が勢いを増して舟が舞うように揺れるので、波しぶきが人を打ち、着物がすっかり濡れてしまう。従者を振り返って見ると、いずれも両手に汗を握り、ほとんど血の気を失っていた。（しかし）船頭は非常にのんびりと落ち着きはらって、煙草の煙をはいて座っている。流れを上る舟の船頭たちが力を合わせて引き上げているのと比べると、その困難の程度の差はかけ離れている。ほどなく（舟は）峡谷を離れ、しだいに広々とした平地に出た。犬山城がもやの立ちこめる青い山の上に姿を現し、その白い壁が鮮やかだ。みんなは（城を）眺めて喜んでいる。（しかし）城の下に近づいたとき、また暗礁があって舟にかみつき、バリバリと音を立てて今にも砕けそうだ。みんなはふたたび顔を見合わせてぎょっとしている。ここを過ぎてからは（危ない箇所はなく）、漁船が互いに見やり、舟歌を歌って応じ合っている。みんなの心は初めて落ち着いた。

思うに（伏見を）出発してからここに至るまでは、陸地を行くなら半日の行程である。（それを）食事をするくらいの短い時間もかからず着いてしまった。いかに速いかわかるだろう。（私は）以前に盛広之と酈道元が書いたものを読んだときに、長江の流れの速いさまを大げさに書いている（と思い）、唐代の李白にいたっては、そのこと（＝長江の流れの速いこと）を述べて言うに、「千里の江陵一日にして還る」と（誇張して書いていると思った）。常日頃ひそかに疑って文人の虚言だと思っていた。（しかし）今この峡谷を下って、初めてそれ（＝文人たちの言うこと）が偽りでないことがわかった。ただ、舟が進むのがとても速いので、ゆっくりと谷間のすばらしい景色を楽しむことができず、残念に思ったしだいである。

語句

殆＝「ほとんど」。あやうく。まかり間違えば。

欲＝「ほっす」。今にも～しようとする。今にも～になりそうだ。

以往＝これより後。

誇称＝大げさに言う。

解説

問1 標準 32・33 正解は (ア)＝③ (イ)＝②

(ア)「忽」は「たちまち」と読む副詞で、〃にわかに。突然〃の意。筆者たちの乗った舟の前に突然大きな岩が現れたという文脈である。③が正解。①は「徒」、②は「愈・弥」、④は「自」、⑤は「偶・適」の読みになる。品詞は②が接続詞で、他は副詞である。

(イ)「蓋」は「けだし」と読む副詞で、〃たぶん。思うに〃の意。不確かなことを推定するときに用いる語で、舟で下った距離を、陸上なら半日の行程だろうと述べている。②が正解。①は「猶」、③は「嘗」、④は「凡」、⑤は「向」の読みになる。いずれも副詞である。

問2　標準　34　正解は⑤

傍線部の内容を問う設問。急流を下る舟が大きな岩にぶつかりそうになると、船頭が巧みにそれを避けたという文脈に続く。「此」は「この・これ」と読む代名詞であるが、「如此」の形では「かくのごとし」と読み、〝このようである〟の意になる。「者」は上の用言を体言化する助詞である（「もの」と読んでも〝人〟を意味するとは限らない。むしろ〝もの・こと〟を意味する方が多い）。「数処」は〝数カ所〟。「未嘗（いまだかつて〜ず）」は〝まだ一度も〜ない〟の意。「差」は「たがふ」と読むことからわかるように、〝間違う。誤る〟の意となる。「糸毫」は〝糸と毛〟で、〝わずかなこと。非常に少ないこと〟の意。全体を直訳すると、〝このようなものが数カ所あったが、一度も少しも誤らなかった〟となる。したがって**「如此者」は舟がぶつかりそうな危険な箇所を指している**ことになる。すなわち、**船頭は危ない箇所に来ても、一度も舵を誤ることはなかった**というのが全体の趣旨である。これに合致するのは⑤。

①「如此者」を「上手に舟を操る船頭」と解釈しており不適。「一度も表情を変えなかった」とあるのも間違った説明になる。

②「数処」を「舵を数回動かし」と説明しており不適。「舟は予定のコースを通り過ぎた」とあるのも間違った説明になる。

③「如此者」を「乗客」と解釈しており不適。乗客が「動揺したり絶望したりすることは一度もなかった」とあるのも間違った説明になる。

④「如此者」を「舟が岩にぶつかりはしないかとハラハラする者」、「数処」を「数人」と解釈しており不適。

問3 標準 35・36 正解は B＝② C＝①

B 舟が波に揺れ、波しぶきが人々をずぶ濡れにし、従者たちは握りこぶしに汗をかいているという直前の文脈をふまえる。「人色」は〝人の生き生きした顔色〟の意。それを「無」で否定するので、**顔が青ざめていた**ということになる。よって②の「血の気を失っていた」が最も適当である。他は語義的にも文脈的にも不適となる。

C 傍線部は「衆（＝舟の乗客）」と「舟人（＝船頭）」を対比する文脈にある。「間暇」（「閑暇」とも書く）は〝**ひまがあること。ゆったりしていること**〟の意。「従容《しょうよう》」も〝**ゆったりと落ち着いているさま**〟の意で、この熟語は読み・意味ともに覚えておくとよい。直後の、煙草を吸いながら座っていたという内容にもつながっている。よって①が正解。②は「退屈そうに」が不適。急流を下る場面に合致しない。他は語義的にも文脈的にも不適。

問4 標準 37 正解は②

傍線部の内容を問う設問。第二段落の内容を把握する。伏見から川下りを始めて、陸を歩くなら半日かかる行程を、食事に要する時間もかからずに移動したという。その速さに驚くとともに、長江の流れの速いことを記した盛広之と酈道元の文章や、また李白の詩の一句を思い出して、それらが事実を誇張した虚言にすぎないと今まで思っていたと述べる。傍線部はこれを受ける。「今」は木曽川の峡谷を舟で下った今をいう。「際」は第一段落に「巌際」とあるように岩のきわをいう。要するに岩がそそり立つ危険な峡谷を下ったということ。「其」は代名詞で、**盛広之と酈道元の文章および李白の詩**を指す。「誣（しふ）」は「誣告《ぶこく》（＝無実の人を陥れようとして告訴する）」という言葉があるように、〝事実を偽る〟の意。これを「不」で否定するから、**嘘ではなかった**ということになる。そこで傍線部Dで引用される李白の有名な詩を見てみよう。

早《つと》に白帝城を発《はっ》す（早朝に白帝城を出発する）
朝《あした》に辞《じ》す白帝彩雲《さいうん》の間《かん》（朝早く、朝焼けの雲がたなびく白帝城に別れを告げ）
千里の江陵《かうりょう》一日にして還《かへ》る（千里も離れた江陵まで一日で到着した）
両岸の猿声《ゑんせい》啼《な》きて住《や》まざるに（両岸から聞こえる猿の鳴き声がやまないうちに）
軽舟已《けいしうすで》に過ぐ万重《ばんちょう》の山（軽快な舟は幾重にも重なる山々の間を通り過ぎていった）

作者の乗った小舟が長江の峡谷を速やかに流れ下るさまを、白帝城や両岸の山々や猿声を取り込みながら巧みに表現している。傍線部Dはこの第二句（承句）を引用したもので、**遠く離れた江陵にたった一日で到着してしまったことに**対する驚嘆の念が読み取れる。また第四句（結句）でも、軽快な小舟が深い谷間を疾走するさまが詠まれている。これと本文とを関連づけると、「始発抵此、為陸行半日之程。不一餉時而至」とあるように、**木曽川の川下りもいかに速やかであったか**が記されている。よって傍線部は、**長江の流れが非常に速く、舟で下ると短時間で目的地に到着したという文人たちの言葉が偽りではないことを知った**という内容になる。これに合致する選択肢は「急流を下る小舟がいかに速く突き進んでいくかを実感した」とある②である。①の「白帝城から江陵までの舟での行程がいかに遠いか」、③の「白帝城にたとえられる犬山城がいかに美しいか」、④の「長江下りがいかに危険と隣り合わせの船旅であるか」、⑤の「李白の詩が実景を歌った、いかに優れた詩であるか」はいずれもポイントがずれており不適となる。

問5 標準 38 正解は③

「但〜已」が「ただ〜のみ」と読む**限定の句形**になる。「舟行甚迅」はいずれの選択肢も「舟行甚だ迅く」と書き下している。「舟行」は〝舟が進むこと〟の意の名詞。「甚」は「はなはだ」と読む副詞。「迅」は「はやし」と読む形容詞である。次に**「不能」**は「**～する（こと）あたはず**」と読み、〝～できない〟の意。「徐」はいずれも「おもむろに」と副詞に読んでいる。〝ゆっくりと〟の意。「翫」は「玩具」の「玩」に同じで「もてあそぶ」と読む動詞。〝手に取って遊び楽しむ。めでて楽しむ〟の意。ここで選択肢を吟味すると、「但だ～のみ」と書き下すのは①・③・④。また「能はず」と書き下すのは①・③・⑤である。よって①と③に絞られる。問題は「峡中之勝」の部分で、①は「中之勝」を「之《これ》に中《あた》りて勝《まさ》り」と書き下す。〝これに的中してまさり〟の意となるが、これでは文脈的に意味をなさない。また「勝」は「勝A（Aに勝る）」という形をとるのが自然である。よって③が正解と決まる。「峡中之勝」で句をなし、「峡中」は〝谷間〟の意、「之」は「の」と読む助詞、「勝」は〝すぐれた景色〟の意である（「景勝地」などの熟語を連想するとよい）。残りの「為可恨已」は「恨むべしと為すのみ」と書き下す。〝残念がるべきだと思うだけだ〟と直訳できる。残念だということ。

②「不能」を「よく……ず」と読んでおり不適。「可を為《な》して恨みて已《や》む」も意味をなさない。

④「不能」を「よく……ず」と読んでおり不適。「為に……」という読みも不適。「為」が前置詞となる場合は、「～がために・～のために」と下から返って読む。

⑤「之に中りて勝り」「可を為して恨みて已む」のいずれも意味をなさない。

問6　標準　39・40　正解は③・⑥

文章の表現や内容を問う設問。消去法で解く。

①**適当**。例えば「一つの大きな岩が川の中にそびえ立っている（＝川から突き出ている）」という表現と比べてみれば、「大巌」「屹立」という**漢語の硬い響きや形態**はこの場の情景を表現するのに非常に適切である。

②**適当**。〈波が激し、舟が舞い、飛沫が人を撲つ〉というように、短い主語と述語の繰り返しによって焦点が当てられ

る対象がめまぐるしく変化し、動的な印象を生み出している。

③不適。「難易」は〝難しさと易しさ〟。「懸絶」は〝かけ離れていること〟の意。一方は非常に困難であるのに、他方はとても容易であるということ。直前の部分で、川を下る船頭がのんびりと煙草を吸って座っている一方で、流れを上る舟は人々が力を合わせて川上へ引き上げていると述べられている。よって舟で川を下るのは楽だが、舟を川上へ引き上げるのはつらい仕事だということになり、両方とも「辛い仕事である」というのは誤りとなる。

④適当。「已而」は副詞「已」の下に接続詞「而」が付いた形であるが、「已」と同じで、「すでに・すでにして」と読み、〝やがて。ほどなく〟の意になる。また「漸」も副詞で、「やうやく」と読み、〝しだいに〟の意。どちらも時間的な経過やその様態を表し、舟から眺められる景色の変化に重ねている。

⑤適当。「暗礁」は〝水面下に隠れている岩〟のこと。「艒舟」の実質的な主語になる。舟が岩にぶちあたることを、逆に岩の方が舟をかむと表現するのは擬人法になる。見えない岩の恐怖感を生き生きと描いている。

⑥不適。船頭たちが舟歌を歌い合っているという文脈に続く。「衆《しう》」は〝多くの人。庶民〟の意。または「おほし（＝多い）」と形容詞で読む。ここは前者で、舟の乗客たちをいう。「降」は「おる。おろす。くだる。くだす。ふる」の読みがある。ここは「衆心」が主語となり、「くだる」と読み、〝落ち着く〟の意になる。舟を降りたわけではない。

参考

問4の漢詩「早発白帝城」について。

起句 朝辞白帝彩雲間
承句 千里江陵一日還
転句 両岸猿声啼不住
結句 軽舟已過万重山

七言絶句である。押韻は「間（カン）」、「還（カン）」、「山（サン）」。「白帝」と「彩雲」の色彩の対比、「千里」と「一日」の数字の対比、「軽舟」と「万重山」の意味の対比が鮮やかである。また起句と承句で内容を大まかに表現し、転句と結句でそれを具体化して表現する。しかも転句は聴覚に訴え、結句は視覚に訴えて印象的である。

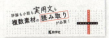

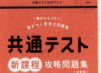

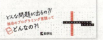

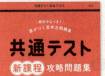

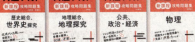

解答・解説編

Keys & Answers

解答・解説編

国語（9回）

解答・配点に関する注意

本書に掲載している正解および配点は，大学入試センターから公表されたものをそのまま掲載しています。

国語　本試験

問題番号(配点)	設問	解答番号	正解	配点	チェック
第1問(50)	問1	1	②	2	
		2	③	2	
		3	②	2	
		4	②	2	
		5	③	2	
	問2	6	⑤	7	
	問3	7	①	7	
	問4	8	⑤	7	
	問5	9	③	7	
	問6	10	①	3	
		11	③	3	
		12	②	6	
第2問(50)	問1	13	④	3	
		14	④	3	
		15	②	3	
	問2	16	①	5	
	問3	17	④	6	
	問4	18	②	7	
	問5	19	②	7	
	問6	20	②	6	
	問7	21	④	5	
		22	③	5	

問題番号(配点)	設問	解答番号	正解	配点	チェック
第3問(50)	問1	23	③	5	
		24	②	5	
		25	⑤	5	
	問2	26	②	7	
	問3	27	④	7	
	問4	28	②	7	
		29	②	7	
		30	③	7	
第4問(50)	問1	31	⑤	5	
	問2	32	①	5	
		33	④	5	
		34	①	5	
	問3	35	④	7	
	問4	36	④	7	
	問5	37	⑤	8	
	問6	38	②	8	

自己採点欄
200点

（平均点：116.50点）

第1問

やや易

出典

渡辺裕《ひろし》『サウンドとメディアの文化資源学――境界線上の音楽』（春秋社）

渡辺裕（一九五三年～）は千葉県出身。東京大学大学院人文科学研究科博士課程単位取得退学。同大学院人文社会系研究科教授（美学芸術学・文化資源学）、東京音楽大学音楽学部教授（聴覚文化論・音楽社会史）などを務める。主な著書に『聴衆の誕生』『文化史のなかのマーラー』『日本文化モダン・ラプソディ』『歌う国民』などがある。

要旨

四つの意味段落に分けて本文の内容をまとめよう。

1 《レクイエム》を捉える二つの立場　1～3段落（モーツァルトの没後二〇〇年の…）※問2

追悼ミサの《レクイエム》を「音楽作品」と捉えるか「典礼・宗教行事」と捉えるかで二つの立場が対立している。

2 二項対立を超えた《レクイエム》全体の作品化　4～6段落（この主張はたしかに一面の真理…）※問2・問3

しかし、《レクイエム》は単に「音楽」か「典礼」かの二項対立図式では捉えきれず、メディアを通して人々に体験されることで、典礼というコンテクストを含む全体が「作品」として鑑賞の対象となる状況が生じている。

3 **博物館化・博物館学的欲望が拡大する現代**　7・8段落（このことは、今「芸術」全般に…）　※問3・問4

《レクイエム》と同様、近代的な美術館や博物館の中で鑑賞されてきた作品を元のコンテクストの中に置き直す動きは芸術全般で進行し、**鑑賞するまなざし**は施設の外部にある現実の都市の時空まで対象にし始めている。

4 **「音楽」「芸術」概念の変容と本質化の危険性**　9・10段落（「音楽」や「芸術」の概念の話に…）　※問4

鑑賞のまなざしによる浸食はあらゆるものの「音楽化」「芸術化」を促すが、そこに作用する力学や「音楽」・「芸術」の概念が形成され変容する過程・メカニズムを明確化することで、それらの**概念を本質化する錯覚や危険**を避けるべきだ。

語句

辟易《へきえき》＝どうにもならなくて困ること。嫌気がさすこと。

彷彿《ほうふつ》＝眼前にありありと立ち現れること。はっきりと思い浮かぶこと。

本末顚倒《ほんまつてんとう》＝根本的に大事なことと些細でつまらないことを取り違えること。

聖域＝宗教上の神聖な地域。比喩的に、ふれてはならないとされる事柄や領域。

イデオロギー＝歴史的・社会的な立場に基づいて形成されるものの考え方。政治・社会に関する基本的な考え方。

グローバリズム＝世界を一つの共同体とする考え方や立場。

解説

問1　標準　1 ～ 5　正解は　(ア)＝②　(イ)＝③　(ウ)＝②　(エ)＝②　(オ)＝③

(ア)　「掲載《けいさい》（＝刊行物に文章・写真などをのせること）」　①啓発《けいはつ》（＝知識や気づきを与えて教え導くこと）　②掲出《けいしゅつ》（＝人目につくように示すこと）　③契機《けいき》（＝物事のきっかけ）　④系図《けいず》（＝先祖から代々の人名・血縁関係などを記した表）

(イ)　「活躍《かつやく》（＝めざましく行動して成果をあげること）」　①利益《りやく》（＝神・仏が人々に授ける恵み）　②倹約《けんやく》（＝むだを省いて費用を切り詰めること。「倹約家」はそれに努める人）　③面目躍如《めんぼくやくじょ》（＝得意な分野で実力を発揮して世間での評価が高まること）　④役職《やくしょく》（＝役目や職務）

(ウ)　「催《もよお》し物（＝人を集めて行う行事）」　①採択《さいたく》（＝意見・議案などを選んでとりあげること）　②催眠《さいみん》（＝ねむけを引き起こすこと）　③喝采《かっさい》（＝大声でさかんにほめること。その声）　④負債《ふさい》（＝他から金品を借りること。借りた金品）

(エ)　「悪弊《あくへい》（＝よくない社会的習慣）」　①公平《こうへい》（＝かたよりなく同じように扱うこと）　②疲弊《ひへい》（＝つかれて弱ること）　③幽閉《ゆうへい》（＝人を一所にとじこめて外部と接触できなくすること）　④横柄《おうへい》（＝偉そうで人を見下す無礼なさま）

(オ)　「紛《まぎ》れ（＝他のものに入り交じって見分けがつかないこと）」　①噴出《ふんしゅつ》（＝勢いよく吹き出ること）　②分別《ふんべつ》（＝物事の道理を判断すること。またその能力）　③紛糾《ふんきゅう》（＝乱れもつれること）　④粉飾《ふんしょく》（＝実情を隠して見かけをよくすること）

問2　標準　6　正解は⑤

傍線部の理由を問う設問。まずは傍線部自体の内容を的確におさえ、次に、それを導き出す本文の該当箇所を見つけて解答の方向性を見定めたうえで、最終的に、選択肢の内容と合致するかを吟味したい。

まず傍線部中の指示語「これ」が受けるのは、直前の1～4段落で論じられている〈モーツァルトの没後二〇〇年を記念する追悼ミサにおける《レクイエム》の演奏〉である。また、傍線部中の「微妙」は辞書的に〝どちらとも言えないほどきわどいこと。はっきり言い表せないほど細かく複雑なこと〟の意である。よって問われるのは、傍線部すなわち〈**モーツァルトの追悼ミサでの《レクイエム》の演奏が典礼なのか、あるいは音楽なのかは、実はどちらとも言い切れない、かなりきわどい問題である**〉と筆者が述べる理由・根拠である。

次に、傍線部を含む、1段落から5段落までを見渡すと、この演奏を「**音楽**」と見る立場の根拠としては、〈ウィーン・フィルとウィーン国立歌劇場合唱団が大挙して出演していること〉（1・5段落）、〈演奏のCDの音楽部分だけをつなぎ合わせて捉える聴き手が存在すること〉（2段落）、〈通常の典礼にはない規模のオーケストラと合唱団を後方に配置するために、聖堂後部の出入り口は閉め切られ、聴衆は前方の祭壇ではなく半ば背後をみていること〉（5段落）が挙げられる。一方、「**典礼**（宗教行事）」と見る立場からは、〈モーツァルトの命日に聖シュテファン大聖堂で行われる追悼ミサであること〉（1・5段落）、〈音楽ではない様々な台詞や儀式的所作が演奏の随所に割り込むこと〉（1段落）、〈前方の祭壇で行われる司式に向けて椅子がセットされていること〉（5段落）が根拠として挙げられる。

そのうえで筆者は、単に「音楽」と認識する立場（2段落）にも、それとは反対に単に「典礼」と認識すべきだとする立場（3段落）にも異議を唱え、「音楽 vs. 典礼といった図式的な二項関係の説明にはおさまりきれない複合的な性格をもった」（4段落）問題だと述べている。なぜなら、傍線部Aの直後の「たしかに～が」という譲歩・逆接が示唆するように、前述の二つの立場それぞれの根拠となる事実は同時並行的に生じているからである（5段落）。加えて、「何といっても極めつき（＝Aであることを最もよく示す事例）なのが」と筆者が強調するとおり、〈典礼を含む催し全体が映像・音声メディアを通して人々に体験され、「作品化」されて「鑑賞」の対象となる状況が生じていること〉（6段落）こそ、この演奏が単に音楽とも典礼とも言い切れない最大の理由である。

以上の内容に合致するのは、単に「典礼」もしくは「音楽」と捉えられるという点だけでなく、「典礼全体を一つの（音楽的な）イヴェント（＝作品）として鑑賞する」という点までも示せている⑤である。

① 「それ（＝音楽）以前に典礼の一部なのであり……正しく認識できるようにもなっている」は、単に「典礼」とだけ認識すべきだとする立場（3段落）を示し、筆者の立場に反する。

② 「（典礼としての）部分を取り去れば、独立した音楽として鑑賞できると認識されてもいる」は、単に「音楽」とだけ認識しようとする立場（2段落）の説明であり、やはり筆者の立場に反する。

③ 「参列者のために儀式と演奏の空間を分けた」は、「半ば後ろ向き」の体勢で参加する「客（＝信徒）」（5段落）と矛盾し、「音楽として典礼から自立する」も、〈典礼の全体が音楽作品ともなる〉とする筆者の意見に反する。

④ 「演奏を聴くことを目的に参列する人」が「増えた」という記述は本文にない。また、「CDを購入する人」ではなく、〈LD・DVDなど映像も含むメディアを通して体験する人〉が「作品化」の状況を生んでいる。

問3 標準 7 正解は①

傍線部の内容を問う設問。「今『芸術』全般にわたって進行しつつある状況」を前後の記述からおさえる。

傍線部の前後の「このことは……とも対応している。それは……」に着目したい。すると、「このこと」が指すのはBの「状況」と関連の深い内容であり、「それは」以降がBの「状況」を述べていると見当がつく。まず「このこと」とは、問2で見た、Bの直前の6段落の「典礼をも巻き込む形で全体が『作品化』され、『鑑賞』の対象になるような状況」である。次に、「それは」の内容は、7・8段落で説明される。すなわち、「『博物館化』、『博物館学的欲望』などの語で呼ばれる、きわめて現代的な現象」であり、〈様々な物品を現実のコンテクスト（＝文脈）から切り取って展示するという一九世紀に確立された鑑賞のまなざしを批判して、「もの自体」「作品そのもの」を、それを取り巻くコンテクストに戻して鑑賞する状況〉であるだけでなく、さらには〈美術館や博物館の中にとどまらず、「作品そのもの」の外部にあったはずの現実の町全体や都市の様々な時空までをも、「物そのもの」として鑑賞するまなざしのうちに置こうとする状況〉である。筆者は具体例として、ディズニーランドといったテーマパークや、ウィーンや京都などの都市を挙げながら、〈鑑賞のまなざしが、コンテクストから切り離された物・作品そのもの⟶元のコンテクストに置き直された物・作品⟶物・作品が置かれていたコンテクストや現実の都市の時空それ自体へと、対象を拡大させている〉と述べる。こうした「全般」的な状況が「このこと」、つまり《レクイエム》の「作品化」という個別的な事例にも「対応している」。すなわち、8段落最終文が述べるように、「単に音楽をコンサートから典礼のコンテクストに戻したのではなく、むしろ典礼そのものをもコンサート的な（＝一つの作品として鑑賞する）まなざしのうちに置こうとする」「コンサートホール的欲望」を生み、さらに「コンサートの外なる場所であったはずの現実の都市（＝ウィーンなど）の様々な空間が、どんどん『コンサートホール化』されている状況」を招いているのである。以上の〈鑑賞するまなざしの拡大〉を説明した①が正解である。

② 「美術館や博物館内部の空間よりもその周辺に関心が移り」が誤り。もしそうならば《レクイエム》という聖堂内部で行われる典礼＝音楽（＝作品）自体への関心はなくなってしまうだろう。

③ 「（作品の）展示空間と見なす」が誤り。現実空間を、なにかの作品を展示するための場としてではなく、それ自体一つの展示物つまり「作品」として見なすのである。また、「施設の内部と外部の境界が曖昧になってきた」も不正確で、文字どおりに施設の内外の区別がつかないわけではない。

④ 「生活の中にあった事物が美術館や博物館の内部に展示物として取り込まれるようになった」は、「今」の状況ではなく、作品をコンテクストから切り離すという一九世紀に確立された鑑賞のまなざしの説明である。

⑤「町全体をテーマパーク化し人々の関心を呼び込もうとする都市が出現してきた」が誤り。筆者の言う「さながら、町全体がテーマパーク化したような状況」（8段落）とは、あたかも現実の都市を一種のテーマパークであるかのように見なす、鑑賞する側の心性や欲望を表現しており、都市の側が実際にテーマパークを設けるわけではない。

問4　標準　8　正解は⑤

傍線部の理由を問う設問。**問2**と同様の手順をふんで考える。

まず傍線部自体の、筆者が「警戒心をもって周到に（＝準備・注意を行き届かせて）臨まなければならない」とする対象とは、直前の「『音楽』や『芸術』という概念が自明の（＝証明するまでもなくわかりきっている）前提であるかのように考えてスタートしてしまうような議論」である。つまり、筆者は〈「音楽」や「芸術」という**概念の成り立ち自体を問い直すべきだ**〉と主張しており、そうしなければ**何か望ましくない事態が危惧されるから**だと推定できる。

そのうえで、この主張を支える説明を本文から探すが、傍線部の前の「だがそうであるならば」が受ける（問3で見た）状況、「コンサートホールや美術館から漏れ出した（＝まなざしの対象を拡大した）それら（＝『音楽』や『芸術』）の概念があらゆるものの『音楽化』や『芸術化』を促進している」状況だけでは、根拠として不十分である。そこで傍線部の直後の一文の末尾にある「からである」に着目すると、〈こうした（＝まなざしが拡大する）状況自体が特定の歴史的・文化的コンテクストの中で一定の価値観やイデオロギーに媒介されて成り立つ以上、**「音楽化」や「芸術化」の周辺に働く力学、その中で「音楽」や「芸術」という概念が形成され変容する過程やメカニズムを明確化することが重要だ**〉という筆者の認識に基づくとわかる。さらに、「概念」という語や望ましくない事態につながる説明を10段落からも探すと、「最初から『ある』わけではなく、『なる』ものである」「『音楽』や『芸術』という概念を繰り返し使っているうちに、それが**いつの間にか本質化され**、**最初から『ある』かのような話にすりかわって**（錯覚するようになって）」、結果として「怪しげなグローバリズムの論理に取り込まれていた」という事態に陥りかねない、と述べられている。これは広く考えると、物事を本質主義（＝物理的な実体として）ではなく構築主義的に（＝人々の認識による社会的な構成物として）捉える立場といえる。以上より、傍線部の理由は次のように説明できる。

「音楽」や「芸術」の概念は、もともと近代的なコンサートホールや美術館と相関的に形成された鑑賞のまなざしという特定の歴史的・文化的コンテクストや価値観・イデオロギーとの関係において成立する構成物であるにもかかわらず、そこに作用する力学や過程・メカニズムを明確化しないままに用いられることで、無意識のうちに本質的な実在として議論における自明の前提だと錯覚された結果、それらを使った不審な論理にも陥りかねないから。

この内容に沿う⑤が正解である。「普遍的な価値を持つもの」とは「グローバリズムの論理」と重なると考えてよい。

①「博物館学的欲望」は問3で見たように「コンサートホールや美術館」の外部へと向かうまなざしである点で不適。また、「捉え損ねてしまう」ものは「人々の心性」に限定されず、コンテクストや価値観・イデオロギーをも含む。

②「音楽」や「芸術」の概念の「変容」は、「コンサートホールや美術館」においてではなく、その「適用範囲外にあった領域」へのまなざしの「浸食」（9段落）としてあり、「多様に」変化したのは、「伝統的な（＝一九世紀以来の）概念や枠組みが解体」（9段落）した結果としてである。

③「『聖域』が外部へと領域を広げていった」のではなく、「現実の時空もろとも……『聖域』の中に引きずり込まれた」（8段落）かのように〈鑑賞のまなざし〉が施設の外部へと拡大しつつあるのが現在の状況である。また、後半の説明も筆者の危惧の内容として不十分。

④「価値観やイデオロギー」が「コンサートホールや美術館の中で生まれた」は誤りで、正しくは「価値観やイデオロギーに媒介されることによって」「コンサートホールや美術館」の外部も「音楽」や「芸術」の「概念の適用範囲」（9段落）となりつつある。また、明確にすべきは〈「音楽化」・「芸術化」の周辺で作用する力学〉や〈「音楽」・「芸術」の概念が変容する過程〉であり、「力学の変容過程を明確にする」は表現が不正確。

問5 標準 9 正解は③

本文の構成・展開について適当でない選択肢を問う設問。ここまでの設問をふまえて消去法で考えるとよい。

①適当。1段落の「議論の前提となる事例」とは〈モーツァルトの追悼ミサ〉、「その背景や補足情報」とは〈音楽界の総力をあげた演奏であり、同時に典礼・宗教行事でもある〉こと。これらを提示して「（議論の）導入を図って」も正しく、2・3段落の「二つの異なる立場」も、問2で見た「音楽」か「典礼」かという捉え方に対応する。

②適当。4段落の「問題を提起」とは、2・3段落の二つの立場という「図式的な二項関係の説明にはおさまりきれない」現状の指摘のこと。5・6段落の「具体的な情報」（＝追悼ミサが「音楽」とも「典礼」とも言える根拠）や「議論の方向づけ」（＝作品を含むコンテクスト全体が鑑賞される状況）も、問2で見た内容に合致する。

③不適。「新たに別の問題への転換を図っており」が誤り。問3で見たように、筆者は6段落までのモーツァルトの追悼ミサという具体的事例を、7段落では美術館・博物館の事例も挙げて芸術全般の問題へと一般化しているだけで、議論の対象は一貫して〈作品そのものからコンテクスト全体へと拡大する鑑賞のまなざし〉から変わらない。

④適当。「7・8段落で導き出された観点」すなわち「博物館化」や「博物館学的欲望」という〈まなざしの拡大〉をもとに、9段落は〈「音楽」や「芸術」の概念が自明化・本質化されかねない〉という「問題点」を指摘し、10段落は「ある」と「なる」という語で「簡潔に言い換えつつ」、「錯覚」や「論理に取り込まれ」るとの「危惧」を示す。

問6 やや易 10〜12 正解は (i)＝① (ii)＝③ (iii)＝②

本文を読んで生徒が書いた【文章】を推敲する設問。(i)では【文章】に引かれた傍線部の部分的な修正が、(ii)では【文章】に加筆する文の挿入箇所が、(iii)では【文章】の最終段落に書き加える結論の内容が問われる。今回は設問がSさんの書いた【文章】それ自体の読解に基づいているため、選択肢を見極めるための根拠としては、第一に、【文章】

の論旨や構成、傍線部や挿入箇所の前後の文脈における整合性、第二に、設問の文言の示している要求に沿う解答かという点が重要であるが、第三に、本文の内容との整合性にも留意しておくと申し分ないだろう。

【文章】は、A〈作品を現実世界とつなげて鑑賞することの有効性についてSさん自身の経験をもとに考えたもの〉であり（第一・第二段落）、B〈ある小説の舞台となった町を、小説を読む前には訪れても何も感じなかったが、読んだ後では作品世界を媒介として現実世界をも鑑賞できたため、それまでとは別の見方ができて興味深かったこと〉（第三・第四段落）、と同時に、C〈小説の舞台を実際にめぐり歩いた後で小説を読むと、現実世界の印象が重ねられることで、作品世界が新たな姿を見せること〉（第四段落）を述べている。

(i) 第三段落にある「今まで（＝当の小説を読む前）と別の見方ができて」という傍線部の主旨、すなわちBの〈作品世界の読み→現実世界の経験に影響する〉方向を、「前後の文脈に合わせてより具体的な表現」に修正できている選択肢はどれか、消去法で考える。

①適当。傍線部の前にあるように「これまでは何も感じることがなかった」のとは対照的に、小説を読んだ後では、傍線部直後にあるように「面白かった」という肯定的な興味・関心の深まりがある。この受け止め方の変化に沿うのは、「なにげない町の風景」→「魅力的に見えてきて」という表現である。

②不適。全体がCすなわち〈現実世界の経験→作品世界の読みに影響する〉方向であり、Bとは逆である。

③不適。〈現実世界→作品世界〉という影響の方向が逆。「作者の創作意図」も作品世界自体の鑑賞から外れる。

④不適。作品世界と現実世界とが並列された表現であり、両者の影響関係が不明。また「風景のずれ」や「時間の経過」も、「面白かった」が示唆している肯定的な受け止め方までは表現できていない。

(ii) 加筆箇所を考えさせる設問。まず加筆する文の内容は、〈現実の空間に身を置くこと→作品を自分なりに捉え直す〉、すなわちCの方向である。よって、Bの方向を述べる第三段落の（a）も、Cの方向に切り替える「一方で」より前にある（b）も外れる。次に、加筆する文の「それは……からだろう」に着目すると、（c）直前の「（小説の）イメージ（の変化）」を「それは」と受けて「（現実の経験で得た）イメージ」と結びつけて理由づけるつながりの良さがわかる。また、「からだろう」と理由を示したうえで、（c）直後の文の末尾で「のだ」と自信を持って断定・強調する、という流れの自然さからも、（d）よりも相応しいと判断できる。

(iii) 設問の誘導には、【文章】の「主張をより明確にするために」とあるから、(i)(ii)で見たB・C両方の方向をふまえた内容であり、かつ「最終段落として書き加える」「全体の結論」であるから、Aという全体の主題にも対応する内容を持つ選択肢だと推定できる。以上すべてを満たす②が正解であり、第一文の前半がB、後半がCの方向に沿うことに加えて、これらをふまえた第二文の「作品と現実世界の鑑賞のあり方は相互に作用し得る」も、【文章】の第一段落の「作品を現実世界とつなげて鑑賞することの有効性」に見合った「結論」と言える。

① 〈現実世界→作品世界〉というCの方向を欠く点で不十分である。

③ 「現実世界を意識せずに作品世界だけを味わう」は、B・Cに反するうえに、〈鑑賞の仕方や作品の意味の多様性〉を焦点とする第二文も、A〈作品世界と現実世界との連関〉という主題から外れる。

④ ①とは反対に、〈作品世界→現実世界〉というBの方向を欠く点で不十分である。

第2問

標準

出典

牧田真有子《まきたまゆこ》「桟橋」（『文学2018』講談社。初出は『文藝』河出書房新社、二〇一七年秋季号）
【資料】太田省吾《おおたしょうご》「自然と工作——現在的断章」〈6　自然と工作〉（『プロセス 太田省吾演劇論集』而立書房）

牧田真有子（一九八〇年～）は小説家。京都府出身。同志社大学文学部・同大学院で学ぶ。二〇〇七年、「椅子」で文學界新人賞の辻原登奨励賞を受賞し、小説家としてデビュー。その後も文芸誌に多くの作品を発表する。「桟橋」は二〇一七年に文芸誌に発表された短編の中から優れた作品を選んだアンソロジーに収録されている。

太田省吾（一九三九～二〇〇七年）は劇作家・演出家。中国済南市生まれ。学習院大学中退後、劇団「転形劇場」を結成し、後に主宰となる。代表作「水の駅」「地の駅」などを発表し、せりふを排した前衛的な「沈黙劇」のスタイルを確立した。劇団解散後は近畿大学教授や京都造形芸術大学（現、京都芸術大学）教授などを務めた。

要旨

場面ごとに三つの部分に分けて本文の内容をまとめよう。

1

おばとイチナらの「ままごと」の回想　1～19行目（イチナが幼い頃のおばの…）　※問2・問6

中学生のおばはイチナと本気の「ままごと」で遊び、自在に役柄を演じて子どもたちを非日常の世界に引き込んだ。

2 **友人との電話中に動揺するイチナ** 21～47行目（公園の砂場で三文役者を…）※問3・問4・問5・問6・問7

友人からおばが居候していた事実を知らされ、おばの自然で透明な存在を意識させられたイチナは衝撃を受ける。

3 **おばと口論し「果てのなさ」を考えるイチナ** 47～71行目（電話を切ると、「終わったなら…）※問5・問6・問7

居候をめぐりおばと言い争ったイチナは、役柄を演じる姿勢と結びつけておばの「内面の輪郭」のなさを理解する。

語句

羽を伸ばす＝束縛された状態から自由になり、のびのびと思うままにふるまう。

陰に陽に＝あるときはひそかに、あるときは公然と。あらゆる機会に。

革命分子らが徒党を組む＝「革命分子」は〝革命を目指す個々人〟、「徒党を組む」は〝企みのために集まり団結する〟。

虚勢を張る＝（自分の弱点を隠すために）表面だけ強がって見せる。

解説

問1 やや易 13～15 正解は (ア)＝④ (イ)＝④ (ウ)＝②

いずれも語句の辞書的な意味をもとに選択肢を絞り、必要に応じて文脈にも沿うかを確認する。

(ア) 動詞「うらぶれる」は〝落ちぶれて、みすぼらしい様子になる〟や〝心の拠り所がなく、しょんぼりする〟の意。これに該当するのは④のみである。ここでは、「男やもめ」の不遇な状況が形容されている。

(イ) 形容詞「もっともらしい」は〝いかにも道理にかなっているさま。内実とは別に表面を取り繕っているさま〟の意。

これに該当するのは④のみである。ここでは、友人宅に居候したことを正当化するかのようなおばの態度を指す。

(ウ) 副詞「やにわに」は〝急に。いきなり〟や〝即座に。たちどころに〟の意。これに該当するのは②のみである。ここでは、自分を傷つける真実に際し、それを認めまいとただちに言い訳する「祖父」の慌てぶりや必死さが表現されている。

問2　標準　16　正解は①

傍線部の内容を問う設問。「世界は崩れなかった」は比喩的な表現なので、傍線部の表す具体的な状況との対応をふまえて考えたい。

傍線部を含む7～19行目では、幼少期のイチナが中学生だったおばと公園で遊んだ「ままごと」が回想される。この「ままごと」は「ありふれた家庭を模したもの」ではなく、窃盗団や王家の一族など非日常的で現実離れした設定や、幼い子どもには想像しにくい設定でなされ、「子どもには耳慣れないせりふが多い」ため、よく理解できずに「子どもたちは的外れなせりふを連発する」。にもかかわらず、「子どもたちは皆、巻き込まれたがった」のは、リード文の示すように「中学生の頃から演劇の才能を発揮し」たおばの、真に迫った一つ一つのしぐさや表情によって、「ここ（＝現実の世界）と、ここにあるはずのない場所（＝ままごとで演じられる想像の世界）とががらりと入れ替わっていく」と感じた、すなわち現実世界を離れて物語の世界に没入していたからであり、こうした非現実の世界に引き込まれる「危険な匂い」もまた、子どもたちには一種のスリルを感じさせて魅力的だったとわかる。以上の具体的状況をふまえれば、たとえ子どもたちが見当違いの演技をしても、「おばがいる限り」すなわち「自在な演技をするおばに生み出された雰囲気によって」、「世界は崩れなかった」すなわち「その場（＝物語の世界に没入する状態）が保たれていた」と説明する①が正解である。

② 「（もともと）たわいのない（＝幼稚でとりとめのない）遊戯だった」は本文にない。「本格的な内容」による高い

「完成度」という説明も、おばの演技が生み出す独特の「世界」から外れる。

③「（子どもたちの言動に）おばが相応の意味づけをした」は本文にない。「子どもたちを退屈させない劇」という表現も、「ままごと」の世界に「巻き込まれたがった」子どもたちが進んで参加・熱中するというニュアンスが薄い。

④「奇抜なふるまいを……求める」は限定しすぎた表現。「恥じることなく演じた」はおばの演技の迫真性、「安心して」は「危険な匂い」から外れる。「物語の設定を受け入れ」たとしても、子どもたちの演技のまずさで「世界が崩れな」いことにはならない。

⑤本文では「設定が複雑で難解」な点よりも子どもにはなじみのない点が強調されている。「状況にあわせて話の筋をつくりかえる」も本文になく、「楽しんで参加できる」だけでは「世界は崩れなかった」とは言えない。

問3 標準 17 正解は④

傍線部の理由を問う設問。傍線部の対応の背景にある友人の意図や心情について、その言動をふまえて考える。

傍線部までの友人の言動に着目すると、まず (a) イチナとの電話中に突然、おばが居候中だと告げられると「すばやい**沈黙**」（23行目）をした後、「一拍おいて」「**ちぐはぐ**な」返答をする（25行目）。次に (b) イチナが冗談半分でおばに電話を代わろうかと言うと、笑って断りながらも、「そこには何か、拭い（＝**不安**などを消し去り）きれていない**沈黙**」（27行目）が感じられた。さらに (c) イチナが「おばさんと話すのは億劫（＝面倒で気が進まないさま）？」と続けると、友人は「いや、これ言っていいのかな」と**ためらい**を示したうえで、おばが去年の春に自分の家に居候していた**事実をイチナに告げる**（30行目）。そして、その事実を「言ってしまうと友人は、もう気安い声を出した」とあるから、この「もう」は〈それまでの重苦しい気持ちが解消されたこと〉を示すはずである。

改めて整理すると、(a) 思いがけずおば（の居候）が話題となった驚きや、おばと同居した事実をイチナに伏せておくべきかどうかという迷いからくる動揺→(b) 引き続き迷いながらも、イチナに事実を隠し続けることへの後ろめたさ、および、おばさんとの会話を面倒がっていると誤解されたくない気持ち→（c）思い切って**事実を打ち明けたことで、後ろめたさや誤解される不安から解放され、気持ちが軽くなった**、という心情の変化が理解できる。なお、友人がはじめ事実を隠した理由は、（c）の箇所で、生活費など経済的な負担もなく、飽きてきた一人暮らしへの良い刺激となったと述べていることから、**おばが友人に迷惑をかけたのではとイチナを心配させたり、おばの立場を悪くしたりしないようにとの意図・配慮に基づく**、と考えると自然だろう。以上の内容に合致するのは④である。

①「同居していたことをおばに口止めされていた友人」は本文になく、後のイチナとの会話によれば、おばは友人宅への居候を悪いとも思っていない。「おばの生活についてイチナと語り合」いたい気持ちも根拠がない。

②意図的に「くつろいだ雰囲気をつくろうとした」のではなく、（a）→（c）の流れで自然と気持ちが軽くなった。

③イチナは打ち明けられるまでおばと友人の同居を知らなかったのだから、「二人の仲を気にし始めたイチナ」という説明は無理。「現在は付き合いがないことを示して」も本文から読み取れない。

⑤「おばがイチナにうっかり話してしまうことを懸念して」は本文に根拠がない。「気安い声」も②で見たように安堵した心情の自然な表れであり、「イチナをなだめ（＝気持ちを落ち着かせ）」る意図からではない。

問4　標準　18　正解は②

本文の一連の描写を説明させる設問。33〜47行目には糸屑を拾うイチナの様子の描写が三箇所あるので、それぞれの状況とあわせて描写が表すイチナの心情を推定したうえで、消去法で選択肢を絞るとよい。

▼33行目「空いている方の手で絨毯の上の糸屑を拾っていたイチナの動きがとまる」…友人からおばとの同居の事実を打ち明けられた直後の動作であるから、それまで友人の反応に少し**違和感**（「何か、拭いきれていない沈黙」）を感じつつも、気楽な会話を楽しんでいたイチナが、**友人から知らされた事実に驚いた**のだと考えられる。

▼37行目「イチナは**狼狽**《ろうばい》（＝思いがけないことにあわてふためくこと）を引きずったまま再び手を動かし始める」…

「狼狽」は前から引き続いて、おばが友人のもとに居候していた事実を知った動揺。その**衝撃を受け止めて平静に戻ろうと努めながら**、おばの呼び名をめぐる会話や祖父の思い出へと、**次第に気持ちが移っていく**状況であろう。

▼47行目「イチナは今度は、絨毯の上の糸屑を拾う手をとめない。上手くとめられなかったのだ」…「今度は……手をとめない」は33行目の驚きをふまえた表現であるから、イチナが再び衝撃を受けたことを示し、「**上手くとめられなかった**」のは「（手の）動きがとまる」よりも**いっそう衝撃が深い**からだと考えられる。その要因は、直前の「（おばとの共同生活を）なぜかはっきり思い出せないけど」という友人の発言であり、「他人なのに不透明感なさすぎ」るおばの言動や存在を指す。こうしたおばの特性は58行目以降でもイチナが考え続けるものであり、問5・問7で詳しく見るように「**果てのなさ**」（64行目）と表現される。この特性を友人に言い当てられ（＝上手く言語化され）て深く衝撃を受けていることから、イチナがこの特性を重要な事柄と受け止めているとわかる。おそらくは、幼少期の「ままごと」以来イチナが半ば無意識に抱き続けてきた、**おばの謎めいた演技や存在に対する疑問と符合する**と感じられたからだろう。一方で、イチナが「友人の言うとおりなのかもしれない」（60行目）と考えるのは、おばとの口論や祖父の思い出の回想を経た後であり、47行目の段階では、おばの「果てのなさ」をめぐる**思案に引き込まれ始めながらも、まだその衝撃の理由を明確に意識化・言語化できていない**。無意識に動く手はこうした内面を表現していると考えられる。以上をふまえて選択肢を吟味する。

①不適。「自分とおばの関係に他人（＝友人）が割り込んでくることの衝撃」は33行目にも47行目にも反する。

②適当。「……驚かされ」までが33行目の、「……心のありよう」までが47行目の描写が表すイチナの心情に合致する。

③不適。47行目のイチナの衝撃は、「おばとの共同生活を悪くなかったとする」ことや「（おばの居候が厚かましく迷惑だとの）見方を覆された」ことではなく、共同生活が思い出せないようなおばの特性による。

④不適。「関係が親密であった」は居候の事実への驚きから外れる。また、「おばに懐《なつ》いていた頃を思い返すイチナの物寂しい思い」も、おばの呼称をめぐる、特に感情の起伏を感じさせない回想（36～38行目）にそぐわない。

⑤不適。47行目の段階では「あらためて気づいた」というほどイチナがおばの特性を意識化できていたとは考えにくい。

問5　やや難　19　正解は②

傍線部の心情を問う設問。問4でも見たおばの特性に対するイチナの思いをおさえる。

傍線部自体の手がかりの一つは「ごまかされたくない」であり、もう一つは「私は」の区別を表す助詞「は」である。そこで、イチナ以外の誰が・どのように「ごまかされた」のかを考えると、まずは傍線部の前に「居候が去った後、彼らはおばとの暮らしをはっきりと思い出せない」、また同じ段落の冒頭に「居候という根本的な問題に対して母が得意の批評眼（＝物事の良し悪しを判定・批評する能力）を保てなくなった」とあるから、〈おばに居候されて共同生活を送る人々が〉〈そうした状況を問題であると認識できなくなったり、おばとの生活を明確に思い出せなくなったりすること〉と一旦は説明できる。そのうえで、こうしたおばの特性については、問4でもふれた「どこからどこまでがおばなのかよくわからない」という「果てのなさ」に、一緒に住む人々は「途中で追いつけなくなってしまう」（64行目）とある。直前の段落によれば、（祖父を含めて）「自分の領域を護ろうとする」普通の人には備わる「その人がそこから先へ出ることのない領域の、縁」、「内面の輪郭が露わになる瞬間」が、おばの存在には感じられないのである。また、直後の段落では、「（居候を）する方の理由これでいい？」というおば自身の言葉として、「私の肉体は家だから。だから、これより外側にもう一重の、自分の家をほしいと思えない」とあり、この意味をイチナは「演じるごとに役柄に自分をあけ払うから」と理解している（69行目）。以上に加えて、友人の「不透明感なさすぎて」や「いっそ（人間よりも）自然の側みたいに思える時ない？」（44行目）という発言、「（朝顔の）観察日記」（45行目・65行目）や「氷山の一角（＝物事全体のほんの一部しか外に現れていないこと）」（62行目）という比喩も考え合わせると、〈普通ならば人間に備わるはずの固有な内面が感じられず、共に生活する他人や状況と自然に一体化して相応しい役割を演じる〉というおばの特性のために、〈次々に他人の家に同居してもとがめられることのないほどに、おばの実体や全体像を把握することも記憶することも難しい〉ことが、「ごまかされ」るの意味であり、イチナが拒んでいることだとわかる。こうした内容に沿う選択肢は、おばのあり方を「見誤らずに捉えたい」と述べる②である。

①「悪い印象を残すものではなかったため」ではなく、そもそも特別な印象や記憶そのものを残さないことにおばの特性がある。「迷惑なものとして追及（＝追い責めること）」も誤り。

③「明確な記憶を残させないよう」という意図的なあり方は、「朝顔」ほどにも自然にふるまうおばの特性に反する。また、「おばを観察することによって」とあるが、「観察日記でもつけるしかない」（65行目）は文字どおりの行為ではなく、それほど注意しなければ把握できないおばの存在、それを把握したいイチナの強い意思を表す。

④「どこまでが演技か見抜くことが」とあるが、自然なおばのふるまいを友人や母が「演技」と捉えたとする根拠がなく、おば自身にもふるまいと演技の境界が明確だとは考えにくい。また、「果てのなさ」を感じているイチナには「解き明かして理解」できるようなおばの「本心」は想定されにくく、「個々の言動から」も本文にない。

⑤「居候生活の理由」や「口先で丸め込まれる（＝巧みな言葉で相手の思うようにされる）」は、おばの「果てのなさ」から焦点がずれる。また、「隠し通され」るような実体・本心もなく、「観察を通して」も誤り。

問6 標準 20 正解は②

本文の表現を問う設問。選択肢の内容と本文の該当箇所とを比較して、消去法で**適当でない**ものを選ぶ。

①適当。「ざくざく」「どすん」「すたすた」は擬音語・擬態語であり、いずれも中学生だったおばの行動を描写している。

②不適。「遊具の影」が「伸びつづけて」いくのは、「子どもたちの意識が徐々に変化していく様子」の表現ではない。直前に「夕暮れの公園」で「おばは全然かまわずに続ける」とあることから、おばと子どもたちが「ままごと」に熱中するうちに、**だんだんと時が経ち日が傾く様子の表現**である。

③適当。階下のおばの声（24・25行目）→友人によるおばの話（30～32行目）→台所のおばの様子（39行目）→友人によるおばの話（40～46行目）と「交互に示される」点も正しく、わが家でのおばと、友人の目から見たおばという「異なる姿が並立的に表現されている」と言える。

④適当。「情景描写が省かれ」「発言だけで構成される」という点、「（友人宅への）居候をめぐ」る「意見が対立し」という点のいずれも正しい。イチナの「勝手に押しかけるのやめてよ」「なんでまた居候？」「不躾（＝礼儀作法をわきまえないこと）で厚かましい」「もっともらしい顔で言わないでよ」という発言は「言い募って（＝調子に乗ってますます激しく言って）いく」と言うにふさわしく、「臨場感（＝実際にその場にいる感じ）」も適切な説明である。

⑤適当。「比喩」（＝氷山の一角）、倒置（本来ならば「氷山の一角みたいに、どこからどこまでが……」の順）も正しく、「イチナから見たおばのうかがいしれなさ（＝果てのなさ）」も本文と合致する。

問7　やや難　21・22　正解は　(i)＝④　(ii)＝③

本文と【資料】に基づく対話を完成させる設問。設問は「演じるごとに役柄に自分をあけ払う」というイチナによるおばの捉え方について、まず(i)では〈本文における捉え方〉を〈【資料】における「枠」という観点〉から説明させたうえで、次に(ii)では【資料】もふまえて、〈日常生活におけるおばのあり方〉と〈演技におけるおばのあり方〉を関連づけて説明させる。選択肢を見極めるポイントとしては、第一に本文および【資料】それぞれの内容との整合性、第二に対話内・発言内の文脈における整合性、第三に本文と【資料】との共通点や相違点のふまえ方が挙げられる。

(i)　まず【資料】の要旨は次のとおりである。

人間は、日常では自己の枠をもたずに生き、死んだ後に初めて「これこれの者であった」と枠をもち得る点で、自己を枠づけ得ない存在であるが、なに者かである者として自己を枠づけたいという基礎的な生の欲求をもつ。自分でないなに者かになりたいという演技の欲求も、実は自分になりたい欲求に基づく表現である。

次に空欄X・Yを含む発言の直前にある教師の発言に着目すると、人には普通ある「内面の輪郭」がおばには見られないことを、【資料】の〈〈私〉＝自己の〉「枠」という観点を使って捉えるように促しているから、これに応える生徒Mの発言は〈「内面の輪郭」（のなさ）が自己の「枠」（のなさ）と重なり合う〉という内容だと推定できる。さらに、Yを含む一文が「それ（＝X）は……を示している（のではないでしょうか）」という形であることからも、Xを含む文とYを含む文とは同様の内容を述べており、イチナから見たおばに関して、〈X（＝本文）〉＝〈Yよう（＝【資料】）という様子が見られない〉という重なり合い、共通する関係があるとわかる。これに該当するX・Yの組合せを持つ選択肢は④であり、X「どこからどこまでがおばなのかよくわからない」というイチナの見方と、〈Y「なに者かである者として〈私〉を枠づけ」ようという様子が見られない〉という【資料】に基づく捉え方とが一致・共通している。

他の選択肢も確認しておこう。

Xについては、①「ままごと遊びになぜか本気で付き合ってくれる」、②「けっこうずぼら（＝すべきことをせず、だらしないこと）だしそそっかしい（＝落ち着きがなく失敗が多い）」のどちらも、〈「内面の輪郭」のなさ〉には直結しない。また、③「内面の輪郭が露わになる瞬間がある」では〈「内面の輪郭」がある〉ことになり、正反対である。

Yについては、②・③の「日常、己れの枠をもたずに生活し」を空欄に入れてみた場合、「という様子が……見られない」とあわせると生徒Mは〈おばが己の枠（＝内面の輪郭）をもって生活しようとしていると見える〉と述べていることになり、これは本文における「果てのなさ」を感じさせるおばのあり方に反するので誤りである。

(ii)　まず空欄の直前から、Zは「日常生活」におけるおばのあり方を捉えた内容であることをおさえる。次に、空欄Zを含む生徒Nの発言の前後にある教師の発言から、空欄Zを含む生徒Nの発言全体の方向性を見定めよう。

▼Zを含む発言の前の教師の発言：おばに関する「演じるごとに役柄に自分をあけ払うから」というイチナの理解の仕方について問うている。

▼Zを含む発言の後の教師の発言：「自分ではないなに者かになりたい」欲求の現れとしての演技（＝【資料】の内容）と、「イチナの考えているおばのあり方」（＝直前の生徒Nの発言の内容）とは、「隔たりがありそう」と述べている。

この後の発言の「隔たり」という語に着目すると、Zを含む発言全体は、【資料】の論旨（＝人間の生や演技は「なに者かになりたい」という欲求に基づく）とは相違する立場に立っており、〈「なに者かになりたい」欲求に反する〉おばのあり方を示していると判断できる。ここで【資料】が「なに者かである者として〈私〉を枠づけ自己実現させたいのだ」と述べていることも考え合わせると、Zを含む発言全体は〈「〈私〉を枠づけたい」という欲求に反する〉あり方を示すはずである。以上の内容に沿う選択肢は、〈私〉＝自己という「一つの『枠』にとらわれない（＝それを欲しない）ふるまい」を示した③である。

念のために③について、本文との整合性を確認しよう。問4・問5で見た〈日常生活において自己の内面の輪郭を見せることなく、同居する他人・状況と自然に一体化していく〉というおばの特性（＝「果てのなさ」）と一致する。さらに、Zを含む発言内の整合性という面から③を確認しても、Zを含む文の直後にくる文の内容、すなわち「（日常でのあり方に加えて）役者としてもおばは様々な役になりきることで自分である（＝〈私〉を枠づける）ことから離れている」ことに適合しているとわかる。

このように日常生活と演技の両面で定まった「枠」をもとうとしないあり方こそが、「演じるごとに役柄に自分をあけ払う」こと、すなわち、おばが「ままごと」で示したように〈内面が空である「家」としての肉体をその時々の役柄に明け渡し委ねる〉ことによって、その役柄と強く一体化しながら様々な役柄を演じ分けることを可能にしている、とイチナは理解したと考えられる。したがって、自己の「枠」や「内面の輪郭」をもとうとせず、「これ（＝肉体）より外側にもう一重の、自分の家をほしいと思えない」（68行目）おばにとって、他人の家を転々として記憶に残らない「共同生活」を送ることもまた、役柄を演じることと同様に不可避の宿命といえる。そこにイチナはおばが「居候する理由」を見るのだろう。

①もし「『枠』を隠し」たり「『実現』させたい『自己』を人に見せないよう意識し」たりしているとすれば、実はおばには何か定まった自己の「枠」すなわち「内面の輪郭」、あるいは「〈私〉を枠づけたい」欲求が存在していることになり、本文ともZを含む生徒Nの発言全体とも矛盾する。

②仮に「『〈私〉を枠づけたいという欲求』」を「実現している」とすれば、たとえあり方は次々と「更新」されるにせよ、①と同様に、おばはいつも何らかの自己の「内面の輪郭」をもつはずだから、他人が「果てのなさ」を感じることもなく、おばとの共同生活を明確に思い出すこともできるはずである。

④「『自分になりたい』という『欲求』」とは、【資料】によれば、「なに者かである者として〈私〉を枠づけ」ようとすることである。その「『欲求』に基づいて」いるとするおばの捉え方は、やはり本文ともZを含む生徒Nの発言とも矛盾する。

第3問

標準

出典

秋山光彪《みつたけ》「車中雪」（天野政徳《あまのまさのり》編『草縁集』〈巻第十二　文部下　物語類〉所収）

秋山光彪（一七七五～一八三二年）は江戸時代後期の国学者・歌人。豊前国小倉藩士で、和歌を村田春海に学ぶ。

晩年に京都留守居役を務め、江戸派の立場から『桂園一枝評』を著して香川景樹ら桂園派と論争を展開した。天野政徳（一七八四～一八六一年）は江戸時代後期の国学者・歌人。江戸幕府の臣下（旗本）で、大石千引に歌学を師事した。『草縁集』（一八一九年自序・一八二〇年刊行）は二百十三名の作者の和歌と文章を収めた編著。本文は『源氏物語』をふまえた擬古文で、貴族の主人公が桂にある別邸に向かう途中の情趣豊かな雪景色を描いた物語の一節である。

要旨

1 別邸への突然の出発　1～3行目（桂の院つくりそへ給ふものから…）

主人公は消え残る雪に促されて桂の別邸を訪問しようと急に思い立ち、常と違って供も親しい家司数名とした。

2 道中の雪景色への感嘆　4～13行目（やがて御車…）

別邸に向かう途中、降り散る雪に車を止めた主人公は、月世界のように一変した景色に興趣を感じて歌を詠む。

3 源少将との歌の贈答　13～19行目（かたちをかしげなる…）

そこに外出の供に誘われなかったと嘆く源少将から歌が届けられ、ほほえましさを感じた主人公は返歌を贈る。

4 月下の雪明かりと出迎え　20～26行目（やうやう暮れかかるほど…）

月光で一面に輝く雪景色を前に、出迎えた院の預かりや従者に促されつつも、風流な主人公の名残は尽きない。

語句

もよほされ＝〝促す。感情を引き起こす〟の意の動詞「もよほす」の未然形と受身〝～れる〟の助動詞「る」の連用形。

ゆくりなく＝〝突然だ。思いがけない〟の意の形容詞「ゆくりなし」の連用形。

思し立たす＝「思《おぼ》し立つ」は「思ひ立つ」の尊敬語で〝（何かをしようと）決心なさる〟の意。「思しおきつ」も同義。

有職＝学問、音楽などの諸芸道、朝廷の儀式・作法などの先例に精通した人。また、才知・容貌などの特に優れた人。

かくとだに＝そうとさえ。こうとだけでも。副詞「かく」は〝このように。そのように〟の意。「だに」は類推の副助詞。

出で消え＝〝人の中で見劣りのすること〟を表す語だが、本文では、雪が降り出し降りやむ様子を指す。

げにあへなく＝副詞「げに」は〝本当に。全く〟、形容詞「あへなし」は〝あっけない。物足りない〟の意。

ひたやりに＝「ひた」は〝ある動作（ここでは車を行かせること）がひたすらに行われる〟という意を添える語。

ありし＝以前の。生前の。先述の。動詞「あり」の連用形と過去の助動詞「き」の連体形から成る。

けに＝〝いつもと違って〟の意の副詞（または形容動詞の連用形）で、「～より」の後で〝いっそう。一段と〟を表す。

何がし・くれがし＝人名・地名・事柄などをぼかすか省略する名詞で〝だれそれ。どこそこ。何とかいう〟の意。

けぢめ＝〝隔て。仕切り〟や〝変動。移り変わり〟の意もある名詞だが、ここでは（松と竹の）〝区別。相違〟の意。

とりはづし＝〝うっかりして失敗する。やりそこなう〟の意の動詞「とりはづす」の連用形。

違へぬべかめり＝動詞「違《たが》ふ」と助動詞の強意・確述「ぬ」、当然・推量「べし」、推定「めり」から成る。

雪ながら＝主に体言に付く接尾語の「ながら」は〝そっくりそのままで〟を表す。〝～の本質として〟の意もある。

やうやう（漸う）＝〝だんだん。次第に〟や〝やっとのことで。かろうじて〟。〝いろいろと〟の意の「様々《やうやう》」は別語。

よろづに＝万事につけて。何かにつけて。

あたら＝形容詞「あたらし」の語幹から派生した副詞または連体詞で、〝惜しいことに。残念ながら〟の意。
かしこ＝〝あそこ。あちら〟などの場所や〝あちらの方。あの方〟などの人を指す代名詞。
ゆかしき＝〝（知りたい・見たい・聞きたいなど）心引かれるさま。慕わしいさま〟を表す形容詞「ゆかし」の連用形。

全訳

（主人公は）桂の院（＝桂にある別邸）を増築なさるけれども、少しの間も訪れなさらなかったが、友を待つ雪（＝後から降ってくる雪を待つかのように消え残る雪）に促されて、不意に（訪問を）思い立ちなさるようだ。このようなお出かけの際には、（いつもならば）源少将、藤式部を筆頭として、当世で（学問・芸能・儀礼などに）よく通じていると名高い若い人々すべてを、まず間違いなく呼び寄せて身近におき（＝お供させ）なさっていたのに、にわかに思いついたことであったので、このように（出かける）とさえそれとなく示しもなさらないで、「ただ懇意にしている邸の事務を担当する者を四、五人だけ供にして（出かけよう）」と心に決めなさる。

すぐにお車（＝牛車）を（外に）引いて出したところ、「空より花の（＝今は冬なのに空から雪が花のように散ってくるのは、雲の向こう側はすでに春であるからだろうか）」と（古歌を口ずさんで雪の風情を）とても面白がっていたのに、賞美するにつれて（雪が思いがけなく）早く散って見えなくなってしまうのは、こうして降りやんでしまうということであろうか。「それにしても（雪が）並々でなく（すぐに）現れては消えてしまうことであるよ」と、（供をする）人々がとても強くくやしがることを、（主人公も）「本当にあっけなく残念だ」と思いなさるけれども、「そうはいっても（仮に今から）引き返すようなことも（＝引き返すならば、それも）人から見てみっともないようだ。やはり（このまま）法輪寺の八講の法会に（向かうと）かこつけて（出かけよう）」と改めて考えなさって、ひたすら先へと（車を）急がせなさるうちに、再度まっくら闇になるほど雲が空を覆って、先ほどよりも一段と盛んに（雪が）降り散ったので、（主人公は）道の端にお車を止めさせたままでご覧になると、それそれの（あちらの）山も、これこれの

（こちらの）河原も、ほんのわずかの間に様子が（すっかり）変わっている。

例の気が進まない様子だった（お供の）人々も、（雪で一変した情趣ある景色に）たいそう甚だしく顔をほころばせて喜んで、「これが小倉山であるのだろうか」「それが梅津の渡りであるのだろう」と、それぞれ声に出して見当をつけあっているけれども、（ここまで雪に覆われると）松と竹との違いさえも、うっかりするときっと見誤るにちがいないようだ。（主人公は）「ああ、世間で趣深いと言うのはこのような景色を言うのであるのだろうよ。もっとここで見て賞美しよう」と言って、そのまま下簾を上げなさったままで、

（まだ桂の里に着いていないはずだが）この場所もまた（桂が連想させる）月の世界にある里であるらしい。雪に反射する光（＝雪明かり）までもがこの世のものとは見えない（ほど趣深い）のだからなあ。

などと（和歌をお詠みになって）面白がりなさるうちに、見た目が好ましい（召使の）子供で水干（＝狩衣の一種）を着ている子供が、（こごえた）手に何度も息を吹きかけながら（主人公の）お車の跡を探してやって来て、榻のそばにしゃがんだままで、「これをお車（の中の方）に（お渡しください）」と言って差し出したのは、源少将からのお手紙であった。（お供の）大夫（＝家司の官人）が取り次ぎ申し上げる手紙を（主人公が）ご覧になると、（そこには）「（あなた様は）普段は（私を）置き去りになさらないのに、（今回のお出かけは）このように（私を供にお連れくださらないとは）、

真っ白な雪が降り散って見捨てられたあたりには（おまえのことなど知らないとばかりに桂の院にお行きになるあなた様から置き去りにされた私の）恨みだけが数多く重なって積もっている」

と書いてあるのを、（主人公は読んで）にっこりなさって、畳紙（＝懐中に入れておく鼻紙や詠歌用の紙）に、

（あなたが私を）探し求めてやって来るかと思って、行き進んだ（車の）跡を（わざと）雪につけながら（私があなたを）待つとは、あなたは気づかなかったのだろうか。

（とお書きになって）すぐにその場所のある松（＝「待つ」に掛かる）を（枝に降り積もった）雪ごと（そっくりそのま

ま）折り取らせなさって、その枝に結びつけて（源少将に渡すようにと言って使いの子供に）お与えになった。

次第に日が暮れようとする頃に、あれほど一面に曇っていた空も、知らない間にきれいさっぱり一面に晴れて、（月を連想させる）有名な（桂の）里の月の光が美しく差してきたので、雪明かりもいっそう鮮やかに引き立って見えながら、空も地面もすべてが、まるで銀を打ち延ばし（て引き敷い）てあるかのように一面に輝いて、正視できないほどきらびやかな今夜の景色である。

（そこに）桂の院の管理を任された者もやって来て、（主人公に）「（あなた様が今日）このようにおいでになるとも（私は）知らなかったので、（もっと）早くに出迎え申し上げなかったことだよ（どうかお許しを）」などと言いながら、頭も上げないで（恐縮して）、何につけても過度にこびへつらって、（車を引く）牛のひたいにかかる雪を払いのけようとしては、軛に当たって（自分が被っていた）烏帽子を落とし、お車が進んでいく予定の道をきれいにしようとしては、もったいないことに（美しく積もる）雪を踏み荒らしながら、足や手を（寒さで）海老のように赤くして、桂の木の間を吹き抜ける風ではないが歩き回って風邪を引く。（お供の）人々が、「（日が暮れた）今はもう早く（お車を院に）引っ張り入れてしまおう。あちら（＝院）の景色も（ここに負けないほど）たいそう心引かれる（から）なあ」と言って、一斉にひどくそわそわしあっているのを、（主人公は）「その通りだ」とは思いなさるけれども、この場所の情趣もそうはいってもやはり見のがすことも難しくて（まだ立ち去りにくいと思いなさる）。

解説

問1　やや易　23 ～ 25　正解は　(ア)＝③　(イ)＝②　(ウ)＝⑤

(ア)　形容動詞「あからさまなり」の連用形「あからさまに」と強意の係助詞「も」から成る。「あからさまなり」は(1)〝急に。たちまち〟、(2)〝一時的に。ほんのしばらく〟、(3)後の打消語と呼応して〝ほんの少しも～ない〟の意。選択肢では⑵または⑶の意の③のみが適し、主人公がこれまで〈少しの間も〉桂の院を訪れなかったことを示す。

(イ) 品詞分解すると「とみ／の／こと」。名詞「とみ」（頓）は〝急なこと。間をおかないこと〟の意。同義の形容動詞「とみなり」も覚えておきたい。正解は②で、主人公の外出の決心が〈にわか（＝突然）〉であったことを示す。

(ウ) 〝物の姿。ありさま〟や〝容貌。顔立ち〟などの意の名詞「かたち」、および〝かわいらしく見える。いかにも趣があるさま〟を示す形容動詞「をかしげなり」の連体形「をかしげなる」から成る。本文では(ウ)直後の水干を着た童（＝召使いの子供）を形容する語であるから、その子供らしい〈見た目が好ましい〉という意の⑤が適する。

問2　標準　26　正解は②

波線部の語句と表現を問う設問。語句・文法の面から誤りを見極めたうえで、文脈にも照らして消去法で考えるとよい。

①不適。「うち興ず」は〝面白がる。楽しみを感じる〟の意の動詞「興ず」に、〝すっかり。ちょっと〟など意味を強める接頭語「うち」が付いた語。一方、「しも」は文法的には、⑴強意の副助詞「し」と係助詞「も」（どちらも特に訳出しない）、または⑵過去の助動詞「き（＝～た）」の連体形「し」と逆接の接続助詞「も（＝～のに・～ても）」、の二通り考えられる。⑴なら「し」（副助詞「しも」一語も同様）を省いても文意が通るが、今回は省くと自然には続かない。〈雪が面白い《のに》↓すぐに消える〉も逆接のつながりなので、⑵が適し、「喜びの大きさ（＝強意）を表している」も誤り。

②適当。「む」は動詞「引き返す」の未然形「引き返さ」に接続する点から、意志・推量・適当など複数の意味をもつ助動詞「む」である。「む」の直後は係助詞「も」であり、かつ「引き返さむ」が文意上、「人目悪かめり（＝人から見てみっともないようだ）」の主語にあたるから、「む」の直後に「こと」などの体言が省略されているとわかる。よって、体言の直前で連体形となる「む」として、仮定（～ならば、その）・婉曲（～ような）の意が適し、急な外出

をした主人公が「引き返した場合の（＝もし引き返すならば・引き返すような）状況を」「考えている」という説明も適する。

③不適。cは名詞「面変はり」、サ変動詞「す」の未然形「せ」、さらに存続（～ている）・完了（～た）の意の助動詞「り」（「り」はサ変動詞の未然形または四段動詞の已然形に接続する）の終止形から成るので、選択肢前半の説明は正しい。一方、cの主語は「何がしの山、くれがしの河原」であるから、ここでの「面変はり」とは、「ありしよりけに散り乱れたれば（＝先ほどよりも一段と盛んに雪が降り散ったので）」、山や河原などの〝物の様子・外貌が変わる〟ことを表す。よって、「面変はり」を文字どおりの意（＝顔色が変化する）で解釈した後半の説明は誤り。

④不適。「使役」および「人々を楽しませた」が誤り。まず、dが受けるのは「ここもまた……」の和歌である。「興ぜ」は〝面白がる。楽しむ〟の意のサ変動詞「興ず」の未然形、「給ふ」は尊敬の補助動詞の連体形。「させ」は使役（～させる）または尊敬（お～になる。～なさる）の助動詞「さす」の連用形であるから、主人公が和歌を詠むことで、他の「人々を楽しませた」のか、あるいは自分が楽しんだのかが問題となる。本文には従者たちが和歌に反応を示した様子は描かれない。和歌の情趣を解し、かつ「尊敬」の対象ともなる貴人の主人公が自ら楽しんだと考えるのが自然である（本文では尊敬語は主人公に対してのみ用いられている）。よって「させ」は尊敬の助動詞で、dは〝面白がりなさる〟の意である。

⑤不適。「大夫に対する敬意」が誤り。「大夫とりつたへて」は（注）3およびeの直前部をふまえると、主人公の家来が「源少将よりの御消息（＝お手紙）」を〝取り次ぐ〟とわかる。敬語では、「奉る」が〝差し上げる〟の意の謙譲の本動詞、「見給ふ」の「給ふ」が〝お～になる。～なさる〟の意の尊敬の補助動詞。どちらの敬語も地の文（＝会話や和歌、内心の声を除いた部分の文章）にあるので作者からの敬意を表す。謙譲「奉る」は大夫が手紙を取り次ぐ動作の受け手（＝主人公）に対する敬意、尊敬「給ふ」も手紙を読む動作の主（＝主人公）に対する敬意を表す。

問3 標準 27 正解は④

和歌の内容や応答を問う設問。和歌X・Yに込められた大意や心情、表現や修辞法だけでなく、和歌が詠まれた状況もふまえて、消去法で選択肢を吟味する。

①不適。まず前半の「源少将は主人公の誘いを断った」が誤り。本文2〜3行目の「かうやうの御歩きには……思しおきて給ふ」に着目すると、〈常ならばこうした外出の際には源少将たち若者も引き連れて行く主人公が、今回は急に思い立ったために、外出の件をそれとなく伝えることさえしないまま、親しい家司数名のみを供に出発した〉とわかる。よって源少将も後になって主人公の外出を知ったのであり、それゆえに水干を着た童に主人公の後を追わせ、和歌Xを贈ったのである。そのXの解釈だが、Xの詞書きである「いつも後らかし給はぬを、かく（＝あなた様は普段は私を置き去りになさらないのに、今回はこのように）」をふまえると、〈今回の外出に誘われなかった嘆き〉がXの大意だと予想がつく。そのうえでX自体の語句を見ると、「ふり捨てられし」（「られ」は受身の助動詞「らる」の連用形、「し」は過去の助動詞「き」の連体形）や「恨みのみ……積もれれ」（四段動詞「積もる」の已然形「積もれ」および存続の助動詞「り」の已然形「れ」）がこの大意と結びつくので、X全体としては〈降り散って見捨てられた白雪のように、あなたに誘われずに見捨てられた私の恨みが、幾重にも深く積もっていることだよ〉と解釈するのが自然で、主人公に対する非難や不平が詠まれている。したがって、後半にある「私（＝源少将）への『恨み』」は誤りで、正しくは主人公への「恨み」と説明すべきである。

②不適。①で見たXの大意・心情からすれば、「主人公への恋情を訴えた」や「意外な告白」は明らかに外れる。加えて、次の④の解説で見るように、源少将の非難・不平に対して主人公はYの返歌で軽妙に応答していることからも、Xの直後の「ほほ笑み給ひて」とは、「意外な告白に思わず頬を緩め（＝笑みをもらし）た」のではなく、源少将の振る舞い（雪が降り積もる状況に相応しい和歌と、そこに込められた少し子供っぽい甘えるような心情）を主人公が

ほほえましく感じ、改めて親愛の情を覚えたと解釈すべきである。

③不適。「源少将が待つ桂の院」が誤り。主人公は桂の院に向かう途中であり、誘われなかった源少将が先回りして桂の院で待つとは考えにくく、その根拠も本文にない。その他の説明は正しく、頻出の掛詞である「まつ」に〈主人公が源少将を「待つ」〉と、Yの直後の〈和歌を結びつけた「松」の枝〉とが掛けられていると見て自然である。

④適当。Yの解釈のために、まず語では、〝たずね求めてくる〟の意のカ変動詞「尋め来《とく》」をおさえる。次に「人」は、和歌においては〝（特定の・意中の）あの人〟を指すことが多く、ここでは歌の相手である源少将を指す。文法では、疑問の係助詞または終助詞の「や（＝～か）」、完了の助動詞「ぬ」の連用形と過去の助動詞「き」の連体形から成る「にし（＝～た・～てしまった）」、打消の助動詞「ず（＝～ない）」、過去推量の助動詞「けむ（＝～ただろう）」をおさえる。さらに和歌修辞では、③で見た「まつ」の他に、「ゆき」にも「雪」と〈主人公が桂の院へ〉「行き」の意が掛けられていると考えて状況的に無理がない。以上よりY全体では〈あなた（＝源少将）が探してやってくるかと思って、わざと雪に車の行き跡をつけながら私が待っているとは、あなたは気づかなかったのだろうか〉という意を表す。もちろん事実としては車の跡は自然についたのだが、このように機転を利かせて〈決して見捨てていない〉と軽妙に詠むことで、主人公は源少将の不平を受け止め、自らも親愛の情を示し返したのである。

問4　標準　28～30　正解は　(i)＝②　(ii)＝②　(iii)＝③

本文と「本文を解説した文章」とを関連づけた理解に基づいて空欄を補充させる設問。

「本文を解説した文章」は、まず〈本文の「桂」という語が『源氏物語』や中国の故事をふまえる〉と指摘する（第一段落）。具体的には、〈本文の「桂の院」が光源氏の別邸と同名であり、「桂の里」と「月の中なる里」とが中国の故事に基づくことで、本文の読者に『源氏物語』や月の世界を連想させる〉（第二～第四段落）。また、〈本文の「桂風を引き」という表現も『源氏物語』を下敷きとする〉（第五段落）など、〈本文全体が「桂」の語をめぐる『源氏物語』や以上の論旨と、本文の記述とを考え合わせながら、空欄前後の文脈にも沿うかを確認して選択肢を絞り込んでいく。

中国の故事のイメージを活かし、移り変わる雪と月の情景、主人公と人々を対比的に描く〉と結んでいる（第六段落）。

(i)　空欄Ⅰの直前から、「ここもまた……」の和歌の解釈を述べる部分であり、かつ「この場所もまた『月の中なる里』だと思われる」ことの理由を示す内容が空欄に入るとわかる。そこで、この和歌を解釈するが、まず語では、「月の中」との対比で〝この世。現世〟を示す名詞「よ（世）」、〝同じように見える〟という意の上一段動詞「似る」（未然形「似」）を、次に文法では、存在（～にある）の助動詞「なり」（連体形「なる」）、断定の助動詞「なり」と推定の助動詞「らし」から成る「ならし（＝～であるらしい）」、打消の助動詞「ず」（連用形「ざり」）、そして和歌の末尾に多い詠嘆の助動詞「けり（＝～なあ・～ことよ）」をおさえると、〈**この場所もまた（桂が連想させる）月の世界にある里であるらしい。雪に反射する光までもがこの世のものとは見えない（ほど趣深いから）なあ**〉と解釈できる。このように、和歌では読み手に強い印象と納得を同時にもたらすために、〈結論・心情や命令・禁止→その理由・根拠や説明〉という**倒置した表現**（本来ならば理由・根拠→結論の順）が多く用いられる。また、推定の助動詞「らし」には、その根拠が添えられやすいことも覚えておこう。以上より、和歌の下の句の内容に合致する②が正解である。①・④の述べる「月」は今はまだ出ておらず、③は「雪の光（＝雪明かり）」から外れる。

(ii)　空欄Ⅱの前後から、〈本文20～22行目の情景（＝Ⅱ）は、「桂の里」と「月」（の中なる里）」との連想に基づく〉と推定できる。ここでの「名に負ふ（＝その名を持つ・有名な）」とは〈**桂＝月**〉という名を持つことである。本文をおさえると20～22行目で描かれるのは、〈**次第に日が暮れると、曇っていた空も晴れ渡り、「名に負ふ」里の月の光が美しく差し込んで、雪明かりもいっそう輝きを増し、天も地もすべて、まるで銀を打ち延ばして引き敷いたように一面にきらめいてまばゆい様子**〉である。この本文描写に合致する②が正解である。

①「雲にわずかな隙間が生じ」は本文の「なごりなく晴れわたりて」に反し、「一筋の（光）」や「雪の山」も誤り。

③「雲が少しずつ薄らぎ」は「いつしか……晴れわたりて」に反し、「雪が……月の光を打ち消して」も本文にはない。

④本文は月の光と雪明かりの輝きを述べており、「空にちりばめられた銀河の星」は読み取れない。

(iii)　直前の「すなわち」に着目すると、空欄Ⅲは〈本文の「桂風を引き歩く」という表現・場面が、『源氏物語』にある「浜風を引き歩く」に基づく〉と述べるとわかる。その本文23～26行目は、〈「院の預かり」が、主人公の出迎えが遅れた言い訳をし機嫌をとろうとして、烏帽子を落とし雪を踏み汚して、寒さで手足を真っ赤にして「桂風を引き歩く」（＝落ち着かずに歩き回って風邪を引く）様子〉を描く。一方、解説の文章が第六段落で「対比的」と述べるように、〈従者たちがそわそわと別邸へ早く入るように促すのとは対比的に、主人公は、目前の趣深い景色を眺めることに飽き足らず、まだ立ち去りがたく思う様子〉も描いている。以上をふまえて消去法で判断する。

①不適。「院の預かり」が「『足手の色』を気にして」は本文になく、「休息をとろうとする人々」も「かしこ（＝別邸）のさまもいとゆかしきを（＝とても心引かれるなあ）」という発言からは読み取れない。また、主人公がその場に居続けたいのは、(i)(ii)で見た景色に引かれる風流心ゆえで、「律儀（＝義理がたさ・実直さ）」ゆえではない。

②不適。「風邪を引いた院の預かり」を人々が「放っておいて」という内容、および主人公が「体調を気遣う」内容、ともに本文にはない。したがって「主人公の温厚な人柄」も外れる。

③適当。前述の「院の預かり」の言動は「軽率」と言ってよく、「いまはとく引き入れてむ（＝今はもう早くお車を院に引っ張り入れてしまおう）」などと促す人々の言動も「先を急ごうとする」という説明に合致する。かれらとは「異なり（＝対比的に）」、目前の景色を愛で続けたい「主人公の風雅な心が表現されている」という点も正しい。

④不適。人々は「都に帰りたくて」ではなく桂の院に向かいたがっている点で誤り。さらに、解説の文章が指摘する『源氏物語』との関連に留意すると、〈「浮かれ歩き風邪を引く」周囲の者と「弾く琴の音が素晴らし」い光源氏との

対比〉に重なるのは、本文では〈先を急ぐ無風流な従者たちと、この場に居続けようとする風流心ある主人公との対比〉であり、「落ち着かない人々」と「悠々とした」主人公という対比は、解説の文章の論旨にそぐわない。

第4問 やや易

出典

【詩】杜牧《とぼく》「華清宮《くわせいきう》」（蔡正孫《さいせいそん》『詩林広記』所収）

杜牧（八〇三～八五二年）は中国晩唐の詩人・文学者。字《あざな》は牧之《ぼくし》、号は樊川《はんせん》。京兆の出身。名門に生まれ進士に及第するが、長く地方官を続ける。若いときは遊興に耽り、退廃的な艶詩を作る一方、剛直な気質で、敬宗の奢侈を諫める『阿房宮賦』を作るなど、唐王朝の崩壊を嘆き、政治・兵法にも関心をもつ。特に七言絶句に優れ、杜甫《とほ》（大杜）に対して小杜と呼ばれる。【詩】は「華清宮に過《よぎ》る絶句其の一」（驪山にて旧に感ず）と題されている。

【資料】Ⅰ～Ⅲ　蔡正孫『詩林広記』
Ⅳ　程大昌《ていだいしょう》『考古編』

蔡正孫（一二三九～？年）は中国南宋の文学者。政治家・学者の謝枋得《しゃぼうとく》の門人。本文は晋唐宋の詩人五十九人の詩および詩話（詩の評論や詩人の逸話など）を集めた『詩林広記』の一節である。

程大昌（一一二三～一一九五年）は中国南宋の政治家・儒学者。吏部尚書や竜図閣学士の官職を務め、研究・考証にも優れた。本文は詩や経史、世俗雑事を論じた『考古編』の一節である。

要旨

【詩】驪山の離宮の門を次々に開かせて早馬で運ばれてくるのは、意外なことに楊貴妃を喜ばせるための荔枝なのだ。

【資料】Ⅰ・Ⅱ　玄宗は楊貴妃の好物である荔枝を運ばせるためには人々の多大な犠牲さえも顧みることがなかった。

Ⅲ　杜牧の詩の内容に反して、記録によれば玄宗一行が華清宮に滞在した時期と荔枝が熟す時期とは異なる。

Ⅳ　記録によれば天宝十四年六月に華清宮に行幸した玄宗一行は、荔枝を献上され、それを楽曲の名とした。

語句

【詩】回望＝「回」は〝振り返る・首をめぐらす〟、「望」は〝遠方を見る・見渡す〟の意。

【資料】Ⅰ　嗜＝愛好する。特に好む。「嗜好《しこう》（品）」などとも用いる。

致貢＝名詞「貢《こう》」は〝献上品・みつぎもの〟、動詞「致《いたス》」は〝送り届ける〟の意。

馳載＝「馳」は〝車馬を速く走らせる〟、「載」は〝物を乗り物に乗せて運ぶ〟の意。

Ⅱ　遠物＝遠い土地で産出する珍しく高価な物品。

Ⅲ　幸＝皇帝（天子）が外出すること。行幸《ぎょうこう》する。

未嘗＝再読文字「未」と副詞「嘗」から成り、「いまダかつテ〜ず」と読む。〝今まで一度も〜ない〟の意。

読み

【詩】長安《ちやうあん》より回望《くわいばう》すれば繍堆《しうたい》を成《な》す　山頂《さんちやう》の千門《せんもん》次第《しだい》に開《ひら》く

一騎《いつき》紅塵《こうぢん》妃子《ひし》笑《わら》ふ　人《ひと》の是《こ》れ荔枝《れいし》の来《き》たるを知《し》る無《な》し

【資料】

Ⅰ　『天宝遺事《てんぽうゐじ》』に云《い》ふ、「貴妃《きひ》茘枝《れいし》を嗜《たしな》む。当時《たうじ》涪州《ふうしう》貢《こう》を致《いた》すに馬逓《ばてい》を以《もつ》てし、馳載《ちさい》すること七日七夜《しちじつしちや》にして京《けい》に至《いた》る。人馬《じんば》多《おほ》く路《みち》に斃《たふ》れ、百姓之《ひやくせいこれ》に苦《くる》しむ」と。

Ⅱ　『畳山詩話《でふざんしわ》』に云《い》ふ、「明皇遠物《めいくわうゑんぶつ》を致《いた》して以《もつ》て婦人《ふじん》を悦《よろこ》ばしむ。人力《じんりよく》を窮《きは》め人命《じんめい》を絶《た》つも、顧《かへり》みざる所《ところ》有《あ》り」と。

Ⅲ　『遯斎閑覧《とんさいかんらん》』に云《い》ふ、「杜牧《とぼく》の華清宮詩《くわせいきうし》尤《もつと》も人口《じんこう》に膾炙《くわいしや》す。唐紀《たうき》に拠《よ》れば、明皇十月《めいくわうじふぐわつ》を以《もつ》て驪山《りざん》に幸《かう》し、春《はる》に至《いた》りて即《すなは》ち宮《きう》に還《かへ》る。是《こ》れ未《いま》だ嘗《かつ》て六月《ろくぐわつ》には驪山《りざん》に在《あ》らざるなり。然《しか》るに茘枝《れいし》は盛暑《せいしよ》にして方《はじ》めて熟《じゆく》す」と。

Ⅳ　『甘沢謡《かんたくえう》』に曰《い》はく、「天宝十四年六月一日《てんぽうじふよねんろくぐわついちじつ》、貴妃誕辰《きひたんしん》、駕驪山《がりざん》に幸《かう》す。小部音声《せうぶおんせい》に命《めい》じて楽《がく》を長生殿《ちやうせいでん》に奏《そう》し、新曲《しんきよく》を進《すす》めしむるも、未《いま》だ名《な》有《あ》らず。会南海茘枝《たまたまなんかいれいし》を献《けん》じ、因《よ》りて茘枝香《れいしかう》と名《な》づく」と。

全訳

【詩】　長安から振り返って遠く眺めるとまるで綾絹を重ねてできたような驪山が美しい

その山の頂きにある離宮の数多くの門が（使者を通すために）次々と開いていく

馬に乗った使者一人が砂煙を上げながら駆け込んで来ると楊貴妃は喜びほほえむ

（この大騒ぎが）ただライチが届けられるためだけのものだと気づく者などいない

【資料】

Ⅰ　『天宝遺事』に記されたところでは、「楊貴妃はライチを特に好んで食した。そのころ（南方の）涪州は献上品（であるライチ）を（少しでも早く）送り届けるために（公文書を運ぶのと同様に）早馬を乗り継ぎ、七日七晩（昼夜の別なく）馬を走らせて都まで運んだ。人も馬も数多く道中で倒れて死に、民衆はこのために苦しんだ」と。

Ⅱ　『畳山詩話』に記されたところでは、「玄宗は遠い産地から希少な品物（のライチ）を取り寄せることで妻（の楊貴妃）を喜ばせた。そのために人の力を使い尽くし人の命を終わらせても、気にかけないこともあった」と。

Ⅲ 『遯斎閑覧』に記されたところでは、「杜牧の華清宮の詩は最も広く知れわたっている。唐の時代の記録によると、玄宗は十月に驪山に行幸し、（翌年の）春になって（やっと長安の）宮殿に戻った。したがってこれまで一度も六月に驪山に滞在したことがないのである。しかしライチは夏の最も暑い盛りになってやっと十分に実る」と。

Ⅳ 『甘沢謡』で述べられることには、「天宝十四年六月一日は、楊貴妃の誕生日で、玄宗は駕（＝乗り物）に乗って（妃とともに）驪山に行幸した。宮廷の少年歌舞音楽隊に命令して音楽を長生殿で演奏させ、新しい（楊貴妃への祝いの）曲を進呈させたけれども、まだ曲名がなかった。ちょうどそのとき（偶然に）南海郡がライチを献上したので、そのために（その曲を）荔枝香と命名した」と。

解説

問1 やや易 31 正解は⑤

漢詩の形式（詩型）**と押韻**の規則を問う設問。いずれも覚えておくべき基礎的な知識である。

まず選択肢の前半、【詩】の形式は、一句の字数が七字（七言）、全体の句数が四句（絶句）であるから、選択肢は「七言絶句」と示す④・⑤・⑥に絞られる。なお、たとえば一句の字数が五字（五言）、句数が八句（律詩）の場合は、五言律詩である。また、今回のように唐代以後に成立した詩型が**近体詩**、それ以前に成立した詩型が**古体詩**であり、一句の字数や全体の句数、押韻などで近体詩の規則を外れるものは、作られた時代と関係なく古体詩（古詩）と呼ぶ。

次に、選択肢の後半、押韻について確認する。韻とは〈漢字を音読みして最初の子音を除いた部分〉であり、押韻（韻を踏む）のは基本的に、五言詩・七言詩ともに偶数句の末尾だが、加えて七言詩では初句（第一句）の末尾にも多い。以上の知識を【詩】に当てはめると、初句（堆〝tai〟）と第二句（開〝kai〟）、第四句（来〝rai〟）の末尾は〝ai〟の音で一致している。よって、合致する選択肢は②・⑤であり、前述の詩型とあわせて考えると正答は⑤である。

問2 やや易 32 ～ 34 正解は (ア)＝① (イ)＝④ (ウ)＝①

和漢異義語や慣用句、漢字の語義を問う設問。いずれも教科書や参考書などでよく扱われる語・表現である。

(ア) 「**百姓**」は、日本語と漢語では違う意味を表す和漢異義語の一つで、日本語では「ひゃくしょう」と読んで〝農民〟を表すが、漢語では「ひゃくせい」と読んで主に〝**人民・庶民**〟の意。よって正解は①「民衆」である。

(イ) 「**人口《じんこう》に膾炙《かいしゃ》す**（る）」は現代語でも用いられる慣用句。もともと「膾」は〝なます（細かく切った魚介や肉）〟、「炙」は〝火であぶった肉〟の意だが、ともに美味で人がいつまでも味わうところから転じて、〝**物事が世間の人々の話題となって広く知れわたること**〟を表す。よって④の意が適する。

(ウ) 「**因**」は、名詞（句）の前に置かれて下から返って読む場合には〝もとづく・たよる〟などの意の動詞や、〝～にもとづいて・～にしたがって〟などの意の前置詞として働く。しかしここでは返り点は付かず、〈前述の内容（南海郡が茘枝を献上した）が原因・契機となって続く内容（新曲を「茘枝香」と名づけた）へと展開する〉ことを示す接続詞として、「よリテ」と読み、〝**それによって・そのために**〟などと訳す。これに合致するのは①である。

問3 標準 35 正解は④

返り点と書き下し文を問う設問。まずは特徴的な句法・用字および語順に着目して文の構造を見定めたうえで、さらに文脈にも沿う解釈かを確認する。

はじめに傍線部の後半にある、物事や人の存在を表す「**有**《あり》㆓～㆒（＝～がある・いる）」と、後にくる動詞を名詞化する「**所**」（「所《ところ》㆓～《（スル）》㆒」＝～すること・するもの）という二つの**返読文字**に着目する。特に前者は、述語（「有」）の後に意味上の主語（「～」）がくる点で特徴的であり、頻出の重要字である。ここまでで選択肢は、「有」「所」の両方に返り点がつく④に絞られる。④は上一段活用動詞「顧《かへりミル》」（未然形「顧み」）から、未然形に接続する否定の助動詞「不《ず》」（連体形「ざる」）を経て、名詞「所」に返り、かつ「顧みざる所」という名詞節から動詞「有」に返る。また、傍線部の前半部は、〈主語―述語―目的語・補語〉という漢文の基本的な語順に即して考えるとよく、**対句的な表現**であることからも、「窮《きはメル》」と「絶《たツ》」が動詞（述語）であり、「人力」と「人命」が名詞（動詞それぞれの目的語）であるとわかる。なお、この主語にあたる「明皇」は前文から変わらないため省略されている。以上を合わせて傍線部と④を確認すると、**〈（玄宗は楊貴妃を喜ばせるために）人の力を使い尽くし人の命を終わらせても、気にかけないこともあった〉**と解釈できて、妃のためには臣下や人民の犠牲もいとわない玄宗の悪政を述べた【資料】Ⅰ・Ⅱの主旨にも沿う。

問4　標準　36　正解は④

【資料】Ⅰ・Ⅱをふまえて**【詩】の一部を解釈**させる設問。【詩】の句法・用字と【資料】の文脈とを考え合わせる。

先に【資料】の内容をおさえると、Ⅰは〈楊貴妃の好物であるライチを南方から都まで、（新鮮さを失わないうちに）早馬を七日七晩乗り継いで届けるために、人も馬も倒れて人民は苦しんだ〉ことを、Ⅱも同様に〈玄宗が楊貴妃を喜ばせようとして遠方から希少な産物（＝ライチ）を取り寄せ、そのために人の力や命を尽くしても気にしなかった〉ことを述べる。そのうえで、【詩】の第三句について「騎（＝馬に乗った兵士。騎馬・騎兵）」、および「紅塵」・「妃子」の（注）も参考に考えると、「騎」とは【資料】Ⅰに言う**〈ライチを届けるために砂煙を上げ疾走してくる早馬〉**を指し、「それを見て楊貴妃は（喜んで）笑う」と解釈する④が適する。

① 【資料】Ⅱによれば「玄宗（のため）」と「楊貴妃（が手配した）」とが逆である。

② 【詩】の第四句に「茘枝の来たる」とあることから、「一騎」はライチを届けに来た使者であり、「茘枝を手に入れようと」「（驪山から）産地へと走りゆく」は誤りである。

③ 【詩】の第二句の「千門次第に開く」は早馬を宮殿に迎え入れるためであり、楊貴妃も好物のライチを待ち受けているはずなので、早馬が「門の直前で倒れて」や、「それを見て楊貴妃は笑う」と解釈するのは無理がある。

⑤【資料】Ⅱによればライチを手配したのは玄宗であり、「玄宗に取り入りたい役人が」とする根拠はない。

問5　標準　37　正解は⑤

【資料】の内容を問う設問。【資料】Ⅲ・Ⅳの内容、および両者の相違点をおさえたうえで、消去法で選択肢を絞る。

【資料】Ⅲは、〈【詩】が描く楊貴妃へのライチ献上の逸話は広く知れわたっている〉としたうえで、記録によれば〈玄宗（と楊貴妃）は**十月に驪山の華清宮に行幸して翌年の春に都に戻った**〉ことを根拠に、〈夏の盛りである**六月ごろに熟すライチ**が驪山の楊貴妃のもとに届けられたとする【詩】は事実に反する〉と示唆している。これに対して、【資料】Ⅳは、〈天宝十四年、楊貴妃の誕生日である六月一日に玄宗一行が驪山に行幸し華清宮で音楽を奏でさせた際に、**南海郡から茘枝が献上され、それが曲名となった**〉とする別の記録を引いて、【詩】の内容が事実に沿うと述べる。

①不適。【資料】Ⅲが「玄宗一行が驪山に滞在した時期（＝十月から翌年春）と茘枝が熟す時期（＝六月）との一致」を示すとする点で正反対である。よって、「（【資料】Ⅲは）【詩】の描写が事実に符合することを指摘する」も誤り。

②不適。①と同様に【資料】Ⅲに関する説明が誤り。加えて、【資料】Ⅳについても、「茘枝が」「『茘枝香』と名付けられた」は誤りで、正しくは、演奏された新しい曲が「茘枝香」と名づけられたのである。

③不適。前半の【資料】Ⅲの説明は正しいものの、「（【資料】Ⅳは）【資料】Ⅲの見解を補足できる」が誤り。【詩】の内容が記録に照らして事実に反すると疑う【資料】Ⅲと、事実に沿うとする【資料】Ⅳの立場は真逆である。

④不適。③と同じく前半の誤りに加えて、後半の「『茘枝香』という名の茘枝」も誤り。

⑤適当。前半の【資料】Ⅲに関する説明、「茘枝香」という楽曲名の由来の説明、さらに【資料】Ⅳが「【資料】Ⅲの見解に反論する（＝ライチの熟す六月に楊貴妃が華清宮に滞在していた）」という説明、いずれも正しい。

問6　標準　38　正解は②

すべての【資料】をふまえた【詩】の全体の解釈・鑑賞として適当なものを選ぶ設問。問1〜問5で読解した内容をもとに、消去法で選択肢を吟味する。

①不適。まず、問5で見たように【資料】Ⅳによれば【詩】の内容は事実に沿うとも考えられる点で、「事実無根の逸話」という断定が誤り。さらに、「玄宗」自身の「ぜいたく」を問題と見る説明も外れ、「憤慨をぶちまけている」も【詩】の表現に即さない。作者は第三句までは風景や出来事を簡潔に描写し、第四句で「常軌を逸した（＝常識はずれの）荔枝の輸送」という真相を明かしつつも、「人の……知る無し」すなわち〈真相を知ったならば誰もが驚きあきれるだろう〉という婉曲的な表現で、玄宗の堕落に対する嘆きや皮肉をほのめかしている。

②適当。第一文の〈遠景→門→早馬→笑み〉という焦点・視点の移動は、【詩】の第一句から第三句の描写に合致する。第二文の「不適切な手段」とは、「馬逓」の（注）や【資料】Ⅰ・Ⅱが示すように〈本来は公文書を運ぶべき早馬を用い、人や馬を犠牲にする〉ことを指して正しく、第三文の「事実かどうか不明な部分」も、問5で見た【資料】ⅢとⅣの相違に基づいている。また、このように玄宗が私事のために人民を苦しめた、すなわち「為政者の道を踏み外し」た理由についての「楊貴妃に対する情愛に溺れたこと」という説明も、多大な犠牲を払ってまで運ばせたライチが楊貴妃の好物であったという本文の内容（【詩】の「妃子笑ふ」や【資料】Ⅰ・Ⅱ）に当てはまり、教科書や文学史で取り上げられる白居易（白楽天）の詩『長恨歌』などの背景知識にも沿う。

③不適。山容や門の配置を「詳しく描き」が誤り（「繡堆を成す」は比喩であり、門の配置には言及がない）。さらに、ライチ自体に関する「写実的」な「描写」も全くない。加えて、「（玄宗と楊貴妃）二人が華清宮でどのような生活を送っていたかについての歴史的知識を提供している」のは【詩】ではなく【資料】である。

④不適。【詩】が描くのは「荔枝の希少性」ではなく、ライチを運ぶ手段や政治の異常さである。これを描く作者の心

情も、「玄宗が……君臨していたことへの感嘆」といった肯定的な思いではない。

⑤不適。選択肢全体に、【資料】Ⅰ・Ⅱの述べる〈ライチを運ばせるための犠牲〉への言及がなく、〈玄宗の楊貴妃への溺愛や政道の踏み外しに対する作者の嘆き〉も説明がない。「玄宗が楊貴妃とともに賞味する茘枝」という表現では楊貴妃のための献上品であることがぼやけ、「二人が永遠の愛を誓ったことを賛美している」も誤り。

国語　本試験

問題番号（配点）	設問	解答番号	正解	配点	チェック
第1問（50）	問1	1	①	2	
		2	③	2	
		3	②	2	
		4	④	2	
		5	③	2	
	問2	6	③	7	
	問3	7	②	7	
	問4	8	⑤	7	
	問5	9	③	7	
	問6	10	④	4	
		11	②	4	
		12	③	4	
第2問（50）	問1	13	①	5	
	問2	14	⑤	6	
	問3	15	⑤	6	
	問4	16	①	6	
	問5	17	①	7	
	問6	18	④	7	
	問7	19	③	6	
		20	②	7	

問題番号（配点）	設問	解答番号	正解	配点	チェック
第3問（50）	問1	21	③	5	
		22	④	5	
		23	②	5	
	問2	24	③	7	
	問3	25	⑤	7	
	問4	26	④	7	
		27	①	7	
		28	③	7	
第4問（50）	問1	29	①	4	
		30	①	4	
		31	⑤	4	
	問2	32	③	6	
	問3	33	⑤	7	
	問4	34	①	6	
	問5	35	③	5	
	問6	36	④	6	
	問7	37	④	8	

自己採点欄
/200点

（平均点：105.74点）

第1問

やや難

出典

Ⅰ　柏木博『視覚の生命力――イメージの復権』〈Ⅱ／見るための装置　視覚装置Ⅱ　窓あるいはフレーム〉（岩波書店）

Ⅱ　呉谷充利『ル・コルビュジエと近代絵画――二〇世紀モダニズムの道程』（中央公論美術出版）

柏木博（一九四六～二〇二一年）はデザイン評論家。神戸市出身。武蔵野美術大学産業デザイン学科卒業。編集者などを経て、東京造形大学助教授、武蔵野美術大学教授を歴任、同大学名誉教授となる。また文化庁芸術選奨選考委員を務めた。著書に『日用品のデザイン思想』『「しきり」の文化論』『日記で読む文豪の部屋』などがある。

呉谷充利（一九四九年～）は建築史家。関西大学大学院修士課程建築学専攻修了。相愛大学人文学部教授を経て、同大学名誉教授。著書に『町人都市の誕生――いきとすい　あるいは知』『ル・コルビュジエと近代絵画――二〇世紀モダニズムの道程』『近代、あるいは建築のゆくえ――京都・神宮道と大阪・中之島をあるく』などがある。

要旨

【文章Ⅰ】、【文章Ⅱ】それぞれの内容をまとめよう。前者は長いので前半と後半に分けてある。

Ⅰ

1 子規の書斎のガラス障子　第一～第六段落（寝返りさえ自らままならなかった…）※問2・問3・問6

子規は寝返りさえできなかったけれども、書斎（病室）の障子の紙をガラスに入れ替えることで季節や日々の移り変わりを楽しむことができた。彼にとって、ガラス障子は外界を二次元に変えるスクリーンでありフレームであった。すなわちガラス障子にすることで彼の室内は「視覚装置」となったわけである。

2

ル・コルビュジエにとっての窓　第七〜第十段落（建築家のル・コルビュジエは…）　※問4・問6

建築家のル・コルビュジエは視覚装置としての窓をきわめて重視していた。彼は建築の歴史を窓の推移によって示しながら、窓は外界を切り取るフレームだと捉えた。その結果、窓の形、そして「アスペクト比」が変化した。風景を見る「視覚装置」としての窓と壁をいかに構成するかが、ル・コルビュジエにとって課題であった。

Ⅱ

ル・コルビュジエにとっての建築＝沈思黙考の場・動かぬ視点　※問5・問6

ル・コルビュジエは、住宅は沈思黙考、瞑想の場であると考えた。彼にとって住宅は内面的な世界に関わるものである。窓は風景を切り取り、風景は一点から見られ、眺められる。すなわち風景は動かぬ視点をもっている。壁がもつ意味は、風景の観照の空間的構造化なのである。

※【文章Ⅰ】は子規の書斎（病室）のガラス障子について考察した後、ル・コルビュジエの建築物における窓へと考察を発展させている。【文章Ⅱ】もル・コルビュジエの窓を考察したものであるが、リード文に「別の観点から」とあるように、むしろ壁に重点を置きながら窓の意義について考察するという論じ方になっている。両者のこのような違いの読み取りが本問のポイントの一つになる。

語　句

障子＝明かりを通すように木枠に和紙を貼った引き戸。和室に欠かせない建具であり、取り外すことができる。ガラス障子は障子の一部にガラスをはめ込んだものをいう。ネットで「子規庵《しきあん》」などと画像検索すれば子規の書斎やガラス障子の様子がわかる。

Ⅰ 本邦＝わが国。
ロマネスク＝十世紀末から十二世紀にかけてヨーロッパで行われた美術様式。円みのある重厚な様式に特徴がある。
ゴシック＝十二世紀から十五世にかけてヨーロッパで行われた建築様式。鋭角的な様式に特徴がある。
Ⅱ 即興的＝その時その場の雰囲気や感興にしたがって物事を行うさま。

解説

問1 易 1 〜 5 正解は (i)(ア)＝① (エ)＝③ (オ)＝② (ii)(イ)＝④ (ウ)＝③

(i)(ア)「冒頭」 ①感冒（＝呼吸器の疾患。かぜ） ②寝坊（「寝《ね》」が訓読み、「坊《ぼう》」が音読みの、いわゆる湯桶読みになる） ③忘却（＝忘れること） ④膨張（＝ふくれて大きくなること。数量が増大すること。同音異義語「傍聴（＝話や演説などをそばで聞くこと）」に注意）

(エ)「琴線（＝琴の糸。本文では比喩的に〝心の奥の秘められた心情〟の意。「琴線に触れる」などと使う）」 ①卑近（＝身近でありふれていること） ②布巾 ③木琴 ④緊縮（＝しっかりと締めつけること。支出を切り詰めること）

(オ)「疎んじられる（「疎む」は〝嫌って遠ざける〟の意）」 ①提訴（＝訴訟を起こすこと） ②過疎（＝地域の人口が急激かつ大幅に減少すること） ③粗品（＝粗末な品物。「粗《そ》」が音読み、「品《しな》」が訓読みの、いわゆる重箱読みになる） ④素養（＝ふだんの学習や練習によって身につけた知識や技能）

(ii)(イ)「行《おこな》った」 ①行進《こうしん》 ②行列《ぎょうれつ》 ③旅行《りょこう》 ④履行《りこう》（＝実際に行うこと） ①・③は〝行く〟、②は〝並び〟、④は〝おこなう〟の意。

(ウ)「望《のぞ》む」 ①本望《ほんもう》 ②嘱望《しょくぼう》（＝将来に望みをかけること） ③展望《てんぼう》 ④人望《じんぼう》 ①・②は〝願う。期待する〟、③は

〝遠くを見る。眺める〟、④は〝人気〟の意。

問2　標準　6　正解は③

傍線部の内容を問う設問。傍線部の内容はいたって簡単である。「季節や日々の移り変わりを楽しむ」とは、直前に「障子の紙をガラスに入れ替えることで」とあり、また三文前に「ガラス障子のむこうに見える庭の植物や空を見る」とあるから、**ガラス障子を通して外の世界の変化を眺めて楽しむこと**をいう。子規が寝たきりの病人だったことは冒頭の「寝返りさえ自らままならなかった」からわかる。だから傍線部の前文で「子規は、視覚の人だった」といわれ、さらにその前文でも「味覚のほかは視覚こそが子規の自身の存在を確認する感覚だった」といわれる。同様のことは第三段落でも「ガラス障子にすることで、子規は、庭の植物に季節の移ろいを見ることができ……」と繰り返される。以上より傍線部は次のように説明できる。

寝たきりの子規にとってはガラス障子を通して外の世界の変化を眺めることが慰めだった

選択肢はいずれも似たりよったりのことを述べている。そこで本文に書かれていない余計なことを述べたものを捨てていけば、③が残る。「病気で寝返りも満足に打てなかった」とは、第三段落の「ほとんど寝たきりで身体を動かすことができなくなり」に合致する。「多様な景色」とは庭の植物や空の移りゆく様子をいう。さらに「生を実感する契機（＝きっかけ）となっていた」とあるのは、右の「自身の存在を確認する」などをふまえる。身体の苦痛に苦しみ、生に絶望していた子規にとって、庭の植物や空の景色を眺めることが**生きる実感になっていた**のである。

①「現状を忘れる」ことができたとは書かれていない。また「有意義な時間になっていた」というほど能動的、積極的な価値を見出していたわけではなく、たんに「楽しむことができた」というにすぎない。

②「自己の救済につながっていった」が不適。宗教的（あるいは倫理的、あるいは文学的）な救済になったとは書かれていない。

④ 「ガラス障子という装置が外の世界への想像をかき立ててくれた」が不適。これでは外の世界が見えず、ただ想像するしかなかったということになってしまう。

⑤ 「思索していた」とは書かれていない。「作風に転機（＝他の状態に転じるきっかけ）をもたらした」も不適。子規の創作活動は本文のテーマではない。

問3 標準 7 正解は②

傍線部の理由を問う設問。傍線部の前文に「子規の書斎は、ガラス障子による……フレームとなった」とあり、これに基づいて「**ガラス障子は『視覚装置』だといえる**」といわれる。よってこの前文が理由となる。そこで少し前の箇所に戻ると、第3段落に「ガラス障子によって『見ることのできる装置（室内）』あるいは『見るための装置（室内）』へと変容した」とあり、これをふまえて「視覚装置」といわれることがわかる。また続けて、アン・フリードバーグの言葉を引用して、「『窓』は『**フレーム**』であり『**スクリーン**』でもある」「窓は外界を**二次元の平面へと変える**」などと述べられ、傍線部の前文でも繰り返される。確かに外に出れば風景は上下左右に広がる三次元の空間となって現れる。でも家の中の窓枠（フレーム）を通して風景を眺めれば、切り取られた二次元の平面として見ることが可能であり、これはガラス障子とて同じである。以上より傍線部の理由は次のように説明できる。

ガラス障子はそのフレームによって風景を三次元から二次元へと変えるから

選択肢はこの「フレーム」と「二次元」をキーワードに絞ればよく、前者を「風景の範囲を定める」と説明し、後者を「平面化されたイメージとして映し出す」と説明した②が正解となる。「イメージ」という語はフリードバーグの引用文に「映像（イメージ）」とあり、これを根拠にしている。

① 内容的には誤りではないが、右の二つのキーワードをふまえた説明になっていない。

③ 「外の世界と室内とを切り離したり接続したりする」とは、ガラス障子を開けたり閉めたり、あるいは取り外した

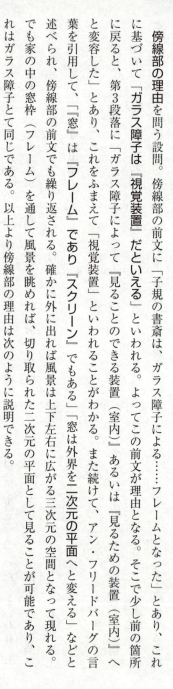

り取り付けたりすることをいうのであろうが、本文の内容からはずれる。またこれによって「風景を制御する」という説明も誤りとなる。さらに風景の二次元化も説明していない。

④「視界に制約を設けて風景をフレームに収める」はよいとして、「新たな風景の解釈を可能にする」が不適となる。これはたとえば、田んぼが広がるだけのありふれた風景を、ガラス障子のフレームを通して眺めると、ミレーやゴッホの絵画を見ているような、価値のある風景に思われるようなことをいうのであろう。もちろんこれは本文の内容からはずれた説明となる。風景の二次元化の説明もない。

⑤「風景を額縁状に区切って」はよいとして、「絵画に見立てることで」以下が不適となる。④と同じく、風景にフレームをあてはめることで風景の価値が上がるという間違った内容になる。

問4　標準　8　正解は⑤

傍線部の内容を問う設問。「ル・コルビュジエの窓」の「特徴と効果」を問う。要旨で確認したように【文章Ⅰ】の後半はル・コルビュジエの窓がテーマとなる。まず傍線部の直前で、子規のガラス障子とル・コルビュジエの窓が対比される。すなわち両者はともに「視覚装置」という点では共通するものの、後者はそれが徹底されて、「**操作されたフレーム**」であるといわれる。傍線部はこれを「確信を持ってつくられたフレーム」と言い換える。ル・コルビュジエがプロの建築家であることを考えれば、納得のいく話であろう。さらに次の段落で、ル・コルビュジエが窓の機能として換気よりも**採光を重視したこと**と、**窓のフレームの形とアスペクト比が変化したこと**が説明される。そして『小さな家』から引用する形で、景色を眺めるには壁（塀）によってそれを限定しなければならないこと、窓（開口部）に**水平線の広がりを求めた**ことが指摘される。このあたりの議論は、子規のガラス障子に関して、三次元の風景の二次元化が説明されていたことを重ね合わせれば理解しやすいだろう。以上より「特徴と効果」を次のように分けて説明できる。

特徴＝窓の形とアスペクト比が変化した　効果＝水平線の広がりを生み出す

選択肢は「効果」に着目すれば、「室外の景色が水平に広がって見える」とある③と、「広がりが認識されるようになる」とある⑤に絞ることができる。正解は⑤で、「換気よりも視覚を優先した」「限定を施す」は右の説明と合致する。また「視点が定まりにくい風景」は『小さな家』の「四方八方に蔓延する景色……焦点をかき」をふまえている。

①「カメラの役割を果たす」とあるのは傍線部の二文前の「まるでカメラのように考えていた」に基づいた説明であり、許容できよう。しかし「風景がより美しく見える」が不適となる。これでは生の美しい風景が窓で枠づけることでより美しくなるという趣旨になってしまう。

②「居住性を向上させる」「生活環境が快適なものになる」が不適。確かに「『住むための機械』」という表現はあるものの（傍線部(イ)の段落）、窓と住環境の快適さとの関係は本文のテーマではない。

③「アスペクト比の変更を目的とした」が不適。傍線部(イ)の段落に「『アスペクト比』の変更を引き起こした」「その結果……『アスペクト比』……が変化した」とあるように、「アスペクト比」の変化は結果であり「目的」ではない。

④「居住者に対する視覚的な効果に配慮した」とは窓が視覚装置であることをいったものであろうから許容できるけれども、「風景への没入が可能になる」が不適となる。風景に夢中になるとは書かれていない。

問5 標準 9 正解は③

傍線部から導かれる内容を問う設問。したがって最終段落の内容に着眼することになるが、【文章Ⅱ】のここまでの議論を確認すると、まずル・コルビュジエが設計したサヴォア邸とスイス館を例にあげて、「住宅は沈思黙考の場である」と彼の主張が引用され（第2段落）、建築は「内面的な世界」に関わると言われる（第3段落）。さらに【文章Ⅰ】と同じ『小さな家』の一節が引用され、ル・コルビュジエが考える窓（開口部）と風景の関係へと議論が展開する（第5段落）。この段落で「動かぬ視点」というキーワードが登場し、これが最終段落まで繰り返し現れる。傍線部の前文に「風景は一点から見られ、眺められる」とあるように、「動かぬ視点」とは窓越しに風景を眺める視点をいう（「一点」とは窓が一つしかないという意味ではない）。これと対比される形で登場する「動く視点」については説明がないが、この表現から考えて、屋内であれ屋外であれ身体を移動させながら風物を眺める視点のことをいうのだろうと見当がつく。さて傍線部に入ると、「風景の観照の空間的構造化」という難解な表現に出くわす。「観照」とは〝物事を冷静に観察してその意味を明らかに知ること〟。対象の美を直接的に感じ取ること〟という意であるから、平たく言えば、風景を静かに眺めて味わうことをいうと思われる。そしてそれを可能にするのが壁による「空間的構造化」、要するに壁で開口部を囲むことである。では「これによって住宅はどのような空間になるのか」。最終段落で筆者が繰り返して強調する言葉は「沈思黙考（＝だまって深く考えること）」であり、これが「動かぬ視点の意義」であると述べている。前述したように「沈思黙考」あるいは「瞑想」は第2段落にも登場し、「動かぬ視点」とともに本文全体のキーワードとなっている。以上よりこの設問については次のように説明できる。

住宅は動かぬ視点によって沈思黙考の場となる

選択肢は「沈思黙考」に着目すれば、「静かに思索をめぐらす」とある③が正解とわかる。「動かぬ視点」については「固定された視点」と言い換えている。「（壁で）視界を制限する構造」という説明も妥当である。

①「三方を壁で囲われた空間」とあるのは『小さな家』の一節「北側の壁と、そして東側と南側の壁……」をいうが、これを一般化した形で説明するのは適当でない。「仕事を終えた人間の心を癒やす」も本文に書かれていない。

②「視点は固定され」「おのずと人間が風景と向き合う」などと、内容的には無難な説明となっているものの、「沈思黙考」というポイントが説明されていない。

④「一箇所において外界と人間がつながる」とは窓を一箇所しか設けないという意になり不適。また「風景を鑑賞する」とあるだけで、「沈思黙考」を説明していない。

⑤「瞑想」はよいとして、「自己省察（＝自分を客観的に見つめること）」が不適。「沈思黙考」を限定しすぎた説明となっている。

問6 やや難 10 ～ 12 正解は (i)＝④ (ii)＝② (iii)＝③

生徒たちの話し合いを完成させる設問。消去法で解く。

(i) 【文章Ⅰ】と【文章Ⅱ】に関して、ル・コルビュジエの『小さな家』からの引用文についての違いが話題となっている。両者は「囲い壁の存在理由は……むしろそれを限定しなければならない。」の部分は共通するものの、それ以下の引用箇所が異なる。まず共通部分では、景色を眺めるには壁（塀）によって景色を限定する必要があると述べられる。それに続く箇所は、【文章Ⅰ】では壁に開口部を設けることで「水平線の広がりを求める」と記される。これに対して【文章Ⅱ】では、（中略）に続けて壁によって「〝囲われた庭〟を形成する」と記される。このように前者では開口部が強調されるのに対して、後者ではその部分を省略して、庭を囲む壁の働きが強調される。

①不適。「壁による閉塞」「圧迫感」が誤りとなる。壁は圧倒的で退屈な景色を遮断するものであって、閉塞感や圧迫感を与えるという否定的な意味は含んでいない。

②不適。「その壁によってどの方角を遮るかが重要視されている」が誤り。確かに【文章Ⅱ】では北側、東側、南側を壁にすることが記されているが、なぜその方角を壁にするかということについては言及されていない。むしろ「〝囲われた庭〟を形成する」ことが重要視されている。

③不適。内容的には誤りとは言い難いが、「〝囲われた庭〟の形成に触れていない。

④適当。「窓の効果」とは「水平線の広がり」をいう。また「壁で囲う効果」とは「〝囲われた庭〟」の形成をいう。

(ii) 【文章Ⅰ】で子規のガラス障子が取り上げられていることが話題となっている。子規のガラス障子が視覚装置であり、ル・コルビュジエが視覚装置としての窓を重視したことをおさえればよい。

①不適。「ル・コルビュジエの建築論が現代の窓の設計に大きな影響を与えた」とは書かれていない。

②適当。「居住者と風景の関係を考慮した」とは、視覚装置としての窓の役割が重視されたことをいう。

③不適。「窓の配置が採光によって美しい空間を演出した」とは書かれていない。ル・コルビュジエの窓は風景を限定するためのものであって、室内空間を美しく演出するためのものではない。また「子規の芸術に対してガラス障子が及ぼした効果」というのも書かれていない。

④不適。「換気と採光についての考察が住み心地の追求であった」とあるが、傍線部(イ)の段落の「窓に換気ではなく『視界と採光』を優先した」に合致しない。また子規がガラス障子を通して外の景色を楽しんだとは書かれているけれど、「子規の心身にガラス障子が与えた影響」までは書かれていない。

(iii) 【文章Ⅰ】の子規の書斎を【文章Ⅱ】と関連づけて解釈することが話題となっている。問5で確認したように、【文章Ⅱ】では住宅が「動かぬ視点」をもった「沈思黙考」の場であることが強調されており、これをふまえて各選択肢を吟味すればよい。

①不適。子規の書斎のガラス障子は外界とつながるための視覚装置であるから、「ガラス障子を取り入れることで内面的な世界を獲得した」というのは適当とは言えないものの、【文章Ⅱ】と関連づけた解釈としては成り立っている。しかし「宗教建築として機能していた」とまで解釈するのは行き過ぎである。【文章Ⅱ】の最終段落で「主題化」されたのは「沈思黙考の場」であって「宗教建築」ではない。

②不適。【文章Ⅱ】の第3段落で「光の溢れる世界」は「外的な世界に関わっている」と述べられているから、子規の書斎がそれを「獲得した」というのは誤りである。よって「仕事の空間」もまた不適となる。

③適当。「動かぬ視点」「沈思黙考」という二つのキーワードを用いて子規の書斎を解釈している。

④不適。内容的には妥当な説明である。しかし「見るための機械」も「視覚装置」も【文章Ⅰ】で使われている術語であるから、【文章Ⅱ】と関連づけた解釈とは言えない。

参考

正岡子規（一八六七〜一九〇二年）は俳人、歌人、文芸評論家。現在の愛媛県松山市生まれ。帝国文科大学（現、東京大学文学部）国文科中退。大学予備門で夏目漱石と知り合い、生涯の知己となる。在学中から俳句を研究し、俳句革新運動を行う。その後、脊椎《せきつい》カリエスにかかり病床の身となるも、雑誌『ホトトギス』を中心に俳句活動を行う。また短歌革新にも乗り出し、有名な『歌よみに与ふる書』を発表し、根岸短歌会を始めた。しかし三十四歳の若さで逝去した。句集に『寒山落木』、歌集に『竹の里歌』、随筆に『墨汁一滴』『病牀《びょうしょう》六尺』、日記に『仰臥《ぎょうが》漫録』などがある。

ル・コルビュジエ（一八八七〜一九六五年）は建築家。スイス生まれ。主にフランスで活躍した。「サヴォア邸」「ユニテ・ダビタシオン」「ロンシャンの礼拝堂」や、日本の「国立西洋美術館」など多くの作品を残した。

第2問　標準

出典

梅崎春生「飢えの季節」（沖積舎『梅崎春生全集　第2巻』、ロバートキャンベル・十重田裕一・宗像和重編『東京百年物語3――一九四一〜一九六七』岩波文庫　所収）

梅崎春生（一九一五〜一九六五年）は小説家。福岡市生まれ。東京帝国大学国文科卒業。卒業後海軍に召集され、九州の陸上基地を転々とする。復員後は自らの軍隊生活をもとにした戦争小説で戦後文学の一翼をにない、また市井を舞台とした小説を発表した。代表作に『桜島』『日の果て』『ボロ家の春秋』『狂い凧《だこ》』『幻化』などがある。

「飢えの季節」は文芸雑誌『文壇』（一九四八年一月号）に発表された。文庫本で四十ページ余りの短編小説である。本文は後半の一節で、後日談を記した数行が本文の後に続いている。

要旨

本文を三つの部分に分けて内容をまとめよう。

1 **大東京の将来**（私が無理矢理に拵え上げた構想のなかでは…）　※問1・問2・問7

広告会社に採用された私は、「大東京の将来」をテーマにまとめ上げた看板広告の構想を会議に提出した。それは都民の誰もが食べていけることを念願としたものであった。ところが臨席した会長から、その夢物語的な構想をさんざんにけなされた。私は会社の営利精神に無頓着な**自分の間抜けさ加減に腹を立てた**。

2 **物乞いの老爺**（その夕方、私は憂鬱な顔をして焼けビルを出…）　※問3・問4・問7

その夕方、私は憂鬱な顔をして会社のある焼けビルを出、昌平橋のたもとで物乞いの老爺と出会った。しかし私は邪険な口調で施しを断り、食堂に入って見すぼらしい夕食をとった。食べながら、私をとりまくさまざまな人の構図が心を去来し、**食物のことばかり妄想する**自身の姿に身ぶるいした。

3 **会社を辞める**（私の給料が月給でなく日給であること…）　※問5・問6・問7

月末の給料日、私は庶務課長から私の給料が月給ではなく、一日三円の日給であることを知らされた。人並みの暮らしのできる給料を期待していた私は衝撃を受け、会社を辞める旨伝えた。普通の勤めをしていては満足に食べていけないなら、**他に新しい生き方を求めるほかないと思った**。給料を受け取ると、この焼けビルに別れを告げた。

※本文は、広告会社に勤め始めた「私」が会社を辞めるまでのいきさつを時系列に従って描写したものである。消費社会を生きる現代人にとって、敗戦直後の食糧難は縁遠いものではあるが、想像力を駆り立てながら、食べることに執着せざるをえない

「私」の心情を理解しつつ読み進めよう。

語句

胸におちる＝〝納得する〟という意味の慣用句。「腹に落ちる」ともいう。
憂国＝自分の国の現状や将来を心配すること。三島由紀夫に同題名の小説がある。
啓蒙＝無知な人々を教え導くこと。

解説

問1　標準　13　正解は①

傍線部の心情を問う設問。設問に「このときの『私』の様子」とあって、選択肢はいずれも「私」の心情を説明するものとなっている。「あわてて」とあるのだから、「私」が動揺、狼狽《ろうばい》していることがわかる。その原因は、第1段落に「すこしは**晴れがましい**（＝晴れやかで誇らしげである）気持でもあった」とあるように、「私」が自信をもって提出した下書きに対して、会長が「一体どういうつもりなのかね」「一体何のためになると思うんだね」と、**不満げに「私」の真意を尋ねた**からである。それに対して「私」は傍線部の直後で「**せめてたのしい夢を見せてやりたい**、とこう考えたものですから」と自己弁護する。この「夢」という言葉は、第1段落でも「私のさまざまな夢がこめられている」などと繰り返される。確かに生徒が書いた作文ならこれで十分合格点がもらえるのだろうが、広告会社の営利目的の看板としては不合格である。会長に「てんで問題にされなかった」のも無理はないのである。以上より「私」の様子は次のように説明できる。

自信を持って提出した下書きが会長にてんで問題にされず、その真意を問われたために動揺している選択肢は「あわてて」に着眼して、「戸惑い」とある①、「動揺し」とある②、「うろたえ」とある⑤に絞り、「自信をもって提出した」「構想の主旨（＝話の中心）を会長から問いただされた」と説明した①を選択すればよい。「都民が夢をもてるような都市構想」という説明も妥当である。

② 「会議の場で成果をあげて認められようと張り切って作った」が動機の説明として不適となる。「私」の動機はむしろ都民に夢を見させることであり、さらには自身の飢餓である。

③ 「頭ごなしの批判を受け」たとまでは言えない。また「悟り」「あきれつつ」という表現も「あわてて」という様子にそぐわない。

④ 「過酷な食糧事情を抱える都民の現実を見誤っていた」が不適となる。リード文に「食糧難の東京」とあるように、「私」は「都民の現実を見誤って」はいない。また「あわてて」も説明されていない。

⑤ 「会長からテーマとの関連不足を指摘され」たわけではない。前述したように会長は「私」の真意を尋ねただけである。

問2　標準　14　正解は⑤

傍線部の理由を問う設問。「私」に対する会長の厳しい言葉を聞きながら、「私」は「だんだん腹が立って」くる。その理由は、直後で「私の夢が侮蔑されたのが口惜しいのではない」「営利精神を憎むのでもない」「佐藤や長山の冷笑（＝さげすみ笑うこと。あざ笑い）的な視線が辛かったのでもない」と、想定されるものを否定した後、「**自分の間抜けさ加減に腹を立てていた**」と述べられる。この「自分の間抜けさ」とは前問でも確認したように、「大東京の将来」をテーマにした看板広告を、自分の理想や夢を語るものと勘違いしていたことを指す。傍線部の少し前にも「**飛んでもない誤解をしていた**ことが、段々判ってきた」とあり、「**たんなる儲け仕事にすぎなかった**ことは、少し考えれば判る筈であった」と反省する。営利目的の広告会社の社員になりながら、自身の飢餓が理由とはいえ、食物都市の理想を掲げた自分の「間抜けさ」が腹立たしかったのである。以上より次のように理由づけできる。

会社が営利を目的としていることを理解しない自分の間抜けさを痛感したから

選択肢は文末に着眼して、「自分の愚かさにようやく気づき始めたから」とある⑤を選択すればよい。「純粋な慈善事業を行うはずもない」は傍線部の前文の内容に合致する。「自分の理想や夢だけを詰め込んだ構想を誇りをもって提案した」とあるのは、前問で引用した「晴れがましい気持」に合致する。

①「真意」は「営利精神」（傍線部の二文後）と理解すれば問題ない。しかし「給料をもらって……自分の浅ましさ（＝卑劣さ）が次第に嘆かわしく思えてきたから」という理由づけが不適となる。

②「戦時中には国家的慈善事業を行っていた」が不適。傍線部少し前の「戦争中情報局と手を組んで……たんなる儲け仕事にすぎなかった」に合致しない。「自分が加担させられている……反発を覚えた」とあるのも、傍線部直後の段落の「給料さえ貰えれば始めから私は何でもやるつもりでいた」に合致しない。

③「戦後に」が「戦争中（あるいは戦前）」の誤りになる。また「社員相互の啓発（＝無知の人を教え導くこと）による競争を重視している」とは書かれていない。さらに「無能さ」「恥ずかしくなってきた」というのも「自分の間抜けさ加減に腹を立てていた」に合致しない。

④「東京を発展させていく意図などない」が不適。会長は営利目的とはいえ、家を建てることや電燈を生産することに積極的である。また「安直な姿勢」も不適となる。「私」は「私」なりに考えて提案している。

問3　標準　15　正解は⑤

傍線部に至る心情の推移を問う設問。この手の設問に対しては、(1)傍線部およびその直前の心情を把握すること、(2)推移の始まりの部分を決めること（設問で決められている場合もある）が大切である。まず(1)については、傍線部の直前に「これ以上自分を苦しめて呉れるなと、老爺にむかって頭をさげていたかも知れない」とあるように、「私」は物乞いをする老爺に苦しめられることから逃れたいと思っている。なぜ苦しめられるのかといえば、それは「私」自身も貧しくて、老爺に施しをすることができないという自責の念のためである。そして「私」は老爺から逃れたい一心で「邪険（＝意地悪く思いやりのないこと）な口調」で老爺を振り切ってしまう。次に⑵については、老爺と出会うところから、すなわち「私」が焼けビルを出て昌平橋のたもとまで来たところからである。「私」が老爺を見て「人間というより一枚の影に似ていた」と語っていることから、老爺は極端にやせ細っていたことがわかる。そんな老爺にしつこく物乞いをされた「私」は「ある苦痛をしのびながらそれを振りはらった」という。この苦痛は老爺のみじめな姿に心を痛めると同時に、何もしてやれないことの苦しさでもある。このように「私」の心情箇所をたどれば、その推移は次のように説明できる。

物乞いする老爺の姿に心を痛め、何もしてやれないことによる自責の念からぜがひでも逃れたい

選択肢は右に引用した「これ以上自分を苦しめて呉れるなと、老爺にむかって頭をさげていたかも知れない」に着眼して、「彼に向き合うことから逃れたい」とある⑤を選択すればよい。「苦痛を感じながら耐えていた」と、ポイントとなる心情もおさえて説明してある。

①「せめて丁寧な態度で断りたいと思いはした」と読み取れる箇所がない。「いら立った」というのも右の引用箇所に合致しない。

②「自分へのいらだちを募らせた」のではなく、「私」は老爺に施しをしてやれない自分の境遇に苦しんでいる。

③「厚かましさも感じた」と読み取れる箇所がない。

④「罪悪感を抱いていた」とあるが、「私」が宗教的、あるいは道徳的な罪悪感を感じていたとは読み取れない。また「後ろめたさに付け込み……嫌悪感を覚えた」というのも読み誤りとなる。

問4 標準 16 正解は①

傍線部の心情を問う設問。「それ」の指示内容も問われる（内容説明問題であれ理由説明問題であれ、傍線部に指示語が含まれていたら、その指示内容もおさえなければならない）。「それ」は前文の「こんな日常が連続してゆくことで、一体どんなおそろしい結末が待っているのか」という疑問を指す。自分の将来に対する不安であり恐怖である。「こんな日常」とはその前の「毎日白い御飯を……私自身の姿がそこにある」日常を指す。「朝起きたときから食物のことばかり妄想し、こそ泥のように芋や柿をかすめている」とあるように、「私」は妄想を抱くまでに**耐えがたい空腹に襲われる日々がこの先も続くのか**と考えて、怖さのあまり「身ぶるいし」ている。また東京全体が食糧難であるにもかかわらず、「下宿のあるじ」や「吉田さん」や「会長」など一部の人々が裕福な暮らしをしているという**極端な貧富の差の「構図」**にも思いが及んでいる。以上より「私」の心情を次のように説明できる。

食物の妄想を抱くほどの空腹感に襲われる日々が今後も続くのかと考え、恐怖を感じている

選択肢は「それ」の指示内容に着眼して、「自身の将来に思い至った」とある①と、「さらなる貧困に落ちるしかない」とある④に絞り、「貧富の差が如実に（＝ありのままに）現れる」「食物への思いにとらわれている」などと適切に説明した①を選択すればよい。

②「定収入を得て」が不適。「吉田さん」は「闇売り」で儲けている。また「芋や柿」をかすめているのは事実であるから「想像し」という説明も不適となる。さらに「厳しい現実を直視できていない」とあるのも、「私」が現実の「構図」を認識していることと矛盾する。

③「私」を「老爺のように、その場しのぎの不器用な生き方しかできない我が身」と説明しており不適。書かれていない。むしろ本文終わり近くで「あの惨めな老爺にならって、外套を抵当にして食を乞う方法も残っている」と述べているように、「私」は老爺の生き方を今後の生き方の一つ（最終手段）に数えている。

④「私」が、貧富の格差が著しい「社会の構造」に「やっと思い至った」とは読み取れない。また「さらなる貧困に落ちるしかない」と断定している点も不適となる。

⑤ ④と同じく、貧富の格差に今「気づいた」わけではない。したがって「社会の動向を広く認識できていなかった」という説明も不適となる。

問5　標準　17　正解は①

傍線部の内容を問う設問。「食えないこと」は「良くない」というのは当たり前のことであるが、このときの「私」の状況をふまえてその発言の趣旨を把握する必要がある。そこで「私の給料が」以下に着眼する。初めての給料日、「私」は自分の給料が月給ではなく日給であり、しかも一日わずか三円であることを庶務課長から言い渡される。この金額は「一枚の外食券の闇価と同じだ」というのだから、つまり一食分の金額ということになる。「私」はこれに衝撃を受け、その衝撃もすぐに消え去り、代わりに「**水のように静かな怒り**」を覚える。そして**辞職の決意を固め**、それを課長に伝えた、というものである。辞職の決意を固めたこともあって「私」はいたって冷静であり、一日三円では食べていけないという当たり前の事実を訴えている。「良くない」という表現からも、自分の立場を客観的に捉えていることがわかる。よって傍線部は次のように説明できる。

退職の理由として一日三円では食べていけないという事実を冷静に告げている

選択肢は文末を検討して「退職することを淡々と伝えた」とある①を選択すればよい。「不本意な業務も受け入れていた」とあるのは、問2の②で引用した「給料さえ貰えれば始めから私は何でもやるつもりでいた」に合致する。「あまりにも薄給であることに承服できず」「現在の飢えを解消できない」という説明も妥当である。

②「営利主義が想定外の薄給にまで波及していると知り」とは読み取れない。「課長の態度にも不信感を抱いた」も読み取れない。そして「感情的に反論した」が決定的な誤りとなる。「静かな怒り」に合致しない。

③「正論を述べても仕方がないと諦めて」が不適。「食えないこと」は「良くない」というのは「正論」である。「ぞんざいな（＝いい加減で、投げやりで乱暴な）言い方」も不適。「思うんです」と丁寧語「です」を使っている。

④「課長に何を言っても正当な評価は得られないと感じて」が不適。読み取れない。「ぶっきらぼうに（＝そっけなく、乱暴に）述べた」も不適となる。

⑤「課長が本心を示していないことはわかる」が不適。読み取れない。「負け惜しみのような主張」とあるのも、「私」の正当な主張と合致しない。

問6 標準 18 正解は④

傍線部の心情を問う設問。「ある勇気がほのぼのと胸にのぼってくるのを感じていた」とあるのだから、「私」に前向きに生きていこうという気力が湧いてきたのである。そこでこの「勇気」と関係のありそうな箇所を探すと、傍線部E直後の段落の「私は私の道を自分で切りひらいてゆく他はなかった」「私は他に新しい生き方を求めるよりなかった」が見つかる。「私」は普通の会社員として働くことを断念し、「危惧（＝心配や恐れ）」を感じつつも「あの食堂でみる人々」の生き方を見習おうとする。「鞄の中にいろんな物を……売ったり買ったりしている」とは生活物資の売買を通じて利ざやをかせぐことをいい、「そこにも生きる途がひとつはある筈であった」と思う。また老爺のような物乞いも選択肢の一つだと考える。給料生活者として「静かな生活」を送ることが「絶望である」（いずれも傍線部直前）と観念した「私」の悲壮な決意である。よって傍線部は次のように説明できる。

新しい生き方を選択する勇気を感じている

選択肢は「勇気」→「新しい生き方」と読み取れば、「新たな生き方を模索しようとする気力が湧き起こってきている」とある④と、「新しい生活を前向きに送ろうと少し気楽になっている」とある⑤に絞ることができる。正解は④で、「人並みの暮らしができる給料を期待していた」「現在の会社勤めを辞める決意をし」「将来の生活に対する懸念はあるものの」と適切に説明している。

① 「その給料では食べていけないと主張できたことにより」以下が不適。これでは会社は辞めないけれど、会社の言いなりにはならず、自由に生きようというふうに解釈できてしまう。

② 「悲しんでいた」が不適。「静かな生活」への望みは絶たれたが、悲しみではなく「勇気」を感じている。また課長の言葉によって「自分がすべきことをイメージできるようになり」という説明も傍線部前後の内容に合致しない。

③ 「上司の言葉はありがたかった」という心情が読み取れない。また「説得力を感じられない」というよりも、一日三円では単純に生きていけないと「私」は思っている。さらに「新しい生き方を求める」ことが「勇気」なのであって、「物乞いをしてでも生きてい」くことが「勇気」の中身ではない。

⑤ 「課長が自分に期待していた事実があることに自信を得て」が不適。読み取れない。

問7　標準　19・20　正解は　(i)＝③　(ii)＝②

資料に基づく文章を完成させる設問。【資料】→【構想メモ】→【文章】という具合に読み進める形になる。【資料】では「マツダランプの広告」が実際にどのようなものであったかが視覚的に示されている。【構想メモ】は【資料】の内容をまとめ、次の【文章】の構成をあらかじめ示すものとなる。そして【文章】は【資料】を参照しながら本文の内容について考察したものとなっている。以上の点をふまえて各設問を吟味しよう。いずれも消去法で解けばよい。

(i) **マツダランプの広告と焼けビルとの共通点を問う。**前者は戦時中の広告を終戦後も再利用したものである。削られた文言に「御家庭用は尠なくなりますから」とあるのは、ランプを軍需用に回すことを示唆している。また焼けビルは（注）にあるように戦争末期の東京大空襲によって焼け残ったものであり、会長は自社のオフィスとして利用している。したがって共通点は**戦時に存在し、戦後も形を変えて**（一方は文言を削って、他方は焼け残った姿で）**生き残った**ということである。この共通点について空欄直後で「この共通点は、本文の**会長の仕事のやり方とも重なる**」と記している。

そこで本文の該当箇所に戻れば、会長の「マッダランプから金を貰うんだ」という言葉からもわかるように、「会長の仕事のやり方」とは要するに儲け第一主義のことをいう。会長は戦争中は情報局と手を組んで、戦後は「文化国家の建設の啓蒙」（傍線部Bの前文）を利用して金儲けにいそしんでいる。

①不適。「戦時下の軍事的圧力の影響」が「色濃く残っている」とあるが、マッダランプの広告の文言の一部が削られている点や、焼けビルは敗戦の象徴とも言えるものである点を考慮すれば真逆の説明になる。

②不適。「倹約の精神」はマッダランプの広告には当てはまるが、焼けビルには当てはまらない。焼けビルは、焼け野原となった東京で他に適当なビルがないために再利用されているにすぎない。

③適当。戦時中に存在したものが戦後も生き延びていると無難に説明している。

④不適。戦時下の国家貢献が戦後も支持されているという共通点は読み取れない。

(ii)　会社を辞めた「私」が振り返って見た焼けビルが象徴するものを問う。本文末尾に「私の飢えの季節の象徴のようにかなしくそそり立っていた」とあり、これをヒントにすればよい。

①不適。「給料を払えない」のではなく払わないのである。会長は高価なタバコを吸い、血色もいい。しかし社員の佐藤はやせ細って膝頭が飛び出ている。長山アキ子は腐った芋の弁当を食べている（いずれも傍線部Dの段落）。そして「私」は日給三円で雇われている。

②適当。「飢えが継続している」とあり、右に引用した「私の飢えの季節の象徴」に合致する。

③不適。「不本意な仕事との決別」はよいとして、「飢えた生活」からも「決別」するわけではない。右の「かなしく」とも合わない。

④不適。「飢えから脱却する勇気を得た」わけではない。問6で検討したように「勇気」は新しい生活を求めるための勇気である。また「かなしく」とも合わない。

第3問　やや難

出典

源俊頼『俊頼髄脳』・同『散木奇歌集』〈巻十　雑下〉

源俊頼（一〇五五～一一二九年）は平安時代後期の歌人。大納言源経信の子。俊恵の父。当時の歌壇の中心的存在で、多くの歌合で和歌を詠んだり判者（＝歌合で和歌の優劣を判定する人）を務めたりした。五番目の勅撰和歌集『金葉和歌集』の撰者ともなった。『俊頼髄脳』は歌論書で、歌体論、歌病論、題詠論、歌語論など、実作の立場に立った指導書といった性格をとるのは当然として、和歌説話も豊富に取り入れている。そのため入試問題でもよく取り上げられている。また『散木奇歌集』は自撰家集で、全十巻。勅撰和歌集にならって「春」「夏」「秋」「冬」「別離」「悲嘆」「恋上・下」「雑上・下」などの部立のもとに約千六百首が分類されている。俊頼が生涯に詠んだ和歌（連歌を含む）の集大成ともいうべき家集である。

要旨

『俊頼髄脳』について、大きく三つの段落に分けて内容を示す。

1　**華やかな船遊び**　1・2段落（宮司ども集まりて…）

皇后寛子《かんし》のために頼通の邸内で船遊びが催され、紅葉で飾りたてた二艘《そう》の屋形船に公卿や殿上人たちが乗り込んだ。その様子はたいそう華やかで立派であった。

2 良暹に連歌の前句を詠ませる ③段落（その中に、良暹と…）

南側の普賢堂の前で見物していた僧侶の中に、歌人でもあった良暹がいた。そこで殿上人が良暹に連歌を詠むように所望すると、彼は準備していたかのように即座に五・七・五の句を詠んだ。

3 付句はだれもできず ④・⑤段落（人々、これを聞きて…）

船に乗っていた人々がその前句に付けようとしたが、だれも付けることができなかった。そのため場がしらけてしまい、音楽の演奏も宴会も中止になってしまった。

『散木奇歌集』についても要旨を示す。

岩清水八幡宮で神楽があった翌日、光清の釣殿で管絃の遊びをした際に、光清が自ら連歌を付けたいと申し出たので、俊重が五・七・五の前句を詠んだが、光清は付けることができなかった。その話を聞いた俊頼が試しに付けた。

※『俊頼髄脳』、『散木奇歌集』いずれも、連歌を詠もうと自ら提案しておきながら、詠まれた前句に付けることができなかったという、一種の笑い話が記されている。そのおかしみを味わいたい。なお前者のリード文の説明が短いので補足する。本文の少し前に「四条の宮（＝皇后寛子）、御夢さわがしとて、その御祈りせさせ給はむとて、あからさまに（＝ほんのしばらくの間）、東三条殿（＝寛子の父・頼通の邸）に出でさせ給ひたりけるに」とあり、皇后が穏やかでない夢を見たために、その祈禱をさせるために実家に里帰りしていたことがわかる。そしてそんな皇后を慰めようとして殿上人たちが船遊びを計画したのである。また（注9）に「連歌」の説明があるが、これは中世以降に流行った長連歌のことである（五・七・五の句と七・七の句を交互に詠み続ける形式）。平安中期あたりまでは一首の和歌を二人で詠み分ける短連歌が主流であった。その短連歌は五・七・五の前句（上の句）に七・七の句（下の句）を付ける場合と、七・七の前句に五・七・五の句を付ける場合とがあった（付ける句を付句という）。

語句

▼『俊頼髄脳』

さす＝「射す」「指す」「挿す」「刺す」「注す」など、いろいろな漢字が当てはまる。本文は「侍」を「船さし」に指名したということで、「指す」になる。

まうく＝用意する。持つ。利益を得る。文脈からどの意になるかを判断する。本文は〝用意する〟の意。

装束く＝装う。飾り付ける。名詞「装束（＝衣服。飾り）」と区別する。

管絃の具＝「具」は道具。要するに楽器である。

ゐなむ＝並んで座る。「ゐる」が〝座る〟。「なむ（並む）」が〝並ぶ。並べる〟の意。

平がる＝平伏する。はいつくばう。

さながら＝そのまま。すべて。

さる者＝たいした者。しかるべき者。ラ変動詞「さり（＝そのようである）」の連体形「さる」＋名詞「者」。「さるもの」には〝そのようなもの。もっともなこと〟の意もある。

〜ままに＝〜にまかせて。〜のとおりに。〜ので。〜やいなや。本文は最後の意。

遅し＝遅い。なかなか〜しない。

え付けざりければ＝「え」は下の打消語と連動して不可能（〜できない）を表す副詞。

▼『散木奇歌集』

又の日＝翌日。「又の年」は〝翌年〟の意。

かたのごとく＝形ばかり。慣例通りに。

全訳

皇后に仕える役人たちが集まって、船をどのようにしつらえようか（と相談して、その結果）、紅葉の枝を数多く取りに行かせて、（それを）船の屋形に組み立て、船を操作する人は警備の侍で年の若い者を指名したので、（その侍たちは）急いで狩袴《かりばかま》を（催しにふさわしく）染めるなどして飾りたてている。その当日（＝舟遊びの日）になって、人々が、みんな参集した。「御船は準備してあるのか」とお尋ねになったところ、「すべて準備しております」と申し上げて、その（＝舟遊びの始まる）ときになって、島陰から（船を）漕ぎ出したのを見ると、すべてにわたって、一面に照り輝く船を二艘、飾りつけて出てきた様子は、たいそうすばらしかった。

人々（＝公卿《くぎょう》や殿上人たち）は、みんな（二艘の船に）分かれて乗り、管絃の種々の道具は、御前（＝皇后）からお借りして、演奏する人々を、（船の）前の方に乗せて、徐々に（船を）動かすうちに、南側の普賢堂（＝普賢菩薩を安置した堂）に、宇治の僧正（＝覚円・皇后の兄）が、（当時）僧都の君と申し上げたとき、（皇后のために）ご祈禱《きとう》をしていらっしゃったが、このようなこと（＝舟遊び）があるというわけで、すべての僧侶たち、年配の僧侶も、年少の僧侶も、集まって、庭に並んで座っている。（僧侶に仕える）稚児、従者の僧侶にいたるまで、花模様の刺繡《ししゅう》のある衣服を着て、退きつつ群がり座っている。

その（＝僧侶の）中に、良暹《りょうぜん》という歌人がいたのを、（船に乗っていた）殿上人が、見知っていたので、「良暹が控えているのか」と尋ねたところ、良暹は、目を細めて笑って、ひれ伏してお控えしていたので、そばにいた若い僧侶が気づいて、「その通りでございます」と申し上げたところ、「彼を、船に招いて乗せて連歌などをさせるというのは、どうだろうか」と、もう一艘の船に乗った人々に相談いたしたところ、「どうだろう。やめた方がよい。後々の人が、そこまでしなくてもよかっただろうにとか申すであろう」などと言ったので、もっともなことだというわけで、（良暹を船には）乗せないで、ただその場で連歌などはさせようなどと取り決めて、（良暹のいる場所の）近くに漕ぎ寄せて、「良暹よ、この場にふさわしい連歌など詠んで差し上げよ」と、人々が申されたところ、（良暹も）相当な者で、もしもそのようなこと（＝和歌や連歌を所望されること）もあるかと思って、用意していたのだろうか、聞くやいなや時をおかずそばにいた僧侶に何か言ったので、その僧侶が、もったいぶって（船の方に）近づいて行って、「紅葉が日に焼けて色づき、漕がれて進んでいくのが見える見事な御船であるよとお詠みしております」と申し上げて（元の所へ）戻った。

人々は、これ（＝良暹の詠んだ前句）を聞いて、二艘の船の人々に聞かせて、付けようとしたがなかなか詠めなかったので、船を漕ぐともなく、しだいに築島を回って、一周する間に、付けて言おうとしたが、（やはり）付けることができなかったので、むなしく（一周目を）過ぎてしまった。「どうした」「遅い」と、お互いに二艘の船の人々が言い争って、二周目になってしまった。（しかし）なおも、付けることができなかったので、船を漕がないで、島の陰で、「どう考えてもまずいことだ、これ（＝良暹の詠んだ前句）に今にいたるまで付けないのは。日もすっかり暮れてしまった。どうしたものだろう」と、もはや、付けようという意欲はなくて、付けないで終わってしまうことを嘆いているうちに、何も考えられなくなってしまった。

仰々しく管弦の道具をお下げくださるようお願いして船に乗せてあったのも、少しも、かき鳴らす人もおらず中止してしまった。（船の中で）このように評議するうちに、普賢堂の前にたいそう大勢いた人は、みんな立ち去ってしまった。人々（＝公卿や殿上人）は、船から降りて、皇后の前で管絃の遊びをしようなどと思っていたけれど、あてがはずれて、みんな逃げ出してめいめい姿を消してしまった。皇后に仕える役人も、（宴会の）準備をしていたのに、無駄になって中止になってしまった。

▼『散木奇歌集』の一節

人々がおおぜい岩清水八幡宮のお神楽を見に参拝したときに、お神楽が終わった翌日、八幡宮の長官であった法印光清のお堂の池の釣殿で人々が居並んで管絃の遊びをしていたところ、「この光清は、連歌作りを習得したように思う。

今すぐに連歌を付けたいものだ」などと（自信ありげに）申していたところ、（俊重が）慣例通りにと言ってお詠み申し上げた（前句）、

釣殿の下には魚が住んでいないのだろうか　俊重

光清は必死になって思案したけれども、付けることができないで終わってしまったことなど、（俊重が）帰ってきて話したので、（私が）試しに（付けてみよう）と思って、

釣殿の梁ならぬ釣り針の影が池の底に映って見えることよ　俊頼

解説

問1　やや易　21〜23　正解は　(ア)＝③　(イ)＝④　(ウ)＝②

(ア)「やうやう」は〝しだいに。かろうじて〟の意で基本的な頻出の副詞である。「さしまはす」は見かけない単語である。「さし」は意味を強めたり語調を整えたりする接頭語。「まはす」は文字通り〝回転させる〟の意。リード文や1段落の「漕ぎ出でたる」から考えて、**船を池の周囲に沿って漕ぎ回すこと**だと見当がつくだろう。「程に」は名詞「程（＝程度・様子・時・距離・身分）」＋格助詞「に」。「〜するうちに」と訳すことが多く、ここもそうである。なお中世以降、両者が一語化した接続助詞の用法（＝〜ので。〜のに。〜したところ）が現れる。選択肢は「やうやう」の意から、「徐々に」とある③、「次第に」とある④、「段々と」とある⑤に絞り、「〜うちに」を決め手に③を選択すればよい。⑤の「演奏が始まる」は「さしまはす」の解釈としては不適と判断できよう。

(イ)「ことごとしく（ことごとし）」は〝大げさだ。ぎょうぎょうしい〟の意。これも重要語である。「歩みよる（歩みよる）」は文字通り〝歩いて近づく〟の意。「ことごとしく」を「もったいぶって」と解釈した④が正解となる。主語は「その僧」で、良暹の詠んだ前句を披露する**役目を重々しく気取って行う様子**を表現している。他の選択肢は

「ことごとし」の解釈がすべて間違っている。

(ウ)「かへすがへすも」は「かへすがへす」に同じく〝繰り返し。重ね重ね。まったく〟の意の副詞。直後の「わろき（わろし＝不都合だ）」にかかる。「かへすがへすもわろきことなり」と「これを今まで付けぬは」とが倒置されている。良暹の詠んだ前句に、今に至るまで付けないのはよくないことだという内容になる。この文脈から「かへすがへすも」は〝まったく〟の意で、これに最も近いのは②の「どう考えても」である。他の選択肢は文脈的にも合わない。

問2　標準　24　正解は③

傍線部の語句と表現を問う設問。消去法で解く。

①不適。「若からむ」は形容詞「若し」の未然形「若から」＋婉曲の助動詞「む」の連体形の形になる。この「侍の若からむ」は「体言＋の＋連体形」の形で、「の」は同格（＝で）の用法になる。「侍の若からむ（侍）」ということ。よって「らむ」は現在推量の助動詞ではない。現在推量の助動詞「らむ」は活用語の終止形（ラ変型活用語には連体形）に付く。

②不適。「さに侍り」は副詞「さ（＝そう。そのよう。その通り）」＋断定の助動詞「なり」の連用形「に」＋丁寧の補助動詞「はべり」の形。〝その通りでございます〟の意。話し手が「若き僧」、聞き手が「殿上人」であるから、「若き僧」から「殿上人」への敬意を表す。丁寧語が「読み手への敬意」を表すのは地の文の場合である。

③適当。「〜にや」が文末や句末にあれば、断定の助動詞「なり」の連用形「に」＋疑問の係助詞「や」の形で、下に「あらむ」「ありけむ」などが省略されている。〝〜であろうか・〜であっただろうか〟などの意。「さる者にて、もしさやうのこともやあるとてまうけたりけるにや」が作者の想像を表す挿入句となる。良暹は連歌を詠まなければならない場合もあろうかと思って前もって連歌を準備しておいたのだろうか、と作者は想像している。同じ歌人ならではの想像である。いついかなる場合でも和歌や連歌を詠む準備をしておくのが歌人たる者の心得であるという気持ち

を含んでいる。

④不適。「付け」は下二段動詞「付く」の未然形または連用形。文末の「は」が係助詞であるから、「ぬ」は連体形、すなわち**打消の助動詞「ず」の連体形**となる（したがって「付け」は未然形）。完了・強意の助動詞「ぬ」は連用形接続で、強意の意になる場合、「～なむ」「～なまし」（「な」は「ぬ」の未然形）、「～ぬべし」など推量系の助動詞を伴う場合が多い。ただし単独で強意を表す用法もあるので注意が必要である。

⑤不適。「なり」は**四段動詞「なる」の連用形**である。「ぬ」は完了の助動詞。伝聞・推定の助動詞「なり」は活用語の終止形に付くが、ラ変型活用には連体形に付く。ただしその場合、多く撥音便化して「～（ん）なり」の形をとる。

例「あるなり」→「あ（ん）なり」。「ざるなり」→「ざ（ん）なり」。

問3 やや難 25 正解は⑤

範囲を指定してその内容を問う設問。傍線を引かず、ある範囲を示してその内容を問う型の設問である。傍線がある場合と違い、選択肢を読まなければどの部分の内容が問われているのかわからない。当然ながら消去法で解くことになる。ただ選択肢はおおよそ本文の内容の展開の順に並んでいると想定してよいだろう。

①不適。「船の飾り付けに悩み」とあるのは1段落の「船をばいかがすべき」に合致するが、「当日になって……準備し始めた」が不適となる。同段落に「紅葉を多くとりにやりて……きらめきけり。その日（＝船遊びの当日）になりて、人々、皆参り集まりぬ」とあるから、船遊びの日の前日までに準備ができていたことがわかる。

②不適。1段落に「島がくれより漕ぎ出でたる」とあり、2段落に「宇治の僧正……御修法しておはしけるに」とあるから、船遊びが始まったとき、僧正は祈禱を行っている最中であったことがわかる。また「供の法師たちを庭に呼び集めた」とも書かれていない。

③不適。良暹は身分が低いというのは正しい。しかし船に乗ることを自ら辞退したわけではない。3段落で、ある殿

上人が良暹を船に乗せて連歌を詠ませようと提案したとき、他の者が「あるべからず」と言って、結局庭で連歌を詠ませることになったのである。

④不適。「管絃や和歌の催しだけでは後で批判されるだろうと考え」とは書かれていない。「後で批判されるだろう」とは③段落の「後の人や、さらでもありぬべかりけることかなとや申さむ」をいうのだろう。だがこれは良暹を船に乗せることに対して後の批判を気にしての発言である。

⑤適当。③段落の「かたはら（＝そば）に若き僧の侍りけるが知り、『さに侍り』と申しければ」に合致する。

問4　やや難　26 〜 28　正解は　(i)＝④　(ii)＝①　(iii)＝③

読後感の話し合いを完成させる設問。まず教師が『散木奇歌集』の一節を紹介し、それについて三人の生徒が意見を述べ合い、さらに本文へと話し合いが進んでいく。この『散木奇歌集』では連歌が完成しているように見えるが、「え付けでやみにし」とあるように、付けるべき人が付けられなかったわけで、そこに本文との共通点が見出せる。本文と組み合わせるためにこのエピソードが選ばれた理由である。設問は消去法で解く。

(i)『散木奇歌集』の連歌が話題になっている。教師が「『掛詞』に注目してみると良いですよ」とヒントを与えている点をおさえよう。掛詞というと、和歌修辞の一つで難しそうな印象をもつかもしれないが、要するに同音異義語を利用した駄洒落の一種だと思って取り組めば楽しく、容易に見つけられるかもしれない。

①不適。前句は〝釣殿の下には魚が住まないのだろうか〟と直訳できるので、「釣殿から魚の姿が消えてしまった」という解釈は成り立つだろう。しかし付句の「そこ」に代名詞の「そこ」と「底」が掛けてあるとはいえない。「そこかしこ」という説明は苦しい。また「影」は「うつばりの影」であって「昔の面影」ではない。

②不適。「魚は心を休めることもできないだろうか」は「魚／やすまざらむ」と区切っての解釈だが、正しくは「魚や／すまざらむ」なので誤り。また、「うつばり」に「鬱」を掛けているとはいえない。付句は〝釣殿の梁の影が池の

底に見えることよ〟と直訳できるから、「魚の気持ちも沈んでしまう」という解釈は無理である。

③不適。「すむ」が「住む」と「澄む」の掛詞であるとはいえない。疑問の係助詞「や」をとれば「魚すまざらむ」となるように「魚」と「すむ」の結びつきは強い。もし「魚もすまざらむ」となっていれば、このような掛詞の可能性もあるかもしれない。ただこの判断は難しいので保留して後半をみると、「そこ」に「あなた」の意味が掛けてあると述べている。しかし「そこに」と「に」がある以上この解釈は成り立たない。

④**適当**。前半は前句をそのまま訳した形になる。後半は「うつばり」に「針」を掛けると述べている。そもそも「うつばり」を持ち出すのはいかにも唐突である点を考慮すれば、**「はり」が前句の「釣殿」「魚」の縁語となって「針」の意味を持たせられている**ことに気づくであろう。「釣針が映って見える」から「魚が（警戒して）住んでいない」となって、付句の直訳ともうまく照合し、また前句との関連性も出てくる。

(ii)　良暹の詠んだ前句が話題になっている。良暹は殿上人たちに「さりぬべからむ連歌などして参らせよ」と言われて、**「もみぢ葉」「こがれ」「御船」**の三語を組み合わせた前句を詠む。この三語から考えて、**この場にふさわしい連歌とは船遊びを詠んだ連歌をいう**と理解できる（和歌であれ連歌であれ、その場面に適した内容のものが求められる）。

①**適当**。「船遊びの場にふさわしい句を求められて詠んだ」というのはその通りである。「**こがれ**（こがる）」は〝日に焼けて色が変わる。思い焦がれる。香がたきしめられている〟の意の下二段動詞で、ここは最初の意になり、「**葉が色づく**」ことをいう（例　下紅葉秋も来《こ》なくに色づくは照る夏の日にこがれたるかも（＝木の下葉が秋もまだ来ないのに色づいているのは照りつける夏の日に焼けて変色したのかもしれない）『好忠集』）。この「こがれ」に四段動詞「**漕ぐ**」の未然形「漕が」＋受身の助動詞「る」の連用形「れ」を掛けて、船が漕がれて進むイメージを重ねている。

②不適。寛子は皇后（天皇の正妻）であるから、彼女への恋心を公衆の前で披露するということは常識的にありえない。「こがれて」に〝恋い焦がれて〟の意は掛けられていない。したがって「『御船』には」以下の説明も不適となる。

③不適。船遊びは頼通の邸で寛子のために行われたものであるから、「頼通や寛子を賛美するために詠んだ」というのはもっともな感じがする。しかし「もみぢ葉」が寛子の美しさを表すという解釈は、これが「こがれて」に続く以上無理がある（それこそ、寛子が恋い焦がれるというニュアンスが出てしまう）。さらに「敬語の用いられた」というのなら、「もみぢ葉」にも敬語が用いられてしかるべきだろう。

④不適。「もみぢ葉」「こがれ」「御船」という語がある以上、この句が「祈禱を受けていた寛子のために詠んだ句」であるという説明はいかにも苦しい。もしそうなら寛子に関する言葉が使われそうなものである。また「参加者の心を癒やしたい」というのも、人々が船遊びに興じている最中であることを考えれば不適とわかる。

(iii)　付句を詠めなかった殿上人たちが話題になっている。4・5段落の内容をふまえる。

①不適。「良暹を指名した責任について殿上人たちの間で言い争いが始まり」が誤りとなる。4段落に「『いかに』『遅し』と、たがひに船々あらそひて」とあるように、下の句を付けられないことに対する「言い争い」が始まったのである。

②不適。4段落に「付けでやみなむことを嘆く」とはあるものの、「自身の無能さを自覚させられ」とは書かれていない。また殿上人たちが「準備していた宴を中止にしてしまった」とも書かれていない。

③適当。「すぐに句を付けることができず」「池の周りを廻るばかりで」「この催しの雰囲気をしらけさせたまま帰り」「宴を台無しにしてしまった」と適切に説明している。

④不適。「連歌を始めたせいで」「時間オーバーとなったのではなく、殿上人たちがいつまでたっても下の句を付けられなかったからである。「殿上人たちの反省の場となった」とも書かれていない。5段落に「皆逃げておのおの失せにけり」とあるように、殿上人たちは恥ずかしくて逃げてしまったというだけのことである。

第4問

標準

出典

白居易『白氏文集』〈巻四十六　策林二〉

白居易（七七二～八四六年）は中唐の詩人。現在の山西省太原《たいげん》の人。字は楽天。白楽天とも呼ばれる。号は香山居士。二十八歳で科挙の試験に合格し進士となる。翰林学士、左拾遺などを歴任するも、罪を得て左遷され地方官となる。その後ふたたび中央官に復帰するも、自ら願い出て地方官として終わる。「長恨歌」「琵琶行」の詩は特によく知られる。詩文集である『白氏文集』は日本文学にも大きな影響を与えた。なお本文は、進士となって官職についた白居易が、皇帝の前で行われる試験を受験するために退職して、一年間受験勉強をしていたときに作成した、予想問題七十五とその模擬答案七十九の一つである。

要旨

【予想問題】古来、君主が賢者を求めても得られない。賢者を得るにはどうすればよいか。

【模擬答案】君主が賢者を求めても得られないのは、身分の格差や朝廷と民衆との懸隔があるからである。では賢者を得るにはどうすればよいかというと、賢者に仲間の賢者を推薦させることが唯一の方法である。

語句

安＝「いづくに（か）」と読む疑問の副詞。〝どこに〟の意。「いづくんぞ」と読むと、疑問（いづくんぞ～（する））または反語（いづくんぞ〜（せ）んや）の用法になる。

然而＝「しかりしかうして」と読む。順接（そうなので）と逆接（それにもかかわらず）の用法がある。

雖＝「いへども」と読む逆接の接続詞。

苟＝「いやしくも」と読む順接仮定条件を作る接続詞。〝もしも〜。かりにも〜〟の意。

読み

【予想問題】　問ふ、古《いにしへ》より以来、君《くん》たる者其《そ》の賢《けん》を求むるを思はざるは無く、賢なる者其の用《よう》を効《いた》すを思はざるは罔《な》し。然《しか》れども両《ふた》つながら相遇《あひあ》はざるは、其の故《ゆゑ》は何《なん》ぞや。今之《これ》を求めんと欲《ほつ》するに、其の術《じゆつ》は安《いづ》くに在《あ》りや。

【模擬答案】　臣《しん》聞く、人君《じんくん》たる者其の賢を求むるを思はざるは無く、人臣《じんしん》たる者其の用を効すを思はざるは無しと。然《しか》り而《しかう》して君は賢を求めんとして得《え》ず、臣は用を効さんとして由《よし》無きは、豈《あ》に貴賤《きせん》相懸《へだ》たり、朝野《てうや》相隔《へだ》たり、堂《だう》は千里よりも遠く、門は九重《きうちよう》よりも深きを以《もつ》てならずや。

臣以為《おも》へらく、賢を求むるに術有り、賢を弁《べん》ずるに方《はう》有り。方術《はうじゆつ》は、各《おのおの》其の族類《ぞくるい》を審《つまび》らかにし、之《これ》をして推薦せしむるのみ。近く諸《これ》を喩《たとへ》に取れば、其れ猶《な》ほ線《いと》と矢とのごときなり。線は針に因《よ》りて入《い》り、矢は弦《つる》を待ちて発《はつ》す。線矢有りと雖《いへど》も、苟《いやし》くも針弦《しんげん》無《な》くんば、自《みづか》ら致すを求むるも、得《う》べからざるなり。夫《そ》れ必ず族類を以てするは、蓋《けだ》し賢愚《けんぐ》貫くこと有り、善悪倫《ともがら》有り、若《も》し類を以て求むれば、必ず類を以て至ればなり。此《こ》れ亦《ま》た猶ほ水の湿《しつ》に流れ、火の燥《さう》に就《つ》くがごとく、自然の理《ことわり》なり。

全訳

【予想問題】　問う、古代より以来、君主は賢者を登用しようと思わない者はなく、賢者は君主の役に立ちたいと思わない者はない。しかしながら両者が出会わないのは、その理由はどうしてか。いま賢者を求めようとすると、その術策はどこにあるのか。

【模擬答案】 私は聞いております、君主は賢者を登用しようと思わない者はなく、臣下は君主の役に立ちたいと思わない者はないと。それにもかかわらず君主は賢者を登用しようと思っても得られず、臣下は君主の役に立ちたいと思っても方法がないのは、身分の差がかけ離れており、朝廷と民間の間に隔たりがあり、君主が執務する場所がはるかに遠く、王城の門が幾重にも重なって深いからです。

私が考えますに、賢者を登用するには術策があり、賢者を弁別するには方法があります。その方法と術策は、それぞれその同類の者を見極めて、その者に（賢者を）推薦させることしかありません。これを卑近な例でたとえれば、ちょうど糸と矢のようなものです。糸は針に通すことによって（布に）入り、矢は弦《つる》（が引き絞られるの）を待って放たれます。糸と矢があっても、もしも針と弦がなければ、それ自身で力を発揮しようとしても、できないのです。いったい必ず同類の者によるというのは、思うに賢者と愚者とはそれぞれ一貫してそうなのであり、善人と悪人とはそれぞれ仲間を作るのであり、もし同類の者を求めれば、必ず同類の者がやって来るからです。これまたちょうど水が湿った所へ流れ、火が乾いた所へ燃え広がるように、自然の道理なのです。

※ 本文は白居易が自ら作った【予想問題】とその【模擬答案】とから成る。【予想問題】は政治論で、「其故何哉」と「其術安在」という二つの質問が提起される。これに対して【模擬答案】はまず【予想問題】の前提部分を「人君者……効其用」とほぼ同じ表現を用いて繰り返した後、一つ目の質問に対しては傍線部Bで解答し、二つ目の質問に対しては第二段落の「求賢有術」以下で解答する。以上の構成と関連をおさえつつ読み進めたい。なお対句（＝語法や意味が対応する二つ以上の句を対照的に並べて表現する表現技法）が多用されている。対句は文章でも漢詩でも重要な修辞法の一つなので、しっかりとおさえながら読み進めよう。

解説

問1　標準　29 ～ 31　正解は　(ア)＝①　(イ)＝①　(ウ)＝⑤

(ア)「無（なし）」は「由」から返る返読文字。「由」は名詞（よし）、動詞（よる）、前置詞（より）などの用法がある。ここは名詞になる。「理由」の「由」だから〝原因。理由〟の意がすぐに思い浮かぶが、〝方法〟の意もある。直前の「君求賢而不得」と「臣効用而無由」とが**対句**になっている点に着眼しよう。前者は君主が賢者を求めても得られないという内容であるから、これとの対比で考えれば、臣下には**自分を用いてもらう方法がない**ということになろう。よって①が正解となる。③の「原因」は文脈的に合わない。

(イ)「**以為～**」は「**おもへらく～**」または「以て～と為《な》す」と読み、前者なら〝**思うに～・考えるに～**〟と訳し、後者なら〝～と思う・考える〟と訳す。ここは前者で読むことになる。文句なしに①が正解になる。なお「以A為B（AをもってBと為す）＝AをBとみなす・する・思う」の句形も重要なので覚えておこう。

(ウ)ここも「求賢有術」と「弁賢有方」とが**対句**になる。「求」に「弁」が対応するから、「**弁**」は「べんず」と読む動詞であることがわかる。動詞には〝わける。わきまえる。処理する〟の意がある。ここは対句の前半が賢人を求めるには術（＝術策）があるという内容である点をふまえれば、「弁」は**賢人を見分ける**、すなわち⑤の「弁別する（＝見分ける。区別する）」の意だとわかるだろう。

問2　標準　32　正解は③

「君者無不思求其賢」と「賢者罔不思効其用」とが**対句**になる。「君者（＝君主）」に「賢者」が対応する。「無不」に「罔不」が対応し、いずれも「～ざるはなし（＝～しないものはない）」と読む**二重否定**の句形になる。「思」が共通する。「求」に「効」が対応する。それぞれ、〝ほしがる〟、〝力を尽くす〟の意。「其」も共通する。いずれも「その」と読む代名詞で、前者は「君者」を、後者は「賢者」を指す。最後に「賢」に「用」が対応する。前者は〝賢者〟、後者は〝働き。能力〟の意。後者は「効」と併せて熟語「効用（＝用途。ききめ）」を思いつけばよい。全体を訳すと、〝君主は自分に仕える賢者が欲しいと思わないことはなく、賢者は自分の能力を尽くしたいと思わないことはない〟となる。

選択肢は前半部では決めにくいので後半部に着眼するとよい。すなわち「効其用」→〈効用〉と理解して、「役に立ちたい」とある③を選択すればよい。「賢者を登用しよう」とあるのはまさに「求（＝ほしがる）」の解釈として最適である。

① 「賢者の仲間」「無能な臣下を退けたい」が不適。
② 「君主の要請を辞退したい」が不適。
④ 「自分の意見は用いられまい」が不適。
⑤ 「賢者の称賛を得よう」「君主に信用されたい」が不適。

問3　標準　33　正解は⑤

返り点と書き下し文を問う設問。「豈不～（哉・乎・与・…）」が詠嘆形「あに～ずや（＝なんと～ではないか）」になる。選択肢は「豈に～ずや」と書き下した④と⑤に絞られる。①～③は「豈に～深きや」と疑問形で書き下しているのではずれる。選択肢を見比べると、「貴賤相懸」「朝野相隔」「堂遠於千里」「門深於九重」がそれぞれまとまりをなしていることがわかる。そして一番目と二番目、三番目と四番目がそれぞれ対句をなしていることもわかる。前者は「貴賤」と「朝野」（いずれも対義語を組み合わせた名詞で主語になる）、「相懸」と「相隔」（広義の述語になる。共通の「相（あひ）」が副詞で、「懸」「隔」が同義の動詞になる）がそれぞれ対応関係にある。また後者は「堂」と「門」

（いずれも名詞で主語になる）、「遠於千里」と「深於九重」（いずれも広義の述語になる。「遠」と「深」が形容詞。共通の「於」は比較を表す前置詞。「千里」と「九重」はともに数字を用いた名詞）がそれぞれ対応関係にある。前述したように対句は対になる二つの句を対照化して並べて示すわけだから、「堂は千里よりも遠く」と「門は九重よりも深き」を並べた⑤が適当とわかる。④は両者を対照させて書き下していない。なお前述したようにこの傍線部は君主が賢者を得られない理由を述べたもので、朝廷が雲の上の遠い存在であることを指摘している。

問4　標準　34　正解は①

傍線部の内容を問う設問。「猶」が「なほ～ごとし」と読む**再読文字**で、〝ちょうど～のようだ〟という**比喩**を表す。「与（と）」は接続詞で、「A与《ト》B（AとBと）」という形をとる。「也（なり）」は断定の助詞。設問はこの比喩が何をたとえているのかを尋ねているのではなく、比喩そのものについて尋ねている。比喩が何をたとえているかは次の問5、問6と関わることなので、この問ではこの比喩を説明した傍線部直後の「線因針而……不可得也」に着眼する。例によって「線因針而入」と「矢待弦而発」とが**対句**になる。「線（＝糸）」と「矢」が主語で、「因針而入」と「待弦而発」が述語である。「因」と「待」が動詞で、「針」と「弦」がそれぞれ目的語になる。共通の「而」は接続詞。置き字となる。「入」と「発」が動詞である。〈**糸は針に通すことで入る**〉とは、糸は針がなければ布を縫えないということ。また〈**矢は弦が絞られるのを待って飛び出す**〉とは、矢は弦がなければ飛ばないということである。だからその次の文で、糸も矢も針と弦がなければそれ自身で力を発揮することができないと述べられる（この文の「致」は〝力を発揮する〟の意）。よって設問に対して次のように解答できる。

「線」は「針」がなければ、「矢」は「弦」がなければ力を出せない

選択肢は「線」と「針」、「矢」と「弦」の関係がわかれば、「単独では力を発揮しようとしても発揮できない」と説明した①を選択できる。

②「線」と「矢」が結びつくと説明しており不適。
③「針や弦と絡み合って」が不適。
④「線」と「矢」が助け合うと説明しており不適。
⑤「針や弦の助けを借りなくても」が真逆の説明となり不適。

問5 標準 35 正解は③

空所補充と書き下し文の設問。傍線部を見ただけでは空欄に何が入るのかはわからない。わかるのは「以」が、「類」から返って「〜をもつて」と読む前置詞だということである（選択肢①のように「もつてす」と動詞で読むのはこれだけなので、これは間違いとわかる）。前置詞「〜をもつて」は手段・方法・材料・理由・根拠・身分などさまざまな意味を表す。また「類」が名詞で〝同類。仲間〟の意であり、「至（いたる）」は動詞であることもわかる。そこで前問で検討した比喩部分の前後をみよう。まず傍線部Cの前の「求賢有術……其族類、使之推薦而已」に着眼する。この部分は賢者を得る方法（「方術」）を述べたものである。この中の「審」は「審理」の「審」で、〝はっきりさせる。見極める〟の意。「族類」は「族」も「類」も〝同類。仲間〟である。「使之推薦而已」の「使（しむ）」は使役の助動詞。「之（これ）」は「族類」を指す代名詞。「而已（のみ）」は限定の助詞。要するに、賢者を得るにはその仲間を見極めて推薦させること以外にないというのである。次に傍線部Cの後の「必以族類者……若以類求」に着眼する。この部分に「必以族類」「以類求」とあり、仲間を求めることが強調されている。もう少し細かくみると、「必以族類者」は〝必ず同類によってするというのは〟の意（「者（は）」は主格を表す助詞）。「蓋（けだし）」は〝思うに〟の意。「賢愚有貫」は、「貫」が「一貫」の「貫」であるから、賢さと愚かさはともに一貫しているということ。「善悪有倫」は、「倫」を「ともがら」と読ませるから、善人には善人の、悪人には悪人の仲間がいるということ。この二句が対句になる。そして「若（もし）」以下は、同類を求めれば同類が至るということである。わかりやすくいえば、賢人、愚人、善人、悪人それぞれ仲間を作るので、**賢人を得たいなら賢人の仲間を探せばよい**ということになる。以上の内容を把握すれば空欄には③の「必」が入るとわかるが、右に引用した「必以族類者」も大きなヒントになる。正解③の書き下し文の末尾が「至ればなり」となっているのは、文頭の「必以族類者」に対応させるためである。

①「類を以てせずして」が〝同類によらないで〟の意となり不適。

②「何～んや」は反語形である。〝どうして同類が至るだろうか、いや至らない〟となり不適。

④「誰か～んや」も反語形で、〝誰が同類として至るだろうか、いや至らない〟となり不適。

⑤「嘗」は〝以前〟の意。〝以前同類が至ったからである〟の意となり不適。

問6　標準　36　正解は④

傍線部の内容を問う設問。「理（リ・ことわり）」は〝道理〟の意。自然の道理だと述べている。直前の「此亦猶……火就燥」をみると、ふたたび比喩を持ち出していることがわかる。「水流湿」と「火就燥」が対句である。「水」と「火」が主語、「流湿」と「就燥」が述語。「湿」は「湿度」の「湿」、「燥」は「乾燥」の「燥」であるから、**水が湿った場所に流れ、火が乾いた場所に向かう**という内容になる（「就」は〝おもむく〟の意）。「水」と「湿」、「火」と「燥」はそれぞれ「類」であるから求め合う。ついでにいえば、「線」と「針」、「矢」と「弦」がそれぞれ「類」で求め合う関係になる。これらと同じく、**人間も同類を求めれば同類が至る**というわけである。よって傍線部を含む文の内容は次のように説明できる。

水が湿った場所に流れ、火が乾いた場所に向かうように、人間も同類を求めるのが自然の道理である

水と火の比喩の箇所から④が正解とわかる。他の選択肢はそもそもこの比喩の説明自体が不適となる。

問7　標準　37　正解は④

二つの文章から導ける主旨を問う設問。問5・問6がわかれば自動的に正解に至るだろう。消去法で解く。

①不適。「採用試験をより多く実施する」とは書かれていない。

②不適。「君主と賢者の心が離れている」「君主の考えを広く伝えて、賢者との心理的距離を縮め」とは書かれていない。

③不適。「君主が人材を見分けられない」「賢者が党派に加わらず、自分の信念を貫いているかどうか」とは書かれていない。

④適当。「君主が賢者を見つけ出すことができない」は傍線部Bの趣旨に合致する。「賢者のグループ」は「族類」に合致する。「推挙」は「推薦」に合致する。

⑤不適。「君主が賢者を受け入れない」「王城の門を開放して」とは書かれていない。

参考

官吏登用試験である科挙は、隋の文帝のころから清末まで、約千三百年間にわたって実施された。その間、多少の制度の変更があったものの、広く官吏を登用するという意図のもと、経書の解釈、作詩、歴史、政治など種々の科目が問われた。科挙はその前段階として童試があり、本試験として、地方で行われる郷試、中央で行われる会試と進む。さらに宋代以降、天子臨席のもとで行われる殿試が加わった。この郷試、会試、殿試のすべてにおいて首席だった者を三元と呼ぶ。麻雀の大三元はこれに由来する。

2023
年度

国語 追試験

問題番号(配点)	設問	解答番号	正解	配点	チェック
第1問 (50)	問1	1	③	2	
		2	②	2	
		3	③	2	
		4	②	2	
		5	①	2	
	問2	6	⑤	7	
	問3	7	④	7	
	問4	8	①	7	
	問5	9	②	7	
	問6	10	②	3	
		11	②	3	
		12	①	6	
第2問 (50)	問1	13	④	3	
		14	③	3	
		15	⑤	3	
	問2	16	④	5	
	問3	17	①	5	
	問4	18	⑤	5	
	問5	19	①	6	
	問6	20	④	6	
	問7	21	②	7	
		22	①	7	

問題番号(配点)	設問	解答番号	正解	配点	チェック
第3問 (50)	問1	23	①	5	
		24	③	5	
		25	①	5	
	問2	26	②	7	
	問3	27	③	7	
	問4	28	②	7	
	問5	29	①	7	
		30	③	7	
第4問 (50)	問1	31	①	4	
		32	⑤	4	
	問2	33	②	5	
		34	④	5	
	問3	35	⑤	5	
	問4	36	①	6	
	問5	37	③	7	
	問6	38	①	7	
		39	⑤	7	

自己採点欄
／200点

第1問

やや難

出典

北川東子《さきこ》「歴史の必然性について――私たちは歴史の一部である」〈五　歴史への「ゆるい関心」〉（『岩波講座　哲学11　歴史／物語の哲学』岩波書店所収）

北川東子（一九五二～二〇一一年）は社会思想史・ドイツ現代思想の研究者。福岡県出身。大阪大学大学院哲学専攻修士課程修了、ベルリン自由大学で哲学博士号を取得。東京大学大学院総合文化研究科教授を務めた。主な著書に『ジンメル――生の形式』『ハイデガー――存在の謎について考える』などがある。

要旨

1　**「自分の不在」と歴史理解**　第1～第4段落（歴史家のキャロル・グラックは…）※問2・問6

歴史への関心や歴史を理解する前提は、自分が存在せず個人の記憶も超えた時間という**「自分の不在」**の意識である。

2　**歴史の「非対称性」**　第5～第7段落（私たちが歴史書を読むことで…）※問2・問3

大多数の歴史的出来事や歴史の体験者と、少数の歴史記述や歴史の登場人物との間には、圧倒的な「不均衡」がある。

3　**歴史への「ゆるい関心」**　第8～第12段落（この「非対称性」は歴史の権力性である…）※問3・問5・問6

一般の人々は自分が歴史の当事者ではないことを望み、間接的に関わる立場から歴史を理解したいという関心を持つ。

4 **歴史解釈の客観性と距離** 第13～第18段落（ヘーゲル以降のドイツ歴史哲学もまた…） ※問4・問5・問6

歴史家は史料の解釈に基づいて現在の視点の範囲で歴史を再構成して理解するため、**歴史への客観性と距離**が生じる。

5 **歴史との正しい関わり方** 第19～第21段落（私たちは歴史の一部でもあるが…） ※問5・問6

人々は「歴史の捏造」への怒りを感じた際、自分の体験を基礎として歴史の**正しい理解や議論**に関わろうと欲する。

語句

言説＝ことばにして意見を述べたり物事を説明したりすること。また、そのことば。
解釈学＝文献や芸術作品に表現された内容を理解するための理論や方法に関する学問。
知の地平＝ここでの「地平」とは、物事を考察する際の視界や思考の及ぶ範囲のこと。

解説

問1 標準 1～5

正解は (i)(ア)＝③ (オ)＝② (ii)(イ)＝③ (ウ)＝② (エ)＝①

(i)(ア)「挙《あ》げて」 ①挙式《きょしき》 ②快挙《かいきょ》（＝胸のすくような立派な行い） ③列挙《れっきょ》（＝一つ一つ並べあげること） ④挙動《きょどう》
①・②・④は〝（よく）行う。事を起こす〟、③は〝言う。数えあげる〟の意。

(オ)「関《かか》わる」 ①難関《なんかん》（＝通過しにくい関所や場所。切り抜けるのが難しい場面や事態） ②関知《かんち》（＝かかわりを持ち事情を知っていること） ③関門《かんもん》 ④税関《ぜいかん》 ①・③・④は〝せき。関所《せきしょ》〟、②は〝かかわる。つながりおよぶ〟の意。

(ii)(イ)「翻弄《ほんろう》（＝思うままにもてあそぶこと）」 ①本懐《ほんかい》（＝以前からの願い） ②謀叛《むほん》〔謀反〕（＝国・君主に背いて

兵を挙げること）③翻意《ほんい》（＝意志・決心を変えること）④奔走《ほんそう》（＝物事の実現のために走り回って努力すること）

(ウ)「怠惰《たいだ》（＝なまけてだらしがないこと）」①駄作《ださく》（＝出来の悪い作品）②惰性《だせい》（＝今までの習慣や勢い）③妥協《だきょう》（＝対立する者が譲り合って穏やかに決着をつけること）④長蛇《ちょうだ》（＝長く大きなヘビ。一列に長く続くものの比喩）

(エ)「徹底《てってい》（＝一つの思想・態度などがすべてで貫かれ、隅々まで行き渡ること）」①根底《こんてい》（＝物事のおおもと）②探偵《たんてい》（＝秘かに他人の行動・内情をさぐる人）③体裁《ていさい》（＝一定の形式。世間体）④策定《さくてい》（＝あれこれ考えて決めること）

問2　標準　6　正解は⑤

傍線部の内容を問う設問。傍線部A直前の「あるいは」に着目すると、Aと並列される類似の内容が直前の段落まであると見当が付く。それが第2段落の「自分がいなかった時間《=「自分の不在」》を生きた人々の存在を意識する《=前提とする》ことで、『個人の記憶に直接に残されている出来事より前の時期』としての歴史を意識する《=歴史理解》ようになる」、第3段落の「『私たちが歴史の一部でしかない』（＝「自分はそこにいない」《=「自分の不在」》）からこそ《=前提とする》、歴史を把握できる《=歴史理解》、あるいは把握しておきたいという態度」である。加えて、「自分の不在」という語が登場する第9段落の「私が歴史に関心を抱く（＝歴史理解を欲する）のは……歴史の当事者ではない（＝「歴史の一部でしかない」《=「自分の不在」》）からである」も踏まえると、傍線部Aは次のように説明できる。

自分が存在しなかった時間や自分が歴史の当事者ではないという意識を前提として、個人としての自分の直接的な記憶が及ばない過去の出来事を把握できる、または把握しようと関心をもつこと。

これと合致する**「自分の不在」**および**「歴史理解」**の内容を示すのは⑤のみである。

①「当事者の立場で」や「体験（＝自ら身をもって経験すること）した出来事だけを」が右の「歴史理解」と正反対。

②「自分が生きた時代の出来事」を「位置づけて把握」しても、自らの体験や記憶の及ばない歴史の把握にはならな

い。

③「歴史を動かした少数者だけを」が出来事や当事者でない個人と無関係な説明で、歴史の定義を限定し過ぎている。

④「人々の経験から学ぼうとする」は、出来事の把握とは違い、価値判断（学ぶに値する教訓等）に基づく点で誤り。

問3　標準　7　正解は④

傍線部の理由を問う設問。傍線部Bに省略された主語を補ったうえで、「**私たち**」や「**願望**」という語を手がかりに理由につながる箇所をおさえて考える。まず主語は直前の「この『**非対称性**』」である。これは第5～7段落によれば、「歴史に登場できるのは私たちのほんの一部の人々」であり、「おびただしい過去の出来事のなかで、歴史として知る価値があるのはごく一部である」ことを指す。「非対称性（＝つりあわないこと）」とほぼ同じ意味の「**不均衡**」という語にも着目すれば、少数の「歴史記述」「登場人物」（＝歴史になり得たもの）と大多数の「歴史的出来事」「体験者」（＝歴史になり得なかったもの）との間の「圧倒的な」**格差**を意味する。よって、この「非対称性」は〈歴史になり得なかった私たちに非力さを感じさせる〉（＝「歴史の権力性」）という**否定的意味**を持つと解釈できる。Bは「しかし同時に」と逆接に導かれるから、この「非対称性」は何らかの**肯定的意味**も持つはずである。そこでBの直後に着目すると、「一人のささやかな市民」＝私たちは「自分が歴史に登場しない（＝歴史の当事者にならない）こと」により、「平穏な生活が続き」「歴史的出来事に翻弄されないこと」を「願うのである」＝願望とある（たとえば歴史的な一大事に巻き込まれた場合、平穏な生活を続けるのは難しいだろうことを想像するとよい）。以上より傍線部Bの理由は次のように説明できる。

人々や出来事の一部しか歴史になり得ないという「非対称性」の前提は、歴史の当事者にならないことで、歴史に翻弄されずに平穏でささやかな一市民の生活を送りたいという人々の願いを表しているから。

これと合致するのは、一文目で「非対称性」を、二文目で「私たちの願望」を説明した④のみである。

①「多くの人々が慣れ親しんだ」が「非対称性」と合わず、「そこに生きた……意識したい」も「願望」から外れる。

②「歴史を動かした者の体験」は「非対称性」の内容と焦点がずれ、「責任からは免れたい」も「平穏な生活」とは別。
③「権力を持つ者に関する記憶」が、上述の「歴史の権力性」の意味を取り違えた誤り。
⑤「時代を大きく動かした人々を中心として」だけでは「非対称性」の説明が不十分。「書物を通して」や「価値ある出来事だけを知りたい」も「願望」の内容と大きく異なる。

問4　標準　8　正解は①

傍線部の内容を問う設問。「健全な歴史家意識」を説明するわけだが、傍線部Cを含む一文の冒頭「たとえば」に着目すると、この一文が直前の第14段落の末尾「歴史の解釈学」の具体的例示だとわかる。さらに、Cの直前には歴史学者ドロイゼンが「くどいほどに」「説いている」「史料研究の重要さ」とあるから、「解釈（学）」の語義と考え合わせると、Cはおおよそ〈歴史家が史料から歴史を理解しようとする際に持つべき姿勢〉を示すと推測される。そのうえで、Cの直後の言い換えの「つまり」に着目すると、「記述をする者は、シーザーやフリードリヒ大王（＝少数の歴史の当事者たち）のように、特に高いところ（＝当事者のみに許される特権的な位置）にいて出来事の中心から見たり聞いたりしたわけではない」とあり、続く第16段落でも「歴史家とは……みずからが歴史に登場するわけではない」と述べられるから、Cの「姿勢」はまず〈**当事者ではない立場からの歴史理解**〉を示す。では、歴史家がどのように歴史を理解するかと言えば、「史料研究の重要さ」や第18段落の「すでに書かれてしまった外国語のテキストを読むような態度」という比喩が示すように、〈**史料や文献を解釈することを通じて**〉の他はない。だが、そうした方法に拠る以上、ドロイゼンによる定義や第17段落が述べるとおり、〈歴史とは現在の私たちの知識や視点の及ぶ範囲で再構成できる断片的なものに留まらざるを得ない〉。したがって、こうした歴史理解は「外の視点から行われる」ゆえに「歴史認識の客観性」を持つ一方、過去の出来事の総体という対象そのものには及び得ない点で、「**歴史的出来事からの**『**解釈学的距離**』」を伴うと言える（第18段落）。以上、〈当事者でない立場〉〈史料に基づく解釈〉〈対象との距離〉という要点を示した選択肢は①である。

②「断片的な事実だけ」から「知りうることの総体」を「歴史として確定」させる行為には、史料研究や解釈の重要性が欠落しており、適切な「解釈学的距離」を保った「歴史認識の客観性」も生まれないだろう。

③歴史家の立場について、「歴史哲学への懐疑」は第13段落、「市民の代理として歴史を解釈」は第11段落の記述に沿うものの、これらは傍線部Cで示される「史料研究」に関する姿勢とは直接関係がない説明である。

④「自分も歴史の一部（＝当事者）として」や「実際に生きた人々の体験のみを記述」が誤り。

⑤「現在の視点から（整理された）」は、本文では人々の「知の地平」や、それによって再構成された過去の出来事に関する形容で、史料自体が「現在の視点から」書かれているのではない。また、第18段落の「観察者」が行うのは「外の視点から行われる再構成」（＝歴史認識）で、テキストなど「記述された歴史だけ」を対象とするのではない。

問5　標準　9　正解は②

傍線部の内容を問う設問。第19〜21段落で繰り返し述べられる「私たち」のあり方をおさえ、「歴史に内在」するとはどういうことかを説明する。まず「**私たち**」とは「歴史の一部でしかない」大多数の人々を指し、いつもは「歴史にたいして『**ゆるい関心**』しかもたない」とある。「ゆるい関心」とは第10〜12段落によれば、「まったく無関係ではないが、他方で、当事者そのものでもないような事柄にたいする関心」、「みずから歴史をつくり、歴史を変えたいという欲望ではな」く、「歴史を理解したいという関心」であり、「歴史にたいしては『間接的な関わり方』」である。そのような私たちが「『ゆるい関心』が『歴史との正しい関わり方』でないことを感じる」のは、「『**歴史の捏造**（＝事実でないことを事実のようにつくり上げること）』**が感じられ**」、「**激しい焦燥**（＝いらだちあせること）**や憤りの気持ちを抱く**」ときである。その際、「歴史の一部でもある」私たちは「『自分の体験』が歴史を正しく理解するための基礎となり、歴史的出来事について客観的に議論するための基盤であってほしいと切望する」、すなわち、それまでの歴史の外に立つ態度を改め、歴史の当事者・証言者として自分の体験を歴史の中に位置づける（＝歴史に内在する）ことを欲すると言える。以上を踏まえて消去法で解く。

①不適。「ゆるい関心」は「自分は歴史の一部でもある」ではなく「歴史の一部でしかない」意識と言うべき。

②適当。「ゆるい関心」の内容、私たちの態度が改まる契機、「（歴史への）内在」の説明のいずれも上述に沿う。

③不適。私たちが切望するのは客観的な議論であり、歴史家と違って素人が自ら「歴史を記述しようとする」は誤り。

④不適。「『歴史の捏造』を生み出す自己の関わり方」と書くと、私たちが「歴史の捏造」の原因であるかのように読める点で誤り。また、「歴史的出来事と歴史記述の間の不均衡（＝非対称性）を解消」も本文にはない。

⑤不適。「自己の体験を客観的な歴史に重ね合わせようとする」を正答②と比べると、自己の体験がそのまま客観的な歴史となるかのように読めて不適切。本文の述べる自己の体験は、あくまで客観的な議論の「基礎」に過ぎない。

問6 やや難 10〜12 正解は (i) a＝② b＝② (ii)＝①

本文を読んで生徒が書いた【文章】を推敲させる設問。(i)では【文章】に引かれた傍線部の部分的な修正が、(ii)では【文章】の末尾に書き加える「まとめ」が問われる。本文と資料を関連づける発展的な設問である。いずれも本文の理解に基づく【文章】である以上、解答や選択肢の見極めの根拠は、第一に本文の内容との整合性、第二に【文章】内の文脈における整合性、第三に設問の要求に沿うかという点である。以上をふまえて、消去法で解くのがよい。

(i) a 「自分の不在」や「ゆるい関心」というキーワードを活用する効果について、「難しい話題が扱いやすくなる」という傍線部の主旨を、より本文の内容に即した説明へと修正している選択肢を考える。

①不適。「筆者の体験をふまえて」が誤り。「自分の不在」や「ゆるい関心」は広く一般的に当てはまり、筆者個人に限定されない。また「難しい話題が扱いやすくなる（＝わかりやすさ）」というaの主旨からも外れる。

②適当。「複雑な」→「端的に表現」という方向性がaに合致する。【文章】との整合性の面でも、「歴史学の専門家で

はない読者にも理解しやすい」キーワードの用い方として、「自分の不在」などは「端的な表現」に当てはまる。

③不適。「理論的な根拠に基づいて」が誤り。本文の「ゆるい関心」は、先行する学説や理論に発したキーワードではなく、筆者によって命名されたもの（第10段落「そのような関心を……名づけておこう」）。また、専門家の議論に基づくだろう「理論的な根拠」も、【文章】の「歴史学の専門家ではない読者にも理解しやすい」にそぐわない。

④不適。「多岐にわたる議論の論点を取捨選択する」が誤り。本文では「自分の不在」や「ゆるい関心」と並んで比較すべき論点が数多く挙げられてはいない。加えて【文章】の述べる「理解しやすい」や「論点を印象づける」という説明にも沿っていない。

b　傍線部は、同じ段落の冒頭にあるように、「キーワードが歴史家の言葉と関連づけて用いられていること」で本文**が説得力を持つものとなったと述べている**。

①不適。「筆者の主張を権威づけている」とあるが、専門家の言葉を用いて文章に外側から「権威（＝人々を強制し服従させる威力）」を持たせることではなく、先行する議論の基盤の上に立った自らの主張であることを内側から読者に納得させることが、本来の「文章を書く上での技術や工夫」（設問）と言える。

②適当。「キーワードの背後にある専門的な知見の蓄積」が、bの「説得力」につながるとともに、本文や【文章】の述べる「自分の不在」とグラック、「ゆるい関心」とドイツ歴史哲学の関連性にも当てはまる。

③不適。「自分の不在」や「ゆるい関心」の「対極にある既存の学説」が本文になく、「批判的に検討」もされていない。

④不適。たとえば「自分の不在」に関して引用されたグラックやホブズボームの見解は大きく異なるものではなく、一つのキーワードにまとまるので「多様な見解」とまでは言えない。また、「抽象化」も「説得力」には直結しない。

(ii)　【文章】の末尾に書き加えるまとめであるから、まずは(i)a・bでおさえたキーワードの活用とともに、【文章】最後の一文「ただし、歴史家の言葉と筆者の主張は必ずしも一致しているわけではない」という文脈との整合性に留意する。加えて、本文全体の構成を巨視的に捉えて（要旨も参照）、筆者が先行する議論を参照・活用しつつ（「自分の不在」「非対称性」「ゆるい関心」「解釈学的距離」）、最後にはそれらと異なる自らの主張へと議論を発展させている（「歴史の捏造」「歴史との正しい関わり方」）点もふまえて考えたい。

①適当。「従来の学説を正確に提示するとともに」は(i)bで見たキーワードの活用と合致し、「その問題点をわかりやすく説明する」も、【文章】最後の一文の方向性に当てはまると同時に、本文の終わりで「ゆるい関心」だけでは対応しきれない「歴史の捏造」や「歴史に内在しようとする」意志に言及している点にも沿う。加えて、先行する議論の内容に留まらない主張の明示によって読者の「問題意識」につながる、という記述にも無理がない。

②不適。「専門的な見解を根拠として」や「読者も前提となる知識をふまえて」と述べるだけでは、【文章】の最後で示す、先行する議論と筆者の主張との違いに対応した説明とは言えない。

③不適。「専門用語を適切に使用して」は(i)aで見た〈わかりやすい〉キーワードに反し、「身近な事例を挙げて」や「読者も具体的に……把握し」に当てはまる事例の明示（「歴史的出来事」とは具体的に何を指すか）は本文にない。

④不適。「多様な学説」の「相互の整合性を確認する」に当てはまる記述が本文にはない。

第2問　やや難

出典

太宰治「パンドラの匣《はこ》」（新潮文庫、筑摩書房『太宰治全集9』所収。初出は一九四五～一九四六年）

【資料】のⅠ　外山滋比古《とやましげひこ》『「読み」の整理学』〈第Ⅳ章　5　読みと創造〉（ちくま文庫）

太宰治（一九〇九〜一九四八年）は小説家。本名は津島修治。青森県出身。東京帝大仏文科中退。芥川龍之介に影響を受け、井伏鱒二に師事する。左翼運動からの離脱、自殺未遂を経ながら、自我の傷や罪の意識を反映した作品を多く発表し、「無頼派」「新戯作派」「破滅型作家」と呼ばれる。玉川上水で愛人と入水自殺し、遺体の発見日かつ誕生日の六月十九日には桜桃忌が営まれる。主な著書に『富嶽百景』『津軽』『斜陽』『人間失格』などがある。

外山滋比古（一九二三〜二〇二〇年）は英文学者・評論家。愛知県出身。東京文理科大学卒業。お茶の水女子大学名誉教授。専門の英文学以外でも日本語論や読者論など幅広い分野で活動し、主な著作に、ロングセラーとなった『思考の整理学』をはじめ、『修辞的残像』『日本語の論理』『忘却の力』などがある。

要旨

空白行で区切られる三つの部分に分けて本文の内容をまとめよう。問7の【資料】Ⅱについてもまとめておく。

1

「かっぽれ」の俳句と「越後獅子」の批評（きょうは一つ、かっぽれさんの…）※問2

発表会に提出するため何日も苦心した俳句を**越後獅子**に一言で切り捨てられた**かっぽれ**に**僕**は同情した。

2

「かっぽれ」の盗作と「僕」のジレンマ（かっぽれは、蒼ざめて…）※問2・問3・問4・問7

盗作した**かっぽれ**への配慮と反感の間で悩んだ**僕**は、図に乗る態度と句の勝手な解釈にあきれ、忠告を決意した。

3

句の交換と修正案、思わぬ賛辞と「僕」の困惑（「でも、これとよく似た句が…）※問5・問6

盗作の句を替えさせて安心した**僕**は口にした修正案を褒められ、今後も**かっぽれ**の俳句の相談役となる重荷を背負う。**僕**は、入れ替えた句を作ったのは**マア坊**だったと知って驚く。

Ⅱ

〈盗作〉への「マア坊」の反応と「僕」の考えの変化　（「慰安放送？　あたしの…」）　※問7
句を盗作されても平気なマア坊に接した僕は、作者にこだわらない作品の読み替えを肯定的に捉え始める。

語句

俳句の天狗＝ここでの「天狗」とは〝自慢し、うぬぼれる人〟の意で、俳句が得意だと自負する「かっぽれ」を指す。

無邪気＝悪意やひねくれた気持ちがないこと。深い考えがないこと。

首肯＝うなずくこと。納得・賛成すること。

【資料】　添削＝他人の詩歌・文章などを、書き加えたり削ったりして改め直すこと。
口角泡をとばす＝（口からつばきを飛ばすほどに）勢い激しく議論するさま。

解説

問1　標準　13～15　正解は　(ア)＝④　(イ)＝③　(ウ)＝⑤

(ア)　副詞「てんで」には〝もとから。はじめから〟（＝①）や〝非常に。とても〟（＝⑤）の意もあるが、本文の「わからない」のように**否定的表現を伴う**場合は〝まるで。まるっきり（〜ない）〟の意を表す。この完全否定の意に当てはまるのは④「全然」のみ。これと比べて、〝結局は。どのようにしても〟の意の②「所詮」は一段劣る。

(イ)　形容動詞「あからさまに」は〝包み隠されたところがなく、**はっきりと表に表されるさま**〟という意。これに合致する③「露骨に」の他は、①「故意に（＝わざと）」、②「平易に（＝難しくなく）」、④「端的に（＝要点だけをはっきりと）」、⑤「厳密に（＝こまかい点まできびしく注意して）」のいずれも語義が外れる。

(ウ)　副詞「いたずらに」の〝**むだに。意味もなく**〟という意に沿うのは⑤「無益に」のみ。なお、③「軽々に」は〝かるがるしく。深く注意を払わないさま〟の意。

問2　標準　16　正解は④

傍線部の心情を問う設問。「僕」が「かっぽれ」に対して「気の毒」に感じた状況を本文からおさえる。Aの少し前に「かっぽれは、蒼ざめて(＝恐怖や衝撃などのために血の気が失せて顔色が青白くなって)」とあり、その理由は本文冒頭によれば、発表会に「お得意の俳句を提出する」ために、「二、三日前から」「真剣に句を案じて(＝考えて)」いた「かっぽれ」が、「けさ、やっとまとまった」俳句を同室の者たちに披露したところ、「越後獅子」にただ一言、「**けしからぬ**(＝道理・礼儀などに外れていて許しがたい)」と批評されたからである。「下手だとか何とか言うなら、まだしも」とあるように、**句の内容に言及もせずに切り捨てる態度**を「僕」は「**ひどいと思った**」のである。なお、この段階では、**問3**で見る「かっぽれ」による盗作行為に「僕」はまだ気づいていない。よって傍線部Aの「僕」の心情の核心は次のように説明できる。

何日も苦心して詠んだ俳句を内容と無関係に「越後獅子」に許しがたいと批判された「かっぽれ」に同情する心情。

こうした状況や、「かっぽれ」の「哀れ」さを明示し、彼が俳句を詠む「制作の労」にも言及した④が適当である。

①「かっぽれ」への「不安」や「十句そろえたこと」を「褒めてあげたい」思いは、**同情**という核心から外れる。

②「越後獅子」が「僕」を「先生」と呼ぶ以前に「かっぽれ」は「蒼ざめて」おり、「体面を傷つけていた」は誤り。

③「かっぽれ」の受けた衝撃は「越後獅子」の態度によるもので、「笑われたり」の示唆する「固パン」の「苦笑(＝にがにがしく思いながら仕方なく笑うこと)」が原因ではない。また、「不風流」で「俳句の妙味(＝言うに言われぬ優れた味わい)などてんでわからない」と自覚する「僕」が、「持てる最大限の見識を示」そうと考えたと読むのも無理がある。

⑤「憤り」や「称賛してあげたい」は、①と同様に核心となる心情から逸脱している。

問3　やや難　17　正解は①

傍線部を含む表現の特徴を問う設問。表現のどこに注目すべきかは選択肢を読んでから消去法で考えることになるが、先に傍線部B前後の心情の変化もおさえておきたい。「露の世は……」の句は有名な小林一茶からの盗作であると気づいた「僕」が、そのことを露骨に指摘して「かっぽれに赤恥をかかせる」ことは避けたいと思いながら、「かっぽれ」の「不服らしく、口をとがらせた」応答に接し、次第にあきれて反感を強めていく（問4にも関わる）というようにとらえることができる。

①適当。「断定を避けた表現」は、Bの前の「……じゃないかな」、Bの後の「……でしょうけど」などに合致し、「そりゃ」「なんだもの」を「軽い調子」の表現と捉えるのも適切。よって、「僕」の実際の発言における（「かっぽれ」への）「配慮」と、Bという内心の声つまり「僕」の本音における「あきれや困惑」はどちらも正しく、両者の間の「落差」つまり明確な相違・矛盾が表現されているという解釈も自然である。

②不適。Bの二行後の「ちょっと途方に暮れた」からは、「かっぽれ」に対する配慮とあきれ・反感との間でまだ戸惑っている「僕」の心境が読み取れ、この段階で「怒りが強く示されている」とまでは考えにくい。

③不適。「そりゃ、いい筈だ」や「門外漢の僕でさえ」は「僕」の内心の声であり、これらと「同じ意味の表現」がBの前後に二箇所、断定を避けた間接的な言い方で発言されているのみだから、「僕」が「言葉を尽くしても」とは言えない。

④不適。「僕」の「かっぽれ」以外の「同室者との会話」は、「越後獅子」への一言（「とんでもない事になりました」）のみで、「常に丁寧な口調」とまで考える根拠に乏しく、「僕」自身の内心の声における「ぞんざいな表現」によって、逆に普段の「僕」の「丁寧な口調」が「明らかにな」るという論理や説明にも疑問が残る。

問4　標準　18　正解は⑤

傍線部の理由を問う設問。傍線部Cの「もはや」という語も示唆するように、問3から引き続いて、「かっぽれ」による俳句の盗作をめぐる「僕」の心情の推移をおさえる。Cの前までは「かっぽれ」に恥をかかせるまいという配慮と、盗作行為への反感との間でためらっていた「僕」の状況から考えると、「もはや笑わずに」の〈笑う〉とは、「かっぽれ」に対して直言を避けた柔らかく曖昧な態度を示し、かつ、そうした態度をとれるだけの「僕」の精神的な余裕も指すだろう。そうした態度や心境を「僕」が改めた理由は、Cの直前によれば「図に乗って来た」「かっぽれ」の「僕を軽蔑するような口調」であり、そうした言動を不快に感じた「僕」は、ついに「かっぽれ」のひけらかす句の「まごころ」について直接に「反問（＝問い返すこと）」せざるを得ないと思ったのである。よって傍線部の理由の核心は次のように説明できる。

自分を軽蔑する「かっぽれ」の言動に接して反感を強めた「僕」は、彼への配慮から直言を避けていた姿勢を改めて、彼の主張と正面から向き合うべきだと決心したから。

これに沿う選択肢は、「かっぽれ」の「『僕』を軽んじる態度」と、「僕」が「調子を合わせるのを止めて」という要点を明示した⑤である。

①　俳句への「かっぽれ」の「真摯な態度」は本文に反し、「（句を）添削しようと意気込んだ」も無根拠。

②　「稚拙な俳句に対して笑いをこらえるのに必死であった」は「笑わずに」の内容の取り違えであり、「俳句に対する真剣な思い」も、盗作しておきながら調子に乗る「かっぽれ」の言動とは正反対。

③　「盗作であることに気付いていることを匂わせ」や「お互いの上下関係を明確にするため」は本文に根拠がない。

④　「俳句に込めた彼の思い」の「追及（＝追いつめて責めること）」ではなく、句の「まごころ」という主張の内容を問いただす、が正しい。また、俳句にうといと自覚する「僕」が、「言い分を否定しよう」とは思わないはず。

問5 標準 19 正解は①

傍線部の心理を問う設問。中心は傍線部D自体の説明だが、加えて設問の求める「君」に宛てた手紙としての意味も考える必要があるため、Dの心理をおさえたうえで消去法で解くとよい。「僕」の「内心の声」とは直接には直前の「そんなもの（＝「コスモスや」と「コスモスの」のどちらが初句としてよいか）、どっちだっていいじゃないか」を指す。CとDの間の状況をおさえると、思い切った指摘（「これとよく似た句が……」）によって、盗作である「露の世は……」の句を「かっぽれ」に取り下げさせることに成功した「僕」は、かわりの句「コスモスや……」の初句について、「安心のあまり」につい「よけいの事」（「コスモスの」と直すべきこと）を口にした。これに対する「かっぽれ」の反応は「偉いねえ」「隅に置けねえや」（「隅に置けない」は〝思いのほかに才能や技量などがあって軽視できない〟の意）であり、こうした肯定的評価に「赤面した」り「落ちつかない気持になった」りした理由は、問2③でも見たように、「僕」には俳句への興味があまりないからだと考えられる。加えて、こうした動揺や困惑の思いが実際の発言ではなく内心の声である理由を考えると、問3や問4で触れたとおり、俳句好きの「かっぽれ」に対する配慮が働くからだろう。しかし他方では、それを本文の読み手である「君」には伝えているのだから、こうした思いを言わずにはいられない心理も存在し、それが「（内心は）叫んでもいた」という無意識の自発的かつ両義的な（伝えたいと同時に伝えたくない）表現に示されていると判断できる。

①適当。「修正案を思いもよらず激賞（＝大いにほめること）され」や「俳句に関心がなく」という状況の説明、「事態にあわてて」や「展開に違和感」という心情の説明、「知ってほしい」という「君」への思い、いずれも正しい。

②不適。「舞い上がって（＝いい気になり浮かれて）」が誤り。「かっぽれ」の句との関わりが「恥ずべき」も言い過ぎ。

③不適。「かっぽれ」を「はっきりと糾弾（＝罪状・責任などを問いただして非難すること）できない」ために「微細な修正案」に留まったように読めるが、「僕」は無意識に「修正案」を口にしたので、深く考えての行為ではない。

④不適。「君」から「修正案に批判的な見解が出され」ること、それを「僕」が防ぎたいと考えることに根拠がない。

⑤不適。「どう修正しても……良くなることはない」や「客観的に価値判断できている」という「僕」の思いは本文に見当たらず、むしろ俳句というものへの興味のなさ、自らの揺れる気持ちを伝えたいという主観がDに表されている。

問6　標準　20　正解は④

傍線部の理由を問う設問。問5から引き続く状況を前提に、傍線部E「かなわない」の心情をおさえる。予想外に「修正案」を評価されて動揺し、内心では違和感を抱く「僕」に対して、「かっぽれ」は「これからも俳句の相談に乗ってくれ」と「真顔で頼んで」「意気揚々（＝得意で誇らしげなさま）と」引き上げていく。その姿を見送る際の心情がEであり、直後にも「俳句の相談役など……**困る**」や「どうにも落ちつかず、**閉口**《へいこう》（＝どうにもならずに困ること）の気持で」、「**まいったのである**」とあるから、「僕」は今後も「かっぽれ」から（実は興味のない）俳句について様々に話を持ちかけられるに違いないと予測し、それが**避けられない**（＝かなわない）ことを嘆いているとわかる。加えて、**問4**も考え合わせると、「かっぽれ」は「僕」を軽蔑する言動から一転して「僕を尊敬したよう」な態度に変化しており、こうした**移り気で本心の知れない厄介な相手としても手に負えない**（＝かなわない）と感じているのだろう。以上を踏まえて消去法で解く。

①不適。「いらだちを見せたところで」が誤り。Dも含めて「僕」は本音を「かっぽれ」に示すことなく見送っている。

②不適。句の差し替えの提案に対して「かっぽれ」は「敵意をむき出しに」はせず、「眼を丸くして（＝驚いて目を見張るさま。なお〝激怒するさま〟を表すのは「目を三角にする」）」、嘆きながらも「あっさり」と別の句を示した。また、「これ以上まじめに応じる」かどうかに関係なく「かっぽれ」が相談してくることに「僕」は困っている。

③不適。「けなげ（＝非力な者が感心な心がけで努力するさま。殊勝《しゅしょう》）な態度」という肯定的評価が誤り。

④適当。移り気な「かっぽれ」の「捉えどころのない」態度が説明されており、これから俳句の相談を持ちかけられ

るだろうことも含めて「(「僕」が)振り回されてばかりいる」と表現するのも無理がない。

⑤不適。「自分はからかわれていた」とあるが、「かっぽれ」の眼を見た「僕」の、「盗んで、自分で気がつかぬ」や「無邪気な罪人」という感想からして、「かっぽれ」は何か真面目な本心を隠し持つ人物ではなく、生まれつき無意識に、道義に反する行為をしたり他人に両極の態度をとったりする人物だと「僕」は捉えており、それゆえに「かなわない」のである。

問7 やや難 21・22 正解は (i)=② (ii)=①

本文と【資料】を関連づける設問。「文学作品と読者との関係」について、(i)では二重傍線部(「かっぽれ」が一茶の句を「勝手な意味」に解釈する行為)を【資料】のⅠを踏まえて再解釈させ、(ii)では【資料】のⅠも踏まえつつ、二重傍線部に関する「僕」の本文における捉え方が【資料】のⅡの捉え方へどのように変化したかを説明させる。

(i) まず【資料】のⅠの要旨は次のとおりである。

一つの文学作品に対して、多くの読者それぞれが無意識のうちに自分のコンテクスト(=文脈)に合わせて解釈することで、作品は次第に作者の意図した意味から逸脱して改変され、特殊から普遍へと性格を変えて古典化する。

一方、二重傍線部は、「かっぽれ」の「古人の句を盗んで勝手な意味をつけて、もてあそぶ」行為を「僕」が**否定的に捉えた箇所である**。ここでの「勝手な意味」とは、本来は「一茶が子供に死なれて、露の世(=はかない現世)とあきらめてはいるが、それでも(=さりながら)、悲しくてあきらめ切れぬ」という悲嘆や追慕の情を表すと解釈すべきにもかかわらず、C直後に「かっぽれ」の言うとおり、「日本のいま(=リード文の示す第二次世界大戦の終結直後の激変し混乱した時代状況)」は「露の世である(=むなしい)」が、「さりながら、諸君、光明(=逆境の中での希望や明るい見通し)を求めて進もうじゃないか。いたずらに悲観する勿《なか》れ」といった、全く異なる時代・状況、かつ非常に楽観的な意味内容に解釈されていることを指す。しかし、設問の文言に留意すると、「**どのように捉え直すことができ**

るか」とあるから、本文の「僕」の否定的な捉え方とは反対に、そして【資料】のⅠが文学作品の読み替えを必然的な古典化の過程として捉えているように、二重傍線部の行為を、より中立的かつ普遍的に説明すべきだと判断できる。この方向に沿うのは、「江戸時代」から「戦後」へ、「その（＝俳句を含めた文学作品の）本来の意味から離れて」「自分たち（＝読者自身）が生きる」「時代（これも広い意味で「コンテクスト」と言える）に即したものへと読み替えている」と示す②である。

① 江戸時代の「人々の心情に思いをはせつつ」は「かっぽれ」の行為に当てはまらず、句の意味を「取り違えている」という表現も、本文の「僕」の評価と同様に否定的である点で【資料】のⅠに即さないため外れる。

③ 「江戸時代と戦後とを対比する」も、「作者の個人的な思い」→「時代を超えた普遍性」という方向性も誤り。

④ 江戸時代の人々と戦後の人々の「境遇に共通性を見いだし」（それは〈読み替え〉ではなく、異なる読みの並存を前提とする）が誤り。「句に添削を施す」とあるが、【資料】Ⅰ中の「添削」は無意識の読み替えを表す比喩である。

(ii) 【資料】のⅡにおいて変化した「僕」の二重傍線部に対する捉え方とは、自分の句（「乱れ咲く……」）を「かっぽれ」に〈盗作〉されても「一向に平気で」、その句が発表会に提出されること自体を楽しみにする「マア坊」の態度が示すように、もともと作品の「作者の名なんて、どうでもいい」のであり、作品は「みんなで力を合せて作ったもの」と感じられ、「自分の心にふれた（＝感動した）作品だけを自分流儀で（＝「通人」つまり専門家や道に精通した人たちの議論やルールとは関係ない、それぞれの自由な仕方で）覚えて」「楽しみ合う」という、本来的な「芸術と民衆との関係」である。こうした捉え方は、【資料】のⅠが述べる〈読者による文学作品の読み替え〉と重なり、それを「僕」が肯定的に捉え始めたとわかる。よって、「僕」の捉え方の変化に関して、「作者が意図する意味（＝一茶の句で言えば〈子供を失った悲しみ〉）に基づいて読むべきだという考え」から、「読者に共有されることで新しい意味（＝「かっぽれ」の解釈した〈戦後における光明〉）を帯びることもあるという考え」へ、と説明した①が適当である。

②「文学作品の意味を決定するのは読者である」は、本文の時点から変化した後の「僕」の捉え方であるから誤り。また、「作者の意図に沿って読む厳格な態度」がもたらすものについては、本文も【資料】も言及していない。

③「多様性のある価値は……付加されていく」という考えは、文学作品には常に異なる複数の読みが並存している前提に立つと考えられるので、ある解釈から別の解釈へと〈読み替え〉が進むとする【資料】の内容に反する。

④「文学作品の価値は時代によって変化していく」とあるが、これも本文の時点から変化した後の「僕」の捉え方に近いうえに、正しくは「価値」というよりも「意味（＝読みや解釈の内容）」などと言うべき。

第3問　やや難

出典

『石清水《いわしみず》物語』〈上〉

【学習プリント】『伊勢物語』〈四十九　若草〉

『石清水物語』は作者未詳。鎌倉時代に成立した擬古物語（全二巻）。東国育ちの武士・伊予守《いよのかみ》と、公家である木《こ》幡《わた》の姫君、春の中将をめぐる恋愛を中心に描き、『源氏物語』『夜の寝覚』などの影響が強い。作品名は伊予守が恋の成就を石清水八幡宮に祈願した歌による。本文は上巻の一節で、異母妹である木幡の姫君への悲恋を断ち切れない中納言（男君）が、次第に女二の宮との結婚に前向きになっていく場面である。

『伊勢物語』は作者未詳。平安時代前期に成立した歌物語。「昔、男（ありけり）」から始まる約百二十五（伝本により異なる）の章段から成る。六歌仙の一人で伝説的な色男でもある在原業平をモデルとする「男」の生涯について、恋愛などの和歌を中心に語られる。本文は第四十九段の全文で、「男」が妹に恋心を打ち明ける場面を描く。

要旨

1

男君の苦悩と決意 1段落（中納言はかかるにつけても…）

男君は木幡の姫君に恋心を抱きながらも、それを紛らわそうと、評判の高い女二の宮との結婚を前向きに考え始める。

2

三条院への参上と女二の宮との逢瀬 2・3段落（神無月十日余りに…）

男君は三条院を訪れ、内心で木幡の姫君と重ねてしまう自分を嘆きつつ、想像どおり美しい女二の宮と逢瀬を過ごす。

3

男君と女二の宮との後朝《きぬぎぬ》の文 4段落（明けぬれば、いと疾く…）

逢瀬の翌朝、男君は女二の宮と互いに名残を惜しむ手紙を交わし、その書きぶりを見て理想的な結婚相手だと感じる。

4

男君と女二の宮との婚儀 5段落（かくて三日過ぐして…）

三日後、盛大な婚儀が行われ、女二の宮の美しさは木幡の姫君にも匹敵すると思って、男君は結婚に満足する。

語句

飽かぬ＝〝満足しない。物足りない〟を表す連語「飽かず」の連体形。

例の＝いつものように。例によって。この格助詞「の」は連用修飾の用法。

すさまじ＝心情について〝興ざめだ。おもしろくない〟の意を表す。

言へばさらなり＝〝言うまでもない。もちろんだ〟の意の連語。単に「さらなり」も同じ意味。

おろかなり＝並一通りだ。いい加減だ。本文の「おろかならむやは」の「やは」は反語（〜か、いや、〜ない）の意。

こちたし＝おおげさだ。仰々しい。

かたほならず＝〝不完全だ。未熟だ〟という意の「かたほ（なり）」を打ち消した形。

おぼろけなり＝並一通りだ。普通だ。ただし、「おぼろけならず（＝並一通りでない）」の意でも用いられるので注意。

面立たし＝名誉だ。晴れがましい。

なのめならず・なべてならず＝どちらも〝並一通りでない。格別だ〟の意。

けしうはあらじ＝「けしうはあらず」（＝そう悪くはない。相当なものだ）は連語。「じ」は打消推量（〜ないだろう）。

心落ちゐる＝心が落ち着く。気持ちが静まる。

手＝文字通り〝手〟の他にも〝腕前。手段・方法。世話。負傷〟など様々な意を持ち、本文では〝筆跡。文字〟を表す。

思ふやうなり＝望み通りだ。申し分なく理想的だ。

思ひなし＝思い込み。気のせい。（先入観に基づく）世間の評判。

全訳

中納言（＝男君）はこのような（＝自分と女二の宮との婚儀の準備が進められる）状況につけても、他人に知られない心の中では、あってはならない（異母妹である木幡の姫君への）恋心ばかりがおさまるときもなく、（その悩みで）つらくなってゆく気持ちを、無理やりに静めるだけで月日を過ごしなさるうちに、女二の宮の（美しい）ご容貌が有名であると（いう噂を）聞いて心にとどめているので、同じこと（＝どうせ女二の宮と結婚することになる）ならば、（木幡の姫君への恋心の）嘆かわしさが紛れるくらいに（女二の宮を愛するに相応しい相手と）思って見申し上げたいとお思いになった。（男君の）官位が低いのを物足りないことと（院が）お思いになって、（男君は）権大納言におなりになった。春の中納言も、いつもどおり（男君と）同じように（権大納言に）おなりになって、（官位を授けられた）

感謝の意を（院に）申し上げることも（男君に）負けないようになさるけれども、手の届かない枝（＝自分が女二の宮との結婚に手が届かなかったこと）という一事のせいで、万事が興ざめだとお思いになった。

十月十日過ぎに、（男君は）女二の宮のもとに参上なさる。（男君が）得意になる様子は、言うまでもない。先に人目を避けて三条院に参上なさる。たいして重要でない場所（を訪れる際）でさえ、格別な配慮をなさる方であるので、いわんや（院や結婚相手の女二の宮を訪れる際に）並一通りであるだろうか、いや、あるはずがない。仰々しいほどに（衣服に香を）たきしめなさって、身だしなみを整えてお出かけになる直衣姿は、優美で、格別な配慮など（のご様子）は、本当にもし帝の婿である御方と呼ぶとしても不足はなく、たとえ（女二の宮を）皇女と申し上げるとしても、もし並一通りのご容貌であるならば、（結婚相手として横に）並ぶのも難しく感じる（ほどに立派な男君の）ご様子である。人目を避けているけれども、先払いをする者なども大勢でお出かけになる（男君のご様子）につけても、もし大宮（＝男君の亡き母宮）が生きていらっしゃるならば、どれほど名誉なことと嬉しく思いなさるだろうかと、殿（＝男君の父）は真っ先に思い出し申し上げなさる。

院におかれては、（男君の来訪を）待ち迎えなさるお心配りが並一通りではない。（男君は）女二の宮のご様子を、早く目にしたいと思い申し上げなさるが、御殿の油の灯りは、灯火がぼんやりしていて、御几帳の中にいらっしゃる（女二の宮の）灯火で見える姿は、ともかくも悪くはないだろうことよと（男君には）思われて、御髪がかかっている（女二の宮の顔の）あたりは、すばらしく（美しく）見える。いわんや、（男君がそばに寄って感じる）近い（女二の宮の）ご容姿が、（男君の）見当をつけていたのと相違なく、かわいらしくおっとりしたご様子であるのを、（男君は）心が静まって、思いがけず近づき寄っていった（恋の）道での迷い（＝木幡の姫君）とも、（きっと）比べてしまいそうな気持ちになる（女二の宮の）人柄でいらっしゃるにつけても、（男君は）真っ先に（木幡の姫君のことが）自然と思い出されて、どのようなお方に（嫁ぐのか）と、人（＝異母妹である木幡の姫君）が（自分以外の誰かと）契りを交わすようなことまでも（つらく）思い続けずにはいられないことは、自分自身のことではあるが嘆かわしいと身にしみて悟らずにはいられない。

（一夜が）明けたので、（男君は女二の宮のもとを）たいそう早くにお出でになって、すぐにお手紙を（女二の宮に）差し上げなさる。

「今朝はいっそう（生気を失って）しぼみ方がひどくなる。女郎花にどれほど降りた露の残り（のせいでそうなるの）か（＝今朝の私はいっそう悲しみが深く気落ちする〔ひどく濡れそぼつ〕。女郎花のように美しいあなたと起きて別れるつらさに、どれほど多くこぼした涙のせいでそうなるのか）。

（十月になると）いつも時雨は（降っていたけれども、あなたと別れた今朝ほどに袖が濡れるときはこれまでなかった）」とある。（院が）お返事を（書くように）勧め申し上げなさると、（女二の宮は）たいそう気恥ずかしい様子で、かすかな筆跡で、

「今朝だけ特別に時雨が降るのだろうか（、いや、そうではない）。女郎花は霜のせいで一面に枯れるのが野原の常なのに（＝今朝の別れだけが特別に悲しくて涙を流すのだろうか。いや、それだけでなく、あなたの訪れがないときの私は、女郎花のように悲しみに沈んでいるのが常なのに）」

と（書いて）、置きなさったお手紙を、（女房が紙に）包んで（男君への使者に）差し出した。ご使者には女物の衣服や、細長（＝貴族が幼年時に着る衣服）などを、（引出物として与えるのは）慣例通りのことである。（女二の宮は、手紙の内容に加えて）ご筆跡などまでも、並一通りでなく美しいように書きなさっているので、（男君が返事を）待ち受けてご覧になるにつけても、すべてにおいて申し分なく理想的（な女性）であると思いなさるにちがいない。

こうして（男君は女二の宮のもとに通いながら）三日を過ごして、（いよいよ女二の宮が）男君の住む邸宅にお入りになる儀式は、格別（の立派さ）である。寝殿の渡殿（＝渡り廊下）にかけて、ご装飾がある。女房二十人、子供の召使い四人、雑用を務める女性など、（儀式の立派さは）見る価値のあるところが多くすばらしい。（男君が）女二の宮のご様子を、心静かに拝見なさると、（女二の宮は）たいそう充実した年頃で（容姿が美しく）整って、気のせいか気品

があり、洗練されているけれども親しく心引かれる感じで、未熟なところがなくかわいらしい方の様子で、御髪は袿（＝女子の衣服）の裾と同じ（くらいまで伸びた長さ）で、物の姿が（映って）見えるほどに光り輝いて（背中に）かかっている様子などは、（美しさが）この上もない。（男君は）ひそかに気になり続けている木幡の里（にいる姫君）にも（女二の宮は）匹敵なさる（美しさ）にちがいないと思われると、お気持ちは静まって、たいそう（結婚した）価値があるとお思いになった。

【学習プリント】（『伊勢物語』）

昔、男が、（自分の）妹でたいそうかわいらしい様子であった妹を見ていて、

若くみずみずしいので（引き結んで枕にすれば）いかにも寝心地がよさそうに思われる若草（のようなあなた）を、（私以外の）誰かが引き結ぶ（＝契りを交わす）ようなことを（私はつらく）思う。

と（詠んで妹に）差し上げた。（妹からの）返歌は、

なんとめったにない（あなたからの）言葉であることよ。（私は今まで）心隔てなく（あなたを兄とばかり）思っていたなあ。

解説

問1 やや難 23〜25 正解は (ア)＝① (イ)＝③ (ウ)＝①

(ア) 「さら／ぬ／ほど／の／所」。連語「さらぬ」には、(1)〝そうでない。それ以外の〟や(2)〝なんでもない。たいしたことのない〟の意を表す〈然らぬ〉、および(3)〝避けられない。どうしようもない〟の意を表す〈避らぬ〉があり、選択肢の中では(2)の意の①か(3)の意の⑤だと見当がつく。(ア)の直前部によれば、この「所」とは男君が「参り給ふ（＝参上なさる）」場所を示し、さらに(ア)の直後の副助詞「だに（＝さえ）」と副詞「まして（＝いわんや）」との呼

応に注目すると、〈たいしたことのない場所に参上するときでさえ、身だしなみには格別に配慮なさる男君であるので、いわんや、（非常に高貴な）三条院に参上する際はなおさら並一通りではない〉という解釈が文脈に当てはまるので、①が適する。

(イ)　副詞「いつしか」（または連語「いつ／し／か」）および「ゆかしう」（形容詞「ゆかし」連用形のウ音便化）から成る。「いつしか」は(1)〝いつ～か〟という疑問の意、(2)〝いつのまにか。知らない間に〟という不定を表す意の他に、(3)**願望の表現を伴って〝早く（～したい）〟の意を表す**。一方、「ゆかし」には〝心引かれる〟の意と並んで、〝（見る・聞く・知る行為を）したい〟という願望の意もあり、これが「いつしか」の(3)と呼応して、「宮の御さま（＝女二の宮のご様子）」を「早く目にしたい」という男君の心情に合致するので、③が正解。これと比べて①の「見られる」は願望の意が薄い。

(ウ)　「おくれ／たる／ところ／なく」。動詞「おくる」の語意は、(1)〝遅れる〟、(2)〝後に残る〟、(3)〝先立たれる〟、(4)〝劣る〟。この意に沿う選択肢は①「未熟な」と③「流行から外れる」、④「時間にいい加減（＝遅れる）」である。文脈的に考えると、(ウ)は「なつかしげに（＝親しく心引かれる様子で）」や「うつくしき（＝かわいらしい）」などと、美しい盛りにある女二の宮の内面からあふれる魅力を称える一節に位置するから、服装や態度の外面的な形容である③・④は外れ、「おくる」の(4)の意に沿う①が最適である。

問2　標準　26　正解は②

傍線部の語句と表現を問う設問。語句の文法的説明から誤りを見極めたうえで、文脈に即して消去法で考えるとよい。

①不適。接頭語「もの」は主に心情を表す形容詞や形容動詞（「もの悲し」や「ものあはれなり」）などに付くため、格助詞に付くAの「もの」は名詞である。文脈的にも、「ものの嘆かしさ」とは中納言（＝男君）の木幡の姫君に対する恋の苦悩と見るのが自然であり、その思いが「紛るばかりに（＝紛れるくらいに）」女二の宮に接したい（「ば

や」は自己の願望の終助詞）と男君は決意したのだから、「女二の宮と結婚しても良いのだろうか」などの後ろ向きな心情とは反対である。

②**適当**。前半部の「紛る」・「ばかり」の文法的説明も正しく、後半部の心情の解釈も適切。2段落以降で男君が女二の宮のもとを訪れ、結婚の準備が進んでいく展開も、この解釈に沿う。

③**不適**。「見なし聞こゆ」は複合動詞ではなく、動詞「見なす（＝思って見る）」の連用形、および**謙譲の補助動詞**「聞こゆ（＝〜し申し上げる）」の二語から成る。この「聞こゆ」は謙譲語であり、内心の声の発話者である男君の動作の「見なす」に添えられているから、その敬意は「見なす」という動作の受け手である女二の宮に向けられている。

④**不適**。前半部の「思す」・「けり」の文法的説明は適切。一方で、後半部の説明に関しては、「いつのまにか」や「気づきを表し」などが、木幡の姫君への思いを断ち切るために女二の宮を結婚相手として**意図的に**「見なし」、「ばや」と**明確に願っている**男君の心情と矛盾する。

問3　やや難　27　正解は③

範囲（段落）を指定して内容（**登場人物に関する説明**）を問う設問。傍線が付された設問と違い、まずは選択肢を読んだうえで、それぞれに本文の該当箇所を見つけ、正誤を判断する必要がある。ただし、選択肢はおおよそ本文の展開に沿った順と見なせるだろう。

①**不適**。春の中納言に関する本文の記述は1段落3〜4行目のみ。ここと比較すると、「女二の宮の結婚相手を選ぶ際には一歩及ばず」は適切だが、それが理由で「男君にあらためて**畏敬の念**（＝おそれうやまう気持ち）を抱いた」は誤りで、正しくは「よろづすさまじく」すなわち〝万事が興ざめに（＝おもしろくなく）〟感じたのである。

②**不適**。参照すべき本文の箇所は①と同様であり、春の中納言が「女二の宮と結婚することを諦めきれなかった」は読み取りうるとしても、全力で「女二の宮を（男君から）**奪い取ろう**」という積極的な気持ちは「すさまじく」にそ

ぐわない。

③適当。関白すなわち男君の父（＝「殿」）に関する本文の記述は②段落の最終文のみ。この箇所の「〜ましかば…」は〝もし〜だったならば…（だったろうに）〟という反実仮想の意を表す。「大宮」すなわち関白の亡き妻が生きていれば「面立たしく（＝名誉に）」感じて喜んだだろうものとは、その直前の「まことに帝の……人の御さまなり」とあるように、選択肢で言う「息子（＝男君）の立派な姿」である。

④不適。院に関する本文の記述は、①段落の「官位の短きを飽かぬことに思しめされて（＝女二の宮の結婚相手としては男君の官位が低いことを不満足だと思いなさって）」、および③段落の「院には、待ち取らせ給ふ御心づかひなのめならず（＝男君を待ち迎えなさるお心配りが並一通りではない）」の二箇所のみ。それを見抜くポイントは、前者では、そのように思った結果として男君を権大納言に昇進させうる人物とは誰かを考えること、後者では、貴人の主語に付き、尊敬語の述語を伴って間接的な敬意（〜におかれては）を表す格助詞「に」をおさえることである。よって、院に関して、選択肢にある「娘（＝女二の宮）が幼かったころの日々」の回想や、「あふれる涙」といった心情に該当する記述はない（「涙」の比喩である「露」や「時雨」は、男君と女二の宮との間でのみ登場する）。

⑤不適。④と同じ本文の二箇所と比較しても、院が「男君を叱咤激励（＝大声でしかるようにはげまし元気づけること）し」に当たる記述はなく、「あえて厳しく接した」という説明も、本文の「御心づかひなのめならず」という記述のみからは読み取れない。

問4 やや難 28 正解は②

範囲（段落）を指定して内容を問う設問。問3と同様の手順で解くが、和歌の解釈も必要となる。

①不適。一夜を共にした翌朝に、男君が女二の宮に詠み贈った「今朝はなほ…」の歌、および女二の宮からの「今朝のみや…」の返歌の解釈が問われる。その前にまず、貴族の妻問婚《つまどいこん》における慣習として、一夜を共にした翌朝、起き

別れて（＝**後朝《きぬぎぬ》の別れ**）帰宅した男性は、女性に**名残を惜しむ歌を贈る**ということを確認したい。そのうえで今回、返歌を受け取った男君の反応として、④段落の「御手などさへ、なべてならず……思ふやうなりと思すべし」、すなわち〈男君が、優美な筆跡を含めて、女二の宮を理想的な女性だと思った〉ことをふまえると、結婚相手に対する男君の満足げな気持ちが読み取れる。この点だけでも、選択肢の「（女二の宮は）まだ自分（＝男君）に遠慮しているようだと思った」という打ち解けない表現はそぐわないとわかる。そのうえで和歌の解釈に入るが、和歌の贈答を解釈する際の常として、**(1)比喩や掛詞**などの修辞法を読み解き、**(2)表面的な意味（自然・非人情）と裏側に込められた意味（人為・人情）との対応**に留意しながら、**(3)和歌に託されたメッセージの応答**をおさえることが重要である。まず、和歌では主に女性の比喩である「**女郎花《をみなへし》**」は女二の宮を表すと考えるのが自然であり、これと縁語の関係にある他の語も二重の意味を持つ。すなわち、動詞「**しをる**」には〝（草木などが）しおれる〟と〝（人が）気落ちする。悲しみに沈む〟または〝（衣などが）ぐっしょりとなる。濡れそぼつ〟の意、名詞「**露**」には〝（草木の葉などに付く）水滴〟と〝涙〟、名詞「**時雨《しぐれ》**」（または動詞「時雨《しぐ》る」の形でも）には〝（晩秋から初冬にかけて降る）小雨〟と〝涙ぐむ。落涙する〟の意が含まれる。さらに、**掛詞**として、動詞「（露が）置く」は「起《お》く（＝寝所から起き出る）」の意、動詞「霜がる」の「枯る」は「離《か》る（＝男女の仲が疎遠になる。男の訪れが途絶える）」の意も含むだろう。なお、男君の手紙がふまえる「いつも時雨は…」の歌における動詞「袖ひつ」も〝（涙で）袖が濡れる〟の意であり、やはり別れの悲しさを表す。以上の比喩や修辞法もふまえて、歌の表裏の意味を考え合わせると、男君が〈**今朝の女二の宮との別れに際して私は悲しみに沈んでいる**〉と名残惜しさを伝えたのに対して、女二の宮も返歌で〈**今朝の別れだけでなく、男君と会えないときの私はいつも悲しんでいる**〉と自らの愛情の深さを伝え返している、と理解できる。こうした返歌を得たからこそ、男君は女二の宮を理想的な女性と認めたのであろう。よって、選択肢の「男君は逢瀬の後の寂しさを詠んだ歌を贈った」は正しいが、「女二の宮は景色だけを詠んだ歌を返して」や「男君の思いに応えようとしなかった」は誤り。

②適当。①で説明した通り、男君からの手紙、女二の宮からの返歌、それを読んだ男君の「満足」いずれも本文に合致する。なお、「男君の手紙の言葉（をふまえたもの）」とは「女郎花」や「時雨」を指し、「内容」も「素晴らしく」とは④段落の「御手などさへ」における添加の副助詞「さへ（＝…に加えて～までも）」の含意をふまえた説明と考えてよい。

③不適。「（男君は）密かに木幡の姫君とも関係を持とうと考えた」と読み取れる根拠が本文にはないので誤り。

④不適。「結婚の儀式が盛大に執り行われる」などの説明は⑤段落の「殿へ入らせ給ふ儀式……見どころ多くいみじ」に合致するが、女二の宮が「男君と木幡の姫君の関係を察していた」や「結婚の先行きに不安を感じた」と言える根拠は本文にない。

問5　やや難　29・30　正解は　(i)＝①　(ii)＝③

本文と【学習プリント】を関連づけて生徒の話し合いの結果を考えさせる設問。傍線部Bの表現について、まず(i)「ステップ1」ではBがふまえる『伊勢物語』の和歌に関する【ノート】を完成させ、それに基づいて(ii)「ステップ2」ではBに表現された男君の心情を答える。解答上のポイントは、(i)では修辞法と文脈的理解について【ノート】に示された手がかりに十分に留意すること、(ii)では【ノート】の内容と本文の人物関係との一致点をおさえることである。

(i)【学習プリント】の「ステップ1」では、和歌Ⅰの「うら若みねよげに見ゆる若草」に込められた「別の意味」、すなわち自然（若草）に関する表面上の意味と違う、人為・人情に関する裏側の意味に基づいて兄（「男」）から妹へのメッセージを読み取ることが求められる。【ノート】によれば、〈「若草」とは妹を表す〉比喩であり、〈「人」が「若草」を「結ばむこと」には裏側の意味（＝X）がある〉とわかる。そこで、語句と文法の面から和歌Ⅰを考えると、「うら若み」は形容詞「うら若し（＝若々しい）」の語幹（「うら若」）に接尾語「み」が付いて原因・理由（～ので）を示す用法であり、形容動詞「ねよげなり（＝いかにも寝心地がよさそうだ）」の「ね」は若草の〈根〉や〈旅寝〉の意とともに〈（男女の）共寝〉の意も持つだろうこと、したがって、「人の結ばむこと」には〈（若々しいので共寝したくなる妹と）**人が縁を結ぶ**（＝結婚する）〉という含意があると理解できる。ここで、和歌Ⅱに関する**【ノート】**の記述にも注目すると、和歌Ⅰに対する妹の反応は「驚き」であり、「自身が兄の気持ちにこれまで気づいていなかった」ことを表す和歌である。よって、妹に対する「兄の気持ち」とは、〈**兄妹という間柄では通常考えにくい感情**〉であり、Yは①「妹への恋心」が最適である。この感情と整合的で、かつ語句・文法面でも合致するXは、①「自分ではなく他人が妹と結婚すること」であり、和歌Ⅰの「思ふ」とは〝つらく（惜しく）感じる〟の意だとわかる。なお、②「親」は話に登場せず、③「束縛して結婚させない」というほど強い兄の決意は読み取れず、④「まだ若いのに」の逆接「のに」は「うら若み」の語法に反する。

(ii)　(i)をふまえると、傍線部Bの「人の結ばむこと」とは〈**木幡の姫君が**（自分《＝男君》以外の）**他人と結婚すること**〉を意味し、全体で〈（異母）妹である木幡の姫君に対する男君の恋心〉を表すと理解できる。こうした恋心を「思ひつづけらるる（＝ずっと思わずにはいられない）」（「らるる」は自発の助動詞「らる」）自分自身について、男君は「我ながらうたて（＝**自分自身のことではあるが嘆かわしい**）」と感じている。「うたて」は形容詞「うたてし」の語幹のみの用法である。男君のこうした状況および自己嫌悪を示した③が適する。①「妹への思いを諦めようとしている」や②「兄として木幡の姫君の結婚を願う」は〈妹への恋心〉に反し、④「院の複雑な親心」を読み取れる本文箇所もない。

第4問

標準

出典

Ⅰ　安積艮斎《あさかごんさい》『洋外紀略』〈巻中　話聖東伝〉

Ⅱ　胡広ら『性理大全』〈巻六十五〉

Ⅰ　安積艮斎（一七九一～一八六一年）は江戸時代後期の儒学者。陸奥国郡山《こおりやま》の出身で、江戸に出て神田駿河台に私塾を開き、後に二本松藩校・敬学館の教授、さらに昌平黌の教授となった。『洋外紀略』は一八四八年に著された国防論（全三巻）であり、世界の十一の大国の歴史地理や軍事を述べた上巻、人物伝・通商論・宗教論を収めた中巻、海防を論じた下巻から成る。本文は中巻の、アメリカ合衆国初代大統領ワシントンの評伝の一節である。

Ⅱ　『性理大全』は明の永楽帝が『五経大全』『四書大全』とともに胡広らに命じて編纂させた、性理学（朱子学）の大全集（全七十巻、一四一五年成立）。宋・元の性理学者百二十余人の説を分類し、精密な注釈を付して採録している。本文は『資治通鑑』の編集も助けた北宋の儒学者・歴史家、范祖禹《はんそう》（一〇四一～一〇九八年）による君主論の一節。

要旨

Ⅰ

ワシントンの政治姿勢は清廉・公正で誠意を重んじ、優れた人物を登用して政治に参加させ、法令・軍備を整えて厳粛に国を治めた。大統領の任期満了後は故郷で隠棲し、功名を求めずに天寿を全うした。

Ⅱ

一身で広大な天下を治め、膨大な政務に対応する君主は、誠意をもって賢明な臣下と協力し、私情を離れて平静な「明鏡止水」の心構えを保つことで、自らの見聞や思慮を天下に及ぼすことができる。

読み

Ⅰ　話聖東《わしんとん》政《まつりごと》を為《な》すや廉《れん》にして公《こう》、誠《まこと》を推《お》して物《もの》に待《たい》す。巴爾東《はみるとん》なる者有《ものあ》り、明敏《めいびん》にして器識《きしき》有り、辞令《じれい》に嫻《なら》ひ、大《だい》体《たい》に通《つう》ず。話聖東之《これ》を挙《あ》げて、政事《せいじ》を参決《さんけつ》せしむ。任《にん》に在《あ》ること八年《はちねん》、法令整粛《はふれいせいしゆく》、武備森厳《ぶびしんげん》にして、闔州《かふしう》大《おほ》いに治《をさ》まる。然《しか》れども人或《ひとある》いは其《そ》の為す所《ところ》を議《ぎ》する者《もの》有れば、話聖東感憤《かんぷん》す。任満《み》つるに及《およ》びて、乃《すなは》ち旧閭《きうりよ》に還《かへ》り、深《ふか》く自《みづか》ら韜晦《たうくわい》し、復《ま》た功名《こうみやう》の意《い》無《な》し。寿《じゆ》を以《もつ》て家《いへ》に終《を》はる。

Ⅱ　人君《じんくん》は一人《いちにん》の身《み》を以て、四海《しかい》の広《ひろ》きを御《ぎよ》し、万務《ばんむ》の衆《おほ》きに応《おう》ず。苟《いや》しくも至誠《しせい》を以て賢《けん》と与《とも》にせずして其の独智《どくち》を役《えき》して以て天下《てんか》に先《さき》だてば、則《すなは》ち耳目心志《じもくしんし》の及ぶ所の者、其《そ》れ能《よ》く幾何《いくばく》ぞ。是《こ》の故《ゆゑ》に人君必《かなら》ず心《こころ》を清《きよ》めて以て之に涖《のぞ》み、己《おのれ》を虚《むな》しくして以て之に待《たい》すること、鑑《かがみ》の明《めい》なるがごとく、水《みづ》の止《とど》まるがごとくなれば、則ち物至るも罔《し》ふること能《あた》はず。

全訳

Ⅰ　ワシントンが政治を行うあり様は清廉かつ公正で、誠意を大切にして人物を待遇した。ハミルトンという者がいて、道理に明るく頭の働きが鋭くて才能と見識があり、文章の執筆に習熟し、政治の要点に精通していた。ワシントンは彼を登用して、政治に参加させ（重要な事案を）決定させた。（ワシントンは）大統領の地位に八年間あり、（その間）法律と命令はおごそかに整い、軍備は重々しいさまで、国中が非常に安定した。そうではあるけれども時にはワシントンの行った政治について非難する人がいたので、ワシントンは怒りを感じた。（大統領の）任期がついに満了すると、（なんとワシントンは政界を引退して）故郷に帰還し、自分から身を隠して世間の目につかないようにし、決して功績を挙げて名誉を得ようとする意志を持たなかった。（そうして）天寿を全うして自宅でこの世を去った。

Ⅱ 君主（というもの）は（たった自分）一人の身体によって、広大な天下を統治し、数多くのあらゆる政務に対応する（必要がある）。仮にこの上ない誠意で賢人と助け合うことなく自分の知恵だけを用いて天下を（先頭に立って）導くならば、君主の見聞や思慮が及ぶ範囲は、決して広くない。こういうわけで君主がもし（きっと）心の汚れ（＝雑念）を取り除いて政務に臨み、私情を捨て去って政務に対処する態度が、（まるで）曇りのない鏡のよう（＝澄みきった状態）で、（波立っていない）静止した水のよう（＝落ち着いた状態）であるならば、外界の事物が影響を及ぼすとしても（君主の）心をまどわすことはできない。

解説

問1 標準 31・32 正解は X＝① Y＝⑤

空所補充の設問。Xは【文章Ⅰ】、Yは【文章Ⅱ】の主に直前直後をふまえ、漢字の語義と考え合わせて選ぶ。

X 空欄直前の「話聖東政を為すや」（「や」は主題を提示する助字）に着目すると、Xは〈ワシントンの政治の行い方〉を形容する語であり、かつ直後には接続の意を表す「而」があるから、「公」（＝公平・公正）と並列される語である。加えて、続く「誠（＝誠意・誠実）を推して」からも、ワシントンの政治姿勢を肯定的に評価する語だと見当がつく。よって、①「廉」（＝清廉。心が清く正しい。私利・私欲がない）が適する。②「刻（＝きびしい。むごい）」、③「頑（＝かたくなだ。融通がきかない）」、④「濫（＝道理に背く。度が過ぎる）」、⑤「偏（＝かたよる。公平でない）」はいずれも否定的な意味で不適。

Y 空欄を含む一文に着目すると、「四海の広きを御し」と「万務のY（に）応ず」とが対句であるから、Yには「広

（＝広大）」の語義に対応し、「人君（＝君主）」の「万務（＝あらゆる政務）」を形容する語が入ると推測できる。①「要（＝要点。大切なところ）」や②「美（＝立派だ。優れている）」は、君主の行う政務の〈広大さ〉の意にそぐわず、③「対（＝つりあう。相手になる）」や④「臣（＝臣下）」では文意が通らない。よって、⑤「衆（＝数が多い）」が最適である。

問2　標準　33・34　正解は　(ア)＝②　(イ)＝④

波線部の解釈を問う設問。まずは漢字の語義をおさえたうえで、必要に応じて文脈との整合性からも判断したい。

(ア)「**寿**」には〝寿命。長寿〟および〝ことほぐ。祝い事〟などの意があり、「于」は「家」という〈場所で〉を表す置き字。「**終**（＝おしまいになる。完成する。死ぬ）」という語義から、③「（余生を）過ごした」や⑤「（節義を）貫いた」はそぐわない。また、直前の文からは引退後のワシントンが行うような①「事業」は見当たらず、④「（長寿の）親」も本文に登場しない。残る②が正解で、「寿」＝「天寿」、「終」＝「この世を去った」の訳出も語義に沿う。

(イ)動詞「**役す**（役して）」は〝使う。使役する〟を表し、その目的語である「独（＝ただ〜だけだ）」と「智（＝知恵。賢さ）」の意も見当がつく。「其」が受けるのは第一文から続いて「人君」である。さらに直前の「而」に着目すると、その前の「賢と与にせずして（＝賢人と助け合うことなく）」と並ぶ内容とわかるから、文脈的にも④「自分の知恵だけを用いて」が適する。①「比類のない（＝比べるものがないほど際立っている）」や②「誇示して」、⑤「しりぞけて」は語義から外れ、③「賢人を模倣して」は文意が正反対。

問3　標準　35　正解は⑤

返り点と書き下し文を問う設問。重要な句法・用字に着目して文の構造を見定めたうえで、文脈にも沿うかを確認する。はじめに「有《あり》二〜《（スル）》者《もの》一（＝〜する人がいる）」という句法、および後にくる動詞を名詞化する返読文字「所」（「所《ところ》二

〜」《スル》＝〜するもの・こと）をおさえると、「者」から「有」に返らない②・③・④、動詞「為《な(ス)》」と読んで「所」に返らない①は、いずれも外れる。なお、②・③のように「…の為《ため》に（〜す）」と読む場合の語順は、「為《ためニ》…ノ（〜）《ス》」となる。以上より、正解は⑤に絞られ、「其の為す所を議する者有れば」で〝其の行うことを議論する者がいたので〟の意となる。次に文脈から考えて、「其」が受ける主語は前から続いて「話聖東」、「其所為」は〈ワシントンが行う政治〉と解釈すると自然である。さらにAに対する「感憤す（＝怒りを感じる）」という反応をふまえると、ここでの「議す」は〝そしる。非難する〟の意が適し、〈心清く誠意をもって〉政治を行ったワシントンの人柄ゆえの反応として全体の趣旨にも沿う。

問4 標準 36 正解は①

傍線部の解釈を問う設問。問3と同様に、句法・用字と文脈の両面を考え合わせる。

まず、「（及ぶ）所」は問3と同じ用法であり、読点（、）の直前にある「者」は主格・強調（〜は）を表す。また、下から返らない場合の「能」は「よク〜」と読んで可能（〜できる）の意、「〜幾何」は「〜（スルコト）いくばく（ゾ）」と読んで〝どれくらい〜するか（いや、たいして〔少しも〕〜しない）〟という疑問または反語の意を表す。そのうえで、「耳目心志（＝見聞・感覚や思慮）」の主体は直前の文から続いて「人君」ととるのが自然だから、主体を「天下の人々」とする②・③・⑤は外れる。さらに、問1のＹ（政務の多さ）を前提として考えると、問2の(イ)を含む「苟しくも至誠を……天下に先だてば」（＝もし君主が膨大な政務に対処する際に賢人と協力せず自分一人の知恵を使うだけならば）という仮定条件を受けて、その帰結を述べる部分がＢである（「則」がそれを示す）から、ここでの「幾何」は〈（見聞・思慮の及ぶ範囲が）たいしたものではない〉という反語、つまり「決して広くない」の意で解釈する①が適し、④「とても数え切れない（＝非常に広大だ）」は正反対だとわかる。

問5　標準　37　正解は③

傍線部の内容を問う設問。比況形「～は…のごとし（＝～はまるで…のようだ）」を用いたCは、「水の止まるがごとく（＝水が静止したようだ）」という比喩。と同時に、その直前の「鑑の明なるがごとく（＝鏡が曇っていないようだ）」と対句を成し、〈澄みきった静かな心境〉を表す慣用表現「明鏡止水」（『荘子』徳充符による）でもある。加えて文脈的に、Cの主語にあたる「人君必ず心を清めて……以て之に待すること」は、問4までで見たように、第一文から引き続いて〈君主が政務を行う際の姿勢や心構え〉について論じている。これらを考え合わせると、選択肢のうち、「波立っていない静かな水」という比喩それ自体と、政務において「君主が雑念をしりぞけて落ち着いている」という比喩の表す内容とを両方示す③が適当である。

① 「水が……たまっていく」という移動や集積を表す比喩も、「人々の意見」を主語とする内容も、ともに外れる。

② Cが述べるのは、「公平な裁判」などの実際的な行為の現れではなく、君主の内面的なあり方である。

④ 「水」の「豊富」さを示す比喩は、本文には見当たらない。「善行（の積み重ね）」という内容も本文から外れる。

⑤ 「水をせき止める」は〈静まった状態〉ではなく意図的な動作。君主自身でなく「人々のおごり」とする点も誤り。

問6　標準　38・39　正解は　(i)＝①　(ii)＝⑤

本文と【資料】に基づく会話を完成させる設問。会話において「教師」は、「もとは西洋に批判的だった」渋江抽斎（森鷗外の作品の登場人物）が西洋に肯定的な考え方に転じた理由について、【文章Ⅰ】および【資料】の「話聖東伝」の描くワシントン（＝西洋の理想的な為政者像）と、【文章Ⅱ】の示す「儒学の伝統的な君主像」とが一致したからだと示唆している。この読みの誘導に従って、設問の(i)では【資料】の内容を、(ii)では【文章Ⅰ】と【文章Ⅱ】の共通点を答える。

(i)　【資料】で留意すべき語や句法は、**詠嘆形**の「嗚呼《ああ》」、**逆接**（ここでは確定条件）を表す「雖《いへどモ》二〜一《ト》」、場所や対象を表す置き字「於」、〝人柄・性格〟の意の名詞「為《なり》レ人《ひとト》」、〝高く評価する〟の意の動詞「多《たトス》」、そして〝〜するに値する。〜に十分である〟の意の動詞「足《ル》二〜《(スル)ニ》一」。よって全体は、「嗚呼《ああ》、話聖東《わしんとん》、戎羯《じゆうけつ》に生《う》まると雖《いへど》も、其《そ》の人《ひと》と為《な》り多《た》とするに足《た》る者有《ものあ》り」と読んで、〝ああ、ワシントンは、異民族の出身ではあるけれども、その人柄は称賛に値する点がある〟と訳す。空欄aの直前にある「教師」の発言を見ると、問われているのは【資料】の内容であるから、①が適当である。なお、【資料】の「戎羯に生まると雖も」の部分が「西洋の人々に対する偏見」に該当する。

② 西洋人であるワシントンの出自に否定的なのは、他の「あげつらう人々」ではなく筆者の艮斎自身である。

③「肯定的に評価すべき面がある」のはワシントンの「政策」ではなく「人と為り（＝人柄）」である。

④「（異民族の出自を）問わずに」が「雖」の意に反し、「欧米と東アジアの人々を対等であると認識し」も誤り。

⑤「（異民族の出身で）なかったとしても」が「雖」の意に反し、「欧米と東アジアを区別しない観点に立ち」も誤り。

(ii)　bの選択肢と【文章Ⅰ】、cの選択肢と【文章Ⅱ】の内容の一致、および両者に共通する君主像を確認する。

①不適。bの、人々からの反発にワシントンが「動じなかった」は、傍線部A（問3）に続く「感憤す」に反する。またcの「信念を曲げない」も、君主に謙虚な姿勢を求める【文章Ⅱ】から外れる。

②不適。cの「個人の力より制度を重視する」は、君主の謙虚な姿勢を説いた【文章Ⅱ】にそぐわない。

③不適。bの「部下に自分の地位を譲った」が誤り。ワシントンはハミルトンを登用しつつ、「任満つる」まで務めた。

④不適。政策の意図を「文章で示した」とするbは誤り。またcも「人々」とは「賢人」を指すのかが不明確。

⑤適当。bの「優れた人材」はハミルトンに該当し、cの「公正な心」は本文の「至誠（＝この上ない誠意）」や「明鏡止水」の心境と合致する。このように「賢人と協力する」ワシントンの政治は、（問2の(イ)と問4で見た）「賢と与《とも》に」膨大な政務に対処すべき君主のあり方と共通する。

2022
年度

国語　本試験

問題番号(配点)	設　問	解答番号	正　解	配　点	チェック
第1問(50)	問1	1	②	2	
		2	③	2	
		3	④	2	
		4	②	2	
		5	③	2	
	問2	6	①	7	
	問3	7	②	7	
	問4	8	②	7	
	問5	9	④	7	
	問6	10	②	6	
		11	③	6	
第2問(50)	問1	12-13	②-⑥	8(各4)	
	問2	14	①	8	
	問3	15	③	8	
	問4	16	②	6	
		17	①	6	
	問5	18	①	6	
		19	⑤	8	

問題番号(配点)	設　問	解答番号	正　解	配　点	チェック
第3問(50)	問1	20	②	5	
		21	②	5	
		22	③	5	
	問2	23	③	7	
	問3	24	④	7	
	問4	25	①	7	
		26	①	7	
		27	④	7	
第4問(50)	問1	28	④	4	
		29	②	4	
		30	④	4	
	問2	31	④	7	
	問3	32	⑤	7	
	問4	33	③	5	
	問5	34	⑤	5	
	問6	35	⑤	6	
	問7	36	⑤	8	

(注)　-（ハイフン）でつながれた正解は，順序を問わない。

自己採点欄
200点

（平均点：110.26点）

第1問　やや難

出典

Ⅰ　檜垣立哉『食べることの哲学』〈第三章　時空を超える宮沢賢治――生命のカニバリズム〉（世界思想社）

Ⅱ　藤原辰史『食べるとはどういうことか――世界の見方が変わる三つの質問』〈【第二の質問】「食べる」とはどこまで「食べる」なのか？〉（農山漁村文化協会）

檜垣立哉（一九六四年～）は哲学者。埼玉県出身。東京大学文学部哲学科卒業。同大学院人文科学研究科博士課程中退。二〇二二年現在、大阪大学大学院人間科学研究科教授。著書に『ベルクソンの哲学』『ドゥルーズ――解けない問いを生きる』『生と権力の哲学』などがある。『食べることの哲学』は二〇一八年刊。

藤原辰史（一九七六年～）は農業史研究者。島根県出身。京都大学総合人間学部国際文化学科卒業。同大学院人間・環境学研究科博士課程中退。二〇二二年現在、京都大学人文科学研究所准教授。著書に『ナチスのキッチン』『分解の哲学――腐敗と発酵をめぐる思考』などがある。『食べるとはどういうことか』は二〇一九年刊。

要旨

Ⅰ　二つの部分に分けて内容をまとめよう。

1　「よだかの星」　第一～第六段落（「食べる」ことと「生」にまつわる…）　※問2・問6

宮沢賢治の「よだかの星」は動物を擬人化した童話である。主人公のよだかは自分の醜い容姿を気にかけ、自分の存在を低くみようとする。しかしこのような劣等感を持ちながらも、空を飛び移動するなかで、大きな口を開けて羽虫や甲虫を食べてしまう。また自分自身も鷹に食べられてしまうだろうと思う。そこでよだかは何も食べずに絶食して、遠い空の向こうへ行ってしまおうと決意する、という内容である。

2

星への昇華　第七～第九段落（食べるという主題がここで…）※問3・問6

「よだかの星」は食物連鎖の議論のようにみえるが、むしろ食べないことの選択、断食がテーマとなっている。しかしそれだけではなく、ここで見出されるのは、心が傷ついたよだかが、それでもなお**無意識に羽虫を食べるという行為にぞっとする**という点である。その思いは人間も共有するものであり、そしてこの思いを昇華させるためには、自らを星に変容させていくことでしか解決策はないのである。

Ⅱ　こちらも二つの部分に分けられる。

1

食べものの体内での変身　第一～第三段落（長い旅のすえに、あなたは…）※問5・問6

あなた（豚肉）は人間の口のなかに入ると、口から食道、胃袋、十二指腸、小腸、大腸とたどるあいだに、さまざまな形に変わり、そして便になって肛門から出ていく。このように食べものは人間のからだのなかで徐々に変わっていくのであり、どこまでが食べもので、どこからが食べものでないのかを決めるのは難しい。

2

二つの極端な見方　第四～第七段落（答えはみなさんで考えていただくとして…）※問4・問5・問6

食べものの変身について二つの極端な見方がある。一つは、人間は「食べて」などおらず、生命の循環がうまくいくように**食べさせられているにすぎない**という見方である。もう一つは、食べものは形を変えながら循環しているのであり、生きものの死によって次の生きものに生を与える**バトンリレーをしている**という見方である。この二つの見方には類似点がある。

【文章Ⅰ】、**【文章Ⅱ】**いずれも「食べる」ことをテーマとしているが、このテーマに対するアプローチの仕方はともにユニークである。【文章Ⅰ】では宮沢賢治の童話に依拠しながら、生き物にとって「食べる」ことが宿命的な行為であり、それを否定すれば星へと自らを昇華しなければならない、要するに死ぬしかないことを示唆している。また【文章Ⅱ】では人間が「食べる」ことを、食べ物が身体を通過するプロセスとして説明している。このように両者は、一方は文学的、幻想的な文章であり、他方は生理学的、即物的な文章であるという点で対照的である。

語句

Ⅰ　位相＝ある世界や社会のなかで、どのような位置にあるかということ。またその位置。
食物連鎖＝生物群集内での、食うものと食われるものとのつながり。

解説

問1　標準　1 ～ 5　正解は　(i)(ア)＝②　(イ)＝③　(エ)＝④　(ii)(ウ)＝②　(オ)＝③

(i)(ア)「過剰」　①冗長（＝無駄が多くて長いこと）　②剰余（＝余り。残り）　③浄化（＝汚れを取り除いてきれいにすること）　④常軌（＝普通のやり方。「常軌を逸する」で〝常識はずれの言動をとる〟の意）

(イ)「傷ついた」　①勧奨（＝勧め励ますこと）　②鑑賞（＝芸術作品などを味わい理解すること。「観賞」は〝動植物などを見て味わい楽しむこと〟の意）　③感傷（＝物事に感じて心をいためること）　④緩衝（＝二つのものの間に立って、衝突や不和などを和らげること。敵対する国同士の中間に設けた地帯を「緩衝地帯」という）

(エ)「遂げる」　①類推（＝類似の点をもとに他を推しはかること。アナロジー）　②生粋（＝混じり気がまったくないこと）　③麻酔　④完遂（＝最後までやり遂げること）

(ii)　(ウ)　「襲い」　①夜襲（＝暗い夜を利用して敵を襲うこと）　②世襲（＝地位や職業などを子孫が代々継承すること）　③奇襲（＝相手の不意をついて襲うこと）　④来襲（＝襲ってくること。攻めてくること）

「襲（シュウ・おそう）」は〝(1)襲う。(2)継ぐ。(3)重ねる〟の意がある。①・③・④が(1)の意で、②が(2)の意になる。(2)の熟語には他に「襲名」「踏襲」などがある。(3)は〝衣服を重ねて着る〟という意味で「襲（かさね）」と表記する。

(オ)　「与える」　①供与（＝物や利益などを相手に得させること）　②贈与（＝金品を贈り与えること）　③関与（＝ある物事にかかわること）　④授与（＝授け与えること）

「与（ヨ・あたえる）」は〝(1)与える。(2)くみする・仲間になる。(3)関係する〟の意がある。①・②・④が(1)の意で、③が(3)の意になる。(3)の熟語には他に「参与」などがある。(2)の熟語には「与党」などがある。

問2　標準　6　正解は①

傍線部の内容を問う設問。「ここから」と「つぎのように」という二つの指示語は、それぞれ直前および直後の「よだかの星」の引用箇所を指している。まず直前の引用箇所では、よだかが口に入ってきた甲虫を飲み込んで、ぞっとしたことが記されている。これについて直前の二段落で、よだかが醜い自分に劣等感をもちながらも、羽虫や甲虫を食べてしまうことに疑問を感じていると述べられる。この「ぞっとした」感じは、【文章Ⅰ】の最終段落などでもふれられているように、自分には存在価値がないと思っているよだかが、それにもかかわらず**本能から他の生き物を殺して食べてしまうことに絶望する心情**を表現している。次に直後の引用箇所では、よだかが多くの羽虫を殺し、また自分も鷹に殺されることに苦悩して、空の向こうへ行ってしまおうと決意したことが記される。これについては直後の二段落で、よだかが自分の生に苦悩し、殺し殺されることに嫌気がさして、**絶食して空の彼方へ消え去り**、「**燃え尽き**」**てしまおうと考えた**と説明される。要するによだかは餓死を決意しているわけである。以上より「よだかの思考の展開」は次のように説明できる。

劣等感を持ちつつも殺し殺されることに嫌気がさして、餓死するまで飛び去ろうと考えるにいたる

選択肢は前半部分では絞りにくいので、後半に着眼して、「現実の世界から消えてしまおう（＝死のう）」とある①と、「彼方の世界（＝死後の世界）へ旅立とう」とある②に絞り、前半部分を「生きる意味が見いだせない」「羽虫や甲虫を殺して食べていることに苦悩し」とある①を選択すればよい。

② 内容的には間違いとは言い難いが、羽虫や甲虫を殺して食べることについての苦悩（右の二つの引用箇所における中心的なテーマである）を説明していない。

③ 「不条理な（＝物事の筋道が立たない）世界を拒絶しよう」が不適。これでは「弱肉強食の関係」がない世界で生きていこうという意味になってしまう。

④ 「他者を犠牲にして生きるなかで自分の存在自体が疑わしいものとなり」が不適。これは順序が逆であって、まず自分がみじめな存在であると苦悩し、さらに他者を犠牲にして生きることに嫌気がさすのである。また「新しい世界を目指そう」とあるのも、生の否定ではないので不適となる。

⑤ 鷹に脅かされることと、羽虫や甲虫を食べることを「矛盾」と説明しており不適。これは「矛盾」ではなく「食物連鎖」という自然の摂理である。また「遠くの世界で再生しよう」も不適となる。

問3 標準 7 正解は②

傍線部の内容を問う設問。傍線部の直前に「それは」とあり、これが「われわれすべてが共有するもの」である。そこで「それ」の指示内容を探せば、前文の「心がキズついたよだかが……『思ひ』をもつという一点」が見つかる。すなわちこのよだかの「思ひ」をすべての人間が「共有する」というのである。よってこの前文の内容を確認することに

なる。「心がキズついた」とは第二・第三段落で詳しく説明されているように、よだかが自分の醜さのために他の鳥に嫌われ、さげすまれ、鷹には変名せよとまで迫られて、自分の存在に自信をもてなくなったことをいう。だが「それでもなお羽虫を食べるという行為を無意識のうちになしていることに気がつき」「ぞっとした」とある。これは問2でも確認した事情である。繰り返せば、よだかは自分の存在価値を否定する一方で、本能から羽虫や甲虫を殺して食べてしまうことに自分ながら嫌気がさしている。自分の存在を否定しながらも、他者の存在を否定してしまうという**生き物としての宿命**が指摘されている。なお傍線部に「（ひょっとしたら同時によだかでもある）」とあるのは、二つ目の引用箇所の直後の段落にある「（それはわれわれすべての鏡だ）」と同じく、この童話が**寓話**（＝動物などにかこつけて教訓的な内容を述べたたとえ話）であることを示唆する。以上より傍線部にいう「共有するもの」は次のように説明できる。

自分の存在に悩み傷つきながらも他者を殺して食べている自己を嫌悪すること

選択肢は「共有する」の対象を「他者の生命を奪って生きていること」と説明した②と、「他者の生命に依存していたこと」と説明した③と、「他者の生命を無自覚に奪っていたこと」と説明した④に絞る。次に「ぞっとした」を「自己に対する強烈な違和感を覚える」と説明した②を選択すればよい。

①「動物の弱肉強食の世界でいつか犠牲になるかもしれない」が不適。「自己の無力さに落胆する」とあるのも「ぞっとした」に合致しない。

③「自己を変えようと覚悟する」が「ぞっとした」の説明として不適となる。これは【文章Ⅰ】末尾の「自らを変容させていく」のひっかけである。この「変容」は星に変容することだから、言い換えれば〝死ぬこと〟である。だが選択肢では自己改革を意味している。

④「自己の罪深さ」が不適。羽虫や甲虫を食べて生きていることについて、「それがよいことかどうかがわからない」（第三段落）、「自分が羽虫を食べることがつらいのか……判然と理解しているわけではない」（終わりから二段落目）などと書かれているが、罪悪感をもっていたとまでは書かれていない。

⑤　「弱肉強食の世界を支える存在であったことに気づき」が不適。このような自覚はない。「自己の身勝手さ」とあるのも、「（羽虫や甲虫を食べることは）食物連鎖上のこととしてやむをえないことである」（第五段落）などに合致しない。

問4　標準　8　正解は②

傍線部の内容を問う設問。「二つ」とは「二つの極端な見方」（第四段落）をいう。その一つは「**人間は『食べて』などいないという見方**」（第五段落）であり、「人間は、生命の循環の通過点にすぎ」ず、「地球全体の生命活動がうまく回転するように食べさせられている」と説明される。すなわち「**生命の循環**」という視点に立てば、人間は主体的、意志的に食べ物を食べているのではなく、その循環がうまく機能するように食べさせられているにすぎないというのである。そしてもう一つは食べ物を「**循環のプロセスと捉える**」（第六段落）、言い換えれば「ずっと食べものである」という見方であるとして、生き物が別の生き物の食べ物となって循環していくことを「バトンリレー」にたとえている。ここでも食べ物は「**人間を通過しているにすぎない**」と言われる。食べ物が形を変えながら食べ物として循環するという視点に立てば、人間はその通過点にすぎないというのである。そこでこの二つの見方の「似ているところ」を取り出せば、「**生（命）**」「**循環**」「**通過**」という三つのキーワードが共通している点にすぐに気づくだろう。よってこの三語を用いて次のように説明できる。

生命は食べ物として循環し、人間はその通過点にすぎない

選択肢はこの三語に着眼すれば、「生命の再生産」とある①と、「命の受け渡し」とある②に絞ることができる。正解は②で、人間が食べるという人間中心主義的視点を離れることを「人間の生命維持を中心とする見方ではなく」と説明している。

①「人間の消化過程」は【文章Ⅱ】の前半で説明される事柄で、これをふまえて「二つの極端な見方」が提示されている。したがって「人間の消化過程を中心とする見方ではなく」という説明は誤りとなる。また「微生物の活動と生物の排泄行為」は一つ目の見方ではふれられていない。

③二つの見方とも「食べられる側の視点」に立っているわけではない。また「消化と排泄」は一つ目の見方ではふれられていない。

④「人間の生と死」と「地球環境の保護」との対比として説明しており不適。第五段落に「地球全体の生命活動」とあるように、視点はあくまでも「生命」であって「地球環境」ではない。

⑤「多様な微生物の働きから消化のメカニズムを捉えている」のは【文章Ⅱ】の前半部であって、「二つの極端な見方」のいずれにも該当しない。

問5　やや難　9　正解は④

文章の表現の特徴を問う設問。【文章Ⅱ】の前半部分が問われる。消去法で解くが、その前に、【文章Ⅱ】の説明文に「人間に食べられた豚肉（あなた）の視点から」とある点に注意しよう。食べ物である豚肉を「あなた」と擬人化し、**豚肉の立場に立って消化の過程が説明されることになる。**たとえば「箸で挟まれたあなた」「唾液をたっぷりかけられ」といった受身形は、豚肉を食べて消化する過程を豚肉の側に立った〈受難〉として描写したものである。

①不適。「見立てる」には〝⑴見て選び定める。⑵病気を診断する。⑶別のものになぞらえる、たとえる〟の意があり、ここでは⑶の意で使っているのだろうが、「あなた」は豚肉を指す二人称の代名詞であるから、「見立てる」という説明は誤りである（「見立てる」は「庭の築山を富士山に見立てる」「鉛筆をロケットに見立てる」などと使う）。また「心情を印象的に表現」してもいない（たとえば胃酸によって溶解される「あなた」の苦しみなどは描写されていな

い)。

②不適。①と同じく「見立てる」が誤りとなる。また「比喩的」というのは間違いではないが(たとえば擬人法(活喩)を多用し、「微生物の集合住宅」「下水の旅」といった隠喩を用いている)、これを「厳密(=注意が行き届いていて、すきのないさま)」と表現するのは適切でない。

③不適。やはり「見立てる」が誤りとなる。なお「擬態語を用いて」とあるのは「ドロドロに」「くねくね」などに合致する。また「筋道立てて」とあるのも、消化の過程を順序立てて説明しているので適当である。

④適当。「比喩を多用して」とあるのは、特に擬人法の多用(たとえば「抵抗できぬまま」「別れを告げ」「旅します」)について言える。また「軽妙に(=軽やかで、うまい)」とあるのは、「です・ます」調による語りかけ、「たっぷりかけられ、舌になぶられ、硬い歯によって噛み切られ、すり潰され」のような受身形の繰り返し、「ドロドロ」「くねくね」の語感などが該当する。

⑤不適。「誇張し」た表現は見当たらない。

問6 やや難 10・11 正解は (i)=② (ii)=③

生徒が作成したメモを完成させる設問。本文の内容をまとめた図式の空欄部分を埋める形式は、二〇二一年度の本試験第1日程でも出題されている。

(i) 【メモ】の〈1〉が【文章Ⅰ】と【文章Ⅱ】の共通点を記しているのに対して、〈2〉は両者の相違点を記している。まず〈2〉の【文章Ⅱ】は、「生物を地球全体の生命活動に組み込む」とまとめられ、これは問4で検討した「二つの極端な見方」をふまえたものである。これとの「捉え方の違い」というのだから、【文章Ⅰ】は生物を個体として捉える見方であろうと見当がつく(「違い」というからにはある共通の基準に照らして違うのである。たとえば気温(寒暖）という基準に照らして「夏は暑いが、冬は寒い」という。これを「夏は暑いが、冬はスキーができる」といえば、これは夏と冬の違いの説明にならない。「夏は暑いが、猫はかわいい」といえば、さらにそのおかしさが際立つだろう。要するに、同じだから違うという逆説が成立するわけである）。実際、【文章Ⅰ】ではよだかが羽虫や甲虫を食べることがいやになり、餓死して星になることを願っている。すなわち**生き物個体の生命維持**をテーマとしている。よって「自己の生命を否応なく存続させる」と説明した②が正解となる。「否応なく」は終わりから三段落目の「ふと無意識に口にしていた」などをふまえている。

①「弱者の生命の尊さ」が不適。【文章Ⅰ】の終わりから二段落目に「食物連鎖の議論のようにみえる。……だがよだかは……」とあるように、【文章Ⅰ】は弱肉強食の世界を弱者の立場に立って論じているわけではない。

③「意図的に」が不適。右に引用した「無意識に」に矛盾する。

④「食物連鎖から生命を解放する」とあるのは【文章Ⅰ】最終段落の「食物連鎖からの解放」に合致するが、その直後で「むしろここでみいだされるのは……」とあるように、この童話の中心は食物連鎖からの解放ではなく、他の生き物を殺して食べずにはいられないという生き物の宿命に関することである。

(ii)　【メモ】の〈3〉は「まとめ」であるから、〈2〉で指摘した【文章Ⅰ】と【文章Ⅱ】の相違点をふまえつつ、「食べる」ことと生命の関係を総合的にまとめることになる。消去法で解けばよい。

①不適。「昇華」とは本来〝固体が液体にならないで、直接気体になること〟を意味し、そこから〝ある状態から、より高次元の状態へ高めること〟の意が派生した。たとえば欲望とか葛藤といったなまの感情を、詩や音楽などで表現する場合に「昇華」という言葉がよく使われる。【文章Ⅰ】ではこの言葉が三度使われ、たとえば終わりから二段落目には「最終的な星への昇華」とあって、よだかの苦悩と餓死への希求が星へと転生することを意味している。ところが①にいう「自他の生を昇華させる」とは、「他者の犠牲によってもたらされた」とあるように、食物連鎖のこと

であるから、【文章Ⅰ】の「昇華」とは意味が異なっている。

②不適。「生命が本質的には食べてなどいない」とは【文章Ⅱ】の「二つの極端な見方」の二つ目、すなわち「人間は『食べて』などいないという見方」をふまえているが、これは人間は食べさせられているという意味であるから、よだかの餓死への希求とは関係がない。

③適当。生命活動の循環を、【文章Ⅱ】の「地球全体」の視点と、【文章Ⅰ】の個々の生き物の立場（③で「生きることへの衝動」と説明される）との両方から説明している。

④不適。「食べることによって生じる序列が不可欠である」とは生物間の弱肉強食という縦の関係を肯定するということであり、【文章Ⅰ】と【文章Ⅱ】のいずれにも合致しない。

参考

宮沢賢治（一八九六～一九三三年）は詩人・童話作家。岩手県の現、花巻市に生まれる。盛岡高等農林学校卒業。農学校教諭となり、農民に稲作指導を行う一方で、詩や童話を書いた。代表作に童話『銀河鉄道の夜』『風の又三郎』『注文の多い料理店』、詩集『春と修羅』などがある。三十七歳で病死した。「よだかの星」は一九二一年ごろに執筆された童話（短編小説）である。インターネット上の「青空文庫」で読める。一読をすすめたい。

第2問 標準

出典

黒井千次「庭の男」（『石の話―黒井千次自選短篇集』講談社文芸文庫）

黒井千次（一九三二年〜）は小説家。東京都生まれ。本名、長部舜二郎。東京大学経済学部卒業。富士重工に勤務しながら創作活動を続けて、その後退職して作家生活に入る。代表作に『時間』『五月巡歴』『群棲』『春の道標』などがある。「庭の男」は一九九一年、文芸雑誌『群像』一月号に発表された。二十ページほどの短編小説で、本文はその後半の一節である。参考までに本文の続きを紹介すれば、隣家の少年と父親の口論（「私」は心の中で少年を応援している）が起こり、それがきっかけとなってプレハブ小屋が壊れ、結局小屋も立看板も撤去されて、「私」の生活が元に戻った、というもの。

要旨

本文を三つの部分に分けて内容をまとめよう。

1 **立看板の男の視線**（立看板をなんとかするよう…） ※問4・問5

私は、隣家の庭のプレハブ小屋に立てかけてある看板に描かれた男の視線が気になって落ち着かず、看板をどうにかしてもらいたかったけれども、下手に頼めばかえって疑惑をもたれそうで、ためらっていた。

2 **少年の罵言**（ある夕暮れ、それは…） ※問1・問2・問4・問5

私は散歩の途中で出会った隣家の少年に看板のことを訴えた。しかし少年は私の言葉を無視し、「ジジイ——」と捨て台詞を残して立ち去った。その罵言が私には耐え難かった。

3 **少年の覚悟**（夜が更けてクーラーをつけた…） ※問3・問4・問5

私は看板を動かそうと思って、夜中に隣家の庭に忍び込んだ。しかし看板は丈夫な素材で出来ているうえに、針金でしっかりと固定されていた。私は少年の彼なりの覚悟を認めてやりたいような気分になった。

語句

示唆＝それとなく教え示すこと。
流し＝台所・洗濯場などの、物を洗ったり、水を流したりする場所。
謂《いわ》れ＝理由。

解説

問1 標準 12・13 正解は②・⑥

傍線部の理由を問う設問。消去法で解く。**隣家の看板の男の視線をひどく気にしていた「私」が**、散歩の途中で隣家の少年と出会い、少年に近づいたという場面である。「ほとんど無意識のように道の反対側に移って彼の前に立っていた」というのだから、少年に訴えかけたいという「私」の思いはよほど深刻で根深いことがわかる。そこで傍線部にいたる事情を第一～第三段落に戻って把握しよう。「私」は隣家の看板に描かれた男の視線に悩まされていたが、それを隣家の少年に訴えても**理解してもらえるとはとうてい思えない**。少年の親に相談しようとも思ったけれど、それはフェアではないし、看板ごときを気にかける「私」に対して**疑惑が起こるのではないかと危惧した**、というものである。このように思いをめぐらしていた「私」が偶然少年を見つけて近づいたというのだから、その理由、動機は次のように説明できる。

看板に悩んでいる気持ちを少年に訴えても理解されないだろうが、それでも少年に訴えるしかないと思ったから

①不適。「疑惑」は少年に芽生えるのではなく、「親が……としても、相手の内にいかなる疑惑が芽生えるかは容易に想像がつく」（第三段落）とあるように、少年の親に芽生えるのである。

②適当。第三段落に同様のことが書かれている。少年を説得できそうにないからといって、親に訴えるのはフェアではないから、少年に訴えようと思った、と因果関係を説明できる。

③不適。第一段落に同様のことが書かれているけれども、この「余裕」およびそれに基づく毒づきも、第二段落に「所詮空威張りに過ぎぬのは明らかである」とあるように、「私」は自ら否定せざるをえない。よって傍線部の行動には結びつかない。

④不適。第二段落の「あの男がいつもと同じ場所に……落着けなかった」と同じ内容であるが、やはり傍線部の行動の動機とはならない。

⑤不適。傍線部の直前で描写されてはいるが、これは隣家の少年であると特定するのに役立っただけであって、少年に近づいていった動機とはならない。

⑥適当。「少年を説得する方法を思いつけない」、「看板をどうにかしてほしいと願っていた」といずれも妥当な説明であり、「私」の行動にも結びつく。

問2　標準　14　正解は①

傍線部の内容を問う設問。実質的には心情説明問題である。というのも、この「痛み」はもちろん精神的な苦痛だからである。「身体の底を殴られたような」という比喩は、それが心をひどく傷つけるものであることを表す（前文にも「中学生の餓鬼にそれを無視され、罵られたのは身に応えた」とある）。また「厭な」とあるのは、この段落冒頭に「ひどく後味の悪い」とあるように、この痛みがなんとも不愉快なものであることを表す。そこでこの状況をたどると、「私」はたまたま隣家の少年と出会い、看板を移動させるか裏返すかしてほしいと頼み込む。しかし少年はそれを無視し、立ち去り際に「ジジイ――」と低く捨て台詞を吐く。「私」は「一応は礼を尽して頼んでいるつもりだった」ので、この「ジジイ」という予想外の言葉は「私」の心をひどく傷つけ、少年を「餓鬼」と呼ぶことで何とか心の平衡を取り戻そうとしているというものである。実際「私」はその後、自分の非を認めることで心の傷を癒そうとするが、相手が息子よりも若い少年であるだけに「やはり耐え難かった」と振り返る。以上より傍線部の内容を次のように説明できる。

礼を尽くして頼んだのに、「ジジイ」と罵られてひどく傷つき、不愉快でならない心情

選択肢は文末を検討する。①「不快感」、②「孤独と屈辱感」、③「いら立ち」、④「無念さ」、⑤「失望と後悔」とあるので、①が適当だという見当がつくだろう。「頼みごとに耳を傾けてもらえない」とあるのは少年に無視されたことに合致する。「話しかけた際の気遣い」は「礼を尽し」たことをいう。「暴言」は「罵られ」に合致する。「存在が根底から否定された」は「身体の底を殴られた」の言い換えとして適当である。ただ「痛み」の説明が足りないとも思われる（「痛み」を「不快感」とするのは少し弱い）。

②「少年から非難（＝欠点や過失などを指摘して責めること）」されたわけではなく、「汚点」と捉えているわけでもない。「孤独」も読み取れない。

③「説得できると見込んでいた」が不適。第一段落の「少年にどう説明すればよいのか見当もつかない」に合致しない。また「常識だと信じていたことや経験」とは年配者としての知識や経験をいうのだろうが、本文から読み取れない。「いら立」っているわけでもない。

④「礼を尽して」はいるが「へりくだった態度で接した」わけではない。したがって「少年を増長（＝つけ上がって高慢になること）させてしまった」も不適となる。「交渉が絶望的になったと感じた」とも読み取れない。さらに「無念さ（＝残念さ）」も「痛み」に合致しない。

⑤「真に受け」が不適。第一段落の「妻の示唆を、私は大真面目で受け止めていたわけではなかった」に矛盾する。また「自分の態度」に「理不尽さ（＝道理に合わないこと）を感じた」のではなく、「こちらの申し入れが理不尽」と考えようとしたのである。「後悔」もしていない。

問3　標準　15　正解は③

傍線部の心情を問う設問。「あ奴」はもちろん少年を指す。「かなりの覚悟でことに臨んでいるのだ」とは看板について言ったもので、「私」はこの看板がかなり頑丈なものであることを認め、少年の看板に対する並々ならぬ思いを感じとっている。そもそも「私」は看板をずらすなり裏返すなりしてやろうと考え、夜中にこっそりと隣家の庭に忍び込み、看板のある所へたどり着く。だが看板は予想に反して頑丈に作られ設置されていることを知り、「最早男を動かすことは諦めざるを得なかった」。「私」としては昼間の少年の態度が気に入らず、礼儀も知らない「餓鬼」と侮って勝手に看板を動かしてやろうと目論んだわけであるが、逆に少年の「かなりの覚悟」を知って、少年を見直すことになったわけである。以上より傍線部の心情は次のように説明できる。

看板に込めた少年の強い思いを知って、少年を見直してやりたいという心情

選択肢は文末を検討する。「認めてやりたい」「彼を見直したい」とある①と、「その心構えについては受け止めたい」とある③に絞り、「しっかり固定された看板」「何らかの決意」を決め手に③を選択すればよい。

①　「私」が隣家の庭に忍び込む決意をしたから少年の決意に思い至ったというわけではない。「私」が少年の決意を感じとったのは頑丈に固定された看板を見たからである。よって「共感」も不適となる。

②　常識的に考えて、自宅の庭に看板を設置したことが「隣家の迷惑」になるとは限らない。「迷惑」に思うのは「私」の身勝手とも言える。そのことは「私」も十分承知しているから、独りでくよくよ悩むことになる。よって「隣家の迷惑を顧みることなく」という説明は不適である。また「応援したい」とあるのも根拠がない。

④　「具体的な対応を求めるつもりだった」が不適。「私」は隣家の庭に忍び込んで勝手に看板を動かそうとしている。

⑤　「気が楽になる」とあるのも、少年の覚悟を認めてやりたいという心情に合わない。

「悔やみ」が不適。「私」が後悔していると読める箇所はない。また「歩み寄ってもよい」とあるのも、「私」が看

板のことで妥協したわけではないので不適となる。

問4 やや難 16・17 正解は (i)＝② (ii)＝①

表現の仕方とその心情を問う設問。「私」は少年に対しては「少年」の他に「裏の家の息子」「彼」「餓鬼」「あ奴」などと呼び分けている。また看板の絵に対しては「男」「裏の男」「あの男」「素敵な絵」などと呼び分けている。これを確認したうえで消去法で解くことになる。

(i)

①不適。「裏の家の息子」は「妻の示唆」(本文冒頭)の一節にあるのだから、「私」の捉え方であるとは断定できない。また「息子よりも遙かに歳若い少年」の直後に「やはり耐え難かった」(傍線部Bの段落の次の一文)とあるように、これは「私」の不快な心情を表すもので、「親しみを抱いている」わけではない。

②適当。「私」は少年に「ちょっと」と声をかけ、「庭のプレハブは君の部屋だろう」と、少し改まった調子で話している。ところが「ジジイ――」と罵られたあとで、「餓鬼」と呼ぶようになっている。よって「怒りを抑えられなくなっている」という説明は妥当である。ただ「看板への対応を依頼する少年に」という表現は、普通に読めば少年が依頼すると受け取れる。「少年に看板への対応を依頼するために」などとするのが適当であろう。

③不適。「君」と呼ぶのは右の引用箇所のみであって「つねに」ではない。また少年の「外見」について「餓鬼」と侮っているわけではない。

④不適。「我が身の老いを強く意識させられた」から少年を「餓鬼」と称したわけではない。「彼の若さをうらやんでいる」というのも本文から読み取れない。

⑤不適。「裏の家の息子」が①と同じ理由で不適となる。また「外見」から「餓鬼」と判断したという説明も③と同じく誤りとなる。

(ii)

①適当。「男と睨み合った」（第一段落）、「男の視線」（第二段落）などとあるように、「私」は看板に描かれた男を実際の人間のように過剰に意識している。だが少年の前ではこのような非常識な意識を抑えて、「映画の看板」と普通の言い方をする。ところが少年の顔に「警戒の色」が浮かぶと、「素敵な絵」「あのオジサン」と、心が動揺するままに言い方を変えている。

②不適。「あの男」は「比喩」ではない。また「オジサン」は普通の大人に対する言い方であるから、「映画俳優への敬意を全面的に示す」という説明は誤りである。

③不適。「私」が妻の前で「案山子」と発言したとは書かれていない。「私」は看板が気になる自分を、案山子を恐れる雀のように感じている（本文のリード文）のであって、「単なる物として軽視している」のではない。また「少年から拒絶の態度を示される」のではなく、「警戒の色が顔に浮かんだ」だけである。

④不適。「私」は看板を人間扱いしていたが、つい少年の前で物扱いしてしまったので、「あのオジサン」と人間扱いに戻して少年の機嫌をとろうとしたという内容となり、看板に対する「私」の心情の推移からはずれている。また「慌てふためいている」というのは言い過ぎであろう。

問5 やや難 18・19 正解は (i)＝① (ii)＝⑤

ノートの完成とそれに関連する設問。二重傍線部は「私」が隣家の庭に忍び込んで看板を間近に見る場面にある。二文前の「そんなただの板と、窓から見える男が同一人物とは到底信じ難かった」に着眼しよう。「私」は家から眺めていたときは**看板の男の視線に悩まされていた**。だから看板の移動や撤去を隣人に申し込もうかと思い迷っている（本文のリード文および第一～第三段落）。ところが間近で見てみると、**ただの板に描かれた絵にすぎないと思い直す**。それがちょうど、案山子を恐れていた雀が、案山子にとまってみると、ただの人形とわかって恐れなくなるのと同じだと感じている。それが二重傍線部の言わんとするところである。これをふまえて各設問を吟味しよう。

(i)　**【ノート】**を完成させる。**【ノート】**は、**「案山子」の意味→「案山子」と「雀」の俳句→「看板」と「私」の関係**という流れになっている。**意味**では、「案山子」の原義（ア）とそれから派生した意味（イ）とが記される。**俳句**では、ⓐは案山子を恐れる雀の様子が、ⓑ・ⓒは案山子の正体を見抜いて恐れない雀の様子が詠まれている。そして**「看板」と「私」の関係**では、看板を家から眺めていた「私」と、看板を間近で見た「私」とが対比される。よって以上を図式化すると次のようになる。

遠くから案山子を見て恐れる雀　＝　家の窓から看板の男の視線に悩まされる「私」　→　X

⇩

近くに案山子がいても恐れない雀　＝　看板を間近で見て、ただの板だと思う「私」　→　Y

(ア)は「案山子の存在に雀がざわめいている」とあるようにXに該当する。(イ)は「『見かけばかりもっともらし』い存在となっている」とあり、XではなくYの内容である。(ウ)は「案山子が実際には雀を追い払うことができず」とあるようにYに該当する。(エ)は「自ら名乗ってみせるだけ」なので、実際には「おどし防ぐ」存在とはならず、XにもYにも該当しない。よってXとなるのは(ア)、Yとなるのは(イ)と(ウ)であるから、組み合わせとして適当なのは①である。

(ii)　**登場人物の認識の変化と心情**を問う設問。二重傍線部に「苦笑した（＝にがにがしく思いながらも、しかたなく笑った）」とあるように、「私」は今まで自分を悩ませていた看板が「ただの板」だとわかり、そんなものに心を乱されてきた自分を愚かしく思いながら、しかたなく笑っている。よって選択肢は文末に着眼して、「『ただの板』にこだわり続けていたことに対して大人げなさを感じている」とある①と、「『ただの板』に対して悩んできた自分に滑稽さを感じている」とある⑤に絞り、変化を「心穏やかでない状態」→「恐れるに足りないとわかり」と説明した⑤を選択すればよい。

①「虚勢を張る（＝見た目だけは力のあるふりをする）『案山子』のような看板」が不適となる。「私」は「こちらを凝視して止まな」（第二段落）い男に心底弱っており、看板の男が「虚勢を張」っているとは思っていない。

②「自分に危害を加えるようなものではないと理解していた」が不適。「私」は男の視線を心理的な暴力と受け止めている。「『おどし防ぐもの』としての効果を実感し」「気恥ずかしさ」も読み取れない。

③「おそるおそる」近づいたわけではない。また「自分に自信をもつことができたと感じている」と読み取れる箇所もない。

④「自分に哀れみを感じている」と読み取れる箇所がない。

参考

夏目漱石はよく知られているように、学友で俳人であった正岡子規の感化と指導のもと句作に励むようになり、生涯でおよそ二六〇〇句を残している。その斬新で洒脱な作風は初期の作品『吾輩は猫である』『坊ちゃん』『草枕』にも影響を与えていると言えよう。たとえば問5の【ノート】で引用されている句「某は案山子にて候雀殿」を見ても、「吾輩は猫である」と「某は案山子にて候」との類似に気づかされるし、「雀」に「殿」を付けることで感じられるユーモアにも注目されるであろう。

第3問 やや難

出典

『増鏡』〈第九　草枕〉
後深草院二条『とはずがたり』〈巻一〉

『増鏡』は南北朝時代の歴史物語。「四鏡」（『大鏡』・『今鏡』・『水鏡』・『増鏡』）の一つである。作者は二条良基説が有力。全十七巻。後鳥羽天皇の誕生から後醍醐天皇が京都に戻って「建武の新政」が成立するまでの、およそ百五十年間の歴史を編年体で記す。作者が嵯峨の清涼寺に参詣した際、出会った百歳を超える老尼が語る歴史を書き取ったという体裁をとる。公家社会から武家社会へと推移するなかにあって、朝廷の行事や生活などを中心に記しており、王朝時代への憧憬が強い。文体は擬古文で、優雅な文章で書かれている。『源氏物語』の影響を強く受けており、各巻には「藤衣」「草枕」「むら時雨」などの名が付けられている。

『とはずがたり』は鎌倉時代後期の日記で後深草院二条の作。大納言久我雅忠の娘である。全五巻。前三巻は十四歳で後深草院の寵愛を得てから宮廷を退くまでの生活を記し、後二巻は出家して諸国をめぐったときの見聞や、院との再会、院の死去などを記す。作者は二歳で母を亡くし、四歳から後深草院の御所で育ち、十四歳で院の寵愛を受けるというように、幼いころから院と親しく接していた。だがその一方で、西園寺実兼、院の弟である性助法親王、同じく弟の亀山上皇などとも交際するという、恋多き女性であった。

要旨

Ⅰ　後深草院は対面した前斎宮（院より六歳年下）の面影が忘れられず、なんとかして思いを遂げたい。そこで寵愛する二条に取り次ぎをさせて前斎宮の寝所に忍び入った。前斎宮はつらく思ったけれども、取り乱しはしなかった。

Ⅱ　三つの部分に分けられる。

1　**後深草院の恋心**　1～10行目（斎宮は二十に余り給ふ…）
後深草院は対面した前斎宮の成熟した美しさに心を奪われ、自分の部屋に戻った後も二条に恋心を訴えた。そして二条に使者に立つように命じた。

2　**二条の仲立ち**　10～18行目（ただおほかたなるやうに…）
二条は使者として前斎宮の部屋へ行き、院の詠んだ恋歌を渡した。でも前斎宮は顔を赤らめて返事に窮するばかりでまた眠ってしまった。二条は院の所へ戻ってその次第を話した。

3　**前斎宮のもとへ**　19～23行目（「ただ、寝たまふらむ所へ導け…）
院は前斎宮の部屋へ連れて行けと二条を責め、二条は院を案内した。女房たちはみな眠っているなか、院は前斎宮の寝ている所へもぐり込んだ。

大宮院が後深草院と前斎宮を自宅に招いて三人でひとときを過ごしたときに、後深草院は前斎宮の美しさに心を打たれ、たちまち恋心を抱いてしまった……。【文章Ⅱ】はその場面から始まり、【文章Ⅰ】は後深草院が自分の部屋に戻ったところから始まる。そして両者ともに院が前斎宮の部屋に忍び込んだところで終わっている。ちなみに【文章Ⅱ】に続く部分では、前斎宮の部屋から戻った院が「桜は匂ひはうつくしけれども、枝もろく、折りやすき花にてある」と二条に感想を述べている。

【系図】

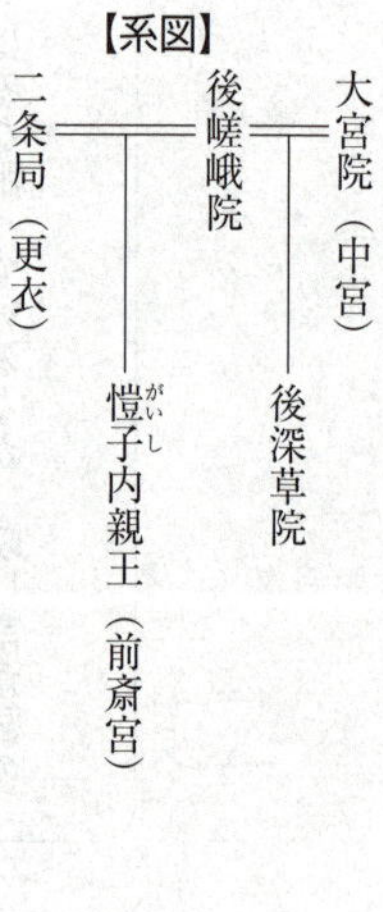

※更衣は中宮（皇后）、女御に次ぐ後宮の女官

語句

Ⅰ

院＝上皇・法皇・皇太后などの称号またその御所。貴人の邸宅。

ありつる＝さっきの。例の。

はらから＝母を同じくする兄弟姉妹。転じて、一般に兄弟姉妹。院と斎宮の関係は異母兄妹。

け近し＝「気近し」で、身近だ。近い。親しみやすい。

たばかる＝思案する。相談する。だます。

夢うつつともなし＝「うつつ」は〝現実〟。夢となく現実となく。おぼろげなさまをいう。

消えまどふ＝死にそうなほどに心が乱れる。

Ⅱ

くまなし＝「くま」は〝曇り。かたすみ。秘密〟などの意。曇りや影がない。行き届かぬ所がない。抜け目がない。

本文では隅々まで美女を求める院の好色な心について「くまなき」と表現している。

すさまじ＝興ざめだ。荒涼としている。

奏す＝天皇または上皇・法皇に申し上げる。「啓す（＝皇后・皇太子・皇太后などに申し上げる）」と対になる絶対敬語。ただし本文では二条が斎宮に話しかける場面で使われており、一種の誤用と言える。

全訳

Ⅰ　後深草院も自分のお部屋に戻って、お休みになっているけれど、お眠りになることができない。さきほどの（斎宮の）御面影が、心にとどまって思い出しなさるのはどうにも仕方がない。「わざわざお手紙をさしあげるのも、外聞がよくないだろう。どうしたものだろうか」と思い悩みなさる。ご兄妹とはいえ、（斎宮は）長年離れた所で生育なさったので、（院は）疎遠な関係に慣れていらっしゃるままに、（妹に恋をしてはならないという）慎み深いお気持ちも薄かったのだろうか、やはりひたすら悶々《もんもん》とした状態で終わってしまうのは、物足りなく残念なことだとお思いになる。よくないご気性であることよ。

なんとかいう大納言の娘で、（院が）御身辺近く召し使う人で、その斎宮にも、しかるべき縁があって親しく参上し慣れている者（＝二条）をお呼び寄せになって、

「（斎宮と）なれなれしく（睦み合おう）とまでは思いも寄らない。ただ少し近い所で、恋しく思う心の一端をお聞かせしたい。このように機会のよいこともなかなか難しいだろう」

とひたすら真面目になっておっしゃるので、（二条は）どのように取り計らったのだろうか、（院が）夢ともなく現実ともなく夢心地で（斎宮に）近づき申し上げなさったところ、（斎宮は）とてもつらいとお思いになるけれど、弱々しく死にそうなほどに思い乱れなどはなさらない。

Ⅱ　斎宮は二十歳を過ぎていらっしゃる。成熟したご様子は、（伊勢神宮の）神も（斎宮との）別れを惜しみ慕いなさったというのも道理で、花と言うなら、桜にたとえても、はた目にはどうか（いや、桜と違わない）というくらいつい見間違えるほどで、（その桜を）霞が隠すように（顔を）袖で隠す間もどうしたらよいだろうかと（男の人なら）思い悩むにちがいないご様子なので、まして（美しい女性と聞けば）抜け目のない（院の）お心の内では、早くもどのような御物思いの種となることだろうかと、はたの者（＝二条）にもお気の毒に思われなさった。

（斎宮は院と）お話しになって、伊勢神宮（に奉仕していた頃）のお話など、とぎれとぎれに申し上げなさって、

「今夜はたいそう更けてしまいました。のんびりと、明日は嵐山の落葉した木々の梢などもご覧になって、お帰

りなさい」

などと（院が）申し上げなさって、自分のお部屋へお入りになって、早くも、

「どうしたらいいだろう、どうしたらいいだろう」

とおっしゃる。（私は）思った通りだわと、おかしく思っていると、

「（そなたが）幼いときから出仕した証拠に、このこと（＝斎宮との逢瀬）を（斎宮に）申し上げて実現してくれたら、心から（そなたは私に対して）誠意があると思いたい」

などとおっしゃるので、（私は）さっそく御使者として（斎宮の所へ）参上する。（院の伝言は）ただありふれた挨拶で、「お会いできてうれしくて。御旅寝はもの寂しいでしょうね」などというもので、密やかに手紙がある。（その手紙は）氷襲の薄様であろうか、

「ご存じではないでしょうね。たった今お目にかかったあなたの面影がそのままずっと私の心にとどまっているとは」

夜も更けてしまったので、（斎宮の）お側に仕える人たちもみんな寄り添って寝ている。ご主人（＝斎宮）も小さな几帳を引き寄せて、お休みになっていた。（私が）近くに参上して、事情を申し上げると、（斎宮は）お顔を少し赤くして、特に何もおっしゃらず、（院の）手紙も見るともなくて、（下に）置きなさった。

「（院には）何と申し上げたらよいですか」

と（私が）申し上げると、

「思いがけない（院の）お言葉に対しては、何とも申し上げようもなくて」

とおっしゃるばかりで、また（斎宮が）寝てしまわれるのも気がもめるので、（院のもとへ）帰り参上して、この次第を申し上げる。

「すぐに、（斎宮が）寝ていらっしゃる所へ案内しろ、案内しろ」

と（院が私を）お責めになるのも煩わしいので、お供に参上することは造作なくて、（院を）手引きして（斎宮の所へ）参上する。（院の平服の直衣である）甘の御衣などは仰々しいので、（下袴である）御大口だけ身につけて、こっそりと（斎宮の部屋へ）お入りになる。

まず（私が）先に参上して、御障子をそっと開けたところ、（斎宮は）さっきのままで寝ていらっしゃる。お側に仕える人も寝入ってしまったのだろうか、音を立てる人もいなくて、（院が）体を縮めて小さくしてお入りになった後は、どのような御事があったのだろうか。

解説

問1　標準　20 ～ 22　正解は　(ア)＝②　(イ)＝②　(ウ)＝③

(ア)　主語は後深草院。「まどろま（まどろむ）」は〝眠る。うとうと眠る〟の意。「れ」は助動詞「る」の連用形で、ここは可能の意になる。「給は」は尊敬の補助動詞「給ふ」の未然形。「ず」は打消の助動詞。「まどろむ」の意から②が正解とわかる。なお助動詞「る・らる」は自発・尊敬・受身・可能の四つの意があるが、尊敬の意になる場合、「給ふ」と同時に用いることはない。したがって「〜られ給ふ・〜れ給ふ」の「られ・れ」は多く自発か受身の意になる。また可能の意になる場合は、平安時代までは打消の語を伴って不可能の意を表すのが普通である（鎌倉時代以降は打消の語を伴わずに可能の意を表す場合がある）。ここはそれにならった用法で、「れ」と「ず」で不可能の意を表す。この点からも②が正解とわかる。

(イ)　「斎宮」の容姿を描写する。「ねびととのひ（ねびととのふ）」は、上二段動詞「ねぶ（＝年をとる。大人びる）」の連用形「ねび」と、四段動詞「ととのふ（＝そろう。まとまる。音楽の調子が合う）」を合成してできた語で、〝成長して大人びた感じになる。成熟する〟の意。ほかにも「ねびまさる（＝成長してますます美しく立派になる。ふけて見える）」「ねびゆく（＝成長していく）」「ねび人（＝年寄り）」などの合成語がある。「たる」は完了・存続の助動詞「たり」の連体形。よって②が正解となる。

(ウ) 「斎宮」にあてた院の口上についていう。「おほかたなる（おほかたなり）」は〝普通だ。ありふれている〟の意の形容動詞。直後の「御対面うれしく。御旅寝すさまじくや」というありきたりな口上についていったもの。よって③が正解となる。なお「おほかた」には副詞の用法もある（副詞の場合は〝一般に。まったく（…ない）〟の意）。「やう」はここは〝形式。型〟の意。「に」は状態を表す格助詞。

問2 やや難 23 正解は③

傍線部の語句と表現を問う設問。後深草院が前斎宮（本文では「斎宮」）に恋慕する場面を描いたものであるというリード文の説明を押さえたうえで**【文章Ⅰ】**を読み進めよう。「院も我が御方にかへりて」で始まり、「まどろまれ給はず」「思し乱る」と続くことから、院の様子を描いていることがわかる。そして「御はらから（＝兄弟姉妹）といへど」と続くが、これはリード文で**院と斎宮が異母兄妹である**とすでに説明されている。さらに「年月よそにて生ひたち給へれば」とあるから、二人が別々の場所で養育されたことがわかる。傍線部に入ると、やや内容のつかみにくい箇所が続くが、**文末に「思ふ」の尊敬語「思す」がある**ので、冒頭からの流れから考えて院が主語であると見当がつくだろう。その直後の「けしからぬ（＝よくない）御本性なりや」についても、母親が違うとはいえ二人は兄妹であるのに、院が斎宮に恋慕するのはよくないことだと語り手が感想をもらしているのだろうと読み取ることができよう。以上をふまえて消去法で解く。

①不適。「つつましき（つつまし）」は〝遠慮される。恥ずかしい〟の意。その「御思ひ」が「薄くやありけむ」と述べている。これは直前に「うとうとしく（＝疎遠に）ならひ（＝慣れて）給へるままに」とあるように、斎宮とは長

年疎遠な関係だったので、**恋愛においては兄妹だからという遠慮も薄かったのだろうか**という趣旨になる。よって「斎宮の気持ち」という説明は誤りである。

②不適。「けむ」は過去推量の助動詞であるが、これは「斎宮の心中を院が想像している」のではなく、語り手が院の心中を想像していることを表している。

③適当。「いぶせく（いぶせし）」は〝気持ちが晴れない。不快だ〟の意。ここは前者の意で、**斎宮のことが忘れられず、心がうつうつとしている院の心情**を表す。直前の「ひたぶるに（＝ひたすら。いちずに）」がその心情を強めている。よって「悶々とした気持ちを抱えている」という説明は妥当である。

④不適。助動詞「む」は直後に係助詞「は」がついているので連体形である。その場合、「む」は基本的に推量や意志ではなく、**婉曲・仮定の意**になることは基礎的な学習事項である。また「いぶせくてやみなむ」は院の心情であるから、「斎宮の気持ち」も誤り。なお「やみ」は四段動詞「やむ（止む）」の連用形、「な」は完了の助動詞「ぬ」の未然形。「やみなむは」は〝終わってしまったら。終わってしまうのは〟と訳す。

⑤不適。「あかず」は「飽かず」で〝飽きない。物足りない〟。「口惜し」は〝残念だ。つまらない〟の意。「あかず口惜し」の対象は「なほひたぶるにいぶせくてやみなむ」こと。すなわち、**斎宮に対する恋が成就しないまま悶々として終わってしまうこと**が「不満で残念」なのであって、「斎宮の態度」についてそう思っているのではない。

問3　標準　24　正解は④

傍線部の内容を問う設問。「せちに」は形容動詞「せちなり（＝ひたすらだ。すばらしい。大切だ。無理やりだ）」の連用形で、ここは「まめだち」を強める働きをする。〝ひたすら〟の意。「まめだち（まめだつ）」は〝真面目になる。本気になる〟の意。「のたまへ（のたまふ）」は「言ふ」の尊敬語で、主語は院。院の発言「なれなれしきまでは……いと難かるべし」の趣旨は、斎宮にじかに自分の思いだけでも伝えたいというもの。「なれなれしきまでは思ひ寄らず」とは、斎宮と深い仲になることまでは考えていないということ。これはもちろん建前であって、【文章Ⅱ】の末尾の箇所が示唆するように、**院の目的は斎宮と男女の関係になること**である。兄妹が男女の関係になることはいわゆる「禁じられた愛」で、当時といえどもタブーであったにちがいない。さらに現代人の理解を難しくしているのは、院が斎宮と通じるための手引きを頼んでいる相手が二条である点である。二条は院が「御身近く召し使ふ人」ではあるが、院の深い寵愛を受けている身である。現代風に言えば、恋人の浮気の手引きをしているようなものである。【文章Ⅱ】の終わり近くに「御供に参らむことはやすくこそ」とあるように、院を手引きするのは簡単だったと記している。このあたりは院と二条が主従関係でもあった点を考慮すべきであろう。

さて横道に逸れてしまったが、選択肢は「せちにまめだちて（＝ひたすら真面目になって）」に着眼して、「院の必死さ」とある①と「院の性急さ」とある④に絞り、「一気に事を進めようとしている」を決め手に④を選択すればよい。「この機会を逃してはなるまい」は傍線部直前の「かく折よき事もいと難かるべし」をふまえる。

① 「二条と斎宮を親しくさせてでも」が不適。「かの斎宮にも、さるべきゆかりありて睦ましく参りなる」とあるように、二条は斎宮とはすでに親しい関係（二人はまたいとこ＝親同士がいとこ関係）にある。

② 「恋心を手紙で伝えることをはばかる」とは書かれていない。また「斎宮の身分と立場を気遣う院の思慮深さ」も読み取れない。

③ 「自分の気持ちを斎宮に伝えてほしいだけだ」が不適。院は斎宮と直接会って思いを伝えたいと述べている。よって「斎宮に対する院の誠実さ」も不適となる。

⑤ 「自分と親密な関係になることが斎宮の利益にもなる」というのはあながち間違いではないだろうが、書かれていない。「院の傲慢さ」も不適。

問4　やや難　25・26・27　正解は (i)＝①　(ii)＝①　(iii)＝④

読後感の話し合いを完成させる設問。消去法で解く。設問を解く前に【文章Ⅱ】の内容を確認しておこう。まず斎宮の美しい容姿と斎宮に対する院の恋慕の様子が大まかに記された後、具体的なエピソードがつづられる。それは、大宮院を交えた（ただし本文ではふれられていない）院と斎宮の会見の場面→自室に戻った院が斎宮への恋慕に苦悩する場面→二条が斎宮の部屋へ行って院の和歌を渡す場面→二条が院の部屋に戻った場面→二条が院を斎宮の部屋へ導く場面、と目まぐるしく展開していく。注意すべきなのは、**いずれの場面にも二条が登場し、自らの体験談として記している点である**。当然のことながら、【文章Ⅰ】と比べてより具体的かつ詳細であり、より臨場感が感じられる。また二条が院から深く寵愛され信頼されていたこともわかる。以上をふまえて選択肢を吟味しよう。

(i)「院の様子」についての生徒Bの発言。

①**適当**。院の言葉に「いかがすべき、いかがすべき」「導け、導け」という繰り返しがある。「いてもたってもいられない院の様子」という説明は妥当である。

②**不適**。「斎宮に対する恋心と葛藤（＝心の中に相反する欲求や感情などが存在し、そのいずれをとるか迷うこと）」とあり、この場合「葛藤」とは、斎宮に対する欲望と、斎宮は妹なのだから恋慕してはいけないという理性との間で苦しむことをいうが、書かれていない（【文章Ⅰ】にも書かれていない）。

③**不適**。「斎宮の気持ちを繰り返し思いやっている」が誤りとなる。院が斎宮の心情に配慮しているような箇所は見当たらない。むしろ斎宮に対する欲望を抑えられない様子が「はっきりと伝わってくる」。

④**不適**。「斎宮から期待通りの返事をもらった」とあるが、斎宮は「思ひ寄らぬ御言の葉は、何と申すべき方もなくて」と、戸惑う心情を打ち明けるばかりである。

(ii)「二条のコメント」についての生徒Cの発言。

①適当。「いつしか」は〝早く。いつのまにか〟の意。ここは前者。**院が桜にたとえられた斎宮の容姿に一目惚れしてしまった**ことについていう。「御物思ひ」は恋煩いのこと。「好色の虫」は（注6）をふまえる。3行目の「よそも御心苦しくぞおぼえさせ給ひし」について。「よそ」は〝はたの者〟の意で、二条自身を指す。「御心苦しく」は〝お気の毒で〟の意で、**院の恋煩いに同情する気持ち**を表す。「おぼえ（おぼゆ）」は〝（他人から）思われる〟の意。すなわち二条には思われるということ。「させ」は尊敬の助動詞「さす」の連用形。「給ふ」は尊敬の補助動詞。

②不適。「世間離れした斎宮には全く通じていない」とあるが、8行目の段階では、院はまだ斎宮に恋の告白をしておらず、院の片思いにすぎない。なお斎宮が「世間離れし」ているのはその通りで、（注3）にあるように、斎宮は未婚の皇女から選ばれ、一定期間伊勢神宮に奉仕する。愷子内親王の場合、斎宮を退いても終生結婚せず、院と関係を持つまでは恋愛経験も乏しかったと思われる。

③不適。「寝給ひぬる」の「ぬる」は完了の助動詞「ぬ」の連体形。斎宮がふたたび寝てしまうことをいう。「心やましけれ（心やまし）」は〝おもしろくない。いらだたしい〟の意。院が斎宮への思いを遂げたいと必死であるのに、肝心の斎宮が寝てしまっては仲介の労をとる自分の努力が無駄になるということ。よって「注意を促す」「斎宮を起こしてしまったことに恐縮している」という説明は誤りとなる。

④不適。「斎宮を院のもとに導く」のではなく、院を斎宮のもとへ導くのである。また「手立てが見つからず」も、「御供に参らむことはやすくこそ」に矛盾する。さらに「むつかしけれ」は院に責められることが面倒なのであって、手立てが見つからないことに「困惑している」わけではない。

(iii)【文章Ⅰ】のまとめについての生徒Aの発言。選択肢を吟味する前に教師の発言を確認しておこう。教師は**【文章Ⅰ】が後代の人が書いた歴史物語であること、【文章Ⅱ】を資料に用いて書かれていること**を指摘する。するとそれを聞いた生徒Bが、書き手の意識の違いが文章の違いとなって表れるのだと発言する。生徒Aの発言はそれに続いてなされたものである。

①不適。「権威主義的で高圧的な一面」とあるのは【文章Ⅱ】9行目の「幼くより参りし……心ざしありと思はむ」や「導け、導け」という院の発言をふまえているのだろう。これについては許容するとしても、「院を理想的な人物として印象づけて」以下が誤りとなる。【文章Ⅰ】では「けしからぬ御本性なり」と、妹に恋慕する院の本性を厳しく非難している。また「まどろまれ給はず」「思し乱る」などとあるのは、むしろ「朝廷の権威」を失墜させるような表現の仕方である。

②不適。「院と斎宮と二条の三者の関係性を明らかにする」とあるのはよいとして、「複雑に絡み合った三人の恋心を整理している」が誤りとなる。斎宮に対する院の恋慕は描かれているものの、院と二条の二人の関係については「御身近く召し使ふ人」とあるのみである。なるほど二条が院の寵愛を受けたというのは事実であるが、【文章Ⅰ】でそのことが指摘されているわけではない。また「わかりやすく描写しようとしている」というのも、【文章Ⅱ】に比べて簡略に記されている点を考えれば該当しない。

③不適。院が斎宮に贈った「知られじな」の和歌は、斎宮に対する恋心を告白する内容のものであって、「いつかは私になびくことになる」という説明は誤りとなる。また斎宮と「密通」することは「事件性」を帯びるだろうが、リード文にあるように斎宮はすでにその職を退いているので、「事件性」はない。実際、斎宮を務めた後に結婚した皇女の例もある。ただ斎宮を退いてそのまま独身を通した例も少なくなかった。愷子内親王について言えば、院と関係を持った後、西園寺実兼が通ったと言われる。

④適当。【文章Ⅰ】での院の発言は「なれなれしきまでは……いと難かるべし」のみなので、「院の発言を簡略化し」というのは許容できる。また【文章Ⅱ】3行目の「御心苦しく」、8行目の「をかしく」などの二条の心情は、【文章Ⅰ】では一切「省略し」ている。さらに斎宮の心情についてては、【文章Ⅰ】に「いと心憂し」と記されている。「当事

者全員を俯瞰する立場から出来事の経緯を叙述しようとしている」とあるのも、語り手による歴史叙述という性格と合致する。

第4問　標準

出典

阮元『揅経室集《けんけいしつしゅう》』〈四集　詩巻十〉

阮元（一七六四〜一八四九年）は清の政治家・学者。現在の江蘇省儀徴の人。字は伯元。二十五歳で科挙に合格して進士となり、地方官として活躍し、最後は中央官僚となった。そのかたわら、学者としても考証学の分野などで功績を残した。編著書に『経籍籑詁《けいせきせんこ》』『疇人伝《ちゅうじんでん》』『皇清経解』などがある。『揅経室集』は詩文集で、全五十四巻。

要旨

【序文】

筆者が借りている屋敷の庭園に、太常仙蝶と呼ばれる珍しい蝶がやってきたかと思えば別の屋敷の庭園に現れた。不思議なことに、呼べば扇や袖にとまり、客人が箱に入れたのに箱を開けるといなかった。蝶がふたたび現れたとき、絵描きに描かせた。だが都を去ることになって、庭園は他人のものとなった。

【詩】

春になると町中の庭園を訪ねて花をめでたり、珍しい蝶を描かせたりもしたものだ。その昔、王徽之が良い竹のある家に立ち寄ったように、どこかの家でもそのように通行人を迎え入れるのだろうか。

語句

【序文】異蝶＝「異」は〝不思議な。珍しい〟の意。

識者＝見識・眼識のある人。本文では蝶に詳しい人をいう。

良久＝「ややひさし」と読む。やや、しばらくのあいだ。また、かなり久しいあいだ。

芳叢＝「芳」は〝良い香りがする〟。「叢」は〝くさむら〟の意。

【詩】城＝町。中国では市街地全体を取り囲む形で壁が築かれ、その内側を「城」、外側を「郭」という。

読み

【序文】余《よ》旧《もと》董《とう》思《し》翁《をう》の自《みづか》ら詩を書《しよ》せし扇《あふぎ》を蔵《ざう》するに、「名園」「蝶夢《てふむ》」の句有り。辛未《しんび》の秋、異蝶《いてふ》の園中《ゑんちゆう》に来たる有り。識者《しきしや》知りて太常《たいじやう》仙蝶《せんてふ》と為《な》し、之《これ》を呼べば扇に落つ。継《つ》いで復《ま》た之を瓜爾佳《くわじか》氏《し》の園中に見る。客《かく》に之を呼びて匣《はこ》に入れ奉じて余の園に帰《き》さんとする者有り、園に至りて之を啓《ひら》くに及べば、則《すなは》ち空匣《くうかふ》なり。壬申《じんしん》の春、蝶復た余の園の台《だい》上《じやう》に見《あらは》る。画者《ぐわしや》祝《いの》りて曰《い》はく、「苟《いやし》くも我《われ》に近づけば、我当《まさ》に之を図《ゑが》くべし」と。蝶其《そ》の袖に落ち、審《つまび》らかに視《み》ること良久《やや》しくして、其の形色《けいしよく》を得《え》、乃《すなは》ち従容《しようよう》として翅《はね》を鼓《う》ちて去る。園故《もと》名無し。是《ここ》に於《お》いて始めて思翁の詩及び蝶の意《い》を以《もつ》て之に名づく。秋半《なか》ばにして、余使ひを奉じて都を出《い》で、是《こ》の園も又《ま》た他人に属す。芳叢《はうそう》を回憶《くわいおく》すれば、真《まこと》に夢のごとし。

【詩】春城《しゆんじやう》の花事《くわじ》小園《せうゑん》多く　幾度《いくたび》か花を看《み》て幾度か歌ふ
花は我《わ》が為《ため》に開きて我《われ》を留《とど》め住《とど》め　人は春に随《したが》ひて去り春を奈何《いかん》せん
思翁夢《ゆめ》は好《よ》くして書扇《しよせん》を遺《のこ》し　仙蝶《せんてふ》図《ず》成りて袖羅《しうら》を染む
他日誰《た》が家か還《ま》た竹を種《う》ゑ　輿《こし》に坐して子猷《しいう》の過《よぎ》るを許すべき

全訳

【序文】私は以前董思翁が自ら詩を書いた扇を所蔵していたが、（その詩に）「名園」「蝶夢」の句があった。辛未（一八一一年）の秋、珍しい蝶が庭園の中にやってきた。（蝶の）専門家が見て太常仙蝶と鑑定して、この蝶を呼ぶと扇の上にとまった。続いてふたたびこの蝶を瓜爾佳氏の庭園の中で見かけた。客人にこの蝶を呼んで箱に入れ（私に）献上して私の庭園に戻そうとする者がいたが、（私の）庭園にやってきて箱を開くと、（なぜか）空の箱だった。壬申（一八一二年）の春、蝶がふたたび私の庭園の中の高台に現れた。（そこで）絵描きが祈って言うには、「もしも私に近づいてくれたならば、必ずおまえを絵に描いてやろう」と。（すると）蝶がその絵描きの袖にとまって、（絵描きが）しばらくの間詳しく観察して、その形や色を把握すると、（蝶は）そこでゆっくりとはばたいて飛び去った。庭園にはもともと名前がなかった。そこで初めて思翁の詩と蝶の思いに拠ってこの庭園に名前を付けた（＊）。秋の中ごろ、私は使者の命を承って都を出発し、この庭園もまた他人の手に渡った。花の咲き匂う草むらを回想すると、本当に夢のようだ。

＊原文には、「蝶夢園」と名づけたことが【詩】の直後に記されている。

【詩】
春の町には花を見て歩く小さな庭園が多く　何度花を見て何度歌ったことか
花は私のために咲いて私を引き止め　人は春とともに去って春をどうしたものか、いやどうにもできない
思翁はよい夢を見て詩を書いた扇を残し　仙蝶の絵が完成して薄地の袖を染めたさまを髣髴《ほうふつ》とさせる
いつの日か誰かの家がふたたび竹を植えて　輿に乗った子猷が立ち寄るのを受け入れるのだろうか

解説

問1　標準　28 ～ 30　正解は　(ア)＝④　(イ)＝②　(ウ)＝④

(ア)「復」は「かへる」と動詞で読むこともあるが（「復帰」「往復」などの熟語を考えればよい）、設問で問われれば**「また」と読む副詞**であろうと考えてよい。ここも、選択肢はいずれも副詞の訳である。よって「ふたたび」とある④が正解である。他の選択肢はいずれも「また」と読む副詞の意味として不適となる。

(イ)「審」は「つまびらかに」と副詞で読む場合と、「つまびらかにす」と動詞で読む場合とがある。いずれも「つまびらかに」が共通する。読みとしてはやや難しいかもしれないが、「審議」「不審」「審判」などの熟語を考えるとよい。〝詳しくてあきらかなさま〟の意である。ここでは「審視」とあるように、**蝶を詳しく観察すること**をいい、「審」は副詞となる。よって②が正解。

(ウ)「得」は「う」と読み、〝～できる〟と訳す助動詞の用法をよく見かける（例「得㆔以見㆓秦恵王㆒」（以て秦の恵王に見《まみ》ゆるを得たり）＝秦の恵王にお目にかかることができた」、「言不㆑得㆑信」（言信ぜらるるを得ず）＝信用してもらえなかった」）。ここでは名詞句**「其形色」を目的語とする動詞の用法**になり、「色」から返って、「う」の連用形で「え」と読む。〝手に入れる。自分のものにする〟の意。ここでは絵描きが蝶を詳しく観察してその形や色を「得」というのだから、④の「把握する」が最も適当となる。②は文脈的に不適。

問2　標準　31　正解は④

返り点と書き下し文を問う設問。「有」と「者」に着眼する。**「A有…者**（Aに…なる・する者有り）＝Aに…という人がいる」の形で、人物の登場を示す。「有」は下から返って読む**返読文字**で、人や物事の存在を表す。「者」は多く上の用言（ここでは「呼之入匣奉帰余園」を体言化する働きをする。ただし「者」は人を表すとは限らず、広く物事を表すので注意したい。「呼（よぶ）」は動詞で、③以外の選択肢はいずれも「之」から返る。「之」は「これ」と読む代名詞で、「蝶」を指す。「入（いる）」は動詞。「匣」は「はこ」と読む名詞で、「入」に返って「匣に入る」と読む。「奉」は「ほうず」と読む動詞で、〝献上する〟の意。「帰」は動詞だから「かへる」と読みたいところだが、文脈上「きす」または「かへす」と読み、〝あるべき所に落ち着く〟の意になる。「余園」は「余の園」と読む名詞句で「帰」の目的語になる。筆者の家の庭園にやってきた珍しい蝶を瓜爾佳氏の庭園で見かけたところ、**ある客人がその蝶を捕らえて箱に入れ、筆者の庭園に帰そうとした**という内容になる。

選択肢は「客に……者有り」と読んだ②・③・④に絞り、次いで「帰る者」と読んだ③と「帰さんとする者」と読んだ④に絞り、内容も考慮して④を選択すればよい。

① 「客に……有りて……」と読んでおり不適。また「匣に奉じ入るる」なら「奉入匣」の語順になる。

② 「帰余園」を「帰さんとする余の園」と逆に読んでおり不適。また「余園」を「者」にかかるように読むなら、「余園の者」と格助詞「の」をはさむのではなく、「余園なる者」などと読むことになる。

③ 「之を匣に入れ」なら「入之匣」の語順になる。「入れ呼び」「帰る」という読みも誤り。

⑤ 「客に……有りて……」と読んでおり不適。また②と同じく「余の園の者」と読んでおり不適。

問3 標準 32 正解は⑤

傍線部の解釈を問う設問。「苟」は「かりそめ・かりそめにす」と読むこともあるが、設問で問われるときは「いやしくも」と読み、〝もしも〟の意であるとみなせばよい。**順接仮定条件**を表す。「近我」は「我に近づけば」または「我に近づかば」と読む。「当」も設問になるときは「まさに……べし」（＝当然……べきだ・はずだ）と読む再読文字と考えればよい（「当」に返り点が付く）。「図」は「ゑがく」と読む動詞。「之」は代名詞で「蝶」を指す。正解は⑤で、「苟」を「もしも……ならば」と解釈し、「当」を「必ず……やろう」と解釈している。④の「もし……としても」は逆接仮定条件の訳になるので不適。

問4　標準　33　正解は③

漢詩の形式を問う設問。阮元の漢詩は一句が七字で八句あるから、七言律詩である。この形式では、**押韻は初句末と偶数句末に踏み、対句は頷聯（第三句と第四句）および頸聯（第五句と第六句）**にする決まりになっている（次ページ参照）。まず押韻を見ると、第二句末が「多（タ）」、第四句末が「何（カ）」、第六句末が「羅（ラ）」、第八句末が「過（カ）」で、「a」音で共通している。そこで選択肢を見ると、①「座（ザ）」、②「舞（ブ）」、③「歌（カ）」、④「少（ショウ）」、⑤「香（コウ）」だから、①と③に絞られる（⑤を「香（か）」と読むと訓読みになるので注意）。①は「七言絶句」とあるから不適となり、③が正解。よって第二句は「幾度看花幾度歌」となり、〝何度花を観賞して歌を口ずさんだことか〟という内容になる。

対句について。七言の句は二字・二字・三字で各まとまりとなる点を押さえたうえで確認しよう。まず頷聯は、「花」と「人」が主語になり、「為我開」と「随春去」がその述語になる。「我」から「為」へ、「春」から「随」へ返る点も共通する。「留我住」と「奈春何」も、「我」から「留」へ、「春」から「奈」へと返って読んでいる。頸聯は、「思翁」に「仙蝶」が対応し、「夢好」と「図成」が主語＋述語の関係で対応する。「遺書扇（書扇を遺し）」と「染袖羅（袖羅を染む）」も動詞＋目的語の関係で対応する。

参考

《絶句・律詩の押韻の原則》（●が押韻する字。↕は原則として上下の句が対句になることを表す）

五言絶句

起句	○○○○○
承句	○○○○●
転句	○○○○○
結句	○○○○●

七言絶句

起句	○○○○○○●
承句	○○○○○○●
転句	○○○○○○○
結句	○○○○○○●

五言律詩

首聯《しゅれん》	○○○○○		○○○○●
頷《がん》聯	○○○○○	↕	○○○○●
頸《けい》聯	○○○○○	↕	○○○○●
尾《び》聯	○○○○○		○○○○●

七言律詩

首聯	○○○○○○●		○○○○○○●
頷聯	○○○○○○○	↕	○○○○○○●
頸聯	○○○○○○○	↕	○○○○○○●
尾聯	○○○○○○○		○○○○○○●

問5　標準　34　正解は⑤

書き下し文を問う設問。「奈A何」の句形である（「如A何」「若A何」も同じ）。「奈何」「如何」「若何」はいずれも「いかん」と読み、疑問・反語の意を表す。目的語がある場合は「奈A何」のように間にはさんで、「Aをいかんせん」などと読む。疑問なら〝Aをどうするのか〟、反語なら〝Aをどうしようか、いやどうしようもない〟などと訳す。「はるをいかんせん」と読む⑤が正解となる。〝春をどうしようか、どうしようもない〟の意。**人も春も去って行くの**

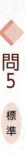

は止めようがないという趣旨である。

問6　標準　35　正解は⑤

二つの文章から導かれる事柄を問う設問。「太常仙蝶」が現れたりとまったりした場所として、【序文】ではまず「異蝶（＝珍しい蝶）来園中」とあるように、筆者の家の庭園に飛んでくる。次に「識者」がそれを「太常仙蝶」と鑑定して呼ぶと、「落扇」、すなわち扇にとまる。続いて「復見之於瓜爾佳氏園中」とあるように、瓜爾佳氏の庭園に現れる。さらに「蝶復見於余園台上」とあるように、筆者の庭園の高台に現れる。そして最後に、「蝶落其袖」とあるように、絵描きの袖にとまる。なお【詩】の第六句に記された「仙蝶」は絵に描かれた蝶であるから除外される。よって蝶の出現の順は次のようになる。

筆者の庭園――扇――瓜爾佳氏の庭園――筆者の庭園の高台――絵描きの袖

この順に合致するのは⑤のみである。④は「瓜爾佳氏の庭園」と「扇」の順が逆になっている。

問7　やや難　36　正解は⑤

筆者の心情を問う設問。消去法で解く。

①不適。「花が散り季節が過ぎゆくことにはかなさを感じ」とは世の無常を言ったものであろうが、漢詩の第四句は離別の悲しみや惜春の情を詠んだものだから誤りとなる。また蝶や扇や絵が他人のものになったとは【序文】と【詩】のいずれにも書かれていない。他人のものとなったのは庭園である。そのことを「むなしく思っている」とも書かれていない。

②不適。蝶が「扇から抜け出し庭園に現れた」わけではない。筆者の庭園に現れた蝶は呼べば扇や袖にとまり、箱の中に入れたのに消えていたりと、確かに不思議な蝶ではあるが、実物である。「箱のなかにとらえて絵に描きたい」以下についても【序文】の内容に合致しない。実際、絵描きは蝶を描いている。

③不適。「董思翁の夢を扇に描」いたとは書かれていない。また「珍しい蝶の模様をあしらった服ができあがった」とも書かれていない。【詩】の第六句の「染袖羅」の「袖羅」は、押韻のために「羅袖（＝薄地の袖）」を逆にしたもので、絵描きの袖に蝶がとまっていたさま（【序文】）を回想して、袖を鮮やかに染めていたと表現したのだろう。

④不適。「人に奪われてしまい」とは書かれていない。リード文にあるように、筆者は屋敷を借りて住んでおり、庭園も筆者の所有物というわけではない。また筆者は使者となって都を離れたために屋敷と庭園が他人の手に渡ったのであるから、「嘆いている」も不適となる。

⑤適当。「捕まえようとしても捕まえられない」とあるのは、客人が蝶を箱に入れて筆者の庭園に持ってきたけれども、箱の中は空だったことをふまえる。また「懐かしく思い出している」については、【序文】の最終文の「回憶芳叢真如夢」をふまえている。

2022 年度

国語 追試験

問題番号(配点)	設問	解答番号	正解	配点	チェック
第1問 (50)	問1	1	②	2	
		2	①	2	
		3	③	2	
	問2	4	①	7	
	問3	5	⑤	7	
	問4	6	③	7	
	問5	7	④	7	
	問6	8	②	4	
		9	③	2	
		10	④	2	
		11	②	2	
		12	③	6	
第2問 (50)	問1	13	③	6	
	問2	14	①	6	
	問3	15	⑤	6	
		16	⑤	6	
	問4	17	④	7	
	問5	18	①	7	
	問6	19	①	6	
		20	②	6	

問題番号(配点)	設問	解答番号	正解	配点	チェック
第3問 (50)	問1	21	②	5	
		22	⑤	5	
	問2	23-24	③-⑥	12 (各6)	
	問3	25	⑤	7	
	問4	26	⑤	6	
		27	④	8	
	問5	28	③	7	
第4問 (50)	問1	29	③	4	
		30	②	4	
	問2	31	③	7	
	問3	32	②	7	
	問4	33	③	7	
	問5	34	①	5	
		35	④	8	
	問6	36	①	8	

(注) -（ハイフン）でつながれた正解は，順序を問わない。

自己採点欄
/200点

第1問

やや難

出典

若林幹夫「メディアの中の声」（『PANORAMIC MAGAZINE is vol. 58 特集・声』一九九二年十二月 ポーラ文化研究所）

若林幹夫（一九六二年〜）は社会学者。東京都出身。東京大学教養学部相関社会科学分科卒業。同大学院社会学研究科博士課程中退。「熱い都市 冷たい都市」で博士（社会学）の学位を取得する。東京工業大学助手、筑波大学教授などを経て、二〇二二年現在、早稲田大学教授。著書に『地図の想像力』『都市のアレゴリー』『都市の比較社会学』などがある。

要旨

1 **言葉のエコノミーの空間** 第一〜第七段落（言葉のエコノミー…） ※問2・問3・問5・問6

言葉が「声」と「文字」に分裂する時、声は身体に直接属する内的なもの、文字は内面から時間的・空間的にへだたりをもつものとして位置づけられる。だが、単なる音と区別される声も、身体や心の内部にあるもの（意志や意味）を表現するメディアである以上、それらからのへだたりをもっている。

2 **声の電気的な複製メディア** 第八〜第十一段落（声を電気的に…） ※問5・問6

声を電気的に複製し、再生し、転送するメディアは、声としての言葉とそれを発話する人間の身体とを時間的・空間的に切り離し、声がちょうど文字のように生産され、流通し、消費されることを可能にした。

3

声と身体の相互外在性　第十二～第十五段落（電気的なメディアの中の…）※問5・問6

電気的な複製メディアにおいて、再生される声とそれを語る身体は**相互に外在しあう**。このことは語り手の主体性が身体に対して外在したり、身体から切り離された声の側に投射されることを示している。

4

商品化される声　第十六・第十七段落（レコードや…）※問4・問5・問6

レコードやCD、ラジオ番組やテレビ番組では、声は加工、編集された商品として人々の前に現われ消費される。この場合、声は**特定の人称への帰属から切り離され**、テクストのように人々の中へと開かれる。そして時には言葉を語り・歌う者の側が、生産され流通する**声に帰属する**者として現われたりもするのである。

※

本文は声というメディア、および声の電気的な複製メディアを主題としたもので、リード文にあるように「言葉のエコノミー」（平たく言えば、言葉に関わる経済的活動）という視点からこれらを論じている。議論が抽象的なので、具体例を考えながら読み進めるとよいだろう（例えば第三～第五段落の「声」と「音」の違いに関して、「ネコ」という音声と「ゴシゴシ」という物音の違いを考えるなど）。

語句

ヴィブラート＝弦楽器の音や歌声を揺らすテクニック。

所記性＝「所記（シニフィエ）」は「能記（シニフィアン）」と対になる概念である。記号において、その表現（例えば文字や声）が能記であり、その意味・内容が所記と言われる。本文では「能記」を「表現媒体」と呼んでいる。

解説

問1 易 1～3 正解は (ア)=② (イ)=① (ウ)=③

(ア) 「装飾」 ①委嘱（＝仕事や役割などを人に任せること） ②虚飾（＝中身を伴わない表面だけの飾り） ③誤植（＝印刷物の文字や記号などの誤り） ④払拭（＝すっかり取り除くこと）

(イ) 「還元（＝根源的なものに戻すこと）」 ①奪還（＝奪い返すこと） ②根幹（＝物事の中心） ③慣習 ④閑散（＝ひっそりと静まり返っていること）

(ウ) 「祖先」 ①空疎（＝内容がないこと） ②平素 ③開祖（＝新たな宗派を開始した人） ④敗訴

問2 標準 4 正解は①

傍線部の内容を問う設問。まず第一・第二段落で、**言葉は「声」と「文字」の二種類に区別される**と言われる。この両者が「表現媒体」であるとは、言葉が声または文字によって表現されることをいい、声が先に誕生したから「一次的な媒体」、文字は後から発明されたから「二次的な媒体」と言われる。また声は喉から出るので「身体に直接属する『内的』なもの」であり、文字は紙に書かれるので身体から「距離化」される（＝『表層』に位置づけられる」）と言われる。言い換えれば、**声はその場にいないと聞こえないが、文字は離れた所にいても、時代が違っても読める**ということである。以上の内容を前提とした上で、しかし、**声としての言葉もへだたりをもつ**と傍線部で言われる。この意味は続く第三～第五段落で、**「声」と「音」の違いに基づいて説明される**。第五段落の「声には『内部（内面）』があるが、音には『内部（内面）』がない」というのがそれである。この「内部（内面）」とは要するに「意味」（第四段落）、「意志や意味」（第五段落）である。以上より傍線部は次のように説明できる。

文字が身体からのへだたりをもつように、声も内面（意味）からのへだたりをもつ

選択肢は「もともと声に出された言葉にも」以下に着眼して、「音とそれが表現している内的なものとの間に差異があった」とある①を選択すればよい。他の選択肢はいずれもこの部分の説明が間違っている。

② 声自体に一次的と二次的の区別があると説明しており不適。

③ 声は「媒体」ではないという説明になり不適。また声には客体と主体の違いがあると説明している点も不適。

④ 声＝時間、文字＝空間と説明しており不適。また「音声学的な音と生物学的な声」という説明も不適。

⑤ 声に周期性のあるなしの違いがあると説明しており不適。周期性があるのは楽器の音である（第四段落）。

問3　標準　5　正解は⑤

傍線部の内容を問う設問。第六・第七段落は本文の大筋からはやや横道に逸れた議論を展開する。すなわち、声は音と違い、意志や意味といった内部（内面）を表現するとはいえ、その内部（内面）とは近代的な「主体」「自我」とは限らず、歴史的には神や祖先、部族や身分であったと述べている。これが「誰か」であり、**「私」はその「誰か」の一部分にすぎない**というのが傍線部の内容である。「位相」とは〝ある世界や社会のなかで、どのような位置にあるかということ。またその位置〟の意である。

声が表現するものは神や祖先などさまざまであり、「私」はその一つにすぎない

選択肢は「私」は「誰か」の一部にすぎないという点をおさえれば、「（声が）『私』の内面を表すという近代的な発想が唯一のものではない」とある⑤が正解とわかる。「個人の意志を超えた様々な存在」とは神や祖先などをいう。

① 「他者の言葉を語ったため音と身体との間にへだたりがあった」とは述べられていない。

② 「歴史のなかで共同体の秩序とつながったメディア」などとは本文で述べられていない。

③ 言葉を媒介として「私」が他者と語り合うのは近代の発想であるという内容で、本文では述べられていない。

④ 「現実の外部にある『何か』」とは神を意味するのだろうが、それが「世界の意味を想定する」とは述べられていない。「表現される考えが」以下も不適。

問4 やや難 6 正解は③

傍線部の内容を問う設問。第八段落以下、声の電気的な複製メディアがテーマとなる。まず第八～第十一段落あたりでは、声の複製メディアの登場によって、声が身体から空間的にも時間的にも切り離されること、声が転送され、再現され、蓄積される（CDを考えればよい）こと、この二点が説明される。次に第十三～第十五段落あたりでは、再生される声とそれを語る身体が切り離されることで、**主体（「私」）と身体も切り離され、再生される声に主体が投射される**ことが説明される（例えば電話の声が相手自身のように感じられ、通話中に頭を下げたりする）。さらに終わり二段落に進むと、**声が編集され加工され、客体として対象化されて流通すること**（CDと書物の共通性を考えるとよい）、逆にその流通する**声に主体が再現されること**が説明される。ここでは主体と客体という二つのキーワードを中心に議論が展開されていることに注意しよう。そこで傍線部であるが、まず「それ」は前文の「電気的なメディアの中の声」を指す。「声を発した身体の側を自らに帰属させ」るとは、前段落の「アイドルやDJたちのように……流通する声に帰属**する者として現われたりもする**」と同内容である。これは例えば、CDを聴きながらその歌い手を思い浮かべるようなことをいう。また「特定の人称（＝主体）から解き放たれて」とは、前段落の「特定の人称への帰属から切り離され、テクストのように多様な人々の中へと開かれる」と同内容である。これは例えば、CDの歌声そのものに聞き惚れるようなことをいう。よって傍線部は次のように説明できる。

加工、編集された声は、その主体を髣髴とさせたり、逆に主体を離れた声そのものとして聴かれたりする

選択肢は「加工、編集」「主体」「客体」という三点を基準に吟味するとよい。ただいきなり絞り込むのは難しいので消去法で解くのがよいだろう。

①不適。「身体を感じさせない不気味なもの」が明らかにおかしく、本文の内容からはずれる。主体と客体の対比にもふれていない。
②不適。「複雑な制度や技術から自由になった」とは書かれていない。「身体を付随させて」と表現すると（本文は「帰属」）、例えばＣＤと写真集をセットで販売するようなイメージとなり、これも不適となる。
③適当。「加工し編集する」「語り・歌う者の存在を想起させ」「声を発した身体から切り離された」とあり、右の三点をうまくまとめて説明している。
④不適。「近代において語られた自我という主体に埋め込まれたもの」が意味不明である。
⑤不適。「様々な身体が統合された『作品』」が意味不明である。

問5　やや難　7　正解は④

文章の構成・展開を問う設問。先に確認したように、本文は声の特徴を説明した前半（第一～第七段落）と、声の電気的な複製メディアを説明した後半（第八段落以下）とに分けることができる。また前半では、「へだたり」というキーワードを用いて、声と文字、声と内面をそれぞれ対比させながら論じている。後半では、複製メディアによる声と身体の切り離し、声の客体化と主体化を論じている。以上の点をおさえた上で、選択肢を消去法で吟味する。
①不適。「声と音とのへだたりを論拠に声から自我が切り離されていた」とは書かれていない。そもそも声と音は区別されると述べているにすぎない（第四段落）。「電気的なメディアによって言葉が主体性を獲得していく」以下も本文の内容からはずれている。
②不適。「電気的なメディアで声が身体に内在化していく」のではなく、「相互に外在しあう」（第十五段落）のである。また「言葉の関係」とあるが、「言葉」と何の「関係」をいうのか不明である。
③不適。「表現媒体としての」が「文字」にのみかかるのなら、「声」は「表現媒体」ではないことになる。またそれ

が「身体」にまでかかるのなら、「音」や「身体」は「表現媒体」とは述べられていないので不適となる。また「身体」も「加工され」ると述べており、この点も不適となる。

④適当。「声と文字との関係を導入として」「へだたりという概念を中心に」と適切に説明している。「言葉をめぐる社会的な関係（＝「言葉のエコノミー」）が変容する」は、最終段落の「人が経験するのは……関係の構造の変容である」に合致する。

⑤不適。声が「人間の内部に縛られていた」ことを、解決すべき「問題」として「提起」しているわけではない。声は内的なものとして位置づけられると述べられるにすぎない（第二段落）。よって「縛られていた」→「解放されていく」という展開も不適となる。

問6 やや難 8 ～ 12 正解は (i)＝② (ii) b＝③ c＝④ d＝② (iii)＝③

生徒が作成した文章に関する設問。【文章】は四段落から成る。その内容は以下の通りである。

第一段落　電気的なメディアによって声と身体が切り離されるという本文の内容の提示
第二段落　声と身体が一体化していない――映画の吹き替え版・アニメ
第三段落　声と身体は一体化している――電話・ボイスメッセージ
第四段落　声と身体は一体化していない――声で個人を特定することはできない

このように声と身体が一体化しているのか、密接に結びついているかという問題をめぐって、肯定・否定両面から考察されていることがわかる。この点をふまえて各枝問を吟味しよう。

(i)
傍線部aを修正する。各選択肢は逆接の接続助詞「だが」で始まるので、第一段落の「声とそれを発する人間の身体とが切り離される」を否定する内容が続く。つまり声と身体が一体化しているという内容になる。

①不適。「不可分な関係にあり」はよいとしても、「声によって他者の身体の実在を特定」することの可否は第四段落の内容と関わるもので、文脈的に飛んでしまう。

②適当。「声と身体とは通常は結びつけて考えられる」とあり、声と身体の一体化が指摘される。さらに「声と身体とを切り離して捉えることはできるのだろうか」と問題提起し、これについて考察する以下の段落へと続く。

③不適。前半はよいとして、後半の「他者との関係性はどのように変わるのだろうか」が誤りとなる。以下の段落でこれに対する考察はなされていない。

④不適。前半はよいとして、後半の「どのような条件が想定されるのだろうか」が誤りとなる。声と身体が一体化する条件については以下の段落で考察されていない。

(ii) 接続語を修正して文脈を正しく整える。

b 右に見たように、第二段落では映画の吹き替え版のように俳優と声が一致しない、すなわち声と身体が一体化していない事例をあげ、それでも違和感を感じないことを述べる。これに対して第三段落では「声と身体は一体化している」る事例をあげる。よって両者は内容的に対立しており、③の「しかし」が入る。

c 第四段落に入ると、第三段落の内容を否定して「声によって個人を特定することは不可能なのではないだろうか」と、声と身体の不一致という考えに戻る。よって④の「やはり」が入る。

d 下に「わかっていなければ」という仮定形があるので②の「もし」が入るとわかる。④の「おそらく」を選んで文末の「違いない」にかかるという考え方もできるが、もしそうなら「おそらく」は「わかっていなければ」の下に来るのが自然である。

(iii) 【文章】のまとめとなる文を選ぶ。消去法で解く。

①不適。他者の身体とその声は切り離されないという結論となっているが、第四段落の、母と姉の取り違えや、第二段落の、声優の声と俳優やアニメのキャラクターとの身体の不一致という内容と矛盾する。

②不適。「人間の声と身体とはつねに結びついている」がやはり①と同じ理由で不適となる。また「その関係は一定のものではない」という結論の意味が不明である。

③適当。「声だけで個人を特定することは難しい」「自分自身の声を認識したり」は第四段落の内容に合致する。「他者の声から安心感を得たり」は第三段落の内容に合致する。「声の側に身体を重ねていた」という結論は、声と身体が**切り離されているがゆえに、両者の一体化を試みて成功したり失敗したりする**という第一～第四段落の内容と合致する。なおこの結論は本文の傍線部Cの前半部分とも一致する。

④不適。「声を発した本人以外の何者かに身体性を感じて」が意味不明である（意味不明も不適の理由としてよい）。また「人間の声と身体との関係は一つに限定することはできない」も意味不明、あるいは曖昧である。

第2問　標準

出典

室生犀星「陶古の女人」（『室生犀星全集　第十巻』新潮社）

柳宗悦「『もの』と『こと』」（『工藝』一九三九年二月）

室生犀星（一八八九～一九六二年）は詩人・小説家。石川県金沢市出身。本名、照道。私生児として生まれ、寺の養子となる。小学校高等科中退。給仕、新聞記者を転々としながら詩を作り、北原白秋に師事する。また同門の萩原朔太郎と親交を結ぶ。詩誌『卓上噴水』、『感情』を創刊し、『愛の詩集』『抒情小曲集』『第二愛の詩集』などを発表。また小説『幼年時代』『性に眼覚める頃』『あにいもうと』『杏っ子』などを発表し、小説家としても活躍する。

柳宗悦（一八八九〜一九六一年）は美術評論家・宗教哲学者。民藝運動の主唱者として知られる。東京生まれ。学習院を経て東京帝国大学文科大学哲学科心理学専修を卒業する。学習院在学中に文芸雑誌『白樺』の創刊に加わり同人となり、志賀直哉、武者小路実篤などと交流する。民藝運動の普及にも努め、雑誌『工藝』、『民藝』を創刊する。著書に『雑器の美』『日本の民藝』などがある。

要旨

本文を三つの部分に分けて内容をまとめる。その後に問6【資料】の要約を示す。

1 **信州の美術商の店**　1〜7行目（この信州の町にも…）　※問1

彼は散歩の折に美術商の店の中を覗いて歩いたが、東京と違い田舎の町では何も眼にふれてくるものはなく、さびしい思いを味わった。

2 **雲鶴青磁**　7〜55行目（そういう気持で…）　※問2・問3・問4

彼が家に戻ると、一人の青年が待っていた。青年は雲鶴青磁を三万円で買ってほしいと申し出た。彼はそれが本物の逸品であることを知り、正直に最低でも二十万円はすると打ち明け、東京の美術商にあてた紹介状を書いて渡した。

3 **心の葛藤と整理**　56〜63行目（客は間もなく…）　※問5・問6

彼は逸品の入手を自ら逃したことを惜しくも思ったが、金銭の誘惑に打ち勝った、文学者としての清廉さをよしとし、喜ばしく思った。

【資料】

蒐集の真の悦びは「もの」にあり、蒐集家は「もの」へのよき選択者でなければならない。しかし、蒐集する「こと」が先立ってしまうために眼が明るくない蒐集家が少なくない。

語句

陶器＝陶器と磁器は「陶磁器」と総称もされるが、原料の粘土や焼く温度が異なる。ただし本文では磁器を含めて陶器と称している（青年が「青磁」を「陶器」と述べている箇所など）。磁器には白磁、青磁などの種類がある。

言下《げんか》＝相手が言い終わった直後。一言のもと。

無造作＝たやすいこと。手軽なこと。気軽に行う様子。

就中《なかんずく》＝その中でも。とりわけ。

当りをつける＝見当をつける。

【資料】有体《ありてい》**に云って**＝ありのままに言うと。

全幅的に＝あらんかぎりに。「全幅の信頼を置く・寄せる」などと使う。

随喜＝心からありがたく感じて喜ぶこと。もとは仏教用語。

忌憚《きたん》**なく云って**＝率直に言って。

解説

問1 標準 13 正解は③

傍線部の心情を問う設問。「彼」は信州の町を散歩しながら美術商の店に入り、陶器を物色する。しかしこれというものはなく、それでも「よしなき（＝つまらない）壺」を「いやしく眼をさらして」眺める自分を「何という意地の汚なさ」であろうかと思い、そんな「定見（＝一定の見識。しっかりした考え）のない自分」にあきれる。そして「さびしさ」を味わいながら店を立ち去るというのが傍線部である。骨董を趣味とする人間の性《さが》といったものが描かれている。よって傍線部の心情は次のように説明できる。

つまらない陶磁器に目を止める自分のいやしさにあきれ、結局何も買わずに店を出るもの悲しさ

選択肢は文末を検討する。「さびしさ」の説明として適当なのは①「心細さ」と③「うら悲しく」である。②の「やるせなく（＝せつなく）心が晴れない」、④の「しみじみと恋しく懐かしく」、⑤の「空虚さ」はいずれも不適となる。正解は③で、「骨董に対して節操がない」「浅ましい」「ありふれた品をも貪欲に眺め回し」と適切に説明している。また「東京に比べて気になるものすらないことがわかって」とあるのは、傍線部直後の文「東京では……」をふまえる。

①「東京から離れてしまった我が身を顧みて」が不適となる。東京を離れたことを後悔しているような箇所は見当たらない。「心細さ」は東京を離れたことについての心情となり、これも誤りとなる。

②「信州の美術商なら掘り出し物があると期待して」が読み取れない。「自身の鑑賞眼のなさを思い知り」も誤りとなる。「彼」は「よしなき壺」や「見るべくもない（＝見る価値もない）陶画」を見分ける眼識を持っている。

④「かえって遠く離れた故郷を思い出し」以下が不適。4行目の「郷愁」は、ありふれた壺に心が惹かれる自分の心を名づけた名称であり、これに引っ掛けて作られた選択肢である。

⑤「求めるもの」を逸品の意に理解すれば問題ないが、特定の陶磁器を意味するとも受け取れ、不適切な表現となる。さらに「陶器への過剰な思い入れを続けること」に空しさを感じていると説明している点も誤りとなる。

問2　標準　14　正解は①

表現の特徴を問う設問。「雲鶴青磁」については20行目の「とろりとした濃い乳緑の」以下で描写されるが、特にそ

こに描かれた四羽の鶴と雲の様子は22行目の「一羽は」以下、28行目の「燃えているようであった」にかけて詳細に描写される。そして「この恐ろしい雲鶴青磁を見とどけた時の寒気」とあるように、「彼」は**青磁の秀逸な出来ばえに深い感銘を受ける**。設問は消去法で解く。

①適当。「熱っぽい」「ほてり」という温覚や、「平たい鋭さ」という視覚に訴える表現が用いられている。「鶴が生き生きと描写され」「『彼』の興奮がありありと表現されている」という説明も妥当である。

②不適。「陶器が裸になった羞かしさ」は擬人法であり、「燃えているよう」は直喩であるから「比喩で描き出し」という説明は適当である。しかし「『彼』の視点を通じて卑俗（＝いやしく下品なこと）なもののように」が不適となる。先に述べた「恐ろしい雲鶴青磁を見とどけた時の寒気」に合致しない。

③不適。「冷静沈着な態度」がやはり先の「寒気」に合致しない。

④不適。「穏やかなたたずまい」とあるが、例えば25行目「烈しい啼き声」「熱っぽい翼際の骨のほてり」などからは張りつめた雰囲気が漂っている。「間接的」というのも該当しない。

⑤不適。青磁自体は「濃い乳緑」色であり、鶴は白と黒を基調に描かれているので、「色鮮やかさ」は誤りとなる。

問3 やや難 15・16 正解は (i)＝⑤ (ii)＝⑤

(i) **傍線部の内容**を問う設問。青年は最初「飢え」た目をしており、その理由は「金銭にあ」った（10行目）。だが青磁を披露する場面では「飢えたものがなくなり、穏かにな」る（18〜19行目）。そして「穏かな眼の中にたっぷりと構えた自信のようなものを見せ」る（29〜30行目）。ここから**青年が青磁の価値に自信をもっている**ことがわかる。したがって傍線部直前の「これは本物でしょうか」という発言は単純に真偽を問うようなものではなく、例えば「これは本物だが、あなたにそれがわかりますか」といった、「彼」の鑑識眼を質《ただ》そうとする性質のものを含んでいる。それを「彼」は「からかい」と受け取ったのである。よってそれを次のように説明できる。

青年が自分の鑑識眼を質そうとしているように感じた

正解は⑤で、この事情を「陶器の価値を適切に見定められるかを試されている」と適切に説明している。

① 「本物でしょうか」と尋ねられているのだから「愛情の強さを冷やかされている」という説明は不適である。

② 青年の「人物」としての価値を見定めるわけではない。

③ 「彼」は青磁に圧倒はされるものの、青年に対する「態度を変えた」わけではない。

④ 「面白がられている」とあるのが①と同じ理由で誤りとなる。

(ii) 傍線部の心情を問う設問。右に確認したように、「彼」は青年が青磁に自信をもっていることを読み取っている。そして「疑いもなくこれは雲鶴青磁であり逸品である」（31～32行目）と率直に受け答え、青磁を入手したいきさつやその時価についての腹蔵ない、率直な問答へと続いていく。このような流れをふまえると、「からかい気分」と感じ取った「彼」の心情は、からかわれたと感じたことで不快になったというようなことではなく、青年が青磁の価値（時価も含めて）を知っているのではないかと考えたという程度のものとして説明できる。よってこれを「青年が陶器の真価を知っているのではないかと勘繰った」と説明した⑤が正解となる。「青磁の素晴らしさに仰天し」「余裕を感じさせる」という説明も妥当である。

① 「盗品を持参した」が根拠がなく不適となる。

② 「軽妙さを見せた」が「たっぷりと構えた自信のようなもの」に合致しない。「だまそうとしている」も不適。

③ 「誤解した」が不適。「彼」は青年がある程度青磁を見る目をもっていると感じている。

④ 「軽薄」が②と同じ理由で不適。「自分を見下している」も根拠がない。

問4　標準　17　正解は④

傍線部の内容を問う設問。右に述べたように31行目以下、青磁の由来や時価についての問答が展開する。青年は三万円ぐらいで売りたいと正直に言い、さらに町の美術商の付値との中間でもよいと譲歩し、「彼」が買ってくれれば亡き父親も喜ぶ旨の発言をする。「彼」はこの青年の言葉に「真率さ（＝まじめで率直なさま）」を感じ取る。そして「文学者など遠くから見ていると、こんな信じ方をされているのかと思った」（44～45行目）というものである。ここから**父親と同じく青磁を愛する「彼」のような人間に青磁を譲りたいという青年の率直な思い**が読み取れよう。

選択肢の後半には、①「青年の懸命さ」、②「青年の誠実さ」、③「青年の一途さ」、④「青年の実直さ」、⑤「青年のかたくなさ（＝頑固さ）」とあるので、⑤だけがはずれる。次に「彼」に買ってほしいという青年の熱意という点からみると、①「陶器に理解のある人物」、②「父同様に陶器を愛する人物」、③「陶器への態度が父と重なる人物」、④「自分が見込んだ人物」といずれも甲乙つけがたい。そこで他の部分も考慮すると、④が正解とわかる。④に「経済的な問題」とあるのは、青年が父親の大切な形見であった青磁を売却しなければならない事情をいう。

①「父の遺品を売ることに心を痛めている」と読み取れるような箇所がない。

②「市価よりも高い値段で青磁を買い取ってくれるだろう」が不適。青年の値段に対するこだわりは強くない。

③「両親への愛情を貫こう」が不適。父親に対しては「父が青磁を愛していたおもいも、そこにとどまるような気もして」（43行目）とあるので妥当な説明といえるが、母親に対する思いは表明されていない。

⑤前述のように「かたくなさ」が不適。また「適切な価格」を青年は知らないので、ここも不適となる。

問5 標準 18 正解は①

傍線部の理由を問う設問。45行目以下の筋を追う。「彼」は青磁の時価が二十万円は下らないと率直に伝えるが、青年は三万円に「彼」の「お心持を添え」（53行目）た金額で譲りたいと申し出る。だが「彼」はその金額で買い取ることを潔しとせず、東京の美術商を紹介して青年を帰らせたというもの。傍線部の「その気持」は直前の「損をしたような気」を指す。時価二十万円以上する青磁を三万円程度で購入できる、**またとないチャンスを自ら放棄した**ことをいう。

でも「彼」はそんな気持ちを抱く自分を「不愉快」に思う。この心情について、59行目以下、「やすく手に入れる身そぼらしさ……心までくさっていないことが、喜ばしかった」と記して、**あえて損得を度外視した自分を「喜ばし」い**と思い直す。このあたりの「彼」の心情は、現代の消費社会に生きる者の心情からは遠い所にある。とはいえ理解できなくはない。以上より傍線部の理由を次のように説明できる。

損をした気分になる自分をいやらしいと思ったから

選択肢は各文末を見て「自分のいやしさを腹立たしく思った」とある①を選択すればよい。「『彼』に信頼を寄せる青年の態度」「誠実さを見せた」「逸品を安価で入手する機会を逃して後悔した」と適切に説明している。

②「その期待に応えられなかった自分の狭量さ（＝人を受け入れる心が狭いこと）」が不適。「彼」には青磁を市価（＝市場価格）で買い取るお金がなかっただけである（50～51行目）。

③「日々の生活苦」とまで断定するだけの根拠に乏しい。「焦燥感に圧倒され」とあるのも傍線部D前後の文脈から読み取れない。「自分の小心さ（＝気が小さくて臆病なこと）」ももちろん不適となる。

④随筆を読んだだけで訪ねてきた青年を大胆だと思っていると読める根拠が見当たらない。「自分の臆病さ」も不適。

⑤「『彼』の顔色をひそかに観察していた」が、29行目の「たっぷりと構えた自信のようなもの」に合致しない。「自分の単純さ」も不適となる。

問6　標準　19・20　正解は　(i)＝①　(ii)＝②

本文と【資料】に基づく話し合いを完成させる設問。【資料】の筆者は、蒐集家を「こと」に集中する蒐集家と、「もの」に集中する蒐集家に分け、その多くは前者であると主張する。前者は蒐集すること自体が目的であり、品物の質や美しさは二の次である。これに対して後者は逆に品物の質や美しさに悦びを感じる。この分類に拠れば、本文の「彼」は雲鶴青磁の見事さに衝撃を受け、その姿が脳裏から離れないことから（傍線部F）、後者の蒐集家と言える。

(i) 【資料】について、空欄 Ⅰ の前後で、AさんとBさんは、「蒐集」のあるべき態度とは「こと」にとらわれずに「もの」を見ようとするものであると、その内容をまとめている。Ⅰ は否定的な蒐集のあり方をいう文脈であるから、「多くの品を集めることにとらわれて、美という観点を見失う」と説明した①が入るとわかる。

② 「美しいかどうかにこだわ」るのは「もの」を見ようとする肯定的な蒐集のあり方をいうから不適となる。

③ 「趣味の世界に閉じこもる」のは「こと」と「もの」両方に当てはまるので不適となる。

④ 「偶然の機会に期待」するのはむしろ「もの」の方である。

⑤ 「質も量も追い求めた」が不適。どちらにも当てはまらない。

(ii) 空欄 Ⅱ 前後では本文の傍線部Fについて話し合われる。Bさんの「壺の与えた強い印象が『彼』の中に残った」という発言をAさんは Ⅱ のように解釈する。次の教師の発言「『もの』と真摯に向き合う『蒐集家』としての『彼』」も手がかりにすると、「『こと』を優先しなかった」「『もの』の本質をとらえられた」とある②が入るとわかる。

① 「『こと』への執着がいっそう強められた」が不適。

③ 「貴重である『こと』にこだわり続けた」が不適。

④ 「『もの』への執着から解放され」が不適。

⑤ 「『こと』の困難に直面した」「『もの』から目を背けることになった」が不適。

第3問 標準

出典

藤原道綱母『蜻蛉日記』〈上〉

『古今和歌集』〈八五三〉

『蜻蛉日記』は平安中期の日記。全三巻。歌人藤原道綱母が晩年に書いた回想的な日記である。作者の実名は不明なため「道綱母」などと称される。父親は地方官を歴任した藤原倫寧《ともやす》。二十歳ごろ藤原師輔《もろすけ》の三男兼家と結婚してから、夫婦関係が途絶えるまでの約二十年間の出来事を記す。上巻末尾に「あるかなきかの心地するかげろふの日記といふべし」とあり、これが書名の由来となる。当時の一夫多妻制の婚姻制度のもとで弱者の立場に置かれた妻の悲哀・嘆きが印象深く描かれる。なお『更級日記』の作者菅原孝標女は道綱母の姪である。

『古今和歌集』は平安初期に成立した最初の勅撰和歌集。「八代集」の第一集である。醍醐天皇の勅命によって紀貫之、紀友則、凡河内躬恒、壬生忠岑の四人が撰定した。歌数は一一〇〇首余り。全二十巻。春（上・下）、夏、秋（上・下）、冬、賀、離別などの部立のもとに和歌を分類する。紀貫之が仮名序を、紀淑望《よしもち》が真名序を書いた。

要旨

1

山寺での葬儀と法要　1～3段落（かくて、とかうものする…）

母の葬式が終わっても作者たちはそのまま山寺に残り、母の供養をした。作者の夫の兼家が弔問に訪れたり、見舞いの手紙を寄越したりするけれど、作者はその内容を何も覚えていない。

2

山寺を出て帰宅　4・5段落（里にも急がねど…）

山寺を出て帰る道中、作者は悲しみを新たにした。家に着くと、母と一緒に部屋の端に出て使用人に手入れをさせた庭の草花がいつの間にか生長して咲き乱れていた。

3

自宅での法事 6段落（これかれぞ殿上なども…）
四十九日の法事はおおよそ兼家が取り仕切り、大勢の人が参集した。それも終わって人々が散り散りになると、作者は心細さが募った。兼家が作者を慰めようと以前よりは足しげく通ってきた。

語句

目もあはぬ（あはず）＝よく眠れない。
山づら＝山の辺り。
霧はげに麓をこめたり＝「川霧の麓をこめて立ちぬれば空にぞ秋の山は見えける（＝川霧が山の麓に立ち込めているので、まるで空に浮かんでいるように秋の山が見えることよ）」（清原深養父《ふかやぶ》・『拾遺和歌集』）に拠る。
みみらくの島＝長崎県五島列島にある福江島の三井楽《みみらく》半島をいい、古くは『肥前国風土記』や『万葉集』にその名が登場する。遣唐使船の最終寄港地でもあった。異界との境界にあって死者に逢える西方浄土の島として知られていた。
名にし負う＝名前をもつ。有名である。「名に負う」ともいう。
兄人＝女からみた男の兄弟。
里＝実家。自宅。特に宮中に仕える人が宮中に対して自分の住む実家をいうことが多い。
あかる＝離れる。別々になる。「かる」ともいう。下二段活用。四段活用の「あかる（＝明るくなる）」と区別する。

全訳

こうして、あれやこれや（＝葬式やその後始末）をすることなど、世話をする人が大勢いて、すべて済ませた。今はたいそう趣深い山寺に集まって（喪に服し）、所在なく過ごす。夜、眠れないままに、嘆き悲しみながら夜を明かしては、山の辺りを見ると、霧は（和歌に詠まれたように）本当に麓に立ち込めている。（母が亡くなった今は）京（へ帰って）も本当に誰のもとへ身を寄せたらいいのだろうか、いや、やはりここ（＝山寺）に滞在したままで死にたいと思うけれど、死なせてくれない人（＝息子の道綱）がいるのはとてもつらいことよ。

こうして十日あまりになった。僧侶たちが念仏の合間に話をするのを聞くと、「この亡くなった人（＝作者の母）が、はっきりと見える所がある。そこで、近くに寄ってみると、消え失せてしまうそうだ。遠くからは見えるそうだ」「（それは）どこの国であろうか」「みみらくの島というそうだ」などと、口々に語るのを聞くと、（その島のことが）たいそう知りたく、悲しく思われて、ついこのように（歌が）詠まれる。

せめて母がそこにいるところだけでも遠くから見たいものだ。耳を楽しませるという名前をもつのなら、その場所を聞かせておくれ、みみらくの島よ。

と言うのを、兄にあたる人が聞いて、彼も泣き泣き（詠む）、

どこを目指して、話に聞くばかりのみみらくの島に隠れてしまった亡き母を訪ねて行けばよいのだろうか。

こうしているうちに、（夫の兼家が）立ったまま訪れ、毎日見舞ってくれるようだけれど、（私は）今は何も心が動かないのに、（夫の手紙には）穢れのために（会えない）もどかしさ、気がかりなことなど、わずらわしいほど書き連ねてあるけれど、呆然としていた時のことだからであろうか、覚えていない。

家に（帰るの）も急ぐわけではないけれど、思い通りにもならないので、今日、みな引き上げる日になった。（山寺に）やって来た時は、（牛車の中で私の）膝にもたれて横たわっていらっしゃった人（＝母）を、何とかして楽な状態に（してあげたい）と思いながら、我が身は汗をかきつつ、そうはいっても（亡くなることはあるまい）と思う気持ちも伴って、心強かった。（しかし）今度は、まったく楽で、あきれるほどゆったりと（牛車に）乗ることができているのも、道中たいそう悲しい。

（家に着いて牛車から）降りて（家の様子を）見るにつけても、まったく何もわからないくらい悲しい。（母と）一緒

に（部屋の端に）出て座りながら、（使用人に）手入れをさせた草花なども、（母が）病気を患い始めてから、うち捨てであったので、生い茂ってさまざまに咲き乱れている。（亡き母のために）特別に行う供養なども、みなが各自それぞれに行うので、私はただ所在なく物思いに沈むばかりで、「ひとむらすすき虫の音の」とばかりつい口ずさまれる。

手入れもしないのに花は盛りになったことよ。亡き母が残してくれた恵みの雨露が降りかかって。などと心に思われる。

誰も殿上で勤めなどもしないので、服喪も（家で）一緒にしているようなので、それぞれ部屋を仕切った囲いに籠もっているような中で、私だけは（悲しみが）紛れることはなくて、夜は念仏の声を聞き出してから、そのまま泣きながらつい夜を明かすことになる。四十九日の法事は、誰も欠かさずに、家で行う。私と付き合いのある人（＝兼家）が、おおよそのことを取り仕切ってくれたようなので、人々が大勢参集している。私の供養の志として、仏画を描かせた。その日が過ぎてしまうと、みんなそれぞれ散り散りになった。いっそう私の気持ちは心細さが募って、ますますどうしようもなく、あの人（＝兼家）はこのように心細そうな様子に同情して、以前よりは足しげく通ってくる。

【資料】藤原利基朝臣が右近中将であったときに住んでおりました部屋が、（利基が）亡くなって後は、誰も住まなくなってしまった頃に、秋の夜が更けてよそから（京へ）参上した折に中をのぞいたところ、以前あった庭の植え込みもたいそう茂って荒れていたのを見て、以前そこで（利基に）仕えていたので、昔に思いをはせて詠んだ（歌）　御春有助

ご主人が植えられた一群れのすすきも、虫の音がしきりに聞こえる野原となってしまったことよ。

解説

問1 やや易 21・22 正解は (ア)＝② (イ)＝⑤

(ア)　母の葬式が終わったと記す場面である。「みな」は〝すべて〟。「し」はサ変動詞「す」の連用形。「はて」は下二段活用の動詞「はつ（果つ）」の連用形で、ここは補助動詞の用法になる。〝〜おわる。すっかり〜する〟の意。「つ」は完了の助動詞。〝すべてし終わった〟と直訳できる。「はて」の意から「済ませた」とある②と、「終わった」とある④に絞り、「みな」の意から②を選択できる。

(イ)　作者たちが山寺から家に戻った場面である。「さらに」は下に打消語を伴い、〝まったく〜（ない）〟の意の副詞。「ものおぼえず」は「ものおぼゆ（＝正気になる。物心がつく）」を否定した形で、〝どうしてよいかわからない。分別がつかない〟の意。「ものもおぼえず」の形でよく使われる。「さらに」の意から「少しも」とある①と、「全く」とある⑤に絞り、「ものおぼえず」の意から⑤を選択できる。

問2　標準　23・24　正解は③・⑥

二つの段落の内容を問う設問。②段落では山寺での母の服喪期間中に、作者が僧侶たちの話を聞いて歌を詠み、兄もそれに応えるように歌を詠んだことが記され、③段落では夫の兼家が見舞いに訪れたり手紙を寄越したりしたことが記される。以上のことをふまえて消去法で解く。

①不適。「その不真面目な態度に作者は悲しくなった」とは書かれていない。「いと知らまほしう、悲しうおぼえて」とあるように、作者は僧侶たちが話す「みみらくの島」のことをもっと知りたく思いながら悲しみを新たにしている。

②不適。「半信半疑」が①で述べた箇所に合致しない。兄に尋ねたとも書かれていない。

③適当。「いづことか」の歌を詠んだのが兄である。「いづことか」が「たづねむ」にかかり、どこにあるのかと訪ねて行けばよいのだろうかという内容になる。「音に（のみ）聞く」は〝話・噂に聞く〟。「島がくれ（＝島に隠れる）」に「隠れ（＝死ぬ）」を掛ける。

④不適。「穢らひの心もとなきこと、おぼつかなきことなど」を書いて寄越したのは兼家である。

⑤不適。「だんだんといい加減な態度に」が不適。「立ちながらものして……」とあるように、兼家は作者に対してそれなりの誠意を見せている。これは6段落の「おほかたのことを行ひためれば」も同様である。

⑥適当。「呆然とする」は「ものおぼえざりし」に、「わずらわしく思った」は「むつかしきまで」に合致する。

問3 標準 25 正解は⑤

段落から読み取れる心情を問う設問。4段落は作者たち一行が山寺から家に帰る道中を記している。「来し時」と「此度」を対比させ、前者では「わが身は汗になりつつ」とあるように、作者が重病の母をかいがいしく世話する様子が描かれ、「頼もしかりき」と、母の回復に一縷《いちる》の望みを託している。これに対して後者では「あさましきまでくつろかに乗られたる」と記して、母がいないために牛車の中がゆったりとしていることが描かれ、「いみじう悲し」と、その空虚さゆえの悲しみを訴えている。以上のことをふまえて消去法で解く。

①不適。自宅に帰りたくなく、山寺を去るのは不本意だという内容は一見もっともだが、1段落に「なほここながら死なむと思へど、生くる人ぞいとつらきや」とあり、作者は山寺で死ぬことを望みながらも、道綱のことを考えざるをえないと思っている。そして4段落で「里にも急がねど、心にしまかせねば」とあるように、自らを納得させて山寺を出ようとしている。またそもそもこの選択肢は4段落全体をふまえた説明になっていない。

②不適。「母の不安」は描かれていない。「いかでか安らかにと思ひつつ」とは母の身体的苦痛を和らげたいと思ったことをいう。よって「母の気を紛らす」も不適となる。

③不適。「母の死を予感して」とあるが、「さりともと思ふ心そひて、頼もしかりき（＝そうはいっても亡くなることはあるまいと思う気持ちも伴って、心強かった）」に矛盾する。また「わが身は汗になりつつ」は母の看病のために汗を流すのであって「冷や汗」ではない。「母に悟られないように注意していた」も不適。

④不適。「祈禱を受ければ」以下が書かれていない。

⑤適当。「此度は……いみじう悲し」に内容的に合致する。

問4 標準 26・27 正解は (i)=⑤ (ii)=④

本文と【資料】を関連づける設問。5段落は、家に戻った作者が、いつの間にか生長して咲き乱れている草花を見て、『古今集』の和歌の一節「ひとむらすすき虫の音の」を口ずさみ、自らも和歌を詠んだことを記している。また【資料】では、御春有助が以前仕えていた、今は亡き藤原利基の部屋を訪れ、庭の植え込みの草木が荒れ放題に茂っている様子を見て詠んだ和歌があげられている。以上のことをふまえて選択肢を吟味しよう。いずれも消去法で解く。

(i)

①不適。「なり」は四段動詞「なる」の連用形である。伝聞・推定の助動詞「なり」は活用語の終止形（ラ変型活用の語にはその連体形）に付くから、打消の助動詞「ず」に付く場合は、その連体形「ざる」の撥音便「ざん」（「ん」は無表記の場合もある）に付く。すなわち「〜ざんなり」「〜ざなり」の形をとる。

②不適。「見入れ（見入る）」は〝外から中を見る。のぞく〟の意である。

③不適。「前栽」とあるが正しくは「前栽」。また、「前栽」は〝庭に植えた草木〟を意味し、「垣根」ではない。

④不適。「はやく」は〝以前。昔〟の意の副詞。

⑤適当。「そこ」は「曹司」を指す。「侍り」は謙譲の本動詞「侍り（＝お仕えする）」の連用形で、有助が以前仕えていた利基への敬意を表す。

(ii)

①不適。「母が亡くなる直前まで手入れをしていた」わけではない。「つくろはせし草」とあるように、使用人に手入れをさせていたのである。また母が山寺で亡くなった点とも一致しない。

②不適。【資料】の和歌と5段落の和歌を、「荒れ果てた庭のさびしさ」と「咲き乱れている草花のたくましさ」の対

比として説明しているが、どちらの和歌も、故人とゆかりのある草花を見て故人をしのび悲しむという伝統的なパターンに従って詠まれている。

③不適。「虫の美しい鳴き声を利基に聴かせたい」という心情は和歌から読み取れない。虫の音は利基の死を悼む心情を強調するものとして働いているのであって、有助がそれに聞き惚れているわけではない。また「花をいつまでも残しておきたいという願望」も読み取れない。

④適当。「野原のように荒れた庭を前にしたもの悲しさ」は「野辺ともなりにけるかな」「昔を思ひやりてよみける」に合致する。また「亡き母が……」については「とどめおきける露にかかりて」に合致する。この「露」は単なる雨露をいうのではなく、亡き母が生前注いでくれた慈雨という比喩的な意味を含んでいる。

⑤不適。有助の和歌に「君が植ゑしひとむらすすき」とあるように、すすきを植えたのは利基であるから、「草花がすっかり枯れてすすきだけになった」という説明は誤りとなる。また「花が庭に咲き残っていることへの安堵」も②と同じ理由で不適となる。

問5 標準 28 正解は③

段落中の表現について適当でないものを選ぶ設問。6段落では家で人々がめいめいに亡き母の供養を行ったこと、作者が独り泣き明かしたこと、兼家が四十九日の法事を取り仕切ったこと、法事が終わって参列者が立ち去ると作者の心細さが募ったこと、兼家が以前よりも足しげく通ってきたことなどが記される。以上のことをふまえて消去法で解く。

①適当。助動詞「めり」には目の前の事実について推定する意（～ようだ。～ように見える）と、断定を避けて婉曲に言う意（～ようだ）とがある。6段落では「穢らひもひとつにしなしためれば」「局などしつつあめる」「おほかたのことを行ひためれば」と三箇所で用いられており、推定または婉曲の意になる。なお「ためれ」は存続の助動詞「たり」の連体形「たる」の撥音便「たん」（「ん」の無表記）に「めり」の已然形が付いた形であり、「あめる」は

ラ変動詞「あり」の連体形「ある」の撥音便「あん」（「ん」の無表記）に「めり」の連体形が付いた形である。

②適当。「おのがじし」は〝めいめい。それぞれに。思い思いに〟の意。6段落では二箇所用いられており、一つ目は作者の家の者たちを、二つ目は四十九日の法事の参列者たちを指す。そしてその後に、前者は「我のみぞ……泣きのみ明かさる」と続き、後者は「わが心地は心細うなりまさりて」と続き、作者の孤独な悲しみや心細さが記される。

③不適。「わが心ざしをば」は〝私の供養の志を〟の意であるが（「を」は格助詞、「ば」は係助詞「は」の濁音化したもので「を」を強調する）、〈私の供養の志を表すものとして〉というほどの内容になる（別本には「わが心ざしには」とある）。「仏をぞ描かせたる」は〝仏画を描かせた〟の意。「ぞ」が強意の係助詞で、完了の助動詞「たり」の連体形「たる」がその結びとなる。「せ」は使役の助動詞「す」の連用形で、絵師に仏画を描かせたということ。したがって仏画を描かせたのは作者であって兼家ではない。「感謝の気持ち」も不適。

④適当。「いとど」は〝ますます。いっそう〟の意の副詞。「やるかたなく（やるかたなし）」は〝どうしようもない。どうにもならない〟の意。「やらむかたなし」に同じ。前文に「みなおのがじし行きあかれぬ（＝散り散りに去って行った）」とあり、法事が終わって参列者が去り、残された空虚感や慕る悲しみが表現されている。

⑤適当。「人」は注にあるように兼家を指す。「かう心細げなる」は作者自身の様子を表す。「ありし」は〝以前の〟の意。「しげう」は形容詞「しげし」の連用形ウ音便で、〝絶え間ない。しきりである〟の意。兼家には多くの妻がおり、作者はその一人である。そのせいもあって兼家が作者の家に通って来る（いわゆる通い婚）のもそう度々というわけにはいかない。それが、四十九日が過ぎた当座は頻繁に通ってきたというのである。よって「悲しみに暮れる作者に寄り添ってくれる存在として……」という説明は適切である。

第4問

やや難

出典

蘇軾『重編東坡先生外集』
劉昫ら『旧唐書』

蘇軾《そしょく》（一〇三六〜一一〇一年）は北宋の政治家・文学者・書家・画家。字は子瞻《しせん》。号は東坡《とうば》。二十一歳の若さで科挙（文官試験）に合格し、役人の道に進むも、政争に巻き込まれ、また直言を憚らない性格もわざわいして、しばしば左遷された。一時期は投獄の憂き目にもあった。しかしそういうなかにあっても、詩文書画などの分野で活躍し、その作品は多くの人々に愛された。父の蘇洵《そじゅん》、弟の蘇轍《そてつ》とともに唐宋八大家の一人に数えられる。『重編東坡先生外集』は全八十六巻。明代末、散逸していた蘇軾の草稿を集めて編集された詩文集である。

『旧唐書』は唐代の正史で、後晋時代の劉昫《りゅうく》らによって編纂された。全二百巻。宋代に新たな史料を加えた『新唐書』が書かれたので、このように称される。

要旨

1 褚遂良の意見と太宗の称賛　第一段落（遂良曰…）

王宮に雉が集まるという事件が続いたとき、褚遂良は、文公が雉を手に入れて諸侯に抜きん出た故事を取り上げて、太宗の立派な徳を告げるものだとおだてたところ、太宗は遂良を博識の君子であると称賛した。

2

批評　第二段落（予以謂…）

遂良が高宗の故事ではなく文公の故事を取り上げたのは、太宗にこびへつらうためであって、太宗の判断を誤らせるものであった。したがって遂良は忠臣ではない。

【資料】　太宗は、自分は「銅」と「古」と「人」の三つの鏡によって過ちを防いできたが、魏徴が亡くなったために鏡を一つ失ったと言った。

語句

化＝化ける。変身する。
王、覇＝春秋時代、徳によって天下を治める者を王と呼び、武力で諸侯を支配する者を覇者と言った。
雄＝抜きん出てすぐれている。
封＝領土を与えて諸侯にする。
【資料】　**朕**＝天子の自称。

読み

遂良《すいりやう》曰《い》はく、「昔秦《しん》の文公の時、童子化《どうじくわ》して雉《きじ》と為《な》る。雌《めす》は陳倉《ちんさう》に鳴き、雄《をす》は南陽《なんやう》に鳴く。童子曰はく、『雄を得《う》る者は王たり、雌を得る者は覇《は》たり』と。文公遂《つひ》に諸侯に雄《ゆう》たり。陛下は本《もと》秦に封《ほう》ぜらる、故《ゆゑ》に雄雌並《なら》びに見《あら》はれ、以《もつ》て明徳を告ぐ」と。上説《しやうよろこ》びて曰はく、「人以て学無かるべからず、遂良は所謂《いはゆる》多識《たしき》の君子《くんし》なるかな」と。

予《よ》以謂《おも》へらく、秦の雉は、陳宝《ちんぱう》なり、豈《あ》に常の雉ならんや。今雉を見て、即《すなは》ち之《これ》を宝と為すは、猶《な》ほ白魚《はくぎよ》を得て、便《すなは》ち自《みづか》ら武王に比《くら》ぶるがごとし。此《こ》れ諂妄《てんばう》の甚《はなは》だしきものにして、其《そ》の君を愚瞽《ぐこ》するなり。而《しか》るに太宗《たいそう》之を善《よ》しとし、史《し》も譏《そし》らず。野鳥《やてう》故《ゆゑ》無くして数《しばしば》宮《きゆう》に入《い》る、此《こ》れ乃《すなは》ち災異《さいい》なり。魏徴《ぎちよう》をして在《あ》らしめば、必ず高宗《かうそう》鼎耳《ていじ》の祥《しやう》を以て諫《いさ》めん。遂良此《これ》を知らざるに非《あら》ざるに、鼎雊《ていこう》を捨てて陳宝を取るは、忠臣に非ざるなり。

【資料】
夫《そ》れ銅を以て鏡と為《な》せば、以て衣冠を正すべく、古《いにしへ》を以て鏡と為せば、以て興替《こうたい》を知るべく、人を以て鏡と為せば、以て得失《とくしつ》を明らかにすべし。朕《ちん》常に此《こ》の三の鏡を保ち、以て己《おのれ》の過《あやま》ちを防ぐ。今魏徴殂逝《そせい》し、遂に一《ひとつ》の鏡を亡《うしな》ふ。

全訳

遂良が言うには、「昔秦の文公の時、童子が変身して雉になりました。雌は陳倉で鳴き、雄は南陽で鳴きました。童子が言うには、『雄を手に入れた者は王となり、雌を手に入れた者は覇者となる』と。文公は（雄を手に入れて）ついに諸侯の中で傑出した者となりました。（一方）陛下はもともと秦王でいらっしゃいましたから、それゆえ雄雌両方（の雉）が現れて、（陛下の）立派な徳を告げているのです」と。太宗が喜んで言うには、「人は学問がなくてはいけない、（その点）遂良はいわゆる博識の君子であるよ」と。

私が思うに、秦の（文公が手に入れた）雉は、陳倉の宝（＝童子が変身した雉）であって、どうして普通の雉であろうか。もし（遂良のように）雉を見て、すぐにこれを宝と思うなら、ちょうど白い魚を手に入れて、すぐに自分を武王になぞらえるようなものである。これ（＝遂良が雉を吉兆とみなしたこと）は（太宗に）こびへつらうことはなはだしいもので、太宗の判断を誤らせるものである。ところが太宗は遂良を称賛し、史官も（遂良を）非難しない。野鳥が理由もないのにしばしば王宮に入るのは、これこそ天変地異（の予兆）である。もし魏徴がその場にいたら、必ず高宗の鼎の取っ手にまつわる凶兆の故事を引用して（太宗を）諫めたことだろう。遂良がこの故事を知らないわけはなく、鼎の取っ手にとまって雉が鳴いた故事を捨てて童子が雉に変身した故事を取り上げたのは、忠臣ではないからである。

【資料】

そもそも銅を鏡として使えば、衣服や冠を直すことができ、昔を鏡として使えば、(国の)盛衰を知ることができ、人を鏡として使えば、(自分の)長所と短所を明らかにすることができる。私(=太宗)は常にこの三つの鏡を持ち続け、それによって自分の過ちを防いできた。(しかし)今魏徴が亡くなって、ついに一つの鏡を失ってしまった。

解説

問1　標準　29・30　正解は　(ア)=③　(イ)=②

(ア)「即(すなはち)」は接続詞で、〝すぐに。そのまま。つまり。もし〟の意がある。ここは「見雉」と「為之宝」をつないでおり、雉を見てこれを宝と思うという文脈であるから〝すぐに〟の意となる。③が正解。他の選択肢は語義的に不適。

(イ)「善」は形容詞なら「よし」と読むことになるが、ここは代名詞「之(これ)」を目的語として返るので「よしとす」「よみす」と読む動詞となる。〝良いと認める。ほめる〟の意。主語が「太宗」であるから、第一段落の「遂良所謂多識君子哉」をいったものであると考えられる。よって「之」は遂良を指し、「善」は②の「称賛する」が適当となる。①は語義的にも、また右の引用箇所にも合致しない。

問2　やや難　31　正解は③

空所補充と書き下し文の設問。第一段落の筋をおさえる。太宗が王宮に多くの雉が入ってきたことの吉凶を臣下に尋ねたとき、遂良は文公の故事を例にあげて、太宗の明徳を告げるものだと言って**太宗をおだてる**。これを聞いて太宗が喜び、**遂良を博学の君子であると称賛した**というものである。傍線部はその称賛の言葉の一節である。「人」が主語になる。「以」は「以＋名詞」の形で前置詞となり、「～をもって」と読んだり（傍線部Dの「以」）、置き字として読まない代わりに「～を・～に・～より」と補読したりすることが多い。また接続詞となって「～、もって～」と読むこともある（前文の「雄雌並見、以告明徳」）。ここはこのいずれとも異なる用法で、「不」「可」「得」「有」「無」などと共に用いて語調を整える役割を果たす（読みは「もって」）。選択肢はいずれもその読みになる。さらに「無学」はいずれの選択肢も「学無し」と返って読んでいる（ただし「無し」はいろいろ活用させてある）。以上をふまえて消去法で解く。

①不適。「須」は「すべからく～べし」と読む再読文字で、〝～しなければならない。～する必要がある。ぜひとも～したい〟の意。〝人は学問があってはならない〟という解釈となり、文脈に合わない。

②不適。「不如」は「不若」に同じく「～にしかず」と読み、比較形（～に及ばない。～した方がましだ）を作る。〝人は学問がない方がましだ〟という解釈となり、やはり文脈に合わない。

③適当。「不可」は「～べからず」と読み、不可能（～できない）または禁止（～してはいけない）の意を表す。〝人は学問がなければならない〟という解釈となり、文脈に合致する。

④不適。「猶」は「なほ～が（の）ごとし」と読む再読文字で、〝ちょうど～のようだ〟の意。〝人はちょうど学問がないようなものだ〟という解釈となり、文脈に合致しない。

⑤不適。「不唯」は累加形「不唯～、而亦～（ただに～のみならず、しかうしてまた～）」を作り、〝ただ単に～だけでなく、また～である〟の意を表す。〝人はただ単に学問がないだけでなく〟という解釈となり、文脈に合わない。

問3 標準 32 正解は②

傍線部の解釈を問う設問。「豈～乎」は疑問「あに～か」または反語「あに～んや」の句形になる。過去のセンター試験では圧倒的に後者の形が問われている。「常」は「つねに」と読むか、「つねの」と読んで「雉」にかけるかのいずれかとなる。前者なら「豈～乎」は反語となり、「不常～（つねには～ず）」などと同じく部分否定となる（反語形は否定の意を含むため)。この場合〝どうして常に雉であろうか、いやそうではない〟という解釈となるが、選択肢にこのような解釈はない。よって「常の雉」と読むことに決まる。そこで前文をみると、「秦雉、陳宝也」とある。「秦雉」とは秦の文公が手に入れた雉をいう。「陳宝」は陳倉の宝というほどの意であるが、注にあるように童子が変身した雉を指す。すなわち〈秦の文公が手に入れた雉は、童子が変身した宝の雉であって〉という内容となり、これが傍線部につながる。すると「秦雉」と「常雉」が対比されていることに気づくであろう。つまり「秦雉」は、太宗の王宮に集まったようなふつうの雉ではないという趣旨になる。よって「豈〜乎」は反語と決まり、「あにつねのきじならんや」と読むから②が正解とわかる。①・③は推量、④は詠嘆、⑤は疑問の解釈となりいずれも不適。

問4 標準 33 正解は③

返り点と書き下し文を問う設問。「野鳥」が主語になる。ここは雉を念頭に置いている。「無（なし）」は下から返って読む返読文字。ここで「野鳥無きは」と読む④がはずれる。「故」は名詞「ゆゑ（＝原因・理由）」、副詞「もと・もとより（＝以前。過去に）」、副詞「ことさらに（＝わざと）」、接続詞「ゆゑに（＝だから）」などさまざまな読みがあり、決定しづらい。「数」は「しばしば」と読む副詞の用法が重要で、設問で問われたらこの用法であろうと考えればよい。〝たびたび〟の意。「数ふる（数ふ）」と動詞で読む①と②がはずれる。「入」は「いる」と読む動詞で「宮」から返る。選択肢は③と⑤が残り、③なら〝野鳥が理由もなくたびたび王宮の中に入る〟と解釈でき、⑤なら〝野鳥がわざとたびたび王宮に入ることはない〟と解釈できる。直後の「此」が傍線部を指し、「災異（＝天変地異）」であると述べていることから、③が正解とわかる。これはリード文の「唐の王宮の中に……事件が何度も続き」をいったものである。なお①は〝野鳥が王宮に入るのを数えるのに理由はない〟、②は〝野鳥はわざと数えることなく王宮に入る〟、④は〝野鳥がいないのは以前たびたび王宮に入ったからである〟と解釈でき、やはり文脈に合致しない。

問5 やや難 34・35 正解は (i)＝① (ii)＝④

本文と【資料】を関連づける設問。まず傍線部Dについて。「使（しむ）」が使役の助動詞で、「使A～（Aをして～しむ）」の形を作る。「使魏徵在」は魏徵をその場に居合わせさせるということ。副詞「必」は「諫（＝目上に対して改めるように忠告する）」にかかる。「以」は手段・方法を表す前置詞。「高宗鼎耳之祥」は注がある。「祥」は〝さいわい。きざし〟の意であるが、ここは後者の〝きざし〟の意で、吉兆と凶兆のどちらも表す。注に「これを異変と考えた」とあるようにここは凶兆の意である。「也」は置き字で読まないが、断定の意を表す。全体の趣旨は、**魏徵がいたら、高宗の鼎耳の故事を用いて太宗を諫めただろう**ということ。次に【資料】について。リード文にあるようにこれは太宗の発言である。「以銅為鏡」、「以古為鏡」、「以人為鏡」と、「以A為B（Aを以てBと為す）＝AをBとする・と思う」の句形を繰り返し、その後いずれも「可以～」と続けている（「可」は〝～できる〟の意の助動詞）。そして「銅」「古」「人」の三つを「三鏡」としてきたと言い、**魏徵が亡くなったことで一つの鏡を失ったと嘆いている**。以上のことをふまえて各枝問を解く。

(i) 銅を鏡とすれば衣冠を正すことができ、昔を鏡とすれば国の盛衰を知ることができ、人を鏡とすれば……という文脈に続く。そして「明得失」に続けて、自分は三鏡を持ち続けたおかげで為政者として過ちを防いできたのに、魏徵が亡くなって一つの鏡を失ってしまったと言う。したがって魏徵が第三の鏡である「人」に当たることがわかる。これは傍線部Dを手がかりとすれば、**魏徵が鏡に映すように太宗の政治の良し悪しを太宗自身にわからせた**ということであろう。すなわち「得失」とは一般的な〝利と不利。利害〟の意ではなく、〝人の長所と短所〟の意になり、①が正解である。もちろん①の「人」とは太宗自身を指す。他の選択肢は語義的にも文脈的にも不適となる。

(ii) 末尾の「諫」に着眼すれば、「無知をたしなめただろう」とある②と、「反省するよう促しただろう」とある④に絞れる。そして「魏徵は太宗に遠慮せず率直に意見する」「事件を機に」と説明した④を選択すればよい。

①「魏徴は太宗に決してうそをつかなかった」と説明する根拠がない。「事件を誤解している太宗に真実を話しただろう」も不適となる。

②「事件にかこつけて（＝口実にして）」が不適。「太宗の無知」も本文の内容にそぐわない。

③「鏡に映った自分自身……理解していた」という説明は、太宗ではなく魏徴が鏡を見るということになるから不適。

④「太宗に同情して慰めた」も不適となる。

⑤「魏徴は歴史の知識で太宗を助けてきた」と説明する根拠がない。「知恵を授けた」も不適。

問6　標準　36　正解は①

傍線部の理由を問う設問。遂良は忠臣（＝忠実な臣下）ではないと筆者が主張する理由である。それは直前の「非不知此、捨鼎雊而取陳宝」からわかる。「非不〜（〜ざるにあらず）」は二重否定の形。「此」は前文の「高宗鼎耳之祥」の故事を指す。「鼎雊」は注にあるようにこの故事をいう。すなわち**遂良はこの故事**（鼎の取っ手に雉がとまって鳴いたことを凶兆と考えた臣下が高宗をいさめた話）**を知らなかったわけではないのに、故意に捨てた**と述べている。「陳宝」は第二段落の冒頭近くにも「秦雉、陳宝也」とあるように、秦の文公が雉の宝を得て傑出した諸侯になった故事（これは吉兆）をいい、これを取り上げたと述べている。要するに、王宮の中に雉が集まってきたことを、遂良が太宗に凶兆ではなく吉兆であると進言したことを理由に、彼は忠臣ではないと結論づけている。これは第二段落第三文「此諂妄之甚、愚瞽其君（＝太宗にこびへつらうものであり、太宗の判断を誤らせる）」と述べているのと呼応する。以上のことをふまえて消去法で解く。

①適当。「事件をめでたい知らせだと解釈して太宗の機嫌を取った」「厳しく忠告して主君をより良い方向へと導くべきだった」と適切に説明している。

②不適。「事件から貴重な教訓を引き出して太宗の気を引き締めた」「主君の良い点をほめて主君に自信を持たせるべ

きだった」と真逆の説明をしている。

③不適。「事件は過去にも例があり珍しくないと説明して太宗を安心させた」とあるが、文公の故事と高宗の故事とでは、同じく雉が現れたとはいえ、その吉凶は真逆である。よって「過去にも例があり珍しくない」は不適となる。

④不適。「事件と似た逸話」が③と同じ理由で誤りとなる。「普段から勉強して」以下も書かれていない。

⑤不適。「事件の実態を隠し間違った報告をし」たのではなく、その解釈が間違っていたと筆者は主張している。「事実を教えるべきだった」も誤りとなる。

参考

本文の第一段落の文公の故事の参考に、別の資料を示す。魏代の説話集『列異伝』によれば、秦の穆公《ぼっこう》の時代、陳倉の住民が地中から異様な生き物を見つけた。それを捕獲して穆公に献上しようと引っ張っていく途中、二人の童子に出会った。童子はこれの名前は媼《あう》といい、地中で死人の脳味噌を食べて生きている、もしこの化け物を殺すなら頭に柏を突き刺すとよいと言った。するとその生き物は、童子たちの名は陳宝といい、雄を手に入れれば王になり、雌を手に入れれば覇者になると言い返した。そこで住民が童子たちを追いかけると、彼らは雌雄の雉に変身して飛び去った。この話を聞いた穆公が山狩りをして雌を捕らえた。しかし雌はさらに石に化けてしまった。その後文公の時代にそこに祠を建ててその石を祀った。一方、雄は南方に飛び去り、南陽に落ち着いた、という。よって本文の文公の故事との間には多少の相違がある。

国語 本試験（第1日程）

問題番号(配点)	設問	解答番号	正解	配点	チェック
第1問(50)	問1	1	③	2	
		2	①	2	
		3	②	2	
		4	③	2	
		5	①	2	
	問2	6	①	7	
	問3	7	②	7	
	問4	8	②	7	
	問5	9	④	5	
		10	③	3	
		11	④	3	
		12	②	8	
第2問(50)	問1	13	②	3	
		14	②	3	
		15	①	3	
	問2	16	③	6	
	問3	17	①	7	
	問4	18	①	8	
	問5	19	⑤	8	
	問6	20	④	6	
		21	④	6	

問題番号(配点)	設問	解答番号	正解	配点	チェック
第3問(50)	問1	22	④	5	
		23	③	5	
		24	①	5	
	問2	25	①	7	
	問3	26	①	6	
	問4	27	⑤	6	
	問5	28-29	③-⑥	16(各8)	
第4問(50)	問1	30	①	4	
		31	⑤	4	
	問2	32	⑤	5	
		33	③	5	
		34	④	5	
	問3	35	②	6	
	問4	36	④	6	
	問5	37	⑤	6	
	問6	38	③	9	

（注）－（ハイフン）でつながれた正解は，順序を問わない。

自己採点欄
／200点

（平均点：117.51点）

第1問

やや難

出典

香川雅信『江戸の妖怪革命』〈序章　妖怪のアルケオロジーの試み〉（角川ソフィア文庫）

芥川龍之介「歯車」〈四　まだ？〉（岩波文庫『歯車 他二篇』）

香川雅信（一九六九年～）は香川県出身。大阪大学大学院文学研究科博士後期課程単位取得退学。総合研究大学院大学文化科学研究科にて博士号取得。二〇二一年現在、兵庫県立歴史博物館学芸員。『江戸の妖怪革命』は単行本として二〇〇五年に刊行され、一部改稿されて文庫化された。共著には『図説 妖怪画の系譜』『妖怪学の基礎知識』などがある。

芥川龍之介（一八九二～一九二七年）は小説家。東京生まれ。東京帝国大学英文科卒業。夏目漱石の門下に入り、旺盛な文学活動を展開する。代表作に「鼻」「羅生門」「地獄変」「玄鶴山房」「河童」などがある。

要旨

本文は十八段落から成る。原文は三つの部分に分かれていて、それぞれに小見出しが付いている（「　」の部分が小見出し）。これに従って内容をまとめよう。

1　「妖怪研究の二つのレベル」　1～5段落　※問2・問5

古典的な妖怪は古くから存在したが、**フィクションとしての妖怪**が生まれたのは近世の中期以降である。そもそも妖怪とは、日常的な因果了解では説明のつかない現象に対する不安や恐怖、言わば意味論的な危機を、**意味の体系のなかに回収するために生み出された文化的装置**であり、切実なリアリティをともなっていた。それゆえ妖怪をフィクションとして楽しもうという感性が生まれるためには、妖怪に対する認識が根本的に変容することが必要なのである。

2 **「アルケオロジーという方法」** 6～9段落 ※問3・問5

妖怪に対する認識の変容を記述・分析するうえでフーコーのアルケオロジーの手法を援用する。アルケオロジーとは思考や認識を可能にしている知の枠組みの変容として歴史を描き出す試みである。フーコーは十六世紀から近代にいたる西欧の知の変容を**「物」「言葉」「記号」「人間」の関係性の再編成**として描き出した。本書はこれに倣って妖怪観の変容を記述する。

3 **「妖怪観のアルケオロジー」** 10～18段落 ※問4・問5

中世では「物」は同時に**「言葉」を伝える「記号」**であり、人間はそれを読み取るだけであった。妖怪も神霊からの「言葉」を伝える「記号」だった。しかし近世になると、「物」にまとわりついた「言葉」や「記号」が剝ぎ取られ、「物」自体としてあらわれるようになる一方で、「記号」は神霊の支配を逃れて**人工的な記号**すなわち**「表象」**となった。「表象」は意味の伝達よりも視覚的側面が重要な役割を果たす「記号」である。妖怪も「表象」化されてリアリティを失い、人間の娯楽の題材へと変化した。さらに近代になって「私」という思想が誕生し、「私」が未知なる可能性を秘めた神秘的な存在となった結果、妖怪はこのような**「私」を投影した、リアリティのある存在**としてあらわれるようになった。

語句

民俗＝民間の習俗。民間伝承。「民族（＝人種や文化などを共有する集団）」と区別する。
喚起＝呼び起こすこと。呼び覚ますこと。
援用＝自分の主張を裏づけるために、他人の文献などを引用すること。

布置＝物を適当な所に並べ置くこと。
博物学＝動植物や鉱物などの自然物を収集し記録し分類する学問。

解説

問1 標準 1 ～ 5 正解は (ア)＝③ (イ)＝① (ウ)＝② (エ)＝③ (オ)＝①

(ア) 民俗　①所属　②海賊　③良俗　④継続
(イ) 喚起　①召喚　②返還　③栄冠　④交換
(ウ) 援用　①沿線　②救援　③順延　④円熟
(エ) 隔てる　①威嚇　②拡充　③隔絶　④地殻
(オ) 投影　①投合　②倒置　③系統　④奮闘

問2 標準 6 正解は①

傍線部の内容を問う設問。直後に「そうした存在だったのである」とあるので、「そうした」の指示内容を把握することになる。前二文の内容がその指示内容である。この部分に「意味論的な危機」とあるのは、その前に「日常的な因果了解では説明のつかない……不安と恐怖」とあるように、これは何々であると名づけたり意味づけたりできないことによる心の動揺をいう。例えば得体の知れない奇妙な生き物に遭遇したときの不安や恐怖を考えればよい。また「それをなんとか意味の体系のなかに回収する」とあるのは、その不可解な物体や現象を名づけ意味づけて、慣れ親しんだ世界の中に取り込むことをいう。例えば空に浮かぶ怪しい物体を「空飛ぶ円盤」「未確認飛行物体」と名づけて了解するなど。さらに「切実なリアリティをともなっていた」とあるのは、その怪しい存在が意味世界の秩序をこわし、人間の日常生活を脅かすからである。つまりこのような存在に「化け物」などと名づけることで認識的な安心感を得るわけである。これが「民間伝承としての妖怪」、言い換えれば、「フィクションとしての妖怪」（1段落）と対比される「古典的な妖怪」（2段落）である。以上より傍線部は次のように説明できる。

了解不能ゆえに感じる不安や恐怖を解消するために、意味世界の中に回収しなければならない存在

選択肢は「意味を与え」とある①と「意味の体系のなかで認識させる」とある③に絞り、「人間の理解を超えた不可思議な現象」「日常世界のなかに導き入れる」を決め手に①を選択すればよい。

② 「フィクションの領域において」が不適。これは「フィクションとしての妖怪」の説明になる。

③ 「未来への不安」が不適。3段落の「不安と恐怖」は不可解な存在と遭遇したときの感情である。

④ 「意味の体系」と「リアリティ」を直接結びつけており不適となる。

⑤ 内容的には誤りではないが、「意味論的な危機」を回収すると説明しなければ不適となる。このままでは、名づけや意味づけ以前の不可解な存在の説明にしかならない。

問3 やや難 7 正解は②

傍線部の内容を問う設問。「アルケオロジー」については7段落で「思考や認識を可能にしている知の枠組み……の変容として歴史を描き出す試み」であり、この「知の枠組み」すなわち「エピステーメー」は「時代とともに変容する」と説明される。そしてこのエピステーメーの変容を具体的に説明するにあたって、この概念を掘り起こしたフーコーが「物」「言葉」「記号」「人間」という四つのキーワードを用いたと説明される（8段落）。非常に概略的な説明ではあるが、おおよそのところは理解できよう。すなわち、通常「考古学」と訳される「アルケオロジー」のもつ、昔の遺

跡や資料を発掘して研究する学問という常識的なイメージとはかけ離れていて、「知の枠組み」という人間の最も根底的な領域を掘り出し、その歴史的な変容を研究する学問なのである（とはいえこのような学問として広く認知されたというわけではない）。以上より傍線部は次のように説明できる。

思考や認識を可能にする知の枠組みの変容を描き出す方法

選択肢はキーワードである「知の枠組み」を説明に用いた②と③に絞り、「事物のあいだにある秩序を認識し思考する」を決め手に②を選択すればよい。

① 「考古学の方法に倣い」が不適。通常の考古学とはおよそ異なっている。「客観的な秩序」も、7段落の「認識に先立って『客観的に』存在する事物の秩序そのものに触れているわけではない」に矛盾する。この引用箇所は要するに、世界を「ありのまま」に理解しているのではなく、人間特有の知覚や概念的理解に基づいて理解することをいう。

③ 「物」「言葉」「記号」「人間」はフーコーが西欧の知の変容を記述する際に用いた四概念にすぎない。またその四概念を「再編成」（8段落）するのであって、「文化事象」を「分類して整理し直す」ことではない。

④ 内容的には9段落の「同時代に存在する……可能にする」と合っているが、「知の枠組み」の変容という根本的なところを説明していない。なおこの引用箇所で述べられていることは、現象的にはさまざまである文化事象について、それらの土台にある知の枠組みの観点から共通性を取り出して見せることをいう（フーコーの『言葉と物』を読む醍醐味の一つがここにある）。

⑤ 「歴史的事象を……接合し」の部分が9段落の趣旨に合致しない。

なお、同じ「知の枠組み」と訳される言葉に「パラダイム」がある。これはもともと科学の領域において科学者が共有する認識の範型（例えば天動説や相対性理論など）を意味した言葉で、これがさらに社会全体のものの見方や価値観、世界観などを広く意味するようになった。これに対してフーコーのエピステーメーはもっと射程が深く、無意識の領域にまで通底するような根本的な知の枠組みをいう。ただどちらも知の枠組みが時代とともに変容すると考える点、また歴史は連続的に進歩・発展するのではなく、断絶的に変化すると考える点は共通している。

問4　やや難　8　正解は②

傍線部の内容を問う設問。「表象」とは一般に〝事物や現象について心に抱く像。イメージ〟の意である。「化」は〝別のものになること〟。例えば先ほど出会った人物の顔を思い浮かべることが「表象化」である。これに対して本文では、「神霊の支配を逃れて、人間の完全なコントロール下に入った」記号、「人工的な記号」を「表象」と呼んでいる（⑬段落）。さらに「表象」は「形象性、視覚的側面が重要な役割を果たす『記号』である」とも述べている（⑭段落）。要するに記号の一種で、イメージ性のあるものを「表象」と呼ぶのである。例えば絵文字や地図記号の類を考えればよい。ただし、「あらゆる自然物がなんらかの意味を帯びた『記号』として存在していた」（⑪段落）とあるように、「記号」を広義に捉えている点は注意しよう。これも例をあげると、黒雲に嵐の到来を読み取る、日蝕に世界の破滅を読み取る、また大雪を豊作の前兆と読み取る場合、黒雲や日蝕や大雪は記号となる。そしてこれらを神霊からのメッセージと理解していたと筆者は述べている（⑪段落）。もちろん妖怪もその一つである。ところが近世になって妖怪が表象化されたというのが傍線部で、「キャラクター」（⑭段落）と表現しているように、人間の作った娯楽的なイメージへと妖怪は変化したわけである。すなわち「フィクションとしての妖怪」（①段落）である。以上より傍線部は次のように説明できる。

妖怪が、神霊からのメッセージを伝える記号から、人工的で視覚的で娯楽的な記号に変わった

選択肢は、「神霊」→「人工的」「形象性」「娯楽」という変化をふまえて、「神霊の働きを告げる記号」→「人間が約束事のなかで作り出す記号」「架空の存在」「楽しむ対象」と説明した②を選択すればよい。

①「人間が人間を戒める」が不適。書かれていない。

③「人間世界に実在する」が不適。「フィクションとしての妖怪」に矛盾する。
④「きっかけ」ではなく、「帰結」(14段落)である。
⑤「人間の性質を戯画的に形象した」が不適。書かれていない。

問5 やや難 9〜12 正解は (i)=④ (ii)Ⅲ=③ Ⅳ=④ (iii)=②

本文のノート化に関わる設問。この形式の設問はセンター試験では例がなく、共通テストの第2回試行調査第1問(記述式)で初めて採用された形式である。三つの小問から成り、このうち(i)・(ii)は本文の標題(見出し)および要約問題、(iii)はやや発展的な理解を問う問題である。

(i)【ノート1】は本文全体を概観している。このうち空欄Ⅰに対応する2・3段落では、妖怪が誕生した理由、および古典的な妖怪がフィクションとしての妖怪へと歴史的に変容した事実が説明される。よってⅠの説明としては「歴史的背景」とある①・②と「歴史性」とある④が適当である。③の「娯楽の対象となった妖怪の説明」は妖怪の歴史性に触れていない。次に空欄Ⅱに対応する4・5段落では、「妖怪に対する認識が……変容」という表現が二度使われているように、妖怪の認識の変化がテーマとなる。よってⅡの説明としては「どのように妖怪認識が変容したのか」とある③・④が適当である。①の「意味論的な危機」、②の「妖怪娯楽の具体的事例」はいずれも不適となる。
以上より④が正解となる。

(ii)【ノート2】は「近世から近代への変化を……まとめた」とあるが、14〜17段落の内容のまとめになる。近世の妖怪観であるⅢに関わるのが14段落で、近代の妖怪観であるⅣに関わるのが15〜17段落である。Ⅲは問4と関連する。すでに見たように14段落では表象化されてキャラクターとなった妖怪が娯楽として享受されたことが説明されている。

よって③が入る。①の「恐怖を感じさせる」、②の「神霊からの言葉を伝える」、④の「人を化かす」はいずれも不適。

次にⅣについて、⑮段落では妖怪がリアリティのなかに回帰したこと、そして⑰段落では「人間」がクローズアップされ、妖怪が**「人間」の内部に棲みつくようになったこと、⑯段落では妖怪は不気味で未知なる「私」を投影した存在となったこと**が説明される。このような事情をふまえて「不可解な内面をもつ人間」と説明した④が入ることになる。①の「合理的な思考をする」は⑮段落で否定される。②の「自立した」は自由で独立した個人という常識的な近代観をいったもので、これも⑮段落の「一般的な認識」に属する。③の「万物の霊長」も⑯段落で近代以前の発想と捉えており、不適となる。

(iii)　**【ノート3】**および「考察」は⑰段落の内容を発展させる形でドッペルゲンガー現象について調べたものである。その際芥川龍之介の「歯車」が参照される。ドッペルゲンガーは自己像幻視とも言われ、第二の自分を自分が見たり、他人がその第二の自分を見る（「歯車」の例）超常現象である。まさに**「『私』は私にとって『不気味なもの』」**（⑰段落）なのであり、筆者に言わせれば「私」の中に妖怪が棲んでいるのである。もちろんドッペルゲンガーや憑依現象なども古代から知られてはいたが、自己意識、自我の暴走として精神医学の対象とされたのが近代になってからなのである。選択肢は消去法で解けばよいだろう。

①不適。「『私』が他人の認識のなかで生かされている」と、「別の僕」を肯定的に説明している。

②**適当**。「『私』が自分自身を統御できない不安定な存在」は⑯段落の内容に合致する。

③不適。「会いたいと思っていた」「思いをかなえてくれた」とは書かれていない。

④不適。「自分が分身に乗っ取られるかもしれない」「分身にコントロールされてしまう」とは書かれていない。

⑤不適。「他人にうわさされる」わけではない。

参考

ミシェル・フーコー（一九二六～一九八四年）はフランスの哲学者。『狂気の歴史』『言葉と物』『監獄の誕生』『性の歴史』など、次々と話題作を発表し、哲学・思想界における時代の寵児となった。『言葉と物』は一九六六年刊で、難解で大部の書にもかかわらず、フランスでベストセラーとなった。近代の終焉を予告する本文末尾の「人間は波うちぎわの砂の表情のように消滅するであろう」（渡辺一民・佐々木明訳　新潮社）という文句はあまりに有名である。

第2問　標準

出典

加能作次郎「羽織と時計」（荒川洋治編『世の中へ・乳の匂い―加能作次郎作品集』講談社文芸文庫）

宮島新三郎「師走文壇の一瞥」（『時事新報』一九一八年十二月七日）

加能作次郎（一八八五～一九四一年）は小説家。石川県生まれ。十三歳のとき家を出奔し、京都の伯父のもとで丁稚奉公する。その後いったん郷里に戻るものの、文学を志して上京し、早稲田大学英文科を卒業する。卒業後は編集者として働くかたわら、旺盛な創作活動を展開する。代表作に『世の中へ』『霰の音』『若き日』『微光』『弱過ぎる』『このわた集』などがある。

「羽織と時計」は一九一八年（大正七年）、文芸雑誌『新潮』十二月号に発表された。「W・B君を弔う」という副題が付く。文庫本で二十四ページの短編小説で、三部に分かれる。本文はその第二部の少し進んだ所から始まる。第一部では疎遠になっていたW君の訃報の葉書が届いたことが、また第三部では羽織袴に時計を携帯して、W君の妻のもとへ弔いに行ったことが語られる。作者の体験に基づいており、全体を通して陰鬱な雰囲気に満ちている。

宮島新三郎（一八九二～一九三四年）は英文学者・文芸評論家。埼玉県出身。早稲田大学英文科卒業。同大学の教授となり、各国の文学の翻訳を行うほか、日本文学の批評も行った。

要旨

本文を四つの部分に分けて内容をまとめよう。

1

羽二重の羽織　1～28行目（春になって、陽気が…）　※問2・問6

W君が病気見舞いのお礼として、生活が苦しいにもかかわらず、羽二重の紋付の羽織を拵えてくれた。私は初めて礼服というものを持つことになったが、その羽織を着るたびにW君のことを思い出さずにはいなかった。

2

懐中時計　29～44行目（その後、社に改革があって…）　※問3・問6

私が社を辞めるとき、W君が奔走して社の同人から醵金を募り高価な懐中時計を贈ってくれた。私はW君に対して感謝の念に打たれると同時に、ある重い圧迫を感じずにはいられなかった。

3

羽織と時計の恩恵的債務感　46～73行目（××社を出てから以後…）　※問4・問6

私は社の元同僚から、W君が退職してパン菓子屋を始め、自身は病床に就いていると聞かされた。私は見舞いに行かなければならないと思いながらつい億劫になった。羽織と時計、この二つのために常にW君から恩恵的債務を負っているように感じられ、W君の家の敷居が高く思われた。それには彼の妻の眼を恐れる気持ちもあずかっていた。

4

W君の店 74～80行目（そんなことを思いながら…） ※問5・問6

私は妻子を連れてW君の店の前を通り、妻に餡パンを買わせるのを口実に、向かい側の道から店の様子をうかがったが、彼の妻の姿は見えなかった。それ以来、私は一度もその店の前を通らなかった。

語句

織元＝織物の製造元。
羽目＝成り行きから生じた、困った状況。
奔走＝物事がうまくいくように、あちこち駆け回って努力すること。
懐中時計＝ポケットなどに入れて持ち歩く、小型の携帯用時計。
厚意＝思いやりのある心。厚情。「好意（＝人に親しみを感じたり好ましく思ったりする気持ち）」と区別する。
邪推＝他人の心や好意を悪く推量すること。
融通＝必要な金や物を都合すること。
敷居が高い＝不義理や面目のないことがあって、その人の家へ行きにくい。また、高級すぎたり上品すぎたりして、その店に入りにくいこともいう。
無沙汰＝訪問や音信が絶えて久しいこと。
しらばくれる＝知っていて知らないふりをする。

解説

問1　標準　13 ～ 15　正解は　(ア)＝②　(イ)＝②　(ウ)＝①

(ア)「術」は「ジュツ」と音読みすると、「技術」「芸術」「手術」などの熟語がそうであるように〝わざ。技芸〟の意と、「術策」「戦術」「秘術」などの熟語がそうであるように〝方法。手段〟の意をもつ。ところがこれを「すべ」と訓読みすると後者の意に限定され、「なす術がない」「術も知らない」など否定表現で用いられることが多い。よって「手立て」とある②が正解となる。①の「理由」、③の「義理」、④の「気持ち」、⑤の「はず」はいずれも不適となる。

(イ)「言いはぐれる」は「言う」と「はぐれる」の二つの動詞が合成してできた複合動詞である。このうち「はぐれる」には、「群れにはぐれる」「仕事にはぐれる」など〝連れの人や仲間とはなればなれになる。その機会をのがす〟の意と、動詞の連用形に付いて、「食いはぐれる」「代金を取りはぐれる」など〝～する機会を失う〟の意とがある。よって「言いはぐれる」は〝言う機会を失う。言いそびれる〟の意となり②が正解。①の「必要を感じない」、③の「忘れ」、④の「気になれなく」、⑤の「べきでない」はいずれも不適。

(ウ)「足が遠くなる」は「足が遠のく」と同じく、〝今までよく行っていた所に行かなくなる〟の意。直後の文にも「つい億劫になるのであった」とあるように、交通手段がないために行けなくなったというような物理的な理由からではなく、人間関係が疎遠になるといった心理的な理由から行かなくなるというニュアンスを含み持つ。よって①が正解となる。④は物理的な理由に該当するので不適。他は語義的に不適。

問2　標準　16　正解は③

傍線部の心情を問う設問。「擽《くす》ぐる」は〝皮膚を軽く刺激してむずむずしたり笑いだしたりする感覚を与える〟が原義。ここから〝人の心を軽く刺激してそわそわさせたり、いい気持ちにさせたりする〟という心理的な意味が派生した。

例えば「自尊心をくすぐる」「虚栄心をくすぐる」「母性本能をくすぐる」などと使う。本文では「ような（ようだ）」という比喩を表す助動詞が付くため前者の意（原義）になるが、「思」とあるように全体の文脈としては後者（派生した意味）になる。そこで15行目以下に着眼する。「私」がW君から病気見舞いの返礼として羽二重の紋付の羽織を拵えてもらったところ、妻がそれをしきりに褒める。妻は「私」が結婚の折に拵えたものと信じていて、「私」はW君から貰ったということをつい言いそびれている、というもの。傍線部はそんな、**妻に羽織を褒められたことに対するうれしさ**と、真相を言わずに「**誤魔化して**」（傍線部直後）**いることによる、気が咎める思い**との入り交じった思いを表している。よって傍線部の心情を次のように説明できる。

羽織を褒められたうれしさと、誤魔化したことによる気の咎めの入り交じった思い

選択肢は「擽ぐられるような」という比喩をふまえれば、「落ち着かない気持ち」とある③が正解とわかる。「ほめられたうれしさ」「本当のことを告げていない後ろめたさ」とあるのも右に検討した内容に合致する。

①「笑い出したいような気持ち」が不適。単に「擽ぐる」の原義をふまえた説明になっている。

②「自慢に思い」とは書かれていない。「不安になっている」も「擽ぐられる」のニュアンスに合わない。

④「自分の服装に関心を寄せてくれること」が「うれし」さの理由ではない。「物足りなく」も「擽ぐられる」の意に合わない。

⑤「打ち明けてみたい衝動」「自分を侮っている妻への不満」のいずれも本文から読み取れない。

問３ 標準 17 正解は①

傍線部の内容を問う設問。本問は内容説明問題なので、傍線部の「**やましい**」「**気恥しい**」「**重苦しい**」の三つの形容詞の意味内容を明らかにする。まず29行目以下の筋をたどると、「私」は出版社を退社した折、W君が奔走して集めたお金で懐中時計を贈ってもらう。「私」はそれに感謝しつつも、そのことでW君が同人に非難されたり皮肉を言われたりしていると知ってW君を気の毒に思ったというもの。傍線部直前の「感謝の念」にはこのような思いが込められている。そこで傍線部を検討しよう。まず「やましい」と「気恥しい」について。前者は〝良心がとがめる。後ろめたい〟、後者は〝何となく恥ずかしい。きまりが悪い〟の意である。直前文に「私の身についたものの中で最も高価なもの」とあるように、いずれも分不相応なものを身につけることで生まれる感情である。次に「重苦しい」について。これは〝押さえつけられるようで息苦しい。気分が晴々しない〟の意である。42行目にも「或る重い圧迫」という類似の表現がある。「私」はこれについて「訳のわからぬ」(傍線部)と、自分でも判然としない思いを抱いている。それが明らかになるのが53行目以下である。この行にも43行目と同じ「羽織と時計――」という表現が使われていることに注意しよう。さらに続けて読むと、55行目に「W君から恩恵的債務を負うて居るように感ぜられた」「この債務に対する自意識」とある。これはW君から特別な恩恵を受けていることに対する心理的負担が、強迫観念のように心を悩ませることを言ったものである。以上の検討をもとに傍線部を次のように説明できる。

高価なものをもらって後ろめたくもきまりが悪くもあり、W君に対する心理的負担に悩まされてもいる

選択肢は「重苦しい感情」=「恩恵的債務」と理解すれば、「自分を厚遇しようとするW君の熱意を過剰なものに感じてとまどっている」とある①が正解とわかる。「自分には到底釣り合わない」とあるのは「やましい」「気恥しい」感情をふまえている。

② 「さしたる必要を感じていなかった」が不適。32行目の「私は時計を持って居なかったので」に矛盾する。また「評判を落としたこと」が「重苦しい感情」の内実ではない。

③ 「味をしめ」「欲の深さを恥じており」が不適。本文に書かれていない。「W君へ向けられた批判をそのまま自分にも向けられたものと受け取っている」とも書かれていない。「重苦しい感情」の説明としても不適。

④ 「情けなく感じており」とは書かれていない。「W君の厚意にも自分へ向けられた哀れみを感じ取っている」とあ

るのも読み取れない。

⑤「W君に対する申し訳なさ」は「感謝の念」に含まれるので、ここで持ち出すのは不適となる。また「見返りを期待する底意（＝下心）」も読み取れない。

問4　標準　18　正解は①

傍線部の理由を問う設問。直前の部分で、W君に「恩恵的債務」を負うているためにW君を訪ねることができなかったという趣旨のことが記されている。傍線部はこれをふまえて、「彼の妻君の眼を恐れた」とさらに話を展開させている。そして以下、「私」がW君の尽力によってもらった時計と羽織に関して彼の妻の眼を過剰に意識する様子が描かれる。特に「随分薄情な方ね、あれきり一度も来なさらない」（62行目）、「羽織や時計などを進げたりして、こちらでは尽すだけのことは尽してあるのに」（64・65行目）という箇所からは、W君の妻の存在によって「恩恵的債務」感がいっそう膨らみ、無沙汰をひどく非難されているのではないかと恐れる様子が読み取れる。ゆえに「私は逃げよう逃げようとした」（67行目）わけである。以上より傍線部の理由を次のように説明できる。

時計と羽織の債務感がいっそう募り、無沙汰を非難されているように感じたから

選択肢は文末を検討して、「自分の冷たさを責められるのではないかと悩んでいる」とある①と、「妻君には顔を合わせられないと悩んでいる」とある⑤に絞る。正解は①で、「厚意をもって」「見舞に駆けつけなくてはいけない」「疎遠になってしまい」と無難に説明している。

②「彼の恩義に酬いる番だと思う」が不適。読み取れない。また「経済的に助けられない」から「妻君には申し訳ない」というような謝罪の意識も不適となる。

③「偽善（＝うわべをいかにも善人らしく見せかけること）的な態度」が不適。「素直な自由な気持に」なれば「時々

W君を訪れることが出来たであろう」(54行目)とあることから、「偽善」ではなく、心からW君を心配して訪ねたいと思っていたと読み取れる。

④「(W君が自分を)頼りにもしている」とは読み取れない。また「妻君の前では卑屈にへりくだらねばならない」とも読み取れない。よって「疎ましくも感じている」も誤りとなる。

⑤「立派な人間と評価してくれたことに感謝の気持ちを持っている」とは読み取れない。また「自分だけが幸せになっている」ことも書かれていない。

問5　標準　19　正解は⑤

傍線部の行動の意図を問う設問。傍線部は、「私」が妻子を連れてW君の家の前を通り、中の様子を探ろうとする場面の一節で、事情を知らない妻にW君の店で餡パンを買わせている。そこで直前文の「そんなことを思いながら」(74行目)に着眼しよう。これは67行目以下の「私」の心情描写の部分を指している。この部分で「私」は、W君の家を直接訪ねるのは気が重いので、路上で「偶然」(67行目)彼の妻や従妹に出会って**家を訪ねる口実を得ることを想像している**。傍線部直後でも「全く偶然の様に、妻君なり従妹なりに遇おうという微かな期待をもって居た」と、同じ期待を抱いていることが記される。このような「私」のもくろみが傍線部から読み取れる。でもこのもくろみは失敗し、「私」はとうとうW君には会えず、その後、彼の訃報に接することとなるというように話は展開する(10ページ出典参照)。以上より傍線部の意図を次のように説明できる。

偶然を装ってW君の妻か従妹に会ってW君の様子を探りたいという意図

選択肢は文末を検討して、「作為的な振る舞い」とある①、「自分の家族まで付き合わせている」とある④、「回りくどいやり方で様子を窺う機会を作ろうとしている」とある⑤に絞る。そしてキーワードの「偶然」を決め手に⑤を選択すればよい。「これまで事情を誤魔化してきた」「今更妻に本当のことを打ち明けることもできず」という部分も内容的に合致している。

① 問3でみた傍線部Bに「やましいような」とはあるが、「罪悪感」とまでは言えない。また「自分たち家族の暮らし向きが好転した」とも書かれていない。よって「かつてのような質素な生活を演出」とあるのも的外れな説明となる。

② 「その悩みを悟られまいとして妻にまで虚勢を張る（＝自分の弱みを隠して、外見だけは威勢のいいふりをする）はめになっている」が不適。読み取れない。

③ 厚意に応えたいというのはその通りだが、72行目に「かなり立派なものを持って見舞に行こう」とあるように、餡パンを買うだけでは応えたことにならない。

④ 「W君の家族との間柄がこじれてしまった」が不適。書かれていない。W君の妻の「私」に対する不満・非難はあくまでも「私」の想像の域を出ない。よって「どうにかしてその誤解を解こうとして稚拙な振る舞いに及ぶ」とあるのも誤った説明となる。

問6 やや難 20・21 正解は (i)＝④ (ii)＝④

本文と資料とを関連づけて考察させる設問。まず資料の内容を確認しよう。設問文によると、この資料は『羽織と時計』が発表された当時の批評文の一部である。評者は、作者加能作次郎の小説は従来「生活の種々相を様々な方面から多角的に描破し」、「見た儘、有りの儘を刻明に（＝写実的に）描写する」ところに特長があったと讃辞を述べた後、『羽織と時計』は単にこの二つの品物にまつわるエピソードを物語ることが中心となっていて、「小話臭味の多過ぎた嫌い（＝好ましくない傾向）がある」と批判している。そして「W君の生活、W君の病気、それに伴う陰鬱な、悲惨な境遇を如実に描いたなら、一層感銘の深い作品になったろう」と残念がっている。これは人間の悲惨さ・醜さ・性欲などをあからさまに描くことをよしとする、**日本的な自然主義文学の立場に立った評言**と言える。以上の事柄を確認したうえで二重傍線部をみると、「**ユーモラス**」とあるのは、「私」がW君の妻の眼を過剰に意識してあれこれとつまらないことを想像する場面を言ったものと思われる。また「**作品の効果**」とは右に引用したように、W君の悲惨な境遇を克明に描くことで感銘深い作品となることを言ったものである。

(i) **二重傍線部の内容**を問う。**羽織と時計への執着が滑稽感を漂わせるものの、W君の境遇の悲惨さが描写しきれていない**というのがその内容である。消去法で解くのがよいだろう。

①**不適**。「多くの挿話から」とは右の「多角的に描破し」を言ったもので、この作品には該当しない。「予期せぬぶれ」とあるのも根拠がない。

②**不適**。「忠実に再現しようと意識しすぎた」とは右の「見た儘、有りの儘を刻明に描写する」を言ったもので、この作品には該当しない。W君の「思いに寄り添えていない」も誤りとなる。

③**不適**。「愛着」が53行目の「この二つが、W君と私とを遠ざけた」、55行目の「恩恵的債務」に合致せず、評者の意見とはならない。「愛着」と「執着」の違いにも注意すること。また「美化している」とは述べられていない。

④**適当**。「挿話」とは羽織と時計のエピソードを言う。「W君の生活や境遇の描き方が断片的なものになっている」とは、部分的に触れられているだけで写実性が不足しているということ。

(ii) **資料をふまえた発展的な事柄**を問う。「羽織と時計――」という表現に着目させる。消去法で解く。

①**不適**。「異なる状況」とあるのは、43行目が「私」の転職直後、53行目がW君の退社後ということを考えれば妥当である。しかし「W君を信頼できなくなっていく『私』の動揺」は描かれていない。

②**不適**。「複雑な人間関係に耐えられず」とあるが、W君が退社したのは病気が原因である。また妻子と従妹と暮らし

ているとはいえ、その人間関係がW君を悩ませたとは書かれていない。

③不適。「W君の思いの純粋さを想起させる」とあるが、「重苦しい感情」（44行目）、「恩恵的債務」（55行目）とあるように、羽織と時計は「私」とW君の関係を疎遠にするものとして捉えられている。

④適当。「自分をかえって遠ざけることになった」「切ない心中を吐露（＝思いを打ち明けること）している」と無難に説明している。羽織と時計を評者が単なる「小話」と否定的に評価するのに対して、この選択肢は、厚意によるこれらの品物のために人間関係に溝ができるという、人生の一断面を切り取ったものとして肯定的に評価している。

第3問　標準

出典

『栄花物語』〈巻第二十七　ころものたま〉
『千載和歌集』〈巻第九　哀傷歌〉

『栄花物語』は平安時代後期の歴史物語。『栄華物語』とも書き、『世継』『世継物語』とも呼ばれる。作者は赤染衛門とする説が有力だが、不詳。全四十巻。宇多天皇から堀河天皇までの歴史を編年体で描き、特に藤原道長に焦点が当てられ、その生涯を讃美する傾向が見られる。物語的要素が強く、『源氏物語』の影響を受けている。

『千載和歌集』は平安時代末期に編纂された、第七番目の勅撰和歌集である。撰者は藤原俊成。全二十巻。

要旨

本文は三段落から成る。各段落のあらすじは次の通り。

1 **長家の妻の亡骸の移送**（大北の方も、この殿ばらも…）　第一段落

いよいよ移送の段になると、人々は改めて激しく泣き臥した。亡骸を運ぶ車を先頭に移送の列が長く続き、法住寺に到着すると、僧都が出迎えた。僧都も涙で目がくもってしまった。

2 **長家と進内侍たちとの和歌の贈答**（さてこの御忌のほどは…）　第二段落

人々は喪の期間、法住寺に籠もった。寂しい思いでいる長家を慰めようと姉たちや女房たちが和歌を贈ったが、長家はしかるべき人たちにのみ返歌を返した。

3 **亡き妻に対する長家の尽きぬ思い**（かやうに思しのたまはせても…）　第三段落

長家は亡き妻が万事すぐれていたこと、字が上手だったこと、絵を描くことにとても興じていたことなど、妻への思いが尽きなかった。そして、家に帰ったら妻が集めた絵物語を見て心を慰めようと考えた。

※　リード文の「藤原長家（本文では「中納言殿」）の妻が亡くなり……」を読んで、長家が本文の主人公であろうと予想を立てた上で本文を読み進めることが大切である。この予想があれば、第二段落以下の読解もスムーズにいくだろう。ちなみに長家は平安貴族のスーパースターとも言うべき藤原道長の六男である。道長の長男で摂政・関白・太政大臣を務めた頼通や、一条天皇の皇后となった彰子たちと兄弟になる（問題に付けられた〈人物関係図〉に彰子の名があるので気付いたかもしれない）。出世は権大納言までだが、和歌の才能があり、歌道の家として有名な御子左家の祖となる。その子孫に藤原俊成・定家父子がいる。亡くなった妻とは再婚で、最初の妻（藤原行成の娘）とも死別している。この再婚の妻は斉信の一人娘であった。ところが妊娠中、麻疹（はしか）と物の怪に悩まされ、生まれた男君は死産だった。妻もその後を追うように亡くなった（本文に「悲しくゆゆしきこと」とあるのはこの事情を言っている）。本文はそれに続く場面である。ちなみに妻の死後、長家は藤原正光の娘と再々婚した。

語句

北の方＝貴人の妻の敬称。側室や愛人などに対して正妻の呼び名である。

臥しまろぶ＝悲しみや喜びのあまり、身を地面に投げ出して転げ回るさまをいう。本文では悲しみのあまり激しく慟哭《どうこく》するさまを表す。

さるべき＝しかるべき。適当な。本文では亡骸の移送の列に加わるべき、ゆかりのある人々をいう。

御目もくれて＝「目もくる（暗る）」は目がくらむ、目の前が暗くなる。

かきおろす＝車などから抱え下ろす。

忌のほど＝人が死んで四十九日の法要が行われるまでの期間をいう。忌中。

わざとならず＝格別でない。さりげない。本文では木々が自然と色づいてゆくさまをいう。

月のいみじう明き＝十五日の満月のころをいう。

契る＝約束する。将来を誓う。

もののおぼゆ＝意識がはっきりしている。物心がつく。「ものおぼゆ」に同じ。

顔かたち＝容貌。「心ざま（＝気立て。性格）」と対になる語。

さいつころ＝先頃。先日。

全訳

大北の方も、この（故人と縁故のあった）殿たちも、また繰り返し身を伏せて泣き崩れなさる。このことをさえ悲しくて忌まわしいことだと言わないでは、ほかに何事を（そう言えようか、いや言えない）と思われた。さて（亡骸を運ぶ）御車の後ろに、大納言殿、中納言殿、縁故のある人々がお歩きなさる。（この深い悲しみを）言葉で表しても並一通りのことで、表現し尽くすことはできない。大北の方の御車や、女房たちの車などが次々と続いている。お供の人々などが数知れず多い。法住寺では、ふだんのお越しとは似てもいない御車などの様子に、僧都の君は、(涙で)お目がくもって、拝見なさることがおできにならない。そうして(従者たちが)御車から(亡骸を)抱え下ろして、ついで人々も(御車から)下りた。

さてこの御喪の期間は、誰もがそこ(＝法住寺)にお籠りになるはずであった。(中納言殿は)東山の方を遠く見やりなさるにつけても、(木々は)自然とさまざまな色に少し紅葉している。鹿の鳴く声にお目も覚めて、少しばかり心細さも募りなさる。宮様方よりもお心が慰められそうなお便りがたびたびあるけれど、今はただもう夢を見ているようにばかりお思いにならずにはいられなくて(日々を)お過ごしになる。月がたいそう明るいにつけても、(月を眺めて)あれこれもの思いの限りを尽くしなさる。宮中の女房も、さまざまにお便りを差し上げるけれども、並一通りの(関わりしかない)女房に対しては、「いずれ自ら(お会いしてお礼申し上げます)」とだけお書きになる。(しかし、しかるべき女房に対しては対応が違っていて)進内侍と申し上げる人が、お詠み申し上げた。

千年までも連れ添おうと奥様と約束したのもむなしく、涙の水底に枕ばかりが浮いて見えることでしょう。

中納言殿の御返歌、

(千年までも)一緒に起き伏ししようという(妻との)約束は絶えて(悲しみが)尽きないので、枕を浮かせるほどの涙であることです。

また東宮の若宮の御乳母であった小弁(の和歌は)、

X　奥様を亡くした悲しみを一方では思い慰めてください。誰もが結局は生きとどまることのできるこの世ではないのですから。

(中納言殿の)御返歌、

Y　悲しみに沈む私には心を慰めるすべもないので、この世が無常であることもわきまえられないのです。

このようにお思いになりお詠みになっても、いやいや、（自分の）意識はしっかりしているようだ、まして数カ月、数年も経てば、（悲しみを）忘れるようなこともあるかもしれないと、われながら情けなくお思いにならずにはいられない。（亡き妻は）万事どうしてこのように（すぐれているのだろう）と思われるほど感じのよい人でいらっしゃったのになあ、顔だちを始めとして、気立て（もよく）、字も上手に書き、絵などに興味を持ち、先頃まで夢中になられて、うつ伏しうつ伏して（絵を）描いていらっしゃったものだから、この夏に描いた絵を、枇杷殿の所に持って参上したところ、（枇杷殿は）たいそう興じてお褒めになって、お納めになったものだが、（我ながら）よくぞ持って参上したことだなどと、もの思いの限りを尽くしなさるにまかせて、何事につけても（亡き妻のことを）恋しくばかり思い出し申し上げなさる。（亡き妻が）長年書き集めなさった絵物語などは、（数年前の火事で）すべて燃えてしまった後、（改めて）去年、今年の間に集めなさったものもたいそう多かったが、自邸に戻ったときには、取り出して見て（心を）慰めようとついお思いになるのであった。

解説

問1 標準 22〜24 正解は (ア)＝④ (イ)＝③ (ウ)＝①

(ア) 「え」は不可能の意を表す副詞で、下に打消の語（「ず」「じ」「で」など）を伴う。両者で〝〜できない〟の意になる。「まねび（まねぶ）」は名詞「まね（真似）」に接尾語「ぶ」が付いて動詞化したもので、〝まねをする〟〝見聞きしたことをそのまま人に伝える〟〝学問・技芸を習得する〟の意がある。ここは二番目の意になる。「やら（やる）」は補助動詞で、〝遠く〜する〟〝（下に打消語を伴って）すっかり〜する。十分に〜する〟の意があるが、ここは「やらず」とあるように、後者の意となる。全体で「見聞きしたことをすっかり人に伝えることができない」と直訳できる。よって④が正解。直前の「いへばおろかにて」がヒントになる。「いへばおろかなり」は「いふもおろかなり」などと同じく、〝言っても言い尽くせない。言うまでもない〟の意であるから、傍線部は**表現の限界を表明したもの**であろうと見当がつこう。①・②・③・⑤は「まねび」の解釈が不適。②は「え～ず」の解釈も不適となる。

(イ) 「**めやすく**（めやすし）」は「目」と「安し（＝安らかだ）」が合成した形容詞で、〝見苦しくない。感じがよい〟の意。多く容姿や外見について言う。ここは長家が亡き妻について述べたものである。「**おはせ**（おはす）」は「あり」の尊敬語で、〝いらっしゃる〟の意。「**し**」は過去の助動詞「き」の連体形。「**ものを**」は主に逆接の確定条件（～のに）を表す接続助詞の用法と、詠嘆（～のになあ）の意を表す終助詞の用法がある。ここはいずれの選択肢も後者の意で解釈している。「めやすく」の意から③と④に絞られ、「おはせ」の意から②と③に絞られる。よって③が正解となる。

(ウ) 宮廷人を描いた物語や日記などでは、「**里**」は、宮中などに仕える人が〝自宅〟、または嫁ぎ先に対する〝実家〟を指して言うのが普通である。ここは中納言が、自宅に戻ったら亡き妻が集めていた絵物語を見て心を慰めようと思ったという文脈になる。「**出で**（出づ）」は法住寺から出るということ。「**な**」は完了の助動詞「ぬ」の未然形。「**ば**」は順接仮定条件を表す接続助詞である。すなわち「実家に出たならば」と直訳できる。選択肢の中で仮定の意を含むのは①のみであるから、「ば」の解釈だけからでも①が正解とわかる。

問2 標準 25 正解は①

傍線部の理由を問う設問。設問で傍線部の主語が長家であることが明かされているが、本文第二段落の「山の方をながめやらせたまふにつけても」以下、長家の言動に焦点が当てられる。要旨の※で述べたように長家は藤原道長の子息である。中納言（最終的には権大納言）とはいえ、彼の言動の一部に「せたまふ」（尊敬の助動詞「す」の連用形「せ」

＋尊敬の補助動詞「たまふ」）など、尊敬語を重ねて高い敬意を払っているのも、その辺の事情を考慮したものだろう。

さて傍線部に戻ると、「今みづから」とは、いずれ自ら会ってお礼を申し上げようという趣意である。これは、傍線部を含む文の冒頭に「内裏わたりの女房も、さまざま御消息聞こゆれども」とあるように、宮中に仕える女房たちが妻を亡くした長家に悔やみの手紙を送った、その返事の言葉である。その返事の相手を「よろしきほど」とことわっている。「よろしき（よろし）」は〝まあまあよい。普通だ〟などの意で、この意の場合、現代語の「よろしい」と違ってけっして**ほめ言葉ではない**ので注意がいる。**普通のつき合いがあった程度の女房に対しては**、単に「今みづから」とだけ儀礼上の返事を書いたというわけである。これに対して、直後で進内侍と小弁には返歌を贈っている。妻を亡くして悲嘆にくれているという長家の事情を考えれば、関わりの薄い女房たちにまで懇切な返事を書くゆとりがなかったからと理由づけできる。このように本問では思考力が問われていると言えよう。

ただし、「よろしきほど」に着眼すれば、選択肢の中では「並一通りの関わりしかない」とある①が正解だとすぐにわかってしまう。「丁寧な返事をする心の余裕がなかった」という説明も適切である。傍線部およびその周辺にある重要古語が、正解を導く手がかりとなることがあるので注意しよう。

② 「妻と仲のよかった女房たち」が不適。「よろしきほど」に合致しない。「この悲しみが自然と薄れるまでは」とあるのも、第三段落の「思ひ忘るるやうもやあらんと、われながら心憂く」（↓長家は亡き妻のことを忘れるのは情けないと思っている）にそぐわない。

③ 「心のこもったおくやみの手紙」が不適。「よろしきほど」に合致しない。

④ 「見舞客の対応で忙しかった」が不適。長家たちは法住寺に籠もっているが、そこへ見舞客が訪れたとは書かれていない。

⑤ 「大切な相手」が不適。「よろしきほど」に合致しない。「すぐに自らお礼の挨拶にうかがわなければならない」とあるのも、寺籠もりという事情に合わない。

問3 標準 26 正解は①

傍線部の語句・表現を問う設問。消去法で解く。その前に第三段落の①「いでや……思ひ忘るるやうもやあらん」と②「何ごとにも……よくぞもてまゐりにける」と③「里に出でなば、とり出でつつ見て慰めむ」が長家の心情描写の部分である点、および①が長家自身の心の変化を自省したものであるのに対して、②は亡き妻のありし姿を回想したものである点をおさえよう。特に絵を描くのが好きだったことが印象的に回想され、「うつ伏しうつ伏して描きたまひし」と、その情景がありありと思い浮かぶように描かれている。そして亡き妻が描いた絵を妍子（枇杷殿）に献呈したところ、彼女がその絵をたいそう気に入り手元に納めたことが回想される。傍線部はこれに続く。

①適当。「よくぞ」は副詞「よく」に強意の係助詞「ぞ」が付いたもの。〝よくぞ。よくもまあ〟の意で、褒めたり、そしったりする気持ちを表す。「もてまゐり（もてまゐる）」は〝持って参上する〟の意。「に」は完了の助動詞「ぬ」の連用形。「ける」は詠嘆の助動詞「けり」の連体形。直前で妍子が「いみじう興じめで」たことをふまえれば、ここは妍子に絵を献呈した行為を自ら褒めていると判断できる。「そうしておいてよかった」「しみじみと感じている」という説明は妥当である。

②不適。「思し残す」は「思ひ残す」の尊敬表現。「思ひ残す」は文字通り〝あれこれのもの思いをし残す〟の意。これを「なき（なし）」で否定する。よって〝もの思いを残らずする〟、言い換えれば〝もの思いの限りを尽くす〟という内容になる。「後悔はない」は現代語（「思い残すことはない」）に拠った説明で、誤りとなる。

③不適。「ままに」は名詞「まま」に格助詞「に」が付いた形で、接続詞的に働く。〝…にまかせて。…につれて。…のとおりに。…やいなや〟といった意がある。ここは長家がもの思いにふける場面なので、〝もの思いにふけるのにまかせて〟ということになる。よって「それでもやはり」という逆接的な説明は誤りとなる。

④不適。「よろづ」は〝万事〟の意。「恋しく」は亡き妻が恋しいということ。「思ひ出できこえさせたまふ」の「きこ

え(きこゆ)」は謙譲の補助動詞で亡き妻への敬意を表す。尊敬語を重ねた「させたまふ」は長家への敬意を表す。この敬語表現からも、「よろづにつけて」は亡き妻の在りし日の様子や言動などについて述べたものであることがわかる。よって「妻の描いた絵物語のすべてが焼失してしまったこと」が誤りとなる。

⑤不適。④で確認したように「させ(さす)」は「使役」ではなく尊敬の意である。「亡き妻のことを懐かしんでほしい」という説明も誤りで、もしそうなら他者への願望を表す終助詞「なむ」、あるいは命令形(「思ひ出でたまへ」)がなければならない。

問4 標準 27 正解は⑤

登場人物それぞれの言動を問う設問。消去法で解く。

①不適。第一段落冒頭に「大北の方も、この殿ばらも、またおしかへし臥しまろばせたまふ」とあるように、「大北の方」も「悲しみのあまりに取り乱して」おり、「冷静さを保って人々に指示を与えていた」という説明は誤りとなる。

②不適。「涙があふれて長家の妻の亡骸を直視できない」とあるのは、第一段落の「御目もくれて、え見たてまつりたまはず」に合致する。しかし「気丈に(＝気持ちをしっかり保って)振る舞い亡骸を車から降ろした」が誤りとなる。「御車かきおろして(＝亡骸を抱き下ろして)」の主語は従者たちである。僧都の動作には「御目」「え見たてまつりたまはず」と尊敬語が使われている。

③不適。「秋の終わりの寂しい風景」とあるのは第二段落の「わざとならず色々にすこしうつろひたり(＝紅葉している)。鹿の鳴く音に」に合致する。ただこれだけで「秋の終わり」と判断させるのは厳しい。実は亡骸を法住寺に移したのが陰暦九月十五日、四十九日目の法事が十月十八日であることが本文の前後に記されており、季節については合っている。誤りは「妻を亡くしたことが夢であってくれればよい」の部分である。第二段落に「ただ今はただ夢を

見たらんやうにのみ思されて過ぐしたまふ」とあるのは、妻の死にまつわる一連の出来事がまるで夢のようだと長家が思っていることを述べている。

④不適。「自分も枕が浮くほど涙を流している」が誤りとなる。進内侍の和歌「契りけん」の「涙の水底に」以下は、長家が枕も浮くほどに涙を流しているであろうという内容である。「見ゆらん」の「らん」は現在推量の助動詞で、長家の現在の状況を推測している。なお「涙」に「無み（＝無いので）」を掛けている。「浮き」は「水底」の縁語。

⑤適当。「容貌もすばらしく」は第三段落の「顔かたちよりはじめ」に、「字が上手」は同段落の「手うち書き（＝字を上手に書き）」に、「絵にもたいそう関心が深く生前は熱心に描いていた」は同段落の「絵などの心に入り……うつ伏しうつ伏して描きたまひし」にそれぞれ合致する。

問5　やや難　28・29　正解は③・⑥

和歌の異同を問う設問。消去法で解く。まず各和歌について確認しよう。

X　小弁が長家に贈った和歌。「慰めよ」が下二段動詞「慰む」の命令形なので、三句切れとなる。「かつは」は〝一方では〟の意。「世か」の「か」は反語の係助詞。「世かは」としたいところだが、「とまるべき世かは」では字余りとなるので「は」を省略してある。誰もがいつかはこの世に別れを告げるという趣旨で、無常を説いて長家の悲しみを和らげようとしている。設問の【文章】にあるようにこの和歌は『千載和歌集』にも記されていて、詠者は大弐三位（藤原賢子。紫式部の娘）となっている。「小弁」と同一人物と思われる。またこの和歌には「大納言長家、大納言斉信のむすめに住み（＝通い）侍《はべり》けるを、女みまかりにける（＝亡くなった）ころ、法住寺に籠りゐて侍けるにつかはしける」という詞書が付いている。

Y　長家の返歌。句切れなし。「方しなければ」の「し」は強意の副助詞。自分には心を慰めるすべがないと、絶望感をストレートに詠んでいる。そしてこの世の無常もわきまえられないほど、悲しみで分別を失っていると訴える。

「知られざりけり」の「れ（る）」は可能、「けり」は詠嘆の意。

Z　長家の返歌の別バージョン。句切れなし。「べき（べし）」は可能の意。「後るる（後る）」は〝先立たれる〟の意。「悲しき」は直前の係助詞「ぞ」の結びである。歌意は〝誰もがこの世にとどまることはできないけれども、妻に先立たれて独り取り残されているこの間はやはり悲しいものです〟というもの。「なほぞ悲しき」という感情の直接的な表現に長家の率直な思いが表されている。

①不適。「ありきたりなおくやみの歌であり」と説明する根拠に乏しい。また「悲しみをきっぱり忘れなさい」とあるのも、「悲しさをかつは思ひも慰めよ」に合致しない。小弁は長家の悲しみに同情しつつ、この世の無常を考えて心を慰めよと訴えている。よって「誠意のなさ」も不適となる。

②不適。「その内容をあえて肯定することで」の「ことで（＝ことによって）」が誤りとなる。和歌Zは「あらねども」という逆接の接続助詞「ども」で下に続けており、これに合致しない。また「悲しみをなんとか慰めようとしている」とあるのも、下の句の趣旨からはずれている。

③適当。前半は和歌Xの内容に即して説明している。後半は、「それでも」が和歌Zの「あらねども」に対応し、「妻を亡くした今は」以下は和歌Zの下の句の内容に合致する。

④不適。「同じ言葉を用いる」のは返歌だからであって、「悲しみを癒やしてくれたことへの感謝を表現している」わけではない。もちろん「感謝」も表現されていない。また和歌Yも「慰（むる）」「世の中の常なき」と、和歌Xに対応した語句を用いており、「それらを用いない」とは言い切れない。「励ましを拒む」とあるのも和歌の趣旨に合わない。

⑤不適。和歌Yの「慰むる方」の「方」は〝手段。方法〟の意なので、「私の心を癒やすことのできる人などいない」という説明は誤りとなる。「反発した」も和歌の趣旨に合わない。「他人の干渉をわずらわしく思い」も読み取れない。

さらに第三段落に「思ひ忘るるやうもやあらん」とある以上、「亡き妻との思い出の世界に閉じこもってゆくという文脈につながっている」とは単純には言えない。

⑥適当。和歌Yで「世の中の常なきことも知られざりけり」と詠みながら、第三段落で「いでや、もののおぼゆるにこそあめれ（＝意識はしっかりしているようだ）」以下、将来の自分の心の変化を危惧し、そして亡き妻の思い出に耽るという流れになる。この経緯を「かえってこの世の無常を意識」以下、適切に説明してある。

第4問　標準

出典

Ⅰ　欧陽脩「有馬示徐無党」（『欧陽文忠公集』巻五・古詩十八首）

Ⅱ　『韓非子』〈喩老第二十一〉

欧陽脩（一〇〇七～一〇七二年）は北宋の政治家・学者・文学者。現在の江西省吉安の人。字は永叔。号は酔翁。有能な官僚であったが、地方への左遷と中央への復帰を繰り返した。また唐宋八大家の一人として北宋の新しい文学の基礎を築いた。著書・編書に『新唐書』『五代史記』（『新五代史』）『六一詩話』『帰田録』などがある。『欧陽文忠公集』（全一五三巻）は彼の全集である。

韓非（？～前二三三年頃）は戦国時代末期の法家の思想家。荀子の性悪説に立って儒家の徳治主義を退け、厳格な法治主義を説いた。その説は秦の始皇帝に影響を与えたとされる。『韓非子』（全二十巻）は韓非およびその一派によって記されたもので、編者は不明である。

要旨

Ⅰ　詩は二十二句から成る五言古詩である。偶数句末に韻を踏む。順に「森（シン）」、「陰（イン）」、「音（イン）」、「心（シン）」、「琴（キン）」、「林（リン）」、「尋（ジン）」、「侵（シン）」、「金（キン）」、「深（シン）」、「箴（シン）」。古詩には律詩のような対句の決まりはないが、第三句と第五句、第十七句と第十九句がそれぞれ対句の関係になっている。それでは本文を三つの部分に分けてあらすじを記そう。

1 **千里の馬**　第1句〜第6句（「吾有…五音」）
千里の馬に引かせる私の馬車は奔風のように疾走し、徐行すれば五音の音階に適う。

2 **人馬一体**　第7句〜第16句（「馬雖…相侵」）
馬車を操るのは意のままで、どこへでも出かけることができ、**人馬一体の境地**とはこのことだ。

3 **伯楽と王良**　第17句〜第22句（「伯楽…為箴」）
伯楽は価千金の良馬を見抜き、王良は御術にすぐれていた。

Ⅱ　馬車の競走で襄主が王良に負けたのは、襄主が馬と一体化しようとせず、王良との差に気を取られていたからである。

語句

Ⅰ　千里馬＝一日に千里も走るような名馬。「千里馬常有而伯楽不常有（千里の馬は常に有れども伯楽は常には有らず）」（韓愈「雑説」）という故事成語で有名。すぐれた人物はいつの世にもいるが、これを見分ける能力のある人はめったにいないということのたとえ。

奔風＝疾風。はやて。

留陰＝影を残す。

Ⅱ　所以＝理由。原因。読みは「ゆゑん」。

読み

Ⅰ

吾《われ》に千里の馬有り　毛骨《まうこつ》何《なん》ぞ蕭森《せうしん》たる
疾《はや》く馳《は》すれば奔風のごとく　白日《はくじつ》に陰《かげ》を留むる無し
徐《おもむ》ろに駆《か》くれば大道《たいだう》に当たり　歩驟《ほしう》は五音《いん》に中《あ》たる
馬に四足《しそく》有りと雖《いへど》も　遅速《ちそく》は吾《わ》が心に在り
六轡《りくひ》は吾が手に応じ　調和《てうわ》すること瑟琴《しつきん》のごとし
東西と南北と　山と林とを高下す
惟《た》だ意の適《ゆ》かんと欲《ほっ》する所にして　九州《きうしう》周《あまね》く尋《たづ》ぬべし
至れるかな人と馬と　両楽《りやうらく》相《あひ》侵さず
伯楽《はくらく》は其《そ》の外《ぐわい》を識《し》るも　徒《た》だ価《あたひ》の千金なるを知る
王良《わうりやう》は其の性を得たり　此《こ》の術《じゆつ》固《もと》より已《すで》に深し

Ⅱ　良馬《りやうば》は善馭《ぜんぎよ》を須《ま》つ　　吾が言箴《げんしん》と為《な》すべし

凡《およ》そ御《ぎよ》の貴《たつと》ぶ所は、馬体《ばたい》車に安んじ、人心馬に調《かな》ひ、而《しか》る後に以《もつ》て進むこと速やかにして遠きを致すべし。今君後《きみおく》るれば則《すなは》ち臣に逮《およ》ばんと欲し、先んづれば則ち臣に逮ばるることを恐る。夫《そ》れ道に誘《すす》めて遠きを争ふは、先んずるに非《あら》ざれば則ち後るるなり。而《しか》して先後《せんこう》の心は臣に在り。尚《な》ほ何を以て馬に調はん。此れ君の後るる所以《ゆゑん》なり。

全訳

Ⅰ

私には千里を走る名馬がいて　その毛並と骨格はなんと引き締まって美しいことよ
速く走るとまるで疾風のようであり　太陽の下でもその影を留めることがない
ゆっくりと走ると大きな道を行くようであり　馬が駆ける音は五音の音階に適っている
馬には四本の足があるといっても　遅く走るか速く走るかは私の意のままだ
馬車を操る手綱は私の手に反応して　人馬一体となること、まるで大きな琴と小さな琴のようだ
東西と南北とどの方角にも走り　山と林を上ったり下ったりする
ただ私の心の行きたいと思うままに　中国全土どこでも訪ねて行くことができる
このような境地にまで到達できるものなのか、人と馬は　馬の楽しさと人の楽しさは互いに妨げ合うことがない
良馬を見抜く名人は馬の外見を見分けて　ただ千金に値する馬かどうかがわかる
王良は馬の性質を心得ていて　彼の御術はもともと既に深い
良馬はすぐれた御者を待っている　私の言葉をいましめとするのがよい

Ⅱ

およそ御術《ぎよじゆつ》で大切なのは、馬の体が車としっくり合い、御者の心が馬と一つになることであって、そうして初めて速く進み長い距離を走れるのです。（ところが）いま主君は私に後れると追いつくことだけを考え、前に出るといつ追いつかれるかと心配ばかりしていました。そもそも（馬を）道に引き出して長い距離を競走するというのは、先に

なるのでなければ後になるのです（先になったり後になったりするのは当然のことです）。しかしながら（主君は）先になったり後になったりと考える心は私の方に向いています。そのうえどうして馬と心を一つにすることができましょうか、いやできません。これが主君が後れた原因です。

解説

問1　標準　30・31　正解は　(ア)＝①　(イ)＝⑤

(ア)「徒」は名詞「かち・ともがら」などの読みもあるが、よく目にするのは副詞「いたづらに・ただ～（のみ）」の読みである。ここも「知」を修飾する副詞となる。「いたづらに」と読めば〝むだに。むなしく〟の意、「ただ～（のみ）」と読めば〝ただ～（だけ）〟の意になる。ここは、伯楽は価千金の名馬を見分けることができるという文脈であるから、前者では文脈に合わないので後者の意となる。同じ限定の副詞は①「只」である。②「復（また）」、③「当（まさに～べし）」、④「好（このむ・すく）」、⑤「猶（なほ～ごとし）」はいずれも不適。

(イ)「固」は動詞「かたまる」、形容詞「かたし」、副詞「かたく」などの読みがあるが、設問で問われるのは副詞「もとより」の読みであることが多く、ここもそうである。〝もともと。もちろん〟の意。王良の御術が元来すぐれていたことをいう。⑤が正解で、「本来」という熟語があるように、「本」には〝もと。もともと〟の意がある。①「強（つよし・こはし・しふ・しいて）」、②「難（かたし）」、③「必（かならず・かならずしも）」、④「絶（たつ・たゆ）」はいずれも不適となる。

問2 標準 32～34 正解は (1)＝⑤ (2)＝③ (3)＝④

(1) 「何」は疑問「なんぞ・なにをか・いづくにか・いづれの～（する）」、反語「なんぞ～ん（や）」、詠嘆「なんぞ～や」の三つの用法がある。句末を「蕭森たる」と読むので疑問のようにも思えるが、ここは「千里馬」の「毛骨」のすばらしさを褒める文脈であり、疑問ではなく詠嘆の意ととらなければならない。ただ詠嘆の場合は「何～也」のように文末に助詞（助字）を伴うのが一般的であり、そのため「なんぞ～や」と読むのであるが、ここには助詞がない。その理由は一句五言という制約があるためで、助詞が省略されたと考えればよい。よって「なんと」と解釈する⑤が正解となる。①～④はいずれも疑問の解釈となり不適。

(2) 「周」は名詞「まはり」、動詞「めぐる」、形容詞「あまねし」、副詞「あまねく」などの読みがある。選択肢を見るといずれも名詞や動詞の解釈ではなく、直後に「尋ぬ」という動詞があるので、副詞ととれる。すなわち「あまねくたづぬべし」と読む。「あまねく」は〝広く。すべてにわたって〟の意であるから、③「あらゆるところに」が正解となる。馬車に乗って中国全土どこへも行けるということ。ただこの読みを知らなくても、「周囲」「円周」などの熟語から空間的な広がりということはわかるから、③を選択するのは困難ではない。他の選択肢は語義的に誤り。

(3) 「至」は「いたれる」と読むように動詞である。〝到達する。きわまる〟の意。「哉」は「や・か」と読めば疑問・反語、「かな」と読めば詠嘆の意になる。これだけでは判別できないので、直後の「人与馬」に着眼する。「与」は「と」と読む接続詞で、「人と馬と」と読む。これは「人与馬」と「至哉」を倒置したものだと理解すればよい。すなわち「人与馬」が主語で「至哉」が述語である。さらに直後の句を見ると、「両楽」とある。「両」とは人と馬を指すと考えられる。人馬それぞれの楽しみである。人の楽しみは馬を自由に操って行きたい所へ行く楽しみであり、馬の楽しみは疾走する楽しみである。これをふまえて「至哉」に戻ると、これは人馬一体の境地に至ることをいったものだと理解できる。よって「いたれるかな」と読み、④の解釈が適当となる。①・③・⑤は「至」を物理的な移動と解釈しており不適。②は「馬」を主語とした解釈になり不適。

問3　標準　35　正解は②

空所を補充する設問。偶数句末にあるので押韻の問題でもある。要旨で示したように「・in」で統一されている。選択肢は①「体（テイ）」、②「心（シン）」、③「進（シン）」、④「先（セン）」、⑤「臣（シン）」であるから、②・③・⑤が正解の候補となる。傍線部の「雖」は「いへども」と読む逆接の接続詞。〝馬には四本の足があるとはいっても〟という意。「遅速」は〝遅いか速いか〟。馬車の速度の加減をいう。「吾」は作者を指す一人称の代名詞。「わが」と読むから空欄には名詞が入る。また「馬」と「吾」が対比されている点にも注意しよう。ここで設問の指示に従い【問題文Ⅱ】を検討する。右の三候補の箇所だけ見ると、②(b)は「人心調于馬」とある。「于」は対象を表す前置詞で置き字となる。人の心が馬と調和する、一体となるという内容である。③(c)の「進速」は速く進むということ。⑤(e)の「臣」は「君」に対する語で、臣下が君主に対してへりくだって言う一人称の語である。すなわち話者である王良を指す。以上より②を入れるのが適当とわかる。「吾心」に「人心」が対応する形になる。傍線部は要するに、馬車を引っ張って走るのは馬だが、速さを制御するのは自分だという趣旨になる。

問4　標準　36　正解は④

「惟」は問1の「徒」「只」や、「唯」「但」などと同じく限定「ただ～（のみ）」の副詞になる。「意」は「い・こころ・おもひ」と名詞で読んだり、「おもふ」と動詞で読んだりする。「所（ところ）」は下の用言を体言化して名詞句を作る返読文字で、品詞的には助詞になる。〝～するもの。～であること〟などと訳す。「欲（ほつす）」も返読文字で、下から返って「〜（せ）んとほっす」と読む。〝〜したいと思う。今にも〜しようとする〟の意。「適」は「たまたま」などと副詞で読むこともあるが、ここは動詞で「ゆく」または「かなふ」と読む。選択肢はこのいずれかで読んでいるが、「適」→「欲」→「所」と一字ずつレ点で返ることになるから、「ゆかんとほっするところ」と読む④が正解とわかる。「意」は「意の」と送り仮名を付けて下の名詞句を修飾する形になる。全体で〝ただ心の行きたいと思うままに〟の意となる。他の選択肢は「所欲適」の読みがすべて間違っている。

問5 標準 37 正解は⑤

【問題文Ⅱ】のリード文で、襄主と王良が馬車の競走をして三回とも王良が勝ったことが記されている。そして本文に入ると、王良が「御之所貴、馬体安于車、人心調于馬」と述べて、人馬が一体となることの大切さを説いている。傍線部はこれに続く。「今（いま）」は場面の転換を示す接続詞として働く。「君」は前述したように、王良の自称である「臣」に対する語で、主君襄主を指す。「則（すなはち）」はいわゆる「レバ則」と言われる接続詞で、「〜（すれ）ばすなはち…」と前後をつなげて〝もし〜ならば…〟の意となる。したがって「後則欲」は「後るれば則ち欲す」と読み、〝後れたら…したいと思う〟の意である。また「先則恐」も「先んずれば則ち恐る」と読み、〝前に出たら…と心配する〟の意である。「逮」は「およぶ」と読む動詞で、〝追いつく〟の意になる。この読みは難しいが、「逮捕」の「逮」であるから、〝追いかけて捕らえる〟のような意味であろうと見当はつくだろう。もちろん文脈的にも推測できる。この字は「逮臣」と「逮于臣」の二回登場する。違いは後者が受身形であることである。「于」はここでは受身の用法になり、「臣に逮ばるることを」あるいは「臣に逮ばれんことを」と読まなければならない。

選択肢は「後則欲」に着眼して、「後ろにつかれると」とある①と「後れると」とある⑤に絞り、「心配ばかりしていました」を決め手に⑤を選択すればよい。

①「馬車の操縦に集中する」「やる気を失ってしまいました」が不適。
②「後れても」が不適。これは「雖後（後るといへども）」の解釈になる。「以前は私に及ばない」も不適。
③「後回し」「どの馬も私の馬より劣っている」が不適。
④「後から」「最初から」「気をつけていました」が不適。

問6　やや難　38　正解は③

二つの問題文から導かれる事柄を問う設問。共通テストらしい、総合的な思考力・判断力が問われる。次のことを確認したうえで消去法で解く。まず【問題文Ⅰ】では、終わり二句に「良馬須善馭」「可為箴」とあるように、御者がすぐれていなければ、たとえ良馬であってもその能力を十分に発揮できないと作者は主張している。このすぐれた御者とは第十九句に「王良得其性」とあるように、馬の性質を理解して、人馬一体の境地に至れる者（第十五句）をいう。次に【問題文Ⅱ】でも、人馬が一体とならなければ馬車の競走に勝てないと説いている。以上の点をふまえて選択肢を吟味する。

①不適。「馬を手厚く養う」「よい馬車を選ぶ」「車の手入れを入念にし」、このいずれも【問題文Ⅰ】【問題文Ⅱ】の内容からはずれている。
②不適。第一文は【問題文Ⅰ】の第十三〜十六句・第十九句、および【問題文Ⅱ】の「人心調于馬…」に合致する。しかし第二文の「馬の体調を考えながら鍛えなければ」はどちらにも書かれていない。
③適当。第二文に「他のことに気をとられていては」とあるのは、【問題文Ⅱ】の傍線部Cおよび「先後心在于臣」をいったものである。
④不適。「馬を厳しく育て」「巧みな駆け引き」「勝負の場を意識しながら馬を育てなければ」、このいずれも【問題文

Ⅰ】【問題文Ⅱ】の内容からはずれる。

⑤不適。「山と林を駆けまわって手綱さばきを磨く」が、【問題文Ⅰ】の第十二句の趣旨に合致しない。これは山でも林でも自由に走らせることができるという趣旨である。また「型通りの練習をおこなう」とあるのも【問題文Ⅱ】の内容からはずれる。

国語　本試験（第２日程）

問題番号(配点)	設問	解答番号	正解	配点	チェック
第１問(50)	問１	1	②	2	
		2	①	2	
		3	③	2	
		4	④	2	
		5	②	2	
	問２	6	②	8	
	問３	7	②	8	
	問４	8	⑤	8	
	問５	9	③	6	
	問６	10-11	①-⑤	10(各5)	
第２問(50)	問１	12	④	3	
		13	④	3	
		14	①	3	
	問２	15	②	7	
	問３	16	⑤	8	
	問４	17	⑤	8	
	問５	18	⑤	8	
	問６	19	②	5	
		20	④	5	

問題番号(配点)	設問	解答番号	正解	配点	チェック
第３問(50)	問１	21	①	5	
		22	③	5	
	問２	23	②	6	
	問３	24	⑤	6	
	問４	25-26	②-⑤	14(各7)	
	問５	27-28	③-⑤	14(各7)	
第４問(50)	問１	29	②	5	
		30	④	5	
	問２	31	③	4	
	問３	32-33	①-④	8(各4)	
	問４	34	④	7	
	問５	35	②	6	
	問６	36	③	7	
	問７	37	①	8	

（注）－（ハイフン）でつながれた正解は，順序を問わない。

自己採点欄
/200点

（平均点：111.49点）

第１問

やや難

出典

多木浩二『「もの」の詩学―家具、建築、都市のレトリック』〈第一章「もの」と身体　二　椅子の変貌　2　椅子の近代化〉（岩波現代文庫）

多木浩二（一九二八～二〇一一年）は美術・写真・建築評論家。兵庫県出身。東京大学文学部美学美術史学科卒業。東京造形大学教授、千葉大学教授を経て評論家となる。著書に『ベンヤミン「複製技術時代の芸術作品」精読』『生きられた家』『天皇の肖像』『写真論集成』『眼の隠喩』などがある。『「もの」の詩学―家具、建築、都市のレトリック』は一九八四年に岩波書店より『「もの」の詩学―ルイ十四世からヒトラーまで』として刊行され、副題を改題し、構成を修正して二〇〇六年に改めて刊行された。

要旨

本文は八段落から成る。これを四つの部分に分けて内容をまとめよう。

1

椅子の生理学的問題　1段落　※問5・問6

西欧での椅子の座法には、椅子の硬さが身体を圧迫して血行を阻害すること、また上体を支えるために筋肉を緊張させて苦痛をもたらすことという二つの生理学的な問題があった。

2

椅子の再構成　[2]〜[5]段落　※問2・問5・問6

生理的な身体への配慮から、一七世紀に椅子の背が後ろに傾きはじめると同時に、古代から使われていたクッションが椅子と合体した。こうして**椅子の近代化**は、快楽を志向する**身体による椅子の再構成**からはじまった。

3

文化としての「身体」　[6]・[7]段落　※問3・問5・問6

椅子の背の後傾もクッションとの合体も一七世紀の宮廷社会と切り離すことはできず、身分に結びつく政治学をもっていた。そして「身体」もまた自然の肉体ではなく、「着物をまとった身体」なのであり、**宮廷社会における文化的価値**だった。実際に椅子に掛けるのは「裸の身体」ではなく「着物をまとった身体」なのであり、**文化としての「身体」**であった。

4

ブルジョワジーの身体技法　[8]段落　※問4・問5・問6

やがて台頭したブルジョワジーは、かつての支配階級、宮廷社会が使用していた「もの」の文化を吸収し、彼らの所作のうちに形成されていた、貴族的な色彩をもつ「身体」を引き継いで、**働く「身体」に結びつけた**。

語句

換喩法＝本文では高い官職にある人はクッションに座ることから、〈クッション〉がそのような人をたとえる換喩になる。このような比喩の例として、「スピード違反で**パトカー**に捕まった。（警察官の乗り物である〈パトカー〉が換喩）」「昨日久しぶりに**メガネ**に会った。（メガネをかけた友人の付属物である〈メガネ〉が換喩）」などがあげられる。

解説

問1　標準　[1]～[5]　正解は　(ア)＝②　(イ)＝①　(ウ)＝③　(エ)＝④　(オ)＝②

(ア)「抱かせ」　①包含　②抱負　③砲台　④飽和
(イ)「繊維」　①維持　②安易　③驚異　④依拠
(ウ)「誇示」　①回顧　②凝固　③誇張　④孤高
(エ)「見劣り」　①陳列　②猛烈　③破裂　④卑劣
(オ)「系譜」　①符合　②譜面　③不慮　④扶養

問2　標準　[6]　正解は②

傍線部の内容を問う設問。要旨で確認したように、[1]段落で椅子の生理学的問題点が二つ指摘され、[2]～[5]段落で一七世紀に、身体的配慮すなわち生理的な配慮から椅子の改良が二点施されたことが説明される。すなわち**①背の後傾**および**②椅子とクッションの合体**である。傍線部の「もうひとつの生理的配慮」が**②椅子とクッションの合体**で、「背の後傾」が①の生理的配慮である。もう少し具体的にみれば、①の配慮ではリクライニング・チェアやキャスターを取り付けた車椅子やスリーピング・チェアの発明に至ったことが説明される（[2]・[3]段落）。また②の配慮では、もともと古代からクッションが使われていたこと、クッションの使用が政治的特権であったこと、椅子とクッションの合体が起こったこと、そして椅子の概念が変わったことが説明される（[4]・[5]段落）。なお傍線部の「どちらが早いともいえない時期」とは、[2]段落に「一七世紀の椅子の背が後ろに傾きはじめた」とあり、[5]段落に「椅子とクッションが一六世紀から一七世紀にかけてひとつになりはじめた」とあるように、この「一七世紀」をいう。この時期という点が解答を導く際の一つのポイントになるので、見逃さないようにしよう。以上より傍線部を次のように説明できる。

椅子とクッションの合体も背の後傾と同じく一七世紀に起こった

選択肢は「もうひとつの生理的配慮」に着眼して、これを「椅子と一体化したクッション」として説明している②を選択すればよい。

① 「もうひとつの生理的配慮」「筋肉の緊張」「圧迫」とあるのは1段落の内容をふまえる。「筋肉の緊張」を、椅子にキャスターを付けて可動式としたことだと説明しており、不適。

③ 「椅子の背を調整して」だけでは背の後傾の説明として不十分である。またクッションを背にのみ取り付けていると説明しており、これも不適となる。クッションが古代から座面に取り付けられていたことは4段落の内容からわかる。

④・⑤ ④の「エジプトや……用いること」は古代、⑤の「それ自体が可動式の家具のようにさえなった」は中世のことであり（4段落）、どちらも椅子とクッションの一体化を説明していない。

問3　標準　7　正解は②

傍線部の内容を問う設問。6段落以下の内容を辿る。この段落が逆接の接続詞「だが」で始まる点に注意しよう。直前の5段落で、椅子の再構成（＝椅子の改良による、椅子のイメージの根本的な転換）が身体への配慮に基づいて始まったと述べられているが、これを否定する形で、その身体とは「限られた身分の人間」の身体であることが指摘され、「もの」も「身体」も文化の産物であり、文化的価値と密接に結びついていたと指摘される（6段落）。平たく言えば、椅子も座る人間も、宮廷社会の内部のみに関わる話であったということである。筆者は「もの」をそれ自体の機能すなわち何の役に立つかだけで評価したり（あるいは価格で「もの」を評価することも付け加えてよいだろう。宮廷貴族はお金で物を評価したりはしない）、「身体」をその生理的側面からのみ考えたりするのは近代人の発想である点に注意を促している。以上の事柄を受けるのが傍線部である。すなわち「『裸の身体』」とは文字通りの意味ではなく、「解剖学的肉体」あるいは「単純な自然的肉体」（いずれも7段落）であり、貴族か平民かの区別なく平等に持っている**生物としての身体**である。また「『着物をまとった身体』」とあるのも、たんに寒さをしのぎ他人の目から隠すための衣服をまとった身体という意味ではなく、**文化の産物としての身体**、すなわち**社会的な身分と結びついた身体**、あるいは**社会的身分を読み取らせる身体**をいう。この身体がまとう「衣装」について、傍線部の直後では「社会的な記号としてパフォーマンスの一部である」と説明され、さらに同段落終わりで「政治的な記号なのである」と説明される。以上より傍線部を次のように説明できる。

椅子に座るのはただの生物的な身体ではなく、社会的身分を表す記号としての身体である

選択肢は傍線部直後の「社会的な記号として」に着眼して、「文化的な記号としての側面」とある②と、「政治的な記号としての役割」とある④、「社会的な記号として」とある⑤に絞り、「生理的な快適さの追求という説明だけでは理解できない」を決め手に②を選択すればよい。「貴婦人の椅子が……デザインされていた」とあるのは7段落の「バック・ストゥール」や「ズガベルロ」などの例をふまえている。

①「身体に配慮する政治学の普遍性」とあるが、6段落では「身体」は「普遍的な哲学の概念でもなく、文化の産物」、すなわちある社会や時代に特徴的な文化の産物であると述べられている。また「社会的な記号の由来」とあるのも「社会的な記号として」とは意味がずれている。

③「機能的な椅子」が不適。本文で「機能的」は6段落に「すぐに機能化と呼んでしまいそうな」「機能的にだけ理解する」とあるように、近代的な見方を示すものとして使われている。「解剖学的な記号」も7段落の趣旨からみれば矛盾した表現となる。

④「生理的な快適さへの関心」を「覆い隠そうとする」ことが「政治的な記号」であると説明しており不適。本文で

は、「政治的な記号」は社会的な身分を表すという意味で用いられている。

⑤「椅子と実際に接触するのは生身の身体よりも衣服である」が不適。傍線部を文字通りの意味に受け取っている。また「生理的な快適さを手放してでも」とは書かれていない。4段落には「身体に快適さを与えること自体が政治的特権であった」とある。

問4 やや難 8 正解は⑤

傍線部の内容を問う設問。8段落では、ブルジョワジーすなわち資本家階級が宮廷貴族に代わって支配階級となった際、宮廷貴族が愛好した家具や調度類をはじめとする「もの」の文化を吸収したこと、および彼らが身につけていた所作や態度、衣装などの「身体」に関わる文化を引き継ぎ、「働く『身体』」と結びつけてブルジョワジー固有の「身体技法」を生み出したことが説明される。「働く『身体』」とは生産活動や商業活動を行うブルジョワジーとして身につけた所作や行動様式をいうと思われるが、彼らは宮廷貴族の「身体」文化も引き継ぎながら独自の「身体」文化を創り出したと筆者は考えている。説明が概略的で言い回しが抽象的なため、ややわかりにくい。そこで、宮廷や貴族の館で燕尾服を着て舞踏会に興じたり、お抱えの音楽家たちの演奏に耳を傾けたりといった宮廷貴族の「身体」文化を受け継いで、現代人がビジネススーツに身を固めながらクラシック・コンサートに出かける、といった例を考えると多少はイメージしやすいかもしれない。傍線部は以上の内容のまとめとなる。「『身体』の仕組み」とは文化的に作り上げられる「身体」の構造ということ。また「複雑な政治過程」とは、宮廷貴族の「身体」文化を受け継ぎつつ、ブルジョワジー固有の「身体」文化を創り出す過程をいう。

選択肢は文末に着眼する。「複雑な政治過程」＝貴族階級の「身体」を引き継いで、ブルジョワジー固有の「身体」を生み出す、と理解すれば、「新旧の文化が積み重なっている」とある⑤が正解とわかる。「彼らの働く『身体』に……

再構成した」とあるのは傍線部直前の内容をふまえる。「権力構造の変遷」とは支配階級が貴族からブルジョワジーに取って代わったことをいう。

①「ブルジョワジーはかつて労働者向けの簡素な『もの』を用いていた」とは書かれていない。本文で労働者のことには触れられていない。「彼らの『身体』は……求めるようになった」とも書かれていない。したがって「新しい『もの』の獲得によって」以下の説明も誤りとなる。

②「宮廷社会への帰属の印として掲げていった」が不適。書かれていない。「相互に」も不適。ブルジョワジーが宮廷貴族の文化の影響を受けたのは確かだが、その逆、すなわち宮廷貴族（没落貴族）がブルジョワジーの文化の影響を受けたとは書かれていない。

③「解消していく」が不適。「ひきついで」（傍線部前文）に矛盾する。よって「新しい支配階級に合った形がそのつど生じる」も不適となる。

④「労働者の『身体』に適応させるような変化をともなっていた」とは書かれていない。「働く『身体』には『もの』の機能を追求し」以下についても、本文の内容からはずれている。

問5 標準 9 正解は③

本文の構成と内容を問う設問。消去法で解く。

①不適。1段落で「本文での議論が最終的に生理学的問題として解決できるという見通し」は示されていない。また6段落以下、「もの」や「身体」が文化の産物であるという内容へと転換していく。

②不適。右に見たように「6段落以降でも……継続している」わけではない。

③適当。6・7段落では「もの」も「身体」も「文化の産物」であり、「社会的な記号」「政治的な記号」であること

が強調されている。

④不適。本文は、「もの」の議論と「身体」の議論を分けて論じられているわけではなく、全体を通じて「もの」(特に椅子)と「身体」との密接な関わりを前提にして議論が進められている。

問6 やや難 10・11 正解は①・⑤

本文の趣旨と具体例を問う新傾向の設問。教師の指示を受けて生徒たちが各自の意見を述べるという形式をとる。ディベート形式とは異なるので、選択肢それぞれの適否だけを判断すればよい。消去法で解く。選択するのは「本文の趣旨に合致しないもの」である。

①不適。本文では**「もの」と「身体」との社会的関係**という観点から、「身体」の快適さに合わせて椅子が改良されたことが例として挙げられている。家の構造も身体への配慮に基づいているとも言えるが、「それぞれの環境に適応して」とあるように、「環境」という、本文では触れられていない別の要素が取り入れられている。

②適当。「複数の側面」とは「もの」がもつ機能性と記号性をいう。機能的に作られたユニホームが所属チームを表す記号としても、またファンの一体感を生み出す記号としても働くと述べている。ただ本文では「政治的な記号」(7段落)という意味合いが強く出ており、それゆえにこの選択肢を誤りと判断した受験生がいるかもしれない。

③適当。箸の使い方も「文化の産物」であり、身体技法の一つであるという趣旨である。ただ「文化の産物」に関して、本文では「宮廷社会のなかで生じた……文化的価値だった」(6段落)とあるように、身分制度と関わる特殊な社会(宮廷社会)における「文化の産物」がテーマとなっており、やや微妙な感があったかもしれない。

④適当。鹿鳴館に集う上流階級の洋装は、西洋貴族の「身体」にまつわる文化的な価値を取り入れたものだという趣旨である。ただ「西洋の貴族やブルジョワジー」と併記すると、両者の『身体』にまつわる文化的な価値」の違い

を説明した8段落の趣旨との適否が微妙ではある。

⑤不適。スマートフォンがそれを用いる世代の身体技法を変え、社会をも刷新しているという趣旨である。本文では支配階級の交代に伴う身体技法の変化が論じられ、この選択肢では世代の交代による身体技法の変化が指摘されている。よって論旨がずれている。

⑥適当。帽子が日射しを避けるという機能を果たすと同時に、屋内では帽子を脱ぐという行為が社会的な記号となることを指摘したものである。ステータスシンボルと言えるシルクハットなどを例に挙げてもよいだろう。

第２問

やや難

出典

津村記久子「サキの忘れ物」（新潮社『サキの忘れ物』所収）

津村記久子（一九七八年～）は小説家。大阪市生まれ。大谷大学文学部国際文化学科卒業後、会社員をしながら小説を執筆し、その後専業作家となる。「マンイーター」（単行本化するとき『君は永遠にそいつらより若い』と改題）で太宰治賞、『ミュージック・ブレス・ユー!!』で野間文芸新人賞、『ポトスライムの舟』で芥川賞、『ワーカーズ・ダイジェスト』で織田作之助賞ほか、多くの文学賞を受賞する。

要旨

本文は、単行本で三十四ページの短編小説の、なかほどの一節である。場面の転換に従って四つの部分に分けて内容をまとめよう。

1

初めて客に話しかける　1～44行目（本を店に忘れた…）　※問2・問6

千春は女の人に忘れ物の文庫本を渡したのをきっかけにして、初めて客に話しかけた。そして女の人から、電車に乗らなくて済むのは幸せだと言われて戸惑い、高校を中退したことまでは言わずにおいた。

2

初めて文庫本を買う　45～60行目（その日も女の人は…）　※問3・問6

千春はアルバイトの帰り、書店で女の人が持っていたのと同じサキの文庫本を買った。文庫本を買ったのは初めてだったが、おもしろいかつまらないかをなんとか自分でわかるようになりたいと思った。

3

本について発見する　64～81行目（次の日、その女の人は…）　※問4・問6

翌日、女の人は千春たちに一つずつブンタンをくれた。千春は昨日買った文庫本を読みながら、ただ様子を想像していたいと思い、続けて読んでいたいと思った。そして本は、予想していたようなおもしろさやつまらなさを感じさせるものではないということを発見した。

4

勉強机の上にブンタンを置く　82～86行目（ブンタンをもらった…）　※問5・問6

千春は家に帰っても、その本を読みたいという気持ちが募った。そしてもう不要になった勉強机の上にブンタンを置いた。すっとする、良い香りがした。

解説

問1　標準　12〜14　正解は　(ア)＝④　(イ)＝④　(ウ)＝①

(ア)　「居心地」は〝ある場所や地位にいるときに感じる気持ち〟。「居心地が悪い」は〝その場にとどまることに窮屈さやきまりの悪さといった不快な気分を感じるさま〟の意。千春が沈黙してしまったことで、女の人は自分がまずいことを言ったのではないかと思って謝る。そのときの女の人の気まずい思いを千春が忖度した場面である。④の「落ち着かない」が語義的に最も近い。①の「所在ない（＝することがなくて退屈だ）」、②の「あじけない（＝面白みがなくてつまらない）」、③の「やるせない（＝思いを晴らすすべがない）」、⑤の「心細い」はいずれも、語義的にも文脈的にも不適となる。

(イ)　「危惧」は〝心配し恐れること〟の意。④の「心配になった」と⑤の「恐れをなした」に絞る。ここは自分の欲しい本とは違う本を提示されるのではないかと危ぶむ場面であるから、④が適当となる。①の「疑いを持った」、②の「慎重になった」、③の「気後れ（＝相手の勢いやその場の雰囲気などに押されて、心がひるむこと）がした」は語義的に不適。

(ウ)　「むしのいい」は〝自分の利益だけを考えて他を顧みない。身勝手だ〟の意の慣用句。「努力しないで成功したいなんて、むしのいい話だ」などと使う。「むし」は「虫」で、人間の体内にいると信じられていた想像上の生き物であり、中国から伝わった。①の「都合がよい」が語義的に最も近い。②の「手際」、③の「威勢」、④の「要領」、⑤の「気分」はいずれも語義的に不適。

問2　標準　15　正解は②

傍線部の心情を問う設問。「言い返せ(言い返す)」は〝他人の意見に対して言葉を返すこと〟の意。ここでは女の人に「それは幸せですねえ」と言われたことに対する千春の反応をいう。女の人は電車の中で携帯を見ると頭が痛くなると言い、電車に乗ることをあまり心地よいものとは思っていない。千春はそれに対して自分は長いこと電車に乗っていないと応じる。そこで女の人がこのような発言をしたわけだが、千春は自分が幸せだと言われた記憶がないために「**少しびっくり」して、なんと返答したらよいのかわからなかった**というのである。したがってここでの「言い返す」は反論するというような強い意味合いはなく、たんに返答に詰まったというほどの意味である。以上より千春の心情を次のように説明できる。この設問は心情説明であるから、傍線部と関連する部分に「少しびっくりする」という心情描写がある以上、基本的にこれをふまえて説明することになる。

女の人に幸せだと言われて驚き、そんなことを言われた記憶がないので返答のしようがなかった

選択肢は「少しびっくりする」を「意表をつかれて(＝予想もしないことで驚かせられて)」と説明した②が正解。「人から自分が幸せに見えることがあるとは思っていなかった」とあるのは、38行目の「他の人に『幸せ』なんて言われたのは、生まれて初めてのような気がした」に合致する。「自然な」とは女の人に他意はなく、すなわち裏に隠した意図がなく、素直な気持ちで発言したということ。

①「周囲の誰からも自分が幸せだとは思われていないと感じていた」が不適。千春に幸福あるいは不幸の自覚があったとは書かれていない。また「あまり目を覚ましてくれない……」の部分も傍線部との関連はない。

③「幸せだったことは記憶の及ぶ限り一度もなかった」のではなく、他人に自分は幸せだと言われたことが一度も記憶になかったのである。「焦ってしまった」というのも読み取れない。

④「皮肉」が不適。女の人は千春が高校を中退したことを知らないので、皮肉交じりに電車に乗らなくてよいのは幸

せだと言ったわけではない。

⑤「千春が幸せな境遇かどうかという話題」とあるが、女の人は千春の境遇をことさら話題として持ち出したわけではなく、千春自身も女の人の発言にたんに戸惑っているだけである。

問3 標準 16 正解は⑤

傍線部の心情を問う設問。初めて文庫本を買った千春の心情を説明する。55行目以下に着眼する。千春は女の人が読んでいた文庫本に興味をもち、本屋で同じ本を買う。でも「明日になったら、どうしてこんなものを買ったのと思うかもしれない」と思い直すものの、値段の安さに自分を納得させる。そして「これがおもしろくてもつまらなくてもかまわない」と思い、「おもしろいかつまらないかをなんとか自分でわかるようになりたい」と思う。すなわち自分の力だけで本の価値を判断できるようになりたいと願っている。このような気持ちの背後には「何にもおもしろいと思えなくて高校をやめた」ことへのこだわりがある。高校については43行目でも「何の意欲も持てないことをやめたに過ぎなかった」と当時を振り返る。このように千春が高校を中退したのははっきりとした理由があったからではなく、何となくつまらないと感じたからである。これは「高校をやめたことの埋め合わせ」という表現からもうなずけるだろう。そんな千春が自ら文庫本を買って読もうとしたことには、対象に対して積極的に臨もうとする姿勢が感じられる。以上より傍線部の心情を次のように説明できる。

本がおもしろいかつまらないかを自分の力でわかるようになりたい

選択肢は「おもしろいかつまらないかをなんとか自分でわかるようになりたい」を決め手とすれば、「この本のおもしろさやつまらなさだけでも自分で判断できるようになりたい」とある⑤をすんなり選択できる。「高校をやめたことの理由づけにはならなくても」とあるのは傍線部(ウ)前後に合致する。また「何かが変わるというかすかな期待」についてははっきり書かれているわけではないが、千春の積極性が傍線部から読み取れるので、許容範囲であろう。

①「つまらないと感じたことはやめてしまいがち」と一般化して説明しており不適。読み取れない。「最後まで本が読めるとは思えなかった」とも書かれていない。「すぐに見つかる」も誤り。さらに「内容を知りたい」も不適。「内容」ではなく、おもしろいかつまらないかの価値判断である。

②「挫折感」が不適。43行目の「何の意欲も持てないことをやめたに過ぎなかった」に合致しない。「女の人とさらに親しくなりたい」も不適。傍線部の続きはそのように展開していない。

③「内容を知りそれなりに理解できるようになりたい」が右の①の最後の理由により、不適となる。

④「サキという名を持つ作家について女の人から教えてもらいたかった」とは書かれていない。また「おもしろさだけでも」も不適となる。

問4　標準　17　正解は⑤

傍線部の心情を問う設問。前問と関連する。前問の傍線部では、千春はサキの本に関しておもしろいかつまらないかがわかるようになりたいと思っていた。でも牛の話を読んだところ、「ちょっと愉快な気持ちにな」り、「（本は）おもしろさやつまらなさを感じさせるものではない」ことを「発見した」（傍線部）という。では「千春は読書についてどのように思ったか」（設問）。それは直前の文で「ただ、様子を想像していたいと思い、続けて読んでいたいと思った」と記されている。すなわち**想像することの楽しさを発見し、だから続けて読みたいと思っている**のである。ここには**小説を読むことの意義**について、作者なりの考えが表明されているのだろう。つまり、小説を読むことの意義は情報を得ることではなく（なぜなら小説はフィクションだから）、また視覚や聴覚を楽しませることでもなく（それらは映像や動画や音楽の得意分野である）、**言葉を媒介に想像して楽しむこと**にあるというわけである。以上のように辿れば、傍線部の心情を次のように説明できる。

読書の楽しみは想像しながら読み進めるところにあると思った

選択肢はキーワードである「想像」の重要性を指摘した①・④・⑤に絞り、「本を読むという体験には……自ら想像をふくらませてそれと関わることが含まれるのだと思った」とまとめた⑤を選択すればよい。この選択肢に「突飛なものに思えた」「自分のこととして空想することには魅力が感じられた」とあるのは、76〜78行目の内容をふまえている。

①「勇気づけられた」が不適。読み取れない。「登場人物に共感する」というのも本文の内容に合致しない。そもそも千春は牛専門の画家というものが存在するのかといぶかっている。

②「本を読む喜びは……苦労して読み通すその過程によって生み出される」が不適となる。これではたんに忍耐力を養うということにしかならない。

③「想像するのが難しかった」が不適。「様子を想像していたい」に矛盾する。また「本を読む価値は……世の中にはまだ知らないことが多いと気づくことにある」とあるのも本文に書かれていない。

④「未知の体験」とは本屋で初めて文庫本を買ったことをいうのだろう。それはよいとして、「本を読んだ感動は、それを読むに至る経緯や状況によって左右される」が不適となる。読み取れない。

問５　やや難　18　正解は⑤

傍線部に関わる心情を問う設問。千春は女の人にもらったブンタンを家に持って帰り、サキの本をまた読みたいと強く思いながら勉強机の上に置く。それは、「すっとする、良い香り」とあるように千春の心を楽しませるものである。が、千春の心を楽しませるのはたんに良い香りがするからだけではない。**読書の喜びを発見するきっかけを与えてくれ**

た女の人からもらった物だからであり、それを身近に置きながら今まさに本を読もうとしているからである。このようにブンタンは千春にとって、女の人および読書と結びつく大切な存在なのである。そもそもなぜブンタンなのかということを深読みしてみると、文学のブンと音が共通していることに思い至る。以上のように読み取れば、傍線部について次のように説明できる。

ブンタンは読書の楽しみを発見するきっかけを与えてくれた女の人と結びつく大切なものだ

選択肢は三行と長い。文末を検討する。ブンタンと読書とのつながりというポイントをおさえれば、「本を読む楽しさを発見した清新な喜びにつながっている」とある⑤を選択できるだろう。読書する千春の姿と、同じく読書する女の人の姿を結びつけるという説明も状況的に適切である。

① 千春が客に話しかけるのは女の人が初めてだったとはいえ、「人見知りで口下手だった」とは断言できない。よって「自分を過小評価していた」というのも不適となる。また千春を一人前の社会人だと認めたからブンタンをくれたわけではない。よって「仕事を通して前向きに生きる」というのもトンチンカンな説明となる。

② 千春が女の人に憧れて、彼女が読む本と同じ本を探しに書店に行ったと説明しており不適。千春が女の人に憧れを抱いていたと読める根拠がない。また「他の人の生活に関心を持ち始めた」というのも、本文後半の筋に合致しない。

③ 女の人に好意を抱いたというのはよいとして、スタッフにまで好意を抱いたとは読み取れない。また「自分にしか関心のなかった」と説明する根拠がない。「その場しのぎの態度」というのも根拠が見当たらない。

④ ブンタンが千春の姿と女の人の姿を結びつけるという説明や、「千春が自分の意志で新たなことに取り組もうとする積極性」という説明は悪くない。しかし読書のことに触れていないのが最大の欠点となる。

問6　やや難　19・20　正解は　Ⅰ＝②　Ⅱ＝④

センター試験でも時折見られたディベート型の設問である。ただし空欄補充になっているところが新しく、試行調査の形式を踏襲するものとなっている。とはいえ一般の空欄補充問題のように前後の文脈をふまえて入れるのではなく、「これを⑴のまとめにしよう。」「Bさんの言ったことが⑵のまとめになる。」とあるように、Ⅰ・Ⅱいずれも**それまでの意見を集約してまとめる形**になっている。いわば**思考力が問われる帰納型の設問**といえよう。そこでまずⅠについて検討する。これは「⑴女の人はどのように描かれているか」についての生徒たちの意見を集約するものである。ポイントとなりそうな箇所を順に拾うと、「『申し訳なさそうに』」「うれしそうに笑っている」「笑顔で応じている」「ざっくばらん（＝素直に心情を表すさま）」「『もしよろしければ』」とある。これらから女の人の性格・人柄を帰納すると、**控え目で相手への気遣いを見せる一方で、笑顔で応じる明るい性格で、親しみやすい**人物像が浮かび上がる。選択肢は消去法で解けばよいだろう。

①不適。「自分の心の内は包み隠す」に該当する発言がない。

②適当。「相手と気さくに打ち解ける」「繊細な気遣い」と適切に説明している。

③不適。「内心がすぐ顔に出てしまう」とは〝裏表がない〟という肯定的な意味合いもあるが、〝単純。感情がすぐ顔色に表れてしまう〟といった否定的な意味合いで使うことが多く、ここでは適さない。

④不適。「どこかに緊張感を漂わせている」が不適。「うれしそう」「笑顔」に合致しない。

⑤不適。「自分の思いもさらけ出す（＝隠さずにすべてを表す）」に該当する発言がない。「ざっくばらんに話」すのは「自分の事情」である（Cさん）。

次にⅡを検討する。これは「⑵千春にとって女の人はどういう存在として描かれているか」についての意見を集約するものである。やはりポイントとなりそうな箇所を拾うと、「千春の心に変化が起こっている」「千春の心は揺り動かされている」「きっかけを千春に与えてくれた」「『わかるようになりたい』」とある。これらを集約すると、女の人は千春の心を動かして外の世界に関心を向けさせてくれる存在として描かれているといえる。これも消去法で解く。

①不適。千春が悩みを抱えていたとは書かれていない。

②不適。高校を中退したことを後悔しているとは書かれていない。

③不適。「仕事に意義や楽しさを積極的に見出していく」のではなく、読書に楽しみを見出していくのである。

④適当。やや漠然とした説明ではあるが、千春が女の人に自分から話しかけたり、初めて文庫本を買って読んだりしたことを考慮すれば、無難にまとめてあるといえよう。ただ千春には以前付き合っていた彼氏がいて、結婚や娘のことまで想像していたことを考えると（9・10行目）、微妙な感じは否めない。とはいえ消去法でこの選択肢が残ることは間違いない。

⑤不適。「自分に欠けていた他人への配慮」と説明するだけの根拠がない。

第３問　やや難

出典

『山路の露』

『山路の露』は鎌倉時代初期に成立した擬古物語。作者は藤原伊行《これゆき》、あるいはその娘建礼門院右京大夫ではないかとされているが、未詳である。『源氏物語』の続篇として書かれた短編物語である。『源氏物語』最後の十巻「宇治十帖」（宇治を舞台とするのでこう呼ばれる）のヒロインである浮舟は、薫と匂宮との三角関係に悩み、出奔して入水自殺を図るも助けられて出家する。その後、比叡山の麓の小野という所で出家生活を送る。やがて浮舟の生存を知った薫は彼女に手紙を送って再会を果たそうとする。しかし浮舟は頑として応じない…。『山路の露』はこの後を受け、この二人を中心に物語が展開する。リード文の「男君」が薫、「女君」が浮舟である。

要旨

本文は二つの部分に分けられる。

1 男君の訪問 1～9行目（夕霧たちこめて…）
男君は童の案内で暗い山道を辿り、ようやく女君の住まいに行き着いた。

2 女君の当惑 10～27行目（小柴といふもの…）
勤行を終えた女君が月を見て和歌を詠むと、思いがけずも返歌を詠む者がいた。それが男君であるとわかると、女君は自分の居所が知られてしまったことに茫然とするばかりであった。

語句

深き心をしるべにて＝「しるべ」は〝道案内。道しるべ〟の意。女君への熱い思いに導かれるようにしてということ。

竹の垣ほしわたしたる＝「垣ほ」は〝垣根〟の意。「わたし（わたす）」は〝ずっと及ぶ〟の意の補助動詞。

かたはらめ＝「傍ら目」。横から見た姿。横顔。ここから男君の立ち位置がわかる。

全訳

夕霧が立ちこめて、道は（暗くて）たいそうおぼつかないけれども、（女君への）熱い思いを道しるべとして、急いで辿りなさるのも、一方では不思議で、(女君が出家してしまった)今はもう(急いでも)そのかいもないであろうが、と(男君は)お思いになるけれども、せめて昔の夢のような思い出話だけでも語り合いたくて、つい先が急がれるお気持ちである。浮雲を吹き払う四方の強い風のために、月が陰りなくくっきりと昇って、はるか遠くまで思いを馳せずにはいられない気持ちがするので、いっそうもの思いの限りを尽くしなさることであろうよ。山が深くなるにつれて、道はひどく草木が茂り、露が多いので、お供をしている者はひどく目立たない姿に変えてはいるけれどやはり似つかわしく、御前駆の者が露を払う様子も趣深く見える。

かの所(＝女君の住まい)は、比叡山の麓で、とてもこじんまりした所であった。先にあの童(＝女君の弟)を入れて、様子をうかがわせなさると、

(童が)「こちらの門らしい方は閉ざしてあるようです。竹の垣根を巡らしてある所に、通路があるようです。直接そのままお入りください。人の姿も見えません」

と申し上げるので、

(男君は)「しばらく静かにしておれ」

とおっしゃって、自分一人お入りになる。

小柴垣というものを形ばかりしつらえてあるのも、どこも同じとはいえ、(女君が住んでいると思うと)たいそう心がひかれ、風情のある様子である。妻戸も開いていて、まだ人が起きているのだろうか、と思われるので、茂っている庭の植木の元から伝い寄って、軒端近い常緑樹が所狭しと枝葉を広げている下に立ち隠れてご覧になると、こちらは仏間であるのだろう。お香のかおりが、たいそう深くしみ込んでかおり出ていて、ただこちらの端の方で勤行する人がいるのだろうか、お経が巻き返される音もひそやかに心ひかれるように聞こえてきて、しみじみと感慨深いが、(男君は)なんとなく、そのまま御涙がもよおされるような気持ちがして、しんみりとご覧になっていると、しばらくして、勤行が終わったのだろうか、

「たいそう明るい月の光だこと」

と独り言を言って、簾の端を少し上げながら、月の表面をぼんやりと眺めている横顔（を男君がご覧になると）、昔そのままの面影をふとお思い出さずにはいられなくて、たいそうしみじみと感慨深いが、（なおも）ご覧になると、月の光が残るくまなく差し込んでいるなか、鈍色、香染などであろうか、（女君の衣の）袖口が心ひかれるように見えて、額髪がゆらゆらと切り揃えられてかかっている目元のあたりが、たいそう優美でいかにも愛らしい感じで、このような尼の姿はかえっていとおしさが募って、（男君は）こらえがたく見つめていらっしゃると、（女君は）なおも、しばらく（月を）ぼんやりと眺め入って、

「どの里も分け隔てなく照らす空の月の光だけは、昔宇治で見た秋の月と変わらないのだろうか、私はすっかり変わってしまったのに」

と、ひそやかに独り口ずさんで、涙ぐんでいる様子が、たいそういとおしいので、きまじめな人（＝男君）も、そうも心を静めることがおできにならなかったのであろうか、

「あなたと眺めた宇治の里の月はあなたの失踪以来涙ですっかり曇ってしまって、当時のままの月の光は二度と見ることはなかった」

と詠んで、不意に近寄りなさったところ、（女君は）たいそう思いがけないことで、化け物などというものであろうと、気味が悪くて、奥の方へ引き下がりなさるその袖を引き寄せなさるにつけても、（自分を）抑えられないでいる（男君の）ご様子を（見て）、やはり、男君だと自然とお気づきになることは、たいそう恥ずかしく口惜しく思いながら、ただもう気味の悪い化け物だったらどうしようもない、（でも）この世に生きている者とも（男君に）聞かれ申し上げてしまったことをつらいことだと思いながら、どうにかして（やはり）この世には生きていないのだと聞いて思い直していただきたいと、あれやこれやと願っていたのに、（今）逃れがたくも見つけられ申し上げてしまったと思うと、やりきれなくて、涙が流れ出るばかりで、茫然としている様子は、とても気の毒である。

解説

問1 標準 21・22 正解は (ア)＝① (イ)＝③

(ア) 「かつは」は〝一方では〟の意の副詞。「かつは〜、かつは…」の形をとることが多い。「あやしく（あやし）」は〝不思議だ。異常だ。粗末だ。身分が低い〟などの意をもつ形容詞。前後の「急ぎわたり給ふもまじきを」「今はそのかひあるまじきを」に着眼する。男君は女君の元へ急いで行こうとするものの、今さら急いでもそのかいがないと思ったということ。男君は急ごうとする自分の心を思い直している。すなわち今さら急いでも仕方がないのに急ごうとする自分の心を不思議がっているのである。よって①が正解。他は語義的にも文脈的にも不適。

(イ) 「はかなく（はかなし）」は〝頼りない。何のかいもない。たわいもない。ちょっとした〟の意の形容詞。「しなし（しなす）」は〝作り上げる。仕立てる〟の意の動詞。「たる」は存続の助動詞「たり」の連体形である。女君の住まいの様子を描写する一節で、庵を小柴垣で囲ってあるというもの。それが簡素なものであることを「はかなく」と形容する。以上より「形ばかりしつらえてある」とある③が正解となる。他は語義的に不適。②は「たる」の解釈（〜ている・〜てある）も間違っている。

問2 標準 23 正解は②

傍線部の表現を問う設問。消去法で解く。

①不適。「ありし」はラ変動詞「あり」の連用形に過去の助動詞「き」の連体形「し」が付いてできた連体詞で、〝昔の。前世の〟の意。「世」は〝時〟。「夢語り」は〝夢の内容を語ること。またその話〟および〝夢のようにはかない物

語〟の意がある。ここは後者である。それはリード文の「男君との恋愛関係のもつれ」や本文後半の「昔ながらの（女君の）面影」からわかる。つまり、**昔女君と語り合った夢のような話**ということである。

②**適当**。副助詞「だに」は主に類推（～さえ）と最小限の限定（せめて～だけでも）の用法がある。特に後者は下に命令・願望・仮定などの表現を伴う。ここは希望の助動詞「まほしう（まほし）」があるように後者の用法になる。**以前の関係に戻るのは無理でも、せめて昔の思い出話だけでも語り合いたい**ということ。よって「わずかな望みにもすがりたいような心境」という説明は妥当である。

③不適。「語り合はせ」は「語り合は」＋「せ」ではなく、「語り」＋「合はせ」である。「合はせ（合はす）」は〝いっしょに～する〟の意の補助動詞となる。

④不適。「るる」は**自発**の助動詞「る」の連体形になる。「る」「らる」が可能の意になるのは否定表現で用いられる場合に限られる（平安時代）。本文は擬古文なので平安時代の用法に従っている。

⑤不適。「なむ」は文末を**連体形**で結ぶ係助詞である。ここは「**ある**」が省略されている。「侍らめ」の「め」は推量の助動詞「む」の已然形であるから、もしそうなら係助詞「こそ」の結びでなければならない。

問３　やや難　24　正解は⑤

主人公（男君）の行動や心理を問う設問。センター試験では見られなかった新傾向の設問である。消去法で解く。

①不適。男君が「思っていた」わけではない。４行目に「道いとしげう、露深ければ……をかしく見ゆ」とあるのは、**語り手の視点から描写した表現**である。男君の心理描写は「思せ（思す）」「御心地」などの敬語を用いて明示されている。

②不適。「童が余計な口出しをするのを不快に思い」が誤りとなる。6行目の童の発言は男君を案内するためのものであって「余計な口出し」ではない。また8行目に「しばし音なくてを」とあるのは、女君に気配を悟られないために従者たちに命じたものである。

③不適。「女君の住まいの様子が……似ている」とは書かれていない。10・13行目の「なつかしく（なつかし）」は〝心ひかれる。慕わしい〟の意である。現在の〝懐かしい〟の意が出てくるのは中世末からとなる。

④不適。12行目の「ただこの端つ方に行ふ人あるにや」、16行目の「簾のつま少し上げつつ」から、男君が仏道修行中の女君の姿を目撃していないことがわかる（簾がかかっていると、室内から外は見えるが、外から室内は見えない）。経文を読む女君の声が聞こえるだけであり、女君の姿を見るのは「行ひはてぬる」後である。

⑤適当。「独り歌を詠み涙ぐむ」は21行目の「しのびやかにひとりごちて、涙ぐみたる」に、「可憐な姿」は18行目の「らうたげさまさりて」、そして「隠れて見ているだけでは飽き足りなくなってしまった」は21行目の「さのみはしづめ給はずやありけむ」にそれぞれ合致する。

問4　やや難　25・26　正解は②・⑤

主人公（女君）の心理を問う設問。前問と同じく消去法で解く。

①不適。「涙がこぼれるほど」が誤りとなる。24行目の「せきとめがたき御気色」は男君の様子を表す。「せきとめがたき」は女君への恋情が募るあまり自分を抑えられないということで、それが女君の着物の袖をつかんでしまうという行動として現われている。

②適当。24行目に「それと見知られ給ふ」とある。主語は女君である。「それ」は男君を指す。「見知られ」の「れ」は自発の助動詞「る」の連用形。「給ふ」は尊敬の補助動詞で女君を敬う。自分と和歌を唱和したのは化け物などで

はなく、まさかの男君だったということ。よって「目の前の相手が男君であることを知って動揺し」とあるのは妥当な説明である。また「化け物であってくれたほうが……」とあるのは、24〜25行目の「むくつけきものならばいかがはせむ（＝どうしようもない）」に合致する。

③不適。本文に書かれていない。25行目の「世にあるものとも聞かれ奉りぬるをこそは憂きことに思ひつつ」について、「世にある（あり）」は〝この世に生きている〟。「れ」は受身の助動詞「る」の連用形。「奉り（奉る）」は謙譲の補助動詞で、男君を敬う。「憂き（憂し）」は〝つらい〟の意。自分が生存していたことを男君に知られてしまい、つらい思いを持ち続けていた女君の心情を表現している。

④不適。書かれていない。男君を女君の元へ手引きしたのは童である。

⑤適当。26・27行目の「のがれがたく見あらはされ奉りぬる」「我にもあらぬ（＝茫然とする）様」に合致する。「れ奉り」は③と同じく受身の助動詞＋男君を敬う謙譲の補助動詞である。「ぬる」は完了の助動詞「ぬ」の連体形で余剰効果を生み出している。

⑥不適。書かれていない。27行目の「我にもあらぬ様」は女君の様子で、「いとあはれなり」は語り手の心情である。

問5 やや難 27・28 正解は③・⑤

本文の特定の語句の説明に関してその適否を問う設問。これも新傾向の設問である。消去法で解く。

①不適。「夜の山道を行くことをためらっていた」は1行目の「急ぎわたり給ふ」に矛盾する。また「男君の心の迷いが払拭された」とあるのも、3行目の「いとど思し残すことあらじかし」に矛盾する。「いとど」は〝いっそう。ますます〟の意の副詞。「思し残す」は「思ひ残す（＝あれこれともの思いをし残す）」の尊敬語。これを打消推量の助動詞「じ」で否定する。すなわち、もの思いをし残さないとは、もの思いの限りをし尽くすということ。男君が、今

訪ねて行く女君、あるいは都にいる妻その他の人々のことなど、さまざまに思いめぐらすさまをいう。まさに「迷いが払拭された」とは真逆である。

②**不適**。「**男君の面影を重ねながら**」とは書かれていない。16行目の「昔ながらの面影」は昔のままの女君の面影をいう。また「男君がいつかは……不安に思っている」とあるのは状況的に間違いとは言えないが、「**明示されている**」わけではない。

③**適当**。16行目の「かたはらめ」は〝横顔〟の意。その直前に「簾のつま（＝端）少し上げつつ」とあり、月の光に照らされた女君の顔が外から見える状態になったことがわかる。また17行目以下、女君の尼姿が描写され、「いみじうなまめかしうをかしげにて、**かかるしもこそらうたげさまさりて**（＝このような尼の姿はかえっていとおしさが募って）」とあり、「**以前とは異なる魅力**」というのは妥当な説明である。『源氏物語』でも、尼になった姿や病気でやつれた姿に以前とは違う美しさや、今まで以上の美しさを見出すという描写が定型的に繰り返し出てくる。

④**不適**。「女君のつらい過去」とあるのはリード文の内容から考えて妥当と言えるが、月がそれを「**忘れさせてくれる**」とは書かれていない。特に20行目の女君の和歌は、**月は昔も今も変わらない**という趣旨で、「恋愛関係のもつれに悩」（リード文）んだ昔の生活から、仏道修行に専念する今の生活へと至る自らの人生の変遷を、変わらぬ月と対照させている。

⑤**適当**。「里わかぬ」の「わく（分く）」は〝区別する。分け隔てする〟の意。**月はそこがどこであっても平等に照らす**ということ。「月の影のみ」は昔と変わらないと詠んでいる。「身の上が大きく変わってしまった」とあるのも、リード文および本文の内容からみて妥当な説明といえる。

⑥**不適**。22行目の男君の和歌は20行目の和歌に対する返歌ではあるが、女君と一緒に見た**昔の月は涙で曇ってしまい、二度と同じ光を見ることはなかった**という趣旨になる。よって「女君の姿を月にたとえて出家を惜しんでいる」「女君の苦悩を理解しない」「独りよがりな心」はいずれも根拠のない説明となる。

第4問 標準

出典

曾鞏「墨池記」

『晋書』〈巻八十　列伝第五十　王羲之〉

曾鞏（一〇一九〜一〇八三年）は北宋時代の文人。字は子固。南豊（江西省）の人。南豊先生として知られる。三十九歳で進士に合格し、主に地方官として善政を行った。また唐宋八大家の一人、欧陽脩《おうようしゅう》に認められ、彼の影響を受けた緻密な文章を書いた。曾鞏自身も唐宋八大家の一人に数えられる。詩文集に『元豊類藁』『金石録』がある。

要旨

本文は「墨池記」の後半部分である。前半部分では王羲之の古跡と伝えられる「墨池」の由来が記される。後半部分は次のように二つの部分に分けることができる。

1 **王羲之の努力**（羲之之書、…）

王羲之のすぐれた技能は生まれつきではなく努力の結果であり、後年の作こそ素晴らしい。

2 **王羲之の故事**（墨池之上、今為…）

墨池のほとりにある学校の教官である王盛が、王羲之をたたえる六字を柱の間に掲げ、曾鞏にその由来を書いてくれるように依頼した。

読み

羲之《ぎし》の書は、晩《おそ》くして乃《すなは》ち善《よ》し。則《すなは》ち其《そ》の能《よ》くする所は、蓋《けだ》し亦《ま》た精力を以て自《みづか》ら致す者にして、天成《てんせい》に非《あら》ざるなり。然《しか》れども後世未《いま》だ能く及ぶ者有らざるは、豈《あ》に其の学彼に如《し》かざるか。則ち学は固《もと》より豈に以て少《か》くべけんや。況《いは》んや深く道徳に造《いた》らんと欲する者をや。墨池《ぼくち》の上《ほとり》は、今は州の学舎と為《な》る。教授王君盛《わうくんせい》は、其の章《あらは》れざるを恐るるや、晋《しん》の王右軍《わういうぐん》の墨池の六字を楹間《えいかん》に書し以て之《これ》を掲《かか》ぐ。又《ま》た鞏《きよう》に告げて曰《い》はく、「願はくは記《き》有らんことを」と。王君の心を推《お》すに、豈に人の善《ぜん》を愛して、一能《いちのう》と雖《いへど》も以て廃せずして、因《よ》りて以て其の跡に及ぶか。其れ亦た其の事を推して以て其の学ぶ者を勉《はげ》まさんと欲するか。夫《そ》れ人の一能有りて後人をして之を尚《たつと》ばしむること此《か》くのごとし。況んや仁人荘士《じんじんさうし》の遺風余思《よし》、来世に被《かうむ》る者如何《いかん》ぞや。

【問7の資料】云《い》はく、「張芝《ちやうし》池に臨《のぞ》みて書を学び、池水《ちすい》尽《ことごと》く黒し。人をして之《これ》に耽《ふけ》ること是《か》くのごとくならしめば、未だ必ずしも之に後れざるなり」と。

全訳

王羲之の書は、年をとってからこそが素晴らしい。彼のすぐれた技能は、思うに精励努力によって自ら到達したものであって、生まれつきのものではない。しかし後世に（王羲之に）追いつけた者がいないのは、その者の稽古学習が王羲之に及ばないからではなかろうか。かくて稽古学習というものはもちろんどうして努力を怠ってよいだろうか。ましてしっかりと道徳を身に付けたい者はなおさら（努力をしなければならない）であろう。（ところで）墨池のほとりは、今は州の学校となっている。教授の王盛は、（墨池が）世間から埋もれてしまうのを心配して、「晋王右軍墨池（晋の王右軍の墨池）」の六字を書いて正面の柱の間に掲げた。そのうえこの鞏に語って言うには、「（墨池のいわれを記した）文章を書いてほしい」と。王盛の気持ちを推し量るに、人のすぐれた点を愛して、一芸といえども埋もれないようにしようとして、そこで王羲之の古跡の顕彰に及んだのであろうか。あるいはまた王羲之の故事を引き合いにして学生を励まそうとしたのであろうか。そもそも人に一芸があれば後世の人にその者を尊敬させることになるとはこのようである。ましてや仁愛の徳を備えた人や行いの立派な者が後世に及ぼす感化を、後世の人が受けるのはどれほど大きいことであろうか。

【問7の資料】（王羲之が）言うには、「張芝が池のほとりで書を練習したとき、池の水が（墨で）真っ黒になった。人をこのように書に熱中させたら、張芝に追いつけないとはかぎらない」と。

解説

問1　標準　29・30　正解は　(ア)＝②　(イ)＝④

(ア)　「晩」は名詞「ばん（＝暮れ）」、動詞「くる（暮る）」、形容詞「おそし（＝暮れて暗い。年末に近い。年老いている）」の三つの用法がある。「乃」（すなはち）」は接続詞で、〝そこで。そこではじめて。それなのに〟などの意がある。「善」はここは「よし」と読む形容詞となり、選択肢はいずれも〝素晴らしい〟の意としている。前後関係から、王羲之の書は年老いてようやく素晴らしいものになったという内容だとわかる。「晩」は「晩年」「晩学」の「晩」である。よって②が正解。①は「年齢を重ねたので」と、「乃」を理由の意にとっており不適。③は「さえも」が不適。④は「いずれも」が不適。⑤は「年齢にかかわらず」が不適。

(イ)　「豈可～哉」は「あに～べけんや」と読む反語形になる。〝どうして～できようか、いやできない〟の意。④だけが反語の解釈となり正解。①・②は推量、③は詠嘆、⑤は疑問の解釈となる。なお傍線部の「以（もつて）」は単に語調を整えるために用いられている。「少」は「すくなし・わかし」と形容詞で読むことが多いが、ここは「かく」と動詞で読む。「欠く」に同じ。「学」は「少く」ことができないと述べている。「豈可」と同じく「豈能（あによく

〜んや)」「豈得(あに〜をえんや)」も反語形になるのでまとめて覚えておこう。

問2　標準　31　正解は③

空欄に入る字は「有」からレ点で戻る。選択肢はいずれも再読文字である。すなわち①「宜」は「よろしく〜べし(＝〜するのがよい)」、②「将」は「まさに〜んとす(＝今にも〜しようとする)」、③「未」は「いまだ〜ず(＝まだ〜しない)」、④「当」は「まさに〜べし(＝当然〜べきだ)」、⑤「猶」は「なほ〜ごとし(＝ちょうど〜のようだ)」と読む。そこで文脈をたどろう。文頭の「然(しかれども)」は逆接の接続詞で、王羲之の技能は努力の結果であって天性のものではないという前文の内容を受ける。続いて「後世」「能及者」とある。すなわち王羲之に匹敵するような後世の者ということである。このような文脈をふまえると、③「未」が入り、**王羲之が努力したように、努力すれば王羲之の域に到達できるのに、いまだそのような努力をした者はいない**という内容になることがわかる。他の選択肢では文脈が通じない。ただこの設問は次の問3とも関わるため、問3を解いてから戻って解いてもよいだろう。

問3　標準　32・33　正解は①・④

傍線部の句法を問う設問。「豈〜邪」に着眼する。「あに〜んや」と読めば反語、「あに〜か」と読めば疑問である。選択肢には「反語」がなく「疑問」のみがあるから、まず④が正解とわかる。次に「不如」に着眼する。これは「不若」と同じく「〜にしかず」と読む比較形である。よって①が二つ目の正解となる。全体で「あにそのがくかれにしかざるか」と読む。「其」は代名詞で、後世の人間を指す。「学」は〝学習。学問〟の意で、ここは特に書の稽古をいう。「彼」も代名詞で王羲之を指す。**書の稽古に励んだ王羲之の努力に及ばないのではないだろうか**と述べている(よってこの設問がわかれば、問2に戻って、否定的な文脈につながることに基づいて③を選択できる）。なお、②は「無被～（～（ら）るなし）」、③は「不唯～（ただに～のみならず）」、⑥は「縦使～（たとひ～しむとも）」などの形が考えられる。

問4 標準 34 正解は④

傍線部の解釈を問う設問。「況～邪」が「いはんや～をや」と読む**抑揚形**になる。抑揚形の基本形は「…且―、況～乎（…すら且つ―、況んや～をや）」であるから、その前半部分が省略された形になるが、直前の波線部(イ)が実質的にそれに該当する。〝**まして～はなおさらだ**〟の意。「～」の部分に当たるのが「欲深造道徳者」である。「欲」は〝～したいと思う〟の意。「造」は「いたる」と読ませるように、〝到達する〟の意。「造詣（＝学問が深い所に到達すること）」の「造」である。「者」は上の用言を体言化する助詞で、〝もの。こと〟などと訳すが、ここは文字通り〝者。人〟の意になる。以上より選択肢は「まして」とある①・②・④に絞り、さらに「なおさらであろう」とある②・④に絞り、「道徳を身に付けたい」を決め手に④を選択すればよい。「なおさら」とは努力を怠ってはならないということである。

問5 やや難 35 正解は②

傍線部の心情を問う設問。「王君」の「心」の内容を問う。「墨池之上」以下、王盛が王羲之の故事を広めるために、学校の柱の間に「晋王右軍墨池」の六字を掲げたこと、および筆者に王羲之の故事について書いてほしいと依頼したことが記される。傍線部はこれに続く。直前の「推」は「推察」の「推」で、〝推し量る〟の意であるから、傍線部以下に王盛の心情が記されることになる。その部分に「豈〜邪」とあり、続けて「其亦〜邪」とある。前者は傍線部Aと同じ句形であるから、疑問形であろうと見当がつこう。「其亦（＝あるいはまた）」で始まる後者も同じ疑問形である。前者の「善」は直後に「一能（＝一つの技能）」とあることから、「善悪」の「善」ではなく、〃すぐれた点〃の意となる。また「廃」は「廃止」「廃墟」「荒廃」などの熟語からわかるように、〃すたれる。衰える〃の意。「其跡」は王羲之ゆかりの墨池の跡をいう。全体で、王盛は王羲之の書家としての名声がすたれてしまわないように、墨池の跡に六字を掲げたのであろうかという趣旨になる。続けて後者について。「推其事」の「推」はここは〃押し進める〃の意。「其事」は王羲之の故事をいう。「勉其学者」は学生を励ますということ。すなわち王羲之の故事を引き合いに出して、学生たちに勉学に励むように促したのであろうかという趣旨になる。以上ここまでが王盛の「心」の内容である。

選択肢は、意味の取りやすい「勉其学者」に着眼して「学生たちを奮起させようとする」とある②を選択すればよい。「墨池の跡が忘れられてしまうことを憂い」とあるのも適切な説明である。

①「一握りの才能ある者を優遇することなく」が不適。書かれていない。

③「歴史ある学舎の跡」「振興」が不適。右の趣旨に合致しない。

④「天賦の才能」が不適。「非天成」に矛盾する。「うらやみ」も不適。書かれていない。

⑤「王羲之ゆかりの学舎」「その歴史」が不適。「今為州学舎」とあるように、学校は後世に建てられたものである。

問6　標準　36　正解は③

返り点と書き下し文を問う設問。基本的な句形に着眼すればよい。まず「使」が使役の助動詞であろうと見当をつける。「使A〜（Aをして〜（せ）しむ）」という使役の基本形である。「A」に当たるのが「後人」で、「〜」の動詞に当たるのが「尚（たつとぶ）」である。その目的語が「之（これ）」。よって「使後人尚之」は「後人をして之を尚ばしむ」と読む。選択肢は③と④に絞られる。次に「如此」は「如是」「若此」「若是」と同じく「此《か》くのごとし」と読み、〝このようである〟の意となる。選択肢は③と④が残ったままである。最後に「而」は接続詞で前後をつなぐから、「一能有りて……尚ばしむる」と読む③が正解だとわかる。「夫」は文頭にあって「それ」と読み、〝そもそも〟の意。「人之」の「之（の）」は主格を表す助詞となる。「尚之」の「之」は「一能」を指す。「如此」は王盛が王羲之を顕彰するために六字を掲げたことを指す。なお④は、「人を」を受ける動詞がないなど、不自然な読みになる。

問7 標準 37 正解は①

本文および資料の内容についての真偽を問う設問で、合致しないものを答える。消去法で解く。その前に資料の内容を確認しよう。「云」は王羲之が言ったということ（原文には「曾与人書云（曾《かつ》て人に書を与へて云はく）」とある）。「臨池」は池のほとりでということ。「池水尽黒」は墨で池が真っ黒になったということ。やや誇張した表現か。「使」以下、使役の句形になる。「耽之」の「之」は「書」を指す。「若是」は「かくのごとし」と読む。張芝が池を墨で真っ黒にしたように書の練習に熱中させるということ。「未必～（いまだかならずしも～ず）」は部分否定の句形で、〝～とはかぎらない〟の意。「後之」の「之」は「張芝」を指す。張芝に追いつけないとはかぎらない、言い換えれば張芝に追いつけるかもしれないということ。

①不適。「張芝には到底肩をならべることができない」が「未必後之」に矛盾する。

②適当。問5で見た傍線部Cが示す内容および資料の内容に合致する。

③適当。本文の「以精力自致者、非天成」および資料の内容に合致する。

④適当。資料の内容に合致する。

⑤適当。本文の「書晋王右軍墨池之六字於楹間以掲之」「告於鞏曰、『願有記。』」および資料の内容に合致する。

第2回　試行調査：国語

第2問～第5問

問題番号（配点）	設問	解答番号	正解	配点	チェック
第2問（50）	問1	1	①	2	
		2	②	2	
		3	⑤	2	
		4	④	2	
		5	①	2	
	問2	6	④	6	
	問3	7	⑤	8	
	問4	8	④	9	
	問5	9	①	8	
	問6	10-11-12	②-④-⑥	9（各3）	
第3問（50）	問1	1	⑤	3	
		2	④	3	
		3	③	3	
	問2	4	②	8	
	問3	5	④	6	
	問4	6	②	7	
	問5	7	④	8	
	問6	8	②	6	
		9	①	6	

問題番号（配点）	設問	解答番号	正解	配点	チェック
第4問（50）	問1	1	④	7	
	問2	2	③	5	
		3	①	5	
		4	②	5	
	問3	5	③	7	
	問4	6	⑤	7	
	問5	7-8	②-⑥	14（各7）	
第5問（50）	問1	1	②	4	
		2	④	4	
	問2	3	①	7	
	問3	4	①	7	
	問4	5	①	7	
	問5	6	⑤	7	
		7	③	7	
		8	①	7	

（注）-（ハイフン）でつながれた正解は，順序を問わない。

自己採点欄
200点

（平均点：102.74点）※

※2018年11月の試行調査の受検者のうち，3年生の得点の平均値を示しています。

第２問

出題資料の確認と分析

【資料Ⅰ】「著作権のイロハ」

問題の冒頭に、「【資料Ⅱ】と【文章】を参考に作成しているポスターである」と説明されている。著作物と著作権について、箇条書きでまとめられている。一番下が空欄となっており、問６でこの内容が問われることとなる。

【資料Ⅱ】「著作権法」（抄）

法律の条文が抜粋して示されている。設問を解くにあたって、必ず読まなくてはならない条文と、特に読まなくてもよい条文とが混在している。

出典

【文章】名和小太郎『著作権２．０――ウェブ時代の文化発展をめざして』〈第４章　著作権法――「著作権法は著作物ではない」〉（ＮＴＴ出版）

名和小太郎は一九三一年生まれ。東京大学理学部物理学科卒業。工学博士。石油資源開発、旭化成工業、旭リサーチセンターを経て、新潟大学法学部教授、関西大学総合情報学部教授を歴任。『技術標準対知的所有権』『起業家エジソン』『学術情報と知的所有権』など多数の著書がある。

要旨

【文章】著作権法は、著作者が発表した「原作品」ではなく、「原作品」の中の記号列を「著作物」として対象とする。

著作物は多様な姿形をしているが、著作権法では「自分」の価値として「一回的」な対象を「主観的」に表現した叙情詩型のテキストを「著作物」と定義し、「万人」の価値として「普遍的」な対象を「客観的」に示した理工系論文を対極において、著作物性の濃さによって著作権侵害の有無を判断する。著作権法には著作権に関係する「利用」と関係しない「使用」がある。著作物の使用などを過剰に制御すると正常な社会生活を抑圧してしまうが、区別が困難な場合もある。

解説

問1 標準 1 ～ 5 正解は (ア)―① (イ)―② (ウ)―⑤ (エ)―④ (オ)―①

(ア) 合致　①致命　②報知　③稚拙　④緻密　⑤余地

(イ) 適合　①匹敵　②適度　③水滴　④警笛　⑤摘発

(ウ) 両端　①丹精　②担架　③破綻　④落胆　⑤端的

(エ) 閲覧　①欄干　②出藍　③乱世　④一覧　⑤累卵

(オ) 過剰　①剰余　②冗長　③醸造　④施錠　⑤常備

問2 やや難 6 正解は④

傍線部の内容を問う問題。傍線部の表現が意味するものを、文脈の読み取りと【資料Ⅱ】の「著作権法」の条文をもとに考察する。著作者は作品を紙やカンバスや光ディスクなど「記録メディア」に載せて発表し、その最初の作品が

「原作品」＝「オリジナル」と呼ばれる。しかし著作権法が対象とする「著作物」は「オリジナル」ではなく、「原作品のなかに存在するエッセンス」だというのが傍線部前の文脈である。以上をまとめると次のようになる。

著作物＝原作品のなかに存在するエッセンス

そして、傍線部の直前文の「そのエッセンスとは何か」という問いへの答えが傍線部であるから、

著作物＝原作品のなかに存在するエッセンス＝傍線部の「記録メディアから剝がされた記号列」

となる。これを踏まえて、**【資料Ⅱ】**の「著作権法」で定義される「著作物」の内容を確認する。著作権法第二条の一で「著作物」の定義がされており、「思想又は感情を創作的に表現したものであつて、文芸、学術、美術又は音楽の範囲に属するもの」とある。つまり、原作品の中の「エッセンス」とは、**「オリジナル」で表現された思想や感情であり、文芸、学術、美術、音楽の範囲に属するもの**であると判断することができる。この読み取りをもとに選択肢を確認すると、④の「作曲家が音楽作品を通じて創作的に表現した思想や感情」という内容が当てはまる。

① 「著作権法」第一条にある、法律で定める権利の範囲の説明である。傍線部は原作品のエッセンスが指すものを説明している部分であるので、不適当と判断できる。

② 手書きの原稿を活字で印刷した文芸雑誌は、「記録メディア」そのものといえ、「オリジナル」の説明である。

③ 画家が制作した美術品は、「原作品」＝「オリジナル」そのものである。

⑤ 選択肢に文字通り書かれているように、「オリジナル」の説明。

傍線部の「記号列」という抽象的表現が、「著作権法」で定義される「著作物」がどのようなものかを示している。この傍線部の意味することをまず把握することが正解を導く方法である。だが、法律の理論という、高校生が触れることの少ないテーマであり、傍線部の抽象的表現からも、本問の意図を把握するのは簡単ではなかったかもしれない。そして、この意図が把握できなければ、「著作権法」のどの部分に着目してよいかわからないという二段構えの問題である。**本文と資料の二つを確認する**必要があることから、注意の必要な問題。

問3　標準　7　正解は⑤

【文章】における著作権に関する説明として適当なものを答える問題。傍線部について問うものではない。【文章】全体の内容理解をもとに、選択肢の正誤を判定する。

①不適。著作権の「利用」と「使用」については15段落以降で説明されている。著作権に関係するものが「利用」であり、「使用」に対しては著作権法がはたらかない。「使用」には書物の閲覧やプログラムの実行などが含まれ、著作者の了解を得る必要はない。よって、「利用」が「著作者の了解を得ることなく行うことができる」という①は、本文と合致しない。

②不適。著作物の内容と著作権の説明は5段落以降で説明される。5段落最後に、理工系論文、新聞記事が、著作物の定義を示した「表1」から「排除される要素を多く含んでいる」とあるが、7段落で、「無方式主義」という原則のため、叙情詩モデルを尺度とすると排除されてしまうものまで著作物として認めてしまうとある。よって、②の「新聞記事や理工系論文は除外される」は誤り。

③不適。14段落にあるとおり、「表現／内容の二分法」によって可能になることは、著作物がより叙情詩型かより理工系論文型かを判断することである。これによって著作権侵害について、「明確な判断を下す」ことはできない。また、テキストを「叙情詩型と理工系論文型に分類することが可能」も不適切。両者のいずれかに分類するのではなく、両者を両端とするスペクトルのどの位置にあるかを判定できるのみである。

④不適。「著作物性」とは表現の希少性による著作権の濃さのことで、表現の希少性が低いものを保護するものではない。11段落にあるように、内容に価値があり表現の希少性が低いものは著作権法の領域外。特許法など他の法律の範疇である。

⑤適当。13・14段落で説明されている内容である、著作権法が「テキストの表現の希少性に注目」することについて

の説明になっており、本文に合致する。

問4 標準 8 正解は④

二つの表の意味するものと関係性を、文章に基づいて考察する問題。傍線部は、テキストの二つの型を示した表2について説明した部分である。表2について、本問で注目すべき内容は次のとおりである。

叙情詩型のテキスト＝自分が一回的な対象を主観的に表現したもの

理工系論文型のテキスト＝万人が普遍的な対象について客観的に着想、論理、事実を示したもの

⑩段落以降の説明にあるように、この叙情詩型の色合いが濃いか薄いかによって、著作権でコントロールされる「著作物」か否かを判断する。

傍線部に、表2は「表1を再構成したもの」とあるが、表1は、著作物の定義として著作権の及ぶ要素が「キーワード」で示され、著作権から排除される要素を対置している表である。また⑤段落で説明されるとおり、叙情詩は「キーワード」的に著作物の定義に適合し、理工系論文は、表1右側の「排除されるもの」の要素を多く含んだものであることがわかる。つまり表1の左側が表2の「叙情詩型」で、表1の右側が表2の「理工系論文型」でまとめ直されているといえる（次ページ参照）。

この理解をもとに選択肢を確認すると、④の、表1が〈キーワード＝叙情詩が適合する要素〉↔〈（著作物から）排除されるもの〉、表2が〈叙情詩型〉↔〈理工系論文型〉を対比したもので、これにより著作物性の濃淡を説明するという内容が一致する。

表1　著作物の定義

キーワード	排除されるもの
思想または感情	外界にあるもの（事実、法則など）
創作的	ありふれたもの
表現	発見、着想
文芸、学術、美術、音楽の範囲	実用のもの

⇓　⇓

	叙情詩型	理工系論文型
何が特色	表現	着想、論理、事実
誰が記述	私	誰でも
どんな記述法	主観的	客観的
どんな対象	一回的	普遍的
他テキストとの関係	なし（自立的）	累積的
誰の価値	自分	万人

表2　テキストの型

① 表2は「排除されるもの」の定義を明確にしたものではなく、叙情詩型と理工系論文型の違いを説明したものである。

② 著作物は、「キーワード」と「排除されるもの」の二つの特性を含むという記述が誤り。「キーワード」が著作物の特性である。

③「排除されるもの」は著作物の類型ではない。表２の理工系論文型は比較のために並べられたもので、著作物にはなりにくい「テキストの型」。

⑤表２は叙情詩型と理工系論文型の「類似性」ではなく、違いを明確にしている表。

問５　やや難　9　正解は①

文章の表現について問う問題。選択肢の内容と本文の表現を照らし合わせて判断する。「適当でないもの」を答えることに注意しよう。

①不適。1段落の「何らかの実体――記録メディア」の「――」の前後の語の関係を考えると、「何らかの実体」の具体例である紙・カンバス・空気振動・光ディスクなどの総称が「記録メディア」だといえる。また3段落の「物理的な実体――複製物など」については、「現実の作品は、物理的には、あるいは消失し、あるいは拡散してしまう」ものだが、著作権は、著作物という概念を介した物理的な実体である「複製物など」に及ぶ、とある。どちらの箇所も「――」直前の語句をより具体的に説明しているところであり、直前の語句を強調したものという説明は明らかに誤りである。

②適当。ここで指摘される表現は、読者に対して語りかけているものと判断でき、「口語的」で「理解を促す工夫」といえる。

③適当。「プラトニズム」＝プラトン主義。（注）５も参照すると、「哲学や言語学の概念を援用」という記述に疑問をはさむ余地はない。

④適当。叙情詩型と理工系論文型、表現と内容の二分法、著作権の関係する「利用」と著作権に関係しない「使用」など、二項を対立させた説明がされており、本文の内容に適する説明。

⑤適当。16段落以降では、著作権法でコントロールされる範囲とされないものとの説明をしており、最後の文で「現実には利用と使用との区別が困難な場合もある」と述べ、「運用の複雑さを示唆している」といえる。

問6　標準　10～12　正解は②・④・⑥

資料の意味するものを読み取り、他の資料の記述を参考に、**資料の空所に該当する事項**を選ぶ問題。【資料Ⅰ】の一番下の枠内を見ると、空欄aには、**著作権の例外規定**として、「市民楽団が市民ホールで行う演奏会」で**著作物の権利者の了解を得ずに著作物を利用できる条件**が入るとわかる。しかし、【文章】には著作権法の例外規定は説明されていない。

【資料Ⅱ】の第三十八条に「営利を目的とせず」「聴衆又は観衆から料金を受けない場合には、公に上演し、演奏し……」とあり、**上演による金銭的利益が発生しない場合**は自由に著作物を利用できることが理解できる。これに適合するのが、②「楽団の営利を目的としていない」、④「観客から一切の料金を徴収しない」である。また、第三十八条の最終文に「ただし……実演家……に対し報酬が支払われる場合は、この限りでない」とあり、観衆から料金を徴収しなくとも、**演者に報酬が支払われる場合**は、例外規定とはならないことがわかる。よって、⑥の「楽団に報酬が支払われない」であれば、例外規定にあたるということになる。

【文章】とはほぼ関係せずに、資料の読み取りだけで答えられる問題であり、国語の問題としてはかなり新しい問い方といえるだろう。空欄aが著作権の例外規定の説明であり、【資料Ⅱ】「著作権法」の条文の中に著作権の例外が記されていると気づけば、簡単に三つを選ぶことができたであろう。逆に、空欄aの意味が把握できず、【文章】を中心に該当箇所を探そうとした受検者には、非常に難しく感じられたはずである。文章と資料や表といった**複数のテキストから、必要な情報を効率よく把握し判断する能力を問われる問題**である。

第3問

出典

吉原幸子「紙」（『オンディーヌ』思潮社）、「永遠の百合」（『花を食べる』思潮社）

吉原幸子（一九三二〜二〇〇二年）は詩人。東京大学文学部仏文科卒業。詩集に『幼年連禱』『夏の墓』『昼顔』など多数。その他随筆や翻訳がある。

要旨

【エッセイ】　アート・フラワーの百合をもらったが「秋になったら捨てて」という言葉に驚いた。にせものを造る人たちのほんものにかなわないといういじらしさか、思い上がりか。枯れないものは花ではないと知りながら、ひと夏の百合を超える永遠の百合をめざすことがつくるという行為なのではないか。描くという行為も一瞬を永遠のなかに定着する作業であり、ことばによって私の一瞬を枯れない花にすることができたらと思う。ただし、と気づく。「私の」永遠はたかだかあと三十年、死なないものはいのちではない。私は百合を捨てず、それは今も死ねないまま私の部屋に立っている。

解説

問1　標準

1 〜 3　正解は　(ア)－⑤　(イ)－④　(ウ)－③

本文の語句の意味を答える問題。その語の持つ意味を押さえたうえで、文脈での使われ方を確認すること。文脈に当てはまるかどうかを先に考えると、引っかけの選択肢に引っかかる可能性があるので注意が必要。各語の基本的な意味は、(ア)「いぶかる」は不審に思って疑うこと、(イ)「手すさび」は退屈を慰めるため手で何かをすること、(ウ)「いじらしさ」は幼い者、弱い者が懸命にふるまうことに対してかわいらしいと思う感情のことである。

問２　標準　4　正解は②

詩の表現の意味するところを、エッセイの内容を踏まえて読み取る問題。「何百枚の紙に　書きしるす　不遜」という表現から、詩人である筆者が〈書く〉ということをどのようにとらえているかを読み取る。なお、「不遜」とは〝思い上がっていること、思い上がっている様子〟の意味である。

筆者はエッセイの6段落以降で、「たかだかあと三十年」の短い期間で「私の一瞬を枯れない花にすることができたら」と思って、ことばで描くという行為を続けていることを記している。また、詩の第三連で、紙のことを「こころより長もちする」と述べている。この読み取りから、傍線部は、いつかはほろぶいのちの中で、永遠を求めて紙に書きしるす行為が「不遜」だと表現していると読み取れる。この読みに合致するのは、②の、「終わりを迎えるほかないものを、表現という行為を介して、いつまでも残そうとたくらむ」という説明である。

①「あたかも実現が可能なように偽る」の内容はエッセイの展開からは読み取れない。

③ほろぶべき運命にある自分が、表現することによって永遠を求めるというエッセイの展開が全く説明されていない。

④空想を「実体として捉えたかのように見せかける」という展開はエッセイからは読み取れない。

⑤「滅びるものの美しさ」はエッセイにない内容である。

問3 やや易 5 正解は④

傍線部の内容を文脈から読み取る問題。ここでの「つくる」は、枯れないものは花ではないと知りつつ、枯れない花を造ることであり、5段落にあるように、「どこかで花を超えるもの」をめざすということだと読み取ることができる。この内容に当てはまるのは、④の、「対象を真似ながらも、どこかに対象を超えた部分をもつものを生み出そうとすること」である。

①「対象と同一化」は文脈に合致しない。

②「にせものを生み出そうとする」という内容は文章からは読み取れない。

③「類似するもの」では傍線部後の文脈の内容に適さない。

⑤「新奇な特性を追求」は、「花を超えるもの」の展開からは外れる。

問4 標準 6 正解は②

傍線部の内容を文脈から読み取る問題。「個人の見、嗅いだものをひとつの生きた花とするなら」それは「在る」という重み、つまり生きたものの存在の重みをもつようになるという内容が読み取れる。ただ、この部分は非常に抽象的な表現であり、選択肢を一つ一つ吟味しながら慎重に判断する方がよい。

① 傍線部のある6段落の展開は、「花を超える何かに変える」と説明される「描くという行為」に「夢」を感じているというものであり、選択肢の「喪失感の深さ」はあたらない。

② 生きた存在の重みという読み取りと、実物に備わるかけがえのなさとは、相通ずるものと思われる。

③ 「個性の独特さ」の部分が文章の中で述べられていない内容であり、生きた存在の重みの説明とはいえない。

④「主観の中に形成された印象の強さ」が生きた表現であるならば、自己の中だけで終わってしまい、永遠の中に定着して残すことは不可能だろう。

⑤傍線部直前に「すべての表現にまして」とあり、「在るという重み」は表現自体のことを意味していると読み取れ、「表現行為を動機づける衝撃」は傍線部とずれた説明。

選択肢を比較すると、②の内容が最適であることが見えてくるだろう。文章の**抽象的表現をある程度理解したうえで選択肢を読めるかが鍵となる**。傍線部直前の「すべての表現にまして」に着目できれば、ここでは**表現よりも生きた存在に重みがあるということをいっていると読み取れただろう**。

問5　標準　7　正解は④

傍線部の内容を文脈から読み取る問題。エッセイ全体の展開から読み取る。〔要旨〕で確認したように、枯れるはずのない造花であるのに「秋になったら捨てて」という言葉、つまり生きた花と同じように扱ってという言葉に、筆者は驚きを感じる。それほど本物の百合と同じなのか、それとも本物に似ていないことを恥じて、本物と同じように扱ってほしいと言ったのか。そこから筆者は、永遠の百合をめざすときに真似るという行為は許されるのだと「昂奮」し、言葉によって永遠の中に定着することをめざす自分自身を思う。その後「さめる」のだ。「秋になったら」花は死ぬわけであり、それは自分のいのちも永遠ではなく、「死なないものはいのちではない」という思いに至る。この展開を読み取ったうえで選択肢を確認する。「私はさめる」の内容を説明した7段落の「『私の』永遠は……いのちではないのだから」に近い、④の「自分の感性も永遠ではないと感じた」が適当と読み取れるが、④前半の「作品が時代を超えて残ること」への「違和感」まで説明できるかがやや迷う。他の選択肢も吟味する。

①「造花も本物の花も同等の存在感をもつ」と感じているとは読み取れない。

② 創作が「日常の営みを」永久に残すのではなく、ことばで「描く」という行為によって永遠をめざしている。
③ 花をありのままに表現しようとしても完全なものはできないために、古い友だちは「秋になったら捨てて」と言ったのかもしれないが、その気づきが筆者が「さめる」理由になったのではない。
⑤ ③と同じく、「昂奮」し「さめる」のは「身勝手な思い」を自覚したのではなく、自己の死に気づいたからだろう。

選択肢の比較から、やはり④の説明で間違いないと確認できる。本問は問３、問４と同じく内容説明の問題であるが、抽象的な表現の多い**文章全体の展開から読み取る**問題であり、問題としては前の二問よりは難しく、配点も高い。

問６ 標準 8・9 正解は (i)—② (ii)—①

詩とエッセイの**表現の特徴**についての問題である。

(i) 詩の表現について説明した文の空所に当てはまる語句の組み合わせを答える。ａについて、擬態語や擬人法は詩の中に見当たらない。第五連の「この紙のやうに 生きれば」の部分は、その直前の行との**倒置法**となっているといえる。また第六連に「乾杯」が複数回出てくるのは**反復法**ともいえるだろう。よってａで②と③に絞り、ｂの②「反語的」、③「帰納的」のどちらが妥当かの判断で決定する。

「第一連に示される思い」とは、**紙片がありつづけることを**「いぶかる」思いである。肉体の印象も「いまはないのに」、「こころより長もちする」と、**紙の不思議さを「反語的」に問いかけている**といえるだろう。紙がありつづけることを「いぶか」って、さまざまな事象を挙げることで「帰納的」に結論を導き出してはいない。よって、正解は②の組み合わせとなる。

(ii) 選択肢の内容とエッセイ本文を照合しながら判断する。

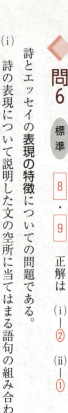

① 〈枯れることができない〉と〈枯れないことができる〉とは同じことを言っているが、捉え方が異なることを説明している。枯れること、枯れないことの表現が、「造花である限り」とあるように造花の限界を表現するとともに、花より美しい花も「あってよい」という肯定につながると読める。
② 「昂奮」は明らかに筆者の内部に起きたものであり、「第三者的な観点」ではない。
③ 前半部の表現は問題ないが、『花』を描くことに込められた」の部分は誤り。筆者はことばによって描くが、「花」を描いているのではなく、花は比喩的に用いられていることが読み取れる。
④ 「私の」は、「たかだかあと三十年」とあるとおり、永遠の中に定着する作業が可能な〈筆者自身の〉時間を表しているといえるだろう。筆者が「恣意的に解釈しようとする」という説明は外れる。
この選択肢の比較から、①の説明が最も適切といえる。

第４問

出典

紫式部『源氏物語』〈手習〉
遍昭『遍昭集』

リード文にあるように、本文は『源氏物語』「手習」巻の一節である。「手習」巻は、『源氏物語』の第三部とされる「宇治十帖」の終盤にある。「宇治十帖」では、光源氏の死後、薫（＝光源氏と女三の宮との子とされるが、実は柏木と女三の宮との子）と匂宮（＝光源氏の孫）を中心に物語が語られる。薫と匂宮は、光源氏の異母弟である宇治八の宮の二人の娘（＝大君と中の君）の所に通う。その姉妹の異母妹が浮舟である。浮舟は薫の愛人であったが、匂宮に強引に言い寄られ関係してしまう。薫と匂宮の間で苦悩した浮舟は、宇治川に入水することを決意するが、行き倒れているところを僧都に発見され、助けられる。その後、比叡山のふもと、小野で、尼君たちと暮らしているという場面から出題されている。

※『源氏物語』の登場人物については次ページの系図を参照のこと。

遍昭（八一六～八九〇年）は六歌仙の一人。桓武天皇の孫で、俗名は良岑宗貞《よしみねのむねさだ》。八五〇年、仁明天皇の崩御にともない出家する。『古今和歌集』などの勅撰和歌集に多数入集しており、百人一首の「天つ風雲の通ひ路吹きとぢよをとめの姿しばしとどめむ」の和歌で知られる。本問の「たらちねは」の歌は、鴨長明の『無名抄』などにおいても秀歌と評されている。

全訳

（浮舟は）あさはかなことに（匂宮と過ちを犯して）失敗した我が身を思いつづけてゆくと、匂宮を、少しでもいとしいと思い申し上げたというような心がまったく道理にはずれている、ただ、この匂宮とのご縁によりさまよい歩いたと思うと、（かつて二人きりで過ごしたときに宇治川のほとりの）小島の色を例にして（変わらない愛を匂宮が）誓いなさったことを、どうして魅力的であると思い申し上げたのだろうとすっかりいやになってしまったという思いがする。はじめから、（愛情が）浅いながらものどかにいらっしゃった人（＝薫）は、このときはあのときはなどと、思い出すことは格別すぐれているのだった。（私浮舟が）このように（ここで）生きていたと（薫に）聞きつけられ申し上げるようなことの恥ずかしさは、誰から（聞きつけられること）よりもきっと勝ることだろう。そうはいっても、この世では、（薫の）昔のままのお姿を、遠くからであっても、いつか見ることもあるだろうと思う（のは）、やはり悪い心だ、そのようなことさえ思わないようにしよう、などと（自分の）心ひとつで思い直している。ようやく鶏が鳴くのを（浮舟は）聞いて、とてもうれしい。母上のお声を聞いたなら、ましてどうだろう（よりうれ

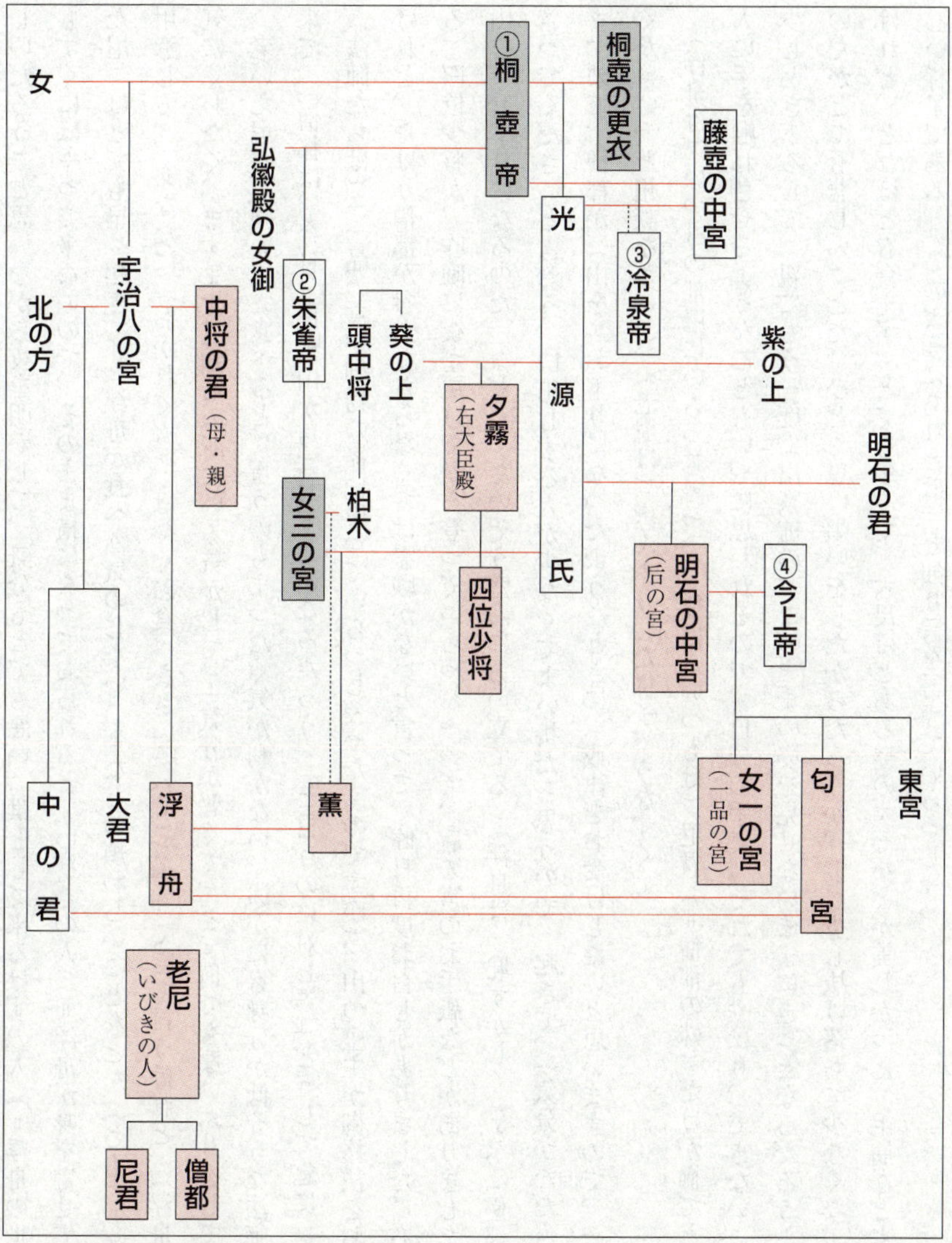

図：『源氏物語』登場人物系図（抜粋）

　　は第２回試行調査，　　は第１回試行調査の出題文に登場する人物。

①～④は帝の即位順で，②は④の父。

しいだろう）と思いながら夜を明かして、気分もとても悪い。供として来るはずの人（＝浮舟の世話をしている女童）もすぐにはやって来ないので、そのまま横になっておられると、いびきの人（＝浮舟が身を寄せている庵に住む年老いた尼）はとても早く起きて、（浮舟が食べる気のしない）粥などの煩わしいことなどを（さもごちそうだというように）用意して、「あなたに（おかれても）、はやくお食べなさい」などと寄ってきて言うけれど、（浮舟は）給仕もまったく気にくわなく、ますます見知らぬ所にいる気がして、「気分が悪くて」と、何でもないふりをしてお断りなさるのを、（老いた尼が）強いて（食べろと）言うのもまったく気が利かない。いかにも身分が低そうな法師たちなどがたくさん来て、「僧都は、今日（比叡山から）お下りになるだろう」（と言うのに対し）、「どうして急に」と問う様子なので、（法師たちは）「一品の宮が御物の怪に患っていらっしゃった（のですが）、山の座主が御修法をお勤め申し上げなさるけれど、やはり僧都が参上なさらなくては霊験がないと言って、昨日再度お召しがありました。右大臣殿の（息子である）四位少将が、昨晩に夜が更けてから登っていらっしゃって、后の宮のお手紙などがありましたので（今日、僧都は山を）お下りになるのだ」などと、たいそう盛んに言い立てる。（浮舟は）恥ずかしくとも、（僧都に）会って、尼になさってくださいと言おう、口出しする人が少なくてよい折だと思うので、起きて、「気分がただもうとても悪うございますので、僧都が（山を）お下りになったようなときに、戒律をお受けしたいと思いますので、そのように申し上げてください」と相談なさると、（老尼は）ぼんやりした様子でうなずく。

（浮舟は）いつもの部屋にいらっしゃって、髪は（いつもは）尼君（＝僧都の妹）だけが櫛でときなさるのを、他の人に手を触れさせるようなこともいやに思われるので、自分の手で、それでもやはり、できないことであるので、ただ少しとき下ろして、親にもう一度（出家前の）このままの姿を見せないままにきっとなるだろうことが、自分のせいなのだがとても悲しいことだ。ひどく思い煩いをしたからだろうか、髪も少し抜け落ちて少なくなってしまった気がするけれど、どれほども衰えず、とても多くて、六尺ほどある髪のすそなどが美しかった。毛筋なども、まことに細かく美しい様子である。「このようにあれとは」と独り言を言っていらっしゃった。

【『遍昭集』】

母はこのように（＝出家するように）なれと思って、私の黒髪をなでてはいなかっただろう

あれこれと言い歩いて（華やかにして）いたころに、お仕えしていた深草の帝（＝仁明天皇）がお亡くなりになって、（これから）変わるだろう世の中を見るようなことも、耐えがたく悲しい。蔵人の頭の中将などといって、夜昼（深草の帝のおそばで）親しみ申し上げて（いたので）、「前の世が残ることのない（新しい）世の中に交わることはしないつもりだ」と言って、急に、家の人にも知らせないで、比叡山に上って、髪をそって出家しまして、と思いましたときにも、やはり、親などのことは、心にかかったのでしょうか。

語句

小島の色を例に契り給ひし＝「浮舟」巻での匂宮の和歌、「年経ともかはらむものか橘の小島の崎に契る心は」をふまえた表現。小舟に乗り、宇治川を渡っているときに、船頭が「橘の小島」と指し示した岩に茂る常緑樹を見て、匂宮が浮舟への変わらぬ愛を詠んだ歌である。

一品の宮＝明石の中宮（＝光源氏と明石の君の間の子）の長女。

右大臣殿の四位少将＝右大臣殿は夕霧（＝光源氏と葵の上の間の子）であり、夕霧の息子のうち四位少将となっている者を指す。

后の宮＝明石の中宮。

解説

問1　標準　1　正解は④

文脈を把握したうえで、傍線部の人物の心情を読み取る問題。傍線部がある段落において、浮舟は匂宮と薫とのことを思い出し、薫の素晴らしさを実感している。そして、薫にこのような場所に自分がいると聞きつけられたときには、他の人に聞きつけられるよりもずっと恥ずかしいだろうと気づく。しかし、薫の昔ながらの「御さま」を、遠くからでもいつかは見るだろうと思いつつ、やはりそれは悪い心だからそんなことは思わないようにしようと、「心ひとつをかへさふ」浮舟の複雑な心境を説明している。「かへさふ」は〝思い直す〟の意味である。この展開の読み取りをしたうえで、選択肢を確認すると、④の「小野でこのように生活していると薫に知られたときの気持ちは、誰にもまして恥ずかしいだろう」の内容が本文と合致することに気づく。ただ、思い直している内容全体ではないので、他の選択肢の確認もして判断する方が間違いがない。

①不適。「匂宮に対して薄情だった」という内容は読み取れない。

②不適。「匂宮への愛情」ではなく、薫に強く惹かれる心情が説明されている。

③不適。「匂宮以上に情熱的に愛情を注いでくれた」という内容は読み取れない。

⑤不適。薫との再会のことを思わないようにしようと思い直しており、「再会を期待して気持ちを奮い立たせている」のではない。

④以外の選択肢は内容的に誤っており、やはり④が正解と判断できる。匂宮と薫に愛され、薫に惹かれているのに匂宮と関係し、小野の地で暮らしていることを薫に知られたらと恥じる浮舟の心情が読み取れるかどうかということがポイントとなる。

問2　標準　2〜4　正解は　(ア)―③　(イ)―①　(ウ)―②

古文単語の知識をもとに、文脈から傍線部の意味を確認する問題。センター試験の語意の問題を踏襲した問題である。

(ア)「聞こし召す」は「聞く」の尊敬語、「食ふ」「飲む」の尊敬語、「治む」の尊敬語などの用法がある。傍線部の文脈は、老いた尼が早く起きて「粥など」を準備し、「御前に、とく」と浮舟にすすめている場面なので、③の「お食べなさい」が最適。

(イ)「こちなし」は〝不作法である、ぶしつけだ、風流でない〟の意味。ここは、浮舟が、出された食事を「なやましくなむ」と言って断ったのに、老いた尼が「強ひて言ふ」ので、という文脈であり、①の「気が利かない」が最適。

(ウ)「さかしら」は〝利口そうにふるまう、おせっかい、差し出がましい口をきくこと〟。この意味には①と②があてはまる。尼になさってくださいと言おう、「さかしら人すくなくてよき折にこそ」という文脈であり、尼になることに対して、とやかく言って止めようとする人が少ないうちにという解釈が妥当であるので、②の「口出しする人」が最適。

問3　やや難　5　正解は③

文章全体の把握から登場人物について読み取る問題。適当でないものを選ぶ点に注意が必要。

①適当。夜が明けて、「心地もいとあし」とあり、「まかなひ」に不満があり、食事を「なやましくなむ」と断っているので、本文と合致する。

②適当。「法師ばら」は、一品の宮の物の怪調伏のために僧都が呼ばれ、わざわざ四位少将が后の宮の手紙を持ってき

たことを「いとはなやかに言ひなす」と描写されており、「誇らしげに言い立てていた」は妥当な説明である。

③不適。僧都が「浮舟の出家のために急遽下山することになった」は明らかに誤り。「法師ばら」の発言からわかるように、僧都は一品の宮の祈禱のために比叡山から下山する。そしてそれを聞いた浮舟が、僧都に出家の導きを願い、戒律を受けようと考えているのである。

④適当。②でも見たように、四位少将が比叡山に、僧都宛ての后の宮の手紙を持ってきている。

⑤適当。出家を願う浮舟のことばに「ほけほけしうなづく」とあり、正しい選択肢。ただ「ほけほけしう」の意味は難しく感じたかもしれない。

出題文は、浮舟による匂宮と薫の回想からはじまり、「いびきの人」、「法師ばら」の自慢話など、登場人物が多く、決してわかりやすい文章ではないので、簡単ではないだろう。ただ、③が正解（＝適当でない）と判断できれば、③以外の選択肢の内容は〈正しい〉はずなので、**〈正しい〉選択肢を頼りに人物関係をつかむ**ことが可能である。

問4 標準 6 正解は⑤

傍線部の内容を読み取る問題。出家を決意し、比叡山から下りてくる僧都に導いてもらおうとしている浮舟は、自分の髪を見ながら、**親にもう一度このままの姿を見せずに尼になってしまうことを悲しむ**という文脈である。この把握から選択肢を検討する。

①不適。「すっかり容貌の衰えた」の部分が、傍線部直後の「髪もすこし……うつくしげなり」の、髪も少し抜け落ちて細くなったような気がするが、どれほども衰えておらず、すそも毛筋も美しいという内容と合わない。

②不適。「見えずなりなむ」の「なりなむ」は四段活用動詞「なる」の連用形＋強意（確述）の助動詞「ぬ」の未然形＋推量の助動詞「む」の連体形である。〝（出家する前の姿を親に）見られることなく尼になってしまうだろう〟とい

う内容である。「む」を意志で訳すと「姿を隠したい」という意味になるが、「いと悲しけれ」「かかれとてしも」などからは、浮舟の一方ならぬ母への思いが感じられるため、親から「姿を隠したい」という説明は誤り。

③不適。「こそ」の係り結びで「悲しけれ」と示された浮舟の心情に合わない。「人やりならず」の「人やり」は〝自分の意志ではなく他人に強いられてすること〟であり、「人やりならず」とは、他人にされるのではなく、自分のせいであることを言う。よって、「他人である尼君の世話を受けざるを得ない」という説明は誤り。

④不適。③で解説したように、「人やりならず」は自分のせいであることを意味するので、「他人を責める」が誤り。

⑤適当。筆者が浮舟の心情を説明するのではなく、直接浮舟に心情を語らせている部分であり、「心情を読者に強く訴えかける効果」の説明は妥当。

問5　やや難　7・8　正解は②・⑥

本文の読み取りと追加された資料にもとづきながら、傍線部の解釈について選択肢から妥当なものを選ぶ問題。本文の「かかれとてしも」の説明として、僧正遍昭の和歌を引き歌にしており、その歌がどのような経緯で詠まれたかを、追加の資料『遍昭集』で示している。

「かかれ」は「かくあれ」（＝このようにあれ）が縮まった形で、「このように」とは、『遍昭集』の「比叡《ひえ》に上りて、頭《かしら》下ろし侍りて」を指す。よって、「かかれとてしも……我が黒髪をなでずやありけむ」は〝出家・剃髪しなさいと言って私の黒髪をなでてはいなかっただろう〟の意味になる。つまり浮舟は自分の美しい髪の毛を見て、出家しなさいと言って親が自分の髪をなでたわけではないと嘆いていると解釈できる。この読みに合致する選択肢が正解の選択肢。

①不適。「母はこのように私が出家することを願って私の髪をなでたに違いない」という読みは誤り。和歌の「なでずやありけむ」の打消の助動詞「ず」の部分を読み落とさないように。直訳すると〝なでないであったのだろうか〟と

なり、出家を願って黒髪をなでてはいなかったのだろうと詠んでいる。

②適当。「なでたはずがない」は意訳であるがとらえている内容は正しい。「さすがに」は、〝そうはいってもやはり〟と訳すように、前で言ったことに相反することを導く。出家はしたけれどもやはり親のことが気がかりで申し訳ないという遍昭の気持ちを表している。

③不適。生徒A、つまり①の内容を支持している時点で不正解。「お母さんの意向に沿った生き方」は、本文、『遍昭集』の誤った解釈。

④不適。こちらも①の内容を支持しているので誤り。加えて、「薫か匂宮と結ばれて幸せになりたい」というのは本文の誤った解釈。浮舟は匂宮と関係してしまったことを後悔している。さらに、「遍昭のように晴れ晴れした気分で出家」の部分は、親のことを気に掛けている遍昭の様子と矛盾する。

⑤不適。和歌の正しい解釈をしている生徒Bを支持しており、正解に近い選択肢であるが、「出家以外に道はないとわりきった浮舟の潔さ」の部分が引っかかる。次の⑥の選択肢と比較して検討する。

⑥適当。⑤と同じく生徒Bを支持しており、正しい読み取り。そのうえで、親が気がかりだという遍昭のことばを、浮舟が出家前に思い起こしていることから、「出家に踏み切るだけの心の整理」を「まだできていない」とするのは、傍線部Bにある、「親にいま一たびかうながらのさまを……」と悲しむ部分に照らして正しい読み取り。⑤の内容と比較してもこちらが適当だと判断できる。

選択肢を検討してみると、①の生徒Aについて正しく判断できれば、連動して他の選択肢の正誤が判断できる問題と言える。「宇治十帖」の展開および人物関係、さらに「出家する」ということに関する知識があれば、かなり解きやすい問題であった。

第5問

出典

Ⅰ　金谷治の文章（『荘子　第一冊 内篇』〈斉物論篇　第二〉の訳注。岩波文庫）

Ⅱ　劉基『郁離子』〈術使〉

【文章Ⅰ】は『荘子』の「朝三暮四」の部分の口語訳であり、【文章Ⅱ】が「朝三暮四」を題材に別の視点から描いた漢文である。つまり、【文章Ⅱ】は「朝三暮四」のパロディであり、「朝三暮四」から発想を転換した内容の文章である。実質的に読解の問題として問われているのは【文章Ⅱ】のみであり、センター試験の漢文の問題と大きな違いはない。最後の問5で【文章Ⅰ】との関連が問われるが、【文章Ⅰ】自体が口語訳された文章で、しかも短いものである。純粋な漢文読解問題と変わらないものとして解くことができるだろう。なお、【文章Ⅱ】は、共通一次試験の一九八四年度追試験で用いられた出題文とほぼ同じものであった（送り仮名が一部変更されている）。

読み

楚《そ》に狙《そ》を養ひて以《もつ》て生《せい》を為《な》す者有り。楚人之《そひとこれ》を狙公《そこう》と謂《い》ふ。旦日《たんじつ》必ず衆狙《しうそ》を庭に部分して、老狙をして率《ひき》ゐて以て山中に之《ゆ》き、草木の実を求めしむ。什《じふ》の一を賦《ふ》して以て自ら奉ず。或《ある》いは給せずんば、則《すなは》ち鞭箠《べんすい》を加ふ。群狙皆畏《おそ》れて之に苦しむも、敢《あ》へて違《たが》はざるなり。一日、小狙有りて衆狙に謂ひて曰はく、「山の果は、公の樹《う》うる所か」と。曰はく、「否《しから》ざるなり。天の生ずるなり」と。曰はく、「公に非《あら》ずんば得て取らざるか」と。曰はく、「否ざるなり。皆得て取るなり」と。曰はく、「然《しか》らば則ち吾《われ》何ぞ彼に仮《か》りて之が役を為すか」と。言未《いま》だ既《つ》きざるに、衆狙皆寤《さ》む。其の夕、相《あ》ひ与《とも》に狙公の寝《い》ぬるを伺《うかが》ひ、柵《さく》を破り柙《をり》を毀《こぼ》ち、其の積を取り、相ひ携《たづさ》へて林中に入り、復《ま》た帰らず。狙公卒《つひ》に餒《う》ゑて死す。

郁離子《いくりし》曰はく、「世に術を以て民を使ひて道揆《だうき》無き者有るは、其れ狙公の如《ごと》きか。惟《た》だ其れ昏《くら》くして未だ覚めざるなり。一旦之を開くこと有らば、其の術窮《きう》せん」と。

全訳

楚に猿を飼ってそれによって生計を立てている者がいた。楚の人はこの者を狙公といった。（狙公は）明け方には決まって大勢の猿を庭でグループごとに分けて、老猿に率いさせて山の中に行き、草木の実を求めさせた。（狙公は、取れた草木の実の）十分の一を徴収して自らの暮らしをまかなっていた。あるときは（猿が取ってきた木の実が）足りないと、むちで打った。猿の群れは皆恐れてこれに苦しんでいたが、決して逆らおうとはしなかった。ある日、小猿が猿の群れに言った、「山の木の実は、親方（＝狙公）が植えたものなのか」と。（猿たちは）言った、「いやそうではない。天が生じさせたのだ」と。（小猿は）言った、「親方でなければ手に入れることはできないのか」と。（猿たちは）言った、「いやそうではない。誰でも皆手に入れることができるのだ」と。（小猿は）言った、「そうであるならば僕はどうして彼に（木の実を）借り受けて（＝仮に分け与えられて）彼のために木の実を取る役をしているのか」と。（小猿の）言葉がいまだ終わらないうちに、猿たちは皆気づいた。その夕方、（猿たちは）ともに狙公の寝たのを見はからい、柵を破りおりを壊して、狙公のためた木の実を取り、皆で持って林の中に入り、二度と帰ってこなかった。狙公はついに飢えて死んだ。

郁離子は言う、「世に策略で民を使って道理にかなった決まりを作らない者（＝為政者）がいるのは、ちょうどこの狙公と同じようなものであろうか。ただ民たちが道理に疎くてまだ気づいていないだけだ。いったんその目が開くことがあれば、その策略は行き詰まってしまうだろう」と。

語句

賦什一＝「賦」はここでは〝財物を徴収する〟という意味。「什一」は〝十分の一〟という意味。狙公は、猿たちに対して何も与えていないのに、猿たちが山から取ってきた草木の実のうち一割を徴収していたのである。狙公の行っていたこのやり方を最終段落で「術」（＝猿を手なづけてだます策略）と言っている。

不復帰＝二度とは帰らない。「不復〜」は〝決して〜ない〟という否定を強調する形、または〝二度とは〜しない〟という部分否定の形で用いられる。

術＝技術。策略。

窮＝きわめる。行き詰まる。

解説

問1 やや易 1・2 正解は (1)―② (2)―④

語句の意味を答える問題。文脈から語意を読み取る問題は、漢文の問題で頻出。

(1) 猿を飼って山の草木の実を取りに行かせてそれを差し出させているので、ここでの「為生」は〝生計を立てる〟意味であることがわかる。よって②の「生計」が正解。

(2) 猿たちは「積」を取りそれを持って山に入ってしまう。その結果として狙公は飢えて死ぬわけなので、この「積」は狙公がためこんだ木の実。この読みから④の「蓄積」が正しい。

問２　やや易　3　正解は①

訓読の問題。適切な返り点、送り仮名、書き下し文を、選択肢から選ぶ。狙公が朝、猿を庭に集めて、山中に草木の実を取りに行かせる場面である。傍線部の先頭に「**使**」があり、ここに戻って「しむ」と読ませる使役の構文であろうことが推測できる。選択肢でも、①・③・⑤が使役の読み方をしている。①の書き下し文をもとに直訳すると、〝老猿に（猿たちを）率いて山中に行き、草木の実を求めさせる〟となる。これは、〈猿たちを率いて山中に行って草木の実を取る〉ということを狙公が老猿にさせていたという内容であり、妥当な読みになる。よって①が正解。

②「草木の実を求む」と読むと、狙公が実を求めに行くと解釈できてしまうので誤り。「求」にも使役の意味がつくように読むべきである。

④「使《も》し老狙率ゐて以て山中に之かば」と仮定で読んでいるが、〝もし老猿が（猿たちを）率いて山に行ったならば、草木の実を求める〟では、狙公の生計の助けにはならないだろう。

③・⑤　使役が用いられている選択肢であり、注意して検討する。「使」の直後には、**〈誰に何をさせる〉**という形がくることが多く、ここは老猿を使役し「～させる」の文である。その際、**〈誰に〉の部分に「～をして」と送り仮名をつける**のが訓読の決まりであり、この読みは訓読の問題で頻出のものである。そこから、「～をば」と読んでいる⑤は外れる。③は「老狙をして率へしめて」と「率」だけに使役がかかり、②と同様に草木の実を誰が取るのかわからないので外れる。

以上のように、書き下し文を選ぶ問題において選択肢を絞り込むには、二つのアプローチが考えられる。

- **文章の展開と、書き下し文から導ける現代語訳とが合っているか**を確認する
- 句法の知識を用い、**句法の部分が正しく訳されているか**を確認する

漢文の問題では、基本的に、句法が反映されている部分が出題されることが多く、漢文の基礎的句法の知識は必須で

ある。本問では、頻出の使役の構文が出題されている。

問3　標準　4　正解は①

書き下し文と解釈の問題。文脈を通して、正しく本文を解釈することが必要である。傍線部までの文脈は、狙公が猿たちを使役して山の中に木の実を取りに行かせて搾取し、**猿たちは苦しんでいる**という内容。それに対して「小狙」が挟んだ傍線部の疑問に、**他の猿たちが「そうではない、天が生じさせた」と返答している**という展開である。選択肢に示された解釈は、いずれも文末が「～のか」と疑問形になっており、文脈を読み取るうえでヒントになる。前後の文脈に合うものとしては、①の、「山の果は、公の樹《う》うる所か」と読み、「山の木の実は、猿飼いの親方が植えたものか」と解釈するのが、最も適していると読み取れる。

② 「親方の土地の木に生《な》ったのか」という解釈は、**木の実のなった場所**を尋ねている質問であり、「天が生じさせた」という返答と対応しない。

③ 「所」は、下にある動詞を名詞化するときに「～する所の」と返って読む。ここでは「樹」を「うゑ」と動詞として読んでおり、「ううる所」と読むのが適当。「樹」の下の「与」を動詞として「所」に返って読ませるのは妥当とは言えない。さらに「親方が植えて分け与えているものなのか」という解釈は、木の実は**誰が分け与えている**のかと尋ねており、「天が生じさせた」という返答と対応しない。

④ ②と同様、「親方の土地に植えたものか」という**木の実のなる場所**を尋ねる解釈は、他の猿たちの返答部分と対応しない。

⑤ 「親方が植えたものを分け与えたのか」という解釈は、③と同様、木の実は**誰が分け与えた**ものかと聞いており、「天が生じさせた」という返答とは対応しない。

傍線前後の文脈の把握が必須の問題。②〜⑤はいずれも直後の返答と対応しないので誤りと判断できる。単純に傍線の部分だけを問う問題ではないことに注意が必要である。そのうえで、「所＋動詞」の訓読を確認する。また、「与」は動詞の「与える」ではなく「か」と読み、疑問の意を表す用例があることも、覚えるべきポイントの一つである。

問４ 標準 5 正解は①

文章全体の読解を通して筆者の主張をとらえ、傍線部を解釈する問題。この文章の第一段落では、狙公に搾取され苦しんでいた猿が、小猿の素朴な問いかけにより、自分たちが狙公のために働く理由がないことに気づかされ、狙公の蓄えを奪って逃げるという話が語られる。そこから筆者（郁離子）が主張をまとめるという、説話特有の構成になっていることに気づくだろう。最後の部分で郁離子は、道理にかなった決まりをもたないで民を使う為政者は狙公と同じだと述べる。このことをまとめると、次のようになる。

●狙公の搾取に苦しむ猿たち→不当な搾取に気づく（「皆寤」）→狙公に離反する
●為政者の悪政に耐える民→道理がないことに気づく（「覚」「開之」）→為政者に離反する？

傍線部では、ただ「昏」がいまだ覚めないだけだと述べている。この「昏」の解釈が解答のポイントになるだろう。最後の文との対応で読み取ると、「一旦之を開くこと有らば」とあり、「昏」は目の開かれていない、気づいていない状態であることが読み取れる。これは深い眠りを表す「昏睡」という言葉からもイメージできるかもしれない。そこから考えると、ただ目が開かれず気がついていないだけだ、いったん目が開かれればその「術」は行き詰まる、というのが傍線部から最終部分までの解釈になる。この内容を説明しているのは、「ただ民たちが疎くてこれまで気付かなかっただけである」とする①である。

② 傍線部は「昏」（＝目が開かれていない）ゆえに「未だ覚めず」（＝眠りから覚めていない）と解釈すべきところ

である。「昏」の説明がない点が不十分。また「それまでのやり方に満足していた」という説明は、猿たちについて述べた「皆畏れて之に苦しむ」と合致せず、不適当。

③ ②と同様、「昏」の説明がない点が不十分。また「満足しなかった」のであれば、小猿に指摘される前に「覚」の状態になっていたはずだ。

④ 主語を「猿飼いの親方」としている点が誤り。また、「それまでのやり方のままにした」ことにより猿たちが気づいて離反したのであり、文章全体の読み取りからも不適当。

⑤ ④と同じく主語が誤り。傍線部は猿（民）の目が覚めていないだけだという内容である。「親方が疎くて事態の変化にまだ気付いていなかった」という説明は、本文最後の、いったん目が開かれれば「術」は行き詰まるという内容と対応しない。

傍線部は本文最後の結論部分にあり、単純な解釈問題ではなく、**文章全体の意図を把握して答える**問題である。文章全体の展開を把握し、「昏」の内容を文脈や他の用法からイメージできれば正答を導けただろう。

問5　標準　6 ～ 8　正解は　(i)―⑤　(ii)―③　(iii)―①

本文の内容について話し合っている会話文の展開を読み取り、本文との関連から、**会話文の空所を補充**する問題。故事成語の知識も問われるが、「朝三暮四」「朝令暮改」はそれほど難しいものではないだろう。会話の展開と【文章Ⅱ】の関係性に注意が必要。(iii)がやや難しかったかもしれない。

(i)　【文章Ⅰ】のたとえ話からできた**故事成語に関する知識**を問う出題。「朝三つにして夕方四つ」にすることに反発された狙公が「朝四つにして夕方三つ」にする（＝一日の合計はどちらも七つで変わらない）と言ったことからできた故事成語は「朝三暮四」である。このたとえ話は、次の二つの意味で使う。

●実質的には何も変わらないが、言葉巧みにごまかすこと（狙公の側から）
●目の前の利益に心を奪われ、結果が同じになることに気がつかない愚かさ（猿の側から）

このうち、前者の意味に該当するのが、⑤の「内容を改めないで口先だけでごまかすこと」という説明である。

① 一日の合計はどちらも七つであり、「おおよそ同じ」ではないので誤り。「大同小異」の説明ならば正しい。
② 朝命令し夕方改めるというのは「朝令暮改」の説明。
③ どちらも合計七つであり、「話のつじつまが合わない」わけではない。
④ 夕方に与える個数を変えているが、やはり合計七つで、実質は改められていないので、本文と合わない。

(ii) 空所に続く生徒Aの発言内容（「運命の分かれ目」）から、猿飼いの親方と猿との関係がどこで変わるかを読み取る。親方の「狙公」は猿を使役するという強い立場であったが、その不合理さに気づいた猿たちに反乱を起こされて飢え死にする。親方と猿たちの立場の逆転は、「小狙」が、山の木の実は狙公が植えたのかという素朴な質問（傍線部B）をしたことから始まる。この内容から、空所に入るのは③の選択肢が妥当であることに気づくだろう。

① （注6）のある文に「むちを打って猿をおどす」ことは述べられているが、それによって狙公の転落が始まるわけではないので、不適切。
② 狙公が「草木の実をすべて取る」という内容は【文章Ⅱ】には述べられていないので誤り。
④ 猿たちは小猿の問いかけによって「寤む」（＝気づく）のであり、老猿が「親方の素性を教えた」は誤り。
⑤ 猿たちの逃亡が「老猿」の指示であるとは述べられていないので誤り。

(iii) 空所に続いて、生徒Cが「だからこそ……『其の術窮せん。』ということになった」と言っていることから、猿飼いの親方が転落した背景を説明する言葉を、【文章Ⅱ】の最後の郁離子の言葉の中から選ぶ問題となる。

郁離子は、「道揆」つまり道理にかなった決まりもなしに「術」で民を使う者は狙公と同じだと述べている。狙公は道理に合う決まりを使わず、むちの力で猿を使役したために、狙公のために働く理由がないことに気がついた猿たちに反乱を起こされる。この内容の説明は①にあり、「道揆」に合うかどうかを考えない猿飼いの親方のような者がいて、民が気がつかないうちはよいが、いったん目が開かれれば「其の術窮せん」ということになると述べられており、空所の文脈に最適な選択肢。

②「『術』をころころ変え」るのは「朝令暮改」の説明であり、誤りの選択肢。

③「『道揆』を知らない民に反抗される」のではなく、為政者に「道揆」がないことに気がついた民に反抗される。

④「賞罰が『道揆』に合わない」は誤り。民を使うことに「道揆」がないのである。

⑤「『道揆』よりも多くをむさぼる」のではなく、民から取ることに対する「道揆」がないのである。

第1回 試行調査：国語

第2問～第5問

問題番号	設 問	解答番号	正 解	備 考	チェック
第2問	問1	1	②		
		2	①		
	問2	3	②		
	問3	4	③		
	問4	5	②，⑥	＊1	
	問5	6	③		
第3問	問1	1	⑤		
		2	④		
		3	⑤		
	問2	4	③		
	問3	5	②	＊2	
		6	③		
	問4	7	②，⑥	＊1	
	問5	8	④		
		9	②		
		10	⑤		

問題番号	設 問	解答番号	正 解	備 考	チェック
第4問	問1	1	①		
	問2	2	④		
	問3	3	①		
	問4	4	⑤		
	問5	5	③		
	問6	6	③		
第5問	問1	1	①		
		2	⑤		
	問2	3	②		
		4	④		
	問3	5	⑤		
	問4	6	③		
	問5	7	①，⑥	＊3	
	問6	8	③	＊2	
		9	⑤		
	問7	10	⑤		

（注）

＊1　過不足なくマークしている場合に正解とする。正解のいずれかをマークしている場合に部分点を与えるかどうかは，本調査の分析結果を踏まえ，検討する予定。

＊2　両方を正しくマークしている場合のみ正解とする。

＊3　過不足なくマークしている場合のみ正解とする。

自己採点欄
32問

● 各設問の配点は非公表。

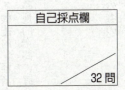

第２問

出典

宇杉和夫「路地がまちの記憶をつなぐ」（宇杉和夫・青木仁・井関和朗・岡本哲志編著『まち路地再生のデザイン―路地に学ぶ生活空間の再生術』彰国社）

宇杉和夫は一九四六年埼玉県生まれ。日本大学大学院理工学研究科建築学専攻修了、西安交通大学客員教授、元日本大学准教授。著書に『日本住宅の空間学』『地域主権のデザインとコミュニティアーキテクト』など。『まち路地再生のデザイン―路地に学ぶ生活空間の再生術』は二〇一〇年に刊行された。

要旨

都市の内部に触れたと感じるのは路地に触れたときである。路地的空間について述べるには道と居住空間という二つの視座が必要だが、人間を規定する理想環境のあり方への問いが古代以来明確な西欧の都市と対照的に、路地空間に自然性がある日本の都市は、明治以前とそれ以降の近代空間計画への過程の継承が必要だ。日本は参道から自然に発展した参道型空間が基本であり、区画整形でも自然尊重が基盤となってきたが、近代の合理的空間基準による機能的、経済的市街地整備により市街地の魅力は失われた。逆に自然形成による地域継承空間システムの文脈にある路地的空間に評価が高まっており、家並みと路地と共同空間によるまちの原風景を近代空間計画に生かすべきである。

語句

掃き出し窓＝床面に接する低い位置に設けられた小さな窓。部屋の中のチリを箒などではき出すためのもの。

縁＝ここでは「えん」と読み、縁側のこと。日本建築で座敷の外に設けられた細長い板敷き。
庇＝窓や出入り口の上部から外側に出された小さな屋根。日差しや雨を防ぐために設けられる。
震災復興区画整理事業＝「震災」は関東大震災（一九二三年）を指す。
山の手＝山に近い高台の土地。東京においては、江戸時代は、江戸城とその西側の台地を指し、時代とともに変遷しながら、大正以降には、さらに東京の西部へと広がった。

解説

※問題文に太字で示された小見出し「近代空間システムと路地空間システム」「路地の形成とは記憶・持続である」について、以下の解説では、それぞれ前段、後段として説明する。

問1　標準　1・2　正解は　A―②　B―①

表を読み取り、その意味する内容と表の語句を本文全体の展開から理解する問題。表1は「近代道路空間計画システム」と「路地空間システム（近代以前空間システム）」が左右に対比され、縦軸にその構成要素が挙げられる。設問に「文章全体の内容に照らした場合」とあり、**文章全体の展開から、この表の意味をとらえる必要がある**。この表の右側の「路地空間システム」に、「（近代以前空間システム）」と括弧書きがあることがヒントとなる。これは、本文前段の文脈から読み取れるとおり、「明治に至って急速な欧米文化導入」（前段第三段落）がある以前の、自然性がある日本の路地の空間であることが読み取れる。それに対置される明治以降（＝近代）の道路を中心とした空間計画システムが、表の左側である。

A　傍線部Aの「**機縁物語性**」の意味内容を読み取る問題であるが、**表1**から読み取るべきなのは、これが**路地空間システムの構造**を表しており、「場所性」「領域的」と同じ欄に置かれているということである。これについて本文では、前段第二段落の中で、日本の路地空間の特徴として「数戸が集まった居住建築」空間であり「通行空間であるが居住集合のウチの空間」としてまとまりがあり、「ソトの空間から区切られているが通行空間としてつながる」微妙な空間システムであり、その継承には物理的な仕組みの継承だけでなく、「近隣コミュニティの中に相関的秩序」があり通行者もそれに対応できるシステムがあると述べられている。これが後段で述べられる参道型空間である。これに対置される、近代の「機能・合理性・均質性」という構造（表1参照）による合理的空間は魅力を保持できず、新区画の傍らにできた眺望、景観を売り物に再開発された場所に人々が移動する結果をもたらしてしまう、というのである。

この展開から、「機縁物語性」とは、路地空間の、コミュニティとしてつながりがあることで、ウチとソトが微妙につながる歴史的に作り上げられた構造と理解できるだろう。この展開を説明したのが②である。

① 緑という植物的自然のみを取り上げており、前述の「構造」の説明になっていない。

③ 前半部は問題ないが「外部と遮断された」の部分が誤り。

④ 空間に応じた人間関係の変容については、本文では言及されていない。

⑤ 「通行空間から切り離す」の部分が誤り。

B 傍線部Bは近代の、つまり西欧的な「広域空間システム」である。本文では後段の第三段落で、日本の道空間の原型・原風景に対するものとして、「すべての道はローマに通ず」に表される、中心都市ローマから軍事、経済的な理由で地方まで張り巡らされた西欧の道路空間や、計画的区画であるグリッド形式が紹介されている。この内容を説明した①「中心都市を基点として拡大延長された合理的空間システム。」が正解となる。

② 「原風景を残した」の部分が誤り。西欧はギリシャ、ローマという古代からその理念は変わっていない。

③ 「アジア的空間と融合」はしていないので誤り。

④ 「地形を平らに整備した」は表1の「形成」の説明になるので不適。

⑤「居住空間を減らして交通空間を優先した」という内容は、前段の第二段落で近い内容が述べられており、「日本の路地空間」の説明になるので不適。

ここで注意しなければならないのは、正解選択肢①の「中心都市を基点として」の部分は、本文には具体的説明がないことである。古代ローマ帝国の「すべての道はローマに通ず」の意味を理解できたかという点が影響してくる。つまり、単純に国語の知識だけを運用するのではなく、世界史の知識に基づいた考察が求められている設問ともいえる。**単純な文章読解以上の幅広い知識に基づいた読みが有効になりうる**といえよう。

問2 やや易 3 正解は②

図の意味するものを、本文の記述から読み取り理解する問題。後段の文脈で、日本の道空間の原型・原風景を説明しており、後段第三段落で図2の説明として、**パッケージ型路地**とは、「面的に広がった**計画的区画にある路地は同様のものが繰り返し連続する**」路地として参道型路地とは区分されると述べられている。それに対し**参道型路地**は**目的地としての神社仏閣があり**、そこから伸びた参道とその両側の店と住居、そしてその裏側の空間が基本で、そこから**折れ曲がって分かれ、次の参道空間に結びつく**形式と読み取れる。この内容を説明したのは②である。

①「区画化された車優先の路地」はパッケージ型路地の説明にあてはまらない。後半の「手つかずの自然を残した原始的な路地」も参道型路地の説明になっていない。

③「ローマのような中心都市から」の「拡大延長」は西欧の都市の成り立ち。後半の「独自性を競い合う」も誤り。

④図2のパッケージ型が「同心円状の幾何学的路地」でないことは明らか。「秩序を失った……路地」も誤り。前段第二段落に、路地空間について「まとまりがある」「相関的秩序があり」と述べられている。

⑤パッケージ型の「通り抜けできない路地」の説明部分が誤り。

この設問は本文での説明箇所を探しやすく、説明の内容を押さえて選択肢の読み誤りをしなければ正解を導きやすい。

問3　やや難　4　正解は③

図の意味するものを本文の内容から読み取り、考察する問題。図3は「東京・江東区の街区形成と通り」との説明がついている。よって、本文から江東区の都市形成の説明を読み取り、この図の意味するものを理解する必要がある。江東区については後段の第五段落、第六段落で説明されているが、やや読み取りにくい部分でもある。江東区の方形整形街区方式は掘割とともに形成されたが、その「計画が機能的・経済的に短絡されて」きてしまったので、自然とのつながりをもつ居住区形成には「水面水路との計画的な配慮が必要だった」とある。ここには直接的には書かれていないのだが、逆説的に、歴史的空間の記憶、つまり路地的な空間を継承せず、整形を基本とする市街地整備を行って機能性、経済性を重視した市街地を形成してきたということを述べていることに気づきたい。そしてこの市街地整備は、明治以降の西欧から導入したグリッド形式であることを読み取らなければならない。そこから、図3のまっすぐな道が計画的に区画整理された人工的な街路であるという図の読み取りが可能になる。これを説明したのが、③の「江戸から継承された水路を埋め立て、自動車交通に配慮した機能的な近代の空間に整備された例。」である。

①　「江戸の歴史的な町並み」を図3から読み取ることはできないだろう。

②　「区間整理の歴史的な蓄積を生かし」と肯定的に説明しているのが不適。江東区の区画整理は空間的記憶の継承を無視したものだと、批判的に述べられていることに気がつかなければならない。

④　「オープンスペースと眺望・景観」を売りにしたのは、この街区整備の一角にあり、工場が移転した跡地に建てられた、海に面した超高層マンションである。都心ベイエリアの現状を知っていれば読み取りやすかっただろうが、そうでなければイメージしにくかったかもしれない。

⑤ 複雑な地形の地の利を生かしたのであれば、まっすぐな街路になるはずはない。選択肢の意味する内容を考察し、正しく把握できたかが分かれ目になっただろう。**図の内容を本文の展開とともに読み取る**、新しい形の問題といえる。図にある道路が意味するものに気づくための、街の風景に対する知識があれば問題なく読み取れるのであるが、多くの高校生には難しかったかもしれない。さまざまな知識を応用して考察し、いかに資料を読み取るか。「国語」の内容に限らない幅広い学習により、普段から社会の事象に対していかに問題意識を持ち、知識を蓄積し、考察しているかが勝負になりそうである。

問4　標準　5　正解は②・⑥

本文で使用される**語句の意味**を、**文章全体**の展開から読み取り選択する問題。「どういうことか」という問い方で表現の意味するところを問うものに近い問題であるが、本文の特定の場所に傍線が引かれその前後の展開から読み取るのではなく、**文章全体でどのような捉え方がされているか**を把握する問題。本文に合致する説明を二つ選ぶ。

文章全体の展開から「路地空間」・「路地的空間」がどのようなニュアンスで使われているか把握しておき、選択肢を吟味していくしかないだろう。時間短縮を図るには、先に設問を見ておき、この**文章の中心的話題である「路地」の意味するところ**を一回目の読みで把握しておくことが大切だろう。

①不適。「自然発生的に区画化」は迷う表現であるが、後段の第三段落で「日本の道空間の原型・原風景は区画された街区にはない」とあることからわかるように、この文章で使われる「区画化」が西欧で発生した道路空間による意図的な「区画」に限定して使われているという点に着目する。ここから路地の説明でないことが読み取れる。

②適当。地形に基づく形成は、参道型路地や山の手、向島の空間の説明から、路地の説明と判断できる。

③不適。「景観を一望」が誤り。路地から大自然を一望できるかと常識的に考えても明らかな誤りと判断できる。ただ

この判断には「路地」をイメージできているかが関わる。

④不適。「都市とは異なる」とあるが、向島も山の手も東京の中心市街に近い。決して「自然豊かな」空間ではない。判別には東京近郊に在住している人が有利ともいえるが、図5を見れば推察できるだろう。

⑤不適。「通行者の安全性」とあるが、この文章では路地通行の安全性については論じられていないので、路地の説明としては選べない。

⑥適当。この文章の主旨ともいえる内容。日本の道空間の原型・原風景を都市の計画に継承、反映させるべきというのが筆者の主張である。そこに残したいのが「路地空間」・「路地的空間」である。

問5 標準 6 正解は③

本文の中心の話題について、新たな条件を付加した場合、本文の論旨からはどのような状況になるかを考察させる問題。マーク式という形式の中で、読解力とそれに基づいた発展的な考察を求める問題として、これまでのセンター試験ではあまり見られなかった意欲的な出題である。

路地的空間の長所については後段最後の二段落にあるように、「地域コミュニティの原点」として評価され、魅力ある市街地として居住者の評価が高まっていると述べられている。短所についてはこの部分では言及されていないが、設問に「緊急時や災害時の対応の観点を加えて」という誘導があるので、その誘導に従えばどのような結論が導けるかを考察することになる。図1の参道型路地的空間の写真、図2の参道型の概略図、図5の向島の通りを見る限り、道路はまっすぐではなく、狭く袋小路になっている。江東区の区画整形街区も、関東大震災の復興区画整理事業、戦災後の復興計画で推進されたように、災害から街を守るという意味合いが深く関係する。「路地的空間」は災害が起きた場合に被害が大きくなる空間と考えることができる。

これらの読解と考察を通して選択肢を吟味すると、③の「持続的に住みたいと思わせ」、「コミュニティが形成されやすい」ものの、「災害時には」問題が起こるという説明が正しいことがわかる。

① コミュニティとして緊急時の対応は可能になる可能性はあるが、「自然信仰的な秩序」があるために再現が難しいことが短所とは考えられない。

② 「居住空間と通行空間が連続的に広がらず」の部分は本文で述べられる「路地的空間」の説明とは逆を行くものであり、そのために「高齢の単身居住者が多くなり」という説明には結びつかない。

④ 「機能的な道・道路」という説明は、西欧に端を発するものであり、路地的空間のものではない。図から見る限りでも路地的空間とは結びつきがたいと判断できるだろう。

⑤ 前半部の説明は妥当なものであるが、それとの対比として高層居住空間のコミュニティと価値観の共有ができず、共存できないことが短所であるという説明は、かなりの飛躍である。後段最終段落では、「路地的空間をもつ低層居住地区にするか、外部開放空間をもつ高層居住地区にするかといった二者択一」ではなく、地域の中で両空間が「補完・混成して成立するシステムが残っている」と述べられている。目新しい出題であったが、本文の展開がつかめていれば、選択肢自体は選びやすいといえよう。

第3問

出典

光原百合「ツバメたち」（大崎梢・近藤史恵他『アンソロジー　捨てる』文藝春秋）〈光原百合「四つの掌編」の第二編〉

光原百合は広島県生まれの小説家。尾道市立大学教授。一九九八年『時計を忘れて森へいこう』でデビュー。著書に『十八の夏』『イオニアの風』など。

要旨

オスカー・ワイルド作「幸福な王子」より。「幸福な王子」のツバメ（＝彼）は見た目のいい若者だったが、いつも夢のようなことばかり語る風変わりな存在だった。彼は王子《プリンス》の元に通い、南の土地に自分は行かないと言い出す。仲間たちと違ってあたしは彼のことが気になり、ここで何をするつもりなのか問いつめるが、王子に頼まれて貧しい人を助けるためという理由が理解できない。南の国で冬を迎えたあたしは、彼が残った理由を考える。彼は大好きな王子の喜ぶ顔を見たかっただけ。王子も自分の重荷を捨て、同時に命を捨てても自分の傍《そば》にいたいと思う存在を求めただけだったのではないか。

解説

問1 標準 1-3 正解は (ア)―⑤ (イ)―④ (ウ)―⑤

センター試験では文学的文章で出されていた語句の意味を問う問題が第1回試行調査では出題されていないが、本問の(ア)「ギョウギョウしく」、(ウ)「ショタイを持つ」は、語句の内容を知っていると答えやすい。また(イ)の選択肢がすべて四字熟語となっており、**漢字の書き取りと語句の知識の融合問題**ともいえる設問である。

(ア) 仰々しく　①業績　②苦行　③凝縮　④異形　⑤仰天

(イ) 到来　①孤軍奮闘　②本末転倒　③当意即妙　④用意周到　⑤不偏不党

(ウ) 所帯を持つ　①悪態　②台頭　③怠慢　④安泰　⑤帯同

問2　易　4　正解は③

傍線部の内容の根拠を説明する箇所を、本文の四つの箇所から選ぶ問題。傍線部は、「幸福な王子」のあらすじの続きにあるが、ここからが筆者による小説の本筋であると気づくだろう。そして、この「若者」が「幸福な王子」に出てくるツバメであり、小説がツバメの側から見た「幸福な王子」の物語の描き直しだと瞬時に気づきたい。つまり、この設問は**場面の状況をつかんでいるかをとらえる問題**といえる。さらに傍線部では「若者」が「風変わり」であると述べているが、「風変わり」という**語句の知識**（＝様子やふるまいが他の人と違っていること）について問う問題ともいえる。そして、他のツバメと違っている点を説明している箇所を指摘するわけだが、ここまでの把握ができていれば、③の「**彼がいつも夢のようなことばかり語る**」という点が、他のツバメ「みんな」と異なる存在であるということを示しており、「風変わり」の根拠だと読み取ることができるだろう。

①「若者」の外見を説明し、「群れに、問題なく受け入れられた」とあるので、「風変わり」にはあたらない。

②「友だちの中にも彼に興味を示すものは何羽もいた」のは、「彼」が「風変わり」だからではなく、その外見（「実に見た目のいい若者」）からである。

④③の状況でも「嫌われるほどのことではない」と説明した箇所であり、仲間として受け入れられていたので、「風変わり」の根拠ではない。

傍線部の直後にある指定された文から読み取る問題であり、選択肢も少なく内容も明らかである。

問3　標準　5・6　正解は【Ⅰ群】―②　【Ⅱ群】―③

傍線部の表現について、**登場人物の心情をとらえる問題**。小説の読解問題のメインとなる、心情を読み取る問題である。センター試験は、文章の展開の順に傍線が引かれ、それぞれの場面の心情を読み取り解答する問題が中心であったが、第1回試行調査の第3問で心情について傍線が引かれたのはこの問題だけである。設問の内容は、本文中の二カ所の「わからない」について、「彼」と「あたし」という登場人物それぞれがどのような心情であるかを読み取り、【Ⅰ群】【Ⅱ群】それぞれから選択する形になっている。【Ⅰ群】【Ⅱ群】とも選択肢は三つである。

【Ⅰ群】については、傍線部Bを含む「君なんかには、僕らのやっていることの尊さはわからないさ」という「彼」の発言に込められた心情をつかむ必要がある。傍線部の前の展開から、「彼」は貧しい人々を助ける使命感にかられ、「なぜあなたがしなければならないの？」という問いを発する「あたし」を「馬鹿にしたような目」で見た。傍線部の次の文に「腹が立ったあたしは」とある通り、この傍線部分には「彼」が自分のすることの意味を確信したうえで、それを理解できない「あたし」にこれ以上の説明は無駄だと見下す心情が込められている。この読み取りから選択肢を吟味していく。

①不適。「ツバメとしての生き方に固執」し、「王子」の像にすがる町の人々の悲痛な思いを理解しないという「あたし」の「利己的な態度」に、「彼」は軽蔑を隠しきれないという説明。「『あたし』の」以下は正しいが、「あたし」が理解できないのは「町の人々の悲痛な思い」そのものではなく、その救済をなぜ「彼」がやる必要があるのか、という点であることを読み取れれば除外できる。

②適当。「『王子』と、命をなげうってそれを手伝う自分（＝「彼」）」を、「あたし」が「理解する」どころか、「自己陶酔だと厳しく批判する」ことに対し、「彼」は嫌気がさしているという説明である。「僕らのやっていることの尊さ」を「町の貧しい人たちを救おうと……それを手伝う」と説明しており、それを理解しようとしない「あたし」を「君なんかには……」と突き放すという本文の展開に合致している。

③不適。「あたし」が「彼」の足を踏んづけて逃げられないようにしてから尋ねたことを「どう喝」「暴力的な振る舞

いに頼るばかり」ととらえている点が明らかな誤り。「裏切られた思いを抱き」という内容も本文からは読み取れない。

【Ⅱ群】の選択肢は「あたし」の心情の説明であるが、傍線部Cの「どうせあたしにはわからない」という言葉に至るまでの表現から心情を読み取る問題となっている。「あたし」は、彼はなぜあの町にとどまったのかと自問し、「大好きな王子の喜ぶ顔を見たかっただけではないか」、「王子」も「貧しい人たちを救うため、自分ではそう思っていただろう。でも……。」と、「彼」と「王子」との関係の中で結論を導こうとしている。この説明にあてはまる選択肢を探す。

①不適。『王子』の像を……祭り上げる人間の態度は」とあり、「王子」「彼」以外の関係性を説明している。

②不適。「彼」を救い出せなかった「あたし」自身に結論を導いており、本文の内容にあてはまらない。傍線部C前後の「まあいい」「どうでもいいことだ」という心情表現とも合わない。

③適当。「王子」への「彼」の行動という両者の関係性に言及しており、最適な選択肢といえる。

問４　やや難　7　正解は②・⑥

小説中の二つの資料（部分）の読解から、両者を比較し関連性を考察する問題。

まず把握しておきたいのは、オスカー・ワイルドの「幸福な王子」（X）は、「王子」と「ツバメ」を第三者の視点から描き、崇高な行為による結果は人々から認められることはなかったが、神により評価され救済されるという物語であるという点である。それに対し続く物語（Y）は、「幸福な王子」の物語を、「一羽のツバメ」に興味を示す「あたし」の視点から描き、「王子」と「一羽のツバメ」の行為は、それぞれが相手への思いという個人的な感情でなされた行為であって、「一羽のツバメ」との間で個人的な関係性をつくることができなかった「あたし」の思いを描く形になっている。この読み取りを前提に、選択肢を把握していく。

①不適。「Xでは、神の視点から」「自己犠牲的な行為が語られ」とあるが、「幸福な王子」（X）では、「『あの町からもっとも尊いものを二つ持ってきなさい』と神に命じられた天使が」とあり、神の行為も外部の第三者の目で描いているので不適当。さらにYについて「神の存在を否定した上で」とあるが、この内容もYからは特に読み取れないことから、不適当な選択肢である。

②適当。人々から認められなかったが、神からは崇高さを保証された「幸福な王子」（X）。Yではそれが「あたし」の視点からそれぞれの「個人的な願望に基づくもの」として描かれているという説明は、本文の読みとして妥当なものである。

③不適。Yについて、「理性的な『彼』を批判し、超越的な神の視点も破棄」とあるが、この内容はY本文からは読み取れない。最後の「救いのない悲惨な結末」という表現も極端であり、明らかに誤りの選択肢をつくるためのものであると気づくだろう。

④不適。前半部は問題ない内容だが、後半部は「誰にも顧みられることなく悲劇的に終わるX」の部分が、神による救済を説明していない。また、Yを「『あたし』の思いの成就を暗示する恋愛物語」としている点も、本文中で「あたし」の思いの成就は暗示されず、「彼」との関係はあきらめをもって語られていることから、不適当な選択肢。

⑤不適。前半部は問題ないが、「彼」の死を「あたし」は、お互いが相手を思う関係性の問題として、あきらめの思いで語っているのであり、「自己犠牲として救済される」とは読み取れないので、不適当な選択肢。

⑥適当。Xは貧しい人々に対する「王子」の、また、「王子」に対する「一羽のツバメ」の「自己犠牲」の物語である。Yについて、「彼」が命を捧げ、また、「王子」が社会的な役割から逃れることは「**捨てるという行為の意味が読み替えられている**」という説明であり、迷ったかもしれない。Yの最後の二行にある、「あなたはただ、自分がまとっていた重いものを、捨てたかっただけではありませんか。そして、命を捨てても……」という表現から、「彼」の「捨

てる」と、王子の側の「捨てる」も描かれていると読み取れ、正解の選択肢となる。

問5　標準　8 - 10　正解は　a―④　b―②　c―⑤

本文の構成や表現を読み取る問題。【Ⅰ群】の中で三つの箇所が示され、その三つの箇所に合致する説明を【Ⅱ群】の中からそれぞれ選ぶという形になっており、本文の構成、表現と選択肢を結びつけることに加えて、【Ⅱ群】の選択肢がどの部分の説明であるかも読み取らなければならない。【Ⅰ群】に示された箇所がどういう内容であるかを把握したうえで、【Ⅱ群】の選択肢を読んでいくしかないと思うが、かなり複雑な問題といえる。

aについては、オスカー・ワイルドの「幸福な王子」の記載について最適な選択肢を選ぶ。

①不適。1～7行目の「幸福な王子」は「最終場面」ではなく、「あたし」の語りでもないので、「幸福な王子」の説明とはならない。

②・③・⑤不適。②は「『彼』の性質」、③は「『あたし』が『彼』に対して抱く不可解さ」、⑤は「あたし」の「複雑な心情」が説明されており、これらの内容は「幸福な王子」ではなくその後に続く物語についての指摘である。

④適当。「『王子』の像も人々に見捨てられる」という内容は、「幸福な王子」に記されており、かつ、南の国に去った「あたし」には知ることができない内容であるので、「幸福な王子」の記載についての説明として妥当である。

⑥不適。「幸福な王子」には「あたし」は出てこないので、「『あたし』の内面的な成長を示唆」することは不可能である。

bは12行目の「――」が表現することについての問いである。前後の内容を確認すると、直前の二文で「彼」の外見のよさが説明され、その外見ゆえに興味を示す仲間もいたと述べられているので、「あたし」自身も「彼」に興味を示したと読めるが、自分たちが生きるという現実ではなく、「夢のようなことばかり語る」から、みんなから興味を示されなくなった、と「――」の後に説明されていく。

①不適。最終場面の出来事の時間とは関わりない部分である。

②適当。「夢のようなことばかり語る」という内容について、直後に「今まで……について、遠くを見るようなまなざしで語る」と具体的に説明されており、妥当な内容である。

③不適。「言いよどむ」という点が、bとの関連づけとして読めるが、「断定的な表現を避け」、「『彼』に対して抱く不可解さ」の部分が読み取れない。

④不適。「『王子』の像」との展開はこの箇所とは全く関係ない。

⑤不適。「王子」の行動はこの部分では関わらない。

⑥不適。「『あたし』の内面的な成長」を表現している部分ではない。

cは最後の部分にある、「あたし」が「彼」と「王子」の行動の理由を考察した独白の展開を説明した選択肢を選ぶ。

①不適。最終場面のことであるが、この独白は時間のずれを強調しているものではなく、「彼」と「王子」の内面のずれを考察したものである。

②不適。「王子」の内面にも触れており、「彼」の性質だけを説明しているのではない。

③不適。「言いよどむ」場面もあるが、「『彼』に対して抱く不可解さが強調され」が合致しない。

④不適。「『王子』の像」が捨てられるという展開の示唆とは読み取れない。

⑤適当。「王子」「彼」の思いに対して抱く「あたし」の「複雑な心情」という説明であり、cの説明として妥当。

⑥不適。最終場面であるので、「『あたし』の内面的な成長を示唆」が妥当かどうか迷ったかもしれない。「自問自答」

は当てはまるが、この問いかけが「あたし」の成長につながっているかというと、そこまで言い切れない。

a・b・cの内容を六つの選択肢から一つずつ検討していくとかなり複雑な検討となってしまう。最もやりやすいのはcの選択だと思われ、ここから選択肢の可能性を狭めていって解答していくことが時間短縮の手段になるだろう。

第4問

出典

Ⅰ・Ⅱ　紫式部『源氏物語』〈桐壺〉（Ⅰは「青表紙本」、Ⅱは「河内本」）

Ⅲ　源親行『原中最秘抄』〈上〉

三種類の文章が提示されている。中心となる題材は『源氏物語』（「桐壺」の巻）。桐壺帝は、寵愛していた桐壺の更衣が世を去ったあとに、更衣の母の邸に靫負命婦《ゆげいのみょうぶ》を遣わした。帰参した命婦が差し出した更衣の母からの「贈りもの」を見て、桐壺帝が嘆くのがこの場面である。

『源氏物語』は平安時代中期に紫式部により書かれたが、藤原定家や源光行、親行のいた鎌倉時代には、すでに原本は失われていた。定家や光行、親行たちは多くの資料を研究しながら、正しい「源氏物語」を追究したわけである。【文章Ⅰ】は藤原定家が整定した「青表紙本」、【文章Ⅱ】は源光行、親行が整定した「河内本」であり、校合に使用した伝本の内容がかなり食い違っていたらしい。同じ場面であるので重複する表現が多いが、【文章Ⅱ】の方が明らかに記載量が多い。古典作品は、印刷ではなく書写によって複製がつくられ広がっていく。その際に写し間違いをすることはよくあり、さらに写す人物の私見によって表現を変えたり付け足したりすることも行われていた。【文章Ⅲ】の『原中最秘抄』は、源光行、親行による『源氏物語』研究の成果を、親行とその子聖覚、孫の行阿が集大成した注釈書であり、いろいろな写本が存在する事情を今に伝えている。

全訳

Ⅰ あの（桐壺の更衣の母からの）贈り物を（靫負命婦は桐壺帝に）ご覧に入れる。（帝は、これが、玄宗皇帝が命じて道士が）亡き人のすみかを探し出したという、証拠のかんざしであったなら（どんなによいだろう）、とお思いになるが、（それも）まったくかいのないことだ。

（桐壺の更衣の魂を）尋ねて行く幻術士がいてほしいものだ。人づてにでも魂のありかをそこと知ることができるように。

絵に描いた楊貴妃の容貌は、すぐれた絵師といっても、筆の力に限りがあったので、たいそう美しさが少ない。太液という池に咲く蓮の花と、未央という宮殿にある柳も、いかにもそれに似通った（楊貴妃の）容貌を（思うと）、唐風の装いは見事であっただろうが、（それに比べて桐壺の更衣は）心ひかれかわいらしい様子だったことを（帝は）思い出しなさると、花や鳥の色にも声にも、たとえようがない。

Ⅱ あの（桐壺の更衣の母からの）贈り物を（靫負命婦は桐壺帝に）ご覧に入れる。（帝は、これが、玄宗皇帝が命じて道士が）亡き人のすみかを探し出したという、証拠のかんざしであったなら（どんなによいだろう）、とお思いになるが、（それも）大変悲しい。

（桐壺の更衣の魂を）尋ねて行く幻術士がいてほしいものだ。人づてにでも魂のありかをそこと知ることができるように。

絵に描いた楊貴妃の容貌は、すぐれた絵師といっても、筆の力に限りがあったので、たいそう美しさが少ない。太液という池に咲く蓮の花も、いかにもそれに似通った（楊貴妃の）容貌・顔色と、唐風にしていたようなその装いは見事で、美しいさまであっただろうが、（桐壺の更衣の）心ひかれかわいらしかった様子は、女郎花が風になびいているよりもしなやかで、撫子が露にぬれているのよりも愛らしく可憐で、（帝は）心ひかれた容貌・ものごしを思い出しなさると、花や鳥の色にも声にも、たとえようがない。

Ⅲ　亡き父の光行が、昔、五条三品（＝藤原俊成）にこの物語（＝『源氏物語』）の不審の所々を尋ね申しました中に、当巻（＝桐壺の巻）に、「絵に描いた楊貴妃の容貌は、すぐれた絵師といっても、筆の力に限りがあるので、美しさが少ない。太液の芙蓉、未央の柳も」と書いて、「未央の柳」という一句を見せ消ちにして（＝文字の上に線を引いて文字が読めるように消して）いた。これによって（父光行は）親行（＝筆者）を使いにして、

「楊貴妃を芙蓉と柳とにたとえ、更衣（＝桐壺の更衣）を女郎花と撫子にたとえる、みな二句ずつでよく理解できますのを、（俊成卿の）御本で、未央の柳を消されたのは、どのような理由があるのでしょうか」

と申したところ、（俊成卿が）

「私はどうして勝手なこと（＝私的な改変）をするだろうか（、いや、勝手なことなどするわけがない）。（藤原）行成卿の自筆の本で、この一句を見せ消ちになさった。（行成卿は）紫式部と同時代の人でございますので、申し合わせるようなこともあるでしょう、といってこれも墨をつけて（消して）はございますが、不審に思い何度も見たところ、（『源氏物語』中盤にある）若菜の巻で（そのわけを）理解して、おもしろくみなしております」

と申しなさったのを、親行が、（父に）このことを語ると、

「若菜の巻には、どこに同類がありますと（俊成卿は）申しなさったか」

と（父が）言うので、

「そこまでは尋ね申し上げない」

と（私親行が）答えましたのを、（父が）さまざまにはずかしめ叱りましたので、私親行は家にこもって、若菜の巻を数回開き見ると、（俊成卿の言った）その意を理解した。六条院の女試楽（＝女性たちによる演奏会）で、女三の

宮が、他の人より小柄でかわいらしげで、ただ御衣だけがあるような心地がする（のが）、美しさという点では劣っているが、とても気品がありかわいらしくて、二月の二十日ごろの青柳が枝をたらしはじめたような様子で、とある。柳を人の顔にたとえていることが（桐壺の巻と若菜の巻の両方であると）多くなることによって、（俊成卿は桐壺の巻の「未央の柳」を）見せ消ちになさいましたのだ。三品（＝俊成卿）の和才（＝和歌や和文に関する才能）がすぐれた中にこの物語（＝『源氏物語』）の奥義までも極められましたのは、すばらしいことである。そうであるのに、京極中納言入道（＝藤原定家）の家の本に「未央の柳」と書かれていることもあるのでしょうか。（それで）また俊成卿の女《むすめ》に（その定家の「未央の柳」のことを）尋ね申しましたところ、（俊成卿の女は）「このこと（＝未央の柳）は代々の書写の誤りで書き入れられたのだろうか、あまりに対句のようにして（＝意図がみえすぎて）気にくわない感じがあるのでしょうか」と云々。よって私の本（＝源光行・親行親子が整えた本文）ではこれ（＝未央の柳）を用いない。

語句

Ⅰ かひなし＝ク活用の形容詞。漢字では「甲斐無し」と書き、〝無駄だ、効果がない〟の意。

よそふ＝〝たとえる、比べる〟の意。「よそふべきかたぞなき」で、そのものが、他に並ぶものがないほどすぐれているさまを表す。

Ⅲ いぶかしさ＝〝気がかりである、不審である〟の意の形容詞「いぶかし」の名詞形。

若菜の巻＝『源氏物語』五十四帖のうち、三十四番目が「若菜上」、三十五番目が「若菜下」の巻である。物語を大きく三部に分けた際の第二部の冒頭にあたる。女三の宮・柏木などが登場し、重要なエピソードが多数収められる。「六条院の女試楽」は「若菜下」の巻で語られる内容である。

勘当＝責めてとがめること。

中の十日＝①一カ月のうち中旬の十日間。②一カ月の二十日目。ここでは①・②のどちらで解釈してもよいだろう。

解説

問1 やや易 1 正解は①

省略されている表現を問う問題。反実仮想の構文（ましかば〜まし）の理解を基礎に、本文の文脈を把握して表現の意図と登場人物の心情をとらえる出題となっている。（注）1にある通り、玄宗皇帝が派遣した道士が、楊貴妃に会った証拠に楊貴妃の金の釵を持ち帰ったという物語を背景に、「贈りもの」が〈**桐壺の更衣の「しるしの釵」であったならば**〉と嘆く桐壺帝の心情をとらえる。

「贈りもの」とは、問題文からわかるように、桐壺の更衣の「形見の品々」である。「しるしの釵」とは、道士が楊貴妃に会った証拠の品であるが、命婦は、桐壺の更衣に会った証拠の品を持ち帰れなかった。よって、「贈りもの」は「しるしの釵」ではなかったということになる。

●**しるしの釵**＝道士が楊貴妃に会った証拠の品

●**贈りもの**＝帝のもとに届けられた、桐壺の更衣の形見の品々→**「しるしの釵」ではない**

続く和歌で、帝は桐壺の更衣の「魂のありか」を知りたいと詠んでいる。よって、最愛の桐壺の更衣を失った帝にとって、もし桐壺の更衣の魂に会った証拠の品であったならば〈**うれしい**〉という展開が妥当であることに気づくだろう。ここから、〝どんなにうれしいだろうに〟という意味になる①が正解。

なお、傍線部直後の「思ほすも」の「も」は、係助詞から転じた接続助詞で、ここでは**逆接の確定条件**を示し、傍線部に続く部分は〝とお思いになるが、まったくかいのないことだ〟（**【文章Ⅱ】**では〝とお思いになるが、大変悲しい〟）という意味になる。よって、ここから、本問で答えるべき心情が、**「かひなし」と対照的な心情になる**と推察することもヒントになる。
② 「めやすし」は「目安し（目易し）」で、〝見苦しくない、感じがよい〟の意。最愛の人の魂の場所を求める心情として不適。
③ 「くやし」では意味がまったく通らない。
④ 〝趣がある〟などの意のある「をかし」では、帝の切なさは表現できない。
⑤ 「あぢきなし」は〝道理に外れている、つまらない〟の意。本文の展開にまったく合わない。

問2 難 2 正解は④

和歌の修辞と内容の理解を問う問題。「尋ねゆく幻もがなつてにても魂のありかをそこと知るべく」という本文中の和歌からの出題。選択肢には、和歌修辞、文法、内容と、いろいろな要素が含まれているので、この和歌について、形式面と内容面の両方から詳しく読み取ることが求められている。

「しるしの釵ならましかば」とお思いになるも、どうすることもできない、という**問1**で問われた心情部分の直後にあり、この和歌が**桐壺帝の詠んだ歌**だと読み取れる。「幻もがな」の「もがな」は願望の終助詞であり、〝〜があればなあ、〜であればなあ〟などと訳す。ここでは〝幻があればなあ〟の意味となる。この「幻」が何を指すかがポイントである。「尋ねゆく」に後続していることから、（注）1にある、楊貴妃の魂のありかを尋ね求めた「幻術士」を指すことに気づけただろうか。この和歌では帝が、「楊貴妃を尋ねゆく幻術士がいればなあ」と願望を述べ、そうすれば「つて」、つまり人づてにでも桐壺の更衣の魂のありかがそこだと知ることができるだろうに、と、悲しみを述べている。

●玄宗皇帝→道士（幻術士）に命じる→道士は亡き楊貴妃の釵を持ち帰り、皇帝に渡した
●桐壺帝　→道士（幻術士）がいない→「つて」がないため、亡き桐壺の更衣の魂のありかがわからない

文脈と（注）を絡めてこの歌の解釈を行うのはかなり難しいといえるだろう。選択肢は**適当でないものを選ぶ**。④の「幻術士になって更衣に会いに行きたい」という解釈は不適当であり、④が本問の正解となる。

①適当。ただし、和歌の解釈ができていないと、この選択肢の判別が不安になるだろう。「縁語」かどうかの判別は一般的にかなり難しい。さらに掛詞についても、この歌では「魂」に〝玉〟の意味があるのではないかなどと不安になったかもしれない。

②適当。第二句末の「もがな」は願望の終助詞。終助詞ということから、この和歌が二句切れであり、そこを境に倒置していることがわかる。

③適当。願望の終助詞「もがな」の用法を理解していれば問題はないと判断できるだろう。

⑤適当。（注）1から、玄宗皇帝と楊貴妃の悲劇を背景にしていることがわかる。

（注）1にある、玄宗皇帝が楊貴妃の魂のありかを幻術士に求めさせたという物語を背景にして、和歌の「幻」が「幻術士」のことだと気づくことが、④を不適と判断することの前提になるが、これはかなり難しい。レベル的には難の出題だろう。

問3　やや難　3　正解は①

文脈の把握から、**傍線部の表現の意味をとらえる**問題。**【文章Ⅲ】**の傍線部までの文脈を正しく把握できたかどうかということが、正解を導く鍵になる。

冒頭に「亡父光行」とあるので、**【文章Ⅲ】**は源親行の語りである。父光行が『源氏物語』にある不審な点を五条三品（＝藤原俊成）に尋ねたが、その中に、桐壺の巻で**「未央の柳」**を**「見せ消ち」にしたのはどうしてか**という疑問があった。これらの不審な点について、自分（親行）を使いとして俊成のもとに聞きに行かせ、「…いかなる子細の侍るやらむ」と自分が申したところ、傍線部の回答が俊成からなされたという展開である。なお、「見せ消ち」については問題の（注）２に説明があるが、具体的には次のようなことである。

●**見せ消ち**

太液の芙蓉、未央の柳も、げに通ひたりし……（見せ消ちに）

⇩

太液の芙蓉も、げに通ひたりし……

見せ消ちが採用され、「未央の柳」がなくなった本文

俊成は傍線部の後で「行成卿の自筆の本に、この一句を見せ消ちにし給ひき」と言っており、傍線部の「いかでか自由の事をばしるべき」は、俊成が**自分で自由に、勝手な解釈をもとに本文をつくるはずがない**、という内容であると読み取れる。よって、ここの「いかでか」は**反語**で〝どうして〜か（、いや、〜ない）〟の意。「しる」は〝自分のものとする、できる〟といった意である。この内容を説明しているのは①の選択肢。

②不適。「質問されてもわからない」は「自由の事」の説明にはならない。また、このあとで親行からの「質問」に答えていることとも矛盾する。

③不適。「いかでか」の訳出の仕方が誤っている。「いかでか」は副詞「いかで」＋係助詞「か」で、

①**疑問**　どうして

②**反語**　どうして〜か（、いや、〜ない）

③**願望**　なんとかして（〜したい）

の三つの意味があり、選択肢では③で訳しているが、ここは②の意味で解釈すべきである。なお、③の意味になると

きは、下に**意志や願望を表す語を伴う**場合が多い。

④不適。親行の意見を求めているとは読み取れず、この後の展開でも親行は俊成に対して回答していない。

⑤不適。これは間違いやすい選択肢だろう。傍線部の後の部分から、〈行成卿が自筆本で墨をつけて見せ消ちにしているが、行成卿は『源氏物語』の作者紫式部と同時代の人であり、作者と申し合わせることもあっただろう。だから行成卿の見せ消ちを尊重して私俊成もそのまま見せ消ちにした〉と読み取ってこれが正解と考えたかもしれない。しかし、直前に着目すると、俊成は親行に「子細」を問われ、この後で事情を説明しているので、「自分の意見を言うことはできない」では文脈に合致しない。ここは、自分勝手な考えで自由に見せ消ちにしたのではないことの説明となる。

問4 難 4 正解は⑤

文章の展開から把握される、**傍線部の主語および敬意の対象**を問う問題。「見せ消ちにせられ」の解釈がポイントになる。「せられ」の「せ」は、見せ消ちに〈する〉と解釈でき、サ行変格活用動詞「す」の未然形。「られ」は受身、尊敬、可能、自発の意味がある助動詞「らる」であるが、他者からされる受身、自分の心情に自然と生じる自発はあり得ない。見せ消ちにすることが〈できる〉という可能の解釈は無理があり、また選択肢の中でその可能性は述べられていない。ここは、**見せ消ちにした人物への尊敬**と解釈するのが妥当。**【文章Ⅲ】**の中で「見せ消ち」を行ったのは「五条三品」（＝藤原俊成）と「行成卿」であり、②と⑤が正解の候補となる。

文脈を確認すると、「未央の柳」を見せ消ちにした俊成にその理由を尋ねたところ、俊成が『源氏物語』の若菜の巻で理解できたと言ったのに対し、親行も若菜の巻を調べることで理由を納得し、傍線部直後で「三品の和才すぐれたる中にこの物語の奥義をさへきはめられ」と俊成を賞賛している。ここから、**「見せ消ちにせられ」たのは俊成**であると読み取れ、「俊成に対する敬語」という⑤の内容が正しい。

①不適。紫式部は『源氏物語』の作者であり、自分の本に見せ消ちを入れる理由はない。（注）２から「見せ消ち」とはどのようなことかを理解して判断したい。

②不適。先述のとおり、ここでの見せ消ちは行成の見せ消ちではない。文章の展開を正しく把握していないと誤って選んでしまう選択肢だろう。

③不適。俊成に対する賞賛が述べられており、「親行の不満」は読み取れない。

④不適。「侍りし」は丁寧語であり、傍線部は地の文にあるので読者に対する敬語と解釈できる。【文章Ⅲ】の冒頭に「亡父光行」とあるように、光行は亡くなっているので、この文章の読者とはなりえず、光行への敬意を表すものではない。光行への丁寧語であれば、光行に対する会話の形式で示されるはずである。

いろいろな敬語表現が誰から誰への敬意を表すかについては、次のようにまとめられる。条件ごとに整理をして覚えておきたい。

●敬語が示す敬意の方向

尊敬語	謙譲語	丁寧語
〈地の文〉筆者→動作の主体	〈地の文〉筆者→動作の客体	〈地の文〉筆者→読者
〈会話文〉話し手→動作の主体	〈会話文〉話し手→動作の客体	〈会話文〉話し手→聞き手
（「誰が」）	（「誰を」「誰に」「誰へ」「誰から」）	

問5　難　5　正解は③

二つの文章を比較し、二重傍線部に描かれた人物の説明として適当でないものを問う問題。二重傍線部の前半が楊貴妃を表現したものであることは把握できると思うが、**どこからが桐壺の更衣の説明か**を把握できるかが、まず第一の関門だ。**【文章Ⅰ】**と**【文章Ⅱ】**が同じ展開を別の表現で描いたものだという点に着目し、描写が短くて読み取りやすい**【文章Ⅰ】**の似た箇所を確認する。「唐めいたるよそひはうるはしうこそありけめ」が**〈こそ…已然形、―〉で逆接を**表し、さらに「けめ」が**過去推量の助動詞「けむ」**の已然形であることから、ここまでが楊貴妃の描写であり、「なつかしうらうたげなりしを思し出づるに」以降が、帝が思い出した桐壺の更衣の描写であると読み取れる。

ここから**【文章Ⅱ】**でも、「なつかしうらうたげなりしありさま」以降が桐壺の更衣の描写であると想定できる。**【文章Ⅰ】**と同様に、「唐めいたりけむ」の**過去推量の助動詞「けむ」**で、過去の物語である楊貴妃を表現している点、「けうらにこそはありけめ、…」の**〈こそ…已然形、―〉で逆接を表す**という文法事項から、「なつかしう」以降が桐壺の更衣の描写であるという展開が読み取れる。

	文章Ⅰ	文章Ⅱ
楊貴妃	唐めいたるよそひはうるはしう**こそ**あり**けめ**、	唐めいたり**けむ**よそひはうるはしう、けうらに**こそ**はあり**けめ**、
桐壺の更衣	なつかしうらうたげなり**し**	なつかしうらうたげなり**し**ありさまは、女郎花の風になびきたるよりもなよび、撫子の露に濡れたるよりもらうたく、なつかしかり**し**容貌・気配

桐壺の更衣について述べた表現の「らうたげなりし」「なつかしかりし」の「し」は、過去の助動詞「き」の連体形であり、「き」が直接経験した過去について述べる助動詞であることから、桐壺帝が、直接知っている桐壺の更衣を回想している表現として、文法の面からも適切である。

以上を押さえたうえで、選択肢の説明内容をもとに、表現の特徴を吟味するというのが第二の関門。

①適当。「けむ」に着目すると、楊貴妃の描写には過去推量の表現がされ、唐の過去の物語ということを示していると考えられる。「なつかしう」以降の桐壺の更衣の描写には過去推量は使われていないことから、「対比」として読み取ることができる。

②適当。「けうら」は漢字で書くと「清ら」で、美しさを表現する語である。「唐めいたりけむよそひ」の文脈から「中国的な」美しさと読み取ることができ、適する選択肢である。

③不適。「女郎花の風になびきたるよりもなよび」のうち、「なよび（なよぶ）」は〝なよなよとしている〟という弱いイメージで使う場合もある。しかしこの場面は、【文章Ⅰ】と同様に、楊貴妃に勝るとも劣らない桐壺の更衣の美しさを表現した部分であり、更衣について「幸薄く薄命な女性」のようなマイナスイメージを暗示しているという説明は微妙。「なよぶ」を、風になびいている女郎花よりも〝柔和である、しなやかである〟といったプラスの意味で解釈する方が妥当といえるだろう。

④適当。〝撫子が露にぬれているよりもかわいらしく〟という表現であり、「更衣の可憐さ」という説明は、桐壺の更衣の美しさを説明している文脈からも妥当。

⑤適当。「女郎花」「撫子」と比較して、花より美しく心ひかれる存在であった桐壺の更衣を賞賛している部分であり、「更衣の魅力を強調」という説明は正しい。

問6 やや難 6 正解は③

【文章Ⅲ】の内容に合致する説明を選ぶ問題。他の文章の内容も関係づけながら、【文章Ⅲ】の展開全体を把握したうえで、選択肢を吟味する。

①不適。親行は、藤原俊成の指摘と、俊成の女に確認を取ったことにより「未央の柳」を用いていないのである。【文章Ⅲ】に「季節」との不一致について言及した箇所はなく、「季節」について考慮して「未央の柳」を削除したとするのは恣意的な読み取りとなる。明らかに誤りの選択肢。

②不適。俊成の女は「伝々の書写のあやまり」と言っており、前半部分の説明は誤りではないが、「俊成から譲られた行成自筆本」の内容は本文からは読み取れない。また行成自筆本はもともと見せ消ちになっていたのであり、「(俊成の女が)墨で塗りつぶし」も明らかに誤り。

③適当。光行が「未央の柳」の見せ消ちに不審を抱いて親行を遣わして質問させたという内容は、本文と合致する。後半部分の、光行が「整った対句になっているほうがよいと考えた」という内容については、使いに出た親行が「みな二句づつにてよく聞こえ侍るを」と述べていることから、対句関係を父の光行が評価していると推察できる。

④不適。「光行からも若菜の巻を読むように叱られた」の部分が文章中から読み取れない。光行が親行を叱った理由として本文に書かれているのは、若菜の巻のどの箇所に「同類」があるのかを、親行が尋ねてこなかったことである。

⑤不適。「京極中納言入道(＝藤原定家)の家の本に『未央の柳』と書かれたる」とあるが、これが定家の父俊成の指示であるとはどこにも書かれていない。さらにそのことについて俊成の女が「書写のあやまり」と言及しており、藤原俊成一門(＝御子左家)の「奥義」であるはずはないので、誤りの選択肢。

選択肢は誤りのはっきりしたものがあり選びやすいが、【文章Ⅲ】の読み取りが簡単ではないので、やや難の問題といえるだろう。

第5問

出典

Ⅰ 司馬遷『史記』〈第三十二巻 斉太公世家 第二〉

Ⅱ 佐藤一斎「太公垂釣図」

【文章Ⅰ】は司馬遷『史記』の「斉太公世家」にある太公望呂尚についての記述である。『史記』は紀伝体として、「本紀」「列伝」という分類が有名であるが、その他に、「表」「書」「世家」という分類に入る文章も収められている。「世家」は諸侯の事績を記した部分であり、今回出題された部分は、春秋戦国時代の斉の創始者である呂尚が周の西伯（文王）と出会った場面で、呂尚の出世の糸口が描かれている。

【文章Ⅱ】は十九世紀中頃の日本で作られた漢詩「太公垂釣の図」をメインとする資料である。漢詩は佐藤一斎が詠んだもので、西伯（文王）のもとで活躍した「太公望呂尚」について、独自の視点から描いている。資料は、この漢詩について、**高校生が調査し、発表するときのまとめ資料の形式**となっており、漢詩の下に口語訳がついているので、内容は読み取りやすいだろう。また、資料中の説明文や絵画、「コラム」も、漢詩を読み解くうえでのヒントとなっている。

読み

Ⅰ 呂尚は蓋《けだ》し嘗《かつ》て窮困《きうこん》し、年老いたり。漁釣《ぎょてう》を以て周の西伯《せいはく》に奸《もと》む。西伯将《まさ》に出でて猟《か》りせんとし之《これ》を卜《うらな》ふ。曰はく、「獲る所は龍に非ず、彲《みづち》に非ず、虎に非ず、羆《ひぐま》に非ず、獲る所は覇王の輔《たす》けなり」と。是《ここ》に於《お》いて周の西伯猟りす。果《は》たして太公に渭《ゐ》の陽《きた》に遇《あ》ふ。与《とも》に語りて大いに説《よろこ》びて曰はく、「吾が先君太公より曰はく、『当《まさ》に聖人有りて周に適《ゆ》くべし。周以て興《おこ》らん』と。子《し》は真に是れなるか。吾が太公子を望むこと久し」と。故《ゆゑ》に之を号《がう》して太公望と曰ふ。載《の》せて与に倶《とも》に帰り、立てて師と為す。

Ⅱ　太公垂釣の図

謬《あやま》りて文王に載せ得て帰られ
一竿《いっかん》の風月心と違《たが》ふ
想《おも》ふ君が牧野《ぼくや》鷹揚《ようやう》の後
夢は磻渓《はんけい》の旧釣磯《てうき》に在らん

全訳

Ⅰ　呂尚はそもそも以前生活に困窮し、（さらに）年老いていた。魚釣りをしていて周の西伯に知遇を得ることを求めた。西伯は狩りに出ようとしてその成果を占った。その占いに、「猟の獲物は龍ではなく、雨竜（＝伝説上の竜の一種、雌の竜など様々な説がある）ではなく、虎ではなく、ヒグマでもなく、捕れる獲物は覇王の補佐となるものだろう」と出た。それで周の西伯は狩りをした。案の定（＝その占いの通り）（西伯は）呂尚に渭水の北岸で出会った。ともに語って（西伯は）大いに喜んで言った、「私の先君太公より、『聖人がいてきっと（我が）周に行くだろう。周はそれによって強力になるだろう』と言われている。あなたはまさにその人ではないか。私の亡き父太公があなた（の出現）を望むことは昔からのことだった」と。それで呂尚を称して太公望と言った。車に乗せてともに帰り、軍師として太公望を立てた。

Ⅱ　問題参照。

解説

問1 易 1・2 正解は ⑴―① ⑵―⑤

語句の読みを答える問題。⑴・⑵とも頻出語句である。

⑴ 「嘗」は〝味を見る〟という意味の「なむ」、〝試す〟という意味の「こころむ」などの読み方があるが、試験で出題されるのはほぼ「かつて」だけである。ここは呂尚の過去を語っている部分であり「かつて」の読みしかない。〝以前に〟という意味となる。

⑵ 「与」は動詞では「あたふ」「あづかる」「くみす」、助字として「ために」「と」「より」、文末の疑問や反語の助字「か」「や」などの用法もあるが、ここは〝一緒に語った〟という文脈であり、「ともに」の読みが正しい。

問2 標準 3・4 正解は ㈠―② ㈡―④

語句の本文中での意味・用法を答える問題。

㈠ 「果」は、名詞や動詞（「はたす」「はてる」）として使われることもあるが、ここでは、選択肢がいずれも副詞となっていることからわかるように、副詞として使われている。副詞の場合は「はたして」と読む。前後の内容を確認すると、「果」の前文で、占いを行ったところ、天下の覇王となることを補佐する者を獲物として得られるだろうという結果が出たため狩猟をしたことが述べられている。そして「果」を含む文で「太公」に出会ったと述べられるので、占いの結果の通りに呂尚に出会ったという文脈と考えられる。この内容を押さえれば、②「案の定」が正解とわかる。

占いの結果を受ける文脈であり、①「たまたま」出会ったのでは、占いの結果は関係ない。同様に、③「思いがけず」では占った意味がなく、④「やっとのことで」ではおかしい。⑤「約束どおりに」に引っかかった受検者が多かったのではないだろうか。占いで言われた結果として「約束どおりに」太公望に会えたと解答したと思われるが、占いは先のことを予見するものであり、決して「約束」されたものでないことに留意しなければならない。おみくじの結果が約束されたものではないことからも理解できるだろう。

(イ)「当」は、返り点の上下点の「下」が付いていることから、「適」から返って最後に読んでおり、再読文字「当《まさ》に〜(す)べし」であるとわかる。問題は、この「当」の訳として、「当然〜すべきだ」、「きっと〜だろう」のどちらが当てはまるかを文脈から確認しなければならないことである。ここは、西伯の亡き父太公が言った、〈聖人が出てきて周に行く。それにより周が興るだろう〉という内容に着目すると、この「聖人」が呂尚であることがわかる。亡き父太公の予言を示す箇所であることから、④の「きっと〜だろう」の意味が最適であることがわかる。

①の「ぜひとも〜すべきだ」は再読文字「当」の訳として使うが、亡き父太公の予言の言葉としては不適当な表現である。②・③・⑤は「当」の訳し方として不適。

問3　標準　5　正解は⑤

白文を読み、書き下し文と返り点を検討する問題。

ここは、西伯が猟に出ようとして、その成果を占ったという内容が想定できるだろう。そこから「将」が再読文字の「将《まさ》に〜んとす」であることに気づけば、選択肢を絞ることができる。なお、①の書き下し文は「将」を再読文字として読んではいるが、文末が「〜んとす」ではなく「〜べし」となっており、読みがおかしいうえに、この読み方で訳すと〈狩りに出てから占いをする〉という内容になってしまう。狩りでの結果を占うのであって、狩りに出てから占っても仕方がないので、①は誤り。⑤の「将に出でて猟りせんとし之を卜ふ」であれば、狩りをしようとしてその結果を（狩りをする前に）占うという内容に合致する。返り点の打ち方も正しいので、正解は⑤である。②〜④は「将」を再読文字として読んでいないという点で明らかに誤りの選択肢である。

問4 標準 6 正解は③

傍線部の解釈を問う問題。文脈を踏まえて傍線部分の会話の主体をとらえ、語句の用法、指示語の指す内容とともに訳出することが必要である。傍線部分の会話が呂尚、西伯のどちらの発言かをつかむのがまず第一。「太公」が〈呂尚〉と〈西伯の亡き父〉の両方の意味で出てくるので混乱するが、（注）の説明をしっかり読み取るべきである。（注）４にあるように、「先君太公」が西伯の父のことであるので、**傍線部分は西伯の発言**である。

そのうえで第二のポイントが、**「子」と「是」の意味**がつかめたか、である。傍線部は西伯が呂尚に語っている内容であり、「子」は〝子ども〟ではなく、〝あなた〟を意味する人称代名詞であることに気づくことが大切だ。傍線の直前にある、先君太公の「当有聖人……以興（＝聖人が周の国に行くだろう。それによって周が興るだろう）」という**予言の「聖人」はあなたのことなのか**と、西伯が驚きをもって語っているということを読み取る。つまり、「是」は「聖人」を指している。これらを踏まえて選択肢を確認する。

①不適。〈「我が子」がこれ（＝予言されたその人）に違いない〉は、まったく見当違いの解釈。「邪」の意味も含まれていない。

②不適。前半部分は問題ないが、後半部分を反語で解釈してしまうと、〝あなたはまさに予言されたその人だろうか、いやそうではない〟という展開になってしまい、誤り。

③適当。〝あなたはまさにその予言された人ではないか〟という解釈であり、文脈に適合する。

④不適。「我が子がまさにその人だろうか」では、呂尚ではなく西伯の子が予言された人になってしまう。西伯の子は登場していない。

⑤不適。「子」を「我が子」と解釈しており、誤りの選択肢。

問5　難　7　正解は①・⑥

漢詩の形式、歴史的意義についての知識をもとに妥当な説明を**すべて選ぶ**問題。【文章Ⅱ】の佐藤一斎の漢詩は一行七字の四行で構成されており、「**七言絶句**」である。「帰《キ》」「違《イ》」「磯《キ》」の字で**韻**がふまれている。以上をもとに選択肢を検討する。

①**適当**。七言の絶句、律詩とも一句目末と偶数句末で押韻するのが基本である。この詩の形式、押韻の説明として正しい。

②不適。律詩は八行の詩であり、この詩は「七言律詩」ではない。「対句を構成している」も誤り。この詩に対句は含まれていない。よって明らかに誤りの選択肢。

③不適。古体詩は行数が定まっていない詩であり、長いものもあれば、四行、八行のものもある。押韻などの形式はかなり自由であり、絶句、律詩などの近体詩に比較して形式性が弱い。また、首聯、頷聯、頸聯、尾聯は、律詩についての用語（律詩の二行ずつを聯として数える）であり、絶句であるこの詩の説明としては誤り。絶句は四つの句を起句、承句、転句、結句という。

④不適。「漢詩は日本人の創作活動の一つにはならなかった」が明らかに誤り。日本の漢詩の歴史は古く、奈良時代からつくられており、漢詩集として奈良時代には『懐風藻』が編まれている。平安時代には勅撰漢詩集もつくられており、『凌雲集』『文華秀麗集』『経国集』が有名だ。

⑤不適。④の解説からわかるように、「日本人は江戸時代末期から漢詩を作るようになった」は誤り。

⑥適当。「古くから日本人が漢詩文に親しみ」、「教養の基礎としてきた」のは、漢詩集の撰集があることや、『枕草子』、『源氏物語』などの記述からも明らかである。

漢詩と日本の漢詩文の歴史についての知識問題である。高校の授業で扱われているはずの内容であるが、すべて過不足なく選べという形式が問題としての難度を押し上げている。

問6 やや難 8・9 正解は A群―③ B群―⑤

【文章Ⅱ】の〈コラム〉の文中にある誤った表現をA群から選び、それを正しく改めるとB群のどれになるかを答える問題である。複数の資料から相違点を読み取り、そのことを説明した適切な選択肢を選ぶ問題となっている。コラムは太公望と釣り人との関連を説明した部分である。A群の選択肢のうち、②の「釣り人のことを『太公望』と言います」という内容は、辞書どおりの意味を説明しており、誤りではない。この正誤判定にあたっては、「太公望」という言葉の意味がわかっているかという知識が影響する。自信がない場合は、②は保留として他の選択肢を確認するというのがよいだろう。

次に、A群の①と③を検討する。①の「文王との出会いが釣りであった」という内容は、【文章Ⅰ】の一行目にある「以漁釣奸周西伯」の部分と合致するので、誤りではないと言える。③は、「太公望」の名前の由来が、【文章Ⅰ】では「西伯が望んだ人物だったから」と説明している。しかし【文章Ⅰ】の四、五行目の「『……吾太公望子久矣。』故号之曰太公望」の部分から、太公（＝西伯の先君）が望んだ人という意味が【文章Ⅰ】での「太公望」の由来であり、「西伯が望んだ」という記述は誤り。よってA群ではこの③の選択肢を解答する。

B群は六つの選択肢があるが、A群とB群を比べれば、A群の①を改める候補がB群の①・②であり、同様に、A

群の②がB群の③・④、A群の③がB群の⑤・⑥に対応するとわかるだろう。よってA群の誤りが③だと把握できれば、B群は⑤か⑥に絞られる。先に検討したとおり、**太公が望んだ人物が太公望だ**という⑤が正解となる。⑥は「子」を〝子ども〟の意味で読んでおり、これは【文章Ⅰ】に関しては誤読である。

B群の他の選択肢をみるとすべて誤りの説明である。①文王は占いをしたあとに呂尚に会っているので、「卜いをしている時に出会った」は明らかに誤り。②文王は「猟」はしているが「釣り」をしていたかどうかははっきりしない。③・④は「太公望」の意味を誤って説明している。

問7　標準　10　正解は⑤

【文章Ⅰ】と【文章Ⅱ】の漢詩の両方に登場する太公望（呂尚）について、両者を比較し、佐藤一斎の漢詩から読み取れる太公望の説明を、選択肢から選ぶ問題。 **複数資料**が対象の出題となっているが、実質的には、【文章Ⅱ】の漢詩の訳と選択肢の読解だけで解ける問題である。

漢詩に描かれる太公望は、漢詩の第一句・第二句の訳からわかるように、**文王に仕えることは本意ではなく、自然の中で一人釣りをすることを願っていた**。これを押さえたうえで選択肢を確認する。

①不適。「謬りて」（＝不本意にも）は、第一句の訳にあるように、文王に周に連れていかれたことに対する思いであり、明らかに誤りの選択肢。

②不適。①と同様、「殷を討伐した後」の「むなしさ」は、第一句の「謬りて」とは関係ない。また討伐後に「むなしさ」を感じていたと読める部分はない。

③不適。訳にあるように、釣り竿一本だけで「風月」、つまり自然の中で静かに風流を味わう生活を送りたいという願いとは異なることになった、というのが第二句の解釈である。よって「釣りをするだけの生活」は太公望が望んだ生

活であり、これが「心と違ふ」という説明は誤り。

④不適。「その後の待遇」がよくないために太公望が「不満」を感じたという内容は漢詩から読み取れない。

⑤適当。第四句について、昔の釣りのことを毎夜夢に見ていたという訳がされており、「本来は釣磯で釣りを楽しんでいたかったという太公望の望み」という説明は、漢詩の内容に合致する。

⑥不適。磻渓については、昔の釣磯を夢見ていたのであり、昔釣りをしていた地方を領地としてもらいたいわけではないので、誤りの選択肢。

共通テスト対策の強い味方！
赤本ノート&ルーズリーフ
共通テスト対策の
必須アイテム
マークシートに慣れる！& 実力分析ができる！
Akahon notebook
Akahon loose leaf
赤本ノート
共通テスト用
赤本ルーズリーフ
共通テスト用
「共通テスト赤本シリーズ」や
「新課程攻略問題集」とセットで使って
過去問演習の効果を最大化 ※全科目対応
詳しい
使い方は
こちら
共通テスト赤本プラス
共通テスト&新課程の「試作問題」を徹底分析！
詳しくはこちら
新課程 攻略問題集
ラインナップ 全14点
好評発売中！
国語の
実用文も
新教科の
情報も
分野別対策で
苦手克服にも！
ばっちり対策！
選択科目も
カバー
共通テスト 新課程 攻略問題集
数学Ⅱ,B,C
国語 現代文
情報Ⅰ
歴史総合,日本史探究
化学
目から
ウロコのコツが
満載！
共通テスト
満点のコツシリーズ
伸び
悩んでいる人に
効く!!
古文
漢文
英語 リスニング
英語〔リスニング〕／古文／漢文／
生物基礎 ＊2024年夏 刊行予定
詳しくは
こちら
※書影は
仮のものです

2025年版

共通テスト
過去問研究

国語

問題編

◀矢印の方向に引くと
本体から取り外せます
ゆっくり丁寧に取り外しましょう

教学社

問題編

国語（9回）

● 2024年度　本試験
● 2023年度　本試験
● 2023年度　追試験
● 2022年度　本試験
● 2022年度　追試験
● 2021年度　本試験（第1日程）※1
● 2021年度　本試験（第2日程）※1
● 第2回試行調査※2
● 第1回試行調査※2

◎ **マークシート解答用紙**（2回分）

本書に付属のマークシートは編集部で作成したものです。実際の試験とは異なる場合がありますが，ご了承ください。

※1　2021年度の共通テストは，新型コロナウイルス感染症の影響に伴う学業の遅れに対応する選択肢を確保するため，本試験が以下の2日程で実施されました。
第1日程：2021年1月16日(土)および17日(日)
第2日程：2021年1月30日(土)および31日(日)

※2　試行調査はセンター試験から共通テストに移行するに先立って実施されました。
第2回試行調査（2018年度），第1回試行調査（2017年度）
なお，試行調査で実施された第1問（記述式）は，記述式の出題が見送りとなったため掲載していません。

2024

共通テスト
本試験

国語

解答時間 80 分
配点 200 点

第1問

次の文章を読んで、後の問い（問1～6）に答えよ。なお、設問の都合で本文の段落に［1］～［10］の番号を付してある。また、表記を一部改めている。（配点　50）

［1］　モーツァルトの没後二〇〇年の年となった一九九一年の、まさにモーツァルトの命日に当たる一二月五日に、ウィーンの聖シュテファン大聖堂でモーツァルトの《レクイエム》(注1)の演奏が行われた（直後にLD(注2)が発売されている）。ゲオルク・ショルティ(注3)の指揮するウィーン・フィル(注4)、ウィーン国立歌劇場の合唱団などが出演し、ウィーンの音楽界の総力をあげた演奏でもあるのだが、ここで重要なのは、これがモーツァルトの没後二〇〇年を記念する追悼ミサ(注5)という「宗教行事」であったということである。それゆえ、随所に聖書の朗読や祈りの言葉等、「音楽」ではない台詞《せりふ》の部分や聖体拝領などの様々な儀式的所作が割り込む形になる。まさに「音楽」でもあり「宗教行事」でもあるという典型的な例である。

［2］　モーツァルトの《レクイエム》という音楽作品として聴こうとする人は、これをどのように認識するのか？　あるCDショップのウェブサイトに(ア)ケイサイされているこの演奏のCDのレビュー欄には、「キリスト教徒でない並みの音楽好きには延々と続く典礼の割り込みには正直辟易《へきえき》としてくるのも事実。CDプレイヤーのプログラミング機能がカツ(イ)ヤクする」というコメントが見られる。これを「音楽」として捉えようとするこの聴き手が、音楽部分だけをつなぎ合わせてひとまとまりとして捉えるような認識の仕方をしているさまが彷彿《ほうふつ》としてくる。

［3］　それに対して、この(ウ)モヨオし物は「音楽」である以前に典礼であり、この聴き手のような本来のあり方を無視した聴き方は本末顚倒《てんとう》だとする立場も当然考えられる。こういうものは、典礼の全体を体験してこそその意味を正しく認識できるのであり、音楽部分だけつまみだして云々《うんぬん》するなどという聴き方は、あらゆる音楽を、コンテクストを無視してコンサートのモデルで捉える一九世紀的なアク(エ)ヘイにすぎない、一刻も早く、そういう歪《ゆが》みを取り去って、体験の本来の姿を取り戻さなければならない、そういう主張である。

4 この主張はたしかに一面の真理ではあろう。だがここでの問題は、一九世紀には音楽が典礼から自立したとか、それをまた、本来のコンテクストに戻す動きが生じているというような単純な二分法的ストーリーにおさまるものではない。もちろん、物事には見方によっていろいろな側面があるのは当然なのだから、音楽か典礼かというオールオアナッシングのような議論で話が片付かないのはあたりまえだが、何よりも重要なのは、ここでの問題が、音楽vs.典礼といった図式的な二項関係の説明にはおさまりきれない複合的な性格をもった、しかもきわめてアクチュアル(注6)な現代的問題を孕《はら》んでいるということである。

5 **A**これが典礼なのか、音楽なのかという問題は、実はかなり微妙である。たしかに、モーツァルトの命日を記念して聖シュテファン大聖堂で行われている追悼ミサであるという限りでは(オ)マギれもなく宗教行事であるには違いないが、ウィーン・フィルと国立歌劇場合唱団の大部隊が大挙してシュテファン大聖堂に乗り込んで来ているという段階で、すでにかなり異例な事態である。ＤＶＤの映像を見ても、前方の祭壇を中心に行われている司式(注7)を見る限りでは通常の「典礼」のようだが、通常の典礼にはない大規模なオーケストラと合唱団を後方に配置するために、聖堂の後ろにある通常の出入り口は閉め切られてしまっている。聖堂での通常の儀礼という範囲に到底おさまりきれないものになっているのだ。客（信徒と言うべきだろうか）もまた、典礼という限りでは、前の祭壇で行われている司式に注目するのが自然であり、実際椅子もそちら向きにセットされているのだが、背後から聞こえてくる音楽は、もはや典礼の一部をなす、というようなレベルをはるかにこえて、その音楽自体を「鑑賞」の対象にしている様子が窺《うかが》える（実際、映像を見ると、「客」が半ば後ろ向きになって、窮屈そうな様子で背後のオーケストラや合唱の方をみている様子が映し出されている）。

6 そして何といっても極めつきなのが、この典礼の映像がＬＤ、ＤＶＤなどの形でパッケージ化されて販売され、私を含めた大多数の人々はその様子を、これらのメディアを通して体験しているという事実である。これはほとんど音楽的なメディア・イヴェントと言っても過言ではないものになっているのだが、ここで非常におもしろいのは、典礼という宗教行事よりもモーツァルトの「音楽作品」に焦点をあてるという方向性を推し進めた結果、典礼の要素が背景に退くのではなくかえって、典礼をも巻き込む形で全体が「作品化」され、「鑑賞」の対象になるような状況が生じているということである。

7 このことは、B今「芸術」全般にわたって進行しつつある状況とも対応している。それは「博物館化」、「博物館学的欲望」などの語で呼ばれる、きわめて現代的な現象である。コンサートホール同様、一九世紀にそのあり方を確立した美術館や博物館においては、様々な物品を現実のコンテクストから切り取って展示する、そのあり方が不自然だという批判が出てきた。たしかに、寺で信仰の対象として長いこと使われ、皆が頭をなでてすり減っているような仏像が、それ自体、美術的な、あるいは歴史的な価値をもつものとして、寺から持ち出されてガラスケースの中に展示され、それを遠くから鑑賞する、というような体験はとても不思議なものではある。最近ではその種の展示でも、単に「もの自体」をみせるのでなく、それが使われたコンテクスト全体をみせ、そのものが生活の中で使われている状況を可能な限りイメージさせるような工夫がなされたり、作家や作品そのものではなく、その背景になった時代全体を主題化した展覧会のようなものが増えたり、といった動きが進んできた。ところがそのことが、単に元のコンテクストに戻す、ということにとどまらない結果を生み出しているのである。

8 美術館や博物館の展示が、物そのものにとどまらず、それを取り巻くコンテクストをも取り込むようになってきていることは、別の見方をすれば、かつては「聖域」として仕切られた「作品そのもの」の外に位置していたはずの現実の時空もろとも、美術館や博物館という「聖域」の中に引きずり込まれた状況であるとみることもできる。それどころか、一九世紀以来、こうした場で育まれてきた「鑑賞」のまなざしが今や、美術館や博物館の垣根をのりこえて、町全体に流れ込むようになってきていると言ってよいかもしれない。ディズニーランドやハウステンボスは言うに及ばず、ウィーンでも京都でも、ベルリンや東京でも、いたるところに「歴史的町並み」風の場所が出現し、さながら町全体がテーマパーク化したような状況になっている。そういう場所で人々が周囲の景物に向けるまなざしは、たぶん美術館や博物館の内部で「物そのもの」に向けられていたものに近いものだろう。「博物館化」、「博物館学的欲望」といった語はまさに、そのような心性や状況を言い表そうとしているものである。これまで問題にしてきたシュテファン大聖堂での《レクイエム》のケースも、それになぞらえれば、単に音楽をコンサートから典礼のコンテクストに戻したのではなく、むしろ典礼そのものをもコンサート的なまなざしのうちに置こうとする人々の「コンサートホール的欲望」によって、コンサートの外なる場所であったはずの現実の都市の様々な空間が、どんどん「コンサートホール化」されている状況の反映と言い換えることができるように思われる。

9 「音楽」や「芸術」の概念の話に戻り、今のそういう状況に重ね合わせて考え直してみるならば、この状況は、近代的なコンサートホールの展開と相関的に形成されてきた「音楽」や「芸術」に向けるまなざしや聴き方が今や、その外側にまであふれ出てきて、かつてそのような概念の適用範囲外にあった領域にまでどんどん浸食してきている状況であると言いうるだろう。逆説的な言い方になるが、一見したところ「音楽」や「芸術」という伝統的な概念や枠組みが解体、多様化しているようにみえる状況と裏腹に、むしろコンサートホールや美術館から漏れ出したそれらの概念があらゆるものの「音楽化」や「芸術化」を促進しているように思われるのである。だがそうであるならば、「音楽」や「芸術」という概念が自明の前提であるかのように考えてスタートしてしまうような議論に対しては、C なおさら警戒心をもって周到に臨まなければならないのではないだろうか。このような状況自体、特定の歴史的・文化的コンテクストの中で一定の価値観やイデオロギーに媒介されることによって成り立っているのだとすれば、そこでの「音楽化」や「芸術化」の動きの周辺にはたらいている力学や、そういう中で「音楽」や「芸術」の概念が形作られたり変容したりする過程やメカニズムを明確にすることこそが決定的に重要になってくるからである。

10 問題のポイントを簡単に言うなら、「音楽」や「芸術」は決して最初から「ある」わけではなく、「なる」ものであるということになろう。それにもかかわらず、「音楽」や「芸術」という概念を繰り返し使っているうちに、それがいつの間にか本質化され、最初から「ある」かのような話にすりかわってしまい（ちょうど紙幣を繰り返し使っているうちに、それ自体に価値が具《そな》わっているかのように錯覚するようになってしまうのと同じである）、その結果は、気がついてみたら、「音楽は国境を越える」、「音楽で世界は一つ」という怪しげなグローバリズムの論理に取り込まれていたということにもなりかねないのである。

（渡辺《わたなべ》裕《ひろし》『サウンドとメディアの文化資源学——境界線上の音楽』による）

（注）
1　レクイエム――死者の魂が天国に迎え入れられるよう神に祈るための曲。
2　LD――レーザーディスク。映像・音声の記録媒体の一つ。
3　ゲオルク・ショルティ――ハンガリー出身の指揮者、ピアニスト（一九一二―一九九七）。
4　ウィーン・フィル――ウィーン・フィルハーモニー管弦楽団のこと。
5　聖体拝領――キリストの血と肉を象徴する葡萄《ぶどう》酒とパンを人々が受け取る儀式。
6　アクチュアルな――今まさに直面している。
7　司式――教会の儀式をつかさどること。ここでは儀式そのものを指す。

問1　傍線部(ア)〜(オ)に相当する漢字を含むものを、次の各群の①〜④のうちから、それぞれ一つずつ選べ。解答番号は 1 〜 5 。

(ア) ケイサイ 1
① 名著にケイハツされる
② 連絡事項をケイシュツする
③ 方針転換のケイキになる
④ 一族のケイズを作る

(イ) カツヤク 2
① 神仏のごリヤクにすがる
② あの人はケンヤク家だ
③ 面目ヤクジョの働きをする
④ 重要なヤクショクに就く

(ウ) モヨオし物 3
① 議案をサイタクする
② サイミン効果のある音楽
③ カッサイを浴びた演技
④ 多額のフサイを抱える

(エ) アクヘイ 4
① 機会のコウヘイを保つ
② 心身がヒヘイする
③ 室内にユウヘイされる
④ オウヘイな態度をとる

(オ) マギれ 5
① 不満がフンシュツする
② フンベツある大人になる
③ 議論がフンキュウする
④ 決算をフンショクする

問2　傍線部A「これが典礼なのか、音楽なのかという問題は、実はかなり微妙である。」とあるが、筆者がそのように述べる理由として最も適当なものを、次の①～⑤のうちから一つ選べ。解答番号は 6 。

① 追悼ミサにおける《レクイエム》は、音楽として捉えることもできるが、それ以前に典礼の一部なのであり、典礼の全体を体験することによって楽曲本来のあり方を正しく認識できるようにもなっているから。

② 追悼ミサにおける《レクイエム》は、もともと典礼の一要素として理解されてはいたが、聖書の朗読や祈りの言葉等の儀式的な部分を取り去れば、独立した音楽として鑑賞できると認識されてもいるから。

③ 追悼ミサにおける《レクイエム》は、典礼の一要素として演奏されたものではあったが、参列者のために儀式と演奏の空間を分けたことによって、聖堂内でありながら音楽として典礼から自立することにもなったから。

④ 追悼ミサにおける《レクイエム》は、典礼の一部として受容されてはいたが、演奏を聴くことを目的に参列する人やCDを購入する人が増えたことで、典礼が音楽の一部と見なされるようにもなっていったから。

⑤ 追悼ミサにおける《レクイエム》は、典礼を構成する一要素であるが、その典礼から切り離し音楽として鑑賞することもでき、さらには典礼全体を一つのイヴェントとして鑑賞するような事態も起きているから。

問3　傍線部B「今『芸術』全般にわたって進行しつつある状況」とあるが、それはどのような状況か。その説明として最も適当なものを、次の①～⑤のうちから一つ選べ。解答番号は 7 。

① 展示物をその背景とともに捉えることで、美術館や博物館の内部で作品に向けられていたまなざしが周囲の事物にも向けられるようになり、現実の空間まで鑑賞の対象に組み込まれてきたという状況。

② 展示物を取り巻くコンテクストもイメージすることで、美術館や博物館内部の空間よりもその周辺に関心が移り、物そのものが置かれていた生活空間も鑑賞の対象とする考え方がもたらされてきたという状況。

③ 作品の展示空間を美術館や博物館の内部に限ったものと見なすのではなく、地域全体を展示空間と見なす新たな鑑賞のまなざしが生まれ、施設の内部と外部の境界が曖昧になってきたという状況。

④ 生活の中にあった事物が美術館や博物館の内部に展示物として取り込まれるようになったことで、作品と結びついたコンテクスト全体が鑑賞の対象として主題化されるようになってきたという状況。

⑤ 美術館や博物館内部の展示空間からその外に位置していた現実の時空にも鑑賞の対象が拡大していくにつれて、町全体をテーマパーク化し人々の関心を呼び込もうとする都市が出現してきたという状況。

問4　傍線部C「なおさら警戒心をもって周到に臨まなければならないのではないだろうか」とあるが、筆者がそのように述べる理由として最も適当なものを、次の①～⑤のうちから一つ選べ。解答番号は 8 。

① 「音楽」や「芸術」は、コンサートホールや美術館の内部で形成された「博物館学的欲望」に基づいて更新され続けてきた概念である。その過程を無視して概念を自明のものとしてしまうと、概念化を促す原動力としての人々の心性を捉え損ねてしまうから。

② 「音楽」や「芸術」は、コンサートホールや美術館における演奏や展示を通して多様に評価され変容してきた概念である。その過程を無視して概念を自明のものとしてしまうと、「音楽で世界は一つ」などというグローバリズムの論理に取り込まれてしまうから。

③ 「音楽」や「芸術」は、コンサートホールや美術館といった「聖域」が外部へと領域を広げていったことで発展してきた概念である。その過程を無視して概念を自明のものとしてしまうと、あらゆるものが「音楽化」や「芸術化」の対象になってゆく状況を説明できなくなるから。

④ 「音楽」や「芸術」は、コンサートホールや美術館の中で生まれた価値観やイデオロギーを媒介として形作られてきた概念である。その過程を無視して概念を自明のものとしてしまうと、それらの周辺にはたらいている力学の変容過程を明確にすることができなくなるから。

⑤ 「音楽」や「芸術」は、コンサートホールや美術館で育まれた「鑑賞」のまなざしと関わり合いながら成り立ってきた概念である。その過程を無視して概念を自明のものとしてしまうと、それ自体が本質化され、普遍的な価値を持つものとして機能してしまいかねないから。

問5　この文章の構成・展開に関する説明として**適当でないもの**を、次の①～④のうちから一つ選べ。解答番号は 9 。

① 1 段落は、議論の前提となる事例をその背景や補足情報とともに提示して導入を図っており、2・3 段落は、1 段落で提示された事例について説明しながら二つの異なる立場を紹介している。

② 4 段落は、2・3 段落で紹介された立場を基に問題を提起しており、5・6 段落は、4 段落で提起された問題についてより具体的な情報を付け加えた上で議論の方向づけを行っている。

③ 7 段落は、前段落までの議論をより一般的な事例を通して検討し直すことで新たに別の問題への転換を図っており、8 段落は、7 段落から導き出された観点を基に筆者の見解を提示している。

④ 9 段落は、7・8 段落で導き出された観点に基づいて問題点を指摘しており、10 段落は、その問題点を簡潔に言い換えつつ 9 段落の議論から導かれた筆者の危惧を示している。

問6　授業で本文を読んだSさんは、作品鑑賞のあり方について自身の経験を基に考える課題を与えられ、次の【文章】を書いた。その後、Sさんは提出前にこの【文章】を推敲《すいこう》することにした。このことについて、後の(i)〜(iii)の問いに答えよ。

【文章】

本文では現実を鑑賞の対象とすることに注意深くなるよう主張されていた。しかし、ここでは作品を現実世界とつなげて鑑賞することの有効性について自分自身の経験を基に考えてみたい。

小説や映画、漫画やアニメの中には、現実に存在する場所を舞台にした作品が多くある。そのため、私たちは作品を読み終えたり見終わったりした後に、実際に舞台となった場所を訪れることで、現実空間と作品をつなげて鑑賞することができる。

最近、近くの町がある小説の舞台になっていることを知った。私は何度もそこに行ったことがあるが、これまでは何も感じることがなかった。ところが、小説を読んでから訪れてみると、今までと別の見方ができて面白かった。（a）

このように、私たちは、作品世界というフィルターを通じて現実世界をも鑑賞の対象にすることが可能である。（b）一方で、小説の舞台をめぐり歩いてみたことによって小説のイメージが変わった気もした。（c）実際の町の印象を織り込んで読んでみることで、作品が新しい姿を見せることもあるのだ。（d）作品を読んで町を歩くことで、さまざまな発見があった。

(i)　Sさんは、傍線部「今までと別の見方ができて」を前後の文脈に合わせてより具体的な表現に修正することにした。修正する表現として最も適当なものを、次の①～④のうちから一つ選べ。解答番号は 10 。

① なにげない町の風景が作品の描写を通して魅力的に見えてきて
② その町の情景を思い浮かべながら作品を新たな視点で読み解けて
③ 作品そのままの町の様子から作者の創作意図が感じられて
④ 作品の情景と実際の風景のずれから時間の経過が実感できて

(ii)　Sさんは、自身が感じ取った印象に理由を加えて自らの主張につなげるため、【文章】に次の一文を加筆することにした。加筆する最も適当な箇所は(a)～(d)のどの箇所か。後の①～④のうちから一つ選べ。解答番号は 11 。

それは、単に作品の舞台に足を運んだということだけではなく、現実の空間に身を置くことによって得たイメージで作品を自分なりに捉え直すということをしたからだろう。

① (a)
② (b)
③ (c)
④ (d)

(iii)　Sさんは、この【文章】の主張をより明確にするために全体の結論を最終段落として書き加えることにした。そのための方針として最も適当なものを、次の①～④のうちから一つ選べ。解答番号は 12 。

① 作品世界をふまえることで現実世界への認識を深めることができるように、自分が生きている現実世界を知るために作品理解は欠かせない。その気づきを基に、作品世界と現実世界が不可分であることに留意して作品を鑑賞する必要があるといった結論を述べる。

② 作品世界と重ね合わせることで現実世界の見方が変わることがあり、それとは逆に、現実世界と重ね合わせることで作品の印象が変わることもある。その気づきを基に、作品と現実世界の鑑賞のあり方は相互に作用し得るといった結論を述べる。

③ 現実世界をふまえることで作品世界を別の角度から捉えることができるが、一方で、現実世界を意識せずに作品世界だけを味わうことも有効である。その気づきを基に、読者の鑑賞のあり方によって作品の意味は多様であるといった結論を述べる。

④ 現実世界と重ね合わせることで作品世界の捉え方が変わることがあり、そのことで作品に対する理解がさらに深まることになる。その気づきを基に、作品世界を鑑賞するには現実世界も鑑賞の対象にすることが欠かせないといった結論を述べる。

第2問

次の文章は、牧田真有子《まきたまゆこ》「桟橋」（二〇一七年発表）の一節である。一六歳の高校生「イチナ」の家に、八歳年上の「おば」が訪れ、同居するようになる。イチナが幼少期に祖父母の家で親しく接していたおばは、中学生の頃から演劇の才能を発揮し、その後は劇団に所属しながら住居を転々としていた。これを読んで、後の問い（問1～7）に答えよ。なお、設問の都合で本文の上に行数を付してある。（配点　50）

　イチナが幼い頃のおばの印象は、「ままごと遊びになぜか本気で付き合ってくれるおねえさん」だった。幼稚園や小学校から祖父母の家に直行するときのイチナの目当ては、おばと定まっていた。学者だった祖父の書斎のソファで昼寝をして、おばが中学校から帰ってくるのを待った。やがて路地の角を曲がってざくざくと砂利を踏む足音で目がさめ、跳ね起きて玄関へ急ぐ。

「イチナ、少しはあの子にも羽を伸ばさせてあげなさい」

　背後から祖父が神経質な口調でたしなめ、おばは靴を脱がないままかばんだけどすんと置いて、「いいよ。休みに行くようなもんだから」と書斎の方角に言い放つ。イチナはおばにまとわりつくようにして一緒に家を出る。

　杉の木立に囲まれた児童公園が遊び場だった。おばは一度も足をとめずすたすたと砂場へ向かう。滑り台や鉄棒で遊んでいた、年齢にばらつきのある七、八人が我先にと集ってくる。

　ままごととといっても、ありふれた家庭を模したものであったためしはない。専業主婦の正体が窃盗団のカシラだとか、全面闘争よりも華やかな記憶とともに滅びていく方を選ぶ王家の一族だとか、(ア)うらぶれた男やもめ(注1)と彼を陰に陽に支えるおせっかいな商店街の面々だとか、凝っている。「我が領土ではもはや革命分子らが徒党を組んでおるのだ」「後添え(注2)をもらうんなら早いに越したこたあないぜ」等々、子どもには耳慣れないせりふが多い。おばは一人で何役もこなす。彼女からは簡単な説明があるだけなので、子どもたちは的外れなせりふを連発するが、Aおばがいる限り世界は崩れなかった。

　家にいるときには決してしない足の組み方。(注3)「三行半《みくだりはん》」という言葉を口にするときだけ異様に淡くなるまなざし。寂しげな舌打ち。ここと、ここにあるはずのない場所とががらりと入れ替わっていく一つの大きな動きに、子どもたちは皆、巻き込まれたがった。全力を尽くして立ちこぎするブランコよりも、たしかに危険な匂いがした。

夕暮れの公園を斜めに突っ切っていく通行人も多い。おばの同級生が苦笑まじりに声を掛けてくる。会社帰りらしい年配の男性が立ちどまってしげしげと見ていくこともある。制服姿のおばは全然かまわずに続ける。さまざまな遊具の影は誰かが引っ張っているかのように伸びつづけて、砂の上を黒く塗っていく。

公園の砂場で三文役者(注4)を務めた幼馴染《おさななじみ》たちの一人と、イチナは今も親交がある。

映画を見に行く日取りを決めるため、その年上の友人と電話していた夕方のことだ。話の切れ目にイチナは、「なんと今あのおばが居候(注5)中でね」と言った。電話口の向こうに、すばやい沈黙があった。階下の台所からは天ぷらを揚げる母親の声と手伝っているおばの声が、一箇所に重なったり離れたりして聞こえていた。二人の声質はそっくりで、わずかに小さいおばの声は、母の声の影のようだった。一拍おいて友人は「フーライボー(注6)とか、なまで見んのはじめてかも」とちぐはぐなことを言った。

「なまで見てた頃は定住してたしね。懐かしくない？　電話代わろうか」

イチナが冗談半分で勧めると、相手も「結構です」と笑って言ったが、そこには何か、拭いきれていない沈黙が交じっているようだった。

「おばさんと話すのは億劫《おっくう》？」とイチナは訊《き》いた。

「いや、これ言っていいのかな。おばさんさ、私の家にもちょっと住んでたんだよね。去年の春。いきなりだった。寝袋かついで玄関に立ってる人が誰なのか、最初ぴんと来なかったもん。あ、別にいいんだよ、じゅうぶんな生活費入れてくれてたし。私もほら、一人暮らしも二年目で飽きてたし」

空いている方の手で絨毯《じゅうたん》の上の糸屑《いとくず》を拾っていたイチナの動きがとまる。言ってしまうと友人は、**B** もう気安い声を出した。

「私まで『おばさん』呼ばわりは悪いと思いつつ。イチナのがうつっちゃって」

「昔、それとなく『おねえさん』にすり替えようとする度おじいちゃんから威嚇されてね」

イチナは狼狽《ろうばい》を引きずったまま再び手を動かし始める。彼女の祖父は言葉の正式な使用を好む。続柄の呼称についての勝手な改変は、たとえ幼い孫相手であっても許さなかった。

台所ではおばが、水で戻すわかめの引きあげが早い、と母から厳しく指摘されている。

「しかしあのおばさんてのは、全っ然、ぼろ出さないね」

友人は思い出したように言った。イチナはすかさず反論した。

「けっこうずぼらだしそそっかしいけど」

「失敗しないって意味じゃなくて、失敗してもぜったい言い訳しないとか。痛いときは存分に痛がるとか、年上だからって虚勢張らないとか。自然体の人ってのはいるけど、おばさんの場合いっそ自然の側みたいに思える時ない？　他人なのに不透明感なさすぎて。朝顔の観察日記みたいに記録をつけられそうっていうか。共同生活、悪くなかったよ。なぜかはっきり思い出せないけど」

イチナは今度は、絨毯の上の糸屑を拾う手をとめない。上手《うま》くとめられなかったのだ。電話を切ると、「終わったなら早く手伝いに来なさい」という母親からの伝言を携えておばが上がってくる。肩までの髪をざっと束ね、腕まくりした格好のおばに、イチナは先の通話相手の名を挙げる。

「もう泊めてくれるような知り合いが底をついたからってさ、私の友達のとこにまで勝手に押しかけるのやめてよ。おばさんとあの子って、ほぼ見ず知らずの人ってくらいの関係じゃん、今となっては」

「けど完全に見ず知らずの人の家ってわりと暮らしにくいものだよ」

「嘘《うそ》でしょ試したの？　ていうか、そもそもなんでまた居候？」

「たしかにする理由はない。でもしない理由もなくない？」

「迷惑がかかる。セキュリティの問題。不躾《ぶしつけ》で厚かましい。しない方の理由はひっきりなしに湧いてくるんだけど？」

「それはその人が決めることでしょう。その人のことを私が予《あらかじ》め決めるわけにはいかないでしょう」

「(イ)もっともらしい顔で言わないでよ」

イチナが物の単位を誤ったりすると、すかさず正して復唱させる祖父に、おばは目鼻立ちが似ている。しかし厳格な祖父ですら、本当のことを受け入れれば自分自身を損なうような場面では(ウ)やにわに弁解し、自分の領域を護《まも》ろうとするときがあった。友人の言うとおりなのかもしれない、とイチナは考える。普通、人にはもっと、内面の輪郭が露《あら》わになる瞬間がある。肉体とは別に、その人がそこから先へ出ることのない領域の、縁。当人には自覚しきれなくても他人の眼《め》にはふしぎとなまなましく映る。たしかにおばには、どこからどこまでがおばなのかよくわからない様子があった。氷山の一角みたいに。

居候という根本的な問題に対して母が得意の批評眼を保てなくなったのは、おば自身の工夫による成果ではない、とイチナはふむ。母だけではない、おばを住まわせた人たちは皆その、果てのなさに途中で追いつけなくなってしまうのだ。だから居候が去った後、彼らはおばとの暮らしをはっきりと思い出せない。思い出したいなら観察日記でもつけるしかない。C私はごまかされたくない、とイチナは思う。

「そうかイチナ、する方の理由これでいい?」階段を下りかけていたおばの、言葉だけが部屋に戻ってくる。「私の肉体は家だから。だから、これより外側にもう一重の、自分の家をほしいと思えない」

演じるごとに役柄に自分をあけ払うから。そういう意味だとイチナが理解したときには、おばはもう台所にいる。イチナは何してるのよ、という母親の声と、のんきそうにしてる、というおばの声が、空をよぎる鳥と路上を伝う鳥影のような一対の質感で耳に届く。

(注)　1　男やもめ――妻を失った男。

2　後添え――二度目の配偶者。

3　三行半――夫から妻に出す離縁状。

4　三文――価値の低いこと。

5　居候――他人の家に身を寄せ、養ってもらっていること。

6　フーライボー――風来坊。居どころを気まぐれに変えながら生きている人。

問1　傍線部(ア)〜(ウ)の語句の意味として最も適当なものを、次の各群の①〜⑤のうちから、それぞれ一つずつ選べ。解答番号は 13 〜 15 。

(ア) うらぶれた 13
① 度量が小さく偏屈な
② だらしなく大雑把な
③ 不満げで投げやりな
④ みすぼらしく惨めな
⑤ 優柔不断で不誠実な

(イ) もっともらしい 14
① 悪びれず開き直るような
② まるで他人事だと突き放すような
③ へりくだり理解を求めるような
④ いかにも正しいことを言うような
⑤ 問い詰めてやりこめるような

(ウ) やにわに 15
① 多弁に
② 即座に
③ 強硬に
④ 半端に
⑤ 柔軟に

問2　傍線部A「おばがいる限り世界は崩れなかった」とあるが、どういうことか。その説明として最も適当なものを、次の①～⑤のうちから一つ選べ。解答番号は 16 。

① おばの「ままごと」は、ありきたりの内容とは異なるものだったが、子どもたちが役柄に合わない言動をしても、自在な演技をするおばに生み出された雰囲気によってその場が保たれていたということ。

② おばの「ままごと」は、もともと子ども相手のたわいのない遊戯だったが、演技に魅了されたおばの姿勢によって本格的な内容になり、そのことで参加者全員を夢中にさせるほどの完成度に達していたということ。

③ おばの「ままごと」は、その中身が非日常的で大人びたものであったが、子どもたちの取るに足りない言動にもおばが相応の意味づけをしたため、結果的に子どもたちを退屈させない劇になっていたということ。

④ おばの「ままごと」は、奇抜なふるまいを子どもたちに求めるものだったが、人目を気にしないおばが恥じることなく演じたため、子どもたちも安心して物語の設定を受け入れることができたということ。

⑤ おばの「ままごと」は、子どもたちにとって設定が複雑で難解なものであったが、おばが状況にあわせて話の筋をつくりかえることで、子どもたちが楽しんで参加できる物語になっていたということ。

問3　傍線部B「もう気安い声を出した」とあるが、友人がこのような対応をしたのはなぜか。その理由の説明として最も適当なものを、次の①～⑤のうちから一つ選べ。解答番号は 17 。

① 同居していたことをおばに口止めされていた友人は、イチナが重ねて尋ねてくるのを好機としてありのままを告げた。そのうえで、おばの生活についてイチナと語り合う良い機会だと思ってうれしくなったから。

② おばと同居していた事実を黙っていた友人は、イチナに隠し事をしている罪悪感に耐えきれず打ち明けてしまった。そのうえで、イチナとの会話を自然に続けようと考えてくつろいだ雰囲気をつくろうとしたから。

③ 同居するなかでおばと親密になった友人は、二人の仲を気にし始めたイチナに衝撃を与えないようにおばとの関係を明かした。そのうえで、現在は付き合いがないことを示してイチナを安心させようとしたから。

④ おばとの同居を伏せていた友人は、おばを煩わしく感じているとイチナに思われることを避けようとして事実を告げた。そのうえで、話さずにいた後ろめたさから解放されてイチナと気楽に会話できると考えたから。

⑤ おばと同居していたことをイチナには隠そうとしていた友人は、おばがイチナにうっかり話してしまうことを懸念して自分から打ち明けた。そのうえで、友人関係が破綻しないようにイチナをなだめようとしたから。

問4　本文33行目から47行目にかけて糸屑を拾うイチナの様子が何度か描かれているが、その描写についての説明として最も適当なものを、次の①～⑤のうちから一つ選べ。解答番号は 18 。

① 友人からおばとの関係を打ち明けられ、自分とおばの関係に他人が割り込んでくることの衝撃をなんとか押さえようとするイチナの内面が、手を止めたり止めなかったりという動作に暗示的に表現されている。

② 友人の家におばが居候していたことに驚かされ、さらに友人が自分の意識していなかったおばの一面を伝えてきたことに揺さぶられるイチナの心のありようが、糸屑を拾う手の動きを通して表現されている。

③ おばとの共同生活を悪くなかったとする友人の意外な言葉に接し、おばの居候の生活を厚かましく迷惑なものと捉えていた見方を覆されたイチナの心の動きが、手で糸屑を拾う動きになぞらえて表現されている。

④ 友人とおばとの関係が親密であったと告げられたことにうろたえ、現在とは違いおばに懐いていた頃を思い返すイチナの物寂しい思いが、糸屑を拾う手遊びという無自覚な動作に重ねられて表現されている。

⑤ おばとの共同生活を思い出せないと友人が言ったことを受けて、おばに対して同じ思いを抱いていたことにあらためて気づいたイチナの驚きが、意思と関係なく動いてしまう手の動作に象徴的に表現されている。

問5　傍線部C「私はごまかされたくない、とイチナは思う。」とあるが、このときのイチナの思いとして最も適当なものを、次の①～⑤のうちから一つ選べ。解答番号は 19 。

① おばとの生活は突然訪問された人にも悪い印象を残すものではなかったため、同居していた友人や母はおばの居候生活を強く責めてこなかったが、自分だけは迷惑なものとして追及し続けたいという思い。

② おばの自然なふるまいは同居人にも内面のありようを感じさせないため、これまでともに生活してきた者たちはおばという人のあり方を捉えられなかったが、自分だけはどうにかして見誤らずに捉えたいという思い。

③ 明確な記憶を残させないようおばがふるまっているため、これまでともに暮らしてきた者たちはおばとの生活をはっきりと思い出せないが、自分だけはおばを観察することによって記憶にとどめておきたいという思い。

④ 共同生活をしてもおばの内面が見えてこないため、同居していた友人や母ですらどこまでが演技か見抜くことができなかったが、自分だけは個々の言動からおばの本心を解き明かして理解したいという思い。

⑤ 何を質問してもおばがはぐらかすような答えしかしないため、ともに暮らした友人や母にもおばの居候生活の理由は隠し通されてきたが、自分だけは口先で丸め込まれることなく観察を通して明らかにしたいという思い。

問6　本文の表現に関する説明として**適当でないもの**を、次の①～⑤のうちから一つ選べ。解答番号は 20 。

① 「ざくざくと砂利を踏む」(3行目)、「どすんと置いて」(5行目)、「すたすたと砂場へ向かう」(7行目)は、擬音語・擬態語が用いられることで、おばの中学校時代の様子や行動が具体的にイメージできるように表現されている。

② 「さまざまな遊具の影は誰かが引っ張っているかのように伸びつづけて、砂の上を黒く塗っていく。」(18～19行目)は、遊具の影の動きが比喩で表されることで、子どもたちの意識が徐々に変化していく様子が表現されている。

③ イチナが電話で友人と話している場面(22～47行目)では、友人の話すイチナの知らないおばの話と階下から聞こえてくる身近なおばの様子とが交互に示されることで、おばの異なる姿が並立的に表現されている。

④ イチナとおばの会話場面(50～57行目)では、情景描写が省かれそれぞれの発言だけで構成されることで、居候をめぐってイチナとおばの意見が対立しイチナが言い募っていく様子が臨場感をもって表現されている。

⑤ 「たしかにおばには、どこからどこまでがおばなのかよくわからない様子があった。氷山の一角みたいに。」(62行目)は、比喩と倒置が用いられることで、イチナから見たおばのうかがいしれなさが表現されている。

問7　「おば」は居候する理由をイチナに問われ、「私の肉体は家だから。」（67〜68行目）と答えた。この言葉をイチナは「演じるごとに役柄に自分をあけ払うから。」（69行目）ということだと理解した。イチナによるこうしたおばの捉え方について理解を深めるために、教師から【資料】が配付された。以下は【資料】とそれに基づいた教師と生徒の対話である。このことについて後の(i)・(ii)の問いに答えよ。

【資料】

演出家・太田《おおた》省吾《しょうご》が演技について論じた文章「自然と工作——現在的断章」より

われわれは、日常、己《おの》れの枠をもたずに生活している。そして、枠をもつことができるのは、死の場面であると言ってもよい。死ぬとき、いや死んだときには、われわれは、〈私〉の枠をもつ、これこれの者であったと。しかし、そのときの〈私〉は存在しているとはいえぬ状態にあるとすれば、われわれは〈私〉を枠づけることのできぬ存在であるということになるのだが、〈私〉を枠づけたいという欲求は、われわれの基礎的な生の欲求である。

われわれは、なに者かでありたいのだ。なに者かである者として〈私〉を枠づけ自己実現させたいのだ。

演技の欲求を、自分でないなに者かになりたいという言い方で言うことがある。このとき、自分でないなに者かとは、自分でない者ではなく、なに者かの方が目指されているのであり、そのなに者とは、実は自分のことである。つまり、それは自分になりたい欲求を基礎とした一つの言い方である。

教　師――イチナはおばの人物像を捉えかねているようですね。人には普通「内面の輪郭」（60行目）が明らかになるときがあるのに、おばにはそれがないとされています。この問題を考えるために、【資料】を読んでみましょう。この【資料】によると、「われわれは、日常、己れの枠をもたずに生活している」ので「〈私〉を枠づけたいという欲求」を持つとのことです。「枠」を使って考えると、本文の中にもわかりやすくなるところがありませんか。

生徒M――イチナはおばのことを「　X　」と思っていました。それは【資料】の「　Y　」ようという様子がおばには見られないことを示しているのではないでしょうか。

生徒N――一方で、友人はおばを「ぼろ出さない」（40行目）と評しています。これは、「枠」がないようにイチナには見えるおばのあり方を、意思的なふるまいと見る言い方ではないでしょうか。はじめはこれに反論したイチナも友人の言葉に触発されているようです。

教　師――おばについて、「枠」を観点にしてそれぞれ意見が出ましたが、おばは演じる者でもありました。イチナの「演じるごとに役柄に自分をあけ払うから」という理解の仕方については、どう言えるでしょうか。

生徒N――イチナはおばのことを、日常生活で　Z　と考えています。幼い頃に体験した中学生のおばの演技の様子も考えると、役者としてもおばは様々な役になりきることで自分であることから離れている、とイチナは捉えていると思います。この理解が、「演じるごとに役柄に自分をあけ払う」という言葉につながったのではないでしょうか。

教　師――【資料】では、「自分でないなに者かになりたい」欲求の現れとして演技がみなされていますが、イチナの考えているおばのあり方とは隔たりがありそうですね。

(i)　空欄 X ・ Y に入るものの組合せとして最も適当なものを、次の①～④のうちから一つ選べ。解答番号は 21 。

① X ままごと遊びになぜか本気で付き合ってくれる　Y なに者かである者として〈私〉を枠づけ

② X けっこうずぼらだしそそっかしい　Y 日常、己れの枠をもたずに生活し

③ X 内面の輪郭が露わになる瞬間がある　Y 日常、己れの枠をもたずに生活し

④ X どこからどこまでがおばなのかよくわからない　Y なに者かである者として〈私〉を枠づけ

(ii)　空欄 Z に入るものとして最も適当なものを、次の①～④のうちから一つ選べ。解答番号は 22 。

① 演技を通して「枠」を隠し「実現」させたい「自己」を人に見せないよう意識している

② 「〈私〉を枠づけたいという欲求」の内容を常に更新しながらその欲求を実現している

③ 自分は「これこれの者」だという一つの「枠」にとらわれないふるまいをしている

④ 「自分になりたい」という「欲求」に基づいて多様な「己れの枠」を所有できている

第3問

次の文章は、「車中雪《しゃちゅうのゆき》」という題で創作された作品の一節である（『草縁集《そうえんしゅう》』所収）。主人公が従者とともに桂《かつら》（京都市西京区の地名）にある別邸（本文では「院」）に向かう場面から始まる。これを読んで、後の問い（問1～4）に答えよ。なお、設問の都合で本文の上に行数を付してある。（配点　50）

桂の院つくりそへ給《たま》ふものから、(ア)あからさまにも渡り給はざりしを、友待つ雪(注1)にもよほされてなむ、ゆくりなく(注2)思《おぼ》し立たすめる。かうやうの御歩《あり》きには、源少将、藤式部をはじめて、今の世の有職《いうそく》と聞こゆる若人のかぎり、必ずしも召しまつはしたりしを、(イ)とみのことなりければ、かくとだにもほのめかし給はず、「ただ親しき家司《けいし》(注3)四人五人《よたりいつたり》して」とぞ思しおきて給ふ。

やがて御車引き出《い》でたるに、「空より花の」(注4)と a うち興じたりしも、めでゆくまにまにいつしかと散りうせぬるは、かくてやみぬとにやあらむ。「さるはいみじき出で消えにこそ」と、人々死に返り(注5)妬《ねた》がるを、「げにあへなく口惜し」と思せど、「さて b 引き返さむも人目悪《わろ》かめり。なほ法輪(注6)の八講にことよせて」と思しなりて、ひたやりに急がせ給ふほど、またもつつ闇(注7)に曇りみちて、ありしよりけに散り乱れたれば、道のほとりに御車たてさせつつ見給ふに、何がしの山、くれがしの河原も、ただ時の間に c 面《おも》変はりせり。

かのしぶしぶなりし人々も、いといたう笑み曲げて、「これや小倉《をぐら》(注8)の峰ならまし」「それこそ梅津(注9)の渡りならめ」と、口々に定めあへるものから、松と竹とのけぢめをだに、とりはづしては違《たが》へぬべかめり。「あはれ、世に面白しとはかかるをや言ふならむかし。なほここ(注10)にてを見栄《は》やさまし」とて、やがて下簾《したすだれ》(注11)かかげ給ひつつ、

ここもまた月の中なる里ならし雪の光もよに似ざりけり

など d 興ぜさせ給ふほど、(ウ)かたちをかしげなる童《わらは》の水干《すいかん》着たるが、手を吹く吹く御あと尋《と》め来て、榻《しぢ》(注12)のもとにうずくまりつつ、「これ御車に」とて差し出でたるは、源少将よりの御消息なりけり。e 大夫《たいふ》とりつたへて奉るを見給ふに、「いつも後《おく》らかし給はぬを、かく、

X　白雪のふり捨てられしあたりには恨みのみこそ千重に積もれれ」

とあるを、ほほ笑み給ひて、畳紙《たたうがみ》に、

Y　尋め来やとゆきにしあとをつけつつも待つとは人の知らずやありけむ

やがてそこなる松を雪ながら折らせ給ひて、その枝に結びつけてぞたまはせたる。

やうやう暮れかかるほど、さばかり天霧《あまぎ》らひ(注13)たりしも、いつしかなごりなく晴れわたりて、名に負ふ里の月影はなやかに差し出でたるに、雪の光もいとどしく映えまさりつつ、天地《あめつち》のかぎり、白銀《しろかね》うちのべたらむがごとくきらめきわたりて、あやにまばゆき夜のさまなり。

院の預かり(注14)も出で来て、「かう渡らせ給ふとも知らざりつれば、とくも迎へ奉らざりしこと」など言ひつつ、頭《かしら》ももたげで、よろづに追従するあまりに、牛の額の雪かきはらふとては、軛《くびき》に触れて烏帽子《えぼし》を落とし、御車やるべき道清むとては、あたら雪をも踏みしだきつつ、足手の色を海老《えび》(注15)になして、桂風《かつらかぜ》を引き歩く。人々、「いまはとく引き入れてむ。かしこのさまもいとゆかしきを」とて、もろそそき(注16)にそそきあへるを、「げにも」とは思すものから、ここもなほ見過ぐしがたうて。

（注）
1　友待つ雪――後から降ってくる雪を待つかのように消え残っている雪。
2　思し立たす――「す」はここでは尊敬の助動詞。
3　家司――邸《やしき》の事務を担当する者。後出の「大夫」はその一人。
4　空より花の――『古今和歌集』の「冬ながら空より花の散りくるは雲のあなたは春にやあるらむ」という和歌をふまえた表現。
5　死に返り――とても強く。
6　法輪の八講――「法輪」は京都市西京区にある法輪寺。「八講」は『法華経』全八巻を講義して讃《たた》える法会。
7　つつ闇――まっくら闇。
8　小倉の峰――京都市右京区にある小倉山。
9　梅津の渡り――京都市右京区の名所。桂川左岸に位置する。

10　ここにてを見栄やさまし――ここで見て賞美しよう。
11　下簾――牛車《ぎっしゃ》の前後の簾（下図参照）の内にかける帳《とばり》。
12　榻――牛車から牛をとり放したとき、「軛《くびき》」を支える台（下図参照）。牛車に乗り降りする際に踏み台ともする。
13　天霧らひ――「天霧らふ」は雲や霧などがかかって空が一面に曇るという意。
14　院の預かり――桂の院の管理を任された人。
15　海老になして――海老のように赤くして。
16　もろそそき――「もろ」は一斉に、「そそく」はそわそわするという意。

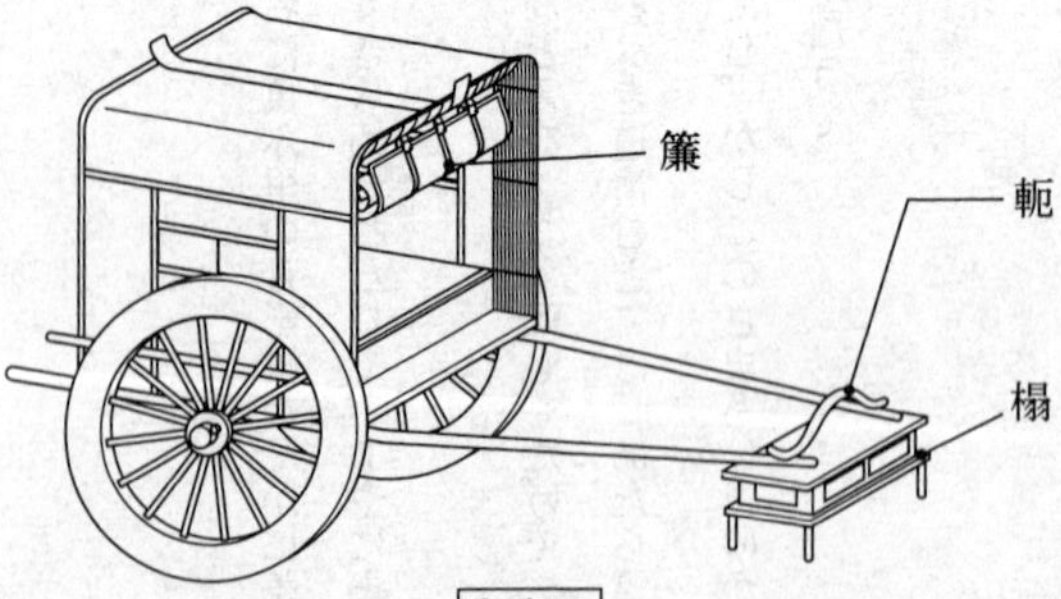

牛車図

問1　傍線部(ア)〜(ウ)の解釈として最も適当なものを、次の各群の①〜⑤のうちから、それぞれ一つずつ選べ。解答番号は 23 〜 25 。

(ア) あからさまにも 23
① 昼のうちも
② 一人でも
③ 少しの間も
④ 完成してからも
⑤ 紅葉の季節にも

(イ) とみのこと 24
① 今までになかったこと
② にわかに思いついたこと
③ ひそかに楽しみたいこと
④ 天候に左右されること
⑤ とてもぜいたくなこと

(ウ) かたちをかしげなる 25
① 格好が場違いな
② 機転がよく利く
③ 和歌が上手な
④ 体を斜めに傾けた
⑤ 見た目が好ましい

問2　波線部a～eについて、語句と表現に関する説明として最も適当なものを、次の①～⑤のうちから一つ選べ。解答番号は 26 。

①　a「うち興じたりしも」の「し」は強意の副助詞で、雪が降ることに対する主人公の喜びの大きさを表している。

②　b「引き返さむも」の「む」は仮定・婉曲の助動詞で、引き返した場合の状況を主人公が考えていることを表している。

③　c「面変はりせり」の「せり」は「り」が完了の助動詞で、人々の顔色が寒さで変化してしまったことを表している。

④　d「興ぜさせ給ふ」の「させ」は使役の助動詞で、主人公が和歌を詠んで人々を楽しませたことを表している。

⑤　e「大夫とりつたへて奉るを見給ふ」の「給ふ」は尊敬の補助動詞で、作者から大夫に対する敬意を表している。

問3　和歌X・Yに関する説明として最も適当なものを、次の①～④のうちから一つ選べ。解答番号は 27 。

①　源少将は主人公の誘いを断ったことを気に病み、「白雪」が降り積もるように私への「恨み」が積もっているのでしょうね、という意味の和歌Xを贈った。

②　源少将は和歌Xに「捨てられ」「恨み」という恋の歌によく使われる言葉を用いて主人公への恋情を訴えたため、主人公は意外な告白に思わず頬を緩めた。

③　主人公は和歌Yに「待つ」という言葉を用いたのに合わせて、「待つ」の掛詞《かけことば》としてよく使われる「松」の枝とともに、源少将が待つ桂の院に返事を届けさせた。

④　主人公は「ゆき」に「雪」と「行き」の意を掛けて、「雪に車の跡をつけながら進み、あなたを待っていたのですよ」という和歌Yを詠んで源少将に贈った。

問4　次に示すのは、「桂《かつら》」という言葉に注目して本文を解説した文章である。これを読んで、後の(i)～(iii)の問いに答えよ。

本文は江戸時代に書かれた作品だが、「桂」やそれに関連する表現に注目すると、平安時代に成立した『源氏物語』や、中国の故事がふまえられていることがわかる。以下、順を追って解説していく。

まず、1行目に「桂の院」とある。「桂」は都の中心地からやや離れたところにある土地の名前で、『源氏物語』の主人公である光源氏も「桂の院」という別邸を持っている。「桂の院」という言葉がはじめに出てくることで、読者は『源氏物語』の世界を思い浮かべながら本文を読んでいくことになる。

次に、12行目の和歌に「月の中なる里」とある。実はこれも「桂」に関わる表現である。古語辞典の「桂」の項目には、「中国の伝説で、月に生えているという木。また、月のこと」という説明がある。すなわち、「月の中なる里」とは「桂の里」を指す。したがって、12行目の和歌は、「まだ桂の里に着いていないはずだが、この場所もまた『月の中なる里』だと思われる。なぜなら、［I］」と解釈できる。

「桂」が「月」を連想させる言葉だとすると、20行目で桂の里が「名に負ふ里」と表現されている意味も理解できる。すなわち、20～22行目は［II］、という情景を描いているわけである。

最後に、25行目に「桂風を引き歩く」とある。「桂風」は「桂の木の間を吹き抜ける風」のことであるが、「桂風を引き」には「風邪を引く」という意味も掛けられている。実は『源氏物語』にも「浜風を引き歩く」という似た表現がある。光源氏の弾く琴の音が素晴らしく、それを聞いた人々が思わず浜を浮かれ歩き風邪を引くというユーモラスな場面である。『源氏物語』を意識して読むと、23～26行目では主人公がどのように描かれているかがよくわかる。すなわち、［III］。

以上のように、本文は「桂の院」に向かう主人公たちの様子を、移り変わる雪と月の情景とともに描き、最後は院の預かりや人々と対比的に主人公を描いて終わる。作者は『源氏物語』や中国の故事をふまえつつ、「桂」という言葉が有するイメージをいかして、この作品を著したのである。

(i) 空欄 **I** に入る文章として最も適当なものを、次の ①〜④ のうちから一つ選べ。解答番号は 28 。

① 小倉や梅津とは比較できないくらい月と雪が美しいから

② 雪がこの世のものとは思えないほど光り輝いているから

③ ひどく降る白い雪によって周囲の見分けがつかないから

④ 月の光に照らされた雪のおかげで昼のように明るいから

(ii) 空欄 **II** に入る文章として最も適当なものを、次の ①〜④ のうちから一つ選べ。解答番号は 29 。

① 空を覆っていた雲にわずかな隙間が生じ、月を想起させる名を持つ桂の里には、一筋の月の光が鮮やかに差し込んできて、明るく照らし出された雪の山が、目がくらむほど輝いている

② 空を覆っていた雲がいつの間にかなくなり、月を想起させる名を持つ桂の里にふさわしく、月の光が鮮やかに差し込み、雪明かりもますます引き立ち、あたり一面が銀色に輝いている

③ 空を覆っていた雲が少しずつ薄らぎ、月を想起させる名を持つ桂の里に、月の光が鮮やかに差し込んでいるものの、今夜降り積もった雪が、その月の光を打ち消して明るく輝いている

④ 空を覆っていた雲は跡形もなく消え去り、月を想起させる名を持つ桂の里だけに、月の光が鮮やかに差し込んできて、空にちりばめられた銀河の星が、見渡す限りまぶしく輝いている

(iii) 空欄 Ⅲ に入る文章として最も適当なものを、次の①〜④のうちから一つ選べ。解答番号は 30 。

① 「足手の色」を気にして仕事が手につかない院の預かりや、邸の中に入って休息をとろうとする人々とは異なり、「ここもなほ見過ぐしがたうて」とその場に居続けようとするところに、主人公の律儀な性格が表現されている

② 風邪を引いた院の預かりを放っておいて「かしこのさまもいとゆかしきを」と邸に移ろうとする人々とは異なり、「『げにも』とは思す」ものの、院の預かりの体調を気遣うところに、主人公の温厚な人柄が表現されている

③ 軽率にふるまって「あたら雪をも踏みしだきつつ」主人を迎えようとする院の預かりや、すぐに先を急ごうとする人々とは異なり、「ここもなほ見過ぐしがたうて」と思っているところに、主人公の風雅な心が表現されている

④ 「とくも迎へ奉らざりしこと」と言い訳しながら慌てる院の預かりや、都に帰りたくて落ち着かない人々とは異なり、「『げにも』とは思す」ものの、周囲の人を気にかけないところに、主人公の悠々とした姿が表現されている

第4問

次の文章は、唐の杜牧《とぼく》（八〇三―八五二）の【詩】「華清宮《かせいきゅう》」とそれに関連する【資料】Ⅰ～Ⅳである。これを読んで、後の問い（問1～6）に答えよ。なお、設問の都合で返り点・送り仮名を省いたところがある。（配点　50）

【詩】

華（注1）清宮

長安ヨリ回望スレバ繡《しう》（注2）成スレ堆ヲ
山頂ノ千門次（注3）第ニ開ク
一騎紅《こう》（注4）塵《ぢん》妃（注5）子笑フ
無シ三人ノ知ル二是《これ》荔《れい》（注6）枝《し》ノ来タルヲ一

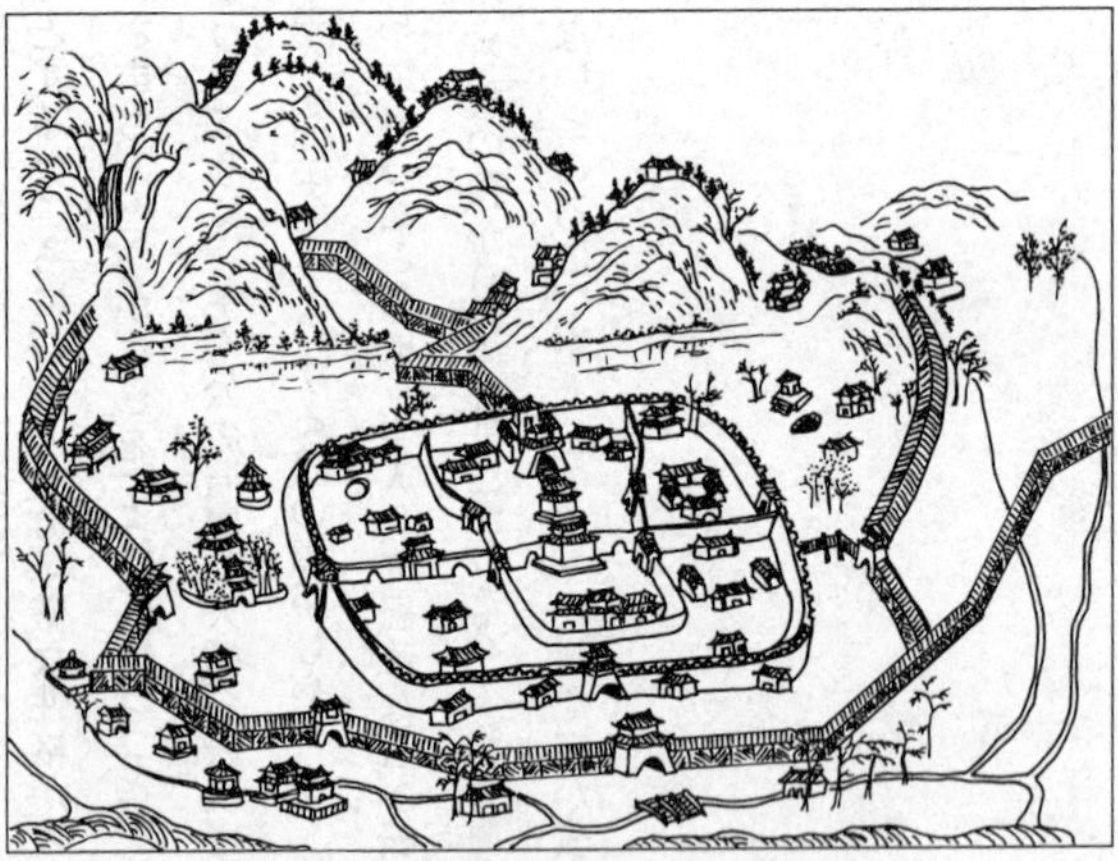

多くの門や御殿が並ぶ華清宮の全景

【資料】

Ⅰ『天(注7)宝遺事』云《いフ》、「貴妃嗜《たしなム》茘枝《ヲ》。当時涪《ふう》(注8)州《しう》致《スニ》貢《ヲ》以《テシ》馬逓《ヲ》(注9)、馳《ち》載《さいスルコト》七日七夜《ニシテ》至《ル》京《ニ》。人馬多《ク》斃《たふル》於路《ニ》、(ア)百姓苦《シムト》之《ニ》。」

Ⅱ『畳(注10)山詩話』云《フ》、「明(注11)皇致《シテ》遠物《ヲ》以《テ》悦《よろこバシム》婦人《ヲ》。窮人力絶人命、有所不顧。」

Ⅲ『遯《とん》(注12)斎《さい》閑《かん》覧《らん》』云《フ》、「杜牧《ノ》華清宮詩尤《もつとモ》(イ)膾《くわい》炙《しやス》人口《ニ》。拠《レバ》唐(注13)紀《ニ》、明皇以《テ》十月《ヲ》幸《シ》驪《り》山《ざんニ》、至《リテ》春《ニ》即《チ》還《かへル》宮《ニ》。是《レ》未《ダ》嘗《テ》六月《ニハ》在《ラ》驪山《ニ》也。然《ルニ》茘枝《ハ》盛暑《ニシテ》方《はじメテ》熟《スト》。」

（【詩】と【資料】Ⅰ～Ⅲは蔡正孫《さいせいそん》『詩林広記』による）

Ⅳ

『甘沢謡』(注14)曰ハク二、「天宝十四年六月一日、貴妃誕《たん》辰《しん》(注15)、駕《が》(注16)幸ス二驪山ニ一。命ジテ二小部音声(注17)ニ一奏シ二楽ヲ長生殿(注18)ニ一、進メシムルモ二新曲ヲ一、未ダレ有ラレ名。会《たまたま》南海(注19)献ジ二茘枝ヲ一、(ウ)因名ヅクト二茘《れい》枝《し》香《かう》ト一。」

（【資料】Ⅳは程大昌《ていだいしょう》『考古編』による）

（注）
1　華清宮――唐の都長安の郊外にある、驪山《りざん》の温泉地に造営された離宮。
2　繍成レ堆――綾絹《あやぎぬ》を重ねたような驪山の山容の美しさをいう。
3　次第――次々と。
4　紅塵――砂煙。
5　妃子――楊貴妃《ようきひ》のこと。唐の皇帝玄宗《げんそう》（六八五―七六二）の妃《きさき》。
6　茘枝――果物のライチ。中国南方の特産物。
7　『天宝遺事』――唐の天宝年間（七四二―七五六）の逸話を集めた書。王仁裕《おうじんゆう》著。
8　涪州――中国南方の地名。
9　馬逓――早馬の中継による緊急輸送。公文書を運ぶのが本来の目的。
10　『畳山詩話』――詩の解説・批評や詩人の逸話を載せた書。謝枋得《しゃぼうとく》著。

11　明皇――玄宗を指す。
12　『遯斎閑覧』――学問的なテーマで書かれた随筆集。陳正敏《ちんせいびん》著。
13　唐紀――唐の時代についての歴史記録。
14　『甘沢謡』――唐の逸話を集めた書。袁郊《えんこう》著。
15　誕辰――誕生日。
16　鸞――皇帝の乗り物。
17　小部音声――唐の宮廷の少年歌舞音楽隊。
18　長生殿――華清宮の建物の一つ。
19　南海――南海郡のこと。中国南方の地名。

問1　この【詩】の形式と押韻の説明として最も適当なものを、次の①～⑥のうちから一つ選べ。解答番号は 31 。

① 形式は七言律詩であり、「開」「来」で押韻している。
② 形式は七言律詩であり、「堆」「開」「来」で押韻している。
③ 形式は七言律詩であり、「堆」「開」「笑」「来」で押韻している。
④ 形式は七言絶句であり、「開」「来」で押韻している。
⑤ 形式は七言絶句であり、「堆」「開」「来」で押韻している。
⑥ 形式は七言絶句であり、「堆」「開」「笑」「来」で押韻している。

問2　波線部(ア)「百姓」・(イ)「膾ニ炙人口ニ」・(ウ)「因」のここでの意味として最も適当なものを、次の各群の①～⑤のうちから、それぞれ一つずつ選べ。解答番号は 32 ～ 34 。

(ア)「百姓」 32
① 民衆
② 旅人
③ 皇帝
④ 商人
⑤ 罪人

(イ)「膾ニ炙人口ニ」 33
① 異口同音に批判する
② 一言では到底表せない
③ 詳しく分析されている
④ 広く知れわたっている
⑤ 人々が苦痛に感じている

(ウ)「因」 34
① そのために
② やむをえず
③ ことさら
④ とりあえず
⑤ またもや

問3　傍線部「窮人力絶人命、有所不顧。」について、返り点の付け方と書き下し文との組合せとして最も適当なものを、次の①～⑤のうちから一つ選べ。解答番号は 35 。

① 窮㆔人力絶㆓人命㆒、有㆓所不㆒㆑顧。　人力の人命を絶たんとするを窮めて、所として顧みざる有りと。
② 窮㆓人力絶人命㆒、有所㆑不㆑顧。　人の力《つと》めて絶人の命を窮むるは、有れども顧みざる所なりと。
③ 窮人力絶人命、有所不㆑顧。　窮人の力は絶人の命にして、有る所顧みざるのみと。
④ 窮㆓人力㆒絶㆓人命㆒、有㆑所㆑不㆑顧。　人力を窮め人命を絶つも、顧みざる所有りと。
⑤ 窮㆑人力絶㆑人命、有㆑所不㆑顧。　人を窮めて力《つと》めしめ人を絶ちて命じ、所有るも顧みずと。

問4　【詩】の第三句「一 騎 紅 塵 妃 子 笑」について、【資料】Ⅰ・Ⅱをふまえた解釈として最も適当なものを、次の①～⑤のうちから一つ選べ。解答番号は 36 。

① 玄宗のため楊貴妃が手配した茘枝を早馬が砂煙を上げながら運んで来る。それを見て楊貴妃は笑う。
② 楊貴妃のため茘枝を手に入れようと早馬が砂煙のなか産地へと走りゆく。それを見て楊貴妃は笑う。
③ 楊貴妃の好物の茘枝を運ぶ早馬が宮殿の門の直前で倒れて砂煙を上げる。それを見て楊貴妃は笑う。
④ 玄宗の命令で楊貴妃の好物の茘枝を運ぶ早馬が砂煙を上げ疾走して来る。それを見て楊貴妃は笑う。
⑤ 玄宗に取り入りたい役人が茘枝を携えて砂煙のなか早馬を走らせて来る。それを見て楊貴妃は笑う。

問5　【資料】Ⅲ・Ⅳに関する説明として最も適当なものを、次の①～⑤のうちから一つ選べ。解答番号は 37 。

① 【資料】Ⅲは、玄宗一行が驪山に滞在した時期と茘枝が熟す時期との一致によって、【詩】の描写が事実に符合することを指摘する。【資料】Ⅳは、玄宗一行が夏の華清宮で賞玩したのは楽曲「茘枝香」であったことを述べており、【資料】Ⅲの見解に反論する根拠となる。

② 【資料】Ⅲは、玄宗一行が驪山に滞在した時期と茘枝が熟す時期との一致によって、【詩】の描写が事実に符合することを指摘する。【資料】Ⅳは、夏の華清宮で玄宗一行に献上された茘枝が特別に「茘枝香」と名付けられたことを述べており、【資料】Ⅲの見解を補足できる。

③ 【資料】Ⅲは、玄宗一行が驪山に滞在した時期と茘枝が熟す時期との不一致によって、【詩】の描写が事実に反することを指摘する。【資料】Ⅳは、夏の華清宮で玄宗一行に献上された「茘枝香」が果物の名ではなく楽曲の名であることを述べており、【資料】Ⅲの見解を補足できる。

④ 【資料】Ⅲは、玄宗一行が驪山に滞在した時期と茘枝が熟す時期との不一致によって、【詩】の描写が事実に反することを指摘する。【資料】Ⅳは、玄宗一行が「茘枝香」という名の茘枝を賞味した場所は夏の南海郡であったことを述べており、【資料】Ⅲの見解を補足できる。

⑤ 【資料】Ⅲは、玄宗一行が驪山に滞在した時期と茘枝が熟す時期との不一致によって、【詩】の描写が事実に反することを指摘する。【資料】Ⅳは、「茘枝香」という楽曲名が夏の華清宮で玄宗一行に献上された茘枝に由来すると述べており、【資料】Ⅲの見解に反論する根拠となる。

問6　【資料】をふまえた【詩】の鑑賞として最も適当なものを、次の①～⑤のうちから一つ選べ。解答番号は［38］。

① 驪山の華清宮を舞台に、開放される宮殿の門、公文書を急送するはずの早馬、楊貴妃の笑みと、謎めいた描写が連ねられたうえで、それらが常軌を逸した茘枝の輸送によるものであったことが明かされる。事実無根の逸話をあえて描き、玄宗が政治を怠り宮殿でぜいたくに過ごしていたことへの憤慨をぶちまけている。

② 驪山の遠景から華清宮の門、駆け抜ける早馬へと焦点が絞られ、視点は楊貴妃の笑みに転じる。笑みをもたらしたのは不適切な手段で運ばれる茘枝であった。事実かどうか不明な部分があるものの、玄宗と楊貴妃の逸話を巧みに用い、玄宗が為政者の道を踏み外して楊貴妃に対する情愛に溺れたことを慨嘆している。

③ 驪山の山容や宮殿の門の配置を詳しく描き、早馬が上げる砂煙や楊貴妃の笑みなどの細部も見逃さない。早馬がもたらすであろう茘枝についても写実的に描写している。玄宗と楊貴妃に関する事実を巧みに詠み込んでおり、二人が華清宮でどのような生活を送っていたかについての歴史的知識を提供している。

④ 美しい驪山に造営された華清宮の壮麗さを背景に、一人ほほ笑む楊貴妃の艶《あで》やかさが印象的に描かれたうえで、ほほ笑みをもたらした茘枝の希少性について語られる。事実かどうかわからないことを含むものの、玄宗が天下のすべてを手に入れて君臨していたことへの感嘆を巧みに表現している。

⑤ 驪山に建つ宮殿の門は後景に退き、ほほ笑む楊貴妃の眼中には一騎の早馬しかない。早馬がもたらそうとしているのは、玄宗が楊貴妃とともに賞味する茘枝であった。事実かどうかを問題とせず、玄宗と楊貴妃の仲睦《むつ》まじさが際立つ逸話を用いることで、二人が永遠の愛を誓ったことを賛美している。

2023

共通テスト
本試験

国語

解答時間 80 分
配点 200 点

第1問　次の【文章Ⅰ】は、正岡子規《まさおかしき》の書斎にあったガラス障子と建築家ル・コルビュジエの建築物における窓について考察したものである。また、【文章Ⅱ】は、ル・コルビュジエの窓について【文章Ⅰ】とは別の観点から考察したものである。どちらの文章にもル・コルビュジエ著『小さな家』からの引用が含まれている（引用文中の（中略）は原文のままである）。これらを読んで、後の問い（問1〜6）に答えよ。なお、設問の都合で表記を一部改めている。（配点　50）

【文章Ⅰ】

寝返りさえ自らままならなかった子規にとっては、室内にさまざまなものを置き、それをながめることが楽しみだった。そして、ガラス障子のむこうに見える庭の植物や空を見ることが慰めだった。味覚のほかは視覚こそが子規の自身の存在を確認する感覚だった。子規は、視覚の人だったともいえる。障子の紙をガラスに入れ替えることで、A子規は季節や日々の移り変わりを楽しむことができた。

（注1）『墨汁一滴』の三月一二日には「不平十ケ条《じっかじょう》」として、「板ガラスの日本で出来ぬ不平」と書いている。この不平を述べている一九〇一（明治三四）年、たしかに日本では板ガラスは製造していなかったようだ。（注2）石井研堂の『増訂明治事物起原』には、「（明治三十六年、原料も総《すべ》て本邦のものにて、完全なる板硝子《いたがらす》を製出せり。大正三年、欧州大戦の影響、本邦の輸入硝子は其《その》船便を失ふ、是《ここ》に於《おい》て、旭《あさひ》硝子製造会社等の製品が、漸《ようや》く用ひらるることとなり、わが板硝子界は、大発展を遂ぐるに至れり」とある。

これによると板ガラスの製造が日本で始まったのは、一九〇三年ということになる。子規が不平を述べた二年後である。してみれば、（注3）虚子のすすめで子規の書斎（病室）に入れられた「ガラス障子」は、輸入品だったのだろう。高価なものであったと思われる。高価であってもガラス障子にすることで、子規は、庭の植物に季節の移ろいを見ることができ、青空や雨をながめることができるようになった。ほとんど寝たきりで身体を動かすことができなくなり、絶望的な気分の中で自殺することも頭によぎっていた子規。彼の書斎（病室）は、ガラス障子によって「見ることのできる装置（室内）」あるいは「見るための装置（室内）」へと変容したのである。

映画研究者のアン・フリードバーグ（注4）は、『ヴァーチャル・ウインドウ』の(ア)ボウトウで、「窓」は「フレーム」であり「スクリーン」でもあるといっている。

窓はフレームであるとともに、プロセニアム（舞台と客席を区切る額縁状の部分）でもある。窓の縁（エッジ）が、風景を切り取る。窓は外界を二次元の平面へと変える。つまり、窓はスクリーンとなる。窓と同様に、スクリーンは平面であると同時にフレーム――映像（イメージ）が投影される反射面であり、視界を制限するフレーム――でもある。スクリーンは建築のひとつの構成要素であり、新しいやり方で、壁の通風を演出する。

子規の書斎は、ガラス障子によるプロセニアムがつくられたのであり、それは外界を二次元に変えるスクリーンでありフレームとなったのである。**B**ガラス障子は「視覚装置」だといえる。

子規の書斎（病室）の障子をガラス障子にすることで、その室内は「視覚装置」となったわけだが、実のところ、外界をながめることのできる「窓」は、視覚装置として、建築・住宅にもっとも重要な要素としてある。

建築家のル・コルビュジエは、いわば視覚装置としての「窓」をきわめて重視していた。そして、彼は窓の構成こそ、建築を決定しているとまで考えていた。したがって、子規の書斎（病室）とは比べものにならないほど、ル・コルビュジエは、視覚装置としての窓の多様性を、デザインつまり表象として実現していった。とはいえ、窓が視覚装置であるという点においては、子規の書斎（病室）のガラス障子といささかもかわることはない。しかし、ル・コルビュジエは、住まいを徹底した視覚装置、まるでカメラのように考えていたという点では、子規のガラス障子のようにおだやかなものではなかった。子規のガラス障子は、フレームではあっても、操作されたフレームではない。他方、**C**ル・コルビュジエの窓は、確信を持ってつくられたフレームであった。

ル・コルビュジエは、ブエノス・アイレスで(イ)行った講演のなかで、「建築の歴史を窓の各時代の推移で示してみよう」といい、また窓によって「建築の性格が決定されてきたのです」と述べている。そして、古代ポンペイの出窓、ロマネスクの窓、ゴシックの窓、さらに一九世紀パリの窓から現代の窓のあり方までを歴史的に検討してみせる。そして「窓は採光のためにあり、換気のためではない」とも述べている。こうしたル・コルビュジエの窓についての言説について、アン・フリードバーグは、ル・コルビュジエのいう住宅は「住むための機械」であると同時に、それはまた「見るための機械でもあった」のだと述べている。さらに、ル・コルビュジエは、窓に換気ではなく「視界と採光」を優先したのであり、それは「窓のフレームと窓の形、すなわち「アスペクト比」の変更を引き起こした」と指摘している。ル・コルビュジエは窓を、外界を切り取るフレームだと捉えており、その結果、窓の形、そして「アスペクト比」(ディスプレイの長辺と短辺の比)が変化したというのである。

実際彼は、両親のための家をレマン湖のほとりに建てている。まず、この家は、塀(壁)で囲まれているのだが、これについてル・コルビュジエは、次のように記述している。

囲い壁の存在理由は、北から東にかけて、さらに部分的に南から西にかけて視界を閉ざすためである。四方八方に蔓延《まんえん》する景色というものは圧倒的で、焦点をかき、長い間にはかえって退屈なものになってしまう。このような状況では、もはや〝私たち〟は風景を〝眺める〟ことができないのではなかろうか。景色を(ウ)望むには、むしろそれを限定しなければならない。思い切った判断によって選別しなければならないのだ。すなわち、まず壁を建てることによって視界を遮《さえ》ぎり、つぎに連《つら》なる壁面を要所要所取り払い、そこに水平線の広がりを求めるのである。(『小さな家』)(注5)

風景を見る「視覚装置」としての窓(開口部)と壁をいかに構成するかが、ル・コルビュジエにとって課題であったことがわかる。

(柏木博《かしわぎひろし》『視覚の生命力――イメージの復権』による)

【文章Ⅱ】

一九二〇年代の最後期を飾る初期の古典的作品サヴォア邸(注6)は、見事なプロポーション(注7)をもつ「横長の窓」を示す。が一方、「横長の窓」を内側から見ると、それは壁をくりぬいた窓であり、その意味は反転する。それは四周を遮る壁体となる。「横長の窓」は、「横長の壁」となって現われる。「横長の窓」は一九二〇年代から一九三〇年代に入ると、「全面ガラスの壁面」へと移行する。スイス館(注8)がこれをよく示している。しかしながらスイス館の屋上庭園の四周は、強固な壁で囲われている。大気は壁で仕切られているのである。

かれは初期につぎのようにいう。「住宅は沈思黙考の場である」。あるいは「人間には自らを消耗する〈仕事の時間〉があり、自らをひき上げて、心の(エ)キンセンに耳を傾ける〈瞑想《めいそう》の時間〉とがある」。

これらの言葉には、いわゆる近代建築の理論においては説明しがたい一つの空間論が現わされている。一方は、いわば光の(オ)ウトんじられる世界であり、他方は光の溢《あふ》れる世界である。つまり、前者は内面的な世界に、後者は外的な世界に関わっている。

かれは『小さな家』において「風景」を語る：「ここに見られる囲い壁の存在理由は、北から東にかけて、さらに部分的に南から西にかけて視界を閉ざすためである。四方八方に蔓延する景色というものは圧倒的で、焦点をかき、長い間にはかえって退屈なものになってしまう。このような状況では、もはや〝私たち〟は風景を〝眺める〟ことができないのではなかろうか。景色を望むには、むしろそれを限定しなければならない。(中略)北側の壁と、そして東側と南側の壁とが〝囲われた庭〟を形成すること、これがここでの方針である」。

ここに語られる「風景」は動かぬ視点をもっている。かれが多くを語った「動く視点」にた

サヴォア邸

いするこの「動かぬ視点」は風景を切り取る。視点と風景は、一つの壁によって隔てられ、そしてつながれる。風景は一点から見られ、眺められる。**D**壁がもつ意味は、風景の観照の空間的構造化である。この動かぬ視点 theōria《テオリア》（注9）の存在は、かれにおいて即興的なものではない。

かれは、住宅は、沈思黙考、美に関わると述べている。初期に明言されるこの思想は、明らかに動かぬ視点をもっている。その後の展開のなかで、沈思黙考の場をうたう住宅論は、動く視点が強調されるあまり、ル・コルビュジエにおいて影をひそめた感がある。しかしながら、このテーマはル・コルビュジエが後期に手がけた（注10）「礼拝堂」や「修道院」において再度主題化され、深く追求されている。「礼拝堂」や「修道院」は、なによりも沈思黙考、瞑想の場である。つまり、後期のこうした宗教建築を問うことにおいて、動く視点にたいするル・コルビュジエの動かぬ視点の意義が明瞭になる。

（呉谷充利《くれたにみつとし》『ル・コルビュジエと近代絵画――二〇世紀モダニズムの道程』（中央公論美術出版）による）

（注）
1　『墨汁一滴』――正岡子規（一八六七―一九〇二）が一九〇一年に著した随筆集。
2　石井研堂――ジャーナリスト、明治文化研究家（一八六五―一九四三）。
3　虚子――高浜虚子（一八七四―一九五九）。俳人、小説家。正岡子規に師事した。
4　アン・フリードバーグ――アメリカの映像メディア研究者（一九五二―二〇〇九）。
5　『小さな家』――ル・コルビュジエ（一八八七―一九六五）が一九五四年に著した書物。自身が両親のために レマン湖のほとりに建てた家について書かれている。
6　サヴォア邸――ル・コルビュジエの設計で、パリ郊外に建てられた住宅。
7　プロポーション――つりあい。均整。
8　スイス館――ル・コルビュジエの設計で、パリに建てられた建築物。
9　動かぬ視点 theōria《テオリア》――ギリシア語で、「見ること」「眺めること」の意。
10　「礼拝堂」や「修道院」――ロンシャンの礼拝堂とラ・トゥーレット修道院を指す。

問1　次の(i)・(ii)の問いに答えよ。

(i)　傍線部(ア)・(エ)・(オ)に相当する漢字を含むものを、次の各群の①～④のうちから、それぞれ一つずつ選べ。解答番号は［1］～［3］。

(ア)　ボウトウ　［1］
①　流行性のカンボウにかかる
②　今朝はネボウしてしまった
③　過去をボウキャクする
④　経費がボウチョウする

(エ)　キンセン　［2］
①　ヒキンな例を挙げる
②　食卓をフキンで拭く
③　モッキンを演奏する
④　財政をキンシュクする

(オ)　ウトんじられる　［3］
①　裁判所にテイソする
②　地域がカソ化する
③　ソシナを進呈する
④　漢学のソヨウがある

(ii)　傍線部(イ)・(ウ)と同じ意味を持つものを、次の各群の①～④のうちから、それぞれ一つずつ選べ。解答番号は　4　・　5　。

(イ)　4　行った
①　行シン
②　行レツ
③　リョ行
④　リ行

(ウ)　5　望む
①　ホン望
②　ショク望
③　テン望
④　ジン望

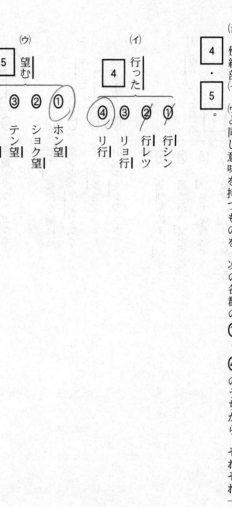

問2　傍線部**A**「子規は季節や日々の移り変わりを楽しむことができた」とあるが、それはどういうことか。その説明として最も適当なものを、次の①～⑤のうちから一つ選べ。解答番号は 6 。

① 病気で絶望的な気分で過ごしていた子規にとって、ガラス障子越しに外の風物を眺める時間が現状を忘れるための有意義な時間になっていたということ。

② 病気で塞ぎ込み生きる希望を失いかけていた子規にとって、ガラス障子から確認できる外界の出来事が自己の救済につながっていったということ。

③ 病気で寝返りも満足に打てなかった子規にとって、ガラス障子を通して多様な景色を見ることが生を実感する契機となっていたということ。

④ 病気で身体を動かすことができなかった子規にとって、ガラス障子という装置が外の世界への想像をかき立ててくれたということ。

⑤ 病気で寝たきりのまま思索していた子規にとって、ガラス障子を取り入れて内と外が視覚的につながったことが作風に転機をもたらしたということ。

問3　傍線部B「ガラス障子は『視覚装置』だといえる。」とあるが、筆者がそのように述べる理由として最も適当なものを、次の①～⑤のうちから一つ選べ。解答番号は 7 。

① ガラス障子は、季節の移ろいをガラスに映すことで、隔てられた外界を室内に投影して見る楽しみを喚起する仕掛けだと考えられるから。

② ガラス障子は、室外に広がる風景の範囲を定めることで、外の世界を平面化されたイメージとして映し出す仕掛けだと考えられるから。

③ ガラス障子は、外の世界と室内とを切り離したり接続したりすることで、視界に入る風景を制御する仕掛けだと考えられるから。

④ ガラス障子は、視界に制約を設けて風景をフレームに収めることで、新たな風景の解釈を可能にする仕掛けだと考えられるから。

⑤ ガラス障子は、風景を額縁状に区切って絵画に見立てることで、その風景を鑑賞するための空間へと室内を変化させる仕掛けだと考えられるから。

問4　傍線部C「ル・コルビュジエの窓は、確信を持ってつくられたフレームであった」とあるが、「ル・コルビュジエの窓」の特徴と効果の説明として最も適当なものを、次の①～⑤のうちから一つ選べ。解答番号は 8 。

① ル・コルビュジエの窓は、外界に焦点を合わせるカメラの役割を果たすものであり、壁を枠として視界を制御することで風景がより美しく見えるようになる。

② ル・コルビュジエの窓は、居住性を向上させる機能を持つものであり、採光を重視することで囲い壁に遮られた空間の生活環境が快適なものになる。

③ ル・コルビュジエの窓は、アスペクト比の変更を目的としたものであり、外界を意図的に切り取ることで室外の景色が水平に広がって見えるようになる。

④ ル・コルビュジエの窓は、居住者に対する視覚的な効果に配慮したものであり、囲い壁を効率よく配置することで風景への没入が可能になる。

⑤ ル・コルビュジエの窓は、換気よりも視覚を優先したものであり、視点が定まりにくい風景に限定を施すことでかえって広がりが認識されるようになる。

問5　傍線部D「壁がもつ意味は、風景の観照の空間的構造化である。」とあるが、これによって住宅はどのような空間になるのか。その説明として最も適当なものを、次の①～⑤のうちから一つ選べ。解答番号は 9 。

① 三方を壁で囲われた空間を構成することによって、外光は制限されて一方向からのみ部屋の内部に取り入れられる。このように外部の光を調整する構造により、住宅は仕事を終えた人間の心を癒やす空間になる。

② 外界を壁と窓で切り取ることによって、視点は固定されてさまざまな方向から景色を眺める自由が失われる。このように壁と窓が視点を制御する構造により、住宅はおのずと人間が風景と向き合う空間になる。

③ 四周の大部分を壁で囲いながら開口部を設けることによって、固定された視点から風景を眺めることが可能になる。このように視界を制限する構造により、住宅は内部の人間が静かに思索をめぐらす空間になる。

④ 四方に広がる空間を壁で限定することによって、選別された視角から風景と向き合うことが可能になる。このように一箇所において外界と人間がつながる構造により、住宅は風景を鑑賞するための空間になる。

⑤ 周囲を囲った壁の一部を窓としてくりぬくことによって、外界に対する視野に制約が課せられる。このように壁と窓を設けて内部の人間を瞑想へと誘導する構造により、住宅は自己省察するための空間になる。

問6　次に示すのは、授業で【文章Ⅰ】【文章Ⅱ】を読んだ後の、話し合いの様子である。これを読んで、後の(i)～(iii)の問いに答えよ。

生徒A――【文章Ⅰ】と【文章Ⅱ】は、両方ともル・コルビュジエの建築における窓について論じられていたね。

生徒B――【文章Ⅰ】にも【文章Ⅱ】にも同じル・コルビュジエからの引用文があったけれど、少し違っていたよ。

生徒C――よく読み比べると、［　X　］。

生徒B――そうか、同じ文献でもどのように引用するかによって随分印象が変わるんだね。

生徒C――【文章Ⅰ】は正岡子規の部屋にあったガラス障子をふまえて、ル・コルビュジエの話題に移っていた。

生徒B――なぜわざわざ子規のことを取り上げたのかな。

生徒A――それは、［　Y　］のだと思う。

生徒B――なるほど。でも、子規の話題は【文章Ⅱ】の内容ともつながるような気がしたんだけど。

生徒C――そうだね。【文章Ⅱ】と関連づけて【文章Ⅰ】を読むと、［　Z　］と解釈できるね。

生徒A――こうして二つの文章を読み比べながら話し合ってみると、いろいろ気づくことがあるね。

(i) 空欄 X に入る発言として最も適当なものを、次の①～④のうちから一つ選べ。解答番号は 10 。

① 【文章Ⅰ】の引用文は、壁による閉塞とそこから開放される視界についての内容だけど、【文章Ⅱ】の引用文では、壁の圧迫感について記された部分が省略されて、三方を囲んで形成される壁の話に接続されている

② 【文章Ⅰ】の引用文は、視界を遮る壁とその壁に設けられた窓の機能についての内容だけど、【文章Ⅱ】の引用文では、壁の機能が中心に述べられていて、その壁によってどの方角を遮るかが重要視されている

③ 【文章Ⅰ】の引用文は、壁の外に広がる圧倒的な景色とそれを限定する窓の役割についての内容だけど、【文章Ⅱ】の引用文では、主に外部を遮る壁の機能について説明されていて、窓の機能には触れられていない

④ 【文章Ⅰ】の引用文は、周囲を囲う壁とそこに開けられた窓の効果についての内容だけど、【文章Ⅱ】の引用文では、壁に窓を設けることの意図が省略されて、視界を遮って壁で囲う効果が強調されている

(ii) 空欄 **Y** に入る発言として最も適当なものを、次の①～④のうちから一つ選べ。解答番号は 11 。

① ル・コルビュジエの建築論が現代の窓の設計に大きな影響を与えたことを理解しやすくするために、子規の書斎にガラス障子がもたらした変化をまず示した

② ル・コルビュジエの設計が居住者と風景の関係を考慮したものであったことを理解しやすくするために、子規の日常においてガラス障子が果たした役割をまず示した

③ ル・コルビュジエの窓の配置が採光によって美しい空間を演出したことを理解しやすくするために、子規の芸術に対してガラス障子が及ぼした効果をまず示した

④ ル・コルビュジエの換気と採光についての考察が住み心地の追求であったことを理解しやすくするために、子規の心身にガラス障子が与えた影響をまず示した

(iii)　空欄 Z に入る発言として最も適当なものを、次の①～④のうちから一つ選べ。解答番号は 12 。

① 病で絶望的な気分の中にいた子規は、書斎にガラス障子を取り入れることで内面的な世界を獲得したと言える。そう考えると、子規の書斎もル・コルビュジエの主題化した宗教建築として機能していた

② 病で外界の眺めを失っていた子規は、書斎にガラス障子を取り入れることで光の溢れる世界を獲得したと言える。そう考えると、子規の書斎もル・コルビュジエの指摘する仕事の空間として機能していた

③ 病で自由に動くことができずにいた子規は、書斎にガラス障子を取り入れることで動かぬ視点を獲得したと言える。そう考えると、子規の書斎もル・コルビュジエの言う沈思黙考の場として機能していた

④ 病で行動が制限されていた子規は、書斎にガラス障子を取り入れることで見るための機械を獲得したと言える。そう考えると、子規の書斎もル・コルビュジエの住宅と同様の視覚装置として機能していた

第2問

次の文章は、梅崎春生《うめざきはるお》「飢えの季節」（一九四八年発表）の一節である。第二次世界大戦の終結直後、食糧難の東京が舞台である。いつも空腹の状態にあった主人公の「私」は広告会社に応募して採用され、「大東京の将来」をテーマにした看板広告の構想を練るよう命じられた。本文は、「私」がまとめ上げた構想を会議に提出した場面から始まる。これを読んで、後の問い（問1～7）に答えよ。（配点　50）

私が無理矢理に拵《こしら》え上げた構想のなかでは、都民のひとりひとりが楽しく胸をはって生きてゆけるような、そんな風の都市をつくりあげていた。私がもっとも念願する理想の食物都市とはいささか形はちがっていたが、その精神も少《すく》なからずこの構想には加味されていた。たとえば緑地帯には柿の並木がつらなり、夕昏《ゆうぐれ》散歩する都民たちがそれをもいで食べてもいいような仕組《しくみ》になっていた。私の考えでは、そんな雰囲気のなかでこそ、都民のひとりひとりが胸を張って生きてゆける筈《はず》であった。絵柄や文章を指定したこの二十枚の下書きの中に、私のさまざまな夢がこめられていると言ってよかった。このような私の夢が飢えたる都市の人々の共感を得ない筈はなかった。町角に私の作品が並べられれば、道行く人々は皆立ちどまって、微笑《ほほえ》みながら眺めて呉《く》れるにちがいない。そう私は信じた。だから之《これ》を提出するにあたっても、私はすこしは晴れがましい気持でもあったのである。

会長も臨席した編輯《へんしゅう》（注1）会議の席上で、しかし私の下書きは散々の悪評であった。悪評であるというより、てんで問題にされなかったのである。

「これは一体どういうつもりなのかね」

私の下書きを一枚一枚見ながら、会長はがらがらした声で私に言った。

「こんなものを街頭展に出して、一体何のためになると思うんだね」

「そ、それはです」とA私はあわてて説明した。「只今《ただいま》は食糧事情がわるくて、皆意気が衰え、夢を失っていると思うんです。だからせめてたのしい夢を見せてやりたい、とこう考えたものですから――」

会長は不機嫌な顔をして、私の苦心の下書きを重ねて卓の上にほうりだした。

「——大東京の将来というテーマをつかんだら」しばらくして会長ははき出すように口をきった。「現在何が不足しているか。理想の東京をつくるためにはどんなものが必要か。そんなことを考えるんだ。たとえば家を建てるための材木だ」

会長は赤らんだ掌《てのひら》をくにゃくにゃ動かして材木の形をしてみせた。

「材木はどこにあるか。どの位のストックがあるか。そしてそれは何々材木会社に頼めば直《す》ぐ手に入る、とこういう具合《ぐあい》にやるんだ」

会長は再び私の下書きを手にとった。

「明るい都市？　明るくするには、電燈《でんとう》だ。電燈の生産はどうなっているか。マツダランプの工場では、どんな数量を生産し、将来どんな具合に生産が増加するか、それを書くんだ。電燈ならマツダランプという具合だ。そしてマツダランプから金を貰《もら》うんだ」

ははあ、とやっと胸におちるものが私にあった。会長は顔をしかめた。

「緑地帯に柿の木を植えるって？　そんな馬鹿な。土地会社だ。東京都市計画で緑地帯の候補地がこれこれになっているから、そこの住民たちは今のうちに他に土地を買って、移転する準備したらよい、という具合だ。そのとき土地を買うなら何々土地会社へ、だ。そしてまた金を貰う」

佐藤や長山アキ子や他の編輯員たちの、冷笑するような視線を額にかんじながら、私はあかくなってうつむいていた。飛《と》んでもない誤解をしていたことが、段々判《わか》ってきたのである。思えば戦争中情報局(注2)と手を組んでこんな仕事をやっていたというのも、憂国の至情にあふれてからの所業ではなくて、たんなる儲《もう》け仕事にすぎなかったことは、少し考えれば判る筈であった。そして戦争が終《おわ》って情報局と手が切れて、掌をかえしたように文化国家の建設の啓蒙《けいもう》をやろうというのも、私費を投じた慈善事業である筈がなかった。会長の声を受けとめながら、椅子に身体《からだ》を硬くして、頭をたれたまま、**B**私はだんだん腹が立ってきたのである。私の夢が侮蔑されたのが口惜しいのではない。この会社のそのような営利精神を憎むのでもない。佐藤や長山の冷笑的な視線が辛《つら》かったのでもない。ただただ私は自分の間抜けさ加減に腹を立てていたのであった。

その夕方、私は憂鬱《ゆううつ》な顔をして焼けビル(注3)を出、うすぐらい街を昌平橋《しょうへいばし》(注4)の方にあるいて行った。あれから私は構想のたてなおしを命ぜられて、それを引受《ひきう》けたのであった。しかしそれならそれでよかった。給料さえ貰えれば始めから私は何でもやるつもりでいたのだから。憂鬱な顔をしているというのも、ただ腹がへっているからであった。膝をがくがくさせながら昌平橋のたもとまで来たとき、私は変な老人から呼びとめられた。共同便所の横のうすくらがりにいるせいか、その老人は人間というより一枚の影に似ていた。

「旦那」声をぜいぜいふるわせながら老人は手を出した。「昨日から、何も食っていないんです。ほんとに何も食っていないんです。たった一食でもよろしいから、めぐんでやって下さいな。旦那、おねがいです」

老人は外套《がいとう》(注5)も着ていなかった。顔はくろくよごれていて、上衣《うわぎ》の袖から出た手は、ぎょっとするほど細かった。身体が小刻みに動いていて、立っていることも精いっぱいであるらしかった。老人の骨ばった指が私の外套の袖にからんだ。私はある苦痛をしのびながらそれを振りはらった。

「ないんだよ。僕も一食ずつしか食べていないんだ。ぎりぎり計算して食っているんだ。とても分けてあげられないんだよ」

「そうでしょうが、旦那、あたしは昨日からなにも食っていないんです。何なら、この上衣を抵当(注6)に入れてもよござんす。一食だけ。ね。一食だけでいいんです」

老人の眼《め》は暗がりの中でもぎらぎら光っていて、まるで眼球が瞼《まぶた》のそとにとびだしているような具合であった。頬はげっそりしなびていて、そこから咽喉《のど》にかけてざらざらに鳥肌が立っていた。

「ねえ。旦那。お願い。お願いです」

頭をふらふらと下げる老爺《ろうや》よりもどんなに私の方が頭を下げて願いたかったことだろう。あたりに人眼がなければ私はひざまずいて、これ以上自分を苦しめて呉れるなと、老爺にむかって頭をさげていたかも知れないのだ。しかし私は、**C**自分でもおどろくほど邪険な口調で、老爺にこたえていた。

「駄目だよ。無いといったら無いよ。誰か他の人にでも頼みな」

暫《しばら》くの後私は食堂のかたい椅子にかけて、変な臭いのする魚の煮付と芋まじりの少量の飯をぼそぼそと噛《か》んでいた。しきりに胸を熱くして来るものがあって、食物の味もわからない位だった。私をとりまくさまざまの構図が、ひっきりなしに心を去来した。毎日白い御飯を腹いっぱいに詰め、鶏にまで白米をやる下宿のあるじ、闇売り(注7)でずいぶん儲けたくせに柿のひとつやふたつで怒っている裏の吉田さん。高価な莨《たばこ》をひっきりなしに吸って血色のいい会長。鼠《ねずみ》のような庶務課長。膝頭が蒼《あお》白く飛出《とびで》た佐藤。長山アキ子の腐った芋の弁当。国民服(注8)一着しかもたないT・I氏。お尻の破れた青いモンペ(注9)の女。電車の中で私を押して来る勤め人たち。ただ一食の物乞いに上衣を脱ごうとした老爺。それらのたくさんの構図にかこまれて、朝起きたときから食物のことばかり妄想し、こそ泥のように芋や柿をかすめている私自身の姿がそこにあるわけであった。こんな日常が連続してゆくことで、一体どんなおそろしい結末が待っているのか。**D**それを考えるだけで私は身ぶるいした。食べている私の外套の背に、もはや寒さがもたれて来る。もう月末が近づいているのであった。かぞえてみるとこの会社につとめ出してから、もう二十日以上も経っているわけであった。

私の給料が月給でなく日給であること、そしてそれも一日三円の割であることを知ったときの私の衝動はどんなであっただろう。それを私は月末の給料日に、鼠のような風貌の庶務課長から言いわたされたのであった。庶務課長のキンキンした声の内容によると、私は(私と一緒に入社した者も)しばらくの間は見習《みならい》社員というわけで、実力次第ではこれからどんなにでも昇給させるから、力を落《おと》さずにしっかりやるように、という話であった。そして声をひそめて、

「君は朝も定刻前にちゃんとやってくるし、毎日自発的に一時間ほど残業をやっていることは、僕もよく知っている。会長も知っておられると思う。だから一所懸命にやって呉れたまえ。(注10)君にはほんとに期待しているのだ」

私はその声をききながら、私の一日の給料が一枚の外食券(注11)の闇価と同じだ、などということをぼんやり考えていたのである。日給三円だと聞かされたときの衝動は、すぐ胸の奥で消えてしまって、その代《かわ》りに私の手足のさきまで今ゆるゆると拡《ひろ》がってき

たのは、水のように静かな怒りであった。私はそのときすでに、此処《ここ》を辞める決心をかためていたのである。課長の言葉がとぎれるのを待って、私は低い声でいった。

「私はここを辞めさせて頂きたいとおもいます」

なぜ、と課長は鼠のようにずるい視線をあげた。

「一日三円では食えないのです。E食えないことは、やはり良くないことだと思うんです」

そう言いながらも、ここを辞めたらどうなるか、という危惧がかすめるのを私は意識した。しかしそんな危惧があるとしても、それはどうにもならないことであった。私は私の道を自分で切りひらいてゆく他はなかった。ふつうのつとめをしていては満足に食べて行けないなら、私は他に新しい生き方を求めるよりなかった。そして私はあの食堂でみる人々のことを思いうかべていた。鞄《かばん》の中にいろんな物を詰めこんで、それを売ったり買ったりしている事実を。そこにも生きる途《みち》がひとつはある筈であった。そしてまた、あの惨《みじ》めな老爺にならって、外套を抵当にして食を乞う方法も残っているに相違なかった。

「君にはほんとに期待していたのだがなあ」

ほんとに期待していたのは、庶務課長よりもむしろ私なのであった。ほんとに私はどんなに人並みな暮《くら》しの出来る給料を期待していただろう。盗みもする必要がない、静かな生活を、私はどんなに希求していたことだろう。しかしそれが絶望であることがはっきり判ったこの瞬間、F私はむしろある勇気がほのぼのと胸にのぼってくるのを感じていたのである。

その日私は会計の係から働いた分だけの給料を受取《うけと》り、永久にこの焼けビルに別れをつげた。電車みちまで出てふりかえると、曇り空の下で灰色のこの焼けビルは、私の飢えの季節の象徴のようにかなしくそそり立っていたのである。

（注）

1　編輯――「編集」に同じ。

2　情報局――戦時下にマスメディア統制や情報宣伝を担った国家機関。

3　焼けビル――戦災で焼け残ったビル。「私」の勤め先がある。

4　昌平橋――現在の東京都千代田区にある、神田川にかかる橋。そのたもとに「私」の行きつけの食堂がある。

5　外套――防寒・防雨のため洋服の上に着る衣類。オーバーコート。

6　抵当――金銭などを借りて返せなくなったときに、貸し手が自由に扱える借り手側の権利や財産。

7　闇売り――公式の販路・価格によらないで内密に売ること。

8　国民服――国民が常用すべきものとして一九四〇年に制定された服装。戦時中に広く男性が着用した。

9　モンペ――作業用・防寒用として着用するズボン状の衣服。戦時中に女性の標準服として普及した。

10　外食券――戦中・戦後の統制下で、役所が発行した食券。

11　闇価――闇売りにおける価格。

問1　傍線部A「私はあわてて説明した」とあるが、このときの「私」の様子の説明として最も適当なものを、次の①～⑤のうちから一つ選べ。解答番号は 13 。

① 都民が夢をもてるような都市構想なら広く受け入れられると自信をもって提出しただけに、構想の主旨を会長から問いただされたことに戸惑い、理解を得ようとしている。

② 会長も出席する重要な会議の場で成果をあげて認められようと張り切って作った構想が、予想外の低評価を受けたことに動揺し、なんとか名誉を回復しようとしている。

③ 会長から頭ごなしの批判を受け、街頭展に出す目的を明確にイメージできていなかったことを悟り、自分の未熟さにあきれつつもどうにかその場を取り繕おうとしている。

④ 会議に臨席した人々の理解を得られなかったことで、過酷な食糧事情を抱える都民の現実を見誤っていたことに今更ながら気づき、気まずさを解消しようとしている。

⑤ 「私」の理想の食物都市の構想は都民の共感を呼べると考えていたため、会長からテーマとの関連不足を指摘されてうろたえ、急いで構想の背景を補おうとしている。

問2　傍線部B「私はだんだん腹が立ってきたのである」とあるが、それはなぜか。その理由として最も適当なものを、次の①～⑤のうちから一つ選べ。解答番号は 14 。

① 戦後に会社が国民を啓蒙し文化国家を建設するという理想を掲げた真意を理解せず、給料をもらって飢えをしのぎたいという自らの欲望を優先させた自分の浅ましさが次第に嘆かわしく思えてきたから。

② 戦時中には国家的慈善事業を行っていた会社が戦後に方針転換したことに思い至らず、暴利をむさぼるような経営にいつの間にか自分が加担させられていることを徐々に自覚して反発を覚えたから。

③ 戦後に営利を追求するようになった会社が社員相互の啓発による競争を重視していることに思い至らず、会長があきれるような提案しかできなかった自分の無能さがつくづく恥ずかしくなってきたから。

④ 戦後の復興を担う会社が利益を追求するだけで東京を発展させていく意図などないことを理解せず、飢えの解消を前面に打ち出す提案をした自分の安直な姿勢に自嘲の念が少しずつ湧いてきたから。

⑤ 戦時中に情報局と提携していた会社が純粋な慈善事業を行うはずもないことに思い至らず、自分の理想や夢だけを詰め込んだ構想を誇りをもって提案した自分の愚かさにようやく気づき始めたから。

問3　傍線部C「自分でもおどろくほど邪険な口調で、老爺にこたえていた」とあるが、ここに至るまでの「私」の心の動きはどのようなものか。その説明として最も適当なものを、次の①～⑤のうちから一つ選べ。解答番号は 15 。

① ぎりぎり計算して食べている自分より、老爺の飢えのほうが深刻だと痛感した「私」は、彼の懇願に対してせめて丁寧な態度で断りたいと思いはしたが、人目をはばからず無心を続ける老爺にいら立った。

② 一食を得るために上衣さえ差し出そうとする老爺の様子を見た「私」は、彼を救えないことに対し頭を下げ許しを乞いたいと思いつつ、周りの視線を気にしてそれもできない自分へのいらだちを募らせた。

③ 飢えから逃れようと必死に頭を下げる老爺の姿に自分と重なるところがあると感じた「私」は、自分も食べていないことを話し説得を試みたが、食物をねだり続ける老爺に自分にはない厚かましさも感じた。

④ 頰の肉がげっそりと落ちた老爺のやせ細り方に同情した「私」は、彼の願いに応えられないことに罪悪感を抱いていたが、後ろめたさに付け込み、どこまでも食い下がる老爺のしつこさに嫌悪感を覚えた。

⑤ かろうじて立っている様子の老爺の懇願に応じることのできない「私」は、苦痛を感じながら耐えていたが、なおもすがりつく老爺の必死の態度に接し、彼に向き合うことから逃れたい衝動に駆られた。

問4　傍線部D「それを考えるだけで私は身ぶるいした。」とあるが、このときの「私」の状況と心理の説明として最も適当なものを、次の①～⑤のうちから一つ選べ。解答番号は 16 。

① 貧富の差が如実に現れる周囲の人びとの姿から自らの貧しく惨めな姿も浮かび、食物への思いにとらわれていることを自覚した「私」は、農作物を盗むような生活の先にある自身の将来に思い至った。

② 定収入を得てぜいたくに暮らす人びとの存在に気づいた「私」は、芋や柿などの農作物を生活の糧にすることを想像し、そのような空想にふける自分は厳しい現実を直視できていないと認識した。

③ 経済的な格差がある社会でしたたかに生きる人びとに思いを巡らせた「私」は、一食のために上衣を手放そうとした老爺のように、その場しのぎの不器用な生き方しかできない我が身を振り返った。

④ 富める人もいれば貧しい人もいる社会の構造にやっと思い至った「私」は、会社に勤め始めて二十日以上経ってもその構造から抜け出せない自分が、さらなる貧困に落ちるしかないことに気づいた。

⑤ 自分を囲む現実を顧みたことで、周囲には貧しい人が多いなかに富める人もいることに気づいた「私」は、食糧のことで頭が一杯になり社会の動向を広く認識できていなかった自分を見つめ直した。

問5　傍線部E「食えないことは、やはり良くないことだと思うんです」とあるが、この発言の説明として最も適当なものを、次の①～⑤のうちから一つ選べ。解答番号は 17 。

① 満足に食べていくため不本意な業務も受け入れていたが、あまりにも薄給であることに承服できず、将来的な待遇改善や今までの評価が問題ではなく、現在の飢えを解消できないことが決め手となって退職することを淡々と伝えた。

② 飢えた生活から脱却できると信じて営利重視の経営方針にも目をつぶってきたが、営利主義が想定外の薄給にまで波及していると知り、口先だけ景気の良いことを言う課長の態度にも不信感を抱いたことで、つい感情的に反論した。

③ 飢えない暮らしを望んで夢を侮蔑されても会社勤めを続けてきたが、結局のところ新しい生き方を選択しないかぎり静かな生活は送れないとわかり、課長に正論を述べても仕方がないと諦めて、ぞんざいな言い方しかできなかった。

④ 静かな生活の実現に向けて何でもすると決意して自発的に残業さえしてきたが、月給ではなく日給であることに怒りを覚え、課長に何を言っても正当な評価は得られないと感じて、不当な薄給だという事実をぶっきらぼうに述べた。

⑤ 小声でほめてくる課長が本心を示していないことはわかるものの、静かな生活は自分で切り開くしかないという事実に変わりはなく、有効な議論を展開するだけの余裕もないので、負け惜しみのような主張を絞り出すしかなかった。

問6　傍線部**F**「私はむしろある勇気がほのぼのと胸にのぼってくるのを感じていたのである」とあるが、このときの「私」の心情の説明として最も適当なものを、次の①～⑤のうちから一つ選べ。解答番号は 18 。

①　希望していた静かな暮らしが実現できないことに失望したが、その給料では食べていけないと主張できたことにより、これからは会社の期待に添って生きるのではなく自由に生きようと徐々に思い始めている。

②　これから新しい道を切り開いていくため静かな生活はかなわないと悲しんでいたが、課長に言われた言葉を思い出すことにより、自分がすべきことをイメージできるようになりにわかに自信が芽生えてきている。

③　昇給の可能性もあるとの上司の言葉はありがたかったが、盗みをせざるを得ないほどの生活不安を解消するまでの説得力を感じられないのでそれを受け入れられず、物乞いをしてでも生きていこうと決意を固めている。

④　人並みの暮らしができる給料を期待していたが、その願いが断たれたことで現在の会社勤めを辞める決意をし、将来の生活に対する懸念はあるものの新たな生き方を模索しようとする気力が湧き起こってきている。

⑤　期待しているという課長の言葉とは裏腹の食べていけないほどの給料に気落ちしていたが、一方で課長が自分に期待していた事実があることに自信を得て、新しい生活を前向きに送ろうと少し気楽になっている。

問7　Wさんのクラスでは、本文の理解を深めるために教師から本文と同時代の【資料】が提示された。Wさんは、【資料】を参考に「マツダランプの広告」と本文の「焼けビル」との共通点をふまえて「私」の「飢え」を考察することにし、【構想メモ】を作り、【文章】を書いた。このことについて、後の(i)・(ii)の問いに答えよ。なお、設問の都合で広告の一部を改めている。

【資料】

●マツダランプの広告

雑誌『航空朝日』（一九四五年九月一日発行）に掲載

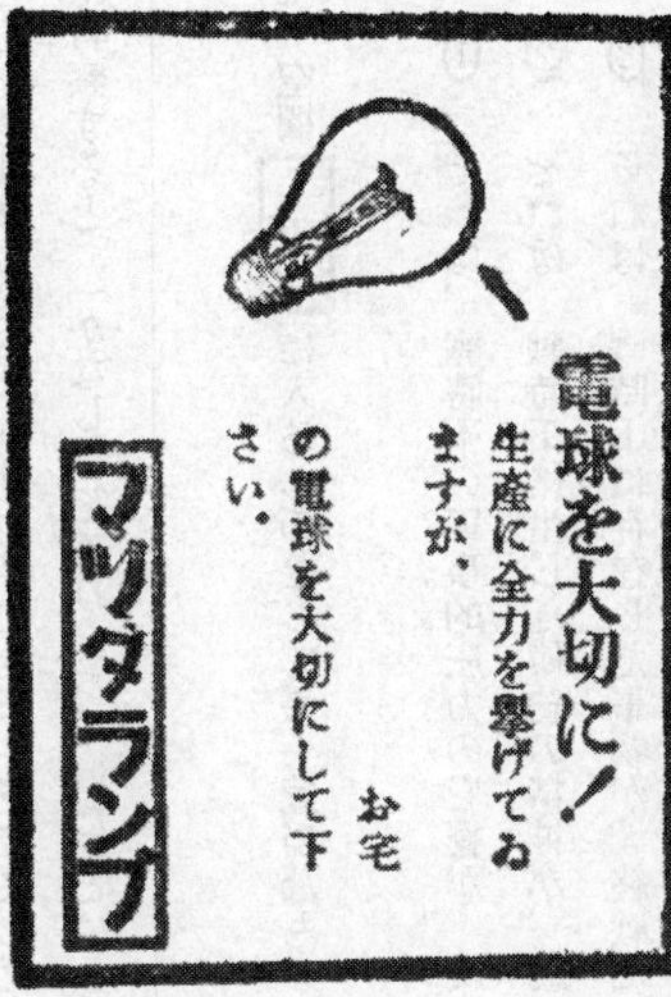

●補足

この広告は、戦時中には「生産《せいさん》に全力《ぜんりよく》を擧《あ》げてゐますが、御家庭用は尠《すく》なくなりますから、お宅の電球を大切にして下さい。」と書かれていた。戦後も物が不足していたため、右のように変えて掲載された。

【構想メモ】

(1)　【資料】からわかること

・社会状況として戦後も物資が不足していること。

・広告の一部の文言を削ることで、戦時中の広告を終戦後に再利用しているということ。

(2)　【文章】の展開

①　【資料】と本文との共通点

・マツダランプの広告

・「焼けビル」（本文末尾）

↓

②　「私」の現状や今後に関する「私」の認識について

↓

③　「私」の「飢え」についてのまとめ

【文章】

【資料】のマツダランプの広告は、戦後も物資が不足している社会状況を表している。この広告と「飢えの季節」本文の最後にある「焼けビル」とには共通点がある。［Ⅰ］この共通点は、本文の会長の仕事のやり方とも重なる。そのような会長の下で働く「私」自身はこの職にしがみついていても苦しい生活を脱する可能性がないと思い、具体的な未来像を持つこともないままに会社を辞めたのである。そこで改めて【資料】を参考に、本文の最後の一文に注目して「私」の「飢え」について考察すると、「かなしくそそり立っていた」という「焼けビル」は、［Ⅱ］と捉えることができる。

(i)　空欄［Ⅰ］に入るものとして最も適当なものを、次の①～④のうちから一つ選べ。解答番号は［19］。

① それは、戦時下の軍事的圧力の影響が、終戦後の日常生活の中においても色濃く残っているということだ。
② それは、戦時下に生じた倹約の精神が、終戦後の人びとの生活態度においても保たれているということだ。
③ それは、戦時下に存在した事物が、終戦に伴い社会が変化する中においても生き延びているということだ。
④ それは、戦時下の国家貢献を重視する方針が、終戦後の経済活動においても支持されているということだ。

(ii)　空欄［Ⅱ］に入るものとして最も適当なものを、次の①～④のうちから一つ選べ。解答番号は［20］。

① 「私」の飢えを解消するほどの給料を払えない会社の象徴
② 「私」にとって解消すべき飢えが継続していることの象徴
③ 「私」の今までの飢えた生活や不本意な仕事との決別の象徴
④ 「私」が会社を辞め飢えから脱却する勇気を得たことの象徴

第3問

次の文章は源俊頼《としより》が著した『俊頼髄脳《としよりずいのう》』の一節で、殿上人たちが、皇后寛子のために、寛子の父・藤原頼通の邸内で船遊びをしようとするところから始まる。これを読んで、後の問い（問1～4）に答えよ。なお、設問の都合で本文の段落に 1 ～ 5 の番号を付してある。（配点　50）

1　宮司《みやづかさ》(注1)ども集まりて、船をばいかがすべき、紅葉《もみぢ》を多くとりにやりて、船の屋形にして、船さし《ふな》(注2)は侍《さぶらひ》の a若からむをさしたりければ、俄《にはか》に狩袴《かりばかま》(注3)染めなどしてきらめきけり。その日になりて、人々、皆参り集まりぬ。「御船はまうけたりや」と尋ねられければ、「皆まうけて侍り」と申して、その期《ご》になりて、島がくれ(注4)より漕《こ》ぎ出でたるを見れば、なにとなく、ひた照り《て》なる船を二つ、装束《さうぞ》き出でたるけしき、いとをかしかりけり。

2　人々、皆乗り分かれて、管絃《くわんげん》の具ども、御前より申し出だして(注5)、そのことする人々、前におきて、(ア)やうやうさしまはす程に、南の普賢堂に、宇治の僧正(注6)、僧都《そうづ》の君と申しける時、御修法《みずほふ》しておはしけるに、かかることありとて、もろもろの僧たち、大人、若き、集まりて、庭にゐなみたり。童部《わらはべ》、供《とも》法師にいたるまで、繡花《しうくわ》(注7)装束きて、さし退《の》きつつ群がれゐたり。

3　その中に、良暹《りやうぜん》といへる歌よみのありけるを、殿上人、見知りてあれば、「良暹がさぶらふか」と問ひければ、良暹、目も(注8)なく笑みて、平《ひら》がりてさぶらひければ、かたはらに若き僧の侍りけるが知り、「bさに侍り」と申しければ、「あれ、船に召して乗せて連歌《れんが》(注9)などせさせむは、いかがあるべき」と、いま一つの船の人々に申しあはせければ、「いかが。あるべからず。後の人や、さらでもありぬべかりけることかなとや申さむ」などありければ、さもあることとて、乗せずして、ただささながら連歌などはせさせてむなど定めて、近う漕ぎよせて、「良暹、さりぬべからむ連歌などして参らせよ」と、人々申されければ、さる者にて、もしさやうのこともやあるとて、cまうけたりけるにや、聞きけるままに程もなくかたはらの僧にものを言ひければ、その僧、(イ)ことごとしく歩みよりて、

「もみぢ葉のこがれて見ゆる御船《みふね》かな

と申し侍るなり」と申しかけて帰りぬ。

4 人々、これを聞きて、船々に聞かせて、付けむとしけるが遅かりければ、船を漕ぐともなくて、やうやう築島《つくじま》をめぐりて、一めぐりの程に、付けて言はむとしけるに、え付けざりければ、むなしく過ぎにけり。「いかに」「遅し」と、たがひに船々あらそひて、二《ふた》めぐりになりにけり。なほ、え付けざりければ、船を漕がで、島のかくれにて、「(ウ)かへすがへすもわろきことなり、これを d 今まで付けぬは。日はみな暮れぬ。いかがせむずる」と、今は、付けむの心はなくて、付けでやみなむことを嘆く程に、何事も e 覚えずなりぬ。

5 ことごとしく管絃の物の具申しおろして船に乗せたりけるも、いささか、かきならす人もなくてやみにけり。かく言ひ沙汰する程に、普賢堂の前にそこばく多かりつる人、皆立ちにけり。人々、船よりおりて、御前にて遊ばむなど思ひけれど、このことにたがひて、皆逃げておのおの失《う》せにけり。宮司、まうけしたりけれど、いたづらにてやみにけり。

（注）
1　宮司――皇后に仕える役人。
2　船さし――船を操作する人。
3　狩袴染めなどして――「狩袴」は狩衣を着用する際の袴。これを、今回の催しにふさわしいように染めたということ。
4　島がくれ――島陰。頼通邸の庭の池には島が築造されていた。そのため、島に隠れて邸《やしき》側からは見えにくいところがある。
5　御前より申し出だして――皇后寛子からお借りして。
6　宇治の僧正――頼通の子、覚円。寛子の兄。寛子のために邸内の普賢堂で祈禱《きとう》をしていた。
7　繡花――花模様の刺繡《ししゅう》。
8　目もなく笑みて――目を細めて笑って。
9　連歌――五・七・五の句と七・七の句を交互に詠んでいく形態の詩歌。前の句に続けて詠むことを、句を付けるという。

問1　傍線部(ア)～(ウ)の解釈として最も適当なものを、次の各群の①～⑤のうちから、それぞれ一つずつ選べ。解答番号は 21 ～ 23 。

(ア) やうやうさしまはす程に 21

① さりげなく池を見回すと
② あれこれ準備するうちに
③ 徐々に船を動かすうちに
④ 次第に船の方に集まると
⑤ 段々と演奏が始まるころ

(イ) ことごとしく歩みよりて 22

① たちまち僧侶たちの方に向かっていって
② 焦った様子で殿上人のもとに寄っていって
③ 卑屈な態度で良暹のそばに来て
④ もったいぶって船の方に近づいていって
⑤ すべてを聞いて良暹のところに行って

(ウ) かへすがへすも 23

① 繰り返すのも
② どう考えても
③ 句を返すのも
④ 引き返すのも
⑤ 話し合うのも

問2　波線部a～eについて、語句と表現に関する説明として最も適当なものを、次の①～⑤のうちから一つ選べ。解答番号は 24 。

① a 「若からむ」は、「らむ」が現在推量の助動詞であり、断定的に記述することを避けた表現になっている。
② b 「さに侍り」は、「侍り」が丁寧語であり、「若き僧」から読み手への敬意を込めた表現になっている。
③ c 「まうけたりけるにや」は、「や」が疑問の係助詞であり、文中に作者の想像を挟み込んだ表現になっている。
④ d 「今まで付けぬは」は、「ぬ」が強意の助動詞であり、「人々」の驚きを強調した表現になっている。
⑤ e 「覚えずなりぬ」は、「なり」が推定の助動詞であり、今後の成り行きを読み手に予想させる表現になっている。

問3　[1]～[3]段落についての説明として最も適当なものを、次の①～⑤のうちから一つ選べ。解答番号は[25]。

① 宮司たちは、船の飾り付けに悩み、当日になってようやくもみじの葉で飾った船を準備し始めた。
② 宇治の僧正は、船遊びの時間が迫ってきたので、祈禱を中止し、供の法師たちを庭に呼び集めた。
③ 良暹は、身分が低いため船に乗ることを辞退したが、句を求められたことには喜びを感じていた。
④ 殿上人たちは、管絃や和歌の催しだけでは後で批判されるだろうと考え、連歌も行うことにした。
⑤ 良暹のそばにいた若い僧は、殿上人たちが声をかけてきた際、かしこまる良暹に代わって答えた。

問4　次に示すのは、授業で本文を読んだ後の、話し合いの様子である。これを読んで、後の(i)～(iii)の問いに答えよ。

教　師――本文の[3]～[5]段落の内容をより深く理解するために、次の文章を読んでみましょう。これは『散木奇歌集《さんぼくきかしゅう》』の一節で、作者は本文と同じく源俊頼《としより》です。

人々あまた八幡《やはた》(注1)の御神楽《みかぐら》に参りたりけるに、こと果てて又の日、別当《べったう》(注2)法印光清《くわうせい》が堂の池の釣殿《つりどの》に人々ゐなみて遊びけるに、「光清、連歌作ることなむ得たることとおぼゆる。ただいま連歌付けばや」など申しゐたりけるに、かたのごとくとて申したりける、

釣殿の下には魚《いを》やすまざらむ　　俊重《とししげ》(注3)

光清しきりに案じけれども、え付けでやみにしことなど、帰りて語りしかば、試みにとて、

うつばり(注4)の影そこに見えつつ　　俊頼

(注)
1　八幡の御神楽――石清水八幡宮《いわしみずはちまんぐう》において、神をまつるために歌舞を奏する催し。
2　別当法印――「別当」はここでは石清水八幡宮の長官。「法印」は最高の僧位。
3　俊重――源俊頼の子。
4　うつばり――屋根の重みを支えるための梁《はり》。

教　師――この『散木奇歌集』の文章は、人々が集まっている場で、連歌をしたいと光清が言い出すところから始まります。その後の展開を話し合ってみましょう。

生徒A――俊重が「釣殿の」の句を詠んだけれど、光清は結局それに続く句を付けることができなかったんだね。

生徒B――そのことを聞いた父親の俊頼が俊重の句に「うつばりの」の句を付けてみせたんだ。

生徒C――そうすると、俊頼の句はどういう意味になるのかな?

生徒A――その場に合わせて詠まれた俊重の句に対して、俊頼が機転を利かせて返答をしたわけだよね。二つの句のつながりはどうなっているんだろう……。

教　師――前に授業で取り上げた「掛詞《かけことば》」に注目してみると良いですよ。

生徒B――掛詞は一つの言葉に二つ以上の意味を持たせる技法だったよね。あ、そうか、この二つの句のつながりがわかった! **X** ということじゃないかな。

生徒C――なるほど、句を付けるって簡単なことじゃないんだね。うまく付けられたら楽しそうだけど。

教　師――そうですね。それでは、ここで本文の『俊頼髄脳』の 3 段落で良暹《りょうぜん》が詠んだ「もみぢ葉の」の句について考えてみましょう。

生徒A――この句は **Y** 。でも、この句はそれだけで完結しているわけじゃなくて、別の人がこれに続く七・七を付けることが求められていたんだ。

生徒B――そうすると、4 ・ 5 段落の状況もよくわかるよ。 **Z** ということなんだね。

教　師――良い学習ができましたね。『俊頼髄脳』のこの後の箇所では、こういうときは気負わずに句を付けるべきだ、と書かれています。ということで、次回の授業では、皆さんで連歌をしてみましょう。

(i)　空欄 **X** に入る発言として最も適当なものを、次の①～④のうちから一つ選べ。解答番号は 26 。

① 俊重が、皆が釣りすぎたせいで釣殿から魚の姿が消えてしまったと詠んだのに対して、俊頼は、「そこ」に「底」を掛けて、水底《みなそこ》にはそこかしこに釣針が落ちていて、昔の面影をとどめているよ、と付けている

② 俊重が、釣殿の下にいる魚は心を休めることもできないだろうかと詠んだのに対して、俊頼は、「うつばり」に「鬱」を掛けて、梁の影にあたるような場所だと、魚の気持ちも沈んでしまうよね、と付けている

③ 俊重が、「すむ」に「澄む」を掛けて、水は澄みきっているのに魚の姿は見えないと詠んだのに対して、俊頼は、「そこ」に「あなた」という意味を掛けて、そこにあなたの姿が見えたからだよ、と付けている

④ 俊重が、釣殿の下には魚が住んでいないのだろうかと詠んだのに対して、俊頼は、釣殿の「うつばり」に「針」の意味を掛けて、池の水底には釣殿の梁ならぬ釣針が映って見えるからね、と付けている

(ii) 空欄 **Y** に入る発言として最も適当なものを、次の①～④のうちから一つ選べ。解答番号は 27 。

① 船遊びの場にふさわしい句を求められて詠んだ句であり、「こがれて」には、葉が色づくという意味の「焦がれて」と船が漕がれるという意味の「漕がれて」が掛けられていて、紅葉に飾られた船が池を廻《めぐ》っていく様子を表している

② 寛子への恋心を伝えるために詠んだ句であり、「こがれて」には恋い焦がれるという意味が込められ、「御船」には出家した身でありながら、あてもなく海に漂う船のように恋の道に迷い込んでしまった良暹自身がたとえられている

③ 頼通や寛子を賛美するために詠んだ句であり、「もみぢ葉」は寛子の美しさを、敬語の用いられた「御船」は栄華を極めた頼通たち藤原氏を表し、順風満帆に船が出発するように、一族の将来も明るく希望に満ちていると讃《たた》えている

④ 祈禱を受けていた寛子のために詠んだ句であり、「もみぢ葉」「見ゆる」「御船」というマ行の音で始まる言葉を重ねることによって音の響きを柔らかなものに整え、寛子やこの催しの参加者の心を癒やしたいという思いを込めている

(iii) 空欄 **Z** に入る発言として最も適当なものを、次の①～④のうちから一つ選べ。解答番号は **28** 。

① 誰も次の句を付けることができなかったので、良暹を指名した責任について殿上人たちの間で言い争いが始まり、それがいつまでも終わらなかったので、もはや宴《うたげ》どころではなくなった

② 次の句をなかなか付けられなかった殿上人たちは、自身の無能さを自覚させられ、これでは寛子のための催しを取り仕切ることも不可能だと悟り、準備していた宴を中止にしてしまった

③ 殿上人たちは良暹の句にその場ですぐに句を付けることができず、時間が経っても池の周りを廻るばかりで、ついにはこの催しの雰囲気をしらけさせたまま帰り、宴を台無しにしてしまった

④ 殿上人たちは念入りに船遊びの準備をしていたのに、連歌を始めたせいで予定の時間を大幅に超過し、庭で待っていた人々も帰ってしまったので、せっかくの宴も殿上人たちの反省の場となった

第4問

唐の白居易は、皇帝自らが行う官吏登用試験に備えて一年間受験勉強に取り組んだ。その際、自分で予想問題を作り、それに対する模擬答案を準備した。次の文章は、その【予想問題】と【模擬答案】の一部である。これを読んで、後の問い（問1〜7）に答えよ。なお、設問の都合で本文を改め、返り点・送り仮名を省いたところがある。（配点　50）

【予想問題】

問《フ》、自《リ》レ古《いにしへ》以来、A君《タル》者無《ク》レ不《ルハ》レ思《ハ》レ求《ムルヲ》二其《ノ》賢《ヲ》一、賢《ナル》者罔《なシ》レ不《ルハ》レ思《ハ》レ効《いたスヲ》二其《ノ》用《ヲ》一。

然《レドモ》両《ふたツナガラ》不《ルハ》二相《あひ》遇《ハ》一、其《ノ》故《ハ》何《ゾ》哉。今欲《スルニ》レ求《メント》レ之《ヲ》、其《ノ》術《ハ》安《クニ》在《リヤ》。

【模擬答案】

臣（注1）聞《ク》、人君《タル》者無《ク》レ不《ルハ》レ思《ハ》レ求《ムルヲ》二其《ノ》賢《ヲ》一、人臣《タル》者無《シト》レ不《ルハ》レ思《ハ》レ効《スヲ》二其《ノ》用《ヲ》一。然《リ》

而《シテ》君《ハ》求《メントシテ》レ賢《ヲ》而不《ル》レ得、臣《ハ》効《サントシテ》レ用《ヲ》而（ア）無レ由B者、豈不以貴賤相懸、

朝（注2）野相隔、堂（注3）遠於千里、門（注4）深於九重。

臣（イ）以為、求ムルニレ賢ヲ有リレ術、（ウ）弁レ賢ヲ有リレ方。方術者、各《おのおの》審《つまびラカニシ》二其ノ族類ヲ一、使ムル二之ヲシテ推薦セ一而已。近ク取レバ二諸《これヲ》喩《たとへニ》一、C其レ猶ホキ二線《いとト》ノ与レ矢也。線ハ因リテレ針ニ而入リ、矢ハ待チテレ弦ヲ而発ス。雖モレ有リト二線矢一、苟クモ無クンバ二針弦一、求ムルモ二自ラ致スヲ一焉、不ルレ可カラレ得也。夫レ必ズ以テスル二族類ヲ一者、蓋シ賢愚有リレ貫クコト、善悪有リレ倫《ともがら》、若シ以テレ類ヲ求ムレバ、D［X］以類至。此レ亦タ猶ホク二水ノ流レレ湿ニ、火ノ就クガレ燥ニ一、E自然之理也。

（白居易『白氏文集』による）

（注）1　臣――君主に対する臣下の自称。

2　朝野――朝廷と民間。

3　堂――君主が執務する場所。

4　門――王城の門。

問1　波線部(ア)「無レ由」、(イ)「以為」、(ウ)「弁」のここでの意味として最も適当なものを、次の各群の①～⑤のうちから、それぞれ一つずつ選べ。解答番号は 29 ～ 31 。

(ア)「無レ由」 29
① 方法がない
② 伝承がない
③ 原因がない
④ 意味がない
⑤ 信用がない

(イ)「以為」 30
① 考えるに
② 同情するに
③ 行うに
④ 目撃するに
⑤ 命ずるに

(ウ)「弁」 31
① 弁償するには
② 弁護するには
③ 弁解するには
④ 弁論するには
⑤ 弁別するには

問2　傍線部A「君者無レ不レ思レ求二其賢一、賢者罔レ不レ思レ効二其用一」の解釈として最も適当なものを、次の①～⑤のうちから一つ選べ。解答番号は 32 。

① 君主は賢者の仲間を求めようと思っており、賢者は無能な臣下を退けたいと思っている。
② 君主は賢者を顧問にしようと思っており、賢者は君主の要請を辞退したいと思っている。
③ 君主は賢者を登用しようと思っており、賢者は君主の役に立ちたいと思っている。
④ 君主は賢者の意見を聞こうと思っており、賢者は自分の意見は用いられまいと思っている。
⑤ 君主は賢者の称賛を得ようと思っており、賢者は君主に信用されたいと思っている。

問3 傍線部B「豈不以貴賤相懸、朝野相隔、堂遠於千里、門深於九重」の返り点の付け方と書き下し文との組合せとして最も適当なものを、次の①～⑤のうちから一つ選べ。解答番号は 33 。

① 豈不レ以二貴賤相懸一、朝野相隔、堂遠二於千里一、門深二於九重一
豈に貴賤相懸《あひへだ》たるを以てならずして、朝野相隔たり、堂は千里よりも遠く、門は九重よりも深きや

② 豈不レ以二貴賤相懸、朝野相隔一、堂遠二於千里一、門深二於九重一
豈に貴賤相懸たり、朝野相隔たるを以てならずして、堂は千里よりも遠く、門は九重よりも深きや

③ 豈不レ以三貴賤相懸、朝野相隔、堂遠二於千里二、門深二於九重一
豈に貴賤相懸たり、朝野相隔たり、堂は千里よりも遠きを以てならずして、門は九重よりも深きや

④ 豈不下以三貴賤相懸、朝野相隔、堂遠二於千里二、門深中於九重上
豈に貴賤相懸たり、朝野相隔たり、堂は千里よりも遠きを以て、門は九重よりも深からずや

⑤ 豈不レ以下貴賤相懸、朝野相隔、堂遠二於千里一、門深中於九重上
豈に貴賤相懸たり、朝野相隔たり、堂は千里よりも遠く、門は九重よりも深きを以てならずや

問4　傍線部C「其 猶ニ線 与レ矢 也」の比喩は、「線」・「矢」のどのような点に着目して用いられているのか。最も適当なものを、次の①～⑤のうちから一つ選べ。解答番号は 34 。

① 「線」や「矢」は、単独では力を発揮しようとしても発揮できないという点。
② 「線」と「矢」は、互いに結びつけば力を発揮できるという点。
③ 「線」や「矢」は、針や弦と絡み合って力を発揮できないという点。
④ 「線」と「矢」は、助け合ったとしても力を発揮できないという点。
⑤ 「線」や「矢」は、針や弦の助けを借りなくても力を発揮できるという点。

問5　傍線部D「 X 以 類 至」について、(a)空欄 X に入る語と、(b)書き下し文との組合せとして最も適当なものを、次の①～⑤のうちから一つ選べ。解答番号は 35 。

① (a) 不　(b) 類を以てせずして至ればなり
② (a) 何　(b) 何ぞ類を以て至らんや
③ (a) 必　(b) 必ず類を以て至ればなり
④ (a) 誰　(b) 誰か類を以て至らんや
⑤ (a) 嘗　(b) 嘗《かつ》て類を以て至ればなり

問6　傍線部E「自 然 之 理 也」はどういう意味を表しているのか。その説明として最も適当なものを、次の①～⑤のうちから一つ選べ。解答番号は 36 。

① 水と火の性質は反対だがそれぞれ有用であるように、相反する性質のものであってもおのおの有効に作用するのが自然であるということ。

② 水の湿り気と火の乾燥とが互いに打ち消し合うように、性質の違う二つのものは相互に干渉してしまうのが自然であるということ。

③ 川の流れが湿地を作り山火事で土地が乾燥するように、性質の似通ったものはそれぞれに大きな作用を生み出すのが自然であるということ。

④ 水は湿ったところに流れ、火は乾燥したところへと広がるように、性質を同じくするものは互いに求め合うのが自然であるということ。

⑤ 水の潤いや火による乾燥が恵みにも害にもなるように、どのような性質のものにもそれぞれ長所と短所があるのが自然であるということ。

問7 【予想問題】に対して、作者が【模擬答案】で述べた答えはどのような内容であったのか。その説明として最も適当なものを、次の①～⑤のうちから一つ選べ。解答番号は 37 。

① 君主が賢者と出会わないのは、君主が賢者を採用する機会が少ないためであり、賢者を求めるには採用試験をより多く実施することによって人材を多く確保し、その中から賢者を探し出すべきである。

② 君主が賢者と出会わないのは、君主と賢者の心が離れているためであり、賢者を求めるにはまず君主の考えを広く伝えて、賢者との心理的距離を縮めたうえで人材を採用するべきである。

③ 君主が賢者と出会わないのは、君主が人材を見分けられないためであり、賢者を求めるにはその賢者が党派に加わらず、自分の信念を貫いているかどうかを見分けるべきである。

④ 君主が賢者と出会わないのは、君主が賢者を見つけ出すことができないためであり、賢者を求めるには賢者のグループを見極めたうえで、その中から人材を推挙してもらうべきである。

⑤ 君主が賢者と出会わないのは、君主が賢者を受け入れないためであり、賢者を求めるには幾重にも重なっている王城の門を開放して、やって来る人々を広く受け入れるべきである。

2023

共通テスト 追試験

国語

解答時間 80 分
配点 200 点

第1問　次の文章を読んで、後の問い(問1～6)に答えよ。(配点　50)

歴史家のキャロル・グラック(注1)は、人々が歴史について知りたいと思う理由として、「私たちがいつかは死ぬ運命にある」ことと、それにもかかわらず「物事の成り行きを知っておきたいという欲望」とを(ア)挙げている。歴史学的な関心の出発点となっているのは、まさに「自分の不在」の意識である。

あるいは、私たちがどのようにして歴史を意識するようになるかについて、歴史家のE・ホブズボーム(注2)は、「自分より年上の人びとと共に生きる」ことを挙げている。自分がいなかった時間を生きた人々の存在を意識することで、「個人の記憶に直接に残されている出来事より前の時期」としての歴史を意識するようになると。

こうした歴史家たちの態度は、「私たちが歴史の一部でしかない」からこそ、歴史を把握できる、あるいは把握しておきたいという態度である。この場合の「歴史の一部でしかない」とは、「自分はそこにいない」ということである。歴史家たちの意識は「自分の不在」という意識と結びついている。

あるいは、A「自分の不在」を前提とするような歴史理解が歴史学の言説を成立させ、歴史を理解可能にしているのではないだろうか。

私たちが歴史書を読むことで、または学校で歴史教育を受けるなかで慣れ親しんできた言説は、基本的に「非対称性」の言説である。

たとえば、歴史記述は歴史的出来事のほんの一部を語るにすぎないし、歴史に登場する人々は、実際にその歴史を生きた人々のごく一部である。歴史記述と歴史的出来事の間には、そして、登場人物と体験者の間には圧倒的な不均衡がある。

このように、私たちが知りうる歴史は「不均衡」によって成立している。それにもかかわらず私たちが歴史記述にたいして大きな違和感を覚えないのは、歴史そのものが根本的に「非対称性」であるという前提に立っているからであろう。歴史を動かすのは少数者であり、歴史に登場できるのは私たちのほんの一部の人々である。また、おびただしい過去の出来事のなかで、歴史として知る価値があるのはごく一部である。

この「非対称性」は歴史の権力性である。しかし同時に、私たちの願望の現れでもある。一人のささやかな市民として、私は自分が歴史に登場しないことを知っている。**B** しかし同時に、私たちの願望の現れでもある。

平穏な生活が続き、自分が歴史に登場しないことも願っている。歴史的出来事に(イ)ホンロウされないこと、その当事者でないことを願うのである。

だから、私が歴史に関心を抱くのは、自分がなんらかその一部であるにしても、歴史の当事者ではないからである。「自分の不在」は、私たちを歴史から救済してくれる。

そのような関心を、「ゆるい関心」とでも名づけておこう。自分がその一部であり、したがって、まったく無関係ではないが、他方で、当事者そのものでもないような事柄にたいする関心のことである。「ゆるい関心」は知的タイ(ウ)ダではない。急速な環境破壊や制度崩壊のなかで、それでも私たちが生きていけるのは、主として「ゆるい関心」で処理しているからである。私たちが歴史に興味をもち、歴史書を読もうとするのにも、このような「ゆるい関心」が背後にある。

「ゆるい関心」は、みずから歴史をつくり、歴史を変えたいという欲望ではない。むしろ、「歴史的背景」について知りたいと思い、歴史を理解したいという関心であって、その基本は知的関心である。歴史家は、私たち素人になりかわって、このような知的関心をテッ(エ)テイ的に追究し、歴史を接近可能にし、あるいは理解可能にしてくれる。

私たちは、暗黙のうちに、歴史について語るときは歴史家の研究や仕事を参照しなければならないという約束に従う。今日の歴史研究が個別専門化してしまい、史料調査や史料評価の専門的能力を必要とするからだけではない。私たちの歴史への関心が「ゆるい関心」であって、実践的・政治的な関心ではないからである。自分たちが「歴史の当事者」であるとは思わないし、そうありたいとも思わないから、歴史にたいしては「間接的な関わり方」が基本であると考えるからである。

ヘーゲル(注3)以降のドイツ歴史哲学もまた、基本的に歴史にたいする「ゆるい関心」からの思想であった。この歴史哲学は、H・シュネーデルバッハ(注4)のことばを借りれば、歴史哲学にたいする「深い懐疑」に貫かれている。「哲学的な仕方で歴史に関わることが、そもそも可能なのかどうか」という懐疑である。

したがって、ヘーゲル以降の歴史哲学は、学問的認識としての「歴史認識の可能性と方法」について思索した。この思索の結実が、(注5)ドロイゼンを出発点として、(注6)ディルタイや(注7)ジンメルといった哲学者たちが展開した「歴史の解釈学」である。たとえば、近代史学の方法論を書いたドロイゼンは、くどいほどに史料研究の重要さを説いているが、その背景には**C**「健全な歴史家意識」ともいうべき姿勢があった。つまり、「記述をする者は、(注8)シーザーや(注9)フリードリヒ大王のように、特に高いところにいて出来事の中心から見たり聞いたりしたわけではない」という意識である。

歴史家とは歴史を理解しようとする人々であって、みずからが歴史に登場するわけではない。ドロイゼンは、「歴史とはなにか」について次のような定義を行っている。

歴史ということばでわれわれが考えているのは、時間の経過のなかで起きたことの総体であるが、なんらかのかたちでわれわれの知識がそれに及ぶ限りでのことである。

この定義に従えば、歴史とは、現時点の「知の地平」によって再構成可能な限りでの過去の出来事のことである。歴史については、現在の視点においてしか、ただ断片的にしか知りえない。

歴史について知る人は、歴史の外に立っている人である。過去の出来事を歴史として理解できるのは、当事者たちではなく、観察者たちなのである。歴史家たちの言う「歴史認識の客観性」は、「体験されなかったし、もはや体験もされない」という外の視点から行われる再構成の客観性である。歴史家たちの態度とは、すでに書かれてしまった外国語のテキストを読むような態度なのかもしれない。どちらも、著者や原テキストや歴史的出来事からの「(注10)解釈学的距離」によって成立している。

私たちは歴史の一部でもあるが、歴史の一部でしかない。私たちは、自分がその一部であるようなものを、そしてその一部でしかないようなものについてどう(オ)関わるべきなのだろうか。「歴史との正しい関わり方」とはどのようなものか。

私たちはときに、自分が歴史にたいして「ゆるい関心」しかもたないことに、あるいは、「ゆるい関心」しかもってはいけないことにたいして、激しい焦燥や憤りの気持ちを抱くことがある。「歴史の捏造《ねつぞう》」が感じられるときである。そのようなとき、激しい怒りが私たちを襲う。

そうした怒りのなかで、私たちは「ゆるい関心」が「歴史との正しい関わり方」でないことを感じる。私たちがまさに歴史の一部でもあるからである。むしろ「自分の体験」が歴史を正しく理解するための基礎となり、歴史的出来事について客観的に議論するための基盤であってほしいと切望する。D私たちは歴史に内在しようとするのだ。おそらくそのようなとき、人は「歴史の証言者」として名乗り出るのであろう。

（北川東子《きたがわさきこ》「歴史の必然性について――私たちは歴史の一部である」による）

（注）
1　キャロル・グラック――アメリカの歴史学者（一九四一―　）。
2　E・ホブズボーム――イギリスの歴史学者（一九一七―二〇一二）。
3　ヘーゲル――ドイツの哲学者（一七七〇―一八三一）。
4　H・シュネーデルバッハ――ドイツの哲学者（一九三六―　）。
5　ドロイゼン――ドイツの歴史学者（一八〇八―一八八四）。
6　ディルタイ――ドイツの哲学者（一八三三―一九一一）。
7　ジンメル――ドイツの哲学者（一八五八―一九一八）。
8　シーザー――古代ローマの将軍・政治家（前一〇〇頃―前四四）。各地の内乱を平定し、独裁官となった。
9　フリードリヒ大王――プロイセン国王フリードリヒ二世（一七一二―一七八六）。プロイセンをヨーロッパの強国にした。
10　原テキスト――歴史記述のもとになる文献のこと。

問1　次の(i)・(ii)の問いに答えよ。

(i)　傍線部(ア)・(オ)と同じ意味を持つものを、次の各群の①～④のうちから、それぞれ一つずつ選べ。解答番号は［1］・［2］。

(ア)　挙げて　［1］

① 挙シキ
② カイ挙
③ レッ挙
④ 挙ドウ

(オ)　関わる　［2］

① ナン関
② 関チ
③ 関モン
④ ゼイ関

(ii) 傍線部(イ)～(エ)に相当する漢字を含むものを、次の各群の①～④のうちから、それぞれ一つずつ選べ。解答番号は 3 ～ 5 。

(イ) ホンロウ 3
① ホンカイを遂げる
② 君主へのムホンを企てる
③ 説得されてホンイする
④ 資金集めにホンソウする

(ウ) タイダ 4
① ダサクと評価される
② ダセイで動く
③ 泣く泣くダキョウする
④ 客がチョウダの列をなす

(エ) テッテイ 5
① コンテイからくつがえす
② タンテイに調査を依頼する
③ テイサイを整える
④ 今後の方針をサクテイする

問2　傍線部A『自分の不在』を前提とするような歴史理解」とあるが、それはどういうことか。その説明として最も適当なものを、次の①～⑤のうちから一つ選べ。解答番号は 6 。

① 自分は歴史の一部でしかないという意識を前提として、当事者の立場で体験した出来事だけを歴史と考えること。

② 自分の生命は有限であるという意識を前提として、自分が生きた時代の出来事を歴史上に位置づけて把握すること。

③ 自分には関与できない出来事があるという意識を前提として、歴史を動かした少数者だけを当事者と見なすこと。

④ 自分の生まれる前の出来事は体験できないという意識を前提として、自分より年上の人々の経験から学ぼうとすること。

⑤ 自分は歴史の当事者ではないという意識を前提として、個人の記憶を超えた歴史的出来事を捉えようとすること。

問3　傍線部B「しかし同時に、私たちの願望の現れでもある。」とあるが、筆者がこのように述べる理由として最も適当なものを、次の①～⑤のうちから一つ選べ。解答番号は 7 。

① 歴史は、多くの人々が慣れ親しんだ出来事が記述されたものである。こうした捉え方には、歴史の当事者ではないながらもそこに生きた人々の存在を意識したいという、大多数の人々の願いが含まれていると考えられるから。

② 歴史は、世界に起きたさまざまな出来事の中で歴史を動かした者の体験が記述されたものである。こうした捉え方には、歴史の当事者としての責任からは免れたいという、大多数の人々の願いが働いていると考えられるから。

③ 歴史は、おびただしい出来事の中で権力を持つ者に関する記憶が記述されたものである。こうした捉え方には、歴史に名が残ることのない一人の市民として平穏に暮らしたいという、大多数の人々の願いが表れていると考えられるから。

④ 歴史は、ある時代を生きた人々の中で一部の者に関する出来事が記述されたものである。こうした捉え方には、歴史に直接関わらずに無事に過ごしたいという、大多数の人々の願いが反映されていると考えられるから。

⑤ 歴史は、時代を大きく動かした人々を中心として記述されたものである。こうした捉え方には、歴史の書物を通して価値ある出来事だけを知りたいという、大多数の人々の願いが込められていると考えられるから。

問4　傍線部C「『健全な歴史家意識』ともいうべき姿勢」とあるが、それはどのような姿勢か。その説明として最も適当なものを、次の①～⑤のうちから一つ選べ。解答番号は 8 。

① 出来事を当事者の立場から捉えるのではなく、対象との間に距離を保ちながら、史料に基づいた解釈のみによって歴史を認識しようとする姿勢。

② 出来事を自己の体験に基づいて捉えるのではなく、断片的な事実だけを組み合わせて、知りうることの総体を歴史として確定させようとする姿勢。

③ 出来事を権力の中枢から捉えるのではなく、歴史哲学への懐疑をたえず意識しながら、市民の代理として歴史を解釈しようとする姿勢。

④ 出来事を専門的な知識に基づいて捉えるのではなく、自分も歴史の一部として、実際に生きた人々の体験のみを記述しようとする姿勢。

⑤ 出来事を個人の記憶に基づいて捉えるのではなく、現在の視点から整理された史料に基づいて、客観的に記述された歴史だけを観察しようとする姿勢。

問5　傍線部**D**「私たちは歴史に内在しようとする」とあるが、それはどういうことか。その説明として最も適当なものを、次の①～⑤のうちから一つ選べ。解答番号は 9 。

① 自分は歴史の一部でもあるとする「ゆるい関心」を抱いていた「私たち」が、「歴史の捏造」を正さなければならないと感じることで、自己の体験を基盤とした客観的な議論が起こることを望むようになること。

② 歴史に対して直接的な関わりを避ける「ゆるい関心」を抱いていた「私たち」が、「歴史の捏造」に直面して自らのあり方や状況に憤りを覚えることで、歴史を語るための基礎に自己の体験を据えようとすること。

③ 観察者として歴史を周辺から眺める「ゆるい関心」を抱いていた「私たち」が、「歴史の捏造」を強く批判する必要性を感じることで、自己の体験を中心に据えつつ客観的に歴史を記述しようとすること。

④ 実践性や政治性を伴わない歴史への「ゆるい関心」を抱いていた「私たち」が、「歴史の捏造」を生み出す自己の関わり方への怒りを感じることで、歴史的出来事と歴史記述の間の不均衡を解消しようとすること。

⑤ 歴史の当事者ではないことを基本とした「ゆるい関心」を抱いていた「私たち」が、「歴史の捏造」に由来する焦燥に駆られることで、自己の体験を客観的な歴史に重ね合わせようとすること。

問6　授業で本文を読んだKさんは、文章を書く上での技術や工夫について考える課題を与えられ、次のような【文章】を書いた。その後、Kさんは提出前にこの【文章】を推敲《すいこう》することにした。このことについて、後の(i)・(ii)の問いに答えよ。

【文章】

本文を読んで、論理的な文章を効果的に書くための技術や工夫について学ぶことができた。そのことについて整理したい。

まず気づいた点は、キーワードを巧みに使用していることである。「自分の不在」や「ゆるい関心」のように、歴史学の専門家ではない読者にも理解しやすい言葉を使い、それにカギ括弧を付けて強調することで、論点を印象づける工夫がなされている。このようにキーワードを使用することで、**a**難しい話題が扱いやすくなる。

次に気づいた点は、キーワードが歴史家の言葉と関連づけて用いられていることである。例えば、冒頭ではキャロル・グラックの発言をふまえて「自分の不在」という言葉が示されている。また、後半では「ゆるい関心」という言葉を説明した上で、ドロイゼンによる歴史の定義が引用されている。**b**これらによって説得力のある文章になっている。ただし、歴史家の言葉と筆者の主張は必ずしも一致しているわけではない。

(i)　Kさんは、傍線部**a**・**b**をより適切な表現に修正することにした。修正する表現として最も適当なものを、次の各群の①～④のうちから、それぞれ一つずつ選べ。解答番号は 10 ・ 11 。

a　「難しい話題が扱いやすくなる」 10

① 筆者の体験をふまえて議論を開始することが可能になる
② 複雑な議論の核心を端的に表現することが可能になる
③ 理論的な根拠に基づいて議論を展開することが可能になる
④ 多岐にわたる議論の論点を取捨選択することが可能になる

b　「これらによって説得力のある文章になっている。」 11

① このように歴史家の言葉を用いることで、キーワードの延長線上にある筆者の主張を権威づけている。
② このように歴史家の言葉を用いることで、キーワードの背後にある専門的な知見の蓄積を示している。
③ このように歴史家の言葉を用いることで、キーワードの対極にある既存の学説を批判的に検討している。
④ このように歴史家の言葉を用いることで、キーワードの基盤にある多様な見解を抽象化している。

(ii)　Kさんは、【文章】の末尾にまとめを書き加えることにした。書き加えるまとめの方針として最も適当なものを、次の①～④のうちから一つ選べ。解答番号は 12 。

① 自己の主張を効果的に論述するためには、従来の学説を正確に提示するとともに、その問題点をわかりやすく説明する必要がある。そのことによって、主張の位置づけが明確になり、読者も問題意識を持って議論に参加できるようになることを述べる。

② 自己の主張を効果的に論述するためには、専門的な見解を根拠として引用するとともに、論点を絞り筋道立てて展開する必要がある。そのことによって、主張が明確に方向づけられ、読者も前提となる知識をふまえて議論に参加できるようになることを述べる。

③ 自己の主張を効果的に論述するためには、専門用語を適切に使用して論点を示すとともに、身近な事例を挙げて読者の理解を促す必要がある。そのことによって、主張の説得力が強まり、読者も具体的に対象を把握した上で議論に参加できるようになることを述べる。

④ 自己の主張を効果的に論述するためには、議論の鍵となる言葉を示すとともに、多様な学説を参照して相互の整合性を確認する必要がある。そのことによって、主張の客観性が高まり、読者も広い視野を持って議論に参加できるようになることを述べる。

第2問　次の文章は、太宰治《だざいおさむ》「パンドラの匣《はこ》」(一九四六年発表)の一節である。この小説は、第二次世界大戦の終結直後、結核を患う主人公の「僕」が、療養施設の「塾生」(療養者)たちとの集団生活を、友人「君」に宛てて報告する手紙という設定で書かれている。本文中に登場する「かっぽれ」「固パン」「越後獅子《えちごじし》」は、「僕」がいる「桜の間」の同室者たちのあだ名である。これを読んで、後の問い(問1～7)に答えよ。(配点　50)

きょうは一つ、かっぽれさんの俳句でも御紹介しましょうか。こんどの日曜の慰安放送(注1)は、塾生たちの文芸作品の発表会という事になって、和歌、俳句、詩に自信のある人は、あすの晩までに事務所に作品を提出せよとの事で、かっぽれは、僕たちの「桜の間」の選手として、お得意の俳句を提出する事になり、二、三日前から鉛筆を耳にはさみ、ベッドの上に正坐《せいざ》して首をひねり、真剣に句を案じていたが、けさ、やっとまとまったそうで、十句ばかり便箋《びんせん》に書きつらねたのを、同室の僕たちに披露した。まず、固パンに見せたけれども、固パンは苦笑して、

「僕には、わかりません。」と言って、すぐにその紙片を返却した。次に、越後獅子に見せて御批評を乞うた。越後獅子は背中を丸めて、その紙片をねらうようにつくづくと見つめ、「けしからぬ。」と言った。

下手《へた》だとか何とか言うなら、まだしも、けしからぬという批評はひどいと思った。

かっぽれは、蒼《あお》ざめて、

「だめでしょうか。」とお伺いした。

「そちらの先生に聞きなさい。」と言って越後は、ぐいと僕の方を顎でしゃくった。

かっぽれは、僕のところに便箋を持って来た。僕は不風流だから、俳句の妙味など(ア)てんでわからない。やっぱり固パンのように、すぐに返却しておゆるしを乞うべきところでもあったのだが、Aどうも、かっぽれが気の毒で、何とかなぐさめてやりたく、わかりもしない癖に、とにかくその十ばかりの句を拝読した。そんなにまずいものではないように僕には思われた。月《つき》

並《なみ》とでもいうのか、ありふれたような句であるが、これでも、自分で作るとなると、なかなか骨の折れるものなのではあるまいか。

乱れ咲く乙女心の野菊かな、なんてのは少しへんだが、それでも、けしからぬと怒るほどの下手さではないと思った。けれども、最後の一句に突き当《あた》って、はっとした。越後獅子が憤慨したわけも、よくわかった。

露の世は露の世ながらさりながら

誰やらの句だ。これは、いけないと思った。けれども、それを(イ)あからさまに言って、かっぽれに赤恥をかかせるような事もしたくなかった。

「どれもみな、うまいと思いますけど、この、最後の一句は他のと取りかえたら、もっとよくなるんじゃないかな。素人考えですけど。」

「そうですかね。」かっぽれは不服らしく、口をとがらせた。「その句が一ばんいいと私は思っているんですがね。」

B そりゃ、いい筈《はず》だ。俳句の門外漢の僕でさえ知っているほど有名な句なんだもの。

「いい事は、いいに違いないでしょうけど。」

僕は、ちょっと途方に暮れた。

「わかりますかね。」かっぽれは図に乗って来た。「いまの日本国に対する私のまごころも、この句には織り込まれてあると思うんだが、わからねえかな。」と、少し僕を軽蔑するような口調で言う。

「どんな、まごころなんです。」と僕も、C もはや笑わずに反問した。

「わからねえかな。」と、かっぽれは、君もずいぶんトンマな男だねえ、と言わんばかりに、眉をひそめ、「日本のいまの運命をどう考えます。露の世でしょう? その露の世は露の世である。さりながら、諸君、光明を求めて進もうじゃないか。(ウ)いたずらに悲観する勿《なか》れ、といったような意味になって来るじゃないか。これがすなわち私の日本に対するまごころというわけのものなんだ。わかりますかね。」

しかし、僕は内心あっけにとられた。この句は、君、一茶《いっさ》（注2）が子供に死なれて、露の世とあきらめてはいるが、それでも、悲しくてあきらめ切れぬという気持《きもち》の句だった筈ではなかったかしら。それを、まあ、ひどいじゃないか。きれいに意味をひっくりかえしている。これが越後の所謂《いわゆる》「こんにちの新しい発明」（注3）かも知れないが、あまりにひどい。かっぽれのまごころには賛成だが、とにかく古人の句を盗んで勝手な意味をつけて、もてあそぶのは悪い事だし、それにこの句をそのまま、かっぽれの作品として事務所に提出されては、この「桜の間」の名誉にもかかわると思ったので、僕は、勇気を出して、はっきり言ってやった。

「でも、これとよく似た句が昔の人の句にもあるんです。盗んだわけじゃないでしょうけど、誤解されるといけませんから、これは、他のと取りかえたほうがいいと思うんです。」

「似たような句があるんですか。」

かっぽれは眼《め》を丸くして僕を見つめた。その眼は、溜息《ためいき》が出るくらいに美しく澄んでいた。盗んで、自分で気がつかぬ、という奇妙な心理も、俳句の天狗《てんぐ》たちには、あり得る事かも知れないと僕は考え直した。実に無邪気な罪人である。まさに思い邪《よこしま》（注4）無しである。

「そいつは、つまらねえ事になった。俳句には、時々こんな事があるんで、こまるのです。何せ、たった十七文字ですからね。似た句が出来るわけですよ。」どうも、かっぽれは、常習犯らしい。「ええと、それではこれを消して、」と耳にはさんであった鉛筆で、あっさり、露の世の句の上に棒を引き、「かわりに、こんなのはどうでしょう。」と、僕のベッドの枕元の小机で何やら素早くしたためて僕に見せた。

　コスモスや影おどるなり乾《ほ》（注5）むしろ

「けっこうです。」僕は、ほっとして言った。下手でも何でも、盗んだ句でさえなければ今は安心の気持だった。「ついでに、コスモスの、と直したらどうでしょう。」と安心のあまり、よけいの事まで言ってしまった。

「コスモスの影おどるなり乾むしろ、ですかね。なるほど、情景がはっきりして来ますね。偉いねえ。」と言って僕の背中をぽんと叩《たた》いた。「隅に置けねえや。」

　僕は赤面した。

「おだてちゃいけません。」落ちつかない気持になった。「コスモスや、のほうがいいのかも知れませんよ。僕には俳句の事は、全くわからないんです。ただ、コスモスの、としたほうが、僕たちには、わかり易《やす》くていいような気がしたものですから。」

　そんなもの、どっちだっていいじゃないか、とD内心の声は叫んでもいた。

　けれども、かっぽれは、どうやら僕を尊敬したようである。これからも俳句の相談に乗ってくれと、まんざらお世辞だけでもないらしく真顔で頼んで、そうして意気揚々と、れいの爪先《つまさ》き立ってお尻を軽く振って歩く、あの、音楽的な、ちょんちょん歩きをして自分のベッドに引き上げて行き、僕はそれを見送り、Eどうにも、かなわない気持であった。俳句の相談役など、じっさい、文句入りの都々逸《どどいつ》(注6)以上に困ると思った。どうにも落ちつかず、閉口の気持で、僕は、「とんでもない事になりました。」と思わず越後に向って愚痴を言った。さすがの新しい男(注7)も、かっぽれの俳句には、まいったのである。

　越後獅子は黙って重く首肯した。

　けれども話は、これだけじゃないんだ。さらに驚くべき事実が現出した。けさの八時の摩擦(注8)の時には、マア坊(注9)が、かっぽれの番に当っていて、そうして、かっぽれが彼女に小声で言っているのを聞いてびっくりした。

「マア坊の、あの、コスモスの句、な、あれは悪くねえけど、でも、気をつけろ。コスモスや、てのはまずいぜ。コスモスの、だ。」

　おどろいた、あれは、マア坊の句なのだ。

（注）1　慰安放送――施設内でのレクリエーションの一つ。

2　一茶――小林一茶（一七六三―一八二七）。江戸時代後期の俳人。

3　「こんにちの新しい発明」――本文より前の一節で、「越後獅子」は詩の創作には「こんにちの新しい発明が無ければいけない。」と述べている。

4　まさに思い邪無し――本文より前の一節で、「僕」が「君」に対して「詩三百、思い邪無し、とかいう言葉があったじゃありませんか。」と語りかけていた箇所をふまえた表現。

5　乾むしろ――藁《わら》などを編んで作った敷物。

6　都々逸――江戸時代後期から江戸を中心に広まった俗曲。

7　新しい男――「僕」は、戦争が終わり世界が大きく変動する時代の中で、新しい価値観を体現する人物になることを自らに誓っている。

8　摩擦の時――施設では一日に数回、毛のブラシで体をこすって鍛えることを日課としている。

9　マア坊――施設で働く人物。結核患者たちを介護している女性。

問1　傍線部(ア)～(ウ)の本文中における意味を表す語句として最も適当なものを、次の各群の①～⑤のうちから、それぞれ一つずつ選べ。解答番号は 13 ～ 15 。

(ア) てんで 13
① 元来
② 所詮
③ 依然
④ 全然
⑤ 格別

(イ) あからさまに 14
① 故意に
② 平易に
③ 露骨に
④ 端的に
⑤ 厳密に

(ウ) いたずらに 15
① 絶対に
② 過剰に
③ 軽々に
④ 当然に
⑤ 無益に

問２　傍線部Ａ「どうも、かっぽれが気の毒で、何とかなぐさめてやりたく」とあるが、このときの「僕」の心情の説明として最も適当なものを、次の①～⑤のうちから一つ選べ。解答番号は 16 。

① 俳句は得意だと豪語していたもののいざ詠ませると大いに手間取っている「かっぽれ」に不安を抱きつつも、十句そろえたこと自体は評価できるので、不自然でない程度には褒めてあげたいと思っている。

② 素人にもかかわらず「先生」と名指しされたことで、俳句が得意だという「かっぽれ」の体面を傷つけていたことに思い至り、自分が解説を加えることで彼の顔を立ててあげたいと思っている。

③ 自分たちの代表としてせっかく「かっぽれ」が俳句を詠んでくれたのに、笑われたり相手にされなかったりする様子に同情して、持てる最大限の見識を示して相談に乗ってあげたいと思っている。

④ 時間をかけてまとめた俳句をその内容に触れることなく一刀両断にされた「かっぽれ」が哀れに思われて、簡単に切り捨てるようなことはせず、何かしら制作の労をねぎらってあげたいと思っている。

⑤ 真剣に俳句に打ち込んだ「かっぽれ」を敬う一方で、彼の作った俳句が軽くいなされたり酷評されたりしている状況に憤りを覚え、巧拙にかかわらずどうにかして称賛してあげたいと思っている。

問3　傍線部B「そりゃ、いい筈だ。俳句の門外漢の僕でさえ知っているほど有名な句なんだもの。」とあるが、ここに見られる表現上の特徴についての説明として最も適当なものを、次の①～④のうちから一つ選べ。解答番号は 17 。

① 傍線部の前後では「かっぽれ」を傷つけないために断定を避けた表現が重ねられているが、傍線部では「かっぽれ」の言うことを当然のこととしながらも「そりゃ」「なんだもの」と軽い調子で表現され、表面上の「僕」の配慮と、盗作に無自覚な様子の「かっぽれ」に対するあきれや困惑といった本音との落差が示されている。

② 傍線部の直前にある「素人考えですけど」が「僕」の控えめな態度を表すのに対し、傍線部にある「門外漢の僕でさえ」という表現は「かっぽれ」をおとしめて盗作を非難するものに変化しており、類似した謙遜表現の意味合いを反転させることで、不遜な態度を取る「かっぽれ」への「僕」の怒りが強く示されている。

③ 傍線部の「そりゃ、いい筈だ」が直後の「いいに違いないでしょうけど」と、「門外漢の僕でさえ」が直前の「素人考えですけど」とそれぞれ対応しているように、形を変えつつ同じ意味の表現を繰り返し用いることで、言葉を尽くしてもいっこうに話の通じない「かっぽれ」に対する「僕」のいら立ちが示されている。

④ 傍線部で「そりゃ、いい筈だ」「なんだもの」とぞんざいな表現が使われることで、同室者との会話では常に丁寧な口調で語る「僕」の様子が明らかになり、「わからねえかな」と乱暴な口をきく「かっぽれ」の横柄な態度が浮かび上がっており、良識のある「僕」と名句を流用する非常識な「かっぽれ」との対比が示されている。

問4　傍線部C「もはや笑わずに反問した」とあるが、それはなぜか。その理由の説明として最も適当なものを、次の①～⑤のうちから一つ選べ。解答番号は 18 。

① 俳句に対する「かっぽれ」の真摯な態度に触れる中で、「僕」は笑いながら無難にやり過ごそうとしていた自らの慢心を悔いて、よりよい作品へと昇華させるために心を鬼にして添削しようと意気込んだから。

② 「かっぽれ」の稚拙な俳句に対して笑いをこらえるのに必死であったが、俳句に対する真剣な思いをとうとうと述べるその姿に触発されて、「僕」も本気で応えなければ失礼に当たると深く反省したから。

③ 「僕」に俳句の知識がないと見くびっている「かっぽれ」に対し、提出された俳句が盗作であることに気付いていることを匂わせ、お互いの上下関係を明確にするため決然と異議を唱えておきたいと考えたから。

④ 「かっぽれ」の俳句に対して曖昧な批判をしたことで、「僕」には俳句を評する力がないと「かっぽれ」が侮ってきたため、俳句に込めた彼の思いをとことん追及することでその言い分を否定しようとしたから。

⑤ 「かっぽれ」の顔を立てて名句の盗用について直接的な指摘を避けるうちに、「かっぽれ」が「僕」を軽んじる態度を取り始めたため、調子を合わせるのを止めて改まって発言の趣旨を聞きただそうとしたから。

問5　傍線部D「内心の声は叫んでもいた」とあるが、本文が「君」に宛てた手紙であることをふまえて、この表現に見られる「僕」の心理の説明として最も適当なものを、次の①～⑤のうちから一つ選べ。解答番号は 19 。

① 「かっぽれ」にうっかり示した修正案を思いもよらず激賞され、その事態にあわてて追加説明をしたものの、本当は「かっぽれ」の俳句に関心がなく、この展開に違和感を抱いていることを「君」に知ってほしいという心理。

② 「かっぽれ」に褒められて舞い上がってしまった自分がいたのも確かである一方、「かっぽれ」の俳句などに関わっている状況自体が恥ずべきことだと訴える、内なるもう一人の自分がいたことを「君」にわかってほしいという心理。

③ 「かっぽれ」の俳句に対する姿勢に不満を抱きつつも、現実の人間関係の中でははっきりと糾弾できない状況にあったことを示して、微細な修正案を提示することしかできなかった自分の苦悩を「君」に伝えたいという心理。

④ 「かっぽれ」には俳句の修正案を示したものの、実際にはそこまで真剣に考えていたわけではないということを強調して、「僕」の修正案に批判的な見解が出されないように「君」に対して予防線を張っておきたいという心理。

⑤ 「かっぽれ」には自分は俳句がわからないと説明したものの、内心ではどう修正しても彼の俳句が良くなることはないと感じており、本当は自らの修正案も含めて客観的に価値判断できているのだと「君」に示したいという心理。

問6　傍線部E「どうにも、かなわない気持であった」とあるが、「僕」がそのように感じた理由として最も適当なものを、次の①～⑤のうちから一つ選べ。解答番号は 20 。

① 自分を軽蔑しているのか尊敬しているのかよくわからず、俳句に対するこだわりも感じさせないような「かっぽれ」の奔放な態度に接して、いらだちを見せたところで結局無駄であることに思い至ったから。

② 句の差し替えを提案されると敵意をむき出しにしたのに、別の句を褒められれば上機嫌になるというような「かっぽれ」の気まぐれな態度に接して、これ以上まじめに応じる必要はないと思い至ったから。

③ 「越後獅子」に冷たくあしらわれてもくじけることなく、自分のところにやってきては俳句に関する教えを乞うような「かっぽれ」のけなげな態度に接して、盗作まがいの行為にも悪意はなかったのだと思い至ったから。

④ 自分を軽んじたかと思えば盗作に関する指摘を簡単に受け入れ、ついには敬意さえ示して得意げに引き返すような「かっぽれ」の捉えどころのない態度に接して、振り回されてばかりいることに思い至ったから。

⑤ 日本の運命についてまじめに語るようでいながら、そこで提示される俳句は盗作でしかないというような「かっぽれ」のちぐはぐな態度に接して、自分はからかわれていたのではないかと思い至ったから。

問7　授業で本文を読んだ後、二重傍線部「古人の句を盗んで勝手な意味をつけて、もてあそぶ」をきっかけに、文学作品と読者との関係はどのようなものかを考えることになった。教師からは、外山滋比古《とやましげひこ》『「読み」の整理学』の一節と、本文よりも後の場面の一節とが【資料】として配付された。これを読んで、後の(i)・(ii)の問いに答えよ。

【資料】

●文学作品と読者との関係を考える――太宰治「パンドラの匣」をきっかけに

Ⅰ　外山滋比古『「読み」の整理学』より

一般の読者は、作品に対して、いちいち、添削を行うことはしない。しかし、無意識に、添削をしながら読んでいるものである。自分のコンテクスト(注)に合わせて読む。それがとりもなおさず、目に見えない添削になる。

多くの読者が、くりかえしくりかえしこういう読み方をしているうちに、作品そのものが、すこしずつ特殊から普遍へと性格を変える。つまり、古典化するのである。

逆から見れば、古典化は作者の意図した意味からの逸脱である。いかなる作品も、作者の考えた通りのものが、そのままで古典になることはできない。だれが改変するのか。読者である。

未知を読もうとして、読者は不可避的に、自分のコンテクストによって解釈する。

(注)　コンテクスト――文脈の意。

Ⅱ　太宰治「パンドラの匣」本文より後の「マア坊」の発言から始まる一節

「慰安放送？　あたしの句も一緒に出してよ。ほら、いつか、あなたに教えてあげたでしょう？　乱れ咲く乙女心の、という句。」

果《はた》して然《しか》りだ。しかし、かっぽれは、一向に平気で、

「うん。あれは、もう、いれてあるんだ。」

「そう。しっかりやってね。」

僕は微笑した。

これこそは僕にとって、所謂「こんにちの新しい発明」であった。この人たちには、作者の名なんて、どうでもいいんだ。みんなで力を合《あわ》せて作ったもののような気がしているのだ。そうして、みんなで一日を楽しみ合う事が出来たら、それでいいのだ。芸術と民衆との関係は、元来そんなものだったのではなかろうか。ベートーヴェン(注1)に限るの、リスト(注2)は二流だのと、所謂その道の「通人」たちが口角泡をとばして議論している間に、民衆たちは、その議論を置き去りにして、さっさとめいめいの好むところの曲目に耳を澄まして楽しんでいるのではあるまいか。あの人たちには、作者なんて、てんで有り難くないんだ。一茶が作っても、かっぽれが作っても、マア坊が作っても、その句が面白くなけりゃ、無関心なのだ。社交上のエチケットだとか、または、趣味の向上だなんて事のために無理に芸術の「勉強」をしやしないのだ。自分の心にふれた作品だけを自分流儀で覚えて置くのだ。それだけなんだ。

（注）1　ベートーヴェン――ドイツの作曲家（一七七〇―一八二七）。
　　　2　リスト――ハンガリーのピアニストで作曲家（一八一一―一八八六）。

(i)　本文の二重傍線部で「僕」によって「古人の句を盗んで勝手な意味をつけて、もてあそぶ」ことだと表現されていた「かっぽれ」の行為は、【資料】のⅠをふまえることで、どのように捉え直すことができるか。その説明として最も適当なものを、次の①～④のうちから一つ選べ。解答番号は 21 。

① 江戸時代を生きた人々の心情に思いをはせつつも、自分たちを取り巻く戦後の状況に影響を受けて意図せず句の意味を取り違えている。

② 江戸時代に作られた句に対して、その本来の意味から離れて自分たちが生きる戦後という時代に即したものへと読み替えている。

③ 江戸時代と戦後とを対比することで、句に込められた作者の個人的な思いを時代を超えた普遍性を備えたものへと昇華させている。

④ 江戸時代の人々と戦後を生きる自分たちの境遇に共通性を見いだし、古典化していた句に添削を施すことで現代的な解釈を与えている。

(ii)　【資料】のⅡを読むと、文学作品と読者との関係についての「僕」の考えが、本文の二重傍線部の時点から変化したことがわかる。この変化について、【資料】のⅠを参考に説明したものとして最も適当なものを、次の①〜④のうちから一つ選べ。解答番号は 22 。

① 「僕」は、文学作品を作者が意図する意味に基づいて読むべきだという考えであったが、その後、読者に共有されることで新しい意味を帯びることもあるという考えを持ち始めている。

② 「僕」は、文学作品の意味を決定するのは読者であるという考えであったが、その後、作者の意図に沿って読む厳格な態度は作品の魅力を減退させていくという考えになりつつある。

③ 「僕」は、文学作品の価値は作者によって生み出されるという考えであったが、その後、多様性のある価値は読者によって時代とともに付加されていくという考えを持ち始めている。

④ 「僕」は、文学作品の価値は時代によって変化していくものだという考えであったが、その後、読者が面白いと感じることによって価値づけられることもあるという考えになりつつある。

第3問

次の文章は『石清水《いわしみず》物語』の一節である。男君（本文では「中納言」）は木幡《こわた》の姫君に恋心を抱くが、異母妹であることを知って苦悩している。一方、男君の父・関白（本文では「殿」）は、院の意向を受け入れ、院の娘・女二の宮（本文では「宮」「女宮」ともいう）と男君との婚儀の準備を進めていた。本文はそれに続く場面である。これを読んで、後の問い（問1〜5）に答えよ。なお、設問の都合で本文の段落に 1 〜 5 の番号を付してある。（配点　50）

1　中納言はかかるにつけても、人知れぬ心の内には、あるまじき思ひのみやむ世なく、苦しくなりゆくを、強ひて思ひ冷ましてのみ月日を送り給《たま》ふに、宮の御かたちの名高く聞き置きたれば、同じくは、A ものの嘆かしさの紛るばかりに見なし聞こえばやとぞ思《おぼ》しける。官位《つかさくらゐ》の短きを飽かぬことに思しめされて、権《ごん》大納言になり給ひぬ。春の中納言（注1）も、例の同じくなり給ひて、喜び申し（注2）も劣らずし給へど、及ばぬ枝（注3）の一つことに、よろづすさまじくおぼえ給ひけり。

2　神無月十日余りに、女二の宮に参り給ふ。心おごり、言へばさらなり。まづ忍びて三条院（注4）へ参り給ふ。(ア)さらぬほどの所にだに、心殊《こと》なる用意のみおはする人なるに、ましておろかならむやは。こちたきまで薫《た》きしめ給ひて、ひき繕ひて出《い》で給ふ直衣《なほし》姿、なまめかしく、心殊なる用意など、まことに帝の御婿と言はむにかたほならず、宮と聞こゆるとも、おぼろけならむ御かたちにては、並びにくげなる人の御さまなり。忍びたれど、御前《ごぜん》（注5）などあまたにて出でさせ給ふに、大宮（注6）おはせましかば、いかに面立《おもだ》たしく思し喜ばむと、殿はまづ思ひ出で聞こえ給ふ。

3　院には、待ち取らせ給ふ御心づかひなのめならず。宮の御さまを、(イ)いつしかゆかしう思ひ聞こえ給ふに、御殿油《おほとなぶら》、火ほのかにて、御几帳《きちやう》の内におはします火影は、まづけしうはあらじやと見えて、御髪《みぐし》のかかりたるほど、めでたく見ゆ。まして、近き御けはひの、推し量りつるに違《たが》はず、らうたげにおほどかなる御さまを、心落ちゐて、思ひの外に（注7）近づき寄りたりし道の迷ひにも、よそへぬべき心地する人ざまにおはしますにも、まづ思ひ出でられて、B いかなる方にかと、人の結ばむことさへ思ひつづけらるるぞ、我ながらうたてと思ひ知らるる。

4　明けぬれば、いと疾《と》く出で給ひて、やがて御文奉り給ふ。

「今朝はなほしをれぞまさる女郎花《をみなへし》いかに置きける露の名残ぞ

(注8)いつも時雨《しぐれ》は」とあり。御返しそのかし申させ給へば、いとつつましげに、ほのかにて、

「今朝のみやわきて時雨《しぐ》れむ女郎花霜がれわたる野辺のならひを」

とて、うち置かせ給へるを、包みて出だしつ。御使ひは女の装束、細長など、例のことなり。御手などさへ、なべてならずをかしげに書きなし給へれば、待ち見給ふも、よろづに思ふやうなりと思すべし。

5 かくて三日過ぐして、(注9)殿へ入らせ給ふ儀式、殊なり。寝殿の渡殿《わたどの》かけて、御しつらひあり。女房二十人、童《わらは》四人、下仕へなど、見どころ多くいみじ。女宮の御さま、のどかに見奉り給ふに、いみじう盛りに調ひて、思ひなしも気高く、らうらうじきもののなつかしげに、(ウ)おくれたるところなくうつくしき人のさまにて、御髪は袿《うちき》の裾にひとしくて、影見ゆばかりきらめきかかりたるほどなど、限りなし。人知れず心にかかる木幡の里にも並び給ふべしと見ゆるに、御心落ちゐて、いとかひありと思したり。

(注)
1　春の中納言――男君のライバル。女二の宮との結婚を望んでいた。
2　喜び申し――官位を授けられた者が宮中に参上して感謝の意を表すること。
3　及ばぬ枝――女二の宮との結婚に手が届かなかったことを指す。
4　三条院――女二の宮と院の住まい。女二の宮の結婚が決まった後、帝の位を退いた院は、この邸《やしき》で女二の宮と暮らしている。
5　御前――ここでは、貴人の通行のとき、道の前方にいる人々を追い払う人。
6　大宮――男君の亡き母宮。
7　思ひの外に近づき寄りたりし道の迷ひ――前年の春に出会って以来、男君が恋心を抱き続けている木幡の姫君のことを指す。
8　いつも時雨は――「神無月いつも時雨は降りしかどかく袖ひつる折はなかりき」という和歌をふまえる。
9　殿――男君の住む邸宅。

問1　傍線部(ア)〜(ウ)の解釈として最も適当なものを、次の各群の①〜⑤のうちから、それぞれ一つずつ選べ。解答番号は 23 〜 25 。

(ア) さらぬほどの所 23
① たいして重要でない場所
② 立ち去りがたく思う場所
③ ことさら格式張った場所
④ あまりよく知らない場所
⑤ 絶対に避けられない場所

(イ) いつしかゆかしう 24
① いつ見られるかと
② こっそり覗《のぞ》こうと
③ 早く目にしたいと
④ 焦って調べようと
⑤ すぐ明白になると

(ウ) おくれたるところなく 25
① 未熟なところがなく
② 物怖《ものお》じするところがなく
③ 流行から外れることなく
④ 時間にいい加減ではなく
⑤ 無遠慮なところがなく

問2　傍線部A「ものの嘆かしさの紛るばかりに見なし聞こえばやとぞ思しける」は男君の心情を述べたものだが、その文法と内容に関わる説明として最も適当なものを、次の①～④のうちから一つ選べ。解答番号は 26 。

① 「ものの」は、接頭語「もの」に格助詞「の」が接続したもので、このまま女二の宮と結婚しても良いのだろうかという迷いをそれとなく表している。

② 「紛るばかりに」は、動詞「紛る」に程度を表す副助詞「ばかり」が接続したもので、木幡の姫君への思いが紛れるくらいにという意味を表している。

③ 「見なし聞こえばや」は、複合動詞「見なし聞こゆ」に願望を表す終助詞「ばや」が接続したもので、女二の宮に会ってみたいという願いを表している。

④ 「思しける」は、尊敬の動詞「思す」に過去の助動詞「けり」が接続したもので、いつのまにか女二の宮に恋をしていたことに対する気づきを表している。

問3　[1]〜[3]段落の登場人物に関する説明として最も適当なものを、次の①〜⑤のうちから一つ選べ。解答番号は[27]。

① 春の中納言は、男君と同時期に権大納言に昇進したものの、女二の宮の結婚相手を選ぶ際には一歩及ばず、男君にあらためて畏敬の念を抱いた。

② 春の中納言は、女二の宮と結婚することを諦めきれなかったので、すべての力を注いで女二の宮を奪い取ろうという気持ちで日々を過ごしていた。

③ 関白は、女二の宮との結婚に向けて三条院に参上する息子の立派な姿を見て、亡き妻がいたらどんなに誇らしく喜ばしく感じただろうと思った。

④ 院は、これから結婚しようとする娘の晴れ姿を見るにつけても、娘が幼かったころの日々が思い出され、あふれる涙を抑えることができなかった。

⑤ 院は、女二の宮の結婚相手にふさわしい官位を得るように男君を叱咤《しった》激励し、院と女二の宮が住む三条院に男君が訪れた際も、あえて厳しく接した。

問4 4・5 段落の内容に関する説明として最も適当なものを、次の①～④のうちから一つ選べ。解答番号は 28 。

① 男君は逢瀬《おうせ》の後の寂しさを詠んだ歌を贈ったが、女二の宮は景色だけを詠んだ歌を返して、男君の思いに応えようとしなかった。男君は、本心を包み隠し続ける女二の宮に対して、まだ自分に遠慮しているようだと思った。

② 女二の宮のもとを訪れた男君は、翌朝、女二の宮への思いをつづった手紙を送った。女二の宮からの返歌は、男君の手紙の言葉をふまえたもので、内容・筆跡ともに素晴らしく、理想にかなう女性と結婚できたと男君は満足した。

③ 結婚に前向きでなかった男君は、実際に女二の宮に会ってみると、その髪の美しさや容姿の素晴らしさに思いがけず心惹《ひ》かれた。そこで、女二の宮とこのまま結婚生活を続けて、密《ひそ》かに木幡の姫君とも関係を持とうと考えた。

④ 女二の宮は、身の回りの世話をする女房・童たち、そして豪華な嫁入り道具とともに男君のもとへ嫁いだ。結婚の儀式が盛大に執り行われる中、男君と木幡の姫君の関係を察していた女二の宮は、この結婚の先行きに不安を感じた。

問5　Nさんのクラスでは、授業で本文を読んだ後、本文の表現について理解を深めるために、教師から配られた【学習プリント】をもとに、グループで話し合うことになった。このことについて、後の(i)・(ii)の問いに答えよ。

【学習プリント】

傍線部B「いかなる方にかと、人の結ばむことさへ思ひつづけらるるぞ、我ながらうたてと思ひ知らるる」の「人の結ばむこと」は、以下にあげる『伊勢物語』の和歌Ⅰをふまえた表現です。

むかし、男、妹のいとをかしげなりけるを見をりて、

Ⅰ　うら若みねよげに見ゆる若草を人の結ばむことをしぞ思ふ

と聞こえけり。返し、

Ⅱ　初草のなどめづらしき言の葉ぞうらなくものを思ひけるかな

［ステップ1］　和歌Ⅰの「うら若みねよげに見ゆる若草」には、「引き結んで枕にすれば、いかにも寝心地が良さそうな若草」という意味がありますが、ほかに別の意味が込められています。それが何かを示して、兄（ここにあげた『伊勢物語』の本文では「男」）が妹に何を伝えたかったかを話し合ってみましょう。

［ステップ2］　ステップ1での話し合いをふまえて、傍線部Bに表現された男君の心情について話し合ってみましょう。

(i)　Nさんのグループでは［ステップ1］の話し合いを行い、その結果を次のように【ノート】にまとめた。空欄 X ・ Y に入る内容の組合せとして最も適当なものを、次の①～④のうちから一つ選べ。解答番号は 29 。

【ノート】

・和歌Ⅰは愛らしい妹を見て詠んだ歌なので、「若草」は妹のことを指していると思われる。
・「人」が「若草」を「結ばむこと」には、 X という意味が重ねられている。

・和歌Ⅱは妹からの返歌で、「などめづらしき言の葉ぞ」には、和歌Ⅰの内容に対する驚きが表れている。
・「うらなくものを思ひけるかな」は、自身が兄の気持ちにこれまで気づいていなかったことを示している。

・和歌Ⅰを通して兄が伝えたかったことは Y であると考えられる。

① X ―自分ではなく他人が妹と結婚すること　Y ―妹への恋心
② X ―親が妹の将来の結婚相手を決めること　Y ―妹への祝福
③ X ―自分が妹を束縛して結婚させないこと　Y ―妹への執着
④ X ―妹がまだ若いのに結婚してしまうこと　Y ―妹への心配

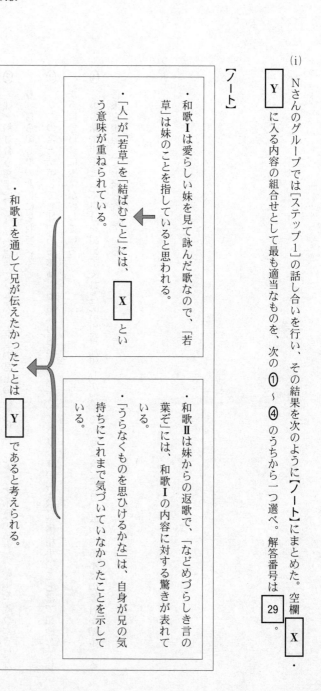

(ii) Nさんのグループでは、［ステップ2］の話し合いを行い、その結果を教師に提出した。傍線部**B**に表現された男君の心情として最も適当なものを、次の ① ～ ④ のうちから一つ選べ。解答番号は 30 。

① 自分が女二の宮と結婚したことで、妹である木幡の姫君の結婚に意見を言う立場ではなくなったので、これを機に妹への思いを諦めようとしている。

② 妹と釣り合う相手はいないと思っていたが、女二の宮との結婚後は、兄として木幡の姫君の結婚を願うようになり、自らの心境の変化に呆《あき》れている。

③ 女二の宮と結婚しても妹である木幡の姫君への思いを引きずっており、妹の将来の結婚相手のことまで想像してしまう自分自身に嫌気がさしている。

④ 娘の結婚相手として自分を認めてくれた院の複雑な親心が理解できるようになり、妹である木幡の姫君が結婚する将来を想像して感慨に耽《ふけ》っている。

第4問　次の【文章Ⅰ】は、江戸末期の儒学者安積艮斎《あさかごんさい》が書いたアメリカ合衆国初代大統領ワシントンの伝記「話聖東《ワシントン》伝」の一節であり、【文章Ⅱ】は、宋代の儒学者范《はん》祖《そ》禹《う》が君主の道について述べた文章の一節である。これらを読んで、後の問い（問1〜6）に答えよ。なお、設問の都合で返り点・送り仮名を省いたところがある。（配点　50）

【文章Ⅰ】

話《わ》聖《しん》東《とん》為スヤレ政ヲ［X］而公、推シテレ誠ヲ待スレ物ニ。有リ二巴《は》（注1）爾《み》東《とん》者ナル一、明敏ニシテ有リ二器（注2）識一、嫺《なら》ヒ（注3）二辞令ニ一、通ズ二大体（注4）ニ一。話聖東挙ゲテレ之ヲ、参二決セシム政事ヲ一。在ルコトレ任ニ（注5）八年、法令整粛、武備森厳ニシテ（注6）、闔《かふ》（注7）州《しう》大イニ治マル。A然人或有議其所為者、話聖東感憤ス。及ビテ二任満ツルニ一、乃チ還リ二旧閭《きうりよ》（注8）ニ一、深ク自ラ韜《たう》（注9）晦《くわい》シ、無シ二復タ功名ノ意一。（ア）以テレ寿ヲ終ハル二于家ニ一。

（安積艮斎『洋外紀略』による）

（注）1　巴爾東――ハミルトン（一七五七―一八〇四）。建国期のアメリカで財務長官を務めた。
2　器識――才能と見識。
3　嫻ニ辞令一――文章の執筆に習熟している。
4　大体――政治の要点。
5　在レ任――大統領の地位にあること。
6　森厳――重々しいさま。
7　闔州――国中。
8　旧閭――故郷。
9　韜晦――世間の目につかないようにする。

【文章Ⅱ】

人君ハ以テ二一人之身ヲ一、而御シ二四海（注10）之広キヲ一、応ズ二万務之 Y 一。苟シクモ不下以テ二至誠ヲ一与《とも》ニセ上レ賢ト而 (イ)役シテ二其ノ独智ヲ一以テ先ダテバ二天下ニ一、B則チ耳目心志之所レ及ブ者、其レ能ク幾《いく》何《ばく》ゾ。是ノ故ニ人君必ズ清メテレ心ヲ以テ涖《のぞ》ミレ之ニ、虚《むな》シクシテレ己ヲ以テ待スルコトレ之ニ、如ク二鑑《かがみ》之C明ナルガ一、如クナレバ二水之止マルガ一、則チ物（注11）至ルモ而不レ能ハレ罔《し》フルコト（注12）矣。

（『性理大全』による）

（注）10　四海――天下。
11　物――外界の事物。
12　罔――心をまどわすこと。

問1　空欄 X ・ Y に入る語として最も適当なものを、次の各群の①～⑤のうちからそれぞれ一つずつ選べ。解答番号は 31 ・ 32 。

31 X

① 廉
② 刻
③ 頑
④ 濫
⑤ 偏

32 Y

① 要
② 美
③ 対
④ 臣
⑤ 衆

問２　波線部(ア)「以レ寿終二于家一」・(イ)「役二其独智一」の解釈として最も適当なものを、次の各群の①～⑤のうちからそれぞれ一つずつ選べ。解答番号は 33 ・ 34 。

(ア)「以レ寿終二于家一」 33

① めでたいことに自らの家で事業を成し遂げた
② 天寿を全うして自らの家でこの世を去った
③ 人々に祝福されて自らの家で余生を過ごした
④ 長寿の親のために自らの家で力を尽くした
⑤ 民の幸せを願いながら自らの家で節義を貫いた

(イ)「役二其独智一」 34

① 比類のない見識を発揮して
② 自己の知識を誇示して
③ 孤高の賢人を模倣して
④ 自分の知恵だけを用いて
⑤ 独特の見解をしりぞけて

問3　傍線部**A**「然人或有議其所為者」の返り点の付け方と書き下し文との組合せとして最も適当なものを、次の①～⑤のうちから一つ選べ。解答番号は 35 。

① 然人或有㆘議㆓其所㆒為者㆖
然れども人或いは其の所を議して為す者有れば

② 然人或有議㆓其所㆑為者㆒
然れども人或いは有りて其の為にする所の者を議すれば

③ 然人或有㆑議㆓其所㆑為者㆒
然れども人或いは其の為にする所の者を議する有れば

④ 然人或有㆑議其所㆑為者
然れども人或いは議有りて其の為す所の者なれば

⑤ 然人或有㆘議㆓其所㆒㆑為者㆖
然れども人或いは其の為す所を議する者有れば

問4　傍線部B「耳目心志之所レ及者、其能幾何」の解釈として最も適当なものを、次の①～⑤のうちから一つ選べ。解答番号は 36 。

① 君主の見聞や思慮が及ぶ範囲は決して広くない。
② 天下の人々の見聞や思慮が及ぶ範囲は君主以上に広い。
③ 天下の人々の感覚や思慮が及ぶ範囲は狭くなってしまう。
④ 君主の感覚や思慮が及ぶ対象はとても数え切れない。
⑤ 天下の人々の感覚や思慮が及ぶ対象は千差万別である。

問5　傍線部C「如ニ水之止一」に関する説明として最も適当なものを、次の①～⑤のうちから一つ選べ。解答番号は 37 。

① 君主のもとに人々の意見が集まることが、まるで水が低い場所に自然とたまっていくようであるということ。
② 君主が公平な裁判を常に行っていることが、まるで水の表面が平衡を保っているようであるということ。
③ 君主が雑念をしりぞけて落ち着いていることが、まるで波立っていない静かな水のようであるということ。
④ 君主のこれまで積んできた善行の量が多いことが、まるで豊富に蓄えられた水のようであるということ。
⑤ 君主が無欲になって人々のおごりを戒めることが、まるであふれそうな水をせき止めるようであるということ。

問6　次に示すのは、【文章Ⅰ】と【文章Ⅱ】を読んだ後に、教師と二人の生徒が交わした会話の様子である。これを読んで、後の(i)・(ii)の問いに答えよ。

教　師　【文章Ⅰ】の安積良斎「話聖東伝」は、森鷗外《もりおうがい》の作品『渋江《しぶえ》抽斎《ちゅうさい》』においても言及されています。渋江抽斎は、江戸末期の医者であり漢学者でもあった人物です。抽斎はもとは西洋に批判的だったのですが、「話聖東伝」を読んで考えを改め、西洋の言語を自分の子に学ばせるようにと遺言しました。鷗外によれば、「話聖東伝」の中でも抽斎がとりわけ気に入ったのは、次の【資料】の一節だったようです。

【資料】（送り仮名を省いた）

嗚呼、話聖東、雖レ生ニ於戎《じゅう》羯《けつ》一、其為レ人有ニ足レ多者一。

教　師　「戎羯」は異民族といった意味です。この【資料】で良斎はどのようなことを言っていますか。

生徒A　［ a ］。ワシントンに対する【資料】のような見方が、抽斎の考えを変えたのでしょう。

生徒B　なぜ、【資料】のようにワシントンは評価されているのでしょうか。

教　師　【文章Ⅱ】の『性理大全』の一節は、儒学の伝統的な君主像を示しています。【文章Ⅰ】と【文章Ⅱ】には似ているところがありますね。

生徒A　[b]。

生徒B　[c]。「話聖東伝」を通じて、抽斎は立派な為政者が西洋にいたことを知り、感動したのですね。

教　師　このように漢文の教養は、西洋文化を受容する際の土台になったわけです。面白いと思いませんか。

(i)　空欄 **a** に入る発言として最も適当なものを、次の①～⑤のうちから一つ選べ。解答番号は 38 。

① 「異民族の出身ではあるけれども」とあるように、艮斎は西洋の人々に対する偏見から完全に脱却していたわけではないものの、ワシントンの人柄には称賛に値する点があると言っています

② 「異民族の生まれだと言うものもいるが」とあるように、艮斎はワシントンの出自をあげつらう人々を念頭に置いて、そのような人々よりもワシントンの方が立派な人物であると言っています

③ 「異民族に生まれていながらも」とあるように、艮斎はワシントンが西洋人であることを否定的に見る一方で、ワシントンの政策には肯定的に評価すべき面があると言っています

④ 「異民族の出自であることを問わずに」とあるように、艮斎は欧米と東アジアの人々を対等であると認識し、ワシントンの人生はあらゆる人々にとって学ぶべきものであると言っています

⑤ 「異民族の出身でなかったとしても」とあるように、艮斎は欧米と東アジアを区別しない観点に立ち、ワシントンの統治の方法にはどのような国でも賛同する人が多いであろうと言っています

(ii) 空欄 b ・ c に入る発言の組合せとして最も適当なものを、次の①～⑤のうちから一つ選べ。解答番号は 39 。

① b――【文章Ⅰ】は、ワシントンが人々から反発されても動じなかったことを述べていますね
c――それは、【文章Ⅱ】のどのような出来事にも信念を曲げない儒学の伝統的な君主像に重なります

② b――【文章Ⅰ】は、ワシントンが法律を整備して国を安定させたことを述べていますね
c――それは、【文章Ⅱ】の個人の力より制度を重視する儒学の伝統的な君主像に重なります

③ b――【文章Ⅰ】は、ワシントンが信頼する部下に自分の地位を譲ったことを述べていますね
c――それは、【文章Ⅱ】の権力や名誉に執着しない儒学の伝統的な君主像に重なります

④ b――【文章Ⅰ】は、ワシントンが政策の意図を率直に文章で示したことを述べていますね
c――それは、【文章Ⅱ】の人々に対して誠実に向き合う儒学の伝統的な君主像に重なります

⑤ b――【文章Ⅰ】は、ワシントンが優れた人材を登用し、政務に参与させたことを述べていますね
c――それは、【文章Ⅱ】の公正な心で賢人と協力する儒学の伝統的な君主像に重なります

2022

共通テスト
本試験

国語

解答時間 80 分
配点 200 点

第1問

次の【文章Ⅰ】【文章Ⅱ】を読んで、後の問い（問1〜6）に答えよ。（配点　50）

【文章Ⅰ】　次の文章は、宮沢賢治の「よだかの星」を参照して「食べる」ことについて考察した文章である。なお、表記を一部改めている。

「食べる」ことと「生」にまつわる議論は、どうしたところで動物が主題になってしまう。そこでは動物たちが人間の言葉をはなし、また人間は動物の言葉を理解する（まさに神話的状況である）。そのとき動物も人間も、自然のなかでの生き物として、まったく対等な位相にたってしまうことが重要なのである。動物が人間になるのではない。宮沢の記述からかいまみられるのは、そもそも逆で、人間とはもとより動物である（そうでしかありえない）ということである。そしてそれは考えてみれば、あまりに当然すぎることである。

「よだかの星」は、その意味では、擬人化が力(ア)ジョウになされている作品のようにおもわれる。その感情ははっきりと人間的である。よだかは、みなからいじめられ、何をしても孤立してしまう。いつも自分の醜い容姿を気にかけている。親切心で他の鳥の子供を助けても、何をするのかという眼差《まなざ》しでさげすまれる。なぜ自分は生きているのかとおもう。ある意味では、多かれ少なかれ普通の人間の誰もが、一度は心のなかに抱いたことのある感情だ。さらには、よだかにはいじめっ子の鷹《たか》がいる。鷹は、お前は鷹ではないのになぜよだかという名前を名乗るのだ、しかも夜という単語と鷹という単語を借りておかしいではないか、名前を変えろと迫る。よだかはあまりのことに、自分の存在そのものを否定されたかのように感じる。

しかしよだかは、いかに醜くとも、いかに自分の存在を低くみようとも、空を飛び移動するなかで、おおきな口をあけ、羽虫をむさぼり喰《く》ってしまう。それが喉につきささろうとも、甲虫《かぶとむし》を食べてしまう。自然に対しては、自分は支配者のような役割を演じてしまいもするのである。だがどうして自分は羽虫を「食べる」のか。なぜ自分のような存在が、劣等感をもちながらも、他の生き物を食べて生きていくのか、それがよいことかどうかがわからない。

夜だかが思ひ切って飛ぶときは、そらがまるで二つに切れたやうに思はれます。一疋《ぴき》の甲虫が、夜だかの咽喉《のど》にはひって、ひどくもがきました。よだかはすぐそれを呑《の》みこみましたが、その時何だかせなかがぞっとしたやうに思ひました。（『宮沢賢治全集5』、八六頁《ページ》）

Aここからよだかが、つぎのように思考を展開していくことは、あまりに自明なことであるだろう。

（ああ、かぶとむしや、たくさんの羽虫が、毎晩僕に殺される。そしてそのただ一つの僕がこんどは鷹に殺される。それがこんなにつらいのだ。ああ、つらい、つらい。僕はもう虫をたべないで餓《う》ゑて死なう。いやその前にもう鷹が僕を殺すだらう。いや、その前に、僕は遠くの遠くの空の向ふに行ってしまはう。）（同書、八七頁）

当然のことながら、夏の夜の一夜限りの生命かもしれない羽虫を食べること、短い時間しかいのちを送らない甲虫を食べることとは、そもそも食物連鎖上のこととしてやむをえないことである。それにそもそもこの話は、もともとはよだかが自分の生のどこかに困難を抱えていて（それはわれわれすべての鏡だ）、それが次第に、他の生き物を殺して食べているという事実の問いに転化され、そのなかで自分も鷹にいずれ食べられるだろう、それならば自分は何も食べず絶食し、空の彼方《かなた》へ消えてしまおうというはなしにさらに転変していくものである。よだかは大犬座の方に向かい億年兆年億兆年かかるといわれても、さらに大熊星の方に向かい頭を冷やせといわれても、なおその行為をやめることはしない。結局よだかは最後の力を振り絞り、自らが燃え尽きることにより、自己の行為を昇華するのである。

食べるという主題がここで前景にでているわけではない。むしろまずよだかにとって問題なのは、どうして自分のような惨めな存在が生きつづけなければならないのかということであった。そしてその問いの先にあるものとして、ふと無意識に口にしていた羽虫や甲虫のことが気にかかる。そして自分の惨めさを感じつつも、無意識にそれを咀嚼《そしゃく》してしまっている自分に対し「せなかがぞっとした」「思ひ」を感じるのである。

よくいわれるように、このはなしは食物連鎖の議論のようにみえる。確かに表面的にはそう読めるだろう。だがよだかは、実はまだ自分が羽虫を食べることがつらいのか、自分が鷹に食べられることがつらいのか、たんに惨めな存在である自らが食べ物を殺して咀嚼することがつらいのか判然と理解しているわけではない。これはむしろ、主題としていえば、まずは食べないことの選択、つまりは断食につながるテーマである。そして、そうであるがゆえに、最終的な星への昇華という宮沢独特のストーリー性がひらかれる仕組みになっているようにもみえる。

ここで宮沢は、食物連鎖からの解放という（仏教理念として充分に想定される）事態だけをとりだすのではない。むしろここでみいだされるのは、心が(イ)キズついたよだかが、それでもなお羽虫を食べるという行為を無意識のうちになしていることに気がつき「せなかがぞっとした」「思ひ」をもつという一点だけにあるようにおもわれる。それは、B人間である（ひょっとしたら同時によだかでもある）われわれすべてが共有するものではないか。そしてこの思いを昇華させるためには、数億年数兆年彼方の星に、自らを変容させていくことしか解決策はないのである。

（檜垣立哉《ひがきたつや》『食べることの哲学』による）

【文章Ⅱ】　次の文章は、人間に食べられた豚肉（あなた）の視点から「食べる」ことについて考察した文章である。

長い旅のすえに、あなたは、いよいよ、人間の口のなかに入る準備を整えます。箸で挟まれたあなたは、まったく抵抗できぬままに口に運ばれ、アミラーゼの入った唾液をたっぷりかけられ、舌になぶられ、硬い歯によって噛《か》み切られ、すり潰されます。そのあと、歯の隙間に残ったわずかな分身に別れを告げ、食道を通って胃袋に入り、酸の海のなかでドロドロになります。十二指腸でも膵液《すいえき》と胆汁が流れ込み消化をアシストし、小腸にたどり着きます。ここでは、小腸の運動によってあなたは前後左右にもまれながら、六メートルに及ぶチューブをくねくね旅します。そのあいだ、小腸に出される消化酵素によって、炭水化物がブドウ糖や麦芽糖に、脂肪を脂肪酸とグリセリンに分解され、それらが腸に吸収されていきます。ほとんどの栄養を吸い取られたあなたは、すっかりかたちを変えて大腸にたどり着きます。

大腸は面白いところです。大腸には消化酵素はありません。そのかわりに無数の微生物が棲《す》んでいるのです。人間は、微生物の集合住宅でもあります。その微生物たちがあなたを(ウ)襲い、あなたのなかにある繊維を発酵させます。繊維があればあるほど、大腸の微生物は活発化するので、小さい頃から繊維をたっぷり含むニンジンやレンコンなどの根菜を食べるように言われているのです。そうして、いよいよあなたは便になって肛門《こうもん》からトイレの中へとダイビングします。こうして、下水の旅をあなたは始めるのです。

こう考えると、食べものは、人間のからだのなかで、急に変身を(エ)トげるのではなく、ゆっくり、じっくりと時間をかけ、徐々に変わっていくのであり、どこまでが食べものであり、どこからが食べものでないのかについて決めるのはとても難しいことがわかります。

答えはみなさんで考えていただくとして、二つの極端な見方を示して、終わりたいと思います。

一つ目は、人間は「食べて」などいないという見方です。食べものは、口に入るまえは、塩や人工調味料など一部の例外を除いてすべて生きものであり、その死骸であって、それが人間を通過しているにすぎない、と考えることもけっして言いすぎではありません。人間は、生命の循環の通過点にすぎないのであって、地球全体の生命活動がうまく回転するように食べさせられている、と考えていることです。

二つ目は、肛門から出て、トイレに流され、下水管を通って、下水処理場で微生物の力を借りて分解され、海と土に戻っていき、そこからまた微生物が発生して、それを魚や虫が食べ、その栄養素を用いて植物が成長し、その植物や魚をまた動物や人間が食べる、という循環のプロセスと捉えることです。つまり、ずっと食べものである、ということ。世の中は食べもので満たされていて、食べものは、生きものの死によって、つぎの生きものに生を(オ)与えるバトンリレーである。しかも、バトンも走者も無数に増えるバトンリレー。誰の口に入るかは別として、人間を通過しているにすぎないのです。

どちらも極端で、どちらも間違いではありません。しかも、C二つとも似ているところさえあります。死ぬのがわかっているのに生き続けるのはなぜか、という質問にもどこかで関わってきそうな気配もありますね。

（藤原辰史《ふじはらたつし》『食べるとはどういうことか』による）

問1　次の(i)・(ii)の問いに答えよ。

(i)　傍線部(ア)・(イ)・(エ)に相当する漢字を含むものを、次の各群の①～④のうちから、それぞれ一つずつ選べ。解答番号は［1］～［3］。

(ア)　カジョウ　［1］
① ジョウチョウな文章
② 予算のジョウヨ金
③ 汚れをジョウカする
④ ジョウキを逸する

(イ)　キズついた　［2］
① 入会をカンショウする
② 音楽をカンショウする
③ カンショウ的な気分になる
④ 箱にカンショウ材を詰める

(エ)　トげる　［3］
① 過去の事例からルイスイする
② キッスイの江戸っ子
③ マスイをかける
④ 計画をカンスイする

(ii)　傍線部(ウ)・(オ)とは異なる意味を持つものを、次の各群の①～④のうちから、それぞれ一つずつ選べ。解答番号は 4 ・ 5 。

(ウ) 襲い 4
① ヤ襲
② セ襲
③ キ襲
④ ライ襲

(オ) 与える 5
① キョウ与
② ゾウ与
③ カン与
④ ジュ与

問2　傍線部A「ここからよだかが、つぎのように思考を展開していく」とあるが、筆者はよだかの思考の展開をどのように捉えているか。その説明として最も適当なものを、次の①～⑤のうちから一つ選べ。解答番号は 6 。

① よだかは、生きる意味が見いだせないままに羽虫や甲虫を殺して食べていることに苦悩し、現実の世界から消えてしまおうと考えるようになる。

② よだかは、みなにさげすまれるばかりかついには鷹に殺されてしまう境遇を悲観し、彼方の世界へ旅立とうと考えるようになる。

③ よだかは、羽虫や甲虫を殺した自分が鷹に殺されるという弱肉強食の関係を嫌悪し、不条理な世界を拒絶しようと考えるようになる。

④ よだかは、他者を犠牲にして生きるなかで自分の存在自体が疑わしいものとなり、新しい世界を目指そうと考えるようになる。

⑤ よだかは、鷹におびやかされながらも羽虫や甲虫を食べ続けているという矛盾を解消できず、遠くの世界で再生しようと考えるようになる。

問3　傍線部**B**「人間である（ひょっとしたら同時によだかでもある）われわれすべてが共有するものではないか」とあるが、それはどういうことか。その説明として最も適当なものを、次の①～⑤のうちから一つ選べ。解答番号は 7 。

① 存在理由を喪失した自分が、動物の弱肉強食の世界でいつか犠牲になるかもしれないと気づき、自己の無力さに落胆するということ。

② 生きることに疑念を抱いていた自分が、意図せずに他者の生命を奪って生きていることに気づき、自己に対する強烈な違和感を覚えるということ。

③ 存在を否定されていた自分が、無意識のうちに他者の生命に依存していたことに気づき、自己を変えようと覚悟するということ。

④ 理不尽な扱いに打ちのめされていた自分が、他者の生命を無自覚に奪っていたことに気づき、自己の罪深さに動揺するということ。

⑤ 惨めさから逃れたいともがいていた自分が、知らないままに弱肉強食の世界を支える存在であったことに気づき、自己の身勝手さに絶望するということ。

問4　傍線部C「二つとも似ているところさえあります」とあるが、どういう点で似ているのか。その説明として最も適当なものを、次の①～⑤のうちから一つ選べ。解答番号は 8 。

① 人間の消化過程を中心とする見方ではなく、微生物の活動と生物の排泄行為から生命の再生産を捉えている点。
② 人間の生命維持を中心とする見方ではなく、別の生きものへの命の受け渡しとして食べる行為を捉えている点。
③ 人間の食べる行為を中心とする見方ではなく、食べられる側の視点から消化と排泄の重要性を捉えている点。
④ 人間の生と死を中心とする見方ではなく、地球環境の保護という観点から食べることの価値を捉えている点。
⑤ 人間の栄養摂取を中心とする見方ではなく、多様な微生物の働きから消化のメカニズムを捉えている点。

問5　【文章Ⅱ】の表現に関する説明として最も適当なものを、次の①～⑤のうちから一つ選べ。解答番号は 9 。

① 豚肉を「あなた」と見立てるとともに、食べられる生きものの側の心情を印象的に表現することで、無機的な消化過程に感情移入を促すように説明している。

② 豚肉を「あなた」と見立てるとともに、消化酵素と微生物とが協同して食べものを分解する様子を比喩的に表現することで、消化器官の働きを厳密に描いている。

③ 豚肉を「あなた」と見立てるとともに、食べものが消化器官を通過していく状況を擬態語を用いて表現することで、食べることの特殊な仕組みを筋道立てて説明している。

④ 豚肉を「あなた」と二人称で表しながら、比喩を多用して消化過程を表現することで、生きものが他の生物の栄養になるまでの流れを軽妙に説明している。

⑤ 豚肉を「あなた」と二人称で表しながら、生きものが消化器官でかたちを変えて物質になるさまを誇張して表現することで、消化の複雑な過程を鮮明に描いている。

問6　Mさんは授業で**【文章Ⅰ】**と**【文章Ⅱ】**を読んで「食べる」ことについて自分の考えを整理するため、次のような**【メモ】**を作成した。これについて、後の(i)・(ii)の問いに答えよ。

【メモ】

〈1〉　共通する要素

「どちらも「食べる」ことと生命の関係について論じている。」

〈2〉　「食べる」ことについての捉え方の違い

【文章Ⅰ】　「　**X**　」

【文章Ⅱ】　「「食べる」ことは、生物を地球全体の生命活動に組み込むものである。」

〈3〉　まとめ

「　**Y**　」

(i) Mさんは〈1〉を踏まえて〈2〉を整理した。空欄 X に入る最も適当なものを、次の①～④のうちから一つ選べ。解答番号は 10 。

① 「食べる」ことは、弱者の生命の尊さを意識させる行為である。

② 「食べる」ことは、自己の生命を否応なく存続させる行為である。

③ 「食べる」ことは、意図的に他者の生命を奪う行為である。

④ 「食べる」ことは、食物連鎖から生命を解放する契機となる行為である。

(ii)　Mさんは〈1〉〈2〉を踏まえて「〈3〉まとめ」を書いた。空欄 **Y** に入る最も適当なものを、次の①～④のうちから一つ選べ。解答番号は 11 。

① 他者の犠牲によってもたらされたよだかの苦悩は、生命の相互関係における多様な現象の一つに過ぎない。しかし見方を変えれば、自他の生を昇華させる行為は、地球全体の生命活動を円滑に動かすために欠かせない要素であるとも考えられる。

② 苦悩から解放されるためによだかが飢えて死のうとすることは、生命が本質的には食べてなどいないという指摘に通じる。しかし見方を変えれば、地球全体の生命活動を維持するためには、食べることの認識を改める必要があるとも考えられる。

③ 無意識によだかが羽虫や甲虫を食べてしまう行為には、地球全体の生命活動を循環させる重要な意味がある。しかし見方を変えれば、一つ一つの生命がもっている生きることへの衝動こそが、循環のプロセスを成り立たせているとも考えられる。

④ 他者に対してよだかが支配者となりうる食物連鎖の関係は、命のバトンリレーのなかで解消されるものである。しかし見方を変えれば、地球全体の生命活動を円滑にするためには、食べることによって生じる序列が不可欠であるとも考えられる。

第2問

次の文章は、黒井千次《くろいせんじ》「庭の男」（一九九一年発表）の一節である。「私」は会社勤めを終え、自宅で過ごすことが多くなっている。隣家（大野家）の庭に息子のためのプレハブ小屋が建ち、そこに立てかけられた看板に描かれた男が、「私」の自宅のダイニングキッチン（キッチン）から見える。その存在が徐々に気になりはじめた「私」は、看板のことを妻に相談するなかで、自分が案山子《かか》をどけてくれと頼んでいる雀《すずめ》のようだと感じていた。以下はそれに続く場面である。これを読んで、後の問い（問1～5）に答えよ。（配点　50）

立《た》て看板をなんとかするよう裏の家の息子に頼んでみたら、という妻の示唆を、私は大真面目で受け止めていたわけではなかった。落着《おちつ》いて考えてみれば、その理由を中学生かそこらの少年にどう説明すればよいのか見当もつかない。相手は看板を案山子などとは夢にも思っていないだろうから、雀の論理は通用すまい。ただあの時は、妻が私の側に立ってくれたことに救われ、気持ちが楽になっただけの話だった。いやそれ以上に、男と睨《にら》み合った時、なんだ、お前は案山子ではないか、と言ってやる僅かなゆとりが生れるほどの力にはなった。裏返されればそれまでだぞ、と窓の中から毒突くのは、一方的に見詰められるのみの関係に比べればまだましだったといえる。

しかし実際には、看板を裏返す手立てが摑《つか》めぬ限り、いくら毒突いても所詮空威張りに過ぎぬのは明らかである。そして裏の男は、私のそんな焦りを見透《みす》かしたかのように、前にもまして帽子の広いつばの下の眼に暗い光を溜《た》め、こちらを凝視して止《や》まなかった。流しの窓の前に立たずとも、あの男が見ている、との感じは肌に伝わった。暑いのを我慢して南側の子供部屋で本を読んだりしていると、すぐ隣の居間に男の視線の気配を覚えた。そうなると、本を伏せてわざわざダイニングキッチンまで出向き、あの男がいつもと同じ場所に立っているのを確かめるまで落着けなかった。

隣の家に電話をかけ、親に事情を話して看板をどうにかしてもらう、という手も考えた。少年の頭越しのそんな手段はフェアではないだろう、との意識も働いたし、その前に親を納得させる自信がない。もしも納得せぬまま、ただこちらとのいざこざを避けるために親が看板を除去してくれたとしても、相手の内にいかなる疑惑が芽生えるかは容易に想像がつく。あの家には頭のおかしな人間が住んでいる、そんな噂《うわさ》を立てられるのは恐ろしかった。

ある夕暮れ、それは妻が家に居る日だったが、日が沈んで外が少し涼しくなった頃、散歩に行くぞ、と裏の男に眼で告げて玄関を出た。家を離れて少し歩いた時、町会の掲示板のある角を曲って来る人影に気がついた。迷彩色のシャツをだらしなくジーパンの上に出し、俯《うつむ》きかげんに道の端をのろのろと近づいて来る。まだ育ち切らぬ柔らかな骨格と、無理に背伸びした身なりとのアンバランスな組合せがおかしかった。細い首に支えられた坊主頭がふと上り、またすぐに伏せられた。**A**隣の少年だ、と思うと同時に、私はほとんど無意識のように道の反対側に移って彼の前に立っていた。

「ちょっと」

声を掛けられた少年は怯《おび》えた表情で立ち止《どま》り、それが誰かわかると小さく頷《うなず》く仕種《しぐさ》で頭だけ下げ、私を避けて通り過ぎようとした。

「庭のプレハブは君の部屋だろう」

何か曖昧な母音を洩《も》らして彼は微《かす》かに頷いた。

「あそこに立てかけてあるのは、映画の看板かい」

細い眼が閉じられるほど細くなって、警戒の色が顔に浮かんだ。

「素敵な絵だけどさ、うちの台所の窓の真正面になるんだ。置いてあるだけなら、あのオジサンを横に移すか、裏返しにするか――」

そこまで言いかけると、相手は肩を聳《そび》やかす身振りで歩き出そうとした。

「待ってくれよ、頼んでいるんだから」

肩越しに振り返る相手の顔は無表情に近かった。

「もしもさ――」

追おうとした私を振り切って彼は急ぎもせずに離れて行く。

「ジジイ――」

吐き捨てるように彼の俯いたまま低く叫ぶ声がはっきり聞えた。少年の姿が大野家の石の門に吸い込まれるまで、私はそこに立ったまま見送っていた。

ひどく後味の悪い夕刻の出来事を、私は妻に知られたくなかった。少年から見れば我が身が碌《ろく》な勤め先も持たぬジジイであることに間違いはなかったろうが、一応は礼を尽《つく》して頼んでいるつもりだったのだから、中学生の餓鬼にそれを無視され、罵られたのは身に応えた。**B**身体の底を殴られたような厭《いや》な痛みを少しでも和らげるために、こちらの申し入れが理不尽なものであり、相手の反応は無理もなかったのだ、と考えてみようともした。謂《いわ》れもない内政干渉として彼が憤る気持ちもわからぬではなかった。しかしそれなら、彼は面を上げて私の申し入れを拒絶すればよかったのだ。所詮当方は雀の論理しか持ち合わせぬのだから、黙って引き下《さが》るしかないわけだ。その方が私もまだ救われたろう。

無視と捨台詞《すてぜりふ》にも似た罵言とは、彼が息子よりも遥《はる》かに歳若《とし》い少年だけに、やはり耐え難かった。

夜が更けてクーラーをつけた寝室に妻が引込んでしまった後も、私は一人居間のソファーに坐《すわ》り続けた。穏やかな鼾《いびき》が寝室の戸の隙間を洩《も》れて来るのを待ってから、大型の懐中電灯を手にしてダイニングキチンの窓に近づいた。もしや、という淡い期待を抱いて隣家の庭を窺《うかが》った。手前の木々の葉越しにプレハブ小屋の影がぼうと白く漂うだけで、庭は闇に包まれている。網戸に擦《こす》りつけるようにして懐中電灯の明《あか》りをともした。光の環《わ》の中に、きっと私を睨《にら》み返す男の顔が浮かんだ。闇に縁取られたその顔は肌に血の色さえ滲《にじ》ませ、昼間より一層生々しかった。

「馬鹿奴《め》」

呟《つぶや》く声が身体にこもった。暗闇に立つ男を罵っているのか、夕刻の少年に怒りをぶつけているのか、自らを嘲っているのか、自分でもわからなかった。懐中電灯を手にしたまま素早く玄関を出た。土地ぎりぎりに建てた家の壁と塀の間を身体を斜めにしてすり抜ける。建築法が(注)どうなっているのか識《し》らないが、もう少し肥《ふと》れば通ることの叶《かな》わぬ僅かな隙間だった。ランニングシャツ一枚の肩や腕にモルタルのざらつきが痛かった。

東隣との低い生垣《いけがき》に突き当《あた》り、檜葉《ひば》の間を強引に割ってそこを跨《また》ぎ越し、我が家のブロック塀の端を迂回《うかい》すると再び大野家との生垣を掻《か》き分けて裏の庭へと踏み込んだ。乾いた小さな音がして枝が折れたようだったが、気にかける余裕はなかった。繁みの下の暗がりで一息つき、足許《あしもと》から先に懐中電灯の光をさっと這《は》わせてすぐ消した。右手の母屋も正面のプレハブ小屋も、明りは消えて闇に沈んでいる。身を屈《かが》めたまま手探りに進み、地面に雑然と置かれている小さなベンチや傘立てや三輪車をよけて目指す小屋の横に出た。

男は見上げる高さでそこに平たく立っていた。光を当てなくとも顔の輪郭は夜空の下にぼんやり認められた。そんなただの板と、窓から見える男が同一人物とは到底信じ難かった。これではあの餓鬼に私の言うことが通じなかったとしても無理はない。案山子にとまった雀はこんな気分がするだろうか、と動悸《どうき》を抑えつつも苦笑した。

しかし濡《ぬ》れたように滑らかな板の表面に触れた時、指先に厭な違和感が走った。それがベニヤ板でも紙でもなく、硬質のプラスチックに似た物体だったからだ。思わず懐中電灯をつけてみずにはいられなかった。果《はた》して断面は分厚い白色で、裏側に光を差し入れるとそこには金属の補強材が縦横に渡されている。人物の描かれた表面処理がいかなるものかまでは咄嗟《とっさ》に摑めなかったが、それが単純に紙を貼りつけただけの代物ではないらしい、との想像はついた。雨に打たれて果無《はかな》く消えるどころか、これは土に埋められても腐ることのないしたたかな男だったのだ。

それを横にずらすか、道に面した壁に向きを変えて立てかけることは出来ぬものか、と持ち上げようとした。相手は根が生えたかの如《ごと》く動かない。これだけの厚みと大きさがあれば体重もかなりのものになるのだろうか。力の入れやすい手がかりを探ろうとして看板の縁を辿《たど》った指が何かに当った。太い針金だった。看板の左端にあけた穴を通して、針金は小屋の樋《とい》としっかり結ばれている。同じような右側の針金の先は、壁に突き出たボルトの頭に巻きついていた。その細工が左右に三つずつ、六ヵ所にわたって施されているのを確かめると、最早《もはや》男を動かすことは諦めざるを得なかった。夕暮れの少年の細めた眼を思い出し、理由はわからぬものの、**C** あ奴《やつ》はあ奴でかなりの覚悟でことに臨んでいるのだ、と認めてやりたいような気分がよぎった。

（注）モルタル――セメントと砂を混ぜ、水で練り合わせたもの。タイルなどの接合や、外壁の塗装などに用いる。

問1　傍線部**A**「隣の少年だ、と思うと同時に、私はほとんど無意識のように道の反対側に移って彼の前に立っていた。」とあるが、「私」をそのような行動に駆り立てた要因はどのようなことか。その説明として適当なものを、次の①～⑥のうちから**二つ**選べ。ただし、解答の順序は問わない。解答番号は［12］・［13］。

① 親が看板を取り除いたとしても、少年にどんな疑惑が芽生えるか想像し恐ろしく思っていたこと。

② 少年を差し置いて親に連絡するような手段は、フェアではないだろうと考えていたこと。

③ 男と睨み合ったとき、お前は案山子ではないかと言ってやるだけの余裕が生まれていたこと。

④ 男の視線を感じると、男がいつもの場所に立っているのを確かめるまで安心できなかったこと。

⑤ 少年の発育途上の幼い骨格と、無理に背伸びした身なりとの不均衡をいぶかしく感じていたこと。

⑥ 少年を説得する方法を思いつけないにもかかわらず、看板をどうにかしてほしいと願っていたこと。

問2　傍線部B「身体の底を殴られたような厭な痛み」とはどのようなものか。その説明として最も適当なものを、次の①～⑤のうちから一つ選べ。解答番号は［14］。

① 頼みごとに耳を傾けてもらえないうえに、話しかけた際の気遣いも顧みられず一方的に暴言を浴びせられ、存在が根底から否定されたように感じたことによる、解消し難い不快感。

② 礼を尽くして頼んだにもかかわらず少年から非難され、自尊心が損なわれたことに加え、そのことを妻にも言えないほどの汚点だと捉えたことによる、深い孤独と屈辱感。

③ 分別のある大人として交渉にあたれば、説得できると見込んでいた歳若い相手から拒絶され、常識だと信じていたことや経験までもが否定されたように感じたことによる、抑え難いいら立ち。

④ へりくだった態度で接したために、少年を増長させてしまった一連の流れを思い返し、看板についての交渉が絶望的になったと感じたことによる、胸中をえぐられるような癒し難い無念さ。

⑤ 看板について悩む自分に、珍しく助言してくれた妻の言葉を真に受け、幼さの残る少年に対して一方的な干渉をしてしまった自分の態度に、理不尽さを感じたことによる強い失望と後悔。

問3　傍線部C「あ奴はあ奴でかなりの覚悟でことに臨んでいるのだ、と認めてやりたいような気分がよぎった」における「私」の心情の説明として最も適当なものを、次の①～⑤のうちから一つ選べ。解答番号は 15 。

① 夜中に隣家の庭に忍び込むには決意を必要としたため、看板を隣家の窓に向けて設置した少年も同様に決意をもって行動した可能性に思い至り、共感を覚えたことで、彼を見直したいような気持ちが心をかすめた。

② 隣家の迷惑を顧みることなく、看板を撤去し難いほど堅固に設置した少年の行動には、彼なりの強い思いが込められていた可能性があると気づき、陰ながら応援したいような新たな感情が心をかすめた。

③ 劣化しにくい素材で作られ、しっかり固定された看板を目の当たりにしたことで、少年が何らかの決意をもってそれを設置したことを認め、その心構えについては受け止めたいような思いが心をかすめた。

④ 迷惑な看板を設置したことについて、具体的な対応を求めるつもりだったが、撤去の難しさを確認したことで、この状況を受け入れてしまったほうが気が楽になるのではないかという思いが心をかすめた。

⑤ 看板の素材や設置方法を直接確認し、看板に対する少年の強い思いを想像したことで、彼の気持ちを無視して一方的に苦情を申し立てようとしたことを悔やみ、多少なら歩み寄ってもよいという考えが心をかすめた。

問4　本文では、同一の人物や事物が様々に呼び表されている。それらに着目した、後の(i)・(ii)の問いに答えよ。

(i)　隣家の少年を示す表現に表れる「私」の心情の説明として最も適当なものを、次の①～⑤のうちから一つ選べ。解答番号は 16 。

①　当初はあくまで他人として「裏の家の息子」と捉えているが、実際に遭遇した少年に未熟さを認めたのちには、「息子よりも遥かに歳若い少年」と表して我が子に向けるような親しみを抱いている。

②　看板への対応を依頼する少年に礼を尽くそうとして「君」と声をかけたが、無礼な言葉と態度を向けられたことで感情的になり、「中学生の餓鬼」「あの餓鬼」と称して怒りを抑えられなくなっている。

③　看板撤去の交渉をする相手として、少年とのやりとりの最中はつねに「君」と呼んで尊重する様子を見せる一方で、少年の外見や言動に対して内心では「中学生の餓鬼」「あの餓鬼」と侮っている。

④　交渉をうまく進めるために「君」と声をかけたが、直接の接触によって我が身の老いを強く意識させられたことで、「中学生の餓鬼」「息子よりも遥かに歳若い少年」と称して彼の若さをうらやんでいる。

⑤　当初は親の方を意識して「裏の家の息子」と表していたが、実際に遭遇したのちには少年を強く意識し、「中学生の餓鬼」「息子よりも遥かに歳若い少年」と彼の年頃を外見から判断しようとしている。

(ii) 看板の絵に対する表現から読み取れる、「私」の様子や心情の説明として最も適当なものを、次の①～④のうちから一つ選べ。解答番号は 17 。

① 「私」は看板を「裏の男」と人間のように意識しているが、少年の前では「映画の看板」と呼び、自分の意識が露呈しないように工夫する。しかし少年が警戒すると、「素敵な絵」とたたえて配慮を示した直後に「あのオジサン」と無遠慮に呼んでおり、余裕をなくして表現の一貫性を失った様子が読み取れる。

② 「私」は看板について「あの男」「案山子」と比喩的に語っているが、少年の前では「素敵な絵」と大げさにたたえており、さらに、少年が憧れているらしい映画俳優への敬意を全面的に示すように「あのオジサン」と呼んでいる。少年との交渉をうまく運ぼうとして、プライドを捨てて卑屈に振るまう様子が読み取れる。

③ 「私」は妻の前では看板を「案山子」と呼び、単なる物として軽視しているが、少年の前では「素敵な絵」とたたえ、さらに「あのオジサン」と親しみを込めて呼んでいる。しかし、少年から拒絶の態度を示されると、「看板の絵」「横に移す」「裏返しにする」と物扱いしており、態度を都合よく変えている様子が読み取れる。

④ 「私」は看板を「裏の男」「あの男」と人間に見立てているが、少年の前でとっさに「映画の看板」「素敵な絵」と表してしまったため、親しみを込めながら「あのオジサン」と呼び直している。突然訪れた少年との直接交渉の機会に動揺し、看板の絵を表する言葉を見失い慌てふためいている様子が読み取れる。

問5　Nさんは、二重傍線部「案山子にとまった雀はこんな気分がするだろうか、と動悸を抑えつつも苦笑した。」について理解を深めようとした。まず、国語辞典で「案山子」を調べたところ季語であることがわかった。そこでさらに、歳時記（季語を分類して解説や例句をつけた書物）から「案山子」と「雀」が詠まれた俳句を探し、これらの内容を【ノート】に整理した。このことについて、後の(i)・(ii)の問いに答えよ。

【ノート】

●国語辞典にある「案山子」の意味

㋐竹や藁《わら》などで人の形を造り、田畑に立てて、鳥獣が寄るのをおどし防ぐもの。とりおどし。［季語・秋］。

㋑見かけばかりもっともらしくて、役に立たない人。

（出典追記：『広辞苑』岩波書店）

●歳時記に掲載されている［案山子と雀の俳句］

ⓐ「案山子立つれば群雀空にしづまらず」（飯田蛇笏《だこつ》）

ⓑ「稲雀追ふ力なき案山子かな」（高浜年尾）

ⓒ「某《それがし》は案山子にて候《そうろう》雀殿」（夏目漱石）

●解釈のメモ

ⓐ遠くにいる案山子に脅かされて雀が群れ騒ぐ風景。

ⓑ雀を追い払えない案山子の様子。

ⓒ案山子が雀に対して虚勢を張っているように見える様子。

●「案山子」と「雀」の関係に注目し、看板に対する「私」の認識を捉えるための観点。

・看板を家の窓から見ていた時の「私」→［X］

・看板に近づいた時の「私」→［Y］

(i)　Nさんは、「私」が看板を家の窓から見ていた時と近づいた時にわけたうえで、国語辞典や歳時記の内容と関連づけながら【ノート】の傍線部について考えようとした。空欄 X と Y に入る内容の組合せとして最も適当なものを、後の①～④のうちから一つ選べ。解答番号は 18 。

(ア)　X ——歳時記の句ⓐでは案山子の存在に雀がざわめいている様子であり、国語辞典の説明㋐にある「おどし防ぐ」存在となっていることに注目する。

(イ)　X ——歳時記の句ⓒでは案山子が虚勢を張っているように見え、国語辞典の説明㋑にある「見かけばかりもっともらしい」存在となっていることに注目する。

(ウ)　Y ——歳時記の句ⓑでは案山子が実際には雀を追い払うことができず、国語辞典の説明㋑にある「見かけばかりもっともらしい」存在となっていることに注目する。

(エ)　Y ——歳時記の句ⓒでは案山子が雀に対して自ら名乗ってみせるだけで、国語辞典の説明㋐にある「おどし防ぐ」存在となっていることに注目する。

①　X—(ア)　Y—(ウ)

②　X—(ア)　Y—(エ)

③　X—(イ)　Y—(ウ)

④　X—(イ)　Y—(エ)

(ii)　【ノート】を踏まえて「私」の看板に対する認識の変化や心情について説明したものとして、最も適当なものを、次の①～⑤のうちから一つ選べ。解答番号は 19 。

① はじめ「私」は、ⓒ「某は案山子にて候雀殿」の虚勢を張る「案山子」のような看板に近づけず、家のなかから眺めているだけの状態であった。しかし、そばまで近づいたことで、看板は㋑「見かけばかりもっともらし」いものであることに気づき、これまで「ただの板」にこだわり続けていたことに対して大人げなさを感じている。

② はじめ「私」は、ⓑ「稲雀追ふ力なき案山子かな」の「案山子」のように看板は自分に危害を加えるようなものではないと理解していた。しかし、意を決して裏の庭に忍び込んだことで、看板の㋐「おどし防ぐもの」としての効果を実感し、雀の立場として「ただの板」に苦しんでいる自分に気恥ずかしさを感じている。

③ はじめ「私」は、自分を監視している存在として看板を捉え、㋐「おどし防ぐもの」と対面するような落ち着かない状態であった。しかし、おそるおそる近づいてみたことで、ⓒ「某は案山子にて候雀殿」のように看板の正体を明確に認識し、「ただの板」に対する怖さを克服しえた自分に自信をもつことができたと感じている。

④ はじめ「私」は、㋐「とりおどし」のような脅すものとして看板をとらえ、その存在の不気味さを感じている状態であった。しかし、暗闇に紛れて近づいたことにより、実際にはⓑ「稲雀追ふ力なき案山子かな」のような存在であることを発見し、「ただの板」である看板に心を乱されていた自分に哀れみを感じている。

⑤ はじめ「私」は、常に自分を見つめる看板に対してⓐ「群雀空にしづまらず」の「雀」のような心穏やかでない状態であった。しかし、そばに近づいてみたことにより、看板は㋑「見かけばかりもっともらし」いものであって恐れるに足りないとわかり、「ただの板」に対して悩んできた自分に滑稽さを感じている。

第3問

次の【文章Ⅰ】は、鎌倉時代の歴史を描いた『増鏡』の一節、【文章Ⅱ】は、後深草《ごふかくさ》院に親しく仕える二条という女性が書いた『とはずがたり』の一節である。どちらの文章も、後深草院（本文では「院」）が異母妹である前斎宮《さいぐう》（本文では「斎宮」）に恋慕する場面を描いたものであり、【文章Ⅰ】の内容は、【文章Ⅱ】の6行目以降を踏まえて書かれている。【文章Ⅰ】と【文章Ⅱ】を読んで、後の問い（問1～4）に答えよ。なお、設問の都合で【文章Ⅱ】の本文の上に行数を付してある。（配点　50）

【文章Ⅰ】

院も我が御方にかへりて、うちやすませ給《たま》へれど、(ア)まどろまれ給はず。ありつる御面影、心にかかりておぼえ給ふぞいとわりなき。「さしはへて(注1)聞こえむも、人聞きよろしかるまじ。いかがはせむ」と思《おぼ》し乱る。御はらからといへど、年月よそにて生ひたち給へれば、うとうとしくならひ給へるままに、**A**つつましき御思ひも薄くやありけむ、なほひたぶるにいぶせくてやみなむは、あかず口惜しと思す。けしからぬ御本性《ほんじやう》なりや。

なにがし(注2)の大納言の女《むすめ》、御身近く召し使ふ人、かの斎宮(注3)にも、さるべきゆかりありて睦《むつ》ましく参りなるるを召し寄せて、

「なれなれしきまでは思ひ寄らず。ただ少しけ近き程にて、思ふ心の片端を聞こえむ。かく折よき事もいと難かるべし」と**B**せちにまめだちてのたまへば、いかがたばかりけむ、夢うつつともなく近づき聞こえ給へれば、いと心憂しと思せど、あえかに消えまどひなどはし給はず。

【文章Ⅱ】

斎宮は二十に余り給ふ。(イ)ねびととのひたる御さま、神(注4)もなごりを慕ひ給ひけるもことわりに、花といはば、桜にたとへても、よそ目はいかがとあやまたれ、霞(注5)の袖を重ぬるひまもいかにせましと思ひぬべき御ありさまなれば、ましてくまなき(注6)御心の内は、いつしかいかなる御物思ひの種にかと、よそも御心苦しくぞおぼえさせ給ひし。

御物語ありて、神路《かみぢ》(注7)の山の御物語など、絶え絶え聞こえ給ひて、

「今宵はいたう更け侍《はべ》りぬ。のどかに、明日は嵐の山(注8)の禿《かぶろ》なる梢《こずゑ》どもも御覧じて、御帰りあれ」

など申させ給ひて、我が御方へ入らせ給ひて、いつしか、

「いかがすべき、いかがすべき」

と仰せあり。思ひつることよと、をかしくてあれば、

「幼く(注9)より参りしるしに、このこと申しかなへたらむ、まめやかに心ざしありと思はむ」

など仰せありて、やがて御使《つかひ》に参る。ただ(ウ)おほかたなるやうに、「御対面うれしく。御旅寝すさまじくや」などにて、忍びつつ文あり。氷襲《こほりがさね》(注10)の薄様《うすやう》にや、

「知られじな今しも見つる面影のやがて心にかかりけりとは」

更けぬれば、御前なる人もみな寄り臥《ふ》したる。御主《ぬし》も小几帳《こぎちやう》(注11)引き寄せて、御殿籠《とのごも》りたるなりけり。近く参りて、事のやう奏すれば、御顔うち赤めて、いと物ものたまはず、文も見るとしもなくて、うち置き給ひぬ。

「何とか申すべき」

と申せば、

「思ひ寄らぬ御言の葉は、何と申すべき方もなくて」

とばかりにて、また寝給ひぬるも心やましければ、帰り参りて、このよしを申す。

「ただ、寝たまふらむ所へ導け、導け」

と責めさせ給ふもむつかしければ、御供に参らむことはやすくこそ、しるべして参る。甘《かん》(注12)の御衣《ぞ》などはことごとしければ、御大口《おほくち》(注13)ばかりにて、忍びつつ入らせ給ふ。

まづ先に参りて、御障子をやをら開けたれば、ありつるままにて御殿籠りたる。御前なる人も寝入りぬるにや、音する人もなく、小《ちひ》(注14)さらかに這《は》ひ入らせ給ひぬる後、いかなる御事どもかありけむ。

（注）
1　さしはへて――わざわざ。
2　なにがしの大納言の女――二条を指す。二条は【文章Ⅱ】の作者である。
3　斎宮――伊勢神宮に奉仕する未婚の皇族女性。天皇の即位ごとに選ばれる。
4　神もなごりを慕ひ給ひける――斎宮を退きながらも、帰京せずにしばらく伊勢にとどまっていたことを指す。
5　霞の袖を重ぬる――顔を袖で隠すことを指す。美しい桜の花を霞が隠す様子にたとえる。
6　くまなき御心――院の好色な心のこと。
7　神路の山の御物語――伊勢神宮に奉仕していた頃の思い出話を指す。
8　嵐の山の禿なる梢ども――嵐山《あらしやま》の落葉した木々の梢。
9　幼くより参りし――二条が幼いときから院の側近くにいたことを指す。
10　氷襲の薄様――「氷襲」は表裏の配色で、表も裏も白。「薄様」は紙の種類。
11　小几帳――小さい几帳のこと。
12　甘の御衣――上皇の平服として着用する直衣《のうし》。
13　大口――束帯のときに表袴の下にはく裾口の広い下袴。
14　小さらかに――体を縮めて小さくして。

問1　傍線部(ア)〜(ウ)の解釈として最も適当なものを、次の各群の①〜⑤のうちから、それぞれ一つずつ選べ。解答番号は［20］〜［22］。

(ア) まどろまれ給はず ［20］
① 酔いが回らずにいらっしゃる
② お眠りになることができない
③ ぼんやりなさっている場合ではない
④ お心が安まらずにいらっしゃる
⑤ 一息つこうともなさらない

(イ) ねびととのひたる ［21］
① 将来が楽しみな
② 成熟した
③ 着飾った
④ 場に調和した
⑤ 年相応の

(ウ) おほかたなるやうに ［22］
① 特別な感じで
② 落ち着き払って
③ ありふれた挨拶で
④ 親切心を装って
⑤ 大人らしい態度で

問2　傍線部A「つつましき御思ひも薄くやありけむ、なほひたぶるにいぶせくてやみなむは、あかず口惜しと思す」の語句や表現に関する説明として最も適当なものを、次の①～⑤のうちから一つ選べ。解答番号は 23 。

① 「つつましき御思ひ」は、兄である院と久しぶりに対面して、気恥ずかしく思っている斎宮の気持ちを表している。

② 「ありけむ」の「けむ」は過去推量の意味で、対面したときの斎宮の心中を院が想像していることを表している。

③ 「いぶせくて」は、院が斎宮への思いをとげることができずに、悶々《もんもん》とした気持ちを抱えていることを表している。

④ 「やみなむ」の「む」は意志の意味で、院が言い寄ってくるのをかわそうという斎宮の気持ちを表している。

⑤ 「あかず口惜し」は、不満で残念だという意味で、院が斎宮の態度を物足りなく思っていることを表している。

問3　傍線部B「せちにまめだちてのたまへば」とあるが、このときの院の言動についての説明として最も適当なものを、次の①～⑤のうちから一つ選べ。解答番号は 24 。

① 二条と斎宮を親しくさせてでも、斎宮を手に入れようと企《たくら》んでいるところに、院の必死さが表れている。

② 恋心を手紙で伝えることをはばかる言葉に、斎宮の身分と立場を気遣う院の思慮深さが表れている。

③ 自分の気持ちを斎宮に伝えてほしいだけだという言葉に、斎宮に対する院の誠実さが表れている。

④ この機会を逃してはなるまいと、一気に事を進めようとしているところに、院の性急さが表れている。

⑤ 自分と親密な関係になることが斎宮の利益にもなるのだと力説するところに、院の傲慢さが表れている。

問4　次に示すのは、授業で【文章Ⅰ】【文章Ⅱ】を読んだ後の、話し合いの様子である。これを読み、後の(i)～(iii)の問いに答えよ。

教　師　いま二つの文章を読みましたが、【文章Ⅰ】の内容は、【文章Ⅱ】の6行目以降に該当していました。【文章Ⅰ】は【文章Ⅱ】を資料にして書かれていますが、かなり違う点もあって、それぞれに特徴がありますね。どのような違いがあるか、みんなで考えてみましょう。

生徒A　【文章Ⅱ】のほうが、【文章Ⅰ】より臨場感がある印象かなあ。

生徒B　確かに、院の様子なんかそうかも。【文章Ⅱ】では［X］。

生徒C　ほかに、二条のコメントが多いところも特徴的だよね。【文章Ⅱ】の［Y］。普段から院の側に仕えている人の目で見たことが書かれているっていう感じがあるよ。

生徒B　そう言われると、【文章Ⅰ】では【文章Ⅱ】の面白いところが全部消されてしまっている気がする。すっきりしてまとまっているけど物足りない。

教　師　確かにそう見えるかもしれませんが、【文章Ⅰ】がどのようにして書かれたものなのかも考える必要がありますね。【文章Ⅰ】は過去の人物や出来事などを後の時代の人が書いたものです。文学史では「歴史物語」と分類されていますね。【文章Ⅱ】のように当事者の視点から書いたものではないということに注意しましょう。

生徒B　そうか、書き手の意識の違いによってそれぞれの文章に違いが生じているわけだ。

生徒A　そうすると、【文章Ⅰ】で［Z］、とまとめられるかな。

生徒C　なるほど、あえてそういうふうに書き換えたのか。

教　師　こうして丁寧に読み比べると、面白い発見につながりますね。

(i)　空欄 X に入る最も適当なものを、次の①～④のうちから一つ選べ。解答番号は 25 。

① いてもたってもいられない院の様子が、発言中で同じ言葉を繰り返しているあたりからじかに伝わってくる

② 斎宮に対する恋心と葛藤が院の中で次第に深まっていく様子が、二条との会話からありありと伝わってくる

③ 斎宮に執着する院の心の内が、斎宮の気持ちを繰り返し思いやっているところからはっきりと伝わってくる

④ 斎宮から期待通りの返事をもらった院の心躍る様子が、院の具体的な服装描写から生き生きと伝わってくる

(ii)　空欄 Y に入る最も適当なものを、次の①～④のうちから一つ選べ。解答番号は 26 。

① 3行目「いつしかいかなる御物思ひの種にか」では、院の性格を知り尽くしている二条が、斎宮の容姿を見た院に、早くも好色の虫が起こり始めたであろうことを感づいている

② 8行目「思ひつることよと、をかしくてあれば」では、好色な院があの手この手で斎宮を口説こうとしているのに、世間離れした斎宮には全く通じていないことを面白がっている

③ 18行目「寝給ひぬるも心やましければ」では、院が強引な行動に出かねないことに対する注意を促すため、床についていた斎宮を起こしてしまったことに恐縮している

④ 20行目「責めさせ給ふもむつかしければ」では、逢瀬《おうせ》の手引きをすることに慣れているはずの二条でさえ、斎宮を院のもとに導く手立てが見つからずに困惑している

(iii) 空欄 Z に入る最も適当なものを、次の①～④のうちから一つ選べ。解答番号は 27 。

① 院の斎宮への情熱的な様子を描きつつも、権威主義的で高圧的な一面を削っているのは、院を理想的な人物として印象づけて、朝廷の権威を保つように配慮しているからだろう

② 院と斎宮と二条の三者の関係性を明らかにすることで、複雑に絡み合った三人の恋心を整理しているのは、歴史的事実を知る人がわかりやすく描写しようとしているからだろう

③ 院が斎宮に送った、いつかは私になびくことになるという歌を省略したのは、神に仕えた相手との密通という事件性を弱めて、事実を抑制的に記述しようとしているからだろう

④ 院の発言を簡略化したり、二条の心情を省略したりする一方で、斎宮の心情に触れているのは、当事者全員を俯瞰《ふかん》する立場から出来事の経緯を叙述しようとしているからだろう

第4問

清の学者・政治家阮元《げんげん》は、都にいたとき屋敷を借りて住んでいた。その屋敷には小さいながらも花木の生い茂る庭園があり、門外の喧噪《けんそう》から隔てられた別天地となっていた。以下は、阮元がこの庭園での出来事について、嘉慶《かけい》十八年（一八一三）に詠じた**【詩】**とその**【序文】**である。これを読んで、後の問い（**問**1～7）に答えよ。なお、設問の都合で返り点・送り仮名・本文を省いたところがある。（配点　50）

【序文】

余旧《もと》蔵スル㆓董《とう》(注1)思《し》翁《をう》ノ自ラ書セシ㆑詩ヲ扇㆒ヲ、有リ㆓「名園」「蝶《てふ》夢《む》」之句㆒。辛《しん》(注2)未《び》ノ秋、有リ㆔異蝶ノ来タル㆓園中㆒ニ。識者知リテ I 為シ㆓太常仙蝶㆒ト、呼ベバ㆑之ヲ落ツ㆑扇ニ。継イデ而(ア)復見ル㆓之ヲ於瓜《くわ》(注3)爾《じ》佳《か》氏ノ園中㆒ニ。A 客有呼之入匣奉帰余園者、及ベバ㆓至リテ㆑園ニ啓《ひら》クニ㆑之ヲ、則チ空《くう》(注4)匣《かふ》也。壬《じん》(注5)申《しん》ノ春、蝶復見《あらは》ル㆓於余ノ園ノ台上㆒ニ。画者祝《いの》リテ曰ハク、B「苟近㆑我、我当㆑図㆑之。」蝶落チ㆓其ノ袖㆒ニ、(イ)審視ルコト良《やや》久シクシテ、(ウ)得㆓其ノ形色㆒ヲ、乃チ従《しよう》(注6)容《よう》トシテ鼓《う》チテ㆑翅《はね》ヲ而去ル。園故《もと》無シ㆑名也。於イテ㆑是ニ始メテ以テ㆓思翁ノ詩及ビ蝶ノ意㆒ヲ名ヅク㆑之ニ。秋半バニシテ、余奉ジテ㆑使ヒヲ出デ㆑都ヲ、是ノ園モ又属ス㆓他人㆒ニ。回㆓憶スレバ芳《はう》叢《そう》㆒ヲ、真ニ如シ㆑夢ノ矣。

【詩】

春城ノ花事(注7)小園多ク　幾《いく》度《たび》カ看テレ花ヲ幾度カ X

花ハ為ニレ我ガ開キテ留《とど》メレ我ヲ住《とど》メ　人ハ随ヒテレ春ニ去リ C 奈レ春何

思翁夢ハ好《よ》クシテ遺シ二書扇ヲ一　Ⅱ 仙蝶図成リテ染ム二袖羅ヲ一

他日誰《た》ガ家カ還《ま》タ種《う》ヱレ竹ヲ　坐シテレ(注8)輿《こし》ニ可キレ許ス二子《し》猷《いう》ノ過《よぎ》ルヲ一

（阮元『揅《けん》経《けい》室《しつ》集《しゅう》』による）

（注）1　董思翁――明代の文人・董其昌《とうきしょう》（一五五五―一六三六）のこと。

2　辛未――清・嘉慶十六年（一八一一）。

3　瓜爾佳――満州族名家の姓。

4　空匣――空の箱。

5　壬申――清・嘉慶十七年（一八一二）。

6　従容――ゆったりと。

7　花事――春に花をめでたり、見て歩いたりすること。

8　坐レ輿可レ許二子猷過一――子猷は東晋・王徽之《おうきし》の字《あざな》。竹好きの子猷は通りかかった家に良い竹があるのを見つけ、感嘆して朗詠し、輿《こし》に乗ったまま帰ろうとした。その家の主人は王子猷が立ち寄るのを待っていたので、引き留めて歓待し、意気投合したという故事を踏まえる。

問1　波線部(ア)「復」・(イ)「審」・(ウ)「得」のここでの意味として最も適当なものを、次の各群の①～⑤のうちから、それぞれ一つずつ選べ。解答番号は 28 ～ 30 。

(ア)「復」 28
① なお
② ふと
③ じっと
④ ふたたび
⑤ まだ

(イ)「審」 29
① 正しく
② 詳しく
③ 急いで
④ 謹んで
⑤ 静かに

(ウ)「得」 30
① 気がつく
② 手にする
③ 映しだす
④ 把握する
⑤ 捕獲する

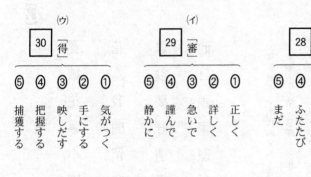

問2　傍線部**A**「客有呼之入匣奉帰余園者」について、返り点の付け方と書き下し文との組合せとして最も適当なものを、次の①～⑤のうちから一つ選べ。解答番号は［31］。

① 客有㆔呼㆑之入㆓匣奉㆒帰㆓余園㆒者　客に之を呼び匣《はこ》に奉じ入るること有りて余の園に帰る者あり

② 客有㆓呼㆑之入㆑匣奉帰余園者㆒　客に之を呼び匣に入れ奉じて帰さんとする余の園の者有り

③ 客有㆘呼㆓之入㆒㆑匣奉帰㆓余園㆒者㆖　客に之を匣に入れ呼び奉じて余の園に帰る者有り

④ 客有㆘呼㆑之入㆑匣奉帰㆓余園㆒者㆖　客に之を呼びて匣に入れ奉じて余の園に帰さんとする者有り

⑤ 客有㆑呼㆑之入㆑匣奉㆑帰㆓余園者㆒　客に之を呼ぶこと有りて匣に入れ余の園の者に帰すを奉ず

問3　傍線部**B**「苟近㆑我、我当㆑図㆑之」の解釈として最も適当なものを、次の①～⑤のうちから一つ選べ。解答番号は［32］。

① どうか私に近づいてきて、私がおまえの絵を描けるようにしてほしい。

② ようやく私に近づいてきたのだから、私はおまえの絵を描くべきだろう。

③ ようやく私に近づいてきたのだが、どうしておまえを絵に描けるだろうか。

④ もし私に近づいてくれたとしても、どうしておまえを絵に描けただろうか。

⑤ もしも私に近づいてくれたならば、必ずおまえを絵に描いてやろう。

問4　空欄 **X** に入る漢字と【詩】に関する説明として最も適当なものを、次の①～⑤のうちから一つ選べ。解答番号は 33 。

① 「座」が入り、起承転結で構成された七言絶句。
② 「舞」が入り、形式の制約が少ない七言古詩。
③ 「歌」が入り、頷聯《がんれん》と頸聯《けいれん》がそれぞれ対句になった七言律詩。
④ 「少」が入り、第一句の「多」字と対になる七言絶句。
⑤ 「香」が入り、第一句末と偶数句末に押韻する七言律詩。

問5　傍線部**C**「奈レ春何」の読み方として最も適当なものを、次の①～⑤のうちから一つ選べ。解答番号は 34 。

① はるもいかん
② はるにいづれぞ
③ はるにいくばくぞ
④ はるをなんぞせん
⑤ はるをいかんせん

問6　【詩】と【序文】に描かれた一連の出来事のなかで、二重傍線部Ⅰ「太常仙蝶」・Ⅱ「仙蝶」が現れたり、とまったりした場所はどこか。それらのうちの三箇所を、現れたりとまったりした順に挙げたものとして、最も適当なものを次の①～⑤のうちから一つ選べ。解答番号は 35 。

① 春の城《まち》――袖――瓜爾佳氏の庭園
② 春の城《まち》――阮元の庭園の台――画家の家
③ 董思翁の家――扇――画家の家
④ 瓜爾佳氏の庭園――扇――袖
⑤ 扇――阮元の庭園の台――袖

問7　【詩】と【序文】から読み取れる筆者の心情の説明として最も適当なものを、次の①～⑤のうちから一つ選べ。解答番号は［36］。

① 毎年花が散り季節が過ぎゆくことにはかなさを感じ、董思翁の家や瓜爾佳氏の園に現れた美しい蝶《ちょう》が扇や絵とともに他人のものとなったことをむなしく思っている。

② 扇から抜け出し庭園に現れた不思議な蝶の美しさに感動し、いずれは箱のなかにとらえて絵に描きたいと考えていたが、それもかなわぬ夢となってしまったことを残念に思っている。

③ 春の庭園の美しさを詩にできたことに満足するとともに、董思翁の夢を扇に描き、珍しい蝶の模様をあしらった服ができあがったことを喜んでいる。

④ 不思議な蝶のいる夢のように美しい庭園に住んでいたが、都を離れているあいだに人に奪われてしまい、厳しい現実と美しい夢のような世界との違いを嘆いている。

⑤ 時として庭園に現れる珍しい蝶は、捕まえようとしても捕まえられない不思議な蝶であったが、その蝶が現れた庭園で過ごしたことを懐かしく思い出している。

2022

共通テスト
追試験

国語

解答時間 80 分
配点 200 点

第1問

次の文章は、二十世紀末までのメディア環境について述べたもので、言葉の生産と流通をめぐる社会的諸関係を「言葉のエコノミー」と規定した後に続く部分である。これを読んで、後の問い（**問1～6**）に答えよ。（配点　50）

　言葉のエコノミーの空間に文字が持ち込んだ重要なことの一つは、言葉が声以外の表現媒体を持つことによって、言葉の一次的な媒体であった「声」と二次的な媒体である「文字」との間に時間的・空間的な「へだたり」が持ち込まれたということである。文字に書かれることで、言葉は「声」と「文字」とに分裂する。この時、声の方はしばしば言葉を発する身体に直接属する「内的」なものとして位置づけられ、他方、文字の方はそのような「内面」から距離化された「表層」に位置づけられる。だが、ここで注意したいのは、**A**声としての言葉もすでに、その内部に文字と同じようなへだたりをもっていたということだ。

　このことは、「声」と「音」との区別を考えてみると分かりやすい。

　「音声」という言葉があるように、普通言う意味での人間の声は音である。では、声である音と声でない音とはどう違うのか。音声学的な音の特性によって区別することも可能である。たとえば、楽器の音の音波形には完全な周期性が見られるが、人間の声にはそのような完全な周期性は見られない。ヴィブラートによる声の(ア)ソウショクは、人間の声のこの特性を利用している。だが、さしあたりそのような音声学的な特性とは別に考えるとすれば、私たちは普通、人間のような生物の、心のような内的なものにかかわる意味をともなって発せられる音を「声」と呼んで、物や体が擦れ合ったりぶつかったりして出る「音」から区別しているのだと言うことができる。

　もう少し抽象的な言い方をすれば、声には「内部（内面）」があるが、音には「内部（内面）」がない。「声としての音」の背後には、声としての音には(イ)カンゲンされない「何か」が存在しており、声はその「何か」を表現する音であることで「言葉」になる。音としての声が表現するこの「何か」は、しばしば言葉を発する人間の身体の内部や心の内部にあるものと考えられる。この時、身体に発する音は、身体や心の内部にあるものを表現するメディアであることで「声」になる。あるいは物理学者ホーキング(注1)の音声合成装置から発する「声」のように、人の身体から直接発したのではない音でも、人に発する意志や意味を表現することによって声になるのである。

声は言葉のメディア（あるいは意味のメディア）であることによって、ただの音とは異なる内的なへだたりを自らの内に孕《はら》む。声の向こう側にある「何か」は、必ずしも近代的な意味での「主体」や「自我」である必要はない。人間の歴史のなかで、人は時に神や(ウ)ソセンの言葉を語り、部族や身分の言葉を語ってきた。このような場合、人は私たちが知るような「内面」として語っているのではない。人は自らを媒介として「誰か」の言葉を語る。B「私」とは、その「誰か」が取りうる一つの位相に過ぎない。このことは、声やそれを発する身体もまた、語られる言葉にとっては一つのメディアであることを意味している。

話される言葉の向こうに居る者が誰であるのかは、言葉のエコノミーの構造を決定する重要な条件である。近代の社会はこの「誰か」を、もっぱら語る身体の内部にある「私」へと帰属させるようにして、言葉のエコノミーの空間を組織してきた。声を電気的に複製し、再生し、転送するメディアが現《あら》われるのは、言葉、とりわけ声を人々の内部へとつなぎとめるこの近代という時代の、十九世紀も後半になってからのことである。電話やレコードのように音声を電気的に再生し、伝達し、蓄積する一群の技術が発明・開発されると、これらの技術を利用した複製メディアの中に、肉体から切り離されて複製された「声」が現われる。

電気的なメディアによる声の再生、蓄積、転送は、声としての言葉とそれを発話する人間の身体とを時間的・空間的に切り離す。電話やラジオの場合、話される言葉は、話されるとほぼ同時に、話す身体とは遠く離れた場所で再生される。この時、電話やラジオは、話す身体と話される言葉を空間的に切り離している。他方、レコード（注2）やテープ、CDの場合、声としての言葉はそれを発する身体から時間的にも切り離され、任意の時間に任意の場所で、話し手や歌い手の意思にかかわりなく再生される。そこでは声は、ちょうど文字のように、それを発する身体から空間的にも時間的にも切り離されて生産され、流通し、消費される。

電気的な複製メディアの初期の発明者たちは、これらのメディアが言葉のエコノミーにもたらすこの時間的・空間的なへだたりを、直観的に理解していたように思われる。電話を意味する〝telephone〟は、「遠い」teleと「音」phoneが結びつくところに成立している。また、初期のレコードの発明者たちが彼らの発明に与えたフォノグラフやグラフォフォン、グラモフォン等の名は、「音」phone と「文字(書)」graph, gram を組み合わせて造語されている。これらの名は、声を身体から遠く引き離し、かつて文字がそうしたように、声としての言葉を蓄積し、転送し、再現することを可能にするという、これらのメディアの原理的なあり方を表現している。

電気的な複製メディアの中の声は「書かれた声」、「遠い声」である。それらは、その所記性(注3)や遠隔性によって、文字が言葉のエコノミーに持ち込んだ声と言葉の間のへだたりと同じようなへだたりを、複製される声とその声を発した身体の間に持ち込むのである。

電気的なメディアの中の「書かれた声」「遠い声」は、言葉のエコノミーの空間に何をもたらしているのだろうか。

かつて文字というメディアは、「声でない言葉」をつくり出すことで、言葉から声を引き剝がし、やがてそれを人びとの内部(内面)に帰属させていった。電気的な複製メディアは、声としての言葉を語り・歌う身体から切り離し、引き剝がすことによって、声が身体にとって外在的な位相をとることを可能にする。

すでに述べたように、声としての言葉はそもそも、それが表現する「内部」にたいして外在的な「音」としての位相をもっていた。だから、より精確に言えば、電気的な複製メディアは声を、それを語り・歌う身体から時間的・空間的に切り離すことで、言葉としての声が内的に孕むあのへだたりを顕在化するのだというべきだろう。

電気的な複製メディアにおいて、再生される声とそれを語る身体は相互に外在しあう。この時、声と身体は、それまで互いを結びつけてきた言葉のエコノミーから束《つか》の間解放される。たとえば筆者たちがインタヴューした「電話中毒」の大学生の一人は、深夜の長電話の最中に自分が「声だけになっている」(注4)ような感覚をもつことがあると語っていた。また、精神科医の大平健が報告する事例において、ある女性は無言電話における他者との関係の感覚を、エレクトロニクス(注5)の技術と機械とを結びつけた言葉である「メカトロ」という機械的な隠喩によって語っている。このような身体感覚(あるいは脱―身体感覚)は、語る身体と語られる声とが相互に外在化する電気的な複製メディアのなかの空間で、語り手の主体性が身体にたいして外在したり、身体から切り離された声の側に投射されたりすることを示している。

レコードやＣＤのように、時に様々な加工をほどこされた声を蓄積し、再生するメディアや、ラジオ番組やテレビ番組のような組織的に編集された「作品」のなかの声の場合、事情はより複雑である。これらのメディアの中で、声はそれを語り・歌う者を主体とする表現という形をとる場合もある。だが、そのような表現はつねに、語り・歌う者以外の多くの人々による、声を対象とした様々な操作とともにある。そこでは声は主体としてではなく客体として対象化されており、さらに、そのようにして加工、編集された声は「商品」として多くの人々の前に現われ、消費される。このような場合、声はもはや特定の身体や主体に帰属するとは言いがたい。そこでは声は、語られ・歌われた言葉の生産、流通、消費をめぐる社会的な制度と技術の中に深く埋め込まれており、そのような制度と技術に支えられ、特定の人称への帰属から切り離され、テクスト(注6)のように多様な人々の中へと開かれる。そして時にはメディアの中のアイドルやＤＪたちのように、言葉を語り・歌う者の側が、生産され流通する声に帰属する者として現われたりもするのである。

電気的なメディアの中の声は、それを発した身体から時間的・空間的に切り離された声である。Ｃそれは時に声を発した身体の側を自らに帰属させて響き、また時には特定の人称から解き放たれて囁《ささや》きかける。電気的なメディアの中の声を聞く時、人が経験するのは身体に外在するこのような声の経験であり、それらの声が可能にする関係の構造の変容である。

（若林幹夫《わかばやしみきお》「メディアの中の声」による）

（注）1　ホーキング――イギリスの理論物理学者（一九四二―二〇一八）。難病により歩行や発声が困難であったため、補助器具を使っていた。

2　レコードやテープ、ＣＤ――音声や音楽を録音して再生するためのメディア。

3　所記性――書き記されていることのうち、意味内容としての性質。

4　無言電話――電話に出ても発信者が無言のままでいること。かつての電話には番号通知機能がなかった。

5　エレクトロニクス――通信・計測・情報処理などに関する学問。電子工学。

6　テクスト――文字で書かれたもの。文章や書物。

問1　傍線部(ア)～(ウ)に相当する漢字を含むものを、次の各群の①～④のうちから、それぞれ一つずつ選べ。解答番号は［1］～［3］。

(ア)　ソウショク［1］
① 調査をイショクする
② キョショクに満ちた生活
③ ゴショクを発見する
④ フッショクできない不安

(イ)　カンゲン［2］
① 首位をダッカンする
② 主張のコンカンを問う
③ カンシュウに倣う
④ カンサンとした町

(ウ)　ソセン［3］
① クウソな議論
② ヘイソの努力
③ 禅宗のカイソ
④ 原告のハイソ

問2　傍線部A「声としての言葉もすでに、その内部に文字と同じようなへだたりをもっていた」とあるが、それはどういうことか。その説明として最も適当なものを、次の①～⑤のうちから一つ選べ。解答番号は［4］。

① 言葉は書かれることによって表層としての文字と内面としての声に分裂したが、もともと声に出された言葉にも音とそれが表現している内的なものとの間に差異があったということ。

② 言葉は書かれることによって一次的な声と二次的な文字に分裂したが、もともと声に出された言葉にも一次的な音としての性質と二次的な心の内部との間に距離があったということ。

③ 言葉は書かれることによって媒体としての文字と身体から発する声に分裂したが、もともと声に出された言葉にも客体としての音と主体としての声との間に違いがあったということ。

④ 言葉は書かれることによって時間性をともなった声と空間的に定着された文字に分裂したが、もともと声に出された言葉にも音声学的な音と生物学的な声との間に開きがあったということ。

⑤ 言葉は書かれることによって文字と声に分裂したが、もともと声に出された言葉にも完全な周期性をもった表層的な音と周期性をもたない内的な声との間にずれがあったということ。

問3　傍線部B「『私』とは、その『誰か』が取りうる一つの位相に過ぎない。」とあるが、それはどういうことか。その説明として最も適当なものを、次の①～⑤のうちから一つ選べ。解答番号は 5 。

① 人間はもともと他者の言葉を語ったため音と身体との間にへだたりがあったが、声が「私」の内面を直接表現すると考える近代社会では両者の関係が密接になっているということ。

② 人間は歴史のなかで共同体の秩序とつながったメディアによって意志を決定していたが、近代社会では内面の声に従う「私」が他者からへだてられていったということ。

③ 声は本来人間の長い歴史を蓄積したメディアだったのであり、言葉をなかだちとして「私」が自我とは異なる他者と語りあうという近代社会の発想は一面的であるということ。

④ 声は元来現実の外部にある「何か」によって世界の意味を想定するメディアだったのであり、表現される考えが「私」の内部に帰属するという発想は近代になるまで現れなかったということ。

⑤ 声はかつて状況に応じて個人の意志を超えた様々な存在の言葉を伝えるメディアだったのであり、他者とは異なる「私」の内面を表すという近代的な発想が唯一のものではないということ。

問4　傍線部C「それは時に声を発した身体の側を自らに帰属させて響き、また時には特定の人称から解き放たれて囁きかける。」とあるが、それはどういうことか。その説明として最も適当なものを、次の①～⑤のうちから一つ選べ。解答番号は　6　。

① 電気的なメディアの中の声は、語り・歌う者から発した声を元に様々に複製された「商品」として流通したり、声を発する主体としての身体を感じさせない不気味なものとして享受されたりすることがあるということ。

② 電気的なメディアの中の声は、客体として対象化した声を「作品」とし、身体を付随させて流通したり、複雑な制度や技術から自由になったものとして多くの人々に受容されたりすることがあるということ。

③ 電気的なメディアの中の声は、声を客体として加工し編集することで「作品」となり、語り・歌う者の存在を想起させて流通したり、声を発した身体から切り離されたものとして人々に多様に受容されたりすることがあるということ。

④ 電気的なメディアの中の声は、語り・歌う者の身体から声のみが引き剝がされて「商品」として流通したり、近代において語られた自我という主体に埋め込まれたものとして密かに消費されたりすることがあるということ。

⑤ 電気的なメディアの中の声は、時間的・空間的なへだたりを超えて、様々な身体が統合された「作品」として流通したり、社会的な制度や技術に組み込まれたものとして人々に享受されたりすることがあるということ。

問5　この文章の構成・展開に関する説明として最も適当なものを、次の①～⑤のうちから一つ選べ。解答番号は 7 。

① 声と音とのへだたりを論拠に声から自我が切り離されていたことを指摘しながら、電気的なメディアによって言葉が主体性を獲得していく過程を論じ、近代的な社会構造において声と人間の内部との関係が変容すると総括している。

② 声と文字、声と音、さらに声と身体との対照的な関係を捉え直し、新たに近代に発明された電気的なメディアで声が身体に内在化していく経緯を説明しながら、社会的な制度や技術における言葉の関係が変容すると総括している。

③ 表現媒体としての文字、音、声、身体の区別を明確にしながら、十九世紀後半の電気的なメディアにおいて声と身体がともに加工されて外在化したことにまで論を広げ、言葉の生産と流通をめぐる関係が変容すると総括している。

④ 声と文字との関係を導入として言葉が内包するへだたりという概念を中心に論を整理しながら、新たに現れた電気的なメディアがもたらす経験について具体例を挙げて考察し、言葉をめぐる社会的な関係が変容すると総括している。

⑤ かつては声としての音が人間の内部に縛られていたことを問題提起し、電気的なメディアの登場によって声が主体から解放されていく仕組みを検討しながら、音声が消費される現場で言葉と身体との関係が変容すると総括している。

問6　授業で「メディアの中の声」の本文を読んだNさんは、次のような【文章】を書いた。その後、Nさんは【文章】を読み直し、語句や表現を修正することにした。このことについて、後の(i)～(iii)の問いに答えよ。

【文章】

本文では、「電気的なメディア」によって、声とそれを発する人間の身体とが切り離されるということが述べられていた。a本文を読んで気づいたことがあるので、そのことを書きたい。

たとえば、映画の吹き替え版やアニメなどが考えられる。声を発する本人の姿が見えないにもかかわらず、外国映画の俳優やアニメのキャラクター自身がその声を発しているかのように受け止めている。つまり、別の存在が発した声であっても、私たちは違和感なく聞いているのだ。

bその上、私たちは声を聞いたときに、そこに実在する誰かがいるかのように考えてしまうことがある。たとえば、電話やボイスメッセージなどで家族や友人の声を聞くと、そこにその人がいるように感じて安心することがある。声と身体は一体化していて、切り離されているとは言い切れない面もあるのではないか。

さらに考えてみると、その声は間違いなく家族や友人の声だと決定することはできないかもしれない。c要するに、声によって個人を特定することは不可能なのではないだろうか。私は電話で母と姉とを取り違えてしまったことがある。また、録音した私自身の声を聞いたことがあるが、dふつうにそれが自分の声だとわかっていなければ誰の声か判断できなかったに違いない。

(i)　傍線部 **a**「本文を読んで気づいたことがあるので、そのことを書きたい。」について、【文章】の内容を踏まえて、問題提起として適切な表現になるように修正したい。修正する表現として最も適当なものを、次の①～④のうちから一つ選べ。解答番号は 8 。

① だが、個人の声と身体とは不可分な関係にあり、声は個人の存在と強く結びついている。それでは、社会生活の具体的な場面においても、声によって他者の身体の実在を特定できるだろうか。

② だが、声は個人の身体から発せられるものであり、声と身体とは通常は結びつけて考えられる。それでは、密接な関係にあるはずの声と身体とを切り離して捉えることはできるのだろうか。

③ だが、声と身体とは強く結びついているものの、身体と声の持ち主とは必ずしも一致しない。それでは、声と身体とが一致しないことによって他者との関係性はどのように変わるのだろうか。

④ だが、声と個人の身体との関係は状況によっては異なり、つねに結びついているとは限らない。それでは、声と身体との結びつきが成立するには、具体的にどのような条件が想定されるのだろうか。

(ii) 傍線部b〜dについて、【文章】の内容を踏まえて、適切な表現に修正したい。修正する表現として最も適当なものを、次の各群の①〜④のうちから、それぞれ一つずつ選べ。解答番号は、[9]〜[11]。

b 「その上」[9]
① そのため
② しかも
③ しかし
④ あるいは

c 「要するに」[10]
① まさに
② ところで
③ いまだに
④ やはり

d 「ふつうに」[11]
① まさか
② もし
③ あたかも
④ おそらく

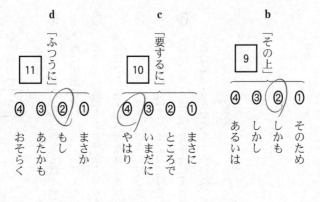

(iii)　Nさんは、【文章】の末尾に全体の結論を示すことにした。どのような結論にするのがよいか。その内容の説明として最も適当なものを、次の①～④のうちから一つ選べ。解答番号は 12 。

① 他者の声については個人と身体を切り離さずに無条件に親近感を抱くことがある一方、自分自身の声を聞いたときには違和感を抱くことから、自分以外の存在に限って、声と切り離されない身体性を感じるという結論にする。

② 声を聞いたときに実在する誰かがいるかのように考えたり、身近な人間の声を聞くとその存在を感じて安心したりすることから、人間の声と身体とはつねに結びついているが、その関係は一定のものではないという結論にする。

③ 声だけで個人を特定することは難しいにもかかわらず、他者の声から安心感を得たり、自分自身の声を認識したりしていたことから、声の側に身体を重ねていたことがわかったという結論にする。

④ 声を通して人間の存在を感じたり、声を発した本人以外の何者かに身体性を感じて本人の声であっても異なる人物の声と誤解したりすることから、人間の声と身体との関係は一つに限定することはできないという結論にする。

第2問

次の文章は、室生犀星《むろうさいせい》「陶古の女人」（一九五六年発表）の一節である。これを読んで、後の問い（問1～6）に答えよ。なお、設問の都合で本文の上に行数を付してある。（配点　50）

この信州（注1）の町にも美術商と称する店があって、彼は散歩の折《おり》に店の中を覗《のぞ》いて歩いたが、よしなき壺《つぼ》に眼《め》をとめながら何という意地の汚なさであろうと自分でそう思った。見るべくもない陶画（注2）をよく見ようとする、何処《どこ》までも定見のない自分に惘《あき》れていた、彼はこれらのありふれた壺に、ちょっとでも心が惹かれることは、行きずりの女の人に眼を惹かれる美しさによく似ている故《ゆえ》をもって、郷愁という名称をつけていた。天保《てんぽう》（注3）から明治にかけてのざらにある染付物《そめつけもの》（注4）や、李朝《りちょう》（注5）後期のちょっとした壺の染付などに、彼はいやしく眼をさらして、思い返して何も買わずに店を立ち去るのであるが、**A**何ももとめる物も、見るべき物もない折のさびしさはなかなかであった。東京では陶器の店のあるところでは時間をかけて見るべきものもあるが、田舎の町では何も眼にふれてくるものは、なかった。そういう気持《きもち》できょうも家まで帰って来ると、庭の中に一人の青年紳士が立っていた。服装もきちんとし眼のつかい方にも、この若い男の生い立ちの宜《よ》さのほどが見えた。手には相当に大きい尺《しゃく》（注6）もある箱の包《つつみ》をさげていた。かれは初めてお伺いする者だが、ちょっと見ていただきたい物があってお忙しいとは知りながらお訪ねしたといった。彼はこの青年の眼になにかに飢《う》えているものを感じて、その飢えは金銭にあることがその箱の品物と関聯《かんれん》して直《す》ぐに感じられた。彼は何を見せにお見えになったのか知らんが、僕は何も見たい物なんかないといい、これから仕事にかからなければならないから、些《ほ》んのちょっとの間だけお会いするといって、客を茶の間に通した。彼はどういう場合にも居留守をつかったことはないし、会えないといって客を突き帰すことをしなかった。二分間でも三分間でも会って非常な速度で用件を聞いてから、いい事なら即答をしてやっていた。そして率直にいま仕事中だからこれだけ会ったのだからお帰りというのがつねである。一人の訪客に女中（注7）やら娘やらが廊下を行ったり来たりして、会うとか会わんとかいう事でごたごたした気分がいやであった。会えば二三分間で済むことであり遠方から来た人も、会ってさえ貰《もら》えば素直に帰ってゆくのである。だからきょうの客にも彼は一体何を僕に見てくれというのかと訊《き》くと、客は言下に陶器を一つ見ていただきたいのですといった。陶器にも種類がたくさんにあるが何処の物ですかというと、青磁（注8）でございますといった。彼は客の眼に注意してみたが先刻庭の中で見かけた飢えたものがなくなり、穏《おだや》かになっていた。どうやら彼の穏かさは箱の中の青磁に原因した落着《おちつ》きにあるらしい、客はむしろ無造作に箱の中からもう一度包んだ絹のきれをほどきはじめた、そして黄いろい絹の包の下から、突然とろりとした濃い乳緑の青磁どくとくの釉調《ゆうちょう》（注9）が、ひろがった。絹のきれが全く除《よ》けられてしまうと、そこにはだかのB雲鶴《うんかく》（注10）青磁が肩衝《かたつき》（注11）もなめらかに立っているのを見た。彼は陶器が裸になった羞《はず》かしさを見たことがはじめてであった。彼はこの梅瓶《メイピン》（注12）に四羽の鶴の飛び立っているのに見入った。一羽はすでに雲の上に出てようやくに疲れて、もう昇るところもない満足げなものに見えた。またの一羽は雲の中からひと呼吸《いき》に飛翔するゆるやかさが、二つならべて伸した長い脚のあたりに、ちからを抜いている状態のものであった。そして第三羽の鶴は白い雲の中から烈《はげ》しい啼《な》き声を発して、遅れまいとして熱っぽい翼際の骨のほてりまでが見え、とさかの黒い立ち毛は低く、蛇の頭のような平たい鋭さを現わしていた。最後の一羽にあるこの鳥の念願のごとき飛翔状態は、とさかと同じ列に両翼の間から伸べられた脚までが、平均された一本の走雲《はしりぐも》のような平明さをもって、はるかな雲の間を目指していた。それらの凡《すべ》ての翼は白くふわふわしていて、最後の一羽のごときは長い脚の爪までが燃えているようであった。彼はこの恐ろしい雲鶴青磁を見とどけた時の寒気《さむけ》が、しばらく背中にもむねからも去らないことを知った。客の青年は穏かな眼の中にたっぷりと構えた自信のようなものを見せて、これは本物でしょうかと取りようによっては、C幾《いく》らかのからかい気分まで見せていった。併《しか》しそれはあまりに驚きが大きかったために、彼がそういう邪推をしてうけとったものかも知れなかった。彼は疑いもなくこれは雲鶴青磁であり逸品であるといい、これはお宅にあったものかと訊くと、終戦後にいろいろ売り払ったなかに、これが一つ最後まで売り残されていた事、売り残されているからには父が就中《なかんずく》、たいせつにしていた物だが、二年前父の死と同時にわすられ（注13）て了《しま》っている事を青年はいったが、その時ふたたびこの若い男の眼に飢えたような例のがつがつしたものが、うかべられた。そして青年は実は私個人の事情でこの青磁を売りたいのですが、時価はどれだけするものか判《わか》らないが私は三万円くらいに売りたいと思っているんです。町の美術商では二万円くらいならというんですが……私は或《あ》る随筆を読んであなたに買って貰えば余処者《よそもの》の手に渡るよりも嬉しいと思って上《あが》ったのだとかれは言った。彼は二万や三万どころではなく最低二十万円はするものだ、或《ある》いは二十五万円はするものかも知れない、それなのにたった三万円で売ろうとしているのに、彼は例の飢えたような眼に何かを突き当てて見ざるをえないし、当然うけとるべき金を知らずにうけとらないということに、正義をも併せて感じた。君はこの雲鶴梅瓶を君だけの意志で売ろうとなさるか、それとも、先刻、お話のお母上の意志も加《くわわ》って居るのかどうかと聞くと、青年は私だけの考えで母はこの話は一《いっ》さい知らないのだといい、若《も》し母が知ってもひどくは咎《とが》めない筈《はず》です、私はいま勤めていて母を見ているし、私のすることで誰も何もいいはしないと彼はいい、若し三万円が無理なら商店の付値《つけね》と私の付値の中間で結構なのです、外の人の手に渡すよりあなたのお手元にあれば、そのことで父が青磁を愛していたおもいも、そこにとどまるような気もして、あんしんしてお預けできる気がするのですと、**D**その言葉に真率さがあった。文学者なぞ遠くから見ていると、こんな信じ方をされているのかと思った。彼は言った、君は知らないらしいが、実は僕の見るところではこれだけの逸品は、最低二十万円はらくにするものだろう、そしてこの青磁がどんなにやすく見つもっても、十五万円はうけとるべき筈です、決して避暑地なぞで売る物ではなく一流の美術商に手渡しすべき物です、ここまでお話したからには、僕は決して君を騙《だま》すような買い方をする事は出来ない、お父上が買われた時にも相当以上に値のしたものであろうし、三万円で買い落すということは君を欺《だま》すことと同じことになりますと彼は言い、更に或る美術商の人が言ったことばに陶器もすじの通ったものは、地所と同じ率で年々にその価格が上騰(注14)してゆくそうだが、全くその通りですね、そういう事になれば当然君は市価と同じ価格をうけとらねばならない、とすると僕にはそういう金は持合《もちあわ》せていないし、勢い君は確乎《かっこ》とした美術商に当りをつける必要がある、彼はこういって青年の方に梅瓶をそっとずらせた。青年は彼のいう市価の高い格にぞっとして驚いたらしかったが、唾《つば》をのみ込んでいった。たとえ市価がどうあろうとも一《いっ》たん持参した物であるから、私の申出ではあなたのお心持《こころもち》を添えていただけば、それで沢山なのです、たとえ、その価格がすくないものであっても苦情は申しませんと、真底からそう思っているらしくいったが、彼は当然、価格の判定しているものに対して、人をだますような事は出来ない、東京に信用の於《お》ける(注15)美術商があるからと彼は其処《そこ》に、一通の紹介状を書いて渡した。

客は間もなく立ち去ったが、彼はその後で損をしたような気がし、**E**その気持が不愉快だった。しかも青年の持参した雲鶴青磁は、彼の床の間にある梅瓶にくらべられる逸品であり、(注16)再度と手にはいる機会の絶無の物であった。人の物がほしくなるのが愛陶のこころ根であるが、当然彼の手にはいったも同様の物を、まんまと彼自身でそれの入手を反らした(注17)ことが、惜しくもあった。対手《あいて》が承知していたら構わないと思ったものの、やすく手に入れる身そぼらしさ(注18)、多額の金をもうけるような仕打《しうち》を自分の眼に見るいやらしさ、文学を勉強した者のすることでない汚なさ、それらは結局彼にあれはあれで宜かったのだ、自分をいつわることを、一等好きな物を前に置いて、それをそうしなかったことが、誰も知らないことながら心までくさっていないことが、喜ばしかった。**F**因縁がなくてわが書斎に佇《たたず》むことの出来なかった四羽の鶴は、その生きた烈しさが日がくれかけても、昼のように皓々《こうこう》(注19)として眼中にあった。

（注）1　信州――信濃《しなの》国（現在の長野県）の別称。

2　陶画――陶器に描いた絵。

3　天保――江戸時代後期の元号。一八三〇―一八四四年。

4　染付物――藍色の顔料で絵模様を描き、その上に無色のうわぐすりをかけて焼いたもの。うわぐすりとは、素焼きの段階の陶磁器の表面に塗る薬品。加熱すると水の浸透を防ぎ、つやを出す。

5　李朝後期――美術史上の区分で、一八世紀半ばから一九世紀半ばまでの時期を指す。

6　尺――長さの単位。一尺は、約三〇センチメートル。

7　女中――雇われて家事をする女性。当時の呼称。

8　青磁――鉄分を含有した青緑色の陶磁器。

9　釉調――うわぐすりの調子。質感や視覚的効果によって得られる美感のことを指す。

10　雲鶴青磁――朝鮮半島高麗《こうらい》時代の青磁の一種で、白土や赤土を用いて、飛雲と舞鶴との様子を表したもの。
11　肩衝――器物の口から胴につながる部分の張り。
12　梅瓶――口が小さく、上部は丸く張り、下方に向かって緩やかに狭まる形状をした瓶。ここでは、青年が持参した雲鶴青磁のことを指している。
13　わすられて――ここでは「わすれられて」に同じ。
14　上騰――高く上がること。高騰。
15　於ける――ここでは「置ける」に同じ。
16　再度と――ここでは「二度と」に同じ。
17　入手を反らした――手に入れることができなかった、の意。
18　身そぼらしさ――みすぼらしさ。
19　皓々――明るいさま。

問1　傍線部**A**「何ももとめる物も、見るべき物もない折のさびしさ」とあるが、このときの「彼」の心情の説明として最も適当なものを、次の①～⑤のうちから一つ選べ。解答番号は 13 。

① 散歩の折に美術商を覗いて意地汚く品物をあさってみても、心を惹かれるものが何も見つからないという現実の中で、東京から離れてしまった我が身を顧みて、言いようのない心細さを感じている。

② 信州の美術商なら掘り出し物があると期待して、ちょっとした品もしつこく眺め回してみたが、結局何も見つけられなかったことで自身の鑑賞眼のなさを思い知り、やるせなく心が晴れないでいる。

③ 骨董に対して節操がない我が身を浅ましいと思いながらも、田舎の町で機会を見つけてはありふれた品をも貪欲に眺め回し、東京に比べて気になるものすらないことがわかって、うら悲しくなっている。

④ 時間をかけて見るべきすぐれた品のある東京の美術商とは異なり、ありふれた品物しかない田舎町での現実を前にして、かえって遠く離れた故郷を思い出し、しみじみと恋しく懐かしくなっている。

⑤ どこへ行っても求めるものに出会えず、通りすがりに覗く田舎の店の品物にまで執念深く眼を向けた自分のさもしさを認め、陶器への過剰な思い入れを続けることに、切ないほどの空虚さを感じている。

問2　傍線部B「雲鶴青磁」をめぐる表現を説明したものとして最も適当なものを、次の①～⑤のうちから一つ選べ。解答番号は［14］。

① 25行目「熱っぽい翼際の骨のほてり」、26行目「平たい鋭さ」といった感覚的な言葉を用いて鶴が生き生きと描写され、陶器を見た時の「彼」の興奮がありありと表現されている。

② 22行目「陶器が裸になった」、28行目「爪までが燃えているよう」など陶器から受ける印象を比喩で描き出し、高級な陶器が「彼」の視点を通じて卑俗なもののように表現されている。

③ 22行目「見入った」、28行目「見とどけた」など「彼」の見る動作が繰り返し描写され、陶器に描かれている鶴の動きを分析しようとする「彼」の冷静沈着な態度が表現されている。

④ 20行目「とろりと」、27行目「ふわふわして」という擬態語を用いて陶器に卑近な印象を持たせ、この陶器の穏やかなたたずまいに対して「彼」の感じた慕わしさが間接的に表現されている。

⑤ 25行目「黒い立ち毛」、27行目「翼は白く」など陰影を強調しながらも他の色をあえて用いないことで、かえって陶器の色鮮やかさに目を奪われている「彼」の様子が表現されている。

問3　傍線部C「幾らかのからかい気分まで見せていった」について、後の(i)・(ii)の問いに答えよ。

(i)「彼」が「からかい」として受け取った内容の説明として最も適当なものを、次の①～⑤のうちから一つ選べ。解答番号は 15 。

① 自分の陶器に対する愛情の強さを冷やかされていると感じた。
② 人物や陶器を見きわめる自らの洞察力が疑われていると感じた。
③ 陶器を見て自分が態度を変えたことを軽蔑されていると感じた。
④ 自分が陶器におののいているさまを面白がられていると感じた。
⑤ 自分が陶器の価値を適切に見定められるかを試されていると感じた。

(ii)「からかい気分」を感じ取った「彼」の心情の説明として最も適当なものを、次の①～⑤のうちから一つ選べ。解答番号は 16 。

① 「彼」は青磁の価値にうろたえ、態度と裏腹の発言をした青年が盗品を持参したのではないかといぶかしんだ。
② 「彼」は青磁の素晴らしさに動転し、軽妙さを見せた青年が自分をだまそうとしているのではないかと憶測した。
③ 「彼」は青磁の価値に怖じ気づき、穏やかな表情を浮かべる青年が陶器を見極める眼を持っていると誤解した。
④ 「彼」は青磁の素晴らしさに圧倒され、軽薄な態度を取る青年が自分を見下しているのではないかと怪しんだ。
⑤ 「彼」は青磁の素晴らしさに仰天し、余裕を感じさせる青年が陶器の真価を知っているのではないかと勘繰った。

問4　傍線部**D**「その言葉に真率さがあった」とあるが、このときの青年について「彼」はどのように受け止めているか。その説明として最も適当なものを、次の①～⑤のうちから一つ選べ。解答番号は 17 。

① 父の遺品を売ることに心を痛めているが、せめて陶器に理解のある人物に託すことで父の思い出を守ろうとするところに、最後まで可能性を追い求める青年の懸命さがあると受け止めている。

② 父同様に陶器を愛する人物であれば、市価よりも高い値段で青磁を買い取ってくれるだろうと期待するところに、文学者の審美眼に対して多大な信頼を寄せる青年の誠実さがあると受け止めている。

③ 父が愛した青磁の売却に際して母の意向を確認していないものの、陶器への態度が父と重なる人物を交渉相手に選ぶところに、両親への愛情を貫こうとする青年の一途さがあると受け止めている。

④ 経済的な問題があるものの、少しでも高く売り払うことよりも自分が見込んだ人物に陶器を手渡すことを優先しようとするところに、意志を貫こうとする青年の実直さがあると受け止めている。

⑤ いたしかたなく形見の青磁を手放そうとするが、適切な価格で売り渡すよりも自分が見出した人物に何としても手渡そうとするところに、生真面目な青年のかたくなさがあると受け止めている。

問5　傍線部**E**「その気持が不愉快だった」とあるが、「彼」がそのように感じた理由として最も適当なものを、次の①～⑤のうちから一つ選べ。解答番号は 18 。

① 「彼」に信頼を寄せる青年の態度に接し、東京の美術商を紹介することで誠実さを見せたものの、逸品を安価で入手する機会を逃して後悔した自分のいやしさを腹立たしく思ったから。

② 随筆を読んで父の遺品を託す相手が「彼」以外にないと信じ、初対面でも臆することなく来訪した青年の熱烈さに触れ、その期待に応えられなかった自分の狭量さにいらだちを感じたから。

③ 日々の生活苦を解消するため、父の遺品を自宅から独断で持ち出した青年の焦燥感に圧倒されるように、より高値を付ける美術商を紹介し手を引いてしまった自分の小心さに気が滅入ったから。

④ たまたま読んだ随筆だけを手がかりに、唐突に「彼」を訪ねてきた青年の大胆さを前に、逸品を入手する機会を前にしてそれに手を出す勇気を持てなかった自分の臆病さに嫌悪感を抱いたから。

⑤ 父の遺品の価値を確かめるために、「彼」の顔色をひそかに観察していた青年の態度に比べて、品物の素晴らしさに感動するあまり陶器の価値を正直に教えてしまった自分の単純さに落胆したから。

問6　傍線部**F**「因縁がなくてわが書斎に佇むことの出来なかった四羽の鶴は、その生きた烈しさが日がくれかけても、昼のように皓々として眼中にあった。」について、壺は青年が持ち帰ったにもかかわらず「四羽の鶴」が「眼中にあった」とはどういうことか。AさんとBさんは、**【資料】**を用いつつ教師と一緒に話し合いを通して考えることにした。次に示す**【資料】**と**【話し合いの様子】**について、後の(i)・(ii)の問いに答えよ。

【資料】

私は又異なる例を挙げよう。この世に蒐集《しゅうしゅう》家と呼ばれている人は多い。併《しか》し有体《ありてい》に云って全幅的に頭の下《さが》る蒐集に出逢《あ》ったためしがない。中には実に珍妙なのがある。例えば猫に因《ちな》んだものなら何なりと集める人がある。そういう蒐集はどうあっても価値の大きなものとはならない。なぜなのか。猫を現したものだという「こと」に興味が集注(注1)されて、それがどんな品物であるかは問わなくなるからである。だから二目と見られぬようなくだらぬものまで集める。質よりも量なのだから、特に珍らしい品に随喜して了《しま》う。併しそれは珍《めず》らしい「こと」への興味で、それが美しい「もの」か醜い「もの」かは別に問わない。美しいものが中にあれば、それは只《ただ》偶然にあるというに過ぎない。そういう蒐集は質的に選練(注2)される見込みはない。

併しこんな愚かな蒐集を例に挙げる要はないかも知れぬ。もっと進んだ所謂《いわゆる》「美術品」の蒐集に就いて一言する方がよい。忌憚《きたん》なく云って、真に質のよい美術品の蒐集がこの世にどれだけあるのであろうか。筋の通った蒐集が少《すくな》いのは、やはり集める「こと」、自分のものにする「こと」、自慢する「こと」等に余計魅力があるからなのであろう。而《しか》も標準は大概、有名なものである「こと」、時には高価なものである「こと」でさえある。「もの」を見るより、「こと」で購《あがな》う。「物」をじかに見ているなら、集める物に筋が通る筈《はず》である。いつも玉石が混合して了うのは、蒐集する「こと」が先だって了うからだと思える。欲が先故、眼が曇るのだとも云える。蒐集家には明るい人が少く、何かいやな性質がつきまとう。併し「もの」に真の悦《よろこ》びがあったら、明るくなる筈である。悦びを人と共に分《わか》つことが多くなる筈である。蒐集家は「こと」

への犠牲になってはいけない。「もの」へのよき選択者であり創作家でなければいけない。蒐集家には不思議なくらい、正しく選ぶ人が少い。

柳宗悦《やなぎむねよし》『『もの』と『こと』』（『工藝《こうげい》』一九三九年二月）の一部。なお、原文の仮名遣いを改めてある。

（注）1　集注——「集中」に同じ。

2　選練——「洗練」に同じ。

【話し合いの様子】

教　師——【資料】の二重傍線部には「蒐集家は『こと』への犠牲になってはいけない。」とあります。ここでは、どういうことが批判されているのか、考えてみましょう。

Aさん——批判されているのは「猫を現したもの」なら何でも集めてしまうような「蒐集」のあり方です。

Bさん——このような「蒐集」が批判されるのは、それが［ I ］だと捉えられているからではないでしょうか。

Aさん——そうだとすると、二重傍線部の直後で述べられている「正しく選ぶ」態度とは、「こと」にとらわれることなく「もの」を見ようとする態度、と言い換えられそうです。

教　師——【資料】の中で述べられていた、「蒐集家」と「もの」との望ましい関係について把握することができました。では、この内容を踏まえると、青年の持参した陶器に対する「彼」の態度について、どのように説明できるでしょうか。

Bさん——青年が立ち去った後、その場にないはずの壺の絵が「眼中にあった」とされていることが重要ですね。結果として壺は手元に残らなかったのに、壺の与えた強い印象が「彼」の中に残ったということだと思います。

Aさん——つまり、このときの「彼」は、［ II ］のですね。だから、その場にない壺の絵が「眼中にあった」という表現になるのではないでしょうか。

教　師——【資料】とあわせて考えることで、「もの」と真摯に向き合う「蒐集家」としての「彼」について、理解を深めることができたようです。

(i) 空欄 Ⅰ に入る発言として最も適当なものを、次の①～⑤のうちから一つ選べ。解答番号は 19 。

① 多くの品を集めることにとらわれて、美という観点を見失うこと
② 美しいかどうかにこだわりすぎて、関心の幅を狭めてしまうこと
③ 趣味の世界に閉じこもることで、他者との交流が失われること
④ 偶然の機会に期待して、対象との出会いを受動的に待つこと
⑤ 質も量も追い求めた結果、蒐集する喜びが感じられなくなること

(ii) 空欄 Ⅱ に入る発言として最も適当なものを、次の①～⑤のうちから一つ選べ。解答番号は 20 。

① 「もの」に対する強い関心に引きずられ、「こと」への執着がいっそう強められた
② 入手するという「こと」を優先しなかったからこそ、「もの」の本質をとらえられた
③ 貴重である「こと」にこだわり続けたことで、「もの」に対する認識を深められた
④ 「もの」への執着から解放されても、所有する「こと」は諦められなかった
⑤ 所有する「こと」の困難に直面したために、「もの」から目を背けることになった

第3問　次の文章は、『蜻蛉日記《かげろう》』の一節である。療養先の山寺で母が死去し、作者はひどく嘆き悲しんだ。以下は、その後の場面から始まる。これを読んで、後の問い（問1〜5）に答えよ。なお、設問の都合で本文の段落に 1 〜 6 の番号を付してある。（配点　50）

1 かくて、とかう(注1)ものすることなど、いたつく(注2)人多くて、(ア)みなしはてつ。いまはいとあはれなる山寺に集ひて、つれづれとあり。夜、目もあはぬままに、嘆き明かしつつ、山づらを見れば、霧はげに麓《ふもと》をこめたり。京もげに誰《た》がもとへかは出《い》でむとすらむ、いで、なほここながら死なむと思へど、生くる人(注3)ぞいとつらきや。

2 かくて十余日になりぬ。僧ども念仏のひまに物語するを聞けば、「この亡くなりぬる人の、あらはに見ゆるところなむある。さて、近く寄れば、消え失せぬなり。遠うては見ゆなり」「いづれの国とかや」「みみらくの島となむいふなる」など、口々語るを聞くに、いと知らまほしう、悲しうおぼえて、かくぞいはるる。

　ありとだによそにても見む名にし負はばわれに聞かせよみみらくの島

といふを、兄人《せうと》なる人聞きて、それも泣く泣く、

　いづことか音にのみ聞くみみらくの島がくれにし人をたづねむ

3 かくてあるほどに、立ちながら(注4)ものして、日々にとふめれど、ただいまは何心もなきに、穢《けが》らひの心もとなきこと、おぼつかなきことなど、むつかしきまで書きつづけてあれど、ものおぼえざりしほどのことなればにや、おぼえず。

4 里にも急がねど、心にしまかせねば、今日、みな出で立つ日になりぬ。来し時は、膝に臥《ふ》し給《たま》へりし人を、いかでか安らかにと思ひつつ、わが身は汗になりつつ、さりともと思ふ心そひて、頼もしかりき。此度《こたみ》は、いと安らかにて、あさましきまでくつろかに乗られたるにも、道すがらいみじう悲し。

5 降りて見るにも、(イ)さらにものおぼえず悲し。もろともに出で居つつ、つくろはせし草なども、わづらひしよりはじめて、うち捨てたりければ、生ひこりていろいろに咲き乱れたり。わざとのこと(注5)なども、みなおのがとりどりすれば、我はただ

つれづれとながめをのみして、「ひとむらすすき虫の音《ね》の」とのみぞいはるる。

手ふれねど花はさかりになりにけりとどめおきける露にかかりて

などぞおぼゆる。

6 これかれぞ殿上などもせねば、(注6)穢らひもひとつにしなしためれば、おのがじしひき局《つぼね》(注7)などしつつあめる中に、我のみぞ紛るることなくて、夜は念仏の声聞きはじむるより、やがて泣きのみ明かさる。四十九日《しじふくにち》(注8)のこと、誰《たれ》も欠くことなくて、家にてぞする。わが知る人、(注9)おほかたのことを行ひためれば、人々多くさしあひたり。わが心ざしをば、仏をぞ描《か》かせたる。その日過ぎぬれば、みなおのがじし行きあかれぬ。ましてわが心地は心細うなりまさりて、いとどやるかたなく、人(注10)はかう心細げなるを思ひて、ありしよりはしげう通ふ。

(注) 1　とかうものすることなど――葬式やその後始末など。
2　いたつく――世話をする。
3　生くる人――作者を死なせないようにしている人。
4　立ちながらものして――作者の夫である藤原兼家が、立ったまま面会しようとしたということ。立ったままであれば、死の穢《けが》れに触れないと考えられていた。
5　わざとのこと――特別に行う供養。
6　これかれぞ殿上などもせねば、穢らひもひとつにしなしためれば――殿上人もいないので、皆が同じ場所に籠もって喪に服したことを指す。殿上で働く人には、服喪に関わる謹慎期間をめぐってさまざまな制約があった。
7　ひき局――屏《びょう》風《ぶ》などで仕切りをして一時的に作る個人スペース。
8　四十九日のこと――人の死後四十九日目に行う、死者を供養するための大きな法事。
9　わが知る人――作者の夫、兼家。
10　人――兼家。

問1　傍線部(ア)・(イ)の解釈として最も適当なものを、次の各群の①～⑤のうちから、それぞれ一つずつ選べ。解答番号は 21 ・ 22 。

(ア) みなしはてつ 21

① 皆が疲れ果てた
② すべて済ませた
③ 一通り体裁を整えた
④ 見届け終わった
⑤ 悲しみつくした

(イ) さらにものおぼえず 22

① 少しもたとえようがないくらい
② これ以上は考えられないくらい
③ 再び思い出したくないくらい
④ もはや何も感じないくらい
⑤ 全く何もわからないくらい

問2　[2]段落、[3]段落の内容に関する説明として適当なものを、次の①～⑥のうちから**二つ**選べ。ただし、解答の順序は問わない。解答番号は[23]・[24]。

① 僧たちが念仏の合間に雑談しているのを聞いて、その不真面目な態度に作者は悲しくなった。
② 作者は「みみらくの島」のことを聞いても半信半疑で、知っているなら詳しく教えてほしいと兄に頼んだ。
③ 「みみらくの島」のことを聞いた作者の兄は、その島の場所がわかるなら母を訪ねて行きたいと詠んだ。
④ 作者は、今は心の余裕もなく死の穢れのこともあるため、兼家にいつ会えるかはっきりしないと伝えた。
⑤ 兼家は、母を亡くした作者に対して、はじめは気遣っていたが、だんだんといい加減な態度になっていった。
⑥ 作者は、母を亡くして呆然《ぼうぜん》とする余り、兼家から手紙を受け取っても、かえってわずらわしく思った。

問3　[4]段落に記された作者の心中についての説明として最も適当なものを、次の①～⑤のうちから一つ選べ。解答番号は[25]。

① 自宅には帰りたくないと思っていたので、人々に連れられて山寺を去ることを不本意に思っていた。
② 山寺に向かったときの車の中では、母の不安をなんとか和らげようと、母の気を紛らすことに必死だった。
③ 山寺へ向かう途中、母の死を予感して冷や汗をかいていたが、それを母に悟られないように注意していた。
④ 山寺に到着するときまでは、祈禱《きとう》を受ければ母は必ず回復するに違いないと、僧たちを心強く思っていた。
⑤ 帰りの車の中では、介抱する苦労がなくなったために、かえって母がいないことを強く感じてしまった。

問4　[5] 段落の二重傍線部「ひとむらすすき虫の音の」は、『古今和歌集』の、ある和歌の一部を引用した表現である。その和歌と詞書《ことばがき》（和歌の前書き）は、次の【資料】の通りである。これを読んで、後の(i)・(ii)の問いに答えよ。

【資料】

（注1）藤原利基朝臣《としもとのあそん》の右近中将にて住み侍《はべ》りける曹司《ざうし》（注2）の、身まかりてのち、人も住まずなりにけるに、秋の夜ふけてものよりまうで来けるついでに見入れければ、もとありし前栽もいと繁く荒れたりけるを見て、はやくそこに侍りければ、昔を思ひやりてよみける

御春有助《みはるのありすけ》（注3）

君が植ゑしひとむらすすき虫の音のしげき野辺ともなりにけるかな

（注）1　藤原利基朝臣 ―― 平安時代前期の貴族。

2　曹司 ―― 邸宅の一画にある、貴人の子弟が住む部屋。

3　御春有助 ―― 平安時代前期の歌人。

(i)　【資料】の詞書の語句や表現に関する説明として最も適当なものを、次の①～⑤のうちから一つ選べ。解答番号は 26 。

① 「人も住まずなりにける」の「なり」は伝聞を表し、誰も住まないと聞いたという意味である。
② 「見入れければ」は思わず見とれてしまったところという意味である。
③ 「前栽」は庭を囲むように造った垣根のことである。
④ 「はやく」は時の経過に対する驚きを表している。
⑤ 「そこに侍りければ」は有助が利基に仕えていたことを示す。

(ii)　【資料】および 5 段落についての説明として最も適当なものを、次の①～⑤のうちから一つ選べ。解答番号は 27 。

① 5 段落の二重傍線部は、親しかった人が残した植物の変化を描く【資料】と共通しているために思い起こされたものだが、【資料】では利基の死後は誰も住まなくなった曹司の庭の様子が詠まれているのに対して、 5 段落では母が亡くなる直前まで手入れをしていたおかげで色とりどりに花が咲いている様子が表現されている。

② 5 段落の二重傍線部は、親しかった人が残した植物の変化を描く【資料】と共通しているために思い起こされたものだが、【資料】では荒れ果てた庭のさびしさが「虫の音」によって強調されているのに対して、 5 段落では自由に咲き乱れている草花のたくましさが「手ふれねど」によって強調されている。

③ 5 段落の二重傍線部は、親しかった人が残した庭の様子を描く【資料】と共通しているために思い起こされたものだが、【資料】では虫の美しい鳴き声を利基に聴かせたいという思いが詠まれているのに対して、 5 段落では母の形見として咲いている花をいつまでも残しておきたいという願望が詠まれている。

④ 5 段落の二重傍線部は、手入れする人のいなくなった庭の様子を描く【資料】と共通しているために思い起こされたものだが、【資料】では野原のように荒れた庭を前にしたもの悲しさが詠まれているのに対して、 5 段落では悲しみの中にも亡き母が生前に注いだ愛情のおかげで花が咲きほこっていることへの感慨が表現されている。

⑤ 5 段落の二重傍線部は、手入れする人のいなくなった庭の様子を描く【資料】と共通しているために思い起こされたものだが、【資料】では利基が植えた草花がすっかり枯れてすすきだけになったことへの落胆が詠まれているのに対して、 5 段落では母の世話がないにもかかわらずまだ花が庭に咲き残っていることへの安堵《あんど》が表現されている。

問5　[6]段落では、作者の孤独が描かれているが、その表現についての説明として**適当でないもの**を、次の①～⑤のうちから一つ選べ。解答番号は[28]。

① 推定・婉曲を表す「めり」が繰り返し用いられることで、周囲の人々の様子をどこか距離を置いて見ている作者のあり方が表現されている。

② 「おのがじし」の描写の後に、「我」「わが」と繰り返し作者の状況が対比されることで、作者の理解されない悲しみが表現されている。

③ 「仏をぞ描かせたる」には、心を閉ざした作者を慰めるために兼家が仏の姿を描いてくれたことへの感謝の気持ちが、係り結びを用いて強調されている。

④ 「いとどやるかたなく」からは、母を失った悲しみのほかに、親族が法要後に去って心細さまで加わった、作者の晴れない気持ちが読み取れる。

⑤ 「人はかう心細げなるを思ひて」からは、悲しみに暮れる作者に寄り添ってくれる存在として、作者が兼家を認識していることがうかがわれる。

第4問

唐の王宮の中に雉《きじ》が集まってくるという事件が何度も続き、皇帝である太宗《たいそう》は何かの前触れではないかと怪しんで、臣下に意見を求めた。以下は、この時に臣下の褚遂良《ちょすいりょう》が出した意見と太宗の反応とに対する批評である。これを読んで、後の問い（問1～6）に答えよ。なお、設問の都合で本文を改め、返り点・送り仮名を省いたところがある。（配点　50）

遂良曰、「昔秦文公(注1)時、童子化為雉《きじ》。雌鳴陳倉(注2)、雄鳴南陽(注3)。童子曰、『得雄者王、得雌者覇。』文公遂雄《ゆう》諸侯。陛(注4)下本《もと》封秦、故雄雌並見《あら》、以告明徳。」上《しやう》(注5)説《よろこ》曰、「A 人 X 以無学、遂良所謂多識君子哉。」

予以謂《おも》、秦雉陳宝(注6)也、B 豈常雉乎。今見雉、(ア)即為之宝、猶(注7)得白魚、便自比武王。此諂《てん》(注8)妄《ぼう》之甚、愚《ぐ》(注9)瞽《こ》其君。而太宗(イ)善之、史(注10)不識《そしら》焉。C 野鳥無故数入宮、此乃災異。D 使魏徴《ちよう》(注11)在、必以高宗(注12)鼎《てい》耳《じ》之祥諫《いさ》也。遂良非不知此、捨鼎《てい》雊《こう》而取陳宝、E 非忠臣也。

（蘇軾《そしょく》『重編東坡先生外集《ちょうへんとうばせんせいがいしゅう》』による）

（注）
1　秦文公——春秋時代の諸侯の一人で、秦の統治者。
2　陳倉——地名。現在の陝西《せんせい》省にあった。
3　南陽——地名。現在の河南省と湖北省の境界あたりにあった。
4　陛下本封㆑秦——太宗は即位以前、秦王の位を与えられていた。唐の長安も春秋時代の秦の領地に含まれる。
5　上——太宗。
6　陳宝——童子が変身した雉を指す。
7　猶㆘得㆓白魚㆒便自比㆗武王㆖——周の武王が船で川を渡っていると、白い魚が船中に飛び込んできた故事を踏まえる。その後、武王は殷《いん》を滅ぼして周王朝を開き、白魚は吉兆とされた。
8　諂妄——こびへつらうこと。
9　愚瞽——判断を誤らせる。
10　史——史官。歴史書編集を担当する役人。
11　魏徴——太宗の臣下。
12　高宗鼎耳之祥——殷の高宗の祭りの時、鼎《かなえ》（三本足の器）の取っ手に雉がとまって鳴き、これを異変と考えた臣下が王をいさめた故事。後に見える「鼎雊」もこれと同じ。「雊」は雉が鳴くこと。

問1　波線部(ア)「即」・(イ)「善」のここでの意味として最も適当なものを、次の各群の①～⑤のうちから、それぞれ一つずつ選べ。解答番号は［29］・［30］。

(ア)「即」［29］
① かえって
② そこではじめて
③ すぐに
④ そのときには
⑤ かりに

(イ)「善」［30］
① 崇拝する
② 称賛する
③ 整える
④ 得意とする
⑤ 親友になる

問2　傍線部A「人 X 以無学」について、空欄 X に入る語と書き下し文との組合せとして最も適当なものを、次の①～⑤のうちから一つ選べ。解答番号は 31 。

① 須　　人須らく以て学無かるべし
② 不如　人以て学無きに如かず
③ 不可　人以て学無かるべからず
④ 猶　　人猶ほ以て学無きがごとし
⑤ 不唯　人唯だ以て学無きのみにあらず

問3　傍線部B「豈常雉乎」の解釈として最も適当なものを、次の①～⑤のうちから一つ選べ。解答番号は 32 。

① きっといつもの雉だろう
② どうして普通の雉であろうか
③ おそらくいつも雉がいるのだろう
④ なんともありふれた雉ではないか
⑤ なぜ普通の雉なのだろう

問4　傍線部C「野鳥無故数入宮」について、返り点の付け方と書き下し文との組合せとして最も適当なものを、次の①～⑤のうちから一つ選べ。解答番号は 33 。

① 野鳥無ㇾ故ㇾ数ㇾ入ㇾ宮　　野鳥宮に入るを数ふるに故《ゆゑ》無し

② 野鳥無二故数一入ㇾ宮　　野鳥故《ことさら》に数ふる無く宮に入る

③ 野鳥無ㇾ故数入ㇾ宮　　野鳥故《ゆゑ》無くして数《しばしば》宮に入る

④ 野鳥無故数入ㇾ宮　　野鳥無きは故《もと》より数《しばしば》宮に入ればなり

⑤ 野鳥無二故数入一ㇾ宮　　野鳥故《ことさら》に数《しばしば》宮に入ること無し

問5　傍線部D「使ニ魏徴在一、必以ニ高宗鼎耳之祥一諫也」とあるが、次の【資料】は、魏徴が世を去ったときに太宗が彼を悼んで述べた言葉である。これを読んで、後の(i)・(ii)の問いに答えよ。

【資料】

夫《レ》以《テ》レ銅《ヲ》為《セバ》レ鏡《ト》、可《ク》三以《テ》正《ス》二衣冠《ヲ》一、以《テ》レ古《ヲ》為《セバ》レ鏡《ト》、可《ク》三以《テ》知《ル》二興替《ヲ》（注1）一、以《テ》レ人《ヲ》為《セバ》レ鏡《ト》、可《シ》三以《テ》明《ラカニス》二得失《ヲ》一。朕常《ニ》保《チ》二此《ノ》三《ノ》鏡《ヲ》一、以《テ》防《グ》二己《ノ》過《チヲ》一。今魏徴殂《そ》（注2）逝《せいシ》、遂《ニ》亡《うしなフ》二一《ノ》鏡《ヲ》一矣。

（『旧唐書《くとうじょ》』による）

（注）1　興替——盛衰。

2　殂逝——亡くなる。

(i) 波線部「得失」のここでの意味として最も適当なものを、次の①～⑤のうちから一つ選べ。解答番号は 34 。

① 人の長所と短所
② 自国と他国の優劣
③ 臣下たちの人望の有無
④ 過去の王朝の成功と失敗
⑤ 衣装選びの当否

(ii) 【資料】から、傍線部D「使㆓魏徴在㆒、必以㆓高宗鼎耳之祥㆒諫也」と述べられた背景をうかがうことができる。この【資料】を踏まえた傍線部Dの解釈として最も適当なものを、次の①～⑤のうちから一つ選べ。解答番号は 35 。

① 鏡が物を客観的に映しだすように、魏徴は太宗に決してうそをつかなかったから、彼なら「高宗鼎耳」の故事を引用し、事件を誤解している太宗に真実を話しただろう。
② 鏡で身なりを点検するときのように、魏徴は太宗の言動に目を光らせていたから、彼なら「高宗鼎耳」の故事を引用し、事件にかこつけて太宗の無知をたしなめただろう。
③ 鏡に映った自分自身であるかのように、魏徴は太宗のことを誰よりも深く理解していたから、彼なら「高宗鼎耳」の故事を引用し、事件で悩む太宗に同情して慰めただろう。
④ 鏡が物のありのままの姿を映すように、魏徴は太宗に遠慮せず率直に意見するから、彼なら「高宗鼎耳」の故事を引用し、事件を機に太宗に反省するよう促しただろう。
⑤ 鏡が自分を見つめ直す助けとなるように、魏徴は歴史の知識で太宗を助けてきたから、彼なら「高宗鼎耳」の故事を引用し、事件にとまどう太宗に知恵を授けただろう。

問6　傍線部E「非二忠臣一也」とあるが、そのように言われる理由として最も適当なものを、次の①～⑤のうちから一つ選べ。解答番号は 36 。

① 褚遂良は、事件をめでたい知らせだと解釈して太宗の機嫌を取ったが、忠臣ならば、たとえ主君が不機嫌になるとしても、厳しく忠告して主君をより良い方向へと導くべきだったから。

② 褚遂良は、事件から貴重な教訓を引き出して太宗の気を引き締めたが、忠臣ならば、たとえ主君が緊張を解いてしまうとしても、主君の良い点をほめて主君に自信を持たせるべきだったから。

③ 褚遂良は、事件は過去にも例があり珍しくないと説明して太宗を安心させたが、忠臣ならば、たとえ主君が不安を感じるとしても、事件の重大さを強調して主君に警戒させるべきだったから。

④ 褚遂良は、事件と似た逸話を知っていたおかげで太宗を感心させたが、忠臣ならば、たとえ主君から聞かれていないとしても、普段から勉強して主君の求めに備えておくべきだったから。

⑤ 褚遂良は、事件の実態を隠し間違った報告をして太宗の注意をそらしたが、忠臣ならば、たとえ主君から怒られるとしても、本当のことを伝えて主君に事実を教えるべきだったから。

2021

共通テスト

本試験
（第１日程）

国語

解答時間 80 分
配点 200 点

第1問

次の文章は、香川雅信《かがわまさのぶ》『江戸の妖怪革命』の序章の一部である。本文中でいう「本書」とはこの著作を指し、「近世」とは江戸時代にあたる。これを読んで、後の問い(問1～5)に答えよ。なお、設問の都合で本文の段落に 1 ～ 18 の番号を付してある。(配点　50)

1 フィクションとしての妖怪、とりわけ娯楽の対象としての妖怪は、いかなる歴史的背景のもとで生まれてきたのか。

2 確かに、鬼や天狗《てんぐ》など、古典的な妖怪を題材にした絵画や芸能は古くから存在した。しかし、妖怪が明らかにフィクションの世界に属する存在としてとらえられ、そのことによってかえっておびただしい数の妖怪画や妖怪を題材とした文芸作品、大衆芸能が創作されていくのは、近世も中期に入ってからのことなのである。つまり、フィクションとしての妖怪という領域自体が歴史性を帯びたものなのである。

3 妖怪はそもそも、日常的理解を超えた不可思議な現象に意味を与えようとするミン(ア)ゾク的な心意から生まれたものであった。人間はつねに、経験に裏打ちされた日常的な原因―結果の了解に基づいて目の前に生起する現象を認識し、未来を予見し、さまざまな行動を決定している。ところが時たま、そうした日常的な因果了解では説明のつかない現象に遭遇する。それは通常の認識や予見を無効化するため、人間の心に不安と恐怖を(イ)カンキする。このような言わば意味論的な危機に対して、それをなんとか意味の体系のなかに回収するために生み出された文化的装置が「妖怪」だった。それは人間が秩序ある意味世界のなかで生きていくうえでの必要性から生み出されたものであり、それゆえに切実なリアリティをともなっていた。

A 民間伝承としての妖怪とは、そうした存在だったのである。

4 妖怪が意味論的な危機から生み出されるものであるかぎり、そしてそれゆえにリアリティを帯びた存在であるかぎり、それをフィクションとして楽しもうという感性は生まれえない。フィクションとしての妖怪という領域が成立するには、妖怪に対する認識が根本的に変容することが必要なのである。

5 妖怪に対する認識がどのように変容したのか。そしてそれは、いかなる歴史的背景から生じたのか。本書ではそのような問いに対する答えを、「妖怪娯楽」の具体的な事例を通して探っていこうと思う。

6 妖怪に対する認識の変容を記述し分析するうえで、本書ではフランスの哲学者ミシェル・フーコーの「アルケオロジー」の手法を(ウ)エンヨウすることにしたい。

7 アルケオロジーとは、通常「考古学」と訳される言葉であるが、フーコーの言うアルケオロジーは、思考や認識を可能にしている知の枠組み――「エピステーメー」(ギリシャ語で「知」の意味)の変容として歴史を描き出す試みのことである。人間が事物のあいだにある秩序を認識し、それにしたがって思考する際に、われわれは決して認識に先立って「客観的に」存在する事物の秩序そのものに触れているわけではない。事物のあいだになんらかの関係性をうち立てるある一つの枠組みを通して、はじめて事物の秩序を認識することができるのである。この枠組みがエピステーメーであり、しかもこれは時代とともに変容する。事物に対する認識や思考が、時間を(エ)ヘダてることで大きく変貌してしまうのだ。

8 フーコーは、十六世紀から近代にいたる西欧の「知」の変容について論じた『言葉と物』という著作において、このエピステーメーの変貌を、「物」「言葉」「記号」そして「人間」の関係性の再編成として描き出している。これらは人間が世界を認識するうえで重要な役割を果たす諸要素であるが、そのあいだにどのような関係性がうち立てられるかによって、「知」のあり方は大きく様変わりする。

9 本書では、このアルケオロジーという方法を踏まえて、日本の妖怪観の変容について記述することにしたい。それは妖怪観の変容を「物」「言葉」「記号」「人間」の布置の再編成として記述する試みである。この方法は、同時代に存在する一見関係のないさまざまな文化事象を、同じ世界認識の平面上にあるものとしてとらえることを可能にする。これによって日本の妖怪観の変容を、大きな文化史的変動のなかで考えることができるだろう。

10 では、ここで本書の議論を先取りして、Bアルケオロジー的方法によって再構成した日本の妖怪観の変容について簡単に述べておこう。

11 中世において、妖怪の出現は多くの場合「凶兆」として解釈された。それらは神仏をはじめとする神秘的存在からの「警告」であった。すなわち、妖怪は神霊からの「言葉」を伝えるものという意味で、一種の「記号」だったのである。これは妖怪にかぎったことではなく、あらゆる自然物がなんらかの意味を帯びた「記号」として存在していた。つまり、「物」は物そのものと言うよりも「記号」であったのである。これらの「記号」は所与のものとして存在しており、人間にできるのはその「記号」を「読み取る」こと、そしてその結果にしたがって神霊への働きかけをおこなうことだけだった。

12 「物」が同時に「言葉」を伝える「記号」である世界。こうした認識は、しかし近世において大きく変容する。「物」にまとわりついた「言葉」や「記号」としての性質が剝ぎ取られ、はじめて「物」そのものとして人間の目の前にあらわれるようになるのである。ここに近世の自然認識や、西洋の博物学に相当する本草学《ほんぞうがく》(注)という学問が成立する。そして妖怪もまた博物学的な思考、あるいは嗜好《しこう》の対象となっていくのである。

13 この結果、「記号」の位置づけも変わってくる。かつて「記号」は所与のものとして存在し、人間はそれを「読み取る」ことしかできなかった。しかし、近世においては、「記号」は人間が約束事のなかで作り出すことができるものとなった。これは、「記号」が神霊の支配を逃れて、人間の完全なコントロール下に入ったことを意味する。こうした「記号」を、本書では「表象」と呼んでいる。人工的な記号、人間の支配下にあることがはっきりと刻印された記号、それが「表象」である。

14 「表象」は、意味を伝えるものであるよりも、むしろその形象性、視覚的側面が重要な役割を果たす「記号」である。妖怪は、伝承や説話といった「言葉」の世界、意味の世界から切り離され、名前や視覚的形象によって弁別される「表象」となっていった。それはまさに、現代で言うところの「キャラクター」であった。そしてキャラクターとなった妖怪は完全にリアリティを喪失し、フィクショナルな存在として人間の娯楽の題材へと化していった。妖怪は「表象」という人工物へと作り変えられたことによって、人間の手で自由自在にコントロールされるものとなったのである。こうしたC妖怪の「表象」化は、人間の支配力が世界のあらゆる局面、あらゆる「物」に及ぶようになったことの帰結である。かつて神霊が占めていたその位置を、いまや人間が占めるようになったのである。

15　ここまでが、近世後期――より具体的には十八世紀後半以降の都市における妖怪観である。だが、近代になると、こうした近世の妖怪観はふたたび編成しなおされることになる。「表象」として、リアリティの領域から切り離されてあった妖怪が、以前とは異なる形でリアリティのなかに回帰するのである。これは、近世は妖怪をリアルなものとして恐怖していた迷信の時代、近代はそれを合理的思考によって否定し去った啓蒙《けいもう》の時代、という一般的な認識とはまったく逆の形である。

16　「表象」という人工的な記号を成立させていたのは、「万物の霊長」とされた人間の力の絶対性であった。ところが近代になると、この「人間」そのものに根本的な懐疑が突きつけられるようになる。人間は「神経」の作用、「催眠術」の効果、「心霊」の感応によって容易に妖怪を「見てしまう」不安定な存在、「内面」というコントロール不可能な部分を抱えた存在として認識されるようになったのだ。かつて「表象」としてフィクショナルな領域に囲い込まれていた妖怪たちは、今度は「人間」そのものの内部に棲《す》みつくようになったのである。

17　そして、こうした認識とともに生み出されたのが、「私」という近代に特有の思想であった。謎めいた「内面」を抱え込んでしまったことで、「私」は私にとって「不気味なもの」となり、いっぽうで未知なる可能性を秘めた神秘的な存在となった。妖怪は、まさにこのような「私」を(オ)トウエイした存在としてあらわれるようになるのである。

18　以上がアルケオロジー的方法によって描き出した、妖怪観の変容のストーリーである。

(注)　本草学――もとは薬用になる動植物などを研究する中国由来の学問で、江戸時代に盛んとなり、薬物にとどまらず広く自然物を対象とするようになった。

問1　傍線部(ア)～(オ)に相当する漢字を含むものを、次の各群の①～④のうちから、それぞれ一つずつ選べ。解答番号は 1 ～ 5 。

(ア) ミンゾク 1
① 楽団にショゾクする
② カイゾク版を根絶する
③ 公序リョウゾクに反する
④ 事業をケイゾクする

(イ) カンキ 2
① 証人としてショウカンされる
② 優勝旗をヘンカンする
③ 勝利のエイカンに輝く
④ 意見をコウカンする

(ウ) エンヨウ 3
① 鉄道のエンセンに住む
② キュウエン活動を行う
③ 雨で試合がジュンエンする
④ エンジュクした技を披露する

(エ) ヘダてる 4
① 敵をイカクする
② 施設のカクジュウをはかる
③ 外界とカクゼツする
④ 海底のチカクが変動する

(オ) トウエイ 5
① 意気トウゴウする
② トウチ法を用いる
③ 電気ケイトウが故障する
④ 強敵を相手にフントウする

問2　傍線部A「民間伝承としての妖怪」とは、どのような存在か。その説明として最も適当なものを、次の①～⑤のうちから一つ選べ。解答番号は［6］。

① 人間の理解を超えた不可思議な現象に意味を与え日常世界のなかに導き入れる存在。
② 通常の認識や予見が無効となる現象をフィクションの領域においてとらえなおす存在。
③ 目の前の出来事から予測される未来への不安を意味の体系のなかで認識させる存在。
④ 日常的な因果関係にもとづく意味の体系のリアリティを改めて人間に気づかせる存在。
⑤ 通常の因果関係の理解では説明のできない意味論的な危機を人間の心に生み出す存在。

問3　傍線部B「アルケオロジー的方法」とは、どのような方法か。その説明として最も適当なものを、次の①～⑤のうちから一つ選べ。解答番号は 7 。

① ある時代の文化事象のあいだにある関係性を理解し、その理解にもとづいて考古学の方法に倣い、その時代の事物の客観的な秩序を復元して描き出す方法。

② 事物のあいだにある秩序を認識し思考することを可能にしている知の枠組みをとらえ、その枠組みが時代とともに変容するさまを記述する方法。

③ さまざまな文化事象を「物」「言葉」「記号」「人間」という要素ごとに分類して整理し直すことで、知の枠組みの変容を描き出す方法。

④ 通常区別されているさまざまな文化事象を同じ認識の平面上でとらえることで、ある時代の文化的特徴を社会的な背景を踏まえて分析し記述する方法。

⑤ 一見関係のないさまざまな歴史的事象を「物」「言葉」「記号」そして「人間」の関係性に即して接合し、大きな世界史的変動として描き出す方法。

問4　傍線部C「妖怪の『表象』化」とは、どういうことか。その説明として最も適当なものを、次の①～⑤のうちから一つ選べ。解答番号は 8 。

① 妖怪が、人工的に作り出されるようになり、神霊による警告を伝える役割を失って、人間が人間を戒めるための道具になったということ。

② 妖怪が、神霊の働きを告げる記号から、人間が約束事のなかで作り出す記号になり、架空の存在として楽しむ対象になったということ。

③ 妖怪が、伝承や説話といった言葉の世界の存在ではなく視覚的な形象になったことによって、人間世界に実在するかのように感じられるようになったということ。

④ 妖怪が、人間の手で自由自在に作り出されるものになり、人間の力が世界のあらゆる局面や物に及ぶきっかけになったということ。

⑤ 妖怪が、神霊からの警告を伝える記号から人間がコントロールする人工的な記号になり、人間の性質を戯画的に形象した娯楽の題材になったということ。

問5　この文章を授業で読んだNさんは、内容をよく理解するために【ノート1】〜【ノート3】を作成した。本文の内容とNさんの学習の過程を踏まえて、(i)〜(iii)の問いに答えよ。

(i)　Nさんは、本文の［1］〜［18］を【ノート1】のように見出しをつけて整理した。空欄［Ⅰ］・［Ⅱ］に入る語句の組合せとして最も適当なものを、後の①〜④のうちから一つ選べ。解答番号は［9］。

【ノート1】

- 問題設定（［1］〜［5］）
  - ［2］〜［3］　［Ⅰ］
  - ［4］〜［5］　［Ⅱ］
- 方法論（［6］〜［9］）
  - ［7］〜［9］　アルケオロジーの説明
- 日本の妖怪観の変容（［10］〜［18］）
  - ［11］　中世の妖怪
  - ［12］〜［14］　近世の妖怪
  - ［15］〜［17］　近代の妖怪

①　Ⅰ　妖怪はいかなる歴史的背景のもとで娯楽の対象になったのかという問い
　　Ⅱ　意味論的な危機から生み出される妖怪

②　Ⅰ　妖怪はいかなる歴史的背景のもとで娯楽の対象になったのかという問い
　　Ⅱ　妖怪娯楽の具体的事例の紹介

③　Ⅰ　娯楽の対象となった妖怪の説明
　　Ⅱ　いかなる歴史的背景のもとで、どのように妖怪認識が変容したのかという問い

④　Ⅰ　妖怪に対する認識の歴史性
　　Ⅱ　いかなる歴史的背景のもとで、どのように妖怪認識が変容したのかという問い

(ii)　Nさんは、本文で述べられている近世から近代への変化を【ノート2】のようにまとめた。空欄 Ⅲ ・ Ⅳ に入る語句として最も適当なものを、後の各群の①～④のうちから、それぞれ一つずつ選べ。解答番号は 10 ・ 11 。

【ノート2】

近世と近代の妖怪観の違いの背景には、「表象」と「人間」との関係の変容があった。

近世には、人間によって作り出された、 Ⅲ が現れた。しかし、近代へ入ると Ⅳ が認識されるようになったことで、近代の妖怪は近世の妖怪にはなかったリアリティを持った存在として現れるようになった。

Ⅲ に入る語句 10

① 恐怖を感じさせる形象としての妖怪
② 神霊からの言葉を伝える記号としての妖怪
③ 視覚的なキャラクターとしての妖怪
④ 人を化かすフィクショナルな存在としての妖怪

Ⅳ に入る語句 11

① 合理的な思考をする人間
② 「私」という自立した人間
③ 万物の霊長としての人間
④ 不可解な内面をもつ人間

(iii)　【ノート2】を作成したNさんは、近代の妖怪観の背景に興味をもった。そこで出典の『江戸の妖怪革命』を読み、【ノート3】を作成した。空欄 V に入る最も適当なものを、後の ①～⑤ のうちから一つ選べ。解答番号は 12 。

【ノート3】

本文の 17 には、近代において「私」が私にとって「不気味なもの」となったということが書かれていた。このことに関係して、本書第四章には、欧米でも日本でも近代になってドッペルゲンガーや自己分裂を主題とした小説が数多く発表されたとあり、芥川龍之介の小説「歯車」（一九二七年発表）の次の一節が例として引用されていた。

第二の僕、――独逸《どいつ》人の所謂《いわゆる》Doppelgaenger は仕合《しあわ》せにも僕自身に見えたことはなかった。しかし亜米利加《あめりか》の映画俳優になったK君の夫人は第二の僕を帝劇の廊下に見かけていた。（僕は突然K君の夫人に「先達《せんだつ》てはつい御挨拶もしませんで」と言われ、当惑したことを覚えている。）それからもう故人になったある隻脚《かたあし》の翻訳家もやはり銀座のある煙草《たばこ》屋に第二の僕を見かけていた。死はあるいは僕よりも第二の僕に来るのかも知れなかった。

考察　ドッペルゲンガー（Doppelgaenger）とは、ドイツ語で「二重に行く者」、すなわち「分身」の意味であり、もう一人の自分を「見てしまう」怪異のことである。また、「ドッペルゲンガーを見た者は死ぬと言い伝えられている」と説明されていた。

V

17 に書かれていた『私』という近代に特有の思想」とは、こうした自己意識を踏まえた指摘だったことがわかった。

①　「歯車」の僕は、自分の知らないところで別の僕が行動していることを知った。僕はまだ自分でドッペルゲンガーを見たわけではないと安心し、別の僕の行動によって自分が周囲から承認されているのだと悟った。これは、「私」が他人の認識のなかで生かされているという神秘的な存在であることの例にあたる。

②　「歯車」の僕は、自分には心当たりがない場所で別の僕が目撃されていたと知った。僕は自分でドッペルゲンガーを見たわけではないのでひとまずは安心しながらも、もう一人の自分に死が訪れるのではないかと考えていた。これは、「私」が自分自身を統御できない不安定な存在であることの例にあたる。

③　「歯車」の僕は、身に覚えのないうちに、会いたいと思っていた人の前に別の僕が姿を現していたと知った。僕は自分でドッペルゲンガーを見たわけではないが、別の僕が自分に代わって思いをかなえてくれたことに驚いた。これは、「私」が未知なる可能性を秘めた存在であることの例にあたる。

④　「歯車」の僕は、自分がいたはずのない場所に別の僕がいたことを知った。僕は自分でドッペルゲンガーを見たわけではないと自分を落ち着かせながらも、自分が分身に乗っ取られるかもしれないという不安を感じた。これは、「私」が「私」という分身にコントロールされてしまう不気味な存在であることの例にあたる。

⑤　「歯車」の僕は、自分がいるはずのない時と場所で僕を見かけたと言われた。僕は今のところ自分でドッペルゲンガーを見たわけではないので死ぬことはないと安心しているが、他人にうわさされることに困惑していた。これは、「私」が自分で自分を制御できない部分を抱えた存在であることの例にあたる。

第2問

次の文章は、加能作次郎《かのうさくじろう》「羽織と時計」(一九一八年発表)の一節である。「私」と同じ出版社で働くW君は、妻子と従妹《いとこ》と暮らしていたが生活は苦しかった。そのW君が病で休職している期間、「私」は何度か彼を訪れ、同僚から集めた見舞金を届けたことがある。以下はそれに続く場面である。これを読んで、後の問い(**問**1～6)に答えよ。なお、設問の都合で本文の上に行数を付してある。(配点　50)

春になって、陽気がだんだん暖かになると、W君の病気も次第に快《よ》くなって、五月の末には、再び出勤することが出来るようになった。

『君の家の紋は何かね？』(注1)

彼が久し振りに出勤した最初の日に、W君は突然私に尋ねた。私は不審に思いながら答えた。

『円《まる》に横モッコです。(注2)平凡なありふれた紋です。何ですか？』

『いや、実はね。僕も長い間休んで居て、君に少《すくな》からぬ世話になったから、ほんのお礼の印に羽二重《はぶたえ》(注3)を一反《いったん》(注4)お上げしようと思っているんだが、同じことなら羽織にでもなるように紋を抜いた(注5)方がよいと思ってね。どうだね、其方《そのほう》がよかろうね。』とW君は言った。

W君の郷里は羽二重の産地で、彼の親類に織元《おりもと》があるので、そこから安く、実費で分けて貰《もら》うので、外にも序《ついで》があるから、そこから直接に京都へ染めにやることにしてあるとのことであった。

『染《そめ》は京都でなくちゃ駄目だからね。』とW君は独りで首肯《うなず》いて、『じゃ早速言ってやろう。』

私は辞退する(ア)術《すべ》もなかった。

一ケ月あまり経《た》って、染め上《あが》って来た。W君は自分でそれを持って私の下宿を訪れて呉《く》れた。私は早速W君と連れだって、呉服屋へ行って裏地を買って羽織に縫って貰った。

貧乏な私は其時《そのとき》まで礼服というものを一枚も持たなかった。羽二重の紋付《もんつき》の羽織というものを、その時始めて着たのであるが、今でもそれが私の持物《もちもの》の中で最も貴重なものの一つとなって居る。

『ほんとにいい羽織ですこと、あなたの様な貧乏人が、こんな羽織をもって居なさるのが不思議な位ですわね。』

妻は、私がその羽織を着る機会のある毎《ごと》にそう言った。私はW君から貰ったのだということを、妙な羽目からつい(イ)言いはぐれて了《しま》って、今だに妻に打ち明けてないのであった。妻が私が結婚の折に特に拵《こしら》えたものと信じて居るのだ。下に着る着物でも袴《はかま》でも、その羽織とは全く不調和な粗末なものばかりしか私は持って居ないので、

『よくそれでも羽織だけ飛び離れていいものをお拵えになりましたわね。』と妻は言うのであった。

『そりゃ礼服だからな。これ一枚あれば下にどんなものを着て居ても、兎《と》に角《かく》礼服として何処《どこ》へでも出られるからな。』私はA擽《くす》ぐられるような思《おもい》をしながら、そんなことを言って誤魔化《ごまか》して居た。

『これで袴だけ仙台平《せんだいひら》(注6)か何かのがあれば揃《そろ》うのですけれどね。どうにかして袴だけいいのをお拵えなさいよ。これじゃ羽織が泣きますわ。こんなぼとぼとしたセル(注7)の袴じゃ、折角《せっかく》のいい羽織がちっとも引き立たないじゃありませんか。』

妻はいかにも惜しそうにそう言い言いした。

私もそうは思わないではないが、今だにその余裕がないのであった。私はこの羽織を着る毎にW君のことを思い出さずに居なかった。

その後、社に改革があって、私が雑誌を一人でやることになり、W君は書籍の出版の方に廻《まわ》ることになった。そして翌年の春、私は他にいい口があったので、その方へ転ずることになった。

W君は私の将来を祝し、送別会をする代《かわ》りだといって、自ら奔走して社の同人(注8)達《たち》から二十円ばかり醵金《きょきん》(注9)をして、私に記念品を贈ることにして呉れた。私は時計を持って居なかったので、自分から望んで懐中時計を買って貰った。

『贈××君。××社同人。』

こう銀側の蓋の裏に小さく刻まれてあった。

この処置について、社の同人の中には、内々不平を抱いたものもあったそうだ。まだ二年足らずしか居ないものに、記念品を

贈るなどということは曾《かつ》て例のないことで、これはW君が、自分の病気の際に私が奔走して見舞金を贈ったので、その時の私の厚意に酬《むく》いようとする個人的の感情から企てたことだといってW君を非難するものもあったそうだ。また中には、『あれはW君が自分が罷《や》める時にも、そんな風なことをして貰いたいからだよ。』と卑しい邪推をして皮肉を言ったものもあったそうだ。

私は後でそんなことを耳にして非常に不快を感じた。そしてW君に対して気の毒でならなかった。そういう非難を受けてまでも(それはW君自身予想しなかったことであろうが)私の為《ため》に奔走して呉れたW君の厚い情誼《じょうぎ》(注10)を思いやると、私は涙ぐましいほど感謝の念に打たれるのであった。それと同時に、その一種の恩恵に対して、常に或《あ》る重い圧迫を感ぜざるを得なかった。

羽織と時計――。私の身についたものの中で最も高価なものが、二つともW君から贈られたものだ。この意識が、今でも私の心に、感謝の念と共に、**B**何だかやましいような気恥《きはずか》しいような、訳のわからぬ一種の重苦しい感情を起《おこ》させるのである。

××社を出てから以後、私は一度もW君と会わなかった。W君は、その後一年あまりして、病気が再発して、遂《つい》に社を辞し、いくらかの金を融通して来て、電車通りに小さなパン菓子屋を始めたこと、自分は寝たきりで、店は主に従妹が支配して居て、それでやっと生活して居るということなどを、私は或る日途中で××社の人に遇《あ》った時に聞いた。私は××社を辞した後、或る文学雑誌の編輯《へんしゅう》に携《たずさわ》って、文壇の方と接触する様になり、交友の範囲もおのずから違って行き、仕事も忙しかったので、一度見舞旁々《みまいかたがた》訪《おとな》わねばならぬと思いながら、自然と遠ざかって了った。その中《うち》私も結婚をしたり、子が出来たりして、境遇も次第に前と異《ことな》って来て、一層(ウ)足が遠くなった。偶々《たまたま》思い出しても、久しく無沙汰をして居ただけそれだけ、そしてそれに対して一種の自責を感ずれば感ずるほど、妙に改まった気持《きもち》になって、つい億劫《おっくう》になるのであった。

羽織と時計――併《しか》し本当を言えば、この二つが、W君と私とを遠ざけたようなものであった。これがなかったなら、私はもっと素直な自由な気持になって、時々W君を訪れることが出来たであろうと、今になって思われる。何故《なぜ》というに、私はこの二個の物品を持って居るので、常にW君から恩恵的債務を負うて居るように感ぜられたからである。この債務に対する自意識は、私をして不思議にW君の家の敷居を高く思わせた。而《しか》も不思議なことに、**C**私はW君よりも、彼の妻君《さいくん》の眼を恐れた。私が時計を帯にはさんで行くとする、『あの時計は、良人《うち》(注11)が世話して進《あ》げたのだ。』斯《こ》う妻君の眼が言う。私が羽織を着て行く、『ああの羽織は、良人が進げたのだ。』斯う妻君の眼が言う。もし二つとも身につけて行かないならば、『あの人は羽織や時計をどうしただろう。』斯う妻君の眼が言うように空想されるのであった。どうしてそんな考《かんがえ》が起《おこ》るのか分《わか》らない。或《あるい》は私自身の中に、そういう卑しい邪推深い性情がある為であろう。が、いつでもW君を訪れようと思いつく毎に、妙にその厭《いや》な考が私を引き止めるのであった。そればかりではない、こうして無沙汰を続ければ続けるほど、私はW君の妻君に対して更に恐れを抱くのであった。

『○○さんて方は随分薄情な方ね、あれきり一度も来なさらない。こうして貴郎《あなた》が病気で寝て居らっしゃるのを知らないんでしょうか、見舞に一度も来て下さらない。』

斯う彼女が彼女の良人《おっと》に向《むか》って私を責めて居そうである。その言葉には、あんなに、羽織や時計などを進げたりして、こちらでは尽《つく》すだけのことは尽してあるのに、という意味を、彼女は含めて居るのである。

そんなことを思うと迚《とて》も行く気にはなれなかった。こちらから出て行って、妻君のそういう考をなくする様に努めるよりも、私は逃げよう逃げようとした。私は何か偶然の機会で妻君なり従妹なりと、途中ででも遇わんことを願った。そうしたら、

『W君はお変《かわ》りありませんか、相変らず元気で××社へ行っていらっしゃいますか？』としらばくれて尋ねる、すると、疾《と》うに社をやめ、病気で寝て居ると、相手の人は答えるに違いない。

『おやおや！　一寸《ちっと》も知りませんでした。それはいけませんね。どうぞよろしく言って下さい。近いうちに御《お》見舞に上りますから。』

こう言って分れよう。そしてそれから二三日置いて、何か手土産を、そうだ、かなり立派なものを持って見舞に行こう、そうするとそれから後は、心易《こころやす》く往来出来るだろう――。

そんなことを思いながら、三年四年と月日が流れるように経って行った。今年の新緑の頃、子供を連れて郊外へ散歩に行った時に、**D**私は少し遠廻りして、W君の家の前を通り、原っぱで子供に食べさせるのだからと妻に命じて、態《わざ》と其《そ》の店に餡《あん》パン

を買わせたが、実はその折陰ながら家の様子を窺《うかが》い、うまく行けば、全く偶然の様に、妻君なり従妹なりに遇おうという微《かす》かな期待をもって居た為《た》めであった。私は電車の線路を挟んで向側《むかいがわ》の人道に立って店の様子をそれとなく注視して居たが、出て来た人は、妻君でも従妹でもなく、全く見知らぬ、下女《げじょ》（注12）の様な女だった。私は若《も》しや家が間違っては居ないか、または代《だい》が変ってでも居るのではないかと、屋根看板をよく注意して見たが、以前××社の人から聞いたと同じく、××堂W――とあった。たしかにW君の店に相違なかった。それ以来、私はまだ一度も其店の前を通ったこともなかった。

（注）
1　紋――家、氏族のしるしとして定まっている図柄。
2　円に横モッコ――紋の図案の一つ。
3　羽二重――上質な絹織物。つやがあり、肌ざわりがいい。
4　一反――布類の長さの単位。長さ一〇メートル幅三六センチ以上が一反の規格で、成人一人分の着物となる。
5　紋を抜いた――「紋の図柄を染め抜いた」という意味。
6　仙台平――袴に用いる高級絹織物の一種。
7　セル――和服用の毛織物の一種。
8　同人――仲間。
9　醵金――何かをするために金銭を出し合うこと。
10　情誼――人とつきあう上での人情や情愛。
11　良人――夫。
12　下女――雑事をさせるために雇った女性のこと。当時の呼称。

問１　傍線部(ア)～(ウ)の本文中における意味として最も適当なものを、次の各群の①～⑤のうちから、それぞれ一つずつ選べ。解答番号は 13 ～ 15 。

(ア)　術もなかった　13
① 理由もなかった
② 手立てもなかった
③ 義理もなかった
④ 気持ちもなかった
⑤ はずもなかった

(イ)　言いはぐれて　14
① 言う必要を感じないで
② 言う機会を逃して
③ 言うのを忘れて
④ 言う気になれなくて
⑤ 言うべきでないと思って

(ウ)　足が遠くなった　15
① 訪れることがなくなった
② 時間がかかるようになった
③ 会う理由がなくなった
④ 行き来が不便になった
⑤ 思い出さなくなった

問2　傍線部A「擽ぐられるような思」とあるが、それはどのような気持ちか。その説明として最も適当なものを、次の①～⑤のうちから一つ選べ。解答番号は 16 。

① 自分たちの結婚に際して羽織を新調したと思い込んで発言している妻に対する、笑い出したいような気持ち。
② 上等な羽織を持っていることを自慢に思いつつ、妻に事実を知られた場合を想像して、不安になっている気持ち。
③ 妻に羽織をほめられたうれしさと、本当のことを告げていない後ろめたさとが入り混じった、落ち着かない気持ち。
④ 妻が自分の服装に関心を寄せてくれることをうれしく感じつつも、羽織だけほめることを物足りなく思う気持ち。
⑤ 羽織はW君からもらったものだと妻に打ち明けてみたい衝動と、自分を侮っている妻への不満とがせめぎ合う気持ち。

問3　傍線部**B**「何だかやましいような気恥しいような、訳のわからぬ一種の重苦しい感情」とあるが、それはどういうことか。その説明として最も適当なものを、次の①～⑤のうちから一つ選べ。解答番号は［17］。

① Ｗ君が手を尽くして贈ってくれた品物は、いずれも自分には到底釣り合わないほど立派なものに思え、自分を厚遇しようとするＷ君の熱意を過剰なものに感じてとまどっている。

② Ｗ君の見繕ってくれた羽織はもちろん、自ら希望した時計にも実はさしたる必要を感じていなかったのに、Ｗ君がその贈り物をするために評判を落としたことを、申し訳なくももったいなくも感じている。

③ Ｗ君が羽織を贈ってくれたことに味をしめ、続いて時計までも希望し、高価な品々をやすやすと手に入れてしまった欲の深さを恥じており、Ｗ君へ向けられた批判をそのまま自分にも向けられたものと受け取っている。

④ 立派な羽織と時計とによって一人前の体裁を取り繕うことができたものの、それらを自分の力では手に入れられなかったことを情けなく感じており、Ｗ君の厚意にも自分へ向けられた哀れみを感じ取っている。

⑤ 頼んだわけでもないのに自分のために奔走してくれるＷ君に対する周囲の批判を耳にするたびに、Ｗ君に対する申し訳なさを感じたが、同時にその厚意には見返りを期待する底意をも察知している。

問4　傍線部C「私はW君よりも、彼の妻君の眼を恐れた」とあるが、「私」が「妻君の眼」を気にするのはなぜか。その説明として最も適当なものを、次の①〜⑤のうちから一つ選べ。解答番号は［18］。

① 「私」に厚意をもって接してくれたW君が退社後に寝たきりで生活苦に陥っていることを考えると、見舞に駆けつけなくてはいけないと思う一方で、「私」の転職後はW君と久しく疎遠になってしまい、その間看病を続けた妻君に自分の冷たさを責められるのではないかと悩んでいるから。

② W君が退社した後慣れないパン菓子屋を始めるほど家計が苦しくなったことを知り、「私」が彼の恩義に酬いる番だと思う一方で、転職後にさほど家計も潤わずW君を経済的に助けられないことを考えると、W君を家庭で支える妻君には申し訳ないことをしていると感じているから。

③ 退職後に病で苦労しているW君のことを思うと、「私」に対するW君の恩義は一生忘れてはいけないと思う一方で、忙しい日常生活にかまけてW君のことをつい忘れてしまうふがいなさを感じたまま見舞に出かけると、妻君に偽善的な態度を指摘されるのではないかという怖さを感じているから。

④ 自分を友人として信頼し苦しい状況にあって頼りにもしているだろうW君のことを想像すると、見舞に行きたいという気持ちが募る一方で、かつてW君の示した厚意に酬いていないことを内心やましく思わざるを得ず、妻君の前では卑屈にへりくだらねばならないことを疎ましくも感じているから。

⑤ W君が「私」を立派な人間と評価してくれたことに感謝の気持ちを持っているため、W君の窮状を救いたいという思いが募る一方で、自分だけが幸せになっているのにW君を訪れなかったことを反省すればするほど、苦労する妻君には顔を合わせられないと悩んでいるから。

問5　傍線部**D**「私は少し遠廻りして、W君の家の前を通り、原っぱで子供に食べさせるのだからと妻に命じて、態と其の店に餡パンを買わせた」とあるが、この「私」の行動の説明として最も適当なものを、次の①～⑤のうちから一つ選べ。解答番号は［19］。

① W君の家族に対する罪悪感を募らせるあまり、自分たち家族の暮らし向きが好転したさまを見せることがためらわれて、かつてのような質素な生活を演出しようと作為的な振る舞いに及んでいる。

② W君と疎遠になってしまった後悔にさいなまれてはいるものの、それを妻に率直に打ち明け相談することも今更できず、逆にその悩みを悟られまいとして妻にまで虚勢を張るはめになっている。

③ 家族を犠牲にしてまで自分を厚遇してくれたW君に酬いるためのふさわしい方法がわからず、せめて店で買い物をすることによって、かつての厚意に少しでも応えることができればと考えている。

④ W君の家族との間柄がこじれてしまったことが気がかりでならず、どうにかしてその誤解を解こうとして稚拙な振る舞いに及ぶばかりか、身勝手な思いに事情を知らない自分の家族まで付き合わせている。

⑤ 偶然を装わなければW君と会えないとまで思っていたが、これまで事情を誤魔化してきたために、今更妻に本当のことを打ち明けることもできず、回りくどいやり方で様子を窺う機会を作ろうとしている。

問6　次に示す【資料】は、この文章（加能作次郎「羽織と時計」）が発表された当時、新聞紙上に掲載された批評（評者は宮島新三郎、原文の仮名遣いを改めてある）の一部である。これを踏まえた上で、後の(i)・(ii)の問いに答えよ。

【資料】

今までの氏は生活の種々相を様々な方面から多角的に描破（注1）して、其処《そこ》から或るものを浮き上《あが》らせようとした点があったし、又そうすることに依《よ》って作品の効果を強大にするという長所を示していたように思う。見た儘《まま》、有りの儘を刻明に描写する——其処に氏の有する大きな強味がある。由来（注2）氏はライフの一点だけを覘《ねら》って作をするというような所謂《いわゆる》『小話《こばなし》』作家の面影は有《も》っていなかった。

それが『羽織と時計』になると、作者が本当の泣き笑いの悲痛な人生を描こうとしたものか、それとも単に羽織と時計に伴う思い出を中心にして、ある一つの興味ある覘いを、否一つのおちを物語ってでもやろうとしたのか分《わか》らない程謂《い》う所の小話臭味の多過ぎた嫌いがある。若《も》し此《この》作品から小話臭味を取《と》去ったら、即《すなわ》ち羽織と時計とに作者が関心し過ぎなかったら、そして飽くまでも『私』の見たW君の生活、W君の病気、それに伴う陰鬱な、悲惨な境遇を如実に描いたなら、一層感銘の深い作品になったろうと思われる。羽織と時計とに執し過ぎた（注3）ことは、この作品をユーモラスなものにする助けとはなったが、作品の効果を増す力にはなって居ない。私は寧《むし》ろ忠実なる生活の再現者としての加能氏に多くの尊敬を払っている。

宮島新三郎「師走文壇の一瞥《いちべつ》」（『時事新報』一九一八年一二月七日）

（注）1　描破——あまさず描きつくすこと。
2　由来——元来、もともと。
3　執し過ぎた——「執着し過ぎた」という意味。

(i)　【資料】の二重傍線部に「羽織と時計とに執し過ぎたことは、この作品をユーモラスなものにする助けとはなったが、作品の効果を増す力にはなって居ない。」とあるが、それはどのようなことか。評者の意見の説明として最も適当なものを、次の①～④のうちから一つ選べ。解答番号は 20 。

① 多くの挿話からW君の姿を浮かび上がらせようとして、W君の描き方に予期せぬぶれが生じている。

② 実際の出来事を忠実に再現しようと意識しすぎた結果、W君の悲痛な思いに寄り添えていない。

③ 強い印象を残した思い出の品への愛着が強かったために、W君の一面だけを取り上げ美化している。

④ 挿話の巧みなまとまりにこだわったため、W君の生活や境遇の描き方が断片的なものになっている。

(ii)　【資料】の評者が着目する「羽織と時計」は、表題に用いられるほかに、「羽織と時計――」という表現として本文中にも用いられている(43行目、53行目)。この繰り返しに注目し、評者とは異なる見解を提示した内容として最も適当なものを、次の①～④のうちから一つ選べ。解答番号は 21 。

① 「羽織と時計――」という表現がそれぞれ異なる状況において自問自答のように繰り返されることで、かつてのようにはW君を信頼できなくなっていく「私」の動揺が描かれることを重視すべきだ。

② 複雑な人間関係に耐えられず生活の破綻を招いてしまったW君のつたなさが、「羽織と時計――」という余韻を含んだ表現で哀惜の思いをこめて回顧されていることを重視すべきだ。

③ 「私」の境遇の変化にかかわらず繰り返し用いられる「羽織と時計――」という表現が、好意をもって接していた「私」に必死で応えようとするW君の思いの純粋さを想起させることを重視すべきだ。

④ 「羽織と時計――」という表現の繰り返しによって、W君の厚意が皮肉にも自分をかえって遠ざけることになった経緯について、「私」が切ない心中を吐露していることを重視すべきだ。

第3問

次の文章は、『栄花物語』の一節である。藤原長家(本文では「中納言殿」)の妻が亡くなり、親族らが亡骸《なきがら》をゆかりの寺(法住寺《ほうじゅうじ》)に移す場面から始まっている。これを読んで、後の問い(問1～5)に答えよ。(配点　50)

大北の方も、(注1)この殿ばらも、またおしかへし臥《ふ》しまろばせたまふ。これをだに悲しくゆゆしきことにいはでは、また何ごとをかはと見えたり。さて御車の後《しり》に、(注2)大納言殿、(注3)中納言殿、さるべき人々は歩ませたまふ。いへばおろかにて、(ア)えまねびやらず。(注4)北の方の御車や、女房たちの車などひき続けたり。御供の人々など数知らず多かり。法住寺には、常の御渡りにも似ぬ御車などのさまに、(注5)僧都《そうづ》の君、御目もくれて、え見たてまつりたまはず。さて御車かきおろして、つぎて人々おりぬ。

さてこの御忌《いみ》のほどは、誰《たれ》もそこにおはしますべきなりけり。山の方をながめやらせたまふにつけても、わざとならず色々にすこしうつろひたり。鹿の鳴く音《ね》に御目もさめて、今すこし心細さまさりたまふ。(注6)宮々よりも思《おぼ》し慰むべき御消息《せうそこ》たびたびあれど、ただ今はただ夢を見たらんやうにのみ思されて過ぐしたまふ。月のいみじう明《あか》きにも、思し残させたまふことなし。内裏《うち》わたりの女房も、さまざま御消息聞こゆれども、よろしきほどは、A「今みづから」とばかり書かせたまふ。進内侍《じんのないし》と聞こゆる人、聞こえたり。

契りけん千代は涙の水底《みなそこ》に枕ばかりや浮きて見ゆらん

中納言殿の御返し、

起き臥しの契りはたえて尽きせねば枕を浮くる涙なりけり

また東宮の若宮の御乳母《めのと》の小弁《こべん》、

X 悲しさをかつは思ひも慰めよ誰もつひにはとまるべき世か

御返し、

Y 慰むる方しなければ世の中の常なきことも知られざりけり

かやうに思しのたまはせても、いでや、もののおぼゆるにこそあめれ、まして月ごろ、年ごろにもならば、思ひ忘るるやうもやあらんと、われながら心憂く思さる。何ごとにもいかでかくと(イ)めやすくおはせしものを、顔かたちよりはじめ、心ざま、手うち書き、絵などの心に入り、さいつころまで御心に入りて、うつ伏しうつ伏して描《か》きたまひしものを、この夏の絵を、枇杷《びは》殿《どの》にもてまゐりたりしかば、いみじう興じめでさせたまひて、納めたまひし、B よくぞもてまゐりにけるなど、思し残すことなきままに、よろづにつけて恋しくのみ思ひ出できこえさせたまふ。年ごろ書き集《つ》めさせたまひける絵物語など、みな焼けにし(注7)後《のち》、去年《こぞ》、今年のほどにし集めさせたまへるもいみじう多かりし、(ウ)里に出でなば、とり出でつつ見て慰めむと思されけり。

(注)
1　この殿ばら――故人と縁故のあった人々。
2　御車――亡骸を運ぶ車。
3　大納言殿――藤原斉信。長家の妻の父。
4　北の方――「大北の方」と同一人物。
5　僧都の君――斉信の弟で、法住寺の僧。
6　宮々――長家の姉たち。彰子や妍子(枇杷殿)ら。
7　みな焼けにし後――数年前の火事ですべて燃えてしまった後。

〈人物関係図〉

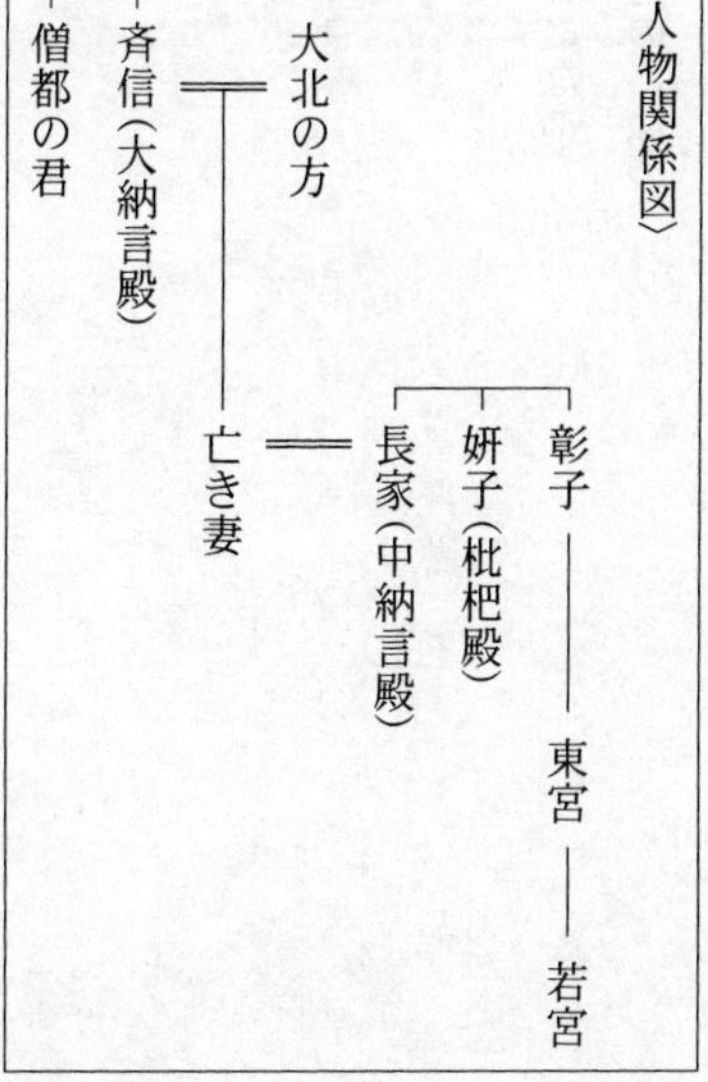

問１　傍線部(ア)〜(ウ)の解釈として最も適当なものを、次の各群の①〜⑤のうちから、それぞれ一つずつ選べ。解答番号は 22 〜 24 。

(ア)　えまねびやらず　22
① 信じてあげることができない
② かつて経験したことがない
③ とても真似《まね》のしようがない
④ 表現しつくすことはできない
⑤ 決して忘れることはできない

(イ)　めやすくおはせしものを　23
① すばらしい人柄だったのになあ
② すこやかに過ごしていらしたのになあ
③ 感じのよい人でいらっしゃったのになあ
④ 見た目のすぐれた人であったのになあ
⑤ 上手におできになったのになあ

(ウ)　里に出でなば　24
① 自邸に戻ったときには
② 旧都に引っ越した日には
③ 山里に隠棲《いんせい》するつもりなので
④ 妻の実家から立ち去るので
⑤ 故郷に帰るとすぐに

問2　傍線部A「『今みづから』とばかり書かせたまふ」とあるが、長家がそのような対応をしたのはなぜか。その理由の説明として最も適当なものを、次の①～⑤のうちから一つ選べ。解答番号は 25 。

① 並一通りの関わりしかない人からのおくやみの手紙に対してまで、丁寧な返事をする心の余裕がなかったから。
② 妻と仲のよかった女房たちには、この悲しみが自然と薄れるまでは返事を待ってほしいと伝えたかったから。
③ 心のこもったおくやみの手紙に対しては、表現を十分練って返事をする必要があり、少し待ってほしかったから。
④ 見舞客の対応で忙しかったが、いくらか時間ができた時には、ほんの一言ならば返事を書くことができたから。
⑤ 大切な相手からのおくやみの手紙に対しては、すぐに自らお礼の挨拶にうかがわなければならないと考えたから。

問3　傍線部B「よくぞもてまゐりにけるなど、思し残すことなきままに、よろづにつけて恋しくのみ思ひ出できこえさせたまふ」の語句や表現に関する説明として最も適当なものを、次の①～⑤のうちから一つ選べ。解答番号は 26 。

① 「よくぞ……ける」は、妻の描いた絵を枇杷殿へ献上していたことを振り返って、そうしておいてよかったと、長家がしみじみと感じていることを表している。

② 「思し残すことなき」は、妻とともに過ごした日々に後悔はないという長家の気持ちを表している。

③ 「ままに」は「それでもやはり」という意味で、長家が妻の死を受け入れたつもりでも、なお悲しみを払拭することができずに苦悩していることを表している。

④ 「よろづにつけて」は、妻の描いた絵物語のすべてが焼失してしまったことに対する長家の悲しみを強調している。

⑤ 「思ひ出できこえさせたまふ」の「させ」は使役の意味で、ともに亡き妻のことを懐かしんでほしいと、長家が枇杷殿に強く訴えていることを表している。

問4　この文章の登場人物についての説明として最も適当なものを、次の①～⑤のうちから一つ選べ。解答番号は 27 。

① 親族たちが悲しみのあまりに取り乱している中で、「大北の方」だけは冷静さを保って人々に指示を与えていた。

② 「僧都の君」は涙があふれて長家の妻の亡骸を直視できないほどであったが、気丈に振る舞い亡骸を車から降ろした。

③ 長家は秋の終わりの寂しい風景を目にするたびに、妻を亡くしたことが夢であってくれればよいと思っていた。

④ 「進内侍」は長家の妻が亡くなったことを深く悲しみ、自分も枕が浮くほど涙を流していると嘆く歌を贈った。

⑤ 長家の亡き妻は容貌もすばらしく、字が上手なことに加え、絵にもたいそう関心が深く生前は熱心に描いていた。

問5　次に示す【文章】を読み、その内容を踏まえて、X・Y・Zの三首の和歌についての説明として適当なものを、後の①～⑥のうちから二つ選べ。ただし、解答の順序は問わない。解答番号は 28 ・ 29 。

【文章】

『栄花物語』の和歌Xと同じ歌は、『千載和歌集』にも記されている。妻を失って悲しむ長家のもとへ届けられたという状況も同一である。しかし、『千載和歌集』では、それに対する長家の返歌は、

Z　誰もみなとまるべきにはあらねども後《おく》るるほどはなほぞ悲しき

となっており、同じ和歌Xに対する返歌の表現や内容が、『千載和歌集』の和歌Zと『栄花物語』の和歌Yとでは異なる。『栄花物語』では、和歌X・Yのやりとりを経て、長家が内省を深めてゆく様子が描かれている。

① 和歌Xは、妻を失った長家の悲しみを深くは理解していない、ありきたりなおくやみの歌であり、「悲しみをきっぱり忘れなさい」と安易に言ってしまっている部分に、その誠意のなさが露呈してしまっている。

② 和歌Xが、世の中は無常で誰しも永遠に生きることはできないということを詠んでいるのに対して、和歌Zはその内容をあえて肯定することで、妻に先立たれてしまった悲しみをなんとか慰めようとしている。

③ 和歌Xが、誰でもいつかは必ず死ぬ身なのだからと言って長家を慰めようとしているのに対して、和歌Zはひとまずそれに同意を示したうえで、それでも妻を亡くした今は悲しくてならないと訴えている。

④ 和歌Zが、「誰も」「とまるべき」「悲し」など和歌Xと同じ言葉を用いることで、悲しみを癒《い》やしてくれたことへの感謝を表現しているのに対して、和歌Yはそれらを用いないことで、和歌Xの励ましを拒む姿勢を表明している。

⑤ 和歌Yは、長家を励まそうとした和歌Xに対して私の心を癒やすことのできる人などいないと反発した歌であり、長家が他人の干渉をわずらわしく思い、亡き妻との思い出の世界に閉じこもってゆくという文脈につながっている。

⑥ 和歌Yは、世の無常のことなど今は考えられないと詠んだ歌だが、そう詠んだことでかえってこの世の無常を意識してしまった長家が、いつかは妻への思いも薄れてゆくのではないかと恐れ、妻を深く追慕してゆく契機となっている。

第4問

次の【問題文Ⅰ】の詩と【問題文Ⅱ】の文章は、いずれも馬車を操縦する「御術《ぎよじゆつ》」について書かれたものである。これらを読んで、後の問い（問1～6）に答えよ。なお、設問の都合で返り点・送り仮名を省いたところがある。（配点　50）

【問題文Ⅰ】

吾ニ有リ二千里ノ馬一　毛骨（注1）(1)何蕭《せう》森（注2）タル

疾《はや》ク馳《は》スレバ如ク二奔風ノ一　白日ニ無シレ留ムルレ陰ヲ

徐《おもむ》ロニ駆《か》クレバ当タリ二大道ニ一　歩《ほ》驟《しう》（注3）ハ中《あ》タル二五音（注4）ニ一

A

馬ニ雖モレ有リト二四足一　遅速ハ在リ二吾ガ X 一

六《りく》轡《ひ》（注5）ハ応ジ二吾ガ手ニ一　調和スルコト如シ二瑟《しつ》琴（注6）ノ一

東西ト与ニ南北一　高下ス山ト与ヲレ林

B

惟意所欲適　九州（注7）可シ二(2)周尋ヌ一

(3)至レル哉人ト与レ馬　両楽不ニ相侵サ一

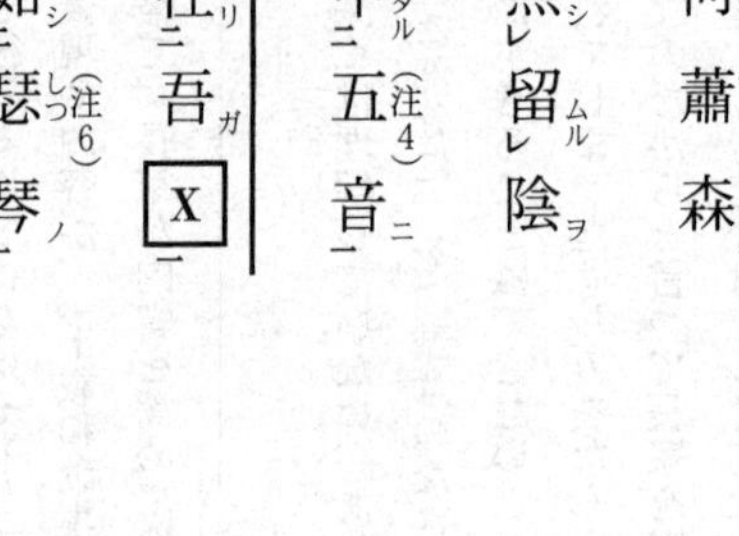

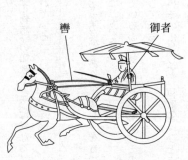

馬車を走らせる御者

（注）
1　毛骨――馬の毛なみと骨格。
2　蕭森――ひきしまって美しい。
3　歩驟――馬が駆ける音。
4　五音――中国の伝統的な音階。
5　六轡――馬車を操る手綱。
6　瑟琴――大きな琴と小さな琴。

伯楽(注8)ハ識《し》ルモ二其ノ外ヲ一　(ア)徒知ル二価ノ千金ナルヲ一

王良ハ得タリ二其ノ性ヲ一　此ノ術(イ)固已ニ深シ

良馬ハ須《ま》ツ二善馭《ぎょ》(注9)ヲ一　吾ガ言可シレ為スレ箴《しん》(注10)

（注）
7　九州——中国全土。
8　伯楽——良馬を見抜く名人。
9　善馭——すぐれた御者（前ページの図を参照）。馭は御に同じ。
10　箴——いましめ。

（欧陽脩《おうようしゅう》『欧陽文忠公集《おうようぶんちゅうこうしゅう》』による）

【問題文Ⅱ】

王良は趙《ちょう》国の襄主《じょうしゅ》に仕える臣であり、「御術」における師でもある。ある日、襄主が王良に馬車の駆け競《くら》べを挑み、三回競走して三回とも勝てなかった。くやしがる襄主が、まだ「御術」のすべてを教えていないのではないかと詰め寄ると、王良は次のように答えた。

凡ソ御之所ハレ貴ブ、馬体(a)安ンジ二于車ニ一、人心(b)調《かな》ヒ二于馬ニ一、而ル後ニ可シ二以テ(c)進ムコト速《すみ》ヤカニシテ致スレ遠キヲ。C今君後則欲レ逮レ臣、先則恐レ逮二于臣一。夫レ誘《すす》メテレ道ニ争フハレ遠キヲ、非ザレバレ先ンズルニ則チ後ルル也。而シテ(d)先後ノ心ハ在リ二于(e)臣ニ一。尚ホ何ヲ以テ調ハン二於馬ニ一。此レ君之所二以後ルル一也。

（『韓非子《かんぴし》』による）

問1　波線部(ア)「徒」・(イ)「固」のここでの意味と、最も近い意味を持つ漢字はどれか。次の各群の①～⑤のうちから、それぞれ一つずつ選べ。解答番号は 30 ・ 31 。

(ア)「徒」 30
① 只
② 復
③ 当
④ 好
⑤ 猶

(イ)「固」 31
① 強
② 難
③ 必
④ 絶
⑤ 本

問２　波線部⑴「何」・⑵「周」・⑶「至 哉」のここでの解釈として最も適当なものを、次の各群の①～⑤のうちから、それぞれ一つずつ選べ。解答番号は 32 ～ 34 。

⑴「何」 32
① どこが
② いつから
③ どのように
④ どうして
⑤ なんと

⑵「周」 33
① 手あたり次第に
② 何度も繰り返して
③ あらゆるところに
④ きちんと準備して
⑤ はるか遠くより

⑶「至 哉」 34
① あのような遠くまで行くことができるものなのか
② こんなにも人の気持ちが理解できるものなのか
③ あのような高い山まで登ることができようか
④ このような境地にまで到達できるものなのか
⑤ こんなにも速く走ることができるだろうか

問3　【問題文Ⅰ】の傍線部A「馬雖レ有二四足一遅速在二吾 X 一」は「御術」の要点を述べている。【問題文Ⅰ】と【問題文Ⅱ】を踏まえれば、【問題文Ⅰ】の空欄 X には【問題文Ⅱ】の二重傍線部(a)～(e)のいずれかが入る。空欄 X に入る語として最も適当なものを、次の①～⑤のうちから一つ選べ。解答番号は 35 。

① (a) 体
② (b) 心
③ (c) 進
④ (d) 先
⑤ (e) 臣

問4　傍線部B「惟意所欲適」の返り点の付け方と書き下し文との組合せとして最も適当なものを、次の①～⑤のうちから一つ選べ。解答番号は 36 。

① 惟意所二欲適一　惟《た》だ意の欲して適《かな》ふ所にして
② 惟意所欲レ適　惟だ意《おも》ふ所に適《かな》はんと欲して
③ 惟意レ所レ欲適　惟だ欲する所を意《おも》ひ適《ゆ》きて
④ 惟意所レ欲レ適　惟だ意の適《ゆ》かんと欲する所にして
⑤ 惟意レ所二欲適一　惟だ欲して適《ゆ》く所を意《おも》ひて

問5　傍線部C「今君後則欲レ逮レ臣、先則恐レ逮二于臣一。」の解釈として最も適当なものを、次の①～⑤のうちから一つ選べ。解答番号は［37］。

① あなたは私に後ろにつかれると馬車の操縦に集中するのに、私が前に出るとすぐにやる気を失ってしまいました。

② あなたは今回後れても追いつこうとしましたが、以前は私に及ばないのではないかと不安にかられるだけでした。

③ あなたはいつも馬車のことを後回しにして、どの馬も私の馬より劣っているのではないかと憂えるばかりでした。

④ あなたは後から追い抜くことを考えていましたが、私は最初から追いつかれないように気をつけていました。

⑤ あなたは私に後れると追いつくことだけを考え、前に出るといつ追いつかれるかと心配ばかりしていました。

問6　【問題文Ⅰ】と【問題文Ⅱ】を踏まえた「御術」と御者の説明として最も適当なものを、次の①～⑤のうちから一つ選べ。
解答番号は 38 。

① 「御術」においては、馬を手厚く養うだけでなく、よい馬車を選ぶことも大切である。王良のように車の手入れを入念にしなければ、馬を快適に走らせることのできる御者にはなれない。

② 「御術」においては、馬の心のうちをくみとり、馬車を遠くまで走らせることが大切である。王良のように馬の体調を考えながら鍛えなければ、千里の馬を育てる御者にはなれない。

③ 「御術」においては、すぐれた馬を選ぶだけでなく、馬と一体となって走ることも大切である。襄主のように他のことに気をとられていては、馬を自在に走らせる御者にはなれない。

④ 「御術」においては、馬を厳しく育て、巧みな駆け引きを会得することが大切である。王良のように常に勝負の場を意識しながら馬を育てなければ、競走に勝つことのできる御者にはなれない。

⑤ 「御術」においては、訓練場だけでなく、山と林を駆けまわって手綱さばきを磨くことも大切である。襄主のように型通りの練習をおこなうだけでは、素晴らしい御者にはなれない。

2021

共通テスト

本試験

（第2日程）

国語

解答時間 80 分
配点 200 点

第1問

次の文章を読んで、後の問い(問1～6)に答えよ。なお、設問の都合で本文の段落に 1 ～ 8 の番号を付してある。(配点　50)

1 椅子の「座」と「背」について生理学的にはふたつの問題があった。西欧での椅子の座法は、尻、腿《もも》、背をじかに椅子の面に接触させる。そこに自らの体重によって圧迫が生じる。接触とはほんらい相互的であるから、一方が硬ければ軟らかい方が圧迫される。板にじかに座ることを考えればよい。ひどい場合には、血行を阻害する。たぶん椅子の硬さは、人びとに「血の流れる袋」のような身体のイメージを喚起していたにちがいない。もうひとつは椅子に座ることで人間は両足で立つことからは解放されるとはいえ、上体を支えるには、それなりに筋肉を不断に働かせている。この筋肉の緊張が苦痛をもたらすことは、私たちが椅子の上で決して長時間、一定の姿勢をとりつづけられず、たえず動いている方がずっと楽だという経験的事実からも明らかである。椅子は休息のための道具とはいえ、身体に生理的苦痛をひきおこすものでもある。

2 一七世紀の椅子の背が後ろに傾きはじめたのは、上体を支える筋肉の緊張をいくらかでも緩和するためであった。そのためには身体を垂直の姿勢から次第に横臥《おうが》の状態に近づけていけばよい。イノケンティウス一〇世(注1)の肖像でみたように、公的な場で使われる椅子では決して威厳を失うほど後ろに靠《もた》れた姿勢がとられなかったが、「背」の後傾が純粋に生理的な身体への配慮から追求される場合もあった。その結果が、私たちがもっと後の時代の発明ではないかと想像しがちなリクライニング・チェアの発明になった。これにキャスターをとりつけた車椅子も同時にうまれていた。このふたつとも、もちろん、一七世紀にあっては高位の身障者、病人のために発明されたのである。リクライニング・チェアは、骨とそれをつつむ筋肉からなる一種のバロック(注2)的な「身体機械」のイメージを(ア)イダかせたにちがいない。次の世紀には『人間機械論』(注3)があらわれて、「人間はゼンマイの集合にすぎない」というようになる時代である。

3 一七世紀半ばにスペインの王フェリーペ二世のために考案された椅子のスケッチが残っている。普通の状態ではすでにあげた一七世紀の椅子のかたちと同じだが、後ろに重心がかかるから、倒れないために後脚を少し斜め後ろに張り出している。馬の毛を塡《つ》めたキルティング（注４）で蔽《おお》った背は両側の大きな留め金具で適度な傾きに調整でき、足台も同様の留め金具でそれにあわせて動かせるので、背を倒し足台を上げると、身体に横臥に近い姿勢をとらせることができる。こうして背を立てていると王者らしい威厳も保てる車椅子が考えられていた。実際にフェリーペ二世のためにつくられた車椅子はこのスケッチとは若干となり、天幕を張っていたようであり、足台はなかった。このような仕掛けはいろいろ工夫される。たとえばスウェーデンのチャールス一〇世の身障者椅子では、背と足台を腕木にあけた穴を通した紐《ひも》で連動させていた。病人用の椅子から、背の両側に目隠し用の袖を立てた仮眠のためのスリーピング・チェアがうまれ、それは上流社会で静かに流行した。

4　A もうひとつの生理的配慮も、背の後傾とどちらが早いともいえない時期に生じている。どちらも身体への配慮にもとづくから不思議ではない。椅子からうける圧迫をやわらげる努力は古くから行われてきた。エジプト人は座に曲面をあたえた椅子をつくっていたし、植物セン(イ)や革紐で網をあんで座の枠に張ってもいた。ギリシャのクリスモス（注５）の座も編んだしなやかなものであった。しかし、それでも充分とはいえなかったので、古代からクッションが使われてきた。エジプトでもアッシリアでも玉座には美しいクッションが使われているし、ギリシャのクリスモスの上にもクッションを置いて使うのが常であった。中世では四角い膨らんだクッションがそれ自体可動の家具のようにさえなっていた。長持ち（注６）はその上にクッションを置けば腰掛けにもなった。窓ぎわの石の腰掛けもクッションを置きさえすれば快適だった。クッションは石や木の硬さをやわらげ、身体は軟らかい触覚で座ることができた。しかし、いまから考えれば驚くことだが、クッションはその美しい色彩とともに、それだけでステータス（注７）を表示する室内装飾のひとつの要素だったのである。クッションを使うこと、つまり身体に快適さを与えること自体が政治的特権であった。オランダ語で「クッションに座る」といえば、高い官職を保持することを意味したといわれるが、この換喩法《メトニミー》（注８）が成立すること自体、いかにクッションの使用が階層性と結びついていたかを物語っている。たしかに王や女王、貴族たちを描いた絵画や版画を調べていくと、さまざまな意匠のクッションがその豊富なヴォリュームと色彩を(ウ)コジするように使われているのである。

5　こうして別々に作られ、使うときに一緒にされていた椅子とクッションが一六世紀から一七世紀にかけてひとつになりはじめた。この結びつけの技術は一七世紀のあいだに著しく発達する。最初は木の座や背の上に塡め物を素朴にとりつけることからはじまったが、椅子張り職人（アプホルストラー——実際には(注9)テキスタイル全般をあつかった職人）の技術の向上とともに、布や革で蔽われた座や背はほとんど今日のものにミ(エ)オトりしないほどに進んだ。こうした塡め物《アプホルスター》は、たんにクッションを椅子に合体させただけではなかった。それまで硬かった椅子そのもののイメージを軟らかくしてしまったことが、椅子についての概念を決定的に変え、近代の方向に椅子を押しやるきっかけになったのである。(注10)エリック・マーサーも指摘するように椅子の近代化は形態からではなく、装飾の消去からでもなく、身体への配慮、あらたに見出された快楽を志向する身体による椅子の再構成からはじまったのであった。

6　だが、近代人ならばすぐに機能化と呼んでしまいそうな椅子を成立させた思考も技術も、一七世紀にあっては限られた身分の人間なればこそ生じた身体への配慮のなかに形成されたのである。つまり傾いた背をもつ椅子も、塡め物で軟らかくなった椅子も、それ自体をいま見る限りでは「身体」との関係で説明し切れるように思えるが、さらに視野をひろげて階層社会をみれば、「もの」はほんらい社会的な関係——ここでは宮廷社会——にとりまかれ、身分に結びつく政治学をひそかにもっていたのである。むしろ「もの」を機能的にだけ理解することはすでに一種の抽象である。私たちが普通、この時代の家具とみなしているものは、実は支配階級の使用するものであり、一六世紀頃からは版画による意匠集の出版、「人形の家」という玩具でもあれば一種の商品見本でもあるものによって、新しい意匠の伝播《でんぱ》が生じるが、それは国境を越えて他の国の宮廷、小宮廷貴族、大(注11)ブルジョワジーには伝わっても、同じ国の下層へひろまることはなかった。私たちはあらためて「身体」という概念が、自然の肉体ではなく、普遍的な哲学の概念でもなく、文化の産物であり、ここまで「生理的配慮」とよんできたものも、宮廷社会のなかで生じた新しい感情やそれに伴う新しい振舞方《ふるまいかた》と切り離せない文化的価値だったことに気がつくのである。その時代に哲学では(注12)スピノザをのぞけば「身体」の不思議さに謎を感じているものはなかったのである。

7　生理的快適さに触れたとき、椅子に影響する身体を「血の流れる袋」とか「筋肉と骨からなる身体機械」とか、解剖学的肉体にもとづくイメージであるかのように語ったが、**B**実際に椅子に掛けるのは「裸の身体」ではなく「着物をまとった身体」なのである。衣装は一面では仮面と同じく社会的な記号としてパフォーマンスの一部である。同時に、実際にかさのある身体として椅子の形態に直接の影響をあたえていた。一六世紀には婦人たちは鯨骨を用いてひろがったスカート(ファージンゲール)で座るために、「背」はあるが腕木はないバック・ストゥールや、ズガベルロ(イタリアの椅子のタイプ)がうまれたし、一八世紀のフォートゥイユ(安楽椅子)の腕木がずっと後方にさげられるのも、やはり婦人たちの膨らんだスカートのためであった。このように文化としての「身体」は、さまざまな意味において単純な自然的肉体ではないのである。もちろんこの衣装も本質的には宮廷社会という構図のなかに形成されるし、宮廷社会への帰属という、政治的な記号なのである。

[8] やがてブルジョワジーが上昇し、支配の座につくとき、かれらはかつての支配階級、宮廷社会がうみだし、使用していた「もの」の文化を吸収するのである。ベンヤミン(注13)が「ルイ＝フィリップあるいは室内」で幻影として批評したブルジョワジーの家具、調度類は、この宮廷社会の「もの」の文化のケイ(オ)フに属していた。いいかえるならそっくりそのままではないが、ブルジョワジーは支配階級の所作のうちに形成された「身体」をひきついで、働く「身体」に結びつけ、充分に貴族的な色彩をもつブルジョワジー固有の「身体技法」(注14)をうみだしていたのである。**C**「身体」の仕組みはそれ自体、すでにひとつの、しかし複雑な政治過程を含んでいるのである。

(多木浩二《たきこうじ》『「もの」の詩学』による)

(注)
1　イノケンティウス一〇世の肖像――スペインの画家ベラスケスが描いた肖像画。わずかに後傾した椅子にモデルが座っている。
2　バロック――芸術様式の一つ。技巧や有機的な装飾を重視し、動的で迫力ある特色を示す。
3　『人間機械論』――フランスの哲学者ラ・メトリの著書。
4　キルティング――刺繍《ししゅう》の一種。二枚の布のあいだに綿や毛糸などを入れ、模様などを刺し縫いする。
5　クリスモス――古代ギリシャからローマ時代にかけて使われた椅子の一種。

6　長持ち――衣類や調度などを収納する、蓋付きの大きな箱。
7　ステータス――社会的地位。
8　換喩法《メトニミー》――あるものを表す際に、関係の深い別のもので置き換える表現技法。
9　テキスタイル――織物。布。
10　エリック・マーサー――イギリスの建築史家（一九一八―二〇〇一）。
11　ブルジョワジー――裕福な市民層。ブルジョアジー。
12　スピノザ――オランダの哲学者（一六三二―一六七七）。
13　ベンヤミン――ドイツの批評家（一八九二―一九四〇）。
14　「身体技法」――フランスの民族学者モースによる概念。人間は社会の中で身体の扱い方を習得することで、特定の文化に組み入れられるという考え方。

問１　傍線部(ア)〜(オ)に相当する漢字を含むものを、次の各群の①〜④のうちから、それぞれ一つずつ選べ。解答番号は 1 〜 5 。

(ア) イダかせ 1
① 複数の意味をホウガンする
② 卒業後のホウフ
③ 港にホウダイを築く
④ 交通量がホウワ状態になる

(イ) センイ 2
① 現状をイジする
② アンイな道を選ぶ
③ キョウイ的な回復力
④ 条約にイキョする

(ウ) コジ 3
① 偉人のカイコ録
② 液体のギョウコ
③ コチョウした表現
④ ココウの詩人

(エ) ミオトり 4
① 商品を棚にチンレツする
② モウレツに勉強する
③ 風船がハレツする
④ ヒレツな策を用いる

(オ) ケイフ 5
① フゴウしない証言
② フメン通りの演奏
③ フリョの事故
④ 家族をフヨウする

問2　傍線部A「もうひとつの生理的配慮も、背の後傾とどちらが早いともいえない時期に生じている。」とあるが、それはどういうことか。その説明として最も適当なものを、次の①～⑤のうちから一つ選べ。解答番号は 6 。

① 身体を横臥の状態に近づけて上体の筋肉を不断の緊張から解放する配慮が現れたのとほとんど同じ時期に、椅子にキャスターを付けて可動式とし、身体障害者や病人の移動を容易にするための配慮も現れたということ。

② 椅子の背を後傾させて上半身を支える筋肉の緊張をやわらげる配慮が現れたのとほとんど同じ時期に、椅子と一体化したクッションを用いて背や座面から受ける圧迫をやわらげる配慮も現れたということ。

③ 椅子の背を調整して一定の姿勢で座り続ける苦痛をやわらげる配慮が現れたのとほとんど同じ時期に、後傾した椅子の背にクッションを取り付けることによって体重による圧迫を軽減する配慮も現れたということ。

④ 椅子の背を後ろに傾けて上体の筋肉の緊張を低減しようという配慮が現れたのとほとんど同じ時期に、エジプトやギリシャにおいてクッションを用いることで椅子の硬さを低減させる配慮も現れたということ。

⑤ 後傾させた椅子の背によって上半身の筋肉を緊張から解放する配慮が現れたのとほとんど同じ時期に、それ自体が可動式の家具のようにさえなったクッションを用いて椅子の硬さを緩和する配慮も現れたということ。

問３　傍線部Ｂ「実際に椅子に掛けるのは『裸の身体』ではなく『着物をまとった身体』なのである」とあるが、それはどういうことか。その説明として最も適当なものを、次の①～⑤のうちから一つ選べ。解答番号は［７］。

① 宮廷社会の家具の意匠が国境と身分を越えて行き渡ったということは、身体に配慮する政治学の普遍性を示すものであり、人々が椅子に座るときの服装やふるまいといった社会的な記号の由来もここから説明できるということ。

② 貴婦人の椅子が彼女たちの衣装やふるまいに合わせてデザインされていたように、椅子の用い方には生理的な快適さの追求という説明だけでは理解できない文化的な記号としての側面もあったということ。

③ 座るのは自然的肉体であっても、服装のヴォリュームも考慮に入れた機能的な椅子が求められており、宮廷社会では貴族の服飾文化に合わせた形態の椅子がこれまでとは異なる解剖学的な記号として登場したということ。

④ 宮廷社会の椅子には、貴族たちが自分の身体に向けていた生理的な快適さへの関心を、機能性には直結しない服飾文化に振り向けることで仮面のように覆い隠そうとする政治的な記号としての役割があったということ。

⑤ 椅子と実際に接触するのは生身の身体よりも衣服であるから、貴婦人の衣装やパフォーマンスを引き立たせるために、生理的な快適さを手放してでも、社会的な記号としての華美な椅子が重視されたということ。

問４　傍線部C「『身体』の仕組みはそれ自体、すでにひとつの、しかし複雑な政治過程を含んでいるのである。」とあるが、それはどういうことか。その説明として最も適当なものを、次の①～⑤のうちから一つ選べ。解答番号は［8］。

①　ブルジョワジーはかつて労働者向けの簡素な「もの」を用いていたが、支配階級に取って代わったとき、彼らの「身体」は「もの」に実用的な機能ではなく、貴族的な装飾や快楽を求めるようになった。このように、本質的には人間の「身体」は、新しい「もの」の獲得によって新たな感覚や好みを備えて次々と変容していくものだということ。

②　ブルジョワジーは働く「身体」という固有の特徴を受け皿にして、かつての支配階級が所有していた家具や調度類といった「もの」を受け継ぎ、それを宮廷社会への帰属の印として掲げていった。このように、「身体」と「もの」の文化は部分的に支配階級の権威の影響を受けており、相互に影響し合って単純に固有性が見いだせるものではないということ。

③　ブルジョワジーがかつての支配階級に取って代わったという変革は単なる権力の奪取ではなく、貴族に固有の「もの」や「身体」で構成された宮廷文化を解消していくという側面も持っていた。このように、「身体」にかかわる文化は永続的なものではなく、新しい支配階級に合った形がそのつど生じるので予見できないということ。

④　ブルジョワジーがかつての支配階級の所作を受け継いだやり方はそっくりそのままではなく、貴族の社会における「もの」の用い方を、労働者の「身体」に適応させるような変化をともなっていた。このように、働く「身体」には「もの」の機能を追求し、それに応じて「もの」の形態を多様化させる潜在的な力があるということ。

⑤　ブルジョワジーは新しい支配階級となるにあたって貴族社会のすべてを拒否したわけではなく、彼らの働く「身体」に応じて、宮廷社会の「もの」に付随する所作や感覚を受け継いで再構成した。このように、人間の「身体」には、権力構造の変遷にともなうさまざまな社会的要素がからみ合い、新旧の文化が積み重なっているということ。

問5　この文章の構成と内容に関する説明として最も適当なものを、次の①～④のうちから一つ選べ。解答番号は 9 。

① 1 段落では、本文での議論が最終的に生理学的問題として解決できるという見通しを示し、2 ～ 5 段落では、支配階級の椅子を詳しく描写しながら 1 段落で触れた問題を解決するための過去の取り組みを説明している。

② 5 段落は、椅子の座や背を軟らかくする技術が椅子についての概念を決定的に変えてしまったことを述べており、6 段落以降でもこの変化が社会にもたらした意義についての議論を継続している。

③ 6 段落と 7 段落では、生理学的な問題への配慮という角度から論じていたそれまでの議論を踏まえて、さらに「もの」の社会的あるいは政治的な記号という側面に目を向ける必要性を説いている。

④ 8 段落は、新たな支配階級がかつての支配階級の「もの」の文化を吸収し、固有の「身体技法」を生み出したことを述べ、5 段落までの「もの」の議論と 6 段落からの「身体」の議論の接続を行っている。

問６ 次に示すのは、この文章を読んだ後に、教師の指示を受けて六人の生徒が意見を発表している場面である。本文の趣旨に**合致しないものを**、次の①～⑥のうちから二つ選べ。ただし、解答の順序は問わない。解答番号は 10 ・ 11 。

教師――この文章では「もの」と「身体」との社会的関係について論じていましたね。本文で述べられていたことを、皆さんの知っている具体的な例にあてはめて考えてみましょう。

① 生徒Ａ――快適さを求めて改良されてきた様々な家具が紹介されていましたが、家に関しても寒い地域では断熱性が高められる一方で、暑い地域では風通しが良いように作られています。私たちの「身体」がそれぞれの環境に適応して心地よく暮らしていくための工夫がいろいろ試みられ、近代的な家屋という「もの」の文化を生み出しています。

② 生徒Ｂ――身につける「もの」に複数の側面があるということは、スポーツで用いるユニホームについても言えると思います。競技の特性や選手の「身体」に合わせた機能性を重視し、そろいのデザインによって所属チームを明らかにすることはもちろんですが、同じ「もの」をファンが着て一体感を生み出す記号としての役割も大きいはずです。

③ 生徒Ｃ――「身体」という概念は文化の産物だと述べられていますが、私たちが箸を使うときのことを思い出しました。二本の棒という「もの」を用いて食事をするわけですが、単に料理を口に運べればよいのではなく、その扱い方には様々な「身体」的決まり事があって、それは文化によって規定されているのだと思います。

④ 生徒Ｄ――「身体」がまとう衣装は社会的な記号であるということでしたが、明治時代の鹿鳴館《ろくめいかん》では当時の上流階級が華やかな洋装で交流していたそうです。その姿は単なる服装という「もの」の変化にとどまらず、西洋の貴族やブルジョワジーの「身体」にまつわる文化的な価値を日本が取り入れようとしたことを示しているのではないでしょうか。

⑤　生徒E——支配階級の交代にともなって「身体」のありようが変容するとありましたが、現代ではスマートフォンの登場によって、娯楽だけでなく勉強の仕方も大きく変わってきています。このような新しい「もの」がそれを用いる世代の感覚やふるまいを変え、さらには社会の仕組みも刷新していくことになるのではないでしょうか。

⑥　生徒F——椅子や衣装にともなう所作のもつ意味に関連して、私たちが身につける「もの」の中でも、帽子には日射しを避けるという機能とは別の「身体」のふるまいにかかわる記号としての側面もあるのではないでしょうか。「脱帽」という行為は相手への敬意を表しますし、帽子を脱いだ方がふさわしい場もあると思います。

第2問

次の文章は、津村記久子《つむらきくこ》「サキの忘れ物」(二〇一七年発表)の一節である。十八歳の千春は高校を中退し、病院に併設されている喫茶店で、店長の谷中《やなか》さんとアルバイトの先輩の菊田さんと働いている。ある日、常連客の「女の人」が喫茶店に文庫本を忘れる。その本は、「サキ」という名前の外国人男性作家が書いた短編集だった。以下はそれに続く場面である。これを読んで、後の問い(問1～6)に答えよ。なお、設問の都合で本文の上に行数を付してある。(配点　50)

本を店に忘れた女の人は、いつもと同じように夜の八時にやってきた。女の人は、席に着くなり申し訳なさそうに、私昨日忘れ物をしていったかもしれないんですけど調べてもらえますか？　文庫本なんですが、と千春に言った。千春は、ありましたよ、とうなずいてすぐに忘れ物の棚に取りに行き、女の人に本を渡した。女の人は、よかった、電車に忘れてたら買い直そうと思ってたんだけど、とうれしそうに笑って本を受け取った。

「ここに忘れててよかったです。電車だと手続きが面倒だし、たぶん戻ってこないから」

「そうなんですか」

ここに忘れてよかった、というのはなんだかへんな表現だと千春は思う。でも、女の人がとても喜んでいる様子なのはよかった。

「サキ」はおもしろいですか？　どんな話を書いているかわからない顔の男の人ですね。私は別れた彼氏と付き合ってた頃、この人と結婚して娘ができたらサキっていう名前にしようと思っていました。(注1)

千春は、頭の中でそう言いながら、女の人のオーダーを取った。珍しいことだった。千春が誰かに何かを話しかけたいと思うことは。何を話しかけたいか、ちゃんと頭の中に文言が出てくるということは。

女の人は、チーズケーキとブレンドコーヒーを注文した。チーズケーキは、昨日帰り際に谷中さんが仕込んでいたもので、たぶん最後の一きれだったはずだ。

あなたは運がいいですよ。

千春はそう思いながら、もちろんそれも口にはしなかった。

手順通りコーヒーを淹《い》れて、チーズケーキを冷蔵庫から出して、昨日店に本を忘れた女の人の席へと持って行く。谷中さんは厨房《ちゅうぼう》で、昨日と同じように明日のチーズケーキの仕込みをしていた。午前に千春がビルマ（注2）のことについてたずねたことは、完全に忘れているようだった。

ソーサーに乗せたコーヒーカップと、チーズケーキのお皿をテーブルの上に置くと、女の人は、いい匂い、と言った。初めてのことだった。もしかしたら今日、忘れ物に関して注文以外の会話をしたからかもしれないし、この店に来るまでに何か良いことがあったのかもしれない、と千春は思った。

「お客さんは運がいいですよ。ケーキ、最後の一個だったんで」

そう話しながら、緊張で全身に血が巡るような感覚を千春は覚えた。今年の五月から半年ぐらいここで働いているけど、お客さんに話しかけるのは初めてだった。

「そうなんですか、それはよかったです」

女の人は、千春を見上げてかすかに笑った。千春はその表情をもう少しだけ続けさせたい、と思って、本をこの店に忘れてよかったですね、と女の人が言っていたことをそのまま言った。女の人はうなずいた。

「友達のお見舞いに来てるんですけど、眠ってる時間が長くて、本がないと間が持たないんですよね」

あと、ここから家までも一時間ぐらいあるし、と女の人は付け加えた。遠くから来ているのだな、と千春は思った。いくつか情報を与えられて、フロアには他のお客さんもいなかったし、もう少し話を続けてみよう、と千春は決めた。

「遠くからお越しなんですね」

「携帯を見ていてもいいんですけど、電車で見ると頭が痛くなるんですよね。ほんともう年だから」

おいくつなんですか？　と言いかけて、千春はやめる。女の人に年を訊《き》くのは失礼にあたるかもしれないということぐらいは、千春も知っている。

「私は電車に乗らなくなってだいぶ経《た》つから、そういう感じは忘れました」

「それは幸せですねえ」

女の人にそう言われると、千春は自分が少しびっくりするのを感じた。他の人に「幸せ」なんて言われたのは、生まれて初めてのような気がしたのだった。小さい頃にはあったかもしれないけれども、とにかく記憶の及ぶ範囲では一度もなかった。

A何も言い返せないでいると、女の人は、もしかしたら事情があるかもしれないのに、ごめんなさいね、と頭を下げて、コーヒーカップに口を付けた。千春は、自分が黙ってしまったことで女の人が(ア)居心地の悪さを感じたのではないかと怖くなって、いえいえ事情なんて、と何度も頭を下げながらその場を離れた。高校をやめたから、と言ったら、たぶんその人はより申し訳ない気持ちになるのではないかと千春は思った。千春自身にとっては、何の意欲も持てないことをやめたに過ぎなかったけれども、高校をやめることがそう頻繁にはないことは千春も知っている。

その日も女の人は、九時の少し前まで店で本を読んで帰っていった。千春は、忘れた本人のところに戻っていったものの、一度は家に持って帰った(注3)サキの本のことがどうしても気になって、家に帰るのとは反対方向の、病院の近くの遅くまで開いているチェーンの書店に寄って「サキ」の本を探した。文庫本のコーナーに入るのは初めてで、表紙を上にして置いてある本以外は、背表紙の文字だけが頼りなのでめまいがするようだった。本棚の分類が出版社別になっているということも、千春を混乱させた。女の人が忘れた本が、どこの出版社のものかなんてまったく見ていなかった。

三十分ほど文庫本のコーナーを見て回ったあと、千春は、棚の整理に来た小柄な女性の店員さんに、サキの本を探しているのですが、と話しかけた。正直、それだけの情報では、なんとかサキだとか、サキなんとかという人の本を出されるのではないかと千春は(イ)危惧したのだが、店員さんは、ああはい、少々お待ちください、と言い残した後、女の人が忘れていったのとまったく同じ本をすぐに持ってきて、今お店にはこの本しか置いていないんですけれども、と言った。千春は少し興奮して、これです、ありがとうございます、と受け取り、早足でレジに向かった。

文庫本なんて初めて買った。読めるかどうかもわからないのに。明日になったら、どうしてこんなものを買ったのと思うかもしれないけれども、それでもべつにいいやと思える値段でよかった。

いつもより遅くて長い帰り道を歩きながら、千春は、これがおもしろくてもつまらなくてもかまわない、とずっと思っていた。それ以上に、おもしろいかつまらないかをなんとか自分でわかるようになりたいと思った。それで自分が、何にもおもしろいと思えなくて高校をやめたことの埋め合わせが少しでもできるなんて(ウ)むしのいいことは望んでいなかったけれども、Bとにかく、この軽い小さい本のことだけでも、自分でわかるようになりたいと思った。

＊

次の日、その女の人は、いらなかったらいいんですけど、もしよろしければ、とすごく大きなみかんを千春と菊田さんと谷中さんに一つずつくれた。みかんというか、グレープフルーツというか、とにかく大きな丸い果物だった。すいかほどではないが、プリンスメロンぐらいの大きさはあった。レジで応対して直接もらった菊田さんによると、ブンタン、という名前らしい。

「友達の病室で、隣のベッドの患者さんの親戚の人が五つくれたんだけど、一人じゃこんなに食べれないし、明日職場で配るにしても持って帰るのがとにかく重いから、って」

菊田さんはブンタンを右手に置いて、おもしろそうに手を上下させて千春に見せた。黄色いボールみたいだった。

「隣のベッドの人のお見舞いの人が、いろんなものをくれるんだって。本当ならぜんぜん関わりがないような人同士が同じ場所にいて、その周囲の知らない人がさらに集まってくるから、入院って不思議よね」

菊田さん自身は、まだ入院はしたことがないそうだけれども、その日の暇な時間帯に谷中さんにたずねると、あるよ、とちょっと暗い声で答えた。

昨日本を買って帰った千春は、いろんな話の書き出しを読んでみて、自分に理解できそうな話をなんとか探し、牛の話を読んだ。牛専門の画家が、隣の家の庭に入り込んで、おそらく貴重な花を食べている牛を追っ払おうとするが、逆に牛は家の中に入り込んでしまい、仕方ないので画家は牛を絵に描くことにする、という話だった。牛専門の画家というのがそもそもいるのかという感じだったし、牛が人の家の庭にいて、さらに家の中に入ってくるというのもありえないと思ったが、千春は、自分の家の庭に牛がいて、それが玄関から家の中に入ってくると思うと、ちょっと愉快な気持ちになった。

その話を読んでいて、千春は、声を出して笑ったわけでも、つまらないと本を投げ出したわけでもなかった。ただ、様子を想像していたいと思い、続けて読んでいたいと思った。**C**本は、千春が予想していたようなおもしろさやつまらなさを感じさせるものではない、ということを千春は発見した。

ブンタンをもらったその日も、家に帰ってからどれか読めそうな話を読むつもりだった。ブンタンはお母さんに渡そうと思っていたが、千春は家の中のいろんなところに牛がいるところを想像していて、お母さんに渡すのは忘れて部屋に持って帰ってしまった。

また持って行くよりは、お茶を淹れて本を読みたいという気持ちが勝って、もう勉強なんてしないのに部屋に置いてある勉強机の上に、千春は大きなブンタンを置いた。**D**すっとする、良い香りがした。

(注)
1　どんな話を書いているかわからない顔の男の人——本文の前の場面で、千春は女の人が忘れた本のカバーに載っていたサキの写真を見ていた。
2　午前に千春がビルマのことについてたずねた——本文の前の場面で、サキが「ビルマ」(現在のミャンマー)の出身であることを知った千春は谷中さんに「ビルマ」について尋ねていた。
3　一度は家に持って帰ったサキの本——前日、千春は女の人が忘れた本に興味を持ち、自宅に持ち帰ってしまったが、翌日、その本を店の忘れ物の棚に戻しておいた。

問１　傍線部(ア)～(ウ)の本文中における意味として最も適当なものを、次の各群の①～⑤のうちから、それぞれ一つずつ選べ。解答番号は 12 ～ 14 。

(ア)　居心地の悪さを感じた 12
① 所在ない感じがした
② あじけない感じがした
③ やるせない感じがした
④ 落ち着かない感じがした
⑤ 心細い感じがした

(イ)　危惧した 13
① 疑いを持った
② 慎重になった
③ 気後れがした
④ 心配になった
⑤ 恐れをなした

(ウ)　むしのいい 14
① 都合がよい
② 手際がよい
③ 威勢がよい
④ 要領がよい
⑤ 気分がよい

問2　傍線部A「何も言い返せないでいる」とあるが、このときの千春の状況や心情の説明として最も適当なものを、次の①～⑤のうちから一つ選べ。解答番号は 15 。

① 周囲の誰からも自分が幸せだとは思われていないと感じていただけに、女の人から幸せだと指摘されたことで、あまり目を覚ましてくれない友達の見舞いを続ける彼女の境遇を察し、言葉を失ってしまった。

② 人から自分が幸せに見えることがあるとは思っていなかっただけに、女の人が自然な様子で千春の境遇を幸せだと言ったことに意表をつかれて、その後の会話を続ける言葉が思い浮かばなかった。

③ 女の人の笑顔をもう少し見ていたくて会話を続けているのに、幸せだったことは記憶の及ぶ限り一度もなかったために話題が思い浮かばず、何か話さなくてはならないと焦ってしまった。

④ 仕事や見舞いのために長時間電車に乗らなくてはならない女の人と比べると、高校をやめたのも電車に乗らなくてよいという点からは幸せに見えるのだと気づかされ、その皮肉に言葉が出なくなった。

⑤ これまでお客さんと会話をすることがほとんどなかったために、その場にふさわしい話し方がわからず、千春が幸せな境遇かどうかという話題をうまくやりすごす返答の仕方が見つからなかった。

問３　傍線部Ｂ「とにかく、この軽い小さい本のことだけでも、自分でわかるようになりたいと思った」とあるが、このときの千春の心情はどのようなものか。その説明として最も適当なものを、次の①～⑤のうちから一つ選べ。解答番号は 16 。

① つまらないと感じたことはやめてしまいがちな自分に最後まで本が読めるとは思えなかったが、女の人も愛読するサキの本は書店でもすぐに見つかるほど有名だとわかり、自分でも読んでみて内容を知りたいと思った。

② 高校をやめてしまった挫折感が和らぐことは期待できなくても、女の人が買い直してもよいとまで言うサキの本と同じものを入手して読むことで、その本をきっかけにして女の人とさらに親しくなりたいと思った。

③ 仕事帰りに書店に立ち寄り見つけるのに苦労しながら初めて購入した本なので、読書体験の乏しい自分でもこの軽い小さい本のことだけは、内容を知りそれなりに理解できるようになりたいと思った。

④ 娘が生まれたらつけようと思っていたサキという名を持つ作家について女の人から教えてもらいたかったのに、話がそれてしまったので、自分で読んでそのおもしろさだけでもわかりたいと思った。

⑤ 高校をやめたことの理由づけにはならなくても、何かが変わるというかすかな期待をもって、女の人と会話をするきっかけとなったこの本のおもしろさやつまらなさだけでも自分で判断できるようになりたいと思った。

問４　傍線部C「本は、千春が予想していたようなおもしろさやつまらなさを感じさせるものではない、ということを千春は発見した。」とあるが、千春は読書についてどのように思ったか。その説明として最も適当なものを、次の①～⑤のうちから一つ選べ。解答番号は 17 。

① 「牛の話」の内容そのものには嘘くささを感じたが、追い払おうとした牛を受け入れ自分の画業に生かした画家の姿勢には勇気づけられた。このことから、本を読む意義は、ただ内容を読み取るだけではなく、物語を想像し登場人物に共感することで自分の力にすることにあると思った。

② きっかけは単なる偶然でしかなかったが、初めての経験がもたらす新鮮な驚きに支えられながら「牛の話」を読み通すところまでたどり着けた。このことから、本を読む喜びは、内容のおもしろさによって与えられるのではなく、苦労して読み通すその過程によって生み出されるのだと思った。

③ 「牛の話」は日常とかけ離れていて情景を想像するのが難しかったが、世界には牛と人との生活がすぐ近くにある人たちもいるという事実を知ることができた。このことから、本を読む価値は、内容のおもしろさよりもむしろ、世の中にはまだ知らないことが多いと気づくことにあると思った。

④ 「牛の話」の内容そのものはおもしろいとは思わなかったが、未知の体験を経て想像しながら読んだ本には愛着を感じることができた。このことから、本を読んだ感動は、それを読むに至る経緯や状況によって左右されるので、内容がおもしろいかつまらないかはさほど重要ではないと思った。

⑤ 「牛の話」の内容そのものはいかにも突飛なものに思えたが、それを自分のこととして空想することには魅力が感じられた。このことから、本を読むという体験には、書かれているものをただ受けとめるだけではなく、自ら想像をふくらませてそれと関わることが含まれるのだと思った。

問5　傍線部D「すっとする、良い香りがした。」とあるが、「ブンタン」の描写と千春の気持ちや行動との関係についての説明として最も適当なものを、次の①～⑤のうちから一つ選べ。解答番号は 18 。

① 女の人が喫茶店のスタッフに一つずつくれた「ブンタン」は、人見知りで口下手だったために自分を過小評価していた千春が一人前の社会人として認められたことを示している。その香りの印象は、千春が仕事を通して前向きに生きる自信を回復する予兆となっている。

② 千春が自室に持ち込んだ「ブンタン」は、友達の見舞いの帰りに喫茶店で本を読む女の人の行動を真似、家とは反対方向の書店にわざわざ出かけて本を探した千春の憧れの強さを表している。その香りの印象は、他の人の生活に関心を持ち始めた千春の変化を示している。

③ 千春が本を読むときに自分のそばに置きたいと思った「ブンタン」は、女の人や喫茶店のスタッフに対する積極的な好意を表している。その香りの印象は、自分にしか関心のなかった千春がその場しのぎの態度を改めて周囲との関係を作っていこうとする前向きな変化を強調している。

④ 千春が手にした「ブンタン」は、長く使っていなかった勉強机に向かった千春の姿と、交流のなかった喫茶店のスタッフに「ブンタン」を分けてくれた女の人の姿とを結びつける。その香りの印象は、千春が自分の意志で新たなことに取り組もうとする積極性を表している。

⑤ 女の人がくれた「ブンタン」は、それを勉強机に置き、その香りのなかでお茶を淹れて本を読もうとしている千春の姿と、喫茶店でコーヒーを飲みながら本を読む女の人の姿とを結びつける。その香りの印象は、千春が本を読む楽しさを発見した清新な喜びにつながっている。

問６　Aさんのクラスでは国語の授業で千春の描写を中心に学んできた。続いてもうひとりの登場人物である女の人について各グループで話し合うことになった。Aさんのグループでは「(1)女の人はどのように描かれているか」「(2)千春にとって女の人はどういう存在として描かれているか」について考えることにした。次はAさんのグループの話し合いの様子である。本文の内容を踏まえて、空欄 Ⅰ ・ Ⅱ に入る最も適当なものを、後の各群の①～⑤のうちから、それぞれ一つずつ選べ。解答番号は 19 ・ 20 。

Aさん――まずは表情に注目してみよう。本文の１行目で、「申し訳なさそうに」忘れ物の本のことを尋ねてきた女の人は、４行目で本があったことを千春が告げると、うれしそうに笑っている。

Bさん――それに釣られるようにして、千春も女の人に話しかけたいと思う言葉を頭の中でめぐらせ始めている。

Cさん――千春の運んだコーヒーとチーズケーキについて、女の人が「いい匂い」と口にしたことで、二人の会話が始まったね。

Dさん――23行目で千春が緊張しながら話しかけると、女の人は笑顔で応じている。

Cさん――友達のお見舞いに来ているという自分の事情をざっくばらんに話してもいるよ。

Dさん――でも、67行目で喫茶店のスタッフに果物をあげるときに、職場で配るために持って帰るのも重いとわざわざ付け加えているのも、この人らしいね。そうそう、64行目では「もしよろしければ」という言い方もしているよ。

Aさん――そうすると、この人は Ⅰ ように描かれていることになるね。これを(1)のまとめにしよう。

Bさん――次に(2)の「千春にとって女の人はどういう存在として描かれているか」についてだけど、５行目にある「ここに忘れてよかった」、という女の人の言葉をなんだか変な表現だと思ったところから、千春の心に変化が起こっているね。

Dさん――気になる存在になった。どうしてだろう。

Aさん――文庫本もきっかけだけど、それだけじゃない。

Bさん――37行目で女の人に「それは幸せですねえ」と言われたのに千春が何も言い返せないでいたら、女の人が「もしかしたら事情があるかもしれないのに、ごめんなさいね」と言う。このやりとりは気になるね。

Cさん――女の人から「幸せ」だと言われたり、「事情があるかもしれない」と配慮されたりすることで、千春の心は揺り動かされているのかな。

Bさん――そうか、女の人は Ⅱ きっかけを千春に与えてくれたんだ。

Aさん――「わかるようになりたい」という58行目の言葉も印象的だね。Bさんの言ったことが(2)のまとめになる。

Ⅰ 19

① 相手を気遣うようでありながら、自分の心の内は包み隠す人である
② 相手と気さくに打ち解ける一方で、繊細な気遣いも見せる人である
③ 相手への配慮を感じさせつつ、内心がすぐ顔に出てしまう人である
④ 相手に気安く接しながら、どこかに緊張感を漂わせている人である
⑤ 相手の気持ちに寄り添いながら、自分の思いもさらけ出す人である

Ⅱ 20

① 周囲の誰に対しても打ち明けられないまま目をそらしてきた悩みに改めて向き合う
② 高校を中退してしまったことを後悔するばかりだった後ろ向きの思考から抜け出す
③ 流されるままにただこなしていた仕事に意義や楽しさを積極的に見出していく
④ 他の人や物事に自ら働きかけることのなかったこれまでの自分について考え始める
⑤ 他人に気遣われる経験を通して自分に欠けていた他人への配慮について意識する

第3問

次の文章は、『山路の露』の一節である。男君との恋愛関係のもつれに悩んで姿を消した女君は、やがて出家し、ある山里でひっそりと暮らしていた。女君の生存を伝え聞いた男君は、女君の弟（本文では「童」）を使いとして何度か手紙を送ったが、女君は取り合わなかった。本文は、あきらめきれない男君が女君の住む山里を訪ねる場面から始まる。これを読んで、後の問い（問1～5）に答えよ。なお、設問の都合で本文の上に行数を付してある。（配点　50）

夕霧たちこめて、道いとたどたどしけれども、深き心をしるべにて、急ぎわたり給《たま》ふも、(ア)かつはあやしく、今はそのかひあるまじきを、と思《おぼ》せども、ありし世の夢語りをだに語り合はせまほしう、行く先急がるる御心地になむ。浮雲はらふ四方《よも》の嵐に、月なごりなうすみのぼりて、千里《ちさと》(注1)の外《ほか》まで思ひやらるる心地するに、いとど思し残すことあらじかし。山深くなるままに、道いとしげう、露深ければ、御随身《ずいじん》いとやつしたれどさすがにつきづきしく、御前駆《さき》の露はらふ様もをかしく見ゆ。

かしこは、山のふもとに、いとささやかなる所なりけり。まづかの童《わらは》を入れて、案内み(注2)給へば、

「こなたの門だつ方は鎖《さ》して侍《はべ》るめり。竹の垣ほしわたしたる所に、通ふ道の侍るめり。ただ入らせ給へ。人影もし侍らず」

と聞こゆれば、

「しばし音なくてを」

とのたまひて、我ひとり入り給ふ。

小柴《こしば》といふもの(イ)はかなくしなしたるも、同じことなれど、いとなつかしく、よしある様なり。妻戸も開《あ》きて、いまだ人の起きたるにや、と見ゆれば、しげりたる前栽《せんざい》のもとよりつたひよりて、軒近き常磐木《ときはぎ》の所せくひろごりたる下にたち隠れて見給へば、こなたは仏の御前なるべし。名香《みやうがう》(注3)の香《か》、いとしみ深くかをり出でて、ただこの端つ方に行ふ人あるにや、経の巻き返さるる音もしのびやかになつかしく聞こえて、しめじめとものあはれなるに、なにとなく、やがて御涙すすむ心地して、つくづくと見ゐ給へるに、とばかりありて、行ひはてぬるにや、

「いみじの月の光や」

とひとりごちて、簾《すだれ》のつま少し上げつつ、月の顔をつくづくとながめたるかたはらめ、昔ながらの面影ふと思し出でられて、いみじうあはれなるに、見給へば、月は残りなくさし入りたるに、(注4)鈍色《にびいろ》、香染《かうぞめ》などにや、袖口なつかしう見えて、額髪《ひたひがみ》のゆらゆらと削《そ》ぎかけられたるまみのわたり、いみじうなまめかしうをかしげにて、かかるしもこそらうたげさまさりて、忍びがたうまもりゐ給へるに、なほ、とばかりながめ入りて、

「里わかぬ雲居の月の影のみや見し世の秋にかはらざるらむ」

と、しのびやかにひとりごちて、涙ぐみたる様、いみじうあはれなるに、(注5)まめ人も、さのみはしづめ給はずやありけむ、

「ふるさとの月は涙にかきくれてその世ながらの影は見ざりき」

とて、ふと寄り給へるに、いとおぼえなく、化け物などいふらむものにこそと、むくつけくて、奥ざまに引き入り給ふ袖を引き寄せ給ふままに、せきとめがたき御気色《けしき》を、さすが、それと見知られ給ふは、いと恥づかしう口惜しくおぼえつつ、ひたすらむくつけきものならばいかがはせむ、世にあるものとも聞かれ奉りぬるをこそは憂きことに思ひつつ、いかであらざりけりと聞きなほされ奉らむと、とざまかうざまに(注6)あらまされつるを、のがれがたく見あらはされ奉りぬると、せむかたなくて、涙のみ流れ出でつつ、我にもあらぬ様、いとあはれなり。

（注）
1　千里の外まで――はるか遠くまで。
2　案内み給へば――様子をうかがわせてみると。
3　名香――仏前でたく香。
4　鈍色、香染――どちらも出家者が身につける衣の色。
5　まめ人――きまじめな人。ここでは、男君を指す。
6　あらまされつる――願っていた。

問１　傍線部(ア)・(イ)の解釈として最も適当なものを、次の各群の①～⑤のうちから、それぞれ一つずつ選べ。解答番号は 21 ・ 22 。

(ア) かつはあやしく 21
① 一方では不思議で
② 一方では不愉快で
③ 一方では不気味で
④ そのうえ不体裁で
⑤ そのうえ不都合で

(イ) はかなくしなしたる 22
① かわいらしく飾ってある
② 崩れそうな様子である
③ 形ばかりしつらえてある
④ こぎれいに手入れしてある
⑤ いつのまにか枯れている

問2　二重傍線部「ありし世の夢語りをだに語り合はせまほしう、行く先急がるる御心地になむ」の語句や表現に関する説明として最も適当なものを、次の①～⑤のうちから一つ選べ。解答番号は 23 。

① 「ありし世の夢語り」には、二人の仲は前世からの縁であるはずだと、男君が夢想していたことが表現されている。

② 「だに」は「まほしう」と呼応して、男君がわずかな望みにもすがりたいような心境であったことを表現している。

③ 「語り合はせ」の「せ」は使役の意味で、男君が女君自身の口から事情を説明させようとしていることを表現している。

④ 「急がるる」の「るる」は可能の意味で、女君のためなら暗い山道を行くこともいとわない男君の決意を表現している。

⑤ 「なむ」の後には「侍らめ」が省略されているが、それをあえて書かないことで余韻をもたせた表現になっている。

問3　この文章の男君の行動や心境についての説明として最も適当なものを、次の①～⑤のうちから一つ選べ。解答番号は 24 。

① 女君のもとへ行く途上、先導の者が露を払いながら進むのを見て、山道の雰囲気に合う優美な様子だと思っていた。

② 童に女君の住まいの様子を調べさせたが、その童が余計な口出しをするのを不快に思い、黙っているように命じた。

③ 女君の住まいの様子が、かつて二人で過ごした場所の雰囲気によく似ているのを見て、懐かしさを覚えた。

④ 木陰から垣間見たところ、仏道修行に励んでいる女君の姿を目にし、女君の敬虔《けいけん》さに改めて心ひかれた。

⑤ 独り歌を詠み涙ぐむ女君の、可憐《かれん》な姿を目にするうちに、隠れて見ているだけでは飽き足りなくなってしまった。

問4　この文章の女君の心境についての説明として適当なものを、次の①～⑥のうちから二つ選べ。ただし、解答の順序は問わない。解答番号は 25 ・ 26 。

① 突然現れた男君を化け物だと思い込み、着物の袖をつかまれたことで、涙がこぼれるほど恐ろしく感じた。

② 目の前の相手が男君であることを知って動揺し、化け物であってくれたほうがまだあきらめがつくと思った。

③ 男君ほどつらい思いをしている者はこの世にいないだろうと世間が噂《うわさ》しているのを聞き、不愉快に感じていた。

④ 男君に見つかってしまったのは、歌を口ずさんだのを聞かれたせいに違いないと思い、軽率な行動を後悔した。

⑤ 男君に姿を見られてしまい、もはや逃げも隠れもできない状況になってしまったことを悟って、途方に暮れた。

⑥ 男君が以前とは打って変わってひどくやつれているのを見て、その苦悩の深さを知り、同情の気持ちがわいた。

問5　この文章では、「月」がたびたび描かれ、登場人物を照らし、和歌にも詠まれている。それぞれの場面についての説明として適当なものを、次の①～⑥のうちから二つ選べ。ただし、解答の順序は問わない。解答番号は 27 ・ 28 。

① 3行目「月なごりなうすみのぼりて」では、遠く離れた場所に住む女君のもとへといたる道のりを月が明るく照らし出すことで、夜の山道を行くことをためらっていた男君の心の迷いが払拭されたことが象徴的に表現されている。

② 16行目「月の顔をつくづくとながめたる」では、女君は月を見て男君の面影を重ねながら長々と物思いにふけっており、男君がいつかはこの山里まで訪ねてきてしまうのではないかと、女君が不安に思っていることが明示されている。

③ 16行目「月の顔をつくづくとながめたる」女君の横顔は、男君の目には昔と変わらないように見えたが、17行目「残りなくさし入りたるに」では、月の光が女君の尼姿を照らし出し、以前とは異なる魅力を男君に発見させている。

④ 15行目「いみじの月の光や」、20行目「里わかぬ雲居の月」と、女君が月を見て二度まで独りごとを言う場面では、仏道修行に専念する生活の中で、月だけが女君のつらい過去を忘れさせてくれる存在であったことが暗示されている。

⑤ 20行目「里わかぬ雲居の月」の歌における月は、世を捨てた者の暮らす山里までもあまねく照らすものとして詠まれており、昔と変わらないその光が、以前とは身の上が大きく変わってしまったことを、否応《いやおう》なく女君に意識させている。

⑥ 22行目「ふるさとの月」の歌は、20行目「里わかぬ雲居の月」の歌に答える形で詠まれたものだが、かつての女君の姿を月にたとえて出家を惜しんでいるところに、女君の苦悩を理解しない男君の、独りよがりな心が露呈している。

第4問　次の文章は、北宋《ほくそう》の文章家曾鞏《そうきよう》が東晋《とうしん》の書家王羲之《おうぎし》に関する故事を記したものである。これを読んで、後の問い（問1〜7）に答えよ。なお、設問の都合で返り点・送り仮名を省いたところがある。（配点　50）

羲之之書ハ、(ア)晩乃善シ。則チ其ノ所ハレ能クスル、蓋シ亦タ以テ二精力ヲ一自ラ致ス者ニシテ、非ザル二天成ニ一也。然レドモ後世 X レ有二能ク及ブ者一、A豈其学不レ如レ彼邪。則チ学ハ固ヨリ(イ)豈可二以少一哉。B況ンヤ欲スル三深ク造《いた》ラント二道徳ニ一者ヲ邪。墨池之上《ほとり》ハ、今為ル二州（注1）ノ学舎一ト。教（注2）授王君盛ハ、恐ルル二其ノ不ルヲ一レ章《あらは》レ也《や》、書シ二晋ノ王（注3）右軍ノ墨池之六字ヲ於楹《えい》（注4）間《かん》一ニ以テ掲グレ之ヲ。又タ告ゲテ二於鞏（注5）一ニ曰ハク、「願ハクハ有ランコトヲレ記。」C推シテ二王君之心ヲ一、豈ニ愛シテ二人之善ヲ一、雖モ二一能ト一不シテ二以テ廃セ一、而因リテ以テ及ブ二乎其ノ跡ニ一邪。其レ亦タ欲スル下推シテ二其ノ事ヲ一以テ勉《はげ》マサント中其ノ学ブ者ヲ上邪。D夫人之有一能而使後人尚之如此。況ンヤ（注6）仁人荘士之遺（注7）風余思、被《かうむル》二於来世ニ一者如何ゾ哉。

（曾鞏「墨池記《ぼくちき》」による）

(注)
1 州学舎――州に設置された学校。
2 教授王君盛――教授の王盛《おうせい》のこと。
3 王右軍――王羲之を指す。右軍は官職名。
4 楹――家屋の正面の大きな柱。
5 鞏――曾鞏の自称。
6 仁人荘士――仁愛の徳を備えた人や行いの立派な者。
7 遺風余思――後世に及ぶ感化。

問１　波線部(ア)「晩乃善」・(イ)「豈可㆓以少㆒哉」のここでの解釈として最も適当なものを、次の各群の①～⑤のうちから、それぞれ一つずつ選べ。解答番号は 29 ・ 30 。

(ア)「晩乃善」 29

① 年齢を重ねたので素晴らしい
② 年を取ってからこそが素晴らしい
③ 晩年になってさえも素晴らしい
④ 晩年のものはいずれも素晴らしい
⑤ 年齢にかかわらず素晴らしい

(イ)「豈可㆓以少㆒哉」 30

① やはり鍛錬をおろそかにするにちがいない
② きっと稽古が足りないにちがいない
③ なんと才能に恵まれないことだろうか
④ どうして努力を怠ってよいだろうか
⑤ なぜ若いときから精進しないのか

問２　空欄 **X** に入る語として最も適当なものを、次の①～⑤のうちから一つ選べ。解答番号は 31 。

① 宜
② 将
③ 未
④ 当
⑤ 猶

問３　傍線部**A**「豈 其 学 不レ如レ彼 邪」に用いられている句法の説明として適当なものを、次の①～⑥のうちから二つ選べ。ただし、解答の順序は問わない。解答番号は 32 ・ 33 。

① この文には比較の句法が用いられており、「～には及ばない」という意味を表している。
② この文には受身の句法が用いられており、「～されることはない」という意味を表している。
③ この文には限定の句法が用いられており、「～だけではない」という意味を表している。
④ この文には疑問を含んだ推量の句法が用いられており、「～ではないだろうか」という意味を表している。
⑤ この文には仮定を含んだ感嘆の句法が用いられており、「～なら～ないなあ」という意味を表している。
⑥ この文には使役を含んだ仮定の句法が用いられており、「～させたとしても～ではない」という意味を表している。

問4　傍線部B「況欲三深造二道徳一者邪。」とあるが、その解釈として最も適当なものを、次の①～⑤のうちから一つ選べ。解答番号は 34 。

① ましてつきつめて道徳を理解しようとする者がいるのだろうか。
② まして道徳を体得できない者はなおさらであろう。
③ それでもやはり道徳を根付かせたい者がいるであろう。
④ ましてしっかりと道徳を身に付けたい者はなおさらであろう。
⑤ それでも道徳を普及させたい者はなおさらではないか。

問5　傍線部C「王君之心」の説明として最も適当なものを、次の①～⑤のうちから一つ選べ。解答番号は 35 。

① 一握りの才能ある者を優遇することなく、より多くの人材を育ててゆこうとすること。
② 王羲之の墨池の跡が忘れられてしまうことを憂い、学生たちを奮起させようとすること。
③ 歴史ある学舎の跡が廃れていることを残念に思い、王羲之の例を引き合いに出して振興しようとすること。
④ 王羲之の天賦の才能をうらやみ、その書跡を模範として学生たちを導こうとすること。
⑤ 王羲之ゆかりの学舎が忘れられてしまったことを嘆き、その歴史を曾鞏に書いてもらおうとすること。

問６　傍線部Ｄ「夫人之有一能而使後人尚之如此」の返り点の付け方と書き下し文との組合せとして最も適当なものを、次の①～⑤のうちから一つ選べ。解答番号は［36］。

① 夫 人 之 有㆓一 能㆒而 使㆓後 人㆒尚㆑之㆑如㆑此
夫《か》の人の一能有りて後人を使ひて此《か》くのごとく之を尚《たつと》ぶ

② 夫 人 之 有㆓一 能㆒而 使㆓後 人 尚㆒㆑之㆑如㆑此
夫の人を之れ一能有れば而《すなは》ち後人をして此くのごときに之《ゆ》くを尚ばしむ

③ 夫 人 之 有㆓一 能㆒而 使㆓後 人 尚㆒㆑之 如㆑此
夫《そ》れ人の一能有りて後人をして之を尚ばしむること此くのごとし

④ 夫 人 之 有㆘一 能 而 使㆓後 人 尚㆒㆑之 如㆖此
夫れ人を之れ一能にして後人をして之を尚ばしむること此くのごとき有り

⑤ 夫 人 之 有㆘一 能 而 使㆓後 人㆒尚㆑之 如㆖此
夫れ人の一能にして後人を使ひて之を尚ぶこと此くのごとき有り

問７　「墨池」の故事は、王羲之が後漢の書家張芝《ちょうし》について述べた次の【資料】にも見える。本文および【資料】の内容に合致しないものを、後の①～⑤のうちから一つ選べ。解答番号は 37 。

【資料】

云《ハク》、「張芝臨《ミテ》レ池《ニ》学《ビ》レ書《ヲ》、池水尽《ク》黒《シ》。使《メバ》二人《ヲシテ》耽《ふけ》《ルコト》レ之《ニ》若《クナラ》レ是《かく》《ノ》、未《ダ》ル二必《ズシモ》後《レ》レ之《ニ》一也《ト》。」

（『晋書《しんじょ》』「王羲之伝《おうぎしでん》」による）

① 王羲之は張芝を見習って池が墨で真っ黒になるまで稽古を重ねたが、張芝には到底肩をならべることができないと考えていた。

② 王盛は王羲之が張芝に匹敵するほど書に熱中したことを墨池の故事として学生に示し、修練の大切さを伝えようとした。

③ 曾鞏は王羲之には天成の才能があったのではなく、張芝のような並外れた練習によって後に書家として大成したと考えていた。

④ 王羲之は張芝が書を練習して池が墨で真っ黒になったのを知って、自分もそれ以上の修練をして張芝に追いつきたいと思った。

⑤ 王盛は張芝を目標として励んだ王羲之をたたえる六字を柱の間に掲げ、曾鞏にその由来を文章に書いてくれるよう依頼した。

第2回
試 行

共通テスト

第2回 試行調査

国語

第2問～第5問

(注)

第2回試行調査では，第1問として記述式の問題が出されましたが，記述式の問題は，共通テストでは当面出題されないことになりましたので，本書では第1問の掲載を割愛しています。

(解答時間と配点について)

解答時間は，第1問（記述式）を含む5題で100分として設定されていました。第2問～第5問の4題の解答時間の目安は，80分となります。

配点は，第2問～第5問の合計で200点です。第1問（記述式）は段階評価（点数化されない）が行われました。

第2問

次の【資料Ⅰ】は、【資料Ⅱ】と【文章】を参考に作成しているポスターである。【資料Ⅱ】は著作権法（二〇一六年改正）の条文の一部であり、【文章】は名和《なわ》小太郎《こたろう》の『著作権2．0　ウェブ時代の文化発展をめざして』（二〇一〇年）の一部である。これらを読んで、後の問い（問1～6）に答えよ。なお、設問の都合で【文章】の本文の段落に 1 ～ 18 の番号を付し、表記を一部改めている。（配点　50）

【資料Ⅰ】

著作権のイロハ

著作物とは（「著作権法」第二条の一より）

☑「思想または感情」を表現したもの
☑思想または感情を「創作的」に表現したもの
☑思想または感情を「表現」したもの
☑「文芸、学術、美術、音楽の範囲」に属するもの

著作物の例

言語	音楽
・小説 ・脚本 ・講演　等	・楽曲 ・楽曲を伴う歌詞　等

舞踏・無言劇	美術	地図・図形
・ダンス ・日本舞踊 ・振り付け　等	・絵画 ・版画 ・彫刻　等	・学術的な図面 ・図表 ・立体図　等

著作権の例外規定（権利者の了解を得ずに著作物を利用できる）

〈例〉市民楽団が市民ホールで行う演奏会

【例外となるための条件】

a

【資料Ⅱ】

「著作権法」(抄)

（目的）

第一条　この法律は、著作物並びに実演、レコード、放送及び有線放送に関し著作者の権利及びこれに隣接する権利を定め、これらの文化的所産の公正な利用に留意しつつ、著作者等の権利の保護を図り、もつて文化の発展に寄与することを目的とする。

（定義）

第二条　この法律において、次の各号に掲げる用語の意義は、当該各号に定めるところによる。

一　著作物　思想又は感情を創作的に表現したものであつて、文芸、学術、美術又は音楽の範囲に属するものをいう。

二　著作者　著作物を創作する者をいう。

三　実演　著作物を、演劇的に演じ、舞い、演奏し、歌い、口演し、朗詠し、又はその他の方法により演ずること（これらに類する行為で、著作物を演じないが芸能的な性質を有するものを含む。）をいう。

（技術の開発又は実用化のための試験の用に供するための利用）

第三十条の四　公表された著作物は、著作物の録音、録画その他の利用に係る技術の開発又は実用化のための試験の用に供する場合には、その必要と認められる限度において、利用することができる。

（営利を目的としない上演等）

第三十八条　公表された著作物は、営利を目的とせず、かつ、聴衆又は観衆から料金（いずれの名義をもつてするかを問わず、著作物の提供又は提示につき受ける対価をいう。以下この条において同じ。）を受けない場合には、公に上演し、演奏し、上映し、又は口述することができる。ただし、当該上演、演奏、上映又は口述について実演家又は口述を行う者に対し報酬が支払われる場合は、この限りでない。

（時事の事件の報道のための利用）

第四十一条　写真、映画、放送その他の方法によつて時事の事件を報道する場合には、当該事件を構成し、又は当該事件の過程において見られ、若しくは聞かれる著作物は、報道の目的上正当な範囲内において、複製し、及び当該事件の報道に伴つて利用することができる。

【文章】

1 著作者は最初の作品を何らかの実体──記録メディア──に載せて発表する。その実体は紙であったり、カンバスであったり、空気振動であったり、光ディスクであったりする。この最初の作品をそれが載せられた実体とともに「原作品」──オリジナル──と呼ぶ。

2 著作権法は、じつは、この原作品のなかに存在するエッセンスを引き出して「著作物」と定義していることになる。そのエッセンスとは何か。A記録メディアから剝がされた記号列になる。著作権が対象とするものは原作品ではなく、この記号列としての著作物である。

3 論理的には、著作権法のコントロール対象は著作物である。しかし、そのコントロールは著作物という概念を介して物理的な実体──複製物など──へと及ぶのである。現実の作品は、物理的には、あるいは消失し、あるいは拡散してしまう。だが著作権法は、著作物を頑丈な概念として扱う。

4 もうひと言。著作物は、かりに原作品が壊されても盗まれても、保護期間内であれば、そのまま存続する。また、破れた書籍のなかにも、音程を外した歌唱のなかにも、存在する。現代のプラトニズム、とも言える。

5 著作物は、多様な姿、形をしている。繰り返せば、テキストに限っても──そして保護期間について眼をつむれば──それは神話、叙事詩、叙情詩、法典、教典、小説、哲学書、歴史書、新聞記事、理工系論文に及ぶ。いっぽう、表1の定義に(ア)ガッチするものを上記の例示から拾うと、もっとも(イ)テキゴウするものは叙情詩、逆に、定義になじみ

キーワード	排除されるもの
思想または感情	外界にあるもの(事実、法則など)
創作的	ありふれたもの
表現	発見、着想
文芸、学術、美術、音楽の範囲	実用のもの

表1　著作物の定義

にくいものが理工系論文、あるいは新聞記事ということになる。理工系論文、新聞記事には、表1から排除される要素を多く含んでいる。

6 ということで、著作権法にいう著作物の定義は叙情詩をモデルにしたものであり、したがって、著作権の扱いについても、その侵害の有無を含めて、この叙情詩モデルを通しているのである。それはテキストにとどまらない。地図であっても、伽藍《がらん》であっても、ラップであっても、プログラムであっても、それを叙情詩として扱うのである。

7 だが、ここには無方式主義(注1)という原則がある。このために、著作権法は叙情詩モデルを尺度として使えば排除されてしまうようなものまで、著作物として認めてしまうことになる。

8 叙情詩モデルについて続ける。このモデルの意味を確かめるために、その特性を表2として示そう。比較のために叙情詩の対極にあると見られる理工系論文の特性も並べておく。

9 B表2は、具体的な著作物――テキスト――について、表1を再構成したものである。ここに見るように、叙情詩型のテキストの特徴は、「私」が「自分」の価値として「一回的」な対象を「主観的」に「表現」として示したものとなる。逆に、理工系論文の特徴は、「誰」かが「万人」の価値として「普遍的」な対象について「客観的」に「着想」や「論理」や「事実」を示すものとなる。

10 話がくどくなるが続ける。二人の詩人が(注2)「太郎を眠らせ、太郎の屋根に雪ふりつむ。」というテキストを同時にべつべつに発表することは、確率的に見てほとんどゼロである。このように、叙情詩型のテキストであれば、表現の希少性は高く、したがってその著作物性――著作権の濃さ――は高い。

	叙情詩型	理工系論文型
何が特色	表現	着想、論理、事実
誰が記述	私	誰でも
どんな記述法	主観的	客観的
どんな対象	一回的	普遍的
他テキストとの関係	なし(自立的)	累積的
誰の価値	自分	万人

表2　テキストの型

11 いっぽう、誰が解読しても、特定の生物種の特定の染色体の特定の遺伝子に対するDNA配列は同じ表現になる。こちらの著作物性は低く、したがって著作権法のコントロール領域の外へはじき出されてしまう。その記号列にどれほど研究者のアイデンティティが凝縮していようと、どれほどコストや時間が投入されていようと、どれほどの財産的な価値があろうとも、である。じつは、この型のテキストの価値は内容にある。その内容とはテキストの示す着想、論理、事実、さらにアルゴリズム(注3)、発見などに及ぶ。

12 多くのテキスト――たとえば哲学書、未来予測シナリオ、歴史小説――は叙情詩と理工系論文とを(ウ)リョウタンとするスペクトル(注4)のうえにある。その著作物性については、そのスペクトル上の位置を参照すれば、およその見当はつけることができる。

13 表2から、どんなテキストであっても、「表現」と「内容」とを二重にもっている、という理解を導くこともできる。それはフェルディナン・ド・ソシュール(注5)の言う「記号表現」と「記号内容」に相当する。叙情詩尺度は、つまり著作権法は、このうち前者に注目し、この表現のもつ価値の程度によって、その記号列が著作物であるのか否かを判断するものである。ここに見られる表現の抽出と内容の排除とを、法学の専門家は「表現／内容の二分法」と言う。

14 いま価値というあいまいな言葉を使ったが、およそ何であれ、「ありふれた表現」でなければ、つまり希少性があれば、それには価値が生じる。著作権法は、テキストの表現の希少性に注目し、それが際立っているものほど、そのテキストは濃い著作権をもつ、逆であれば薄い著作権をもつと判断するのである。この二分法は著作権訴訟においてよく言及される。争いの対象になった著作物の特性がより叙情詩型なのか、そうではなくてより理工系論文型なのか、この判断によって侵害のありなしを決めることになる。

15 著作物に対する操作には、著作権に関係するものと、そうではないものとがある。前者を著作権の「利用」と言う。そのなかには多様な手段があり、これをまとめると表3となる。「コピーライト」という言葉は、この操作をすべてコピーとみなすものである。その「コピー」は日常語より多義的である。

16 表3に示した以外の著作物に対する操作を著作物の「使用」と呼ぶ。この使用に対して著作権法ははたらかない。何が「利用」

著作物／利用目的		固定型	散逸型	増殖型
そのまま		展示	上映、演奏	――――
複製		フォトコピー	録音、録画	デジタル化
移転		譲渡、貸与	放送、送信、ファイル交換	
二次的利用	変形	翻訳、編曲、脚色、映画化、パロディ化 リバース・エンジニアリング(注6)		
	組込み	編集、データベース化		

表3　著作物の利用行為(例示)

で何が「使用」か。その判断基準は明らかでない。

17 著作物の使用のなかには、たとえば、書物の(エ)エツラン、建築への居住、プログラムの実行などが含まれる。したがって、海賊版の出版は著作権に触れるが、海賊版の読書に著作権は関知しない。じつは、利用や使用の事前の操作として著作物へのアクセスという操作がある。これも著作権とは関係がない。

18 このように、著作権法は「利用／使用の二分法」も設けている。この二分法がないと、著作物の使用、著作物へのアクセスまでも著作権法がコントロールすることとなる。このときコントロールは(オ)カジョウとなり、正常な社会生活までも抑圧してしまう。たとえば、読書のつど、居住のつど、計算のつど、その人は著作者に許可を求めなければならない。ただし、現実には利用と使用との区別が困難な場合もある。

（注）
1　無方式主義――著作物の誕生とともに著作権も発生するという考え方。
2　「太郎を眠らせ、太郎の屋根に雪ふりつむ。」――三好達治「雪」の一節。
3　アルゴリズム――問題を解決する定型的な手法・技法や演算手続きを指示する規則。
4　スペクトル――多様なものをある観点に基づいて規則的に配列したもの。
5　フェルディナン・ド・ソシュール――スイス生まれの言語学者（一八五七～一九一三）。
6　リバース・エンジニアリング――一般の製造手順とは逆に、完成品を分解・分析してその仕組み、構造、性能を調べ、新製品に取り入れる手法。

問1　傍線部(ア)～(オ)に相当する漢字を含むものを、次の各群の①～⑤のうちから、それぞれ一つずつ選べ。解答番号は［1］～［5］。

(ア) ガッチする　［1］
① チメイ的な失敗
② 火災ホウチ器
③ チセツな表現
④ チミツな頭脳
⑤ 再考のヨチがある

(イ) テキゴウする　［2］
① プロにヒッテキする実力
② テキドに運動する
③ 窓にスイテキがつく
④ ケイテキを鳴らす
⑤ 脱税をテキハツする

(ウ) リョウタン　［3］
① タンセイして育てる
② 負傷者をタンカで運ぶ
③ 経営がハタンする
④ ラクタンする
⑤ タンテキに示す

(エ) エツラン　［4］
① 橋のランカンにもたれる
② シュツランの誉れ
③ ランセの英雄
④ イチランに供する
⑤ 事態はルイランの危うきにある

(オ) カジョウ　［5］
① ジョウヨ金
② ジョウチョウな文章
③ 米からジョウゾウする製法
④ 金庫のセジョウ
⑤ 家庭のジョウビ薬

問２　傍線部Ａ「記録メディアから剝がされた記号列」とあるが、それはどういうものか。【資料Ⅱ】を踏まえて考えられる例として最も適当なものを、次の①～⑤のうちから一つ選べ。解答番号は 6 。

① 実演、レコード、放送及び有線放送に関するすべての文化的所産。

② 小説家が執筆した手書きの原稿を活字で印刷した文芸雑誌。

③ 画家が制作した、消失したり散逸したりしていない美術品。

④ 作曲家が音楽作品を通じて創作的に表現した思想や感情。

⑤ 著作権法ではコントロールできないオリジナルな舞踏や歌唱。

問3 【文章】における著作権に関する説明として最も適当なものを、次の①～⑤のうちから一つ選べ。解答番号は 7 。

① 著作権に関わる著作物の操作の一つに「利用」があり、著作者の了解を得ることなく行うことができる。音楽の場合は、そのまま演奏すること、録音などの複製をすること、編曲することなどがそれにあたる。

② 著作権法がコントロールする著作物は、叙情詩モデルによって定義づけられるテキストである。したがって、叙情詩、教典、小説、歴史書などがこれにあたり、新聞記事や理工系論文は除外される。

③ 多くのテキストは叙情詩型と理工系論文型に分類することが可能である。この「二分法」の考え方に立つことで、著作権訴訟においては、著作権の侵害の問題について明確な判断を下すことができている。

④ 著作権について考える際には、「著作物性」という考え方が必要である。なぜなら、遺伝子のＤＮＡ配列のように表現の希少性が低いものも著作権法によって保護できるからである。

⑤ 著作物にあたるどのようなテキストも、「表現」と「内容」を二重にもつ。著作権法は、内容を排除して表現を抽出し、その表現がもつ価値の程度によって著作物にあたるかどうかを判断している。

問4 傍線部B「表2は、具体的な著作物――テキスト――について、表1を再構成したものである。」とあるが、その説明として最も適当なものを、次の①～⑤のうちから一つ選べ。解答番号は［8］。

① 「キーワード」と「排除されるもの」とを対比的にまとめて整理する**表1**に対し、**表2**では、「テキストの型」の観点から**表1**の「排除されるもの」の定義をより明確にしている。

② 「キーワード」と「排除されるもの」の二つの特性を含むものを著作物とする**表1**に対し、**表2**では、叙情詩型と理工系論文型とを対極とするテキストの特性によって著作物性を定義している。

③ 「キーワード」や「排除されるもの」の観点で著作物の多様な類型を網羅する**表1**に対し、**表2**では、著作物となる「テキストの型」の詳細を整理して説明をしている。

④ 叙情詩モデルの特徴と著作物から排除されるものとを整理している**表1**に対し、**表2**では、叙情詩型と理工系論文型の特性の違いを比べながら、著作物性の濃淡を説明している。

⑤ 「排除されるもの」を示して著作物の範囲を定義づける**表1**に対し、**表2**では、叙情詩型と理工系論文型との類似性を明らかにして、著作物と定義されるものの特質を示している。

問５　【文章】の表現に関する説明として**適当でないもの**を、次の①～⑤のうちから一つ選べ。解答番号は 9 。

① 第１段落第一文と第３段落第二文で用いられている「――」は、直前の語句である「何らかの実体」や「物理的な実体」を強調し、筆者の主張に注釈を加える働きをもっている。

② 第４段落第一文「もうひと言。」、第10段落第一文「話がくどくなるが続ける。」は、読者を意識した親しみやすい口語的な表現になっており、文章内容のよりいっそうの理解を促す工夫がなされている。

③ 第４段落第四文「現代のプラトニズム、とも言える」、第13段落第二文「フェルディナン・ド・ソシュールの言う『記号表現』と『記号内容』に相当する」という表現では、哲学や言語学の概念を援用して自分の考えが展開されている。

④ 第５段落第二文「叙情詩」や「理工系論文」、第13段落第一文「表現」と「内容」、第15段落第一文「著作権に関係するものと、そうではないもの」という表現では、それぞれの特質を明らかにするための事例が対比的に取り上げられている。

⑤ 第16段落第二文「はたらかない」、第四文「明らかでない」、第17段落第二文「関知しない」、第四文「関係がない」という否定表現は、著作権法の及ばない領域を明らかにし、その現実的な運用の複雑さを示唆している。

問６　【資料Ⅰ】の空欄 a に当てはまるものを、次の①～⑥のうちから三つ選べ。ただし、解答の順序は問わない。
解答番号は 10 ～ 12 。

① 原曲にアレンジを加えたパロディとして演奏すること
② 楽団の営利を目的としていない演奏会であること
③ 誰でも容易に演奏することができる曲を用いること
④ 観客から一切の料金を徴収しないこと
⑤ 文化の発展を目的とした演奏会であること
⑥ 演奏を行う楽団に報酬が支払われないこと

第３問　次の詩「紙」（『オンディーヌ』、一九七二年）とエッセイ「永遠の百合《ゆり》」（『花を食べる』、一九七七年）を読んで（ともに作者は吉原幸子《よしはらさちこ》）、後の問い（問１～６）に答えよ。なお、設問の都合でエッセイの本文の段落に 1 ～ 8 の番号を付し、表記を一部改めている。（配点　50）

紙

愛ののこした紙片が
しらじらしく　ありつづけることを
(ア)いぶかる

書いた　ひとりの肉体の
重さも　ぬくみも　体臭も
いまはないのに

こんなにも
もえやすく　いのちをもたぬ
たった一枚の黄ばんだ紙が
こころより長もちすることの　不思議

いのち　といふ不遜
A一枚の紙よりほろびやすいものが
何百枚の紙に　書きしるす　不遜

死のやうに生きれば
何も失はないですむだらうか
この紙のやうに　生きれば

さあ
ほろびやすい愛のために
乾杯
のこされた紙片に
乾杯
いのちが
蒼《あお》ざめそして黄ばむまで
（いのちでないものに近づくまで）
乾杯！

永遠の百合

1 あまり生産的とはいえない、さまざまの優雅な(イ)手すさびにひたれることは、女性の一つの美点でもあり、(何百年もの涙とひきかえの)特権であるのかもしれない。近ごろはアート・フラワーという分野も颯爽《さっそう》とそれに加わった。

2 去年の夏、私はある古い友だちに、そのような〝匂わない〟百合の花束をもらった。「秋になったら捨てて頂戴ね」という言葉を添えて。

3 私はびっくりし、そして考えた。これは謙虚か、傲慢か、ただのキザなのか。そんなに百合そっくりのつもりなのか、そうでないことを恥じているのか。人間が自然を真似《まね》る時、決して自然を超える自信がないのなら、いったいこの花たちは何なのだろう。心こめてにせものを造る人たちの、ほんものにかなわないという(ウ)いじらしさと、生理まで似せるつもりの思い上がりと。

4 枯れないものは花ではない。それを知りつつ枯れない花を造るのが、Bつくるということではないのか。──花そっくりの花も、花より美しい花もあってよい。それに香水をふりかけるもよい。だが造花が造花である限り、たった一つできないのは枯れることだ。そしてまた、たった一つできるのは枯れないことだ。

5 花でない何か。どこかで花を超えるもの。大げさに言うなら、ひと夏の百合を超える永遠の百合。それをめざす時のみ、つくるという、真似るという、不遜な行為は許されるのだ。(と、私はだんだん昂奮《こうふん》してくる。)

6 絵画だって、ことばだってそうだ。C一瞬を永遠のなかに定着する作業なのだ。個人の見、嗅いだものをひとつの生きた花とするなら、それはすべての表現にまして在るという重みをもつに決まっている。あえてそれを花を超える何かに変える──もどす──ことがたぶん、描くという行為なのだ。そのひそかな夢のためにこそ、私もまた手をこんなにノリだらけにしているのではないか。もし、もしも、ことばによって私の一瞬を枯れない花にすることができたら！

7 ──ただし、(とD私はさめる。秋になったら……の発想を、はじめて少し理解する。)「私の」永遠は、たかだかあと三十年──歴史上、私のような古風な感性の絶滅するまでの短い期間──でよい。何故《なぜ》なら、(ああ何という不変の真理！)死なないものはいのちではないのだから。

8 私は百合を捨てなかった。それは造ったものの分までうしろめたく蒼ざめながら、今も死ねないまま、私の部屋に立っている。

問1 傍線部(ア)〜(ウ)の本文中における意味として最も適当なものを、次の各群の①〜⑤のうちから、それぞれ一つずつ選べ。解答番号は 1 〜 3 。

(ア) 「いぶかる」 1
① うるさく感じる
② 誇らしく感じる
③ 冷静に考える
④ 気の毒に思う
⑤ 疑わしく思う

(イ) 「手すさび」 2
① 思いがけず出てしまう無意識の癖
② 多くの労力を必要とする創作
③ いつ役に立つとも知れない訓練
④ 必要に迫られたものではない遊び
⑤ 犠牲に見合うとは思えない見返り

(ウ) 「いじらしさ」 3
① 不満を覚えず自足する様子
② 自ら蔑み萎縮している様子
③ けなげで同情を誘う様子
④ 配慮を忘れない周到な様子
⑤ 見るに堪えない悲痛な様子

問２　傍線部Ａ「何百枚の紙に　書きしるす　不逐」とあるが、どうして「不逐」と言えるのか。エッセイの内容を踏まえて説明したものとして最も適当なものを、次の①～⑤のうちから一つ選べ。解答番号は 4 。

① そもそも不可能なことであっても、表現という行為を繰り返すことで、あたかも実現が可能なように偽るから。
② はかなく移ろい終わりを迎えるほかないものを、表現という行為を介して、いつまでも残そうとたくらむから。
③ 心の中にわだかまることからも、表現という行為を幾度も重ねていけば、いずれは解放されると思い込むから。
④ 空想でしかあり得ないはずのものを、表現という行為を通じて、実体として捉えたかのように見せかけるから。
⑤ 滅びるものの美しさに目を向けず、表現という行為にこだわることで、あくまで永遠の存在に価値を置くから。

問３　傍線部Ｂ「つくるということ」とあるが、その説明として最も適当なものを、次の①～⑤のうちから一つ選べ。解答番号は 5 。

① 対象をあるがままに引き写し、対象と同一化できるものを生み出そうとすること。
② 対象を真似てはならないと意識をしながら、それでもにせものを生み出そうとすること。
③ 対象に謙虚な態度で向き合いつつ、あえて類似するものを生み出そうとすること。
④ 対象を真似ながらも、どこかに対象を超えた部分をもつものを生み出そうとすること。
⑤ 対象の捉え方に個性を発揮し、新奇な特性を追求したものを生み出そうとすること。

問４　傍線部Ｃ「在るという重み」とあるが、その説明として最も適当なものを、次の①～⑤のうちから一つ選べ。解答番号は 6 。

① 時間的な経過に伴う喪失感の深さ。
② 実物そのものに備わるかけがえのなさ。
③ 感覚によって捉えられる個性の独特さ。
④ 主観の中に形成された印象の強さ。
⑤ 表現行為を動機づける衝撃の大きさ。

問５　傍線部Ｄ「私はさめる」とあるが、その理由として最も適当なものを、次の①～⑤のうちから一つ選べ。解答番号は 7 。

① 現実世界においては、造花も本物の花も同等の存在感をもつことを認識したから。
② 創作することの意義が、日常の営みを永久に残し続けることにもあると理解したから。
③ 花をありのままに表現しようとしても、完全を期することはできないと気付いたから。
④ 作品が時代を超えて残ることに違和感を抱き、自分の感性も永遠ではないと感じたから。
⑤ 友人からの厚意を理解もせずに、身勝手な思いを巡らせていることを自覚したから。

問６ 詩「紙」とエッセイ「永遠の百合」の表現について、次の(i)・(ii)の問いに答えよ。

(i) 次の文は詩「紙」の表現に関する説明である。文中の空欄 [a]・[b] に入る語句の組合せとして最も適当なものを、後の①～④のうちから一つ選べ。解答番号は [8]。

> 対比的な表現や [a] を用いながら、第一連に示される思いを [b] に捉え直している。

① a—擬態語　b—演繹《えんえき》的
② a—倒置法　b—反語的
③ a—反復法　b—帰納的
④ a—擬人法　b—構造的

(ii) エッセイ「永遠の百合」の表現に関する説明として最も適当なものを、次の①～④のうちから一つ選べ。解答番号は 9 。

① 第4段落における「たった一つできないのは枯れることだ。そしてまた、たった一つできるのは枯れないことだ」では、対照的な表現によって、枯れないという造花の欠点が肯定的に捉え直されている。

② 第5段落における「（と、私はだんだん昂奮してくる。）」には、第三者的な観点を用いて「私」の感情の高ぶりが強調されており、混乱し揺れ動く意識が臨場感をもって印象づけられている。

③ 第6段落における「――もどす――」に用いられている「――」によって、「私」の考えや思いに余韻が与えられ、「花」を描くことに込められた「私」の思い入れの深さが強調されている。

④ 第7段落における「『私の』永遠」の「私の」に用いられている「 」には、「永遠」という普遍的な概念を話題に応じて恣意的に解釈しようとする「私」の意図が示されている。

第４問

次の文章は『源氏物語』「手習《てならい》」巻の一節である。浮舟《うきふね》という女君は、薫《かおる》という男君の思い人だったが、匂宮《におうのみや》という男君から強引に言い寄られて深い関係になった。浮舟は苦悩の末に入水《じゅすい》しようとしたが果たせず、僧侶たちによって助けられ、比《ひ》叡山《えいざん》のふもとの小野《おの》の地で暮らしている。本文は、浮舟が出家を考えつつ、過去を回想している場面から始まる。これを読んで、後の問い（問１～５）に答えよ。（配点　50）

あさましうもてそこなひたる身を思ひもてゆけば、宮(注1)を、すこしもあはれと思ひ聞こえけむ心ぞいとけしからぬ、ただ、この人の御ゆかりにさすらへぬるぞと思へば、小島《こじま》(注2)の色を例《ためし》に契り給《たま》ひしを、などてをかしと思ひ聞こえけむとこよなく飽きにたる心地す。はじめより、薄き(注3)ながらものどやかにものし給ひし人は、この折《をり》かの折など、思ひ出《い》づるぞこよなかりける。かくてこそありけれと聞きつけられ奉らむ恥づかしさは、人よりまさりぬべし。さすがに、この世には、ありし御さまを、よそながらだに、いつかは見むずるとうち思ふ、なほわろの心や、かくだに思はじ、などＡ心ひとつをかへさふ。

からうして鶏《とり》の鳴くを聞きて、いとうれし。母の御声を聞きたらむは、ましていかならむと思ひ明かして、心地もいとあし。供(注4)にてわたるべき人もとみに来ねば、なほ臥《ふ》し給へるに、いびき(注5)の人はいととく起きて、粥《かゆ》などむつかしきことどもをもてはやして、「御前《おまへ》に、とく(ア)聞こし召せ」など寄り来て言へど、まかなひもいと心づきなく、うたて見知らぬ心地して、「なやましくなむ」と、ことなしび給ふを、強《し》ひて言ふもいと(イ)こちなし。下衆《げす》下衆しき法師ばらなどあまた来て、「僧都《そうづ》(注6)、今日下《お》りさせ給ふべし」、「などにはかには」と問ふなれば、「一品《いっぽん》の宮の御物《もの》の怪《け》になやませ給ひける、山の座主《ざす》御修法《ずほふ》仕《つか》まつらせ給へど、なほ僧都参り給はでは験《しるし》なしとて、昨日二たびなむ召し侍《はべ》りし。右大臣殿の四位少将、昨夜《よべ》夜更《ふ》けてなむ登りおはしまして、后《きさい》の宮の御文など侍りければ下りさせ給ふなり」など、いとはなやかに言ひなす。恥づかしうとも、あひて、尼になし給ひてよと言はむ、(ウ)さかしら人すくなくてよき折にこそと思へば、起きて、「心地のいとあしうのみ侍るを、僧都の下りさせ給へらむに、忌《い》(注7)むこと受け侍らむとなむ思ひ侍るを、さやうに聞こえ給へ」と語らひ給へば、ほけほけしううなづく。

例の方(注8)におはして、髪は尼君(注9)のみ梳《けづ》り給ふを、別人《ことひと》に手触れさせむもうたておぼゆるに、手づから、はた、えせぬことなれば、ただすこしとき下《くだ》して、B親にいま一たびかうながらのさまを見えずなりなむこそ、人やりならずいと悲しけれ。いたうわづらひしけにや、髪もすこし落ち細りにたる心地すれど、何ばかりもおとろへず、いと多くて、六尺(注10)ばかりなる末などぞうつくしかりける。筋なども、いとこまかにうつくしげなり。「かかれとてしも」と独りごちゐ給へり。

（注）
1　宮――匂宮。
2　小島の色を例に契り給ひし――匂宮に連れ出されて宇治川《うじがわ》のほとりの小屋で二人きりで過ごしたこと。
3　薄きながらものどやかにものし給ひし人――薫のこと。
4　供にてわたるべき人――浮舟の世話をしている女童《めのわらわ》。
5　いびきの人――浮舟が身を寄せている小野の庵《いおり》に住む、年老いた尼。いびきがひどい。
6　僧都――浮舟を助けた比叡山の僧侶。「いびきの人」の子。
7　忌むこと受け侍らむ――仏教の戒律を授けてもらいたいということ。
8　例の方――浮舟がふだん過ごしている部屋。
9　尼君――僧都の妹。
10　六尺――約一八〇センチメートル。

問1　傍線部A「心ひとつをかへさふ」とあるが、ここでの浮舟の心情の説明として最も適当なものを、次の①～⑤のうちから一つ選べ。解答番号は 1 。

① 匂宮に対して薄情だった自分を責めるとともに、現在の境遇も匂宮との縁があってこそだと感慨にふけっている。
② 匂宮と二人で過ごしたときのことを回想して、不思議なほどに匂宮への愛情を覚え満ち足りた気分になっている。
③ 薫は普段は淡々とした人柄であるものの、時には匂宮以上に情熱的に愛情を注いでくれたことを忘れかねている。
④ 小野でこのように生活していると薫に知られたときの気持ちは、誰にもまして恥ずかしいだろうと想像している。
⑤ 薫の姿を遠くから見ることすら諦めようとする自分を否定し、薫との再会を期待して気持ちを奮い立たせている。

問２　傍線部(ア)〜(ウ)の解釈として最も適当なものを、次の各群の①〜⑤のうちから、それぞれ一つずつ選べ。解答番号は［2］〜［4］。

(ア)　聞こし召せ　［2］
① お起きなさい
② 着替えなさい
③ お食べなさい
④ 手伝いなさい
⑤ お聞きなさい

(イ)　こちなし　［3］
① 気が利かない
② 大げさである
③ 優しくない
④ 気詰まりだ
⑤ つまらない

(ウ)　さかしら人　［4］
① 知ったかぶりをする人
② 口出しする人
③ 身分の高い人
④ あつかましい人
⑤ 意地の悪い人

問3　この文章の登場人物についての説明として**適当でないもの**を、次の①～⑤のうちから一つ選べ。解答番号は 5 。

① 浮舟は、朝になっても気分が悪く臥せっており、「いびきの人」たちの給仕で食事をする気にもなれなかった。
② 「下衆下衆しき法師ばら」は、「僧都」が高貴な人々からの信頼が厚い僧侶であることを、誇らしげに言い立てていた。
③ 「僧都」は、「一品の宮」のための祈禱《きとう》を延暦寺の座主に任せて、浮舟の出家のために急遽《きゅうきょ》下山することになった。
④ 「右大臣殿の四位少将」は、「僧都」を比叡山から呼び戻すために、「后の宮」の手紙を携えて「僧都」のもとを訪れた。
⑤ 「いびきの人」は、浮舟から「僧都」を呼んでほしいと言われても、ぼんやりした顔でただうなずくだけだった。

問4　傍線部B「親にいま一たびかうながらのさまを見えずなりなむこそ、人やりならずいと悲しけれ」の説明として最も適当なものを、次の①～⑤のうちから一つ選べ。解答番号は 6 。

① 「かうながらのさま」とは、すっかり容貌の衰えた今の浮舟の姿のことである。
② 「見えずなりなむ」は、「見られないように姿を隠したい」という意味である。
③ 「こそ」による係り結びは、実の親ではなく、他人である尼君の世話を受けざるを得ない浮舟の苦境を強調している。
④ 「人やりならず」には、他人を責める浮舟の気持ちが込められている。
⑤ 「『……悲しけれ』と思ひ給ふ」ではなく「悲しけれ」と結ぶ表現には、浮舟の心情を読者に強く訴えかける効果がある。

問5 次に掲げるのは、二重傍線部「かかれとてしも」に関して、生徒と教師が交わした授業中の会話である。会話中にあらわれる遍昭《へんじよう》の和歌や、それを踏まえる二重傍線部「かかれとてしも」の解釈として、会話の後に六人の生徒から出された発言①～⑥のうち、適当なものを二つ選べ。ただし、解答の順序は問わない。解答番号は 7 ・ 8 。

生徒 先生、この「かかれとてしも」という部分なんですけど、現代語に訳しただけでは意味が分からないんです。どう考えたらいいですか。

教師 それは、

たらちねはかかれとてしもむばたまの我《わ》が黒髪をなでずやありけむ

という遍昭の歌に基づく表現だから、この歌を知らないと分かりにくかっただろうね。古文には「引き歌」といって、有名な和歌の一部を引用して、人物の心情を豊かに表現する技法があるんだよ。

生徒 そんな技法があるなんて知りませんでした。和歌についての知識が必要なんですね。

教師 遍昭の歌が詠まれた経緯については、『遍昭集』という歌集が詳しいよ。歌の右側には、

なにくれといひありきしほどに、仕《つか》まつりし深草《ふかくさ》の帝《みかど》隠れおはしまして、かはらむ世を見むも、堪《た》へがたくかなし。蔵人の頭の中将などいひて、夜昼馴《な》れ仕まつりて、「名残りなからむ世に交《ま》じらはじ」とて、にはかに、家の人にも知らせで、比叡《ひえ》に上りて、頭《かしら》下ろし侍りて、思ひ侍りしも、さすがに、親などのことは、心にやかかり侍りけむ。

と、歌が詠まれた状況が書かれているよ。

生徒 そこまで分かると、浮舟とのつながりも見えてくる気がします。

教師 それでは、板書しておくから、歌が詠まれた状況も踏まえて、遍昭の和歌と『源氏物語』の浮舟、それぞれについてみんなで意見を出し合ってごらん。

① 生徒Ａ――遍昭は、お仕えしていた帝の死をきっかけに出家したんだね。そのときに「たらちね」、つまりお母さんのことを思って「母はこのように私が出家することを願って私の髪をなでたに違いない」と詠んだんだから、遍昭の親は以前から息子に出家してほしいと思っていたんだね。

② 生徒Ｂ――そうかなあ。この和歌は「母は私がこのように出家することを願って私の髪をなでたはずがない」という意味だと思うな。出家をして帝への忠義は果たしたけれど、育ててくれた親に申し訳ないという気持ちもあって、だから『遍昭集』で「さすがに」と言っているんだよ。

③ 生徒Ｃ――私はＡさんの意見がいいと思う。浮舟も出家することで、遍昭と同じくお母さんの意向に沿った生き方をしようとしているんだよ。つまり、今まで親の期待に背いてきた浮舟が、これからの人生をやり直そうとしている決意を、心の中でお母さんに誓っていることになるね。

④ 生徒Ｄ――私も和歌の解釈はＡさんのでいいと思うけど、『源氏物語』に関してはＣさんとは意見が違う。薫か匂宮と結ばれて幸せになりたいというのが、浮舟の本心だったはずだよ。自分も遍昭のように晴れ晴れした気分で出家できたらどんなにいいかという望みが、浮舟の独り言から読み取れるよ。

⑤ 生徒Ｅ――いや、和歌の解釈はＢさんのほうが正しいと思うよ。浮舟も元々は気がすすまなかった、親もそれを望んでいない、それでも過去を清算するためには出家以外に道はないとわりきった浮舟の潔さが、遍昭の歌を口ずさんでいるところに表れているんだよ。

⑥ 生徒Ｆ――私もＢさんの解釈のほうがいいと思う。でも、遍昭が出家を遂げた後に詠んだ歌を、浮舟は出家の前に思い起こしているという違いは大きいよ。出家に踏み切るだけの心の整理を、浮舟はまだできていないということが、引き歌によって表現されているんだよ。

第5問

次の【文章Ⅰ】と【文章Ⅱ】は、いずれも「狙公《そこう》」（猿飼いの親方）と「狙《そ》」（猿）とのやりとりを描いたものである。【文章Ⅰ】と【文章Ⅱ】を読んで、後の問い（問1～5）に答えよ。なお、設問の都合で返り点・送り仮名を省いたところがある。（配点　50）

【文章Ⅰ】

猿飼いの親方が芧《とち》の実を分け与えるのに、「朝三つにして夕方四つにしよう、」といったところ、猿どもはみな怒った。「それでは朝四つにして夕方三つにしよう、」といったところ、猿どもはみな悦《よろこ》んだという。

（金谷《かなや》治《おさむ》訳注『荘子』による。）

【文章Ⅱ】

楚(注1)ニ有リ二養ヒテレ狙ヲ以テ為スレ生(1)者一。楚人謂フ二之ヲ狙《そ》公《こう》ト一。(注2)旦日必ズ部(注3)二-分シテ衆狙ヲ一于庭ニ一、A使老狙率以之山中、求草木之実。賦(注4)シテ二什《じふ》ノ一ヲ一以テ自ラ(注5)奉ズ。或イハ不レンバ給セ、則チ加フ二鞭《べん》(注6)箠《すい》ヲ一焉。群狙皆畏レテ苦シムモレ之ニ、弗《ざ》ル二敢ヘテ違《たが》ハ一也。一日、有リテ二小狙一謂ヒテ二衆狙ニ一曰ハク、B「山之果、公所樹与。」曰ハク、「否《しから》ザル也。天ノ生ズル也ト。」曰ハク、「非ズンバレ公ニ不ル二得テ而取ラ一与ト。」曰ハク、「否ザル也。皆得テ而取ル也ト。」曰ハク、「然ラバ則チ吾何ゾ仮リテ二於彼ニ一而為スガ二之役ヲ一乎ト。」言未ダレ既《つ》キルニ、衆狙皆寤《さ》ム。其ノ夕、相ヒ与ニ伺ヒ二狙公之寝《い》ヌルヲ一、破リレ柵ヲ毀《こぼ》チレ柙《をり》ヲ、取リ二其ノ(2)積一、相ヒ携ヘテ而入リ二于林中一ニ、不二復タ帰一ラ。狙公卒《つひ》ニ饑《う》ヱテ而死ス。

郁《いく》(注7)離子曰ハク、「世ニ有下以テレ術ヲ使ヒテレ民ヲ而無二道揆(注8)一者上、其レ如キ二狙公ノ一乎。C 惟其昏而未レ覚也。一旦有レバレ開クコトレ之ヲ、其ノ術窮セント矣。」

（劉基《りゅうき》『郁離子』による。）

（注）
1　楚――古代中国の国名の一つ。
2　旦日――明け方。
3　部分――グループごとに分ける。
4　賦二什一一――十分の一を徴収する。
5　自奉――自らの暮らしをまかなう。
6　鞭箠――むち。
7　郁離子――著者劉基の自称。
8　道揆――道理にかなった決まり。

問1　傍線部(1)「生」・(2)「積」の意味として最も適当なものを、次の各群の①～⑤のうちから、それぞれ一つずつ選べ。解答番号は［1］・［2］。

(1)「生」［1］
① 往生
② 生計
③ 生成
④ 畜生
⑤ 発生

(2)「積」［2］
① 積極
② 積年
③ 積分
④ 蓄積
⑤ 容積

問２ 傍線部Ａ「使 老 狙 率 以 之 山 中、求 草 木 之 実」の返り点・送り仮名の付け方と書き下し文との組合せとして最も適当なものを、次の①～⑤のうちから一つ選べ。解答番号は 3 。

① 使ム下老狙ヲシテ率ヰテ以テ之キ二山中一ニ、求メ中草木之実上ヲ
老狙をして率《ひき》ゐて以て山中に之《ゆ》き、草木の実を求めしむ

② 使ヒテ二老狙一ヲ率ネ以テ之カシメ二山中一ニ、求ム二草木之実一ヲ
老狙を使ひて率《おほむ》ね以て山中に之かしめ、草木の実を求む

③ 使メテ二老狙ヲシテ率ヘ一以テ之キ二山中一ニ、求ム二草木之実一ヲ
老狙をして率《とら》へしめて以て山中に之き、草木の実を求む

④ 使シ老狙率ヰテ以テ之カバ二山中一ニ、求ム二草木之実一ヲ
使《も》し老狙率《ひき》ゐて以て山中に之かば、草木の実を求む

⑤ 使ム下老狙ヲバ率ヘテ以テ之キ二山中一ニ、求メ中草木之実上ヲ
老狙をば率《とら》へて以て山中に之き、草木の実を求めしむ

問3　傍線部B「山之果、公所樹与」の書き下し文とその解釈との組合せとして最も適当なものを、次の①～⑤のうちから一つ選べ。解答番号は 4 。

① 山の果は、公の樹《う》うる所か
　山の木の実は、猿飼いの親方が植えたものか

② 山の果は、公の所の樹《き》か
　山の木の実は、猿飼いの親方の土地の木に生《な》ったのか

③ 山の果は、公の樹《う》ゑて与ふる所か
　山の木の実は、猿飼いの親方が植えて分け与えているものなのか

④ 山の果は、公の所に樹《う》うるか
　山の木の実は、猿飼いの親方の土地に植えたものか

⑤ 山の果は、公の樹《う》うる所を与ふるか
　山の木の実は、猿飼いの親方が植えたものを分け与えたのか

問４ 傍線部Ｃ「惟 其 昏 而 未レ覚 也」の解釈として最も適当なものを、次の①～⑤のうちから一つ選べ。解答番号は 5 。

① ただ民たちが疎くてこれまで気付かなかっただけである
② ただ民たちがそれまでのやり方に満足していただけである
③ ただ猿たちがそれまでのやり方に満足しなかっただけである
④ ただ猿飼いの親方がそれまでのやり方のままにしただけである
⑤ ただ猿飼いの親方が疎くて事態の変化にまだ気付いていなかっただけである

問５　次に掲げるのは、授業の中で【文章Ⅰ】と【文章Ⅱ】について話し合った生徒の会話である。これを読んで、後の(i)～(iii)の問いに答えよ。

生徒Ａ　【文章Ⅰ】のエピソードは、有名な故事成語になっているね。
生徒Ｂ　それって何だったかな。［Ｘ］というような意味になるんだっけ。
生徒Ｃ　そうそう。もう一つの【文章Ⅱ】では、猿飼いの親方は散々な目に遭っているね。【文章Ⅰ】と【文章Ⅱ】とでは、何が違ったんだろう。
生徒Ａ　【文章Ⅰ】では、猿飼いの親方は言葉で猿を操っているね。
生徒Ｂ　【文章Ⅱ】では、猿飼いの親方はむちで猿を従わせているよ。
生徒Ｃ　【文章Ⅰ】では、猿飼いの親方の言葉に猿が丸め込まれてしまうけど……。
生徒Ａ　【文章Ⅱ】では、［Ｙ］が運命の分かれ目だよね。これで猿飼いの親方と猿との関係が変わってしまった。
生徒Ｂ　【文章Ⅱ】の最後で郁離子は、［Ｚ］と言っているよね。
生徒Ｃ　だからこそ、【文章Ⅱ】の猿飼いの親方は、「其の術窮せん。」ということになったわけか。

(i)　［Ｘ］に入る有名な故事成語の意味として最も適当なものを、次の①～⑤のうちから一つ選べ。解答番号は［６］。

①　おおよそ同じだが細かな違いがあること
②　朝に命令を下し、その日の夕方になるとそれを改めること
③　二つの物事がくい違って、話のつじつまが合わないこと
④　朝に指摘された過ちを夕方には改めること
⑤　内容を改めないで口先だけでごまかすこと

(ii) Y に入る最も適当なものを、次の①～⑤のうちから一つ選べ。解答番号は 7 。

① 猿飼いの親方がむちを打って猿をおどすようになったこと
② 猿飼いの親方が草木の実をすべて取るようになったこと
③ 小猿が猿たちに素朴な問いを投げかけたこと
④ 老猿が小猿に猿飼いの親方の素性を教えたこと
⑤ 老猿の指示で猿たちが林の中に逃げてしまったこと

(iii) Z に入る最も適当なものを、次の①～⑤のうちから一つ選べ。解答番号は 8 。

① 世の中には「術」によって民を使うばかりで、「道揆」に合うかを考えない猿飼いの親方のような者がいる
② 世の中には「術」をころころ変えて民を使い、「道揆」に沿わない猿飼いの親方のような者がいる
③ 世の中には「術」をめぐらせて民を使い、「道揆」を知らない民に反抗される猿飼いの親方のような者がいる
④ 世の中には「術」によって民を使おうとして、賞罰が「道揆」に合わない猿飼いの親方のような者がいる
⑤ 世の中には「術」で民をきびしく使い、民から「道揆」よりも多くをむさぼる猿飼いの親方のような者がいる

第１回
試 行

共通テスト

第１回 試行調査

国語

第２問～第５問

（注）

第１回試行調査では，第１問として記述式の問題が出されましたが，記述式の問題は，共通テストでは当面出題されないことになりましたので，本書では第１問の掲載を割愛しています。

（解答時間と配点について）

解答時間は，第１問（記述式）を含む５題で 100 分として設定されていました。第２問～第５問の４題の解答時間の目安は，80 分となります。

配点は，第２問～第５問の合計で 200 点です。第１問（記述式）は段階評価（点数化されない）が行われました。

第2問

次の文章と図表は、宇《う》杉《すぎ》和《かず》夫《お》「路地がまちの記憶をつなぐ」の一部である。これを読んで、後の問い（問1〜5）に答えよ。なお、表1、2及び図3については、文章中に「（表1）」などの記載はない。

表1

	近代道路空間計画システム	路地空間システム（近代以前空間システム）
主体	クルマ・交通	人間・生活
背景	欧米近代志向	土着地域性
形成	人工物質・基準標準化	自然性・多様性・手づくり性
構造	機能・合理性・均質性	A機縁物語性・場所性・領域的
空間	B広域空間システム・ヒエラルキー	地域環境システム・固有性
効果	人間条件性・国際普遍性	人間ふれあい性・地域文化継承

近代空間システムと路地空間システム

訪れた都市の内部に触れたと感じるのは、まちの路地に触れたときである。そこには香りがあって、固有で特殊でありながら、かつどこかで体験したことのある記憶がよぎる。西欧の路地は建物と建物のすきまで、さまざまなはみ出しものがなく管理されている。路地と内部空間との結びつきは窓とドアにより単純である。日本の路地は敷地と敷地の間にあり、また建物と建物の間にあり、建物には出窓あり、掃き出し窓あり、縁あり庇《ひさし》あり、塀あり等、多様で複雑である。敷地の中にも建物の中にも路地（土間）はあった。

日本の路地空間には西欧の路地にはない自然性がある。物質としての自然、形成過程としての自然、の2つである。日本の坪庭(注1)を考えてみよう。やはり建物（4つの）に囲まれた坪庭の特徴はそこが砂や石や土と緑の自然の空間である。さらにその閉じた自然は床下を通って建物外部にもつながっている。日本の路地にも、坪庭のように全面的ではないが自然性が継承されている。また路地空間の特徴は、ある数戸が集まった居住建築の中で軒や縁や緑の重なった通行空間であることである。そこは通行空間であるが居住集合のウチの空間であり、その場所は生活境域としてのまとまりがある。ソトの空間から区切られているが通行空間としてつながるこの微妙な空間システムを継承するには物理的な仕組みの継承だけでなく、近隣コミュニティの中に相関的秩序があり、通行者もそれに対応できているシステムがある。

表2

	地形と集落の路地			
	低地の路地	台地の路地	地形の縁・境界	丘陵・山と路地
非区画型路地 （オモテウラ型） （クルドサック型）	水路と自由型	トオリとウラ道	山辺路地・崖縁路地 崖（堤）下路地・階段路地 行き当たり封鎖	丘上集 崖上路地 景観と眺望
区画内型路地 （パッケージ型）	条理区画 条坊区画 近世町家区画 耕地整理 土地区画整理	条理区画 条坊区画 近世町家区画 耕地整理 土地区画整理		

現在、近代に欧米から移入され、日本の近代の中で形成されてきた都市空間・建築空間システムが環境システムと併せて改めて問われている。しかし日本にもち込まれた近代は、明治開国まではその多くは東南アジア、東アジアで変質した近代西欧文化で融和性もあった。明治に至って急速な欧米文化導入の後の日本の近代の空間計画を見れば、路地空間、路地的空間システムは常に、大枠として近代の空間システムと対照的位置にあることが理解できる。近代の空間計画の特徴を産業技術発展と都市化と近代社会形成の主要3点についてあげれば、その対照に路地空間の特徴をあげることは容易である。すなわち、路地的空間、路地的空間システムについて検討することは近代空間システムとは異なる地域に継承されてきた空間システムについて肯定的に検討することになる。

路地の形成とは記憶・持続である

路地的空間について述べる基本的な視座に、「道」「道路」の視座と「居住空間」の視座があり、どちらか片方を省くことはできない。道・道路は環境・居住空間の基本的な要素である。その環境・都市は人間を総体的に規定し、文化も個も環境の中から生まれてきた。行動を制約してしまう環境としての住宅と都市、その正しい環境、理想環境とは何かをどう問いかけるか。これが西欧の都市は古代以来明確であった。都市は神の秩序で、神と同じ形姿をもつ人間だけが自然の姿と都市の姿を生活空間として描くことができた。

これに対し、日本とアジアの都市の基本的性質である「非西欧都市」の形成を近代以前と近代に分けて、その形成経過を次の世代にどう説明・継承するのか、すなわちどう持続させていくのかが重要である。そして体験空間の形成・記憶の継承と路地的空間の持続はこの大事な現在の問題の骨格

図1

◎参道型路地的空間
東京・神田の小祠《しょうし》には、その手前の街区に参道型路地的空間が発見できた

図2

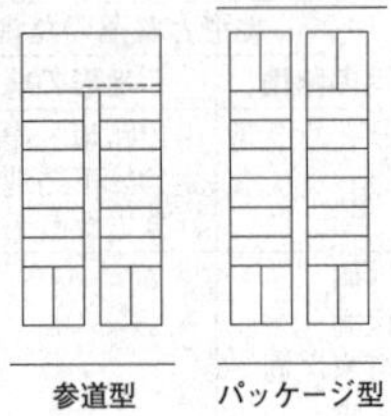

◎参道型路地空間とパッケージ型路地空間
月島の通り抜け路地は典型的なパッケージ型路地である

図3

◎東京・江東区の街区形成と通り
自動車交通、駐車スペースにならずガランとした通りもある

になり続けるものと考えることができる。この根本的な次元では現在の区画化された市街地形成のモデルだけでなく、その形成過程の記憶、原風景をも計画対象とすることが必要になっている。元来、日本の自然環境(自然景観)はアジアが共有する自然信仰の認識的な秩序の中にあった。日本のムラとマチは西欧と異なり、環境としての自然と一体的であり連続的関係であったのである。具体的には、周囲の(中心である)山と海に生活空間が深く結びついていた。結果として、路地は地形に深く結びついて継承されてきた。

まず、日本の道空間の原型・原風景は区画された街区にはないことを指摘したい。また「すべての道はローマに通ず」といわれ、ローマから拡大延長された西欧の道路空間と、日本の道空間は異なる。目的到着点をもつ参道型空間が基本であり、地域内の参道空間から折れ曲がって分かれ、より広域の次の参道空間に結びつく形式で、西欧の(注2)グリッド形式、放射形式の道路とは異なる(図1)。多くの日本のまちはこの参道空間の両側の店と住居とその裏側の空間からなり、その間に路地がある。これは城下町にも組み込まれてすきまとしての路地があるゆえに連続的、持続的であったと考えられるわけである。それによって面的に広がった計画的区画にある路地は同様のものが繰り返し連続するパッケージ型路地として前者の参道型路地、(注3)クルドサック型路地と区分できる(図2)。

この区画方形のグリッドの原型・原風景はどこか。ニューヨークはそのグリッド街路の原型をギリシャ都市に求め、近代世界の中心都市を目指した。アジアの都市にはそれとは異なる別の源流がある。日本の都市はこの区画街区に限らず、アジアの源流と欧米の源流の重複的形式の空間形成になっている。日本の路地は計画的な区画整形の中にあっても、そこに自然尊重の立場が基本にあり、その基盤となってきた。

図4

◎東京・江東区の街区の中の路地
区画整理街区にも路地的空間がまちの特性をつくっている

図5

◎東京・墨田区向島の通り
向島の通り空間はカーブしてまちの特性となっている

日本にも西欧にも街区形式の歴史と継承がある。東京にも江戸から継承された街区がある。江東区の方形整形街区方式は掘割とともに形成された。(注4)自由型の水路に沿った路地と同様、区画整形街区も水面に沿った路地と接して形成されてきた。この方形形式は震災復興区画整理事業でも、戦災後の復興計画でも継続された。ここは近代の、整形を基本とする市街地整備の典型となるものである。しかし、そこに理想とした成果・持続が確認できるであろうか(図4)。

東京の魅力ある市街地としては地形の複雑な山の手に評価がある。山の手では否応《いやおう》なく地形、自然が関連する。しかし区画整形の歴史がある江東区では、計画が機能的・経済的に短絡されてきた。その中で自然とのつながりをもつ居住区形成には、水面水路との計画的な配慮が必要だった。単に区画整形するだけでは魅力ある住宅市街地は形成されない。その計画的な配慮とは、第1に地区街区の歴史的な空間の記憶を人間スケールの空間にして継承する努力である。体験されてきた空間を誇りをもって継承する意思である。路地的空間の継承である。これらを合理的空間基準が変革対象としてきたことに問題がある。この新区画街区の傍らに、水資源活用から立地した工場敷地跡地が、水辺のオープンスペースと高層居住の眺望・景観を売りものに再開発されれば、住宅需要者の希望は超高層マンションに向かい、街区中層マンションが停滞するのは当然のことである。

この2タイプに対して、向島地区の路地的空間は街区型でもなく、開放高層居住空間でもなく、自然形成農道等からなる地域継承空間システムの文脈の中にある(図5)。そしてそこでもまた居住者の評価が高まってきている。本来、地域に継承されてきた空間システムであれば、それは計画検討課題になり、結果がよければビジョンの核にもなるものであった。ところが現実には、地域の継承空間システムは居住者の持続的居住欲求によって残り、また地域の原風景に対する一般人の希求・要求によって、結果として継承に至ったものが多く、計画的にはあくまで変革すべき対象であった経過がある。計画とはあくまで欧米空間への追随であった。また、この地域継承の路地空間システム居住地区においても駅前や北側背後に水面をもつ地区において高層マンションも含む再開発が進行している。しかし、この再開発もル・コルビュジエ(注5)の高層地区提案のように、地区を全面的に変革するものではなく、路地的空間との関係こそが計画のテーマとなる方法論が必要である。

路地的空間をもつ低層居住地区にするか、外部開放空間をもつ高層居住地区にするかといった二者択一ではなく、地域・地区の中で両空間モデルが補完・混成して成立するシステムが残っている。地域の原風景、村の原風景は都市を含めてあらゆる地域コミュニティの原点である。その村(集落)の原風景がほとんど消滅しているが、家並みと路地と共同空間からなる村とまちの原風景は、現在のストックの再建に至った時には、すべての近代空間計画地の再生にあたって、可能性を検討すべきである。都市居住にとっても路地はふれあいと場所の原風景である。近代化の中でこそ路地の原風景に特別の意味があったとすれば、それは日本の近代都市計画を継承する新たな時代の1つの原点にもなるべきものである。

（宇杉和夫他『まち路地再生のデザイン――路地に学ぶ生活空間の再生術』による。なお、一部表記を改めたところがある。）

（注）
1　坪庭――建物に囲まれた小さな庭。
2　グリッド――格子。
3　クルドサック――袋小路。
4　掘割――地面を掘って作った水路。江東区には掘割を埋め立てて道路を整備した箇所がある。
5　ル・コルビュジエ――スイス生まれの建築家（一八八七～一九六五）。

問１　文章全体の内容に照らした場合、表１の傍線部Ａ・Ｂはそれぞれどのように説明できるか。最も適当なものを、次の各群の①～⑤のうちから、それぞれ一つずつ選べ。解答番号は［１］・［２］。

Ａ　機縁物語性　［１］

①　通行空間に緑を配置し、自然の大切さを認識できる環境に優しい構造。
②　生活者のコミュニティが成立し、通行者もそこに参入できる開放的な構造。
③　生活環境としてまとまりがあり、外部と遮断された自立的な構造。
④　ウチとソトの空間に応じて人間関係が変容するような、劇的な構造。
⑤　通行空間から切り離すことで、生活空間の歴史や記憶を継承する構造。

Ｂ　広域空間システム　［２］

①　中心都市を基点として拡大延長された合理的空間システム。
②　区画整理されながらも原風景を残した近代的空間システム。
③　近代化以前のアジア的空間と融合した欧米的空間システム。
④　産業技術によって地形を平らに整備した均質的空間システム。
⑤　居住空間を減らして交通空間を優先した機能的空間システム。

問2 図2の「パッケージ型」と「参道型」の路地の説明として最も適当なものを、次の①～⑤のうちから一つ選べ。解答番号は 3 。

① パッケージ型の路地とは、近代道路空間計画システムによって区画化された車優先の路地のことであり、参道型の路地とは、アジアの自然信仰に基づいた、手つかずの自然を残した原始的な路地を指す。

② パッケージ型の路地とは、区画整理された路地が反復的に拡張された路地のことであり、参道型の路地とは、通り抜けできない目的到着点をもち、折れ曲がって持続的に広がる、城下町にあるような路地を指す。

③ パッケージ型の路地とは、ローマのような中心都市から拡大延長され一元化された路地のことであり、参道型の路地とは、祠《ほこら》のような複数の目的到達地点によって独自性を競い合うような日本的な路地を指す。

④ パッケージ型の路地とは、ギリシャの都市をモデルに発展してきた同心円状の幾何学的路地のことであり、参道型の路地とは、通行空間と居住空間が混然一体となって秩序を失ったアジア的な路地を指す。

⑤ パッケージ型の路地とは、通り抜けできる路地と通り抜けできない路地が繰り返し連続する路地のことであり、参道型の路地とは、他の路地と連続的、持続的に広がる迷路のような路地を指す。

問3　図3の江東区の一画は、どのように整備された例として挙げられているか。その説明として最も適当なものを、次の①～⑤のうちから一つ選べ。解答番号は［4］。

① 街区の一部を区画整理し、江戸の歴史的な町並みを残しつつ複合的な近代の空間に整備された例。
② 区画整理の歴史的な蓄積を生かし、人間スケールの空間的記憶とその継承を重視して整備された例。
③ 江戸から継承された水路を埋め立て、自動車交通に配慮した機能的な近代の空間に整備された例。
④ 掘割や水路を大規模に埋め立て、オープンスペースと眺望・景観を売りものにして整備された例。
⑤ 複雑な地形が連続している地の利を生かし、江戸期の掘割や水路に沿った区画に整備された例。

問4　「路地空間」・「路地的空間」はどのような生活空間と捉えられるか。文章全体に即したまとめとして適当なものを、次の①～⑥のうちから二つ選べ。解答番号は［5］。

① 自然発生的に区画化された生活空間。
② 地形に基づいて形成された生活空間。
③ 大自然の景観を一望できる生活空間。
④ 都市とは異なる自然豊かな生活空間。
⑤ 通行者の安全性を確保した生活空間。
⑥ 土地の記憶を保持している生活空間。

問5 まちづくりにおける「路地的空間」の長所と短所について、緊急時や災害時の対応の観点を加えて議論した場合、文章全体を踏まえて成り立つ意見はどれか。最も適当なものを、次の①～⑤のうちから一つ選べ。解答番号は 6 。

① 機能性や合理性を重視する都市の生活にあって、路地的空間は緊急時の対応を可能にする密なコミュニティを形成するという長所がある。一方、そうした生活境域としてのまとまりはしばしば自然信仰的な秩序とともにあるため、近代的な計画に基づいて再現することが難しいという短所がある。

② 日本の路地的空間は欧米の路地とは異なり、自然との共生や人間同士のふれあいを可能にするという長所がある。一方、自然破壊につながるような区画整理を拒否するため、居住空間と通行空間が連続的に広がらず、高齢の単身居住者が多くなり、災害時や緊急時において孤立してしまうという短所がある。

③ 豊かな自然や懐かしい風景が残存している路地的空間は、持続的に住みたいと思わせる生活空間であり、相互扶助のコミュニティが形成されやすいという長所がある。一方、計画的な区画整理がなされていないために、災害時には、緊急車両の進入を妨げたり住民の避難を困難にしたりする短所がある。

④ 路地的空間には、災害時の避難行動を可能にする機能的な道・道路であるという点で、近代的な都市の街区にはない長所がある。一方、都市居住者にとって路地的空間は地域の原風景としてばかり捉えられがちで、そうした機能性が合理的に評価されたり、活用されたりしにくいという短所がある。

⑤ 再開発を行わず近代以前の地域の原風景をとどめる低層住宅の路地的空間は、コミュニティとしての結束力が強く、非常事態においても対処できる長所がある。一方、隣接する欧米近代志向の開放高層居住空間のコミュニティとは、価値観があまりにも異なるために共存できないという短所がある。

第3問　次の文章は、複数の作家による『捨てる』という題の作品集に収録されている光原《みつはら》百合《ゆり》の小説「ツバメたち」の全文である。この文章を読んで、後の問い（問1～5）に答えよ。なお、本文の上の数字は行数を示す。

〈一羽のツバメが渡りの旅の途中で立ち寄った町で、「幸福な王子」と呼ばれる像と仲良くなった。王子は町の貧しい人々の暮らしぶりをツバメから聞いて心を痛め、自分の体から宝石や金箔《きんぱく》を外して配るよう頼む。冬が近づいても王子の願いを果たすためにその町にとどまっていたツバメは、ついに凍え死んでしまった。それを知った王子の心臓は張り裂けた。金箔をはがされてみすぼらしい姿になった王子の像は溶かされてしまうが、二つに割れた心臓だけはどうしても溶けなかった。ツバメの死骸と王子の心臓は、ともにゴミ捨て場に捨てられた。その夜、「あの町からもっとも尊いものを二つ持ってきなさい」と神に命じられた天使が降りてきて、ツバメと王子の心臓を抱き、天国へと持ち帰ったのだった。

オスカー・ワイルド作「幸福な王子」より〉

A　遅れてその町にやってきた若者は、なんとも風変わりだった。

つやのある黒い羽に敏捷《びんしょう》な身のこなし、実に見た目のいい若者だったから、南の国にわたる前、最後の骨休めをしながら翼の力をたくわえているあたしたちの群れに、問題なく受け入れられた。あたしの友だちの中にも彼に興味を示すものは何羽もいた。でも、彼がいつも夢のようなことばかり語るものだから——今まで見てきた北の土地について、これから飛んでいく南の国について、遠くを見るようなまなざしで語るばかりだったから、みんなそのうち興味をなくしてしまった。来年、一緒に巣をこしらえて子どもを育てる連れ合いには、そこらを飛んでいる虫を素早く見つけてたくさんつかまえてくれる若者がふさわしい。遠くを見るまなざしなど必要ない。

とはいえ嫌われるほどのことではないし、厳しい渡りの旅をともにする仲間は多いに越したことはないので、彼はあたしたちとそのまま一緒に過ごしていた。

そんな彼が翼繁《しげ》く通っていたのが、丘の上に立つ像のところだった。早くに死んでしまった身分の高い人間、「王子《プリンス》」と人間たちは呼んでいたが、その姿に似せて作った像だということだ。遠くからでもきらきら光っているのは、全身に金が貼ってあって、たいそう高価な宝石も使われているからだという。あたしたちには金も宝石も用はないが。

人間たちはこの像をひどく大切にしているようで、何かといえばそのまわりに集まって、列を作って歩くやら歌うやら踊るやら、(ア)ギョウギョウしく騒いでいた。

彼はその像の肩にとまって、あれこれとおしゃべりするのが好きなようだった。王子の像も嬉《うれ》しそうに応じていた。

「一体何を、あんなに楽しそうに話しているの？」

彼にそう聞いてみたことがある。

「僕の見てきた北の土地や、まだ見ていないけれど話に聞く南の国のことをね。あの方はお気の毒に、人間として生きていらした間も、身分が高いせいでいつもお城の中で守られていて、そう簡単にはよその土地に行けなかったんだ。憧れていた遠い場所の話を聞けるのが、とても嬉しいと言ってくださってる」

「そりゃよかったわね」

あたしたちには興味のない遠い土地の話が、身分の高いお方とやらには嬉しいのだろう。誇らしげに話す彼の様子が腹立たしく、あたしはさっさと朝食の虫を捕まえに飛び立った。

やがて彼が、王子と話すだけでなく、そこから何かをくわえて飛び立って、町のあちこちに飛んでいく姿をよく見かけるようになった。南への旅立ちも近いというのに一体何をしているのか、あたしには不思議でならなかった。

風は日増しに冷たくなっていた。あたしたちの群れの長老が旅立ちの日を決めたが、それを聞いた彼は、自分は行かない、と答えたらしい。自分に構わず発《た》ってくれと。

　仲間たちは皆、彼のことは放っておけと言ったが、あたしは気になった。いよいよ明日は渡りに発つという日、あたしは彼をつかまえ、逃げられないよう足を踏んづけておいてから聞いた。ここで何をしているのか、なにをするつもりなのか。

　彼はあたしの方は見ずに、丘の上の王子の像を遠く眺めながら答えた。

「僕はあの方を飾っている宝石を外して、それから体に貼ってある金箔をはがして、貧しい人たちに持って行っているんだ。あの方に頼まれたからだ。あの方は、この町の貧しい人たちが食べ物も薪《まき》も薬も買えずに苦しんでいることを、ひどく気にしておられる。こんな悲しいことを黙って見ていることはできない、けれどご自分は台座から降りられない。だから僕にお頼みになった。僕が宝石や金箔を届けたら、おなかをすかせた若者がパンを、凍える子どもが薪を、病気の年寄りが薬を買うことができるんだ」

　あたしにはよくわからなかった。

「どうしてあなたが、それをするの？」

「誰かがしなければならないから」

「だけど、どうしてあなたが、その『誰か』なの？　なぜあなたがしなければならないの？　ここにいたのでは、長く生きられないわよ」

　あたしは重ねて聞いた。彼は馬鹿にしたような目で、ちらっとあたしを見た。

「君なんかには、僕らのやっていることの尊さは B わからないさ」

　腹が立ったあたしは「勝手にすれば」と言って、足をのけた。彼ははばたいて丘の上へと飛んで行った。あたしはそれをただ見送った。

　長い長い渡りの旅を終え、あたしたちは南の海辺の町に着いた。あたしは数日の間、海を見下ろす木の枝にとまって、沖のほうを眺めていた。彼が遅れて飛んで来はしないかと思ったのだ。しかし彼が現れることはなく、やがて嵐がやって来て、数日の間海を閉ざした。

　この嵐は冬の(イ)トウライを告げるもので、北の町はもう、あたしたちには生きていけない寒さになったはずだと、年かさのツバメたちが話していた。

　彼もきっと、もう死んでしまっているだろう。

彼はなぜ、あの町に残ったのだろうか。貧しい人たちを救うため、自分ではそう思っていただろう。あたしなどにはそんな志はわからないのだと。でも本当のところは、大好きな王子の喜ぶ顔を見たかっただけではないか。

そうして王子はなぜ、彼に使いを頼んだのだろう。貧しい人たちを救うため、自分ではそう思っていただろう。でも……。

まあいい。どうせあたしにはCわからない、どうでもいいことだ。春になればあたしたちは、また北の土地に帰っていく。

あたしはそこで、彼のような遠くを見るまなざしなど持たず、近くの虫を見つけてせっせとつかまえ、子どもたちを一緒に育ててくれる若者とショ(ウ)タイを持つことだろう。

　それでも、もしまた渡りの前にあの町に寄って「幸福な王子」の像を見たら、聞いてしまうかもしれない。

あなたはただ、自分がまとっていた重いものを、捨てたかっただけではありませんか。そして、命を捨てても自分の傍《そば》にいたいと思う者がただひとり、いてくれればいいと思ったのではありませんか――と。

（光原百合他『アンソロジー　捨てる』による。）

問1　傍線部(ア)〜(ウ)に相当する漢字を含むものを、次の各群の①〜⑤のうちから、それぞれ一つずつ選べ。解答番号は［1］〜［3］。

(ア)　ギョウギョウしく［1］
①　会社のギョウセキを掲載する
②　クギョウに耐える
③　思いをギョウシュクした言葉
④　イギョウの鬼
⑤　ギョウテンするニュース

(イ)　トウライ［2］
①　孤軍フントウ
②　本末テントウ
③　トウイ即妙
④　用意シュウトウ
⑤　不偏フトウ

(ウ)　ショタイを持つ［3］
①　アクタイをつく
②　新たな勢力のタイトウ
③　タイマンなプレー
④　家庭のアンタイを願う
⑤　秘書をタイドウする

問2 傍線部A「遅れてその町にやってきた若者は、なんとも風変わりだった。」にある「若者」の「風変わり」な点について説明する場合、本文中の波線を引いた四つの文のうち、どの文を根拠にするべきか。最も適当なものを、次の①～④のうちから一つ選べ。解答番号は 4 。

① つやのある黒い羽に敏捷な身のこなし、実に見た目のいい若者だったから、南の国にわたる前、最後の骨休めをしながら翼の力をたくわえているあたしたちの群れに、問題なく受け入れられた。

② あたしの友だちの中にも彼に興味を示すものは何羽もいた。

③ でも、彼がいつも夢のようなことばかり語るものだから――今まで見てきた北の土地について、これから飛んでいく南の国について、遠くを見るようなまなざしで語るばかりだったから、みんなそのうち興味をなくしてしまった。

④ とはいえ嫌われるほどのことではないし、厳しい渡りの旅をともにする仲間は多いに越したことはないので、彼はあたしたちとそのまま一緒に過ごしていた。

問３　傍線部Ｂ「わからないさ」及び傍線部Ｃ「わからない」について、「彼」と「あたし」はそれぞれどのような思いを抱いていたか。その説明として最も適当なものを、傍線部Ｂについては次の【Ⅰ群】の①～③のうちから、傍線部Ｃについては後の【Ⅱ群】の①～③のうちから、それぞれ一つずつ選べ。解答番号は［5］・［6］。

【Ⅰ群】［5］

① 南の土地に渡って子孫を残すというツバメとしての生き方に固執し、生活の苦しさから救われようと「王子」の像にすがる町の人々の悲痛な思いを理解しない「あたし」の利己的な態度に、軽蔑の感情を隠しきれない。

② 町の貧しい人たちを救おうとする「王子」と、命をなげうってそれを手伝う自分を理解するどころか、その行動を自己陶酔だと厳しく批判する「あたし」に、これ以上踏み込まれたくないと嫌気がさしている。

③ 群れの足並みを乱させまいとどう喝する「あたし」が、暴力的な振る舞いに頼るばかりで、「王子」の行いをどれほど熱心に説明しても理解しようとする態度を見せないことに、裏切られた思いを抱き、失望している。

【Ⅱ群】［6］

① 「王子」の像を金や宝石によって飾り、祭り上げる人間の態度は、ツバメである「あたし」にとっては理解できないものであり、そうした「王子」に生命をかけて尽くしている「彼」のこともまたいまだに理解しがたく感じている。

② 無謀な行動に突き進んでいこうとする「彼」を救い出す言葉を持たず、暴力的な振る舞いでかえって「彼」を突き放してしまったことを悔い、これから先の生活にもその後悔がついて回ることを恐れている。

③ 貧しい人たちを救うためというより、「王子」に尽くすためだけに「彼」は行動しているに過ぎないと思っているが、「彼」自身の拒絶によってふたりの関係に介入することもできず、割り切れない思いを抱えている。

問4 この小説は、オスカー・ワイルド「幸福な王子」のあらすじの記載から始まっている。この箇所（X）とその後の文章（Y）との関係はどのようなものか。その説明として適当なものを、次の ① 〜 ⑥ のうちから二つ選べ。解答番号は 7 。

① Xでは、神の視点から「一羽のツバメ」と「王子」の自己犠牲的な行為が語られ、最後には救済が与えられることで普遍的な博愛の物語になっている。ツバメたちの視点から語り直すYは、Xに見られる神の存在を否定した上で、「彼」と「王子」のすれ違いを強調し、それによってもたらされた悲劇へと読み替えている。

② Xの「王子」と「一羽のツバメ」の自己犠牲は、人々からは認められなかったものの、最終的には神によってその崇高さを保証される。Yでも、献身的な「王子」に「彼」が命を捨てて仕えただろうことが暗示されるが、その理由はいずれも、「あたし」によって、個人的な願望に基づくものへと読み替えられている。

③ Yでは、「あたし」という感情的な女性のツバメの視点を通して、理性的な「彼」を批判し、超越的な神の視点も破棄している。こうして、「一羽のツバメ」と「王子」の英雄的な自己犠牲が神によって救済されるというXの幸福な結末を、「あたし」の介入によって、救いのない悲惨な結末へと読み替えている。

④ Yには、「あたし」というツバメが登場し、「王子」に向けた「彼」の言動の不可解さに言及する「あたし」の心情が中心化されている。「一羽のツバメ」と「王子」が誰にも顧みられることなく悲劇的に終わるXを、Yは、「彼」と家庭を持ちたいという「あたし」の思いの成就を暗示する恋愛物語へと読み替えている。

⑤ Xは、愚かな人間たちによって捨てられた「一羽のツバメ」の死骸と「王子」の心臓が、天使によって天国に迎えられるという逆転劇の構造を持っている。その構造は、Yにおいて、仲間によって見捨てられた「彼」の死が「あたし」によって「王子」のための自己犠牲として救済されるという、別の逆転劇に読み替えられている。

⑥　Xでは、貧しい人々に分け与えるために宝石や金箔を外すという「王子」の自己犠牲的な行為は、「一羽のツバメ」の献身とともに賞賛されている。それに対して、Yでは、「王子」が命を捧げるように「彼」に求めつつ、自らは社会的な役割から逃れたいと望んでいるとして、捨てるという行為の意味が読み替えられている。

問５　次の【Ⅰ群】のａ〜ｃの構成や表現に関する説明として最も適当なものを、後の【Ⅱ群】の①〜⑥のうちから、それぞれ一つずつ選べ。解答番号は 8 〜 10 。

【Ⅰ群】

ａ　１〜７行目のオスカー・ワイルド作「幸福な王子」の記載　8

ｂ　12行目「彼がいつも夢のようなことばかり語るものだから——」の「——」　9

ｃ　56行目以降の「あたし」のモノローグ（独白）　10

【Ⅱ群】

①　最終場面における物語の出来事の時間と、それを語っている「あたし」の現在時とのずれが強調されている。

②　「彼」の性質を端的に示した後で具体的な例が重ねられ、その性質に注釈が加えられている。

③　断定的な表現を避け、言いよどむことで、「あたし」が「彼」に対して抱く不可解さが強調されている。

④　「王子」の像も人々に見捨てられるという、「あたし」にも想像できなかった展開が示唆されている。

⑤　「あたし」の、「王子」や「彼」の行動や思いに対して揺れる複雑な心情が示唆されている。

⑥　自問自答を積み重ねる「あたし」の内面的な成長を示唆する視点が加えられている。

第4問

『源氏物語』は書き写す人の考え方によって本文に違いが生じ、その結果、本によって表現が異なっている。次の【文章Ⅰ】と【文章Ⅱ】は、ともに『源氏物語』（桐壺《きりつぼ》の巻）の一節で、最愛の后《きさき》である桐壺の更衣《こうい》を失った帝《みかど》のもとに、更衣の母から故人の形見の品々が届けられた場面である。【文章Ⅰ】は藤原定家が整えた本文に基づき、【文章Ⅱ】は源光行《みつゆき》・親行《ちかゆき》親子が整えた本文に基づいている。また、【文章Ⅲ】は源親行によって書かれた『原中最秘抄《げんちゅうさいひしょう》』の一節で、【文章Ⅱ】のように本文を整えたときの逸話を記している。【文章Ⅰ】〜【文章Ⅲ】を読んで、後の問い（問1〜6）に答えよ。

【文章Ⅰ】

かの贈りもの御覧ぜさす。（注1）亡き人の住みか尋ねいでたりけむ、(ア)しるしの釵《かんざし》ならましかば、と思《おも》ほすも、いとかひなし。

(イ)尋ねゆく幻もがなつてにても魂《たま》のありかをそこと知るべく

（注2）絵に描ける楊貴妃《やうきひ》の容貌《かたち》は、いみじき絵師と言へども、筆限りありければ、いと匂ひ少なし。（注3）太液《たいえき》の芙蓉《ふよう》、未央《びあう》の柳も、げに通ひたりし容貌を、唐《から》めいたるよそひはうるはしうこそありけめ、なつかしうらうたげなりしを思《おぼ》し出《い》づるに、花鳥《はなとり》の色にも音《ね》にも、よそふべきかたぞなき。

【文章Ⅱ】

かの贈りもの御覧ぜさす。亡き人の住みか尋ねいでたりけむ、しるしの釵ならましかば、と思すも、いとかなし。

尋ねゆく幻もがなつてにても魂のありかをそこと知るべく

絵に描ける楊貴妃の容貌は、いみじき絵師と言へども、筆限りありければ、いと匂ひ少なし。太液の芙蓉も、げに通ひたりし容貌・色あひ、唐めいたりけむよそひはうるはしう、けうらにこそはありけめ、なつかしうらうたげなりしありさまは、女郎花《をみなえし》の風になびきたるよりもなよび、撫子《なでしこ》の露に濡《ぬ》れたるよりもらうたく、なつかしかりし容貌・気配を思し出づるに、花鳥の色にも音にも、よそふべきかたぞなき。

（注） 1 亡き人の住みか尋ねいでたりけむ、しるしの釵――唐の玄宗皇帝と楊貴妃の愛の悲劇を描いた漢詩「長恨歌」による表現。玄宗皇帝は、最愛の后であった楊貴妃の死後、彼女の魂のありかを求めるように道士（幻術士）に命じ、道士は楊貴妃に会った証拠に金の釵を持ち帰った。

2 絵――更衣の死後、帝が明けても暮れても見ていた「長恨歌」の絵のこと。

3 太液の芙蓉、未央の柳――太液という池に咲いている蓮《はす》の花と、未央という宮殿に植えられている柳のことで、いずれも美人の形容として用いられている（「長恨歌」）。

【文章Ⅲ】

亡父光行、昔、五条三品（注1）にこの物語の不審の条々を尋ね申し侍《はべ》りし中に、当巻に、「絵に描ける楊貴妃の形は、いみじき絵師と言へども、筆限りあれば、匂ひ少なし。太液の芙蓉、未央の柳も」と書きて、「未央の柳」といふ一句を見せ消《け》ち（注2）にせり。これにより親行を使ひとして、

「楊貴妃をば芙蓉と柳とにたとへ、更衣をば女郎花と撫子にたとふ、みな二句づつにてよく聞こえ侍るを、御本（注3）、未央の柳を消たれたるは、いかなる子細の侍るやらむ」

と申したりしかば、

「我は(ウ)いかでか自由の事をばしるべき。行成卿《きやう》（注4）の自筆の本に、この一句を見せ消ちにし給ひき。紫式部同時の人に侍れば、申し合はする様こそ侍らめ、とてこれも墨を付けては侍れども、いぶかしさにあまたたび見しほどに、若菜の巻（注5）にて心をえて、おもしろくみなし侍るなり」

と申されけるを、親行、このよしを語るに、

「若菜の巻には、いづくに同類侍るとか申されし」

と言ふに、

「それまでは尋ね申さず」

と答へ侍りしを、さまざま恥《は》ぢしめ勘当し侍りしほどに、親行こもり居て、若菜の巻を数遍ひらきみるに、その意をえたり。六条院の女試楽《しがく》(注6)、女三の宮、人よりちいさくうつくしげにて、ただ御衣のみある心地す、にほひやかなるかたはをくれて、いとあてやかになまめかしくて、二月の中の十日ばかりの青柳のしだりはじめたらむ心地して、とあり。柳を人の顔にたとへたる事あまたになるによりて、(エ)見せ消ちにせられ侍りしにこそ。三品の和才すぐれたる中にこの物語の奥義をさへきはめられ侍りける、ありがたき事なり。しかあるを、京極中納言入道(注7)の家の本に「未央の柳」と書かれたる事も侍るにや。又俊成卿の女《むすめ》(注8)に尋ね申し侍りしかば、

「この事は伝々の書写のあやまりに書き入るるにや、あまりに対句めかしくにくいけしたる方侍るにや」

と云々《しかじか》。よりて愚本にこれを用いず。

（注）
1　五条三品――藤原俊成。平安時代末期の歌人で古典学者。
2　見せ消ち――写本などで文字を訂正する際、もとの文字が読めるように、傍点を付けたり、その字の上に線を引くなどすること。
3　御本――藤原俊成が所持する『源氏物語』の写本。
4　行成卿――藤原行成。平安時代中期の公卿で文人。書道にすぐれ古典の書写をよくした。
5　若菜の巻――『源氏物語』の巻名。
6　六条院の女試楽――光源氏が邸宅六条院で開催した女性たちによる演奏会。
7　京極中納言入道――藤原定家。藤原俊成の息子で歌人・古典学者。
8　俊成卿の女――藤原俊成の養女で歌人。

問1　傍線部(ア)「しるしの釵ならましかば」とあるが、直後に補うことのできる表現として最も適当なものを、次の①～⑤のうちから一つ選べ。解答番号は［1］。

① いかにうれしからまし
② いかにめやすからまし
③ いかにくやしからまし
④ いかにをかしからまし
⑤ いかにあぢきなからまし

問2　傍線部(イ)「尋ねゆく幻もがなつてにても魂のありかをそこと知るべく」の歌の説明として適当でないものを、次の①～⑤のうちから一つ選べ。解答番号は［2］。

① 縁語・掛詞は用いられていない。
② 倒置法が用いられている。
③ 「もがな」は願望を表している。
④ 幻術士になって更衣に会いに行きたいと詠んだ歌である。
⑤ 「長恨歌」の玄宗皇帝を想起して詠んだ歌である。

問3　傍線部(ウ)「いかでか自由の事をばしるべき」の解釈として最も適当なものを、次の①～⑤のうちから一つ選べ。解答番号は 3 。

① 勝手なことなどするわけがない。
② 質問されてもわからない。
③ なんとかして好きなようにしたい。
④ あなたの意見が聞きたい。
⑤ 自分の意見を言うことはできない。

問4　傍線部(エ)「見せ消ちにせられ侍りしにこそ」についての説明として最も適当なものを、次の①～⑤のうちから一つ選べ。解答番号は 4 。

① 紫式部を主語とする文である。
② 行成への敬意が示されている。
③ 親行の不満が文末の省略にこめられている。
④ 光行を読み手として意識している。
⑤ 俊成に対する敬語が用いられている。

問5　【文章Ⅱ】の二重傍線部「唐めいたりけむ〜思し出づるに」では、楊貴妃と更衣のことが、【文章Ⅰ】よりも詳しく描かれている。この部分の表現とその効果についての説明として、**適当でないもの**を、次の①〜⑤のうちから一つ選べ。解答番号は 5 。

① 「唐めいたりけむ」の「けむ」は、「長恨歌」中の人物であった楊貴妃と、更衣との対比を明確にしている。

② 「けうらにこそはありけめ」という表現は、中国的な美人であった楊貴妃のイメージを鮮明にしている。

③ 「女郎花」が風になびいているという表現は、更衣が幸薄く薄命な女性であったことを暗示している。

④ 「撫子」が露に濡れているという表現は、若くして亡くなってしまった更衣の可憐《かれん》さを引き立てている。

⑤ 「〇〇よりも△△」という表現の繰り返しは、自然物になぞらえきれない更衣の魅力を強調している。

問６　【文章Ⅲ】の内容についての説明として最も適当なものを、次の①～⑤のうちから一つ選べ。解答番号は 6 。

① 親行は、女郎花と撫子が秋の景物であるのに対して、柳は春の景物であり、桐壺の巻の場面である秋の季節に使う表現としてはふさわしくないと判断した。そこで、【文章Ⅱ】では「未央の柳」を削除した。

② 俊成の女は、「未央の柳」は紫式部の表現意図を無視した後代の書き込みであると主張した。そして、俊成から譲られた行成自筆本の該当部分を墨で塗りつぶし、それを親行に見せた。

③ 光行は、俊成所持の『源氏物語』では、「未央の柳」が見せ消ちになっていることに不審を抱いて、親行に命じて質問させた。それは、光行は、整った対句になっているほうがよいと考えたからであった。

④ 親行は、「未央の柳」を見せ消ちとした理由を俊成に尋ねたところ、満足な答えが得られず、光行からも若菜の巻を読むように叱られた。そこで、自身で若菜の巻を読み、「未央の柳」を不要だと判断した。

⑤ 俊成は、光行・親行父子に対しては、「未央の柳」は見せ消ちでよいと言っておきながら、息子の定家には「未央の柳」をはっきり残すように指示していた。それは、奥義を自家の秘伝とするための偽装であった。

第5問 次の【文章Ⅰ】は、殷《いん》王朝の末期に、周《しゅう》の西伯《せいはく》が呂尚《りょしょう》（太公望《たいこうぼう》）と出会った時の話を記したものである。授業でこれを学んだC組は太公望について調べてみることになった。二班は、太公望のことを詠んだ佐藤一斎《さとういっさい》の漢詩を見つけ、調べたことを【文章Ⅱ】としてまとめた。【文章Ⅰ】と【文章Ⅱ】を読んで、後の問い（問１～７）に答えよ。なお、返り点・送り仮名を省いたところがある。

【文章Ⅰ】

呂尚蓋《ハシ》(1)嘗窮困、年老《イタリ》矣。以《テ》二漁釣《ヲ》一奸《もとム》(注1)二周《ノ》西伯《ニ》一。A西伯将出猟

卜之。曰《ハク》、「所《ハ》レ獲《ル》非《ズ》レ龍《ニ》、非《ズ》レ彲《みづちニ》、非《ズ》レ虎《ニ》、非《ズ》レ羆《ひぐまニ》、所《ハ》レ獲《ル》覇王之輔《たすケナリト》。」於《イテ》レ是《ニ》周《ノ》

西伯猟《かリス》。(ア)果《フ》遇二太公《ニ》(注2)一於渭《ゐ》(注3)之陽《きたニ》(2)一。与語《リテ》大《イニ》説《よろこビテ》曰《ハク》、「自《リ》二吾《ガ》先君太公(注4)一

曰《ハク》(イ)、『当《ニ》下有《リテ》二聖人一適《ゆク》上レ周《ニ》。周以《テ》興《ラント》。』B子《ハ》真《ニ》是《レナルか》邪。吾《ガ》太公望《ムコト》レ子《ヲ》久《シト》矣。」故《ニ》

号《シテ》レ之《ヲ》曰《フ》二太公望《ト》一。載《セテ》与俱《ニ》帰《リ》、立《テテ》為《ス》レ師《ト》。

（司馬遷《しばせん》『史記《しき》』による。）

（注）
1 奸――知遇を得ることを求める。
2 太公――ここでは呂尚を指す。
3 渭之陽――渭水《いすい》の北岸。渭水は、今の陝西省《せんせいしょう》を東に流れて黄河に至る川。
4 吾先君太公――ここでは西伯の亡父を指す（なお諸説がある）。

【文章Ⅱ】

佐藤一斎の「太公垂釣の図」について

平成二十九年十一月十三日
愛日楼高等学校二年C組二班

太公垂釣ノ図　　佐藤一斎

謬《あやま》リテ被《れ》二文王ニ載セ得テ帰ラ一
一《いつ》竿《かんノ》風月与レ心違《たがフ》
想《おもフ》君《ガ》牧《ぼく》野《や》鷹《よう》揚《やうノ》後
夢《ハ》在《ラン》二磻《はん》渓《けいノ》旧釣《てう》磯《きニ》一

不本意にも文王によって周に連れていかれてしまい、釣り竿《ざお》一本だけの風月という願いとは、異なることになってしまった。想うに、あなたは牧野で武勇知略を示して殷を討伐した後は、磻渓の昔の釣磯《つりいそ》を毎夜夢に見ていたことであろう。

狩野探幽《かのうたんゆう》画「太公望釣浜図」
日本でも太公望が釣りをする絵画がたくさん描かれました。

幕末の佐藤一斎（一七七二～一八五九）に、太公望のことを詠んだ漢詩があります。太公望（呂尚）は、七十歳を過ぎてから磻渓（渭水のほとり）で文王（西伯）と出会い、周に仕えます。殷との「牧野の戦い」では、軍師として活躍し、周の天下を盤石のものとしました。しかし、その本当の思いは？ C佐藤一斎の漢詩は、【文章Ⅰ】とは異なる太公望の姿を描きました。

ある説として、この漢詩は佐藤一斎が七十歳を過ぎてから昌平坂《しょうへいざか》学問所（幕府直轄の学校）の教官となり、その時の自分の心境を示しているとも言われています。

〈コラム〉
太公望＝釣り人？
文王との出会いが釣りであったことから、今では釣り人のことを「太公望」と言います。【文章Ⅰ】の、西伯が望んだ人物だったからという由来とは違う意味で使われています。

問１　波線部(1)「嘗」・(2)「与」の読み方として最も適当なものを、次の各群の①～⑤のうちから、それぞれ一つずつ選べ。解答番号は［1］・［2］。

(1)「嘗」［1］
① かつて
② こころみに
③ すなはち
④ なめて
⑤ なんぞ

(2)「与」［2］
① あたへ
② あづかり
③ ここに
④ すでに
⑤ ともに

問2 二重傍線部(ア)「果」・(イ)「当」の本文中における意味として最も適当なものを、次の各群の①～⑤のうちから、それぞれ一つずつ選べ。解答番号は 3 ・ 4 。

(ア)「果」 3
① たまたま
② 案の定
③ 思いがけず
④ やっとのことで
⑤ 約束どおりに

(イ)「当」 4
① ぜひとも～すべきだ
② ちょうど～のようだ
③ どうして～しないのか
④ きっと～だろう
⑤ ただ～だけだ

問3　傍線部A「西伯将出猟卜之」の返り点の付け方と書き下し文との組合せとして最も適当なものを、次の①～⑤のうちから一つ選べ。解答番号は［5］。

① 西伯将㆓出㆑猟卜㆒㆑之　　西伯将に猟《かり》に出《い》でて之を卜《うらな》ふべし

② 西伯将出猟卜㆑之　　西伯の将出でて猟りして之を卜ふ

③ 西伯将出㆑猟卜㆑之　　西伯将《は》た猟りに出でて之を卜ふか

④ 西伯将㆑出㆑猟卜㆑之　　西伯猟りに出づるを将《ひき》ゐて之を卜ふ

⑤ 西伯将㆓出猟㆒卜㆑之　　西伯将に出でて猟りせんとし之を卜ふ

問4　傍線部B「子 真 是 邪」の解釈として最も適当なものを、次の①～⑤のうちから一つ選べ。解答番号は 6 。

① 我が子はまさにこれにちがいない。
② あなたはまさにその人だろうか、いや、そんなはずはない。
③ あなたはまさにその人ではないか。
④ 我が子がまさにその人だろうか、いや、そんなはずはない。
⑤ 我が子がまさにその人ではないか。

問5 【文章Ⅱ】に挙げられた佐藤一斎の漢詩に関連した説明として正しいものを、次の①～⑥のうちから、すべて選べ。解答番号は 7 。

① この詩は七言絶句という形式であり、第一、二、四句の末字で押韻している。
② この詩は七言律詩という形式であり、第一句と偶数句末で押韻し、また対句を構成している。
③ この詩は古体詩の七言詩であり、首聯《しゅれん》、頷聯《がんれん》、頸聯《けいれん》、尾聯《びれん》からなっている。
④ この詩のような作品は中国語の訓練を積んだごく一部の知識人しか作ることができず、漢詩は日本人の創作活動の一つにはならなかった。
⑤ この詩のような作品を詠むことができたのは、漢詩を日本独自の文学様式に変化させたからで、日本人は江戸時代末期から漢詩を作るようになった。
⑥ この詩のように優れた作品を日本人が多く残しているのは、古くから日本人が漢詩文に親しみ、自らの教養の基礎としてきたからである。

問6 【文章Ⅱ】の［　］で囲まれた〈コラム〉の文中に一箇所誤った箇所がある。その**誤った箇所**を次のA群の①～③のうちから一つ選び、**正しく改めたもの**を後のB群の①～⑥のうちから一つ選べ。解答番号は［8］・［9］。

A群 ［8］

① 文王との出会いが釣りであった
② 釣り人のことを「太公望」と言います
③ 西伯が望んだ人物だったから

B群 ［9］

① 文王が卜《うらな》いをしている時に出会った
② 文王が釣りをしている時に出会った
③ 釣りによって出世しようとする人のことを「太公望」と言います
④ 釣り場で出会った友のことを「太公望」と言います
⑤ 西伯の先君太公が望んだ人物だったから
⑥ 西伯の先君太公が望んだ子孫だったから

問7 【文章Ⅱ】の傍線部C「佐藤一斎の漢詩は、【文章Ⅰ】とは異なる太公望の姿を描きました。」とあるが、佐藤一斎の漢詩からうかがえる太公望の説明として最も適当なものを、次の①～⑥のうちから一つ選べ。解答番号は 10 。

① 第一句「謬りて」は、文王のために十分に活躍することはできなかったという太公望の控えめな態度を表現している。
② 第一句「謬りて」は、文王の補佐役になって殷を討伐した後の太公望のむなしさを表現している。
③ 第二句「心と違ふ」は、文王に見いだされなければ、このまま釣りをするだけの生活で終わってしまっていたという太公望の回想を表現している。
④ 第二句「心と違ふ」は、殷の勢威に対抗するために文王の補佐役となったが、その後の待遇に対する太公望の不満を表現している。
⑤ 第四句「夢」は、本来は釣磯で釣りを楽しんでいたかったという太公望の望みを表現している。
⑥ 第四句「夢」は、文王の覇業が成就した今、かなうことなら故郷の磻渓の領主になりたいという太公望の願いを表現している。

NOTE

NOTE

NOTE

NOTE

NOTE

NOTE

NOTE

NOTE

国 語 解 答 用 紙

注意事項
1　訂正は，消しゴムできれいに消し，消しくずを残してはいけません。
2　所定欄以外にはマークしたり，記入したりしてはいけません。
3　汚したり，折りまげたりしてはいけません。

解答番号	解答欄								
	1	2	3	4	5	6	7	8	9
1	①	②	③	④	⑤	⑥	⑦	⑧	⑨
2	①	②	③	④	⑤	⑥	⑦	⑧	⑨
3	①	②	③	④	⑤	⑥	⑦	⑧	⑨
4	①	②	③	④	⑤	⑥	⑦	⑧	⑨
5	①	②	③	④	⑤	⑥	⑦	⑧	⑨
6	①	②	③	④	⑤	⑥	⑦	⑧	⑨
7	①	②	③	④	⑤	⑥	⑦	⑧	⑨
8	①	②	③	④	⑤	⑥	⑦	⑧	⑨
9	①	②	③	④	⑤	⑥	⑦	⑧	⑨
10	①	②	③	④	⑤	⑥	⑦	⑧	⑨
11	①	②	③	④	⑤	⑥	⑦	⑧	⑨
12	①	②	③	④	⑤	⑥	⑦	⑧	⑨
13	①	②	③	④	⑤	⑥	⑦	⑧	⑨

解答番号	解答欄								
	1	2	3	4	5	6	7	8	9
14	①	②	③	④	⑤	⑥	⑦	⑧	⑨
15	①	②	③	④	⑤	⑥	⑦	⑧	⑨
16	①	②	③	④	⑤	⑥	⑦	⑧	⑨
17	①	②	③	④	⑤	⑥	⑦	⑧	⑨
18	①	②	③	④	⑤	⑥	⑦	⑧	⑨
19	①	②	③	④	⑤	⑥	⑦	⑧	⑨
20	①	②	③	④	⑤	⑥	⑦	⑧	⑨
21	①	②	③	④	⑤	⑥	⑦	⑧	⑨
22	①	②	③	④	⑤	⑥	⑦	⑧	⑨
23	①	②	③	④	⑤	⑥	⑦	⑧	⑨
24	①	②	③	④	⑤	⑥	⑦	⑧	⑨
25	①	②	③	④	⑤	⑥	⑦	⑧	⑨
26	①	②	③	④	⑤	⑥	⑦	⑧	⑨

解答番号	解答欄								
	1	2	3	4	5	6	7	8	9
27	①	②	③	④	⑤	⑥	⑦	⑧	⑨
28	①	②	③	④	⑤	⑥	⑦	⑧	⑨
29	①	②	③	④	⑤	⑥	⑦	⑧	⑨
30	①	②	③	④	⑤	⑥	⑦	⑧	⑨
31	①	②	③	④	⑤	⑥	⑦	⑧	⑨
32	①	②	③	④	⑤	⑥	⑦	⑧	⑨
33	①	②	③	④	⑤	⑥	⑦	⑧	⑨
34	①	②	③	④	⑤	⑥	⑦	⑧	⑨
35	①	②	③	④	⑤	⑥	⑦	⑧	⑨
36	①	②	③	④	⑤	⑥	⑦	⑧	⑨
37	①	②	③	④	⑤	⑥	⑦	⑧	⑨
38	①	②	③	④	⑤	⑥	⑦	⑧	⑨
39	①	②	③	④	⑤	⑥	⑦	⑧	⑨

解答番号	解答欄								
	1	2	3	4	5	6	7	8	9
40	①	②	③	④	⑤	⑥	⑦	⑧	⑨
41	①	②	③	④	⑤	⑥	⑦	⑧	⑨
42	①	②	③	④	⑤	⑥	⑦	⑧	⑨
43	①	②	③	④	⑤	⑥	⑦	⑧	⑨
44	①	②	③	④	⑤	⑥	⑦	⑧	⑨
45	①	②	③	④	⑤	⑥	⑦	⑧	⑨
46	①	②	③	④	⑤	⑥	⑦	⑧	⑨
47	①	②	③	④	⑤	⑥	⑦	⑧	⑨
48	①	②	③	④	⑤	⑥	⑦	⑧	⑨
49	①	②	③	④	⑤	⑥	⑦	⑧	⑨
50	①	②	③	④	⑤	⑥	⑦	⑧	⑨
51	①	②	③	④	⑤	⑥	⑦	⑧	⑨
52	①	②	③	④	⑤	⑥	⑦	⑧	⑨

国語解答用紙

注意事項
1　訂正は，消しゴムできれいに消し，消しくずを残してはいけません。
2　所定欄以外にはマークしたり，記入したりしてはいけません。
3　汚したり，折りまげたりしてはいけません。

解答番号	解答欄									解答番号	解答欄									解答番号	解答欄									解答番号	解答欄								
	1	2	3	4	5	6	7	8	9		1	2	3	4	5	6	7	8	9		1	2	3	4	5	6	7	8	9		1	2	3	4	5	6	7	8	9
1	①	②	③	④	⑤	⑥	⑦	⑧	⑨	14	①	②	③	④	⑤	⑥	⑦	⑧	⑨	27	①	②	③	④	⑤	⑥	⑦	⑧	⑨	40	①	②	③	④	⑤	⑥	⑦	⑧	⑨
2	①	②	③	④	⑤	⑥	⑦	⑧	⑨	15	①	②	③	④	⑤	⑥	⑦	⑧	⑨	28	①	②	③	④	⑤	⑥	⑦	⑧	⑨	41	①	②	③	④	⑤	⑥	⑦	⑧	⑨
3	①	②	③	④	⑤	⑥	⑦	⑧	⑨	16	①	②	③	④	⑤	⑥	⑦	⑧	⑨	29	①	②	③	④	⑤	⑥	⑦	⑧	⑨	42	①	②	③	④	⑤	⑥	⑦	⑧	⑨
4	①	②	③	④	⑤	⑥	⑦	⑧	⑨	17	①	②	③	④	⑤	⑥	⑦	⑧	⑨	30	①	②	③	④	⑤	⑥	⑦	⑧	⑨	43	①	②	③	④	⑤	⑥	⑦	⑧	⑨
5	①	②	③	④	⑤	⑥	⑦	⑧	⑨	18	①	②	③	④	⑤	⑥	⑦	⑧	⑨	31	①	②	③	④	⑤	⑥	⑦	⑧	⑨	44	①	②	③	④	⑤	⑥	⑦	⑧	⑨
6	①	②	③	④	⑤	⑥	⑦	⑧	⑨	19	①	②	③	④	⑤	⑥	⑦	⑧	⑨	32	①	②	③	④	⑤	⑥	⑦	⑧	⑨	45	①	②	③	④	⑤	⑥	⑦	⑧	⑨
7	①	②	③	④	⑤	⑥	⑦	⑧	⑨	20	①	②	③	④	⑤	⑥	⑦	⑧	⑨	33	①	②	③	④	⑤	⑥	⑦	⑧	⑨	46	①	②	③	④	⑤	⑥	⑦	⑧	⑨
8	①	②	③	④	⑤	⑥	⑦	⑧	⑨	21	①	②	③	④	⑤	⑥	⑦	⑧	⑨	34	①	②	③	④	⑤	⑥	⑦	⑧	⑨	47	①	②	③	④	⑤	⑥	⑦	⑧	⑨
9	①	②	③	④	⑤	⑥	⑦	⑧	⑨	22	①	②	③	④	⑤	⑥	⑦	⑧	⑨	35	①	②	③	④	⑤	⑥	⑦	⑧	⑨	48	①	②	③	④	⑤	⑥	⑦	⑧	⑨
10	①	②	③	④	⑤	⑥	⑦	⑧	⑨	23	①	②	③	④	⑤	⑥	⑦	⑧	⑨	36	①	②	③	④	⑤	⑥	⑦	⑧	⑨	49	①	②	③	④	⑤	⑥	⑦	⑧	⑨
11	①	②	③	④	⑤	⑥	⑦	⑧	⑨	24	①	②	③	④	⑤	⑥	⑦	⑧	⑨	37	①	②	③	④	⑤	⑥	⑦	⑧	⑨	50	①	②	③	④	⑤	⑥	⑦	⑧	⑨
12	①	②	③	④	⑤	⑥	⑦	⑧	⑨	25	①	②	③	④	⑤	⑥	⑦	⑧	⑨	38	①	②	③	④	⑤	⑥	⑦	⑧	⑨	51	①	②	③	④	⑤	⑥	⑦	⑧	⑨
13	①	②	③	④	⑤	⑥	⑦	⑧	⑨	26	①	②	③	④	⑤	⑥	⑦	⑧	⑨	39	①	②	③	④	⑤	⑥	⑦	⑧	⑨	52	①	②	③	④	⑤	⑥	⑦	⑧	⑨

2025